刑法真题研习

章 澎 编著

开明出版社

图书在版编目(CIP)数据

刑法真题研习 / 章澎编著 . -- 北京:开明出版社,
2017.3

ISBN 978 - 7 - 5131 - 3217 - 6

Ⅰ.①刑… Ⅱ.①章… Ⅲ.①刑法 - 中国 - 资格考试
- 习题集 Ⅳ.①D924 - 44

中国版本图书馆 CIP 数据核字(2017)第 081044 号

责任编辑:王 拓

书 名:刑法真题研习
出 版:开明出版社
      (北京市海淀区西三环北路 25 号 邮编 100089)
经 销:全国新华书店
印 刷:北京合众伟业印刷有限公司
开 本:787mm×1092mm 1/16
印 张:21
字 数:630 千字
版 次:2017 年 5 月 北京第 1 版
印 次:2017 年 5 月 北京第 1 次印刷
书 号:ISBN 978 - 7 - 5131 - 3217 - 6
定 价:45.00 元

印刷、装订质量问题,出版社负责调换货 联系电话:(010)88817647

总序 zong xu

众所周知,实践教学是法学教育的核心内容。培养学生"体系性法学思维"和"在个案中运用法条解决实际问题的能力"构成实践教学的基本目标。本套文库正是为此写作。

早在2005年,本人赴东吴大学进修英美法,其案例教学形式让我第一次真切感受到实践教学的魅力,并且因此有机会反思自身所受法学教育的弊端。回到大陆后,我就总想着把自己的学生培养成法律知识、职业伦理与社会知识三位一体的法律人。显然,这种知识结构与技能绝不可能通过被动学习方式获得,唯有提倡主动学习方式,特别是法学实践,才能帮助学生建构。出于这一目的,撰写一套具有浓郁实践色彩的法学实践课程教材逐步在脑海中形成轮廓。但是,就像很多"犯意"最终停留在"预备",终未"着手"一样,2009年我因考取清华大学博士研究生,只能放弃这个小小梦想,转而专心于学术研究。

2015年,本人有幸参与北京物资学院法学实践课程的教学工作,并且承担了课程设计工作。在教学实践中,不少教师发现教育部统编教材或类似教材往往与国家司法考试、法律实务工作的实际需求有一定差距。为此,尚珂院长建议大家编写实践课程教材。这份有意无意的鼓励,虽然已事隔多年,仍然一下子唤醒了那个曾经不得不放弃的小小梦想。此外,在那段时间,我刚好有了司法考试补习班的教学经历,深感体制内办学与体制外办学的巨大差异。我越来越确信,法学实践课程实际上有着超乎想象的社会需求,能够帮助象牙塔之外的很多人学习法律,实现法律人的梦想。

在我看来,法学实践课程教材应满足六个要求:(1)以问题为导向,要将法律制度与具体需要解决的问题,同生活事实直接联系起来,避免形而上学的说教;(2)以向善的理性主义作为指导观念,法律实践并非单纯的经验总结,而是向法律理念的无限接近;(3)以技术构成作为核心,即法律制度意欲达成之目的必然甄选配套之技术构成,设定规则,明确后果;(4)以体系为架构,法律制度往往零散、庞杂或近似,必须以清晰的脉络建构起来,形成稳定自足又彼此互助的体系;(5)以时空为维度,在必要时,应从历史和比较解释的角度,展现法律规则的演进,方便读者进行法律拓展与预测;(6)以诉讼为验证平台,实体法律制度必须能够在诉讼中加以现实化,并且能够实现初衷。

在这一指导方向下,我自己撰写了刑法部分,并且本着宁缺毋滥的态度,逐步邀请有着类似想法的朋友参与民法、诉讼法、理论法等学科的写作,争取最终形成法科全科文库,即正则书院的自有文库。但是,由于水平有限,我们的作品能在多大程度上实现上述要求,仍未可知。在此,也恳请各位读者不吝赐教,提出宝贵意见或建议。

最后需要说明的是,(1)本文库并非单纯的纸质出版物,为了方便读者,增进交流,我们建设了一个叫作"养正云朵课堂"的网络教学平台(http://yangzheng. yunduoketang. com),开设同步视频互动课程;同时,本文库与天津法共体教育科技有限公司联合推出,该公司也会提供配套的在线教育服务(http://www. fagongti. com)。(2)本文库主要服务于国家司法考试、司法实践工作以及在校法科学生的法学实践课程。

章 澎①

2017 年 3 月 6 日

---

① 作者简介:章澎(笔名),本名张鹏,山东泰安人,清华大学刑法学博士,师从张明楷教授。坚持结果无价论,主张实质的刑法解释论,注重从实务角度研究实践疑难问题。先后在核心期刊发表论文二十多篇,出版著作 5 本,主持教育部课题 1 个,省部级课题 3 个;参与国家级课题 1 个。最高人民法院诉讼服务中心首批特聘专家咨询员,北京京师律师事务所特聘专家。

序言 xu yan

　　历年真题在司法考试备考中的意义表现为以下三方面：**(1)催促考生取得实质进步**：真题不是检验学习效果的手段，相反，真题是司法考试应试的"着手"，听课和阅读教材仅仅是"预备"。这是司法考试区别于其他法律类考试的重要特点。如果一味执着于甄选司考名师及其教材，甚至津津乐道于教师间差异与趣闻，那么，司考通过的可能性很可能会下降，因为无论你的"预备行为"多么充分，但始终未达于"着手"，通过的可能性仍然非常低。所以，考生一定要重视真题，不要因为做真题备受挫折而抗拒真题。事实上，每一次挫折，都是你真正开始掌握真题对应知识点的起点。**(2)辅助甄选优秀师资**：不少教师根据真题撰写自己的教案，这样做一方面会让学生产生听课后做真题"所向披靡、势不可挡"的错觉，容易获得考生追捧；另一方面，这一现象也说明真题确实能够帮助考生在短时间内熟悉司法考试的套路。因此，早做真题，多做真题，对于甄别教师的授课水平，特别是教师在以往真题基础上拓展预测未来真题的能力，具有相当大的辅助作用。一般而言，缺乏拓展能力，而仅仅重复以往真题的解析，并不是最佳的授课水准。**(3)锻炼考生临场应试能力**：司法考试临场应试极具挑战性，怎样在有限时间内调动大脑储存的知识尽量多转化分数，是每一位考生必须面对的难题。司法考试难，并非难在哪一个知识点难以理解或记忆，而是难在海量知识点在时间和精力有限的情况下难以同时掌握。只有通过做真题，不断模拟临场考试的高度紧张状态，才能让自己适应考试氛围，并在此基础上，对考点知识有类似于"肌肉记忆"的瞬时反应能力。

　　在认识到真题的重要性之后，接下来就要了解真题的正确使用方式：**(1)真题要做 3~5 遍**，每做一遍，中间要有一定的时间间隔，以形成答案记忆模糊化，从而使真题发挥更大的效益；**(2)**做真题要以题带点，以点带面，通过一个真题，**拓展到相关知识点**，使自己的知识体系更为全面和系统，举一反三；**(3)**做真题要**按照真实考试时间"读秒"**（通常 2~3 分钟一个题目），要让自己有一种压迫感，并且学会适应这种心理状态；**(4)**无论是做对还是做错，都要分析自己对在何处或错在何处，切不可，知道答案后，看看简单解析，就万事大吉。**要有意识地站在命题人角度，分析题目的陷阱和答题技巧。**

　　有不少考生对命题规律或者预测有特别的热情。就刑法而言，命题的重点几乎是恒定的，命题人也从不回避重点（关于命题重点详见下表统计），即便如此，他想要的淘汰率仍然不会降低，而考生也绝不会因为了解命题规律而讨到便宜。为什么呢？因为刑法考查的重点是**刑法的思维**，刑法思维的几个重要节点是稳定而至为明显的，比如，在犯罪论部分，重点一定是**犯罪检视体系的基本要素和逻辑架构**；刑法论的重点一定是**罪刑法定原则与刑法解释**，分则的重点一定是**人身、财产犯罪和贪污贿赂犯罪**，可是，**刑法思维不是记忆习得，而是通过大量的案例练习才能获取**。很多时候，刑法思维是不断运用静态知识所提升出来的一种动态思维能力。显然，这种思维过程需要考生**有"体系化"的刑法知识**，**要明白知识点之间的内在关联，善于从此知识过渡到彼知识，力争融会贯通**。应该说，这一点是其他学科所没有的,或者,至少其他学科没有刑法那么突出。就此而言,尽管刑法命题有重点,但是刑法思维没有重点,一通百通,有一不通,难言掌握。考生在备考时,固然要根据考点分布合理分配自己的时间精力,但是,也千万不要误以为有些知识点是不需要掌握的,把刑法思维所要求的知识体系性抛之脑后。

最后,预祝各位考试顺利!

2010～2016 历年真题考点分布

年份	刑法论	犯罪检视体系	犯罪形态	共同犯罪	罪数	刑罚论	人身权利犯罪	财产权利犯罪	国家安全犯罪	公共安全犯罪	经济秩序犯罪	管理秩序犯罪	贪污贿赂犯罪	渎职犯罪	军职犯罪	汇总
2010	1	16	3	3	7	5	5	9	0	0	2	4	3	0	0	58
2011	5	18	0	2	7	5	3	7	0	0	2	6	3	1	1	60
2012	3	10	3	4	1	6	4	7	1	3	8	3	5	1	0	59
2013	4	14	0	7	3	3	3	9	0	3	5	4	4	0	0	59
2014	4	10	5	1	4	4	3	11	0	3	3	6	3	2	0	59
2015	2	13	2	1	3	7	5	5	0	2	7	5	7	0	0	59
2016	2	14	3	2	2	3	5	9	0	3	5	6	5	2	0	61
权重(%)	5	22	4	5	8	8	7	14	0	4	8	7	7	1	0	

说明:上述图表根据司法部公布的历年真题解析所列举的考点进行统计(卷二和卷四均有明确的考点列举)。最终所得到的权重比例只是静态的数据分析,从学习过程看,刑法论和犯罪论的考点与后续分则考点存在内在的联系,不能机械割裂,因此,从动态角度,除了刑罚论相对独立之外,其他各章节都是彼此呼应的关系,分值上无法做到精确计算。

章 澎

2017 年 3 月 5 日

于北京图书馆

目　　录

第一编　刑法论

第二编　犯罪论

第三编　刑罚论

第四编　罪刑各论

第五编　试卷四历年案例分析

第一编　刑法论

第一章　刑法基本原则

1. 关于罪刑法定原则,下列哪一选项是正确的?(2006 - 2 - 1)

A. 罪刑法定原则的思想基础之一是民主主义,而习惯最能反映民意,所以,将习惯作为刑法的渊源并不违反罪刑法定原则

B. 罪刑法定原则中的"法"不仅包括国家立法机关制定的法,而且包括国家最高行政机关制定的法

C. 罪刑法定原则禁止不利于行为人的溯及既往,但允许有利于行为人的溯及既往

D. 刑法分则的部分条文对犯罪的状况不作具体描述,只是表述该罪的罪名。这种立法体例违反罪刑法定原则

 答案(　　　)①

【考点】 罪刑法定原则的具体要求

【解析】 A 错误,民主主义主张通过民主立法程序表达和集中民意,因而衍生出成文法主义。习惯显然不符合成文法的要求,因此不能将习惯作为刑法的渊源。从法理学上讲,习惯确实能够承载民意,但习惯本身具有不确定性,难以用成文形式表达,这导致习惯法的内容只有在个案的判决确定后才能被明确,因而属于典型的事后法。即使习惯法通过判例积淀形成了相当稳定的规则,这些规则在新的系争案件中也并非绝对有效。B 错误,行政机关制定的法只能作为刑事审判的参考,但其未经民主立法程序不代表民意,因而不能作为刑法的渊源。C 正确,溯及既往意指事后法,从保障行为的可预测性角度,事后法原则上是被禁止的,但假如事后法并未带来不利后果,那么被告人的人权并未受到实质性的侵害,与人权主义并不冲突,故而被允许。D 错误,罪刑法定原则要求刑法规范必须具有明确性,对于在定式犯罪我们需要详细地描述罪状,于是产生了叙明罪状;但对于非定式犯罪,特别是简单罪状的犯罪,并不需要详细地描述罪状,以致罪状与罪名高度统一。例如,故意杀人的,构成故意杀人罪。

2. "罪刑法定原则的要求是:(1)禁止溯及既往(____的罪刑法定);(2)排斥习惯法(____的罪刑法定);(3)禁止类推解释(____的罪刑法定);(4)刑罚法规的适当(____的罪刑法定)。"下列哪一选项与题干空格内容相匹配?(2010 - 2 - 1)

A. 事前——成文——确定——严格

---

① 参考答案 C

B. 事前——确定——成文——严格

C. 事前——严格——成文——确定

D. 事前——成文——严格——确定

答案(　　　)①

【考点】罪刑法定原则的具体要求

【解析】(1)禁止溯及既往意指禁止事后法,对应的是事前的罪刑法定;(2)排斥习惯法意指成文法主义,对应的是成文的罪刑法定;(3)禁止类推解释是要求严格解释刑法规范,对应的是严格的罪刑法定;(4)刑罚法规的适当意指禁止不确定的刑罚,对应确定的罪刑法定。正确答案D。

3. 关于罪刑法定原则有以下观点:

①罪刑法定只约束立法者,不约束司法者

②罪刑法定只约束法官,不约束侦查人员

③罪刑法定只禁止类推适用刑法,不禁止适用习惯法

④罪刑法定只禁止不利于被告人的事后法,不禁止有利于被告人的事后法

下列哪一选项是正确的?（2012 - 2 - 3）

A. 第①句正确,第②③④句错误

B. 第①②句正确,第③④句错误

C. 第④句正确,第①②③句错误

D. 第①③句正确,第②④句错误

答案(　　　)②

【考点】罪刑法定原则的具体要求

【解析】①②错误,因为罪刑法定原则是法治精神在刑法领域的具体体现,制刑权、求刑权、量刑权和行刑权均应受制于刑法。在此意义上,侦查权和立法权当然要遵循罪刑法定原则。③错误,罪刑法定原则禁止类推适用,是指禁止对成文刑法进行类推适用,不指涉习惯法。但习惯法原本就不属于刑法渊源,当然也不能类推适用。根据罪刑法定原则的成文法主义,刑法渊源有且仅有成文刑法。成文刑法是立法机关通过民主立法程序制定的具有文字表现形式的法律,具有明确性、稳定性和普遍性。习惯法则不能形诸文字,缺乏明确性,具有变易性和地方性,内容极不确定,时间效力亦不明确。如果将习惯法纳入刑法,很容易造成法官的恣意裁判,违背了民主主义和人权主义的要求。例如,教师和父母具有惩戒权,这是某些地方习惯法所承认的正当化事由。但是,这种惩戒权容易被滥用,也不符合现代社会的一般观念,不应成为被告人开脱罪责的理由。④正确,守法者只能遵守行为时存在的法,而不可能遵守未来的法,要求守法者遵守事后法,实际上是要求公民遵守他们不可能认知的法,必然导致无所适从,也严重影响现行法的安定性。为了保障行为的预测可能性,避免侵犯公民的行为自由,应当禁止事后法。但是,如果绝对禁止事后法,有可能妨碍改良苛政。依此,事后法如为苛政改良之后的轻法,那么仍然允许溯及既往,即不禁止有利于被告人的事后法。

【难点】有考生根据《刑法》第3条规定的语感,推测罪刑法定原则仅约束刑事审判权,对于刑事侦查权、逮捕权、公诉权以及立法权无法约束。这一理解是错误的,因为罪刑法定原则是法治精神在刑法领域的具体化,不仅制约量刑权(审判),还制约求刑权(追诉)、制刑权(立法)和行刑权(执行),即

贯穿刑罚权运行的始终。在我国,罪刑法定原则对立法权的制约主要体现在如下方面:(1)禁止处罚不当罚的行为,即没有侵害法益的行为或者法益侵害性较小的琐碎之事,不能规定为犯罪。只有法益侵害性较大的行为才能以成文刑法的形式规定为犯罪。(2)禁止规定不确定的刑罚,即立法者不仅要在定罪上掌握合理尺度,还要在犯罪的法律后果——刑罚上有确定性。立法者不能以不确定的刑罚处罚犯罪,否则就会造成司法的恣意性。(3)禁止残酷、不均衡的刑罚,即立法者要根据社会平均价值观合理选择刑种和确定刑度,禁止规定残酷的刑罚,也禁止出现罪刑之间的比例关系失衡。(4)立法者解释刑法受制于刑法典的文本,不能超越成文法的文本进行恣意解释。

4. 我国刑法规定了____法定原则,____法定原则的经典表述是,"法无明文规定不为罪"、"法无明文规定不处罚";刑法同时规定了____相适应原则,即刑罚的轻重,应当与犯罪分子所犯____和承担的____相适应;死刑只适用于____极其严重的犯罪分子。在这段话的空格中。(2005 - 2 - 2)

A. 2 处填写"罪刑",4 处填写"罪行"

B. 3 处填写"罪刑",3 处填写"罪行"

C. 4 处填写"罪刑",2 处填写"罪行"

D. 3 处填写"罪刑",2 处填写"罪行"

答案( )①

【考点】罪刑法定原则和罪刑相适应原则的条文要点

【解析】1. 罪刑;2. 罪刑;3. 罪刑;4. 罪行;5. 刑事责任;6. 罪行。D 正确。

5. 下列关于罪刑相适应原则的说法哪些是正确的?(2005 - 2 - 51)

A. 罪刑相适应原则要求刑法不溯及既往

B. 罪刑相适应原则要求刑事立法制定合理的刑罚体系

C. 罪刑相适应原则要求刑罚与犯罪性质、犯罪情节和罪犯的人身危险性相适应

D. 罪刑相适应原则要求在行刑中合理地运用减刑、假释等制度

答案( )②

【考点】罪刑相适应原则的具体要求

【解析】A 错误,刑法不溯及既往源于人权主义,是罪刑法定原则的具体要求,并非源自比例原则,与罪刑相适应原则无关。B 正确,在立法层面,罪刑相适应原则要求立法者针对不法程度不同的行为给予轻重不同的刑种和刑度,同时还需建构个别化用刑的量刑制度,这些构成了合理的刑罚体系。C 正确,在司法层面,法官需要根据并合主义(刑罚正当化的根据既在于报应刑,也在于预防刑)具体裁量刑罚。犯罪性质和犯罪情节表明行为的不法程度,根据报应刑要求,刑罚应与之适用;人身危险性表明预防必要性,根据预防刑,刑法应与之适用。D 正确,在行刑层面,刑罚应根据人身危险性的变化作出相应调整,从而实现刑罚的个别化,这是罪刑相适应原则的贯彻和落实。减刑、假释正是为此建立的制度,只有对其加以合理运用,才能实现罪刑相适应原则。

6. 关于公平正义理念与罪刑相适应原则的关系,下列哪一选项是错误的?(2014 - 2 - 1)

A. 公平正义是人类社会的共同理想,罪刑相适应原则与公平正义相吻合

B. 公平正义与罪刑相适应原则都要求在法律实施中坚持以事实为根据、以法律为准绳

C. 根据案件特殊情况,为做到罪刑相适应,促进公平正义,可由最高法院授权下级法院,在法定刑以下判处刑罚

D. 公平正义的实现需要正确处理法理与情理的关系,罪刑相适应原则要求做到罪刑均衡与刑罚个别化,二者并不矛盾

📖 答案(　　　)①

📚【考点】社会主义法治理念与罪刑相适应原则

📝【解析】根据罪刑相适应原则,无论哪一级人民法院,都需要根据社会危害性与人身危险性进行量刑,而法官对人身危险性与社会危害性的裁量必须严格遵循量刑的法定原则与规则,这是罪刑法定原则的基本要求。法官在斟酌超法规事由时,不能仅仅根据公平正义理念直接量刑,而必须遵守现行法规定。选项 C 实际上主张下级人民法院可以仅仅根据最高人民法院的授权直接援引公平正义理念减轻处罚,这便违反减轻处罚的法定规则。应该说,刑法规定可以减轻处罚的,下级人民法院无须授权即可减轻处罚;刑法未规定可以减轻处罚的,只能逐级上报由最高人民法院酌定。最高人民法院授权下级人民法院擅自减轻处罚,显然违反了民主主义的要求,与罪刑法定原则的成文法主义冲突,也容易造成下级人民法院对人身危险性和社会危害性的恣意评价,有可能导致不均衡的量刑结果。这一危险恰恰与促进公平正义相矛盾。可见,即便为了促进公平正义,追求实质上的罪刑相适应,也不能违反罪刑法定原则的形式侧面。说到底,罪刑相适应原则原本只是罪刑法定原则的实质侧面,无论如何也不允许以"实质的侧面"之名否定罪刑法定原则的"形式的侧面",进而危及整个罪刑法定原则的有效性。比如,我们在刑法解释时,不能仅仅根据法益保护目的就采用类推解释,刑法解释无论如何也不能突破用语的可能含义。所以答案是选项 C,公平正义、罪刑相适应原则是指导刑事司法活动的基本精神与基本原则,而司法活动必须以事实为根据,以法律为准绳,否则公平正义就失去了事实基础,罪刑法定原则也形同虚设。换言之,两者属于罪刑法定原则的实质侧面,如果不讲求事实根据,随意以某种抽象观念代替成文法律,那么司法审判活动就会变得不可预测,严重侵犯了民主主义和人权主义的要求,反而从根本上违反了罪刑法定原则的基本精神。

7. 某民法典第一条规定:"民事活动,法律有规定的,依照法律;法律没有规定的,依照习惯;没有习惯的,依照法理。"(2006 - 4 - 6)(35 分)

请:(1)比较该条规定与刑法中"法无明文规定不为罪"原则的区别及理论基础;

(2)从法的渊源的角度分析该条规定的含义及效力根据;

(3)从法律解释与法律推理的角度分析该条规定在法律适用上的价值与条件。

答题要求:

(1)在上述 3 个问题中任选其一作答,或者自行选择其他角度作答;

(2)在分析、比较、评价的基础上,提出观点并运用法学知识阐述理由;

(3)观点明确,论证充分,逻辑严谨,文字通顺;

(4)不少于 600 字。

📝【解析】首先,在合法权益需要确认或认可时,民法作为私法,能够创设和确认权利,扩展公民权利的范围,并为权利之间可能存在的冲突确定顺位。为此目的,在法律有规定时,当然依据法律规定。但法律没有规定时,民法可以能动地创设新的权利。而创设的根据就在于习惯、政策和法理。总之,所有有利于拓展公民权利的规范和生活事实均可成为民法的渊源。就此而言,民法的理论基础是社会自治,法官可以超越立法权能动地促进民权的发展。与此不同,刑法是公法,旨在限制国家刑罚权,其理论基础是民主主义和人权主义。凡是在刑法上找不到根据的刑罚均是被禁止的,即法无明文

规定,不能认为有罪。如果刑法如民法一样允许习惯、政策、法理成为法律渊源,法官可以超越立法权能动造法,势必造成国家刑罚权的扩张,而这种扩张不符合民主主义和人权主义的基本旨趣。此外,刑法只是保障法,它作为"第二次规范"保障包括民法在内的部门法实现,其本身并不能创设新的权利,而只能保障已经存在的权益得以实现。据此,刑法也不可以能动地根据习惯、政策或法理对法律没有明文规定予以禁止的行为实施刑罚。其次,在合法权益被侵犯时,民法是权利恢复法,旨在使被侵害的权利恢复到初始状态或至少得到相应赔偿。一旦权利得以恢复,民法便不再发挥积极的介入作用。为此目的,法官不得以法律没有规定为由拒绝受理案件,如果法律没有规定,那么就依照习惯、政策或法理等,使权利得以恢复。与此不同,刑法是行为秩序法,它通过禁止行为建立社会生活的基本秩序,至于权利是否被恢复则在所不问。换言之,即便权利已经被恢复了,民法不能再介入,刑法仍然能够积极介入或者不得不介入。刑法这种介入带有明显的公权力色彩,容易侵犯人权,也有可能违背民意。为了使刑罚权的行使合乎理性,具有正当化根据,立法者根据民意制定刑法,要求司法者能且只能依据刑法明文规定建立行为秩序,排斥习惯、政策和法理等既无民意基础又难以以成文形式表达的法律渊源。唯有如此,刑罚权才能够消除自身侵犯人权的危险。最后,在规范和引导公民追求自己利益时,民法作为行为规范,能够通过明文规定、政策、习惯或法理等开放式法律渊源,帮助公民实施积极的"私法自治或者意思自治",并最终借助肯定性法律后果,确认公民获得其追求的权益或实现其目的。在此意义上,民法首先和主要是行为规范,而非制约法官权力的裁判规范。与此不同,刑法的法律后果是否定性的刑罚。通过刑罚的威吓,刑法不可能积极地引导公民追求权益,而只能从消极角度规制公民行为,使其免受刑罚之害。在此意义上,刑法与其说是行为规范,不如说是制约法官权力的裁判规范,即刑法首先和主要是防止法官恣意司法的法律。为此目的,刑法的渊源是封闭性的,不允许在成文刑法之外,为刑罚权的发动留下法外空间。唯有如此,国家刑罚权才能最大程度上避免被滥用,从而实现保障人权的目的。

8. 关于罪刑法定原则的论述题(2008 - 4 - 7)(25 分)

案例一:2005 年 9 月 15 日,B 市的家庭主妇张某在家中利用计算机 ADSL 拨号上网,以 E 话通的方式,使用视频与多人共同进行"裸聊"被公安机关查获。对于本案,B 市 S 区检察院以聚众淫乱罪向 S 区法院提起公诉,后又撤回起诉。

案例二:从 2006 年 11 月到 2007 年 5 月,Z 省 L 县的无业女子方某在网上从事有偿"裸聊","裸聊"对象遍及全国 22 个省、自治区、直辖市,在电脑上查获的聊天记录就有 300 多人,网上银行汇款记录 1000 余次,获利 2.4 万元。对于本案,Z 省 L 县检察院以传播淫秽物品牟利罪起诉,L 县法院以传播淫秽物品牟利罪判处方某有期徒刑 6 个月,缓刑 1 年,并处罚金 5000 元。

关于上述两个网上"裸聊"案,在司法机关处理过程中,对于张某和方某的行为如何定罪存在以下三种意见:第一种意见认为应定传播淫秽物品罪(张某)或者传播淫秽物品牟利罪(方某);第二种意见认为应定聚众淫乱罪;第三种意见认为"裸聊"不构成犯罪。

问题 1:

以上述两个网上"裸聊"案为例,从法理学的角度阐述法律对个人自由干预的正当性及其限度。

问题 2:

根据罪刑法定原则,评述上述两个网上"裸聊"案的处理结果。

答题要求:

(1)在综合分析基础上,提出观点并运用法学知识阐述理由;

(2)观点明确,论证充分,逻辑严谨,文字通顺;

(3)不少于 500 字,不必重复案情。

问题:根据罪刑法定原则,评述上述两个网上"裸聊"案的处理结果。

《刑法》参考条文:第3条、第363条第1款,第364条第1款、第301条第1款、第367条。

📖【解析】考生应针对两个裸聊案件的处理结论是否属于类推解释进行具体分析。关键点是:(1)网上聚集是否属于聚众?(2)裸聊是否属于淫乱?(3)非牟利目的的裸聊是否满足刑法分则有关条文的规定?(4)牟利目的的裸聊视频是否属于淫秽物品?(5)网上的传播是否属于传播?(6)司法机关的处理意见是否将定罪根据限定在法律规定范围内?本题是开放性题目,考生只要自圆其说即可。例如,现实物理空间的聚众与网上聚集虽然有近似点但仍然存在重大差别。前者的互动性、组织性和功能明显强于后者,能够形成现实的组织力量。但后者只是在网络空间模仿现实物理空间聚众的一种虚拟化有组织行为,形成的力量明确缺乏现实具体性。在此意义上,网上聚集与现实生活中的聚众不具有类比性,刑法所谓的聚众是指现实生活中的聚众,将网上聚集也解释为聚众,便超越了聚众一词可能具有的含义范围,属于类推解释,违反了罪刑法定原则。

第二章 刑法解释

1. 关于罪刑法定原则及其内容,下列哪一选项是正确的?(2004 – 2 – 16)

A. 罪刑法定原则禁止类推解释与扩大解释,但不禁止有利于被告人的类推解释

B. 罪刑法定原则禁止司法机关进行类推解释,但不禁止立法机关进行类推解释

C. 罪刑法定原则禁止适用不利于行为人的事后法,但不禁止适用有利于行为人的事后法

D. 罪刑法定原则要求刑法规范的明确性,但不排斥规范的构成要件要素

📖 答案( )①

📖【考点】罪刑法定原则与类推解释

📖【解析】A错误,根据民主主义和人权主义的要求,罪刑法定原则不禁止扩大解释,因为扩大解释仍然在用语的含义范围以内,但禁止不利于被告人的类推解释,因为类推解释超过了用语可能具有的含义范围。B错误,根据立法学,立法机关不可能针对个案进行类推解释,其所做的"类推解释"具有一般性和规范性,属于立法范畴,而非类推解释。C正确,即罪刑法定原则不禁止有利于被告人的溯及既往,有利于被告人的溯及既往尽管损害了行为的预测可能性,但并不侵犯人权。这是罪刑法定原则实质的侧面。D错误,根据民主主义和人权主义,为了准确表达民意和保障行为的可预测性,表述刑法规范的用语应尽量明确,但由于语言的局限性和立法技术的要求立法者不可能做到绝对明确。所以,明确性是在实然世界里追求的一种应然性。描述性要素比规范性要素要明确,因此建构构成要件应该优先选用描述性要素,但是一旦描述性要素缺位时,也只能选用规范性要素。简言之,罪刑法定原则原则上排斥规范的构成要件要素。

2. 下列哪种说法是正确的?(2006 – 2 – 20)

A. 将强制猥亵妇女罪中的"妇女"解释为包括男性在内的人,属于扩大解释

B. 将故意杀人罪中的"人"解释为"精神正常的人",属于应当禁止的类推解释

C. 将伪造货币罪中的"伪造"解释为包括变造货币,属于法律允许的类推解释

D. 将为境外窃取、刺探、收买、非法提供国家秘密、情报罪中的"情报"解释为"关系国家安全和利

益、尚未公开或者依照有关规定不应公开的事项",属于缩小解释

📖 答案(　　　)①

📖 【考点】 解释技巧

📖 【解析】 A错误,就威胁男性而言,男性的性自决权虽然也值得保护,但是立法者并未将猥亵妇女罪的保护范围拓展至男性。由于男性完全超出了"妇女"一词可能具有的含义范围,因此将男性也解释为妇女,属于类推解释,违反罪刑法定原则。B错误,故意杀人罪中的人是指他人,不管精神正常或精神不正常,其生命法益是平等保护的。将人限定于精神正常的人,违反了故意杀人罪的规范目的;同时,精神正常人完全在人可能的含义范围以内,不属于类推解释。该解释应属于禁止的缩小解释。C错误,尽管从广义上,变造也在伪造可能的含义范围以内,但是由于伪造货币与变造货币被刑法分别规定为两个不同的罪名,根据体系解释方法,变造不能解释为伪造,否则便属于禁止的类推解释。D正确,将为境外窃取、刺探、收买、非法提供国家秘密、情报罪中的"情报"可能的含义范围十分宽泛,但根据该罪所处章节,将其解释为"关系国家安全和利益、尚未公开或者依照有关规定不应公开的事项",这便缩小了语义范围,属于缩小解释。

3. ①立法解释是由立法机关作出的解释,既然立法机关在制定法律时可以规定"携带凶器抢夺的"以抢劫罪论处,那么,立法解释也可以规定"携带凶器盗窃的,以抢劫罪论处"。

②当然,立法解释毕竟是解释,所以,立法解释不得进行类推解释。

③司法解释也具有法律效力,当司法解释与立法解释相抵触时,应适用新解释优于旧解释的原则。

④不过,司法解释的效力低于立法解释的效力,所以,立法解释可以进行扩大解释,司法解释不得进行扩大解释。

关于上述四句话正误的判断,下列哪一选项是正确的?(2008－2－20)

A. 第①句正确,其他错误

B. 第②句正确,其他错误

C. 第③句正确,其他错误

D. 第④句正确,其他错误

📖 答案(　　　)②

📖 【考点】 罪刑法定原则与立法解释

📖 【解析】 ①错误,立法机关在制定法律时规定"携带凶器抢夺的"以抢劫罪论处,这是立法而非立法解释。该立法具有法理上的根据,并非任意而为。立法解释与立法具有相同的效力,但是立法解释也是刑法解释,也必须受制于罪刑法定原则(实际上立法机关受罪刑法定原则制约是该原则首要要求)。规定"携带凶器盗窃的,以抢劫罪论处",这完全缺乏法理上的根据;另一方面,这一解释完全超越了刑法典关于抢劫罪相关规定的可能含义,属于不应该存在的无效的类推解释。立法解释者作出类推解释所关注的并非规范本身产生的歧义,而是"携带凶器抢夺的"与"携带凶器盗窃"这两种事实之间的类似性。显然,这一解释思路已经脱离了立法解释范畴而进入立法范畴。但作为立法解释一定只能着眼于规范本身的歧义,因而不可能采用类推解释的方法。若采用该方法,便是在行使立法权,所作解释违反立法法,应归于无效。②正确,如果立法解释可以进行类推解释,那么立法解释就会完全脱离罪刑法定原则的制约,由于立法解释与立法效力相同,所以必然造成刑法安定性的丧失,最终导致刑法沦为特定解释者控制的工具,破坏法治,重蹈人治。③错误,立法解释的效力与立法相同,而司法解释效

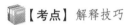

力低于立法,因此立法解释的效力高于司法解释。④错误,无论是立法解释还是司法解释,都可以参酌刑法产生的原因、理由、沿革以及其他相关事项,根据法律精神,对刑法用语的字面含义进行扩张,使其符合刑法真实的含义,即立法解释和司法解释均可进行扩大解释。

4. 根据《刑法》第一百一十一条的规定,为境外的机构、组织、人员非法提供国家秘密或者情报的,构成犯罪。司法解释将其中的"情报"解释为"关系国家安全和利益、尚未公开或者依照有关规定不应公开的事项"。这一解释属于下列何种解释?(2008 川 – 2 – 1)

    A. 补正解释

    B. 当然解释

    C. 反对解释

    D. 缩小解释

                        答案(   )①

【考点】 解释技巧

【解析】 A 错误,补正解释是在法律规定存在冲突时,予以补充修正,从而避免矛盾的解释。将情报限定在与国家安全与利益有关的范围内,并非修正意义上的补充。B 错误,当然解释是根据形式逻辑、规范目的及事物的本质进行当然论理。将情报限定在与国家安全与利益有关的范围内,并非从法条本身的形式逻辑、规范目的或事物的本质能够得出,而是需要从立法精神推导。C 错误,反对解释是根据刑法条文的正面描述,推导其反面含义的方法。此处对情报的解释,完全与反面含义无关。D 正确,将情报限定在与国家安全与利益有关的范围内,这便限缩了情报文理解释所确定的含义,属于缩小解释。

5. 关于刑法解释的说法,下列哪一项是正确的?(2009 – 2 – 1)

    A. 将盗窃罪对象的"公私财物"解释为"他人财物",属于缩小解释

    B. 将《刑法》第 171 条出售假币罪中的"出售"解释为"购买和销售",属于当然解释

    C. 对随身携带枪支等国家禁止个人携带的武器以外的其他器械进行抢夺的,解释为以抢劫罪定罪,属于扩张解释

    D. 将信用卡诈骗罪中的"信用卡"解释为"具有消费支付、信用贷款、转账结算、存取现金等全部功能或部分功能的电子支付卡",属于类推解释

                        答案(   )②

【考点】 解释技巧

【解析】 A 错误,表面上看,"他人财物"确实为"公私财物"所包含,可谓根据刑法法理做了比字面含义③更为狭隘的解释,因而属于缩小解释。但是,缩小解释的比照标准并不是将用语从具体语境

---

①参考答案 D   ②参考答案 C   ③作者认为:字面含义不同于文理解释,字面含义是脱离语境进行抽象而形式化的解释,在刑法中没有意义。文理解释则是根据具体语境,结合生活经验进行的日常解释,这种日常理解是刑法解释的逻辑起点与参照系。即,文理解释所确定的用语含义是扩大解释、缩小解释与类推解释的比照标准。缩小解释意指所做的解释小于文理解释的解释。扩大解释是大于文理解释的解释(但未超过用语可能含义的范围)。类推解释则超过了用语的可能语意范围。上述三者是根据解释结论与用语文理解释之间的比较关系作出的分类。注意,缩小解释不是比字面含义狭隘的解释,而是比文理解释狭隘的解释。

抽离后的字面含义,而是文理解释。根据文理解释,盗窃的对象当然是指盗窃他人的财物(他人占有的财物),自己占有的财物不可能再次被"转移占有"。所以,盗窃对象具有"他人性"这一解释并非源自于刑法的规范目的,而是用语在日常生活中该用语的文理含义。依此,"他人财物"属于文理解释的当然结论。本题"他人财物"既未扩大也未缩小盗窃罪"公私财物"范围,不属于缩小解释。B 错误,《刑法》第 171 条规定,"出售、购买伪造的货币或者明知是伪造的货币而运输,数额较大的,处三年以下有期徒刑或者拘役……"依此,出售与购买是单独分开的,应当认为这里的出售仅仅包括销售,不能理解为贩卖。C 正确,因为在抢劫罪的具体语境下,凶器的文理解释一般仅限于国家管制的仅凭外观就足以使人感觉人身安全受到威胁的器物。如果将凶器的范围拓展到上述含义之外,那么就属于扩张解释。D 错误,严格说来,类推解释①是针对司法者而言的,指成文法原本没有可以适用的规定,但根据事物之间的相似性,寻找最密切联系的规定进行类推适用。立法者不可能进行个案的类推适用,因而不存在立法者的类推解释。全国人大常委会颁布的立法解释将电子借记卡也涵摄到信用卡之内,作出了比文理解释更为宽泛的解释,显然属于扩大解释。该解释如果超出了用语可能的语意范围,并且由司法者作出,那么无疑是类推解释。但因为是立法者,只能在立法解释的分类中将其归入扩大解释。

【难点】 (1)有考生对"他人财物"存在误读,认为归自己所有但仍然由他人占有的财物也可以成为盗窃罪的对象,因此盗窃罪的公私财物既包括他人的财物也包括自己的财物。应该说,这一理解忽视了刑法用语的自立性和特殊性。一般来说,刑法强调财产法益事实性的一面,反对过于观念化的理性建构。刑法所谓"他人财物"是指他人占有的财物,而非他人所有的财物。套用民法的用语,这里的占有可以理解为"处在事实上的所有权地位"。就此而言,自己所有但归他人占有的财物仍然属于"他人财物",因为,处在事实上的所有权地位的并非自己而是他人。(2)类推解释仅限于司法者,立法者不可能进行类推适用,因此也不会产生类推解释。考生容易单纯从是否超越用语可能的语意范围这一个要素区分类推解释和扩大解释,忽略了类推解释存在的场域仅限于司法中的类推适用,导致误将立法解释中超越语意范围的扩大解释也归入"类推解释"之列。

6. ①对于同一刑法条文中的同一概念,既可以进行文理解释也可以进行论理解释
②一个解释者对于同一刑法条文的同一概念,不可能同时既作扩大解释又作缩小解释
③刑法中类推解释被禁止,扩大解释被允许,但扩大解释的结论也可能是错误的
④当然解释追求结论的合理性,但并不必然符合罪刑法定原则
关于上述 4 句话的判断,下列哪些选项是错误的? (2011-2-51)
A. 第①句正确,第②③④句错误
B. 第①②句正确,第③④句错误
C. 第①③句正确,第②④句错误
D. 第①③④句正确,第②句错误

答案(   )②

---

①"类推解释"这一提法虽然在我国约定俗成,但实际上极不严格,正确的称谓应该是类推适用,即司法者为填补法律漏洞类推适用法律规则或原理的一种审判活动。民法不禁止类推适用,但刑法出于罪刑法定原则的要求予以禁止。类推解释是类推适用之后的产物,它与扩大解释的区别在于是否超越了用语可能的语意范围,以及是否涉及司法审判中的个案。   ②参考答案 ABCD

【考点】 解释技巧与解释理由

【解析】 ①正确,文理解释为论证结论的合理性提供论证的理由,论理解释则是为论证结论的合理性提供论证的技巧(包括扩大解释、缩小解释、补正解释、反对解释、体系解释、相对解释、目的解释、历史解释和当然解释)。由此可见,文理解释与论理解释并不是对立的关系,可以同时运用在刑法解释中。②正确,解释理由可以兼采多种,但解释技巧有时只能采取一种,否则便陷入自相矛盾。扩大解释与缩小解释是对立的关系,不可能兼采。③正确,扩大解释是罪刑法定原则允许的解释技巧,但是不能据此认为扩大解释的任何结论都是合理的。不合理的扩大解释,完全有可能超过一般人的预见范围,进而侵犯人权,最终违反罪刑法定原则。④正确,当然解释一方面考虑形式逻辑、规范目的和事物的本质,另一方面还需要考虑刑罚处罚的必要性,由此得出的解释结论尽管合乎情理,但仍然可能超越用语可能具有的含义,从而侵犯了一般人对行为后果的预见可能性,违反罪刑法定原则。例如,倒卖飞机票比倒卖车票船票更具有危害性,但据此不能认为其构成犯罪,因为无论如何飞机票都超越了车船票可能具有的含义范围。

7. 关于《刑法》分则条文的理解,下列哪些选项是错误的?(2011 - 2 - 58)

A. 即使没有《刑法》第二百六十九条的规定,对于犯盗窃罪,为毁灭罪证而当场使用暴力的行为,也要认定为抢劫罪

B. 即使没有《刑法》第二百六十七条第二款的规定,对于携带凶器抢夺的行为也应认定为抢劫罪

C. 即使没有《刑法》第一百九十六条第三款的规定,对于盗窃信用卡并在 ATM 取款的行为,也能认定为盗窃罪

D. 即使没有《刑法》第一百九十八条第四款的规定,对于保险事故的鉴定人故意提供虚假的证明文件为他人实施保险诈骗提供条件的,也应当认定为保险诈骗罪的共犯

答案(　　　)①

【考点】 罪刑法定原则;类推解释;法律拟制

【解析】 A 错误,犯盗窃罪,为毁灭罪证而当场使用暴力的行为,显然不同于一般意义上的抢劫行为。前者是先取财,后实施暴力,且暴力行为并非取财行为的手段行为,而是毁灭证据的手段行为,后者则暴力行为仅仅是取财的手段,必然先实施暴力行为,之后取财。由此可见,两者在事实上存在重大差别,刑法关于后者的规定,无论如何也不可能涵摄到前者。如果没有《刑法》第 269 条的规定,将该行为认定为抢劫罪,便违反了罪刑法定原则,实际上进行了类推适用。可见,《刑法》第 269 条属于法律拟制。B 错误,单纯的携带凶器抢夺,并不包括使用凶器的行为,因此不可能满足抢劫罪的一般规定。如果没有《刑法》第 267 条第 2 款的规定,携带凶器抢夺的行为不应认定为抢劫罪。可见,《刑法》第 267 条第 2 款属于法律拟制。如果没有《刑法》第 267 条第 2 款的规定,将该行为认定为抢劫罪,便违反了罪刑法定原则,进行了类推适用。C 正确,盗窃信用卡并在自动取款机使用的,前半段行为属于对信用卡本身的盗窃(价值低微,不成立犯罪),后半段属于对银行占有现金的盗窃,前者与后者针对同一法益(盗窃信用卡是在自动取款机取款的手段行为,后者使前者有意义),因此前者成立与罚的前行为,后者成立盗窃罪。可见,没有该款规定,盗窃信用卡并在自动取款机使用,原本就成立盗窃罪。D 正确,保险事故的鉴定人故意提供虚假的证明文件为他人实施保险诈骗提供条件,该行为显然成立保险诈骗罪的帮助犯,因此,即便没有该款规定,也成立保险诈骗罪的共犯。C、D 两项均属于注意规定。

---

①参考答案 AB,选项 C 表明,机器(ATM)不能被骗(拾得信用卡并在 ATM 上使用应认定信用卡诈骗罪是唯一例外)。

8. 关于刑法解释,下列哪一选项是错误的?(2013 - 2 - 3)

A. 学理解释中的类推解释结论,纳入司法解释后不属于类推解释

B. 将大型拖拉机解释为《刑法》第116条破坏交通工具罪的"汽车",至少是扩大解释乃至是类推解释

C.《刑法》分则有不少条文并列规定了"伪造"与"变造",但不排除在其他一些条文中将"变造"解释为"伪造"的一种表现形式

D.《刑法》第65条规定,不满18周岁的人不成立累犯;《刑法》第356条规定,因走私、贩卖、运输、制造、非法持有毒品罪被判过刑,又犯本节规定之罪的,从重处罚。根据当然解释的原理,对不满18周岁的人不适用《刑法》第356条

📖 答案( )①

📚 【考点】刑法解释;累犯与毒品再犯

📝 【解析】A错误,类推解释属于解释本身的属性,无论其由谁作出,均不会改变自身属性。B正确,大型拖拉机在一般人看来区别于汽车,其主要功能存在明显差异,据此,大型拖拉机涉嫌超越汽车一词的可能含义,属于扩大解释甚至类推解释。C正确,分则特定条文将变造与伪造分开规定时,如伪造货币与变造货币,对该条文中的伪造或变造就应加以区分,不能合二为一。但是在诸如伪造增值税专用发票、车船票等规定中,仅规定了伪造,没规定变造。在这一场合,有必要将变造解释为伪造,这样既未超过用语可能的含义,也考虑了法益保护的需要。D正确,累犯本身重于一般的再犯,或者说,累犯原本就是较重的再犯,其成立条件和法律后果都区别于一般再犯,更为严格和严重。就此而言,既然未成年人不可以适用较重的累犯,按照形式逻辑和事物的本质,举重以明轻,当然也不适用再犯的规定。这里的再犯规定当然包括毒品犯罪的再犯。

9. 关于刑法用语的解释,下列哪一选项是正确的?(2014 - 2 - 3)

A. 按照体系解释,刑法分则中的"买卖"一词,均指购买并卖出;单纯的购买或者出售,不属于"买卖"

B. 按照同类解释规则,对于刑法分则条文在列举具体要素后使用的"等"、"其他"用语,应按照所列举的内容、性质进行同类解释

C. 将明知是捏造的损害他人名誉的事实,在信息网络上散布的行为,认定为"捏造事实诽谤他人",属于当然解释

D. 将盗窃骨灰的行为认定为盗窃"尸体",属于扩大解释

📖 答案( )②

📚 【考点】解释技巧

📝 【解析】A错误,因为买卖一词在不同条文完全可能根据刑法目的解释为买或卖,未必只能解释为买并卖,体系解释从来不主张刑法用语在整部刑法中有且只有一种含义,它只是要求用语在满足法益保护目的的前提下尽量在刑法规范体系内保持协调统一,避免矛盾和对立。B所谓的"等"、"其他"属于同类标志,对此可以进行同类解释。在同类解释时,只有具有相同上位属性的用语才能进行同类解释,具有不同属性的用语不能进行同类解释。一般认为,"等"、"其他"属于明显的同类属性标志。C错误,当然解释是通过举重以明轻或举轻以明重这种体系内比较的方法所作出的解释,其实质是根据体系解释的需要所作出的一种目的性推论。当然解释的基本构造:A行为是在B行为基础上数量或

---

① 参考答案A ② 参考答案B

属性上的强化或弱化;如果 A 较重,但刑法不处罚 A,那么必然也不处罚 B(举重以明轻);如果 A 较轻,但刑法处罚 A,那么必然也处罚 B(举轻以明重)。"明知是捏造的损害他人名誉的事实而在信息网络上散布"的行为,与"捏造事实诽谤他人"的行为,两者在数量或属性上没有轻重之别,因此不可能通过当然解释得出某种推论。刑法将前者认定为后者,是因为两者事物的本质上没有区别,单纯捏造但不传播的行为不会侵犯他人名誉,因此称不上诽谤他人,反过来说,传播捏造的事实才是后者的本质规定性。就这一点而言,前者完全具备,因此,从正常的概念涵摄,前者可以完全涵摄到后者之下。这一结论与当然解释无关。D 错误,骨灰是经过焚烧处理之后的尸体残留物,如果说将骨骸解释为尸体属于扩大解释,那么将骨灰也解释为尸体就完全超出了尸体可能具有的含义范围,属于类推解释。尸体通常是指人死亡之后遗留的躯体。需要注意的是,根据《刑法修正案(九)》的规定,尸体、尸骨和骨灰被分别规定在同一罪名中,彼此之间具有并列关系,就此而言,尸骨不再属于尸体。

10. 下列哪些选项不违反罪刑法定原则?(2014 - 2 - 51)

A. 将明知是痴呆女而与之发生性关系导致被害人怀孕的情形,认定为"造成其他严重后果"

B. 将卡拉 OK 厅未经著作权人许可大量播放其音像制品的行为,认定为侵犯著作权罪中的"发行"

C. 将重度醉酒后在高速公路超速驾驶机动车的行为,认定为以危险方法危害公共安全罪

D.《刑法》规定了盗窃武装部队印章罪,未规定毁灭武装部队印章罪。为弥补处罚漏洞,将毁灭武装部队印章的行为认定为毁灭"国家机关"印章

答案(   )①

【考点】 解释技巧与罪刑法定原则

【解析】 A 正确,刑法关于强奸罪严重后果的规定表述为"死亡、重伤或其他严重后果",根据同位解释规则,这里的其他严重后果应与重伤死亡具有相当性——均为对生命健康法益的严重侵害。痴呆女不具有独立生产和养育子女的能力,使其怀孕会极大侵害被害人及其子女的生命健康法益。这一结果与刑法所列举的严重后果具有相当性,因此可以将其评价为"其他严重后果"。B 错误,"播放"无论如何也超出了"发行"的日常理解,即超越了用于可能的含义范围,属于类推解释。C 正确,重度醉酒几乎完全丧失车辆控制能力,且在高速行驶,随时可能发生严重交通事故,其危险性与放火、决水、爆炸、投放危险物质的危险性相当,未超出危险方法可能的含义范围。D 正确,武装部队属于军事机关,军事机关属于国家机关符合我国对国家机关的一般理解。

【难点】 危险驾驶罪是抽象危险犯,其危险性较低,而以危险方法危害公共安全罪属于具体危险犯,危险不仅具体,而且与放火、决水、爆炸、投放危险物质的危险性相当。重度醉酒后在高速公路超速驾驶机动车显然形成了具体危险,且程度与放火、决水、爆炸、投放危险物质的危险性相当。如仅评价为危险驾驶罪,则完全忽视了危险程度的差异,属于不完全的评价。

11. 关于刑法解释,下列哪些选项是错误的?(2015 - 2 - 51)

A.《刑法》规定"以暴力、胁迫或者其他手段强奸妇女的"构成强奸罪。按照文理解释,可将丈夫强行与妻子性交的行为解释为"强奸妇女"

B.《刑法》对抢劫罪与强奸罪的手段行为均使用了"暴力、胁迫"的表述,且二罪的法定刑相同,故对二罪中的"暴力、胁迫"应作相同解释

C. 既然将为了自己饲养而抢劫他人宠物的行为认定为抢劫罪,那么,根据当然解释,对为了自己

---

① 参考答案 ACD

收养而抢劫他人婴儿的行为更应认定为抢劫罪,否则会导致罪刑不均衡

D. 对中止犯中的"自动有效地防止犯罪结果发生",既可解释为自动采取措施使得犯罪结果未发生;也可解释为自动采取防止犯罪结果发生的有效措施,而不管犯罪结果是否发生

答案(   )①

📖**【考点】** 文理解释与论理解释

📖**【解析】** A正确,文理解释是指按照法条的字面含义进行解释,据此,妻子当然可以涵摄在妇女的字面含义之内,强奸妻子符合强奸妇女的规定,应构成强奸罪。B错误,从论理解释角度,抢劫罪的暴力胁迫并非一般意义上的暴力胁迫(文理解释),而要求足以压制一般人反抗(论理解释)。强奸罪中的暴力胁迫只要达到被害妇女明显不能反抗即可(论理解释),两者不完全相同。C错误,选项的论述结构符合当然解释的逻辑,但是当然解释必须尊重罪刑法定原则的要求,由于婴儿无论如何也不能评价为财物,将抢劫婴儿的行为解释为抢劫罪,属于类推解释,显然违反了罪刑法定原则。D错误,中止犯的有效性并非指中止措施本身内在的有效性,而是从外在角度,中止行为有效避免了危害结果发生。

12. 关于罪刑法定原则与刑法解释,下列哪些选项是正确的?(2016-2-51)

A. 对甲法条中的"暴力"作扩大解释时,就不可能同时再作限制解释,但这不意味着对乙法条中的"暴力"也须作扩大解释

B.《刑法》第237条规定的强制猥亵、侮辱罪中的"侮辱",与《刑法》第246条规定的侮辱罪中的"侮辱",客观内容相同、主观内容不同

C. 当然解释是使刑法条文之间保持协调的解释方法,只要符合当然解释的原理,其解释结论就不会违反罪刑法定原则

D. 对刑法分则条文的解释,必须同时符合两个要求:一是不能超出刑法用语可能具有的含义,二是必须符合分则条文的目的

答案(   )②

📖**【考点】** 刑法解释

📖**【解析】** A正确,按解释的方法可以概括地分为解释的技巧和解释的理由。解释的理由可以多元,但解释的技巧只能一元。扩大解释属于解释的技巧,要么采取扩大解释,要么采取缩小解释,不可能针对同一法条的同一解释对象既扩又缩。此外,根据体系解释的原理,刑法解释具有相对性,针对不同法条可以进行不同的解释。B错误,解释具有相对性,同一概念在不同法条中,会因为规范目的、上下文等的不同而不同。强制猥亵、侮辱罪中的侮辱与猥亵行为需要进行同类解释,即侵害保护性的羞耻心与性的自决权的行为;侮辱罪中的侮辱则是侵害社会名誉的行为,两者内涵不同,无论在主观内容还是在客观内容上均存在重大区别。C错误,当然解释属于一种特殊的体系解释,但是它只是解释理由的一种,完全考虑解释的实质合理性,而不考虑法条本身用于的含义范围这一形式合理性的要求,因而仍然可能违反罪刑法定原则的形式侧面。D正确,"不能超出刑法用语可能具有的含义"和"必须符合分则条文的目的"是刑法解释的两大指导观念,刑法解释必须符合这两个基本要求。

---

①参考答案 BCD   ②参考答案 AD

第三章　刑法论其他问题

第一节　刑法空间效力

1. 下列哪些犯罪行为应实行属地管辖原则？（2005－2－56）

A. 外国人乘坐外国民航飞机进入中国领空后实施犯罪行为

B. 中国人乘坐外国船舶，当船舶行驶于公海上时实施犯罪行为

C. 外国人乘坐中国民航飞机进入法国领空后实施犯罪行为

D. 中国国家工作人员在外国实施我国刑法规定的犯罪行为

答案（　　）①

【解析】 A 正确，外国民航飞机进入中国领空便进入了我国领域内，我国根据属地主义可以行使管辖权。当然，对于外国民航飞机内发生的犯罪，该国也能够根据属地主义行使管辖权。此时，两国均有管辖权，且彼此之间平等。B 错误，公海处于我国领域外，同时，外国船舶也非我国领域，因此不能采用属地主义行使管辖权。只能通过属人主义取得管辖权。C 正确，中国民航飞机属于中国领域，无论该飞机处于何国领域，也无论犯罪人国籍为何，都能根据属地主义取得管辖权。D 错误，行为人在我国领域外犯罪，无论其是否具有中国国籍，也无论其是否具有国家工作人员身份，都不可能根据属地主义取得管辖权。只能通过属人主义取得管辖权。

2. 下列关于中国刑法适用范围的说法哪些是错误的？（2004－2－56）

A. 甲国公民汤姆教唆乙国公民约翰进入中国境内发展黑社会组织。即使约翰果真进入中国境内实施犯罪行为，也不能适用中国刑法对仅仅实施教唆行为的汤姆追究刑事责任

B. 中国公民赵某从甲国贩卖毒品到乙国后回到中国。由于赵某的犯罪行为地不在中国境内，行为也没有危害中国的国家或者国民的利益，所以，不能适用中国刑法

C. A 国公民丙在中国留学期间利用暑期外出旅游，途中为勒索财物，将 B 国在中国的留学生丁某从东北某市绑架到 C 国，中国刑法可以依据保护管辖原则对丙追究刑事责任

D. 中国公民在中华人民共和国领域外实施的犯罪行为，按照刑法规定的最高刑为 3 年以下有期徒刑的，也可以适用中国刑法追究刑事责任

答案（　　）②

【解析】 A 错误，汤姆教唆约翰进入中国领域内犯罪，即便该行为发生在中国领域外，但由于教唆行为引起的实行行为及法益侵害结果发生在中国，所以，犯罪地仍然应该确定为中国。B 错误，根据属人主义，我国公民无论身处何地均应守法，毒品犯罪又属于重罪，必然适用我国刑法。C 错误，此处既无中国国家法益被侵害，也无中国公民法益被侵害，不可能根据保护主义取得管辖权。因为部分行为发生在中国，只能通过属地主义取得管辖权。D 正确，我国公民在我国领域外所犯之罪最高刑为三年以下有期徒刑的，刑法规定可以不予追究，但该规定同时也意味着我国仍然能够行使管辖权，即我国具有管辖的裁量自由。

①参考答案 AC　②参考答案 ABC

3. 关于刑事管辖权,下列哪些选项是正确的?(2007 - 2 - 51)

A. 甲在国外教唆陈某到中国境内实施绑架行为,中国司法机关对甲的教唆犯罪有刑事管辖权

B. 隶属于中国某边境城市旅游公司的长途汽车在从中国进入 E 国境内之后,因争抢座位,F 国的汤姆一怒之下杀死了 G 国的杰瑞。对汤姆的杀人行为不适用中国刑法

C. 中国法院适用普遍管辖原则对劫持航空器的丙行使管辖权时,定罪量刑的依据是中国缔结或者参加的国际条约

D. 外国人丁在中国领域外对中国公民犯罪的,即使按照中国刑法的规定,该罪的最低刑为 3 年以上有期徒刑,也可能不适用中国刑法

答案(　　　)①

【解析】A 正确,甲的教唆行为虽然在国外,但所教唆的绑架行为及其结果发生在中国境内,犯罪地仍然在中国,中国有权根据属地主义进行管辖。B 正确,本案的行为地和结果地在 E 国,行为人和被害人均非中国公民,无论根据属地主义、保护主义还是属人主义均不能获得管辖权。C 错误,普遍管辖仅解决国际犯罪管辖权归属问题,一旦管辖权确定,管辖国能且仅能依据本国刑法进行管辖,即管辖权涉及的问题原本就是是否适用本国刑法的空间效力问题。D 正确,我国刑法仅规定在重罪的场合,保护主义允许行使管辖权,但并非必须行使管辖权。因此,本案也可能不适用中国刑法。

4. 某外国商人甲在我国领域内犯重婚罪,对甲应如何处置?(2005 - 2 - 3)

A. 适用我国刑法追究其刑事责任

B. 通过外交途径解决

C. 适用该外国刑法追究其刑事责任

D. 直接驱逐出境

答案(　　　)②

【解析】A 正确,甲在我国领域内犯罪,当然适用我国刑法。B 错误,甲只是商人,不享有外交特权或豁免权。C 错误,我国根据属地主义行使管辖权当然只能适用中国刑法追责。D 错误,驱逐出境属于附加刑,未经法院审判不可能直接适用刑罚。

5. A 国商人汤姆劫持 B 国民用航空器,欲前往 C 国,但 C 国拒绝其降落,后无奈迫降中国。对汤姆的刑事责任问题的处理,下列哪一选项是正确的?(2008 川 - 2 - 23)

A. 依据保护管辖原则,适用中国法律追究其刑事责任

B. 通过外交途径解决

C. 依照普遍管辖权原则,适用中国法律追究其刑事责任

D. 依据属地管辖原则,适用中国法律追究其刑事责任

答案(　　　)③

【解析】A 错误,我国国家和公民均未在本案中受害,不可能根据保护原则行使管辖权。B 错误,汤姆只是商人,不享有外交特权和豁免权,不能通过外交途径解决。C 错误,普遍管辖原则仅在其他管辖原则无效时才发挥效力,本案完全能够根据属地主义解决管辖权问题,不需要适用普遍管辖。D 正确,本案的结果地发生在中国,因此可以适用属地管辖。

①参考答案 ABD　②参考答案 A　③参考答案 D

👤【难点】普遍管辖具有补充性,一方面它仅仅针对国际犯罪,另一方面它只在有其他原则无效时,才能发挥作用。之所以如此,是因为按照国际法,基于主权的刑事管辖权优于基于国际公约的刑事管辖权。

第二节　刑法时间效力

1.《刑法修正案(八)》于 2011 年 5 月 1 日起施行。根据《刑法》第 12 条关于时间效力的规定,下列哪一选项是错误的?(2013 - 2 - 4)

A. 2011 年 4 月 30 日前犯罪,犯罪后自首又有重大立功表现的,适用修正前的刑法条文,应当减轻或者免除处罚

B. 2011 年 4 月 30 日前拖欠劳动者报酬,2011 年 5 月 1 日后以转移财产方式拒不支付劳动者报酬的,适用修正后的刑法条文

C. 2011 年 4 月 30 日前组织出卖人体器官的,适用修正后的刑法条文

D. 2011 年 4 月 30 日前扒窃财物数额未达到较大标准的,不得以盗窃罪论处

💾 答案(　　　)①

📖【考点】溯及力

📑【解析】A 正确,2011 年 4 月 30 日前犯罪,犯罪后自首又有重大立功表现的,由于《刑法修正案(八)》将"应当减轻或者免除处罚"删除,新法重于旧法,根据从旧兼从轻原则,当然适用修正前的刑法条文。B 正确,2011 年 4 月 30 日前拖欠劳动者报酬,当时并无拒不支付劳动报酬罪(《刑法修正案(八)》增设),无罪。但 2011 年 5 月 1 日后以转移财产方式拒不支付劳动者报酬的行为,属于新法生效以后新发生的拒不支付劳动报酬的行为,当然可以追究刑事责任。C 错误,2011 年 4 月 30 日前组织出卖人体器官的,当时并无组织出卖器官罪,该行为并不构成犯罪。2011 年 5 月 1 日后《刑法修正案(八)》增设该罪名,但根据从旧兼从轻原则,不具有溯及力。D 正确,2011 年 4 月 30 日前扒窃财物数额未达到较大标准的,按照旧法并不成立犯罪。扒窃型盗窃罪由《刑法修正案(八)》增设,但根据从旧兼从轻原则,新法不具有溯及力。

2. 关于刑罚的具体运用,下列哪些选项是错误的?(2014 - 2 - 55)

A. 甲 1998 年因间谍罪被判处有期徒刑 4 年。2010 年,甲因参加恐怖组织罪被判处有期徒刑 8 年。甲构成累犯

B. 乙因倒卖文物罪被判处有期徒刑 1 年,罚金 5000 元;因假冒专利罪被判处有期徒刑 2 年,罚金 5000 元。对乙数罪并罚,决定执行有期徒刑 2 年 6 个月,罚金 1 万元。此时,即使乙符合缓刑的其他条件,也不可对乙适用缓刑

C. 丙因无钱在网吧玩游戏而抢劫,被判处有期徒刑 1 年缓刑 1 年,并处罚金 2000 元,同时禁止丙在 12 个月内进入网吧。若在考验期限内,丙仍常进网吧,情节严重,则应对丙撤销缓刑

D. 丁系特殊领域专家,因贪污罪被判处有期徒刑 8 年。丁遵守监规,接受教育改造,有悔改表现,无再犯危险。1 年后,因国家科研需要,经最高法院核准,可假释丁

💾 答案(　　　)②

📖【考点】溯及力;刑罚具体制度

【解析】A 错误。根据《刑法修正案(八)》关于累犯的修订,后罪为恐怖活动可构成特殊累犯。而按照旧法,这种情况不构成特殊累犯。本案均发生在 2011 年 5 月 1 日之前,按照从旧兼从轻原则,不能适用新法,而只能适用旧法。B 错误,适用缓刑的刑罚条件是针对宣告刑而言的,乙的宣告刑小于 3 年,符合缓刑条件,可以适用缓刑。C 正确,根据《刑法修正案(八)》的规定,违反禁止令情节严重,撤销缓刑。D 正确,根据假释的相关规定,在符合法定条件的前提下,经最高人民法院核准,假释无执行期限限制。

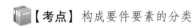 第二编　犯罪论

第一章　构成要件要素

1. 关于构成要件要素的分类,下列哪些选项是正确的?（2008－2－51）

A. 贩卖淫秽物品牟利罪中的"贩卖"是记述的构成要件要素,"淫秽物品"是规范的构成要件要素

B. 贩卖毒品罪中的"贩卖"是记述的构成要件要素,"毒品"是规范的构成要件要素

C. 强制猥亵妇女罪中的"妇女"是记述的构成要件要素,"猥亵"是规范的构成要件要素

D. 抢劫罪的客观构成要件要素是成文的构成要件要素,"非法占有目的"是不成文的构成要件要素

答案(　　)①

【考点】构成要件要素的分类

【解析】记述构成要件要素只需要由法官进行事实判断、感官认知即可确定的要素,不需要规范评价。例如,"贩卖"、"未成年人"、"毒品"、"伪劣产品"、"妇女";而规范的构成要件要素则不能通过简单的事实判断、感官认知就能确定,而是需要考虑法律、法规、经验法则、社会一般人的价值观念进行规范评价才能确定的要素。其本质部分只有通过精神的理解才能获得。例如,"猥亵"、"淫秽物品"、"侮辱"。成文的构成要件要素与不成文的构成要件要素是根据刑法是否明文规定的标准来划分的,前者是指刑法有明文规定的构成要件要素;后者则指刑法条文表面上没有明文规定,但根据刑法条文之间的相互关系、刑法条文对相关要素的描述所确定的,成立犯罪必须具备的要素。例如,非法占有的目的、处分行为等。

2.《刑法》第三百八十九条第一款规定:"为谋取不正当利益,给予国家工作人员以财物的,是行贿罪。"同条第三款规定:"因被勒索给予国家工作人员以财物,没有获得不正当利益的,不是行贿。"关于上述规定,下列哪些选项是正确的?（2008川－2－51）

A. "为谋取不正当利益"是客观的构成要件要素

B. "不正当利益"是规范的构成要件要素

C. "给予国家工作人员以财物"是客观的构成要件要素、积极的构成要件要素

D. 第三款规定的内容,属于消极的构成要件要素

答案(　　)②

【考点】构成要件要素的分类

---

①参考答案ACD　②参考答案BCD

【解析】A 错误。客观的构成要件要素是说明行为外部的、客观方面的要素,例如,行为主体、特殊身份、行为以及结果等;主观的构成要件要素是表明行为人内心的、主观方面的要素,例如,故意、过失、目的等。在本题中,"为谋取不正当利益"是表明行为人主观目的,说明行为人的内心而不是外部行为,所以,是主观构成要件要素。B 正确,"不正当利益"中的"不正当"需要法官根据一般文化的、社会的评价进行判断,是需要通过精神才能理解的要素,属于规范的构成要件要素。D 正确,"给予国家工作人员以财物"是客观存在的行为,属于客观的构成要件要素;此外,它是从正面、积极意义上肯定行贿罪成立的基本要素,因此属于积极的构成要件要素。C 正确,积极的构成要件要素是指积极地、正面地表明成立犯罪必须具备的要素;消极的构成要件要素则指否定犯罪性的构成要件要素,例如,"没有获得不正当利益的,不是行贿"就是行贿罪中的消极构成要件要素。

3.《刑法》第 246 条规定:"以暴力或者其他方法公然侮辱他人或者捏造事实诽谤他人,情节严重的,处三年以下有期徒刑、拘役、管制或者剥夺政治权利。"关于本条的理解,下列哪些选项是正确的?(2012 - 2 - 51)

A. "以暴力或者其他方法"属于客观的构成要件要素

B. "他人"属于记述的构成要件要素

C. "侮辱"、"诽谤"属于规范的构成要件要素

D. "三年以下有期徒刑、拘役、管制或者剥夺政治权利"属于相对确定的法定刑

答案(   )①

【考点】 构成要件要素的分类

【解析】 A 正确,以暴力或者其他方法属于客观存在的行为,属于客观的构成要件要素。B 正确,他人不需要进行规范评价,通过感官认知便可以确定。C 正确,"侮辱"、"诽谤"需要根据社会一般人的价值观进行判断,属于规范的构成要件要素。D 正确,我国刑法对法定刑绝大多数采取相对确定的法定刑,该选项中的刑种和刑期是相对确定的。

4. 关于构成要件要素,下列哪一选项是错误的?(2014 - 2 - 4)

A. 传播淫秽物品罪中的"淫秽物品"是规范的构成要件要素、客观的构成要件要素

B. 签订、履行合同失职被骗罪中的"签订、履行"是记述的构成要件要素、积极的构成要件要素

C. "被害人基于认识错误处分财产"是诈骗罪中的客观的构成要件要素、不成文的构成要件要素

D. "国家工作人员"是受贿罪的主体要素、规范的构成要件要素、主观的构成要件要素

答案(   )②

【解析】 A 正确,淫秽物品具有客观存在的外在事实,因此属于客观构成要件要素;淫秽的认定需要由法官根据社会观念或价值观进行规范评价,因此属于规范的构成要件要素。B 正确,签订和履行基于自然观察就可以认定,无须进行规范评价,因此属于记述的构成要件要素。同时,该要素需要正面、肯定地予以认定,因此属于积极的构成要件要素。C 正确,基于错误认识处分财产并非诈骗罪的法定要素,但是根据诈骗罪与盗窃罪之间的关系,或者说,根据法条规定关于行为类型的描述,成立诈骗罪必须具备此要素,这便是不成文的构成要件要素。D 错误,主体要素,特别是身份,属于典型的客观构成要件要素。国家工作人员是对行为之外的主体身份这一事实进行描述,并非对行为人内心或主观心理进行描述,所以属于客观构成要件要素和主体要素。此外,该要素的判断需要考虑是否处于履行公务期间,而这一点需要进行规范评价,因此属于规范的构成要件要素。

---

① 参考答案 ABCD　　② 参考答案 D

第二章　主体（身份）①

1.①特殊身份是指行为人在身份上的特殊资格,以及其他与一定的犯罪行为有关的、行为人在社会关系上的特殊地位或者状态。

②由于特殊身份必须与一定的犯罪行为有关,所以,性别、国籍等不可能成为特殊身份,首要分子则属于特殊身份。

③挪用公款罪是真正身份犯,只有国家工作人员可以构成挪用公款罪,但非国家工作人员可以成为挪用公款罪的共犯。

④根据《刑法》第三百零七条的规定,司法工作人员犯帮助毁灭、伪造证据罪的,从重处罚。这种情形称为不真正身份犯。

关于上段话正误的判断,下列哪一选项是正确的?（2008 川 - 2 - 3）

A. 第①句错误,其他正确　　　　B. 第②句错误,其他正确

C. 第③句错误,其他正确　　　　D. 第④句错误,其他正确

【答案（　　　）②】

【考点】身份

【解析】刑法上的身份是指行为人的特殊资格,以及其他与一定的犯罪行为有关的、行为主体在社会关系上的特殊地位或者状态,其具有一定的持续性,并总是与一定的犯罪行为密切联系。例如,男女性别、亲属关系、国籍、国家工作人员以及司法工作人员、证人等。身份必须是在行为主体开始实施犯罪行为时就已经具备的特殊资格或已经形成的特殊地位或者状态,因此,行为主体在实施犯罪后才形成的特殊地位,不属于特殊身份。例如,首要分子是实施犯罪后才形成的,因此不属于身份。自然人具备特殊身份才成立犯罪或者产生刑罚加减效果的犯罪,刑法上称之为身份犯,包括纯正（真正）身份犯（定罪身份）与不纯正（真正）身份犯（量刑身份）。据此,第①句、第③句和第④句都是正确的,第②句是错误的。

2. 关于犯罪主体,下列哪一选项是正确的?（2009 - 2 - 2）

A. 甲（女,43 岁）吸毒后强制猥亵、侮辱孙某（智障女,19 岁）,因强制猥亵、侮辱妇女罪（现修正为强制猥亵、侮辱罪）的主体只能是男性,故甲无罪

B. 乙（15 岁）携带自制火药枪夺取妇女张某的挎包,因乙未使用该火药枪,故应当构成抢夺罪

C. 丙（15 岁）在帮助李某扣押被害人王某索取债务时致王某死亡,丙不应当负刑事责任

D. 丁是司法工作人员,也可构成放纵走私罪

【答案（　　　）③】

【考点】特殊主体

【解析】A 错误,强制猥亵、侮辱妇女罪（现修正为强制猥亵、侮辱罪）的主体不限于男性,妇女不仅可以成为该罪的共犯,还可以成立该罪的正犯。B 错误,携带凶器抢夺成立抢劫罪,携带凶器本身并不要求使用凶器。据此本案成立抢劫罪。同时,已满14周岁不满16周岁的人应当对抢劫罪负刑事责任。据此,乙构成抢劫罪。C 正确,在非法拘禁他人索取债务时致人死亡的,可能成立故意杀人罪或

①此处真题仅涉及身份,与单位犯罪有关的真题见后文。　②参考答案B　③参考答案C

过失致人死亡罪。题干中表明死亡结果由扣押行为本身导致,未实施另外的暴力行为,因此成立过失致人死亡罪。已满14周岁不满16周岁的人对过失犯和非法拘禁罪均不承担刑事责任,据此,丙不成立犯罪。D 错误,放纵走私罪的主体仅限于海关工作人员,而非司法工作人员。司法人员同时具有海关工作人员身份(如缉私警察),那么构成放纵走私罪和徇私枉法罪的想象竞合犯,应按照较重的徇私枉法罪处罚。

第三章　行　为

第一节　作　为

甲女得知男友乙移情,怨恨中送其一双滚轴旱冰鞋,企盼其运动时摔伤。乙穿此鞋运动时,果真摔成重伤。关于本案的分析,下列哪一选项是正确的? (2013 - 2 - 5)

A. 甲的行为属于作为的危害行为

B. 甲的行为与乙的重伤之间存在刑法上的因果关系

C. 甲具有伤害乙的故意,但不构成故意伤害罪

D. 甲的行为构成过失致人重伤罪

📖 答案(　　　)①

📖 【考点】行为的法益侵害性

📖 【解析】犯罪是有责的不法,如果行为不可能产生法益侵害,那么就不能称之为不法行为,也就谈不上犯罪。甲基于伤害的决意送给乙旱冰鞋,该行为在本案中无论如何也不可能产生法益侵害,不能说存在不法行为。另一方面,乙的伤害结果从归责角度,也应全部归责于乙自己的行为,甲送旱冰鞋的行为与伤害结果不存在归责关系。据此,甲的行为不构成犯罪。此外,甲想象自己的行为可能实现故意伤害罪构成要件,且持希望态度,应具有伤害故意。A 错误,甲的行为不具有有害性(法益侵害性)。B 错误,甲的行为与伤害结果没有因果关系,中间介入乙自己的行为中断了因果关系。D 错误,即便甲存在过失,客观上也不存在任何不法行为,因此不可能成立过失犯。

第二节　不作为

1. 行为人在实施不纯正不作为犯罪时,其罪过:(2004 - 2 - 15)

A. 只能是故意　　　　　　　　B. 只能是过失

C. 既可以是故意,也可以是过失　　D. 只能是间接故意

📖 答案(　　　)②

📖 【考点】不纯正不作为犯

📖 【解析】不作为犯分为纯正不作为犯与不纯正不作为犯,前者是只能通过不作为的方式实现的犯罪,后者则指通过不作为方式实施原本是作为方式的犯罪。作为犯和不作为犯只是以行为表现方

①参考答案 C　②参考答案 C

式划分的犯罪类型,其与故意犯或过失犯没有必然对应关系。不纯正不作为犯的罪过形式可以是故意,也可以是过失。例如,不作为的故意杀人罪和不作为的交通肇事罪。不能把不纯正不作为犯理解为一种过失犯。

2. 下列与不作为犯罪相关的表述,哪一选项是正确的? (2006 - 2 - 4)

A. 甲警察接到报案:有歹徒正在杀害其妻。甲立即前往现场,但只是站在现场观看,没有采取任何措施。此时,县卫生局副局长刘某路过现场,也未救助被害妇女。结果,歹徒杀害了其妻。甲和刘某都是国家机关工作人员,都没有履行救助义务,均应成立渎职罪

B. 甲非常讨厌其侄子乙(6 岁)。某日,甲携乙外出时,张三酒后驾车撞伤了乙并迅速逃逸。乙躺在血泊中。甲心想,反正事故不是自己造成的,于是离开了现场。乙因得不到救助而死亡。由于张三负有救助义务,所以甲不构成不作为犯罪

C. 甲下班回家后,发现自家门前放着一包来历不明、类似面粉的东西。甲第二天上班时拿到实验室化验,发现是海洛因,于是立即倒入厕所马桶冲入下水道。甲虽然没有将毒品上交公安部门,但不构成非法持有毒品罪

D.《消防法》规定,任何人发现火灾都必须立即报警。过路人甲发现火灾后没有及时报警,导致火灾蔓延。甲的行为成立不作为的放火罪

📖 **答案(　　　)①**

📚 **【考点】** 作为义务来源;等价性

📖 **【解析】** A 错误,甲具有警察身份,根据法律规定其负有救助人民群众的义务,其能救助而不救助,"没有采取任何措施"导致死亡结果,成立不作为的渎职罪。刘某作为卫生局副局长不负救助义务,不成立渎职罪。B 错误,张三酒后驾车撞伤了乙,乙生命处于危险之中,作为其叔叔的甲基于紧密生活共同体而产生救助义务,但其能救助而未救助,成立不作为的遗弃罪甚至故意杀人罪。C 正确,甲捡拾并确认毒品后,产生上交的作为义务,但其不上交而立即销毁的行为与作为形式的持有毒品不具有等价性,因此不成立非法持有毒品罪。不作为形式的非法持有毒品应该负有上交义务的人持续性地占有毒品才可能成立本罪。D 错误,消防法的规定公民有报警义务,但是能报警而不报警与作为形式的放火行为不具有等价性,因此不成立不作为犯。应该说,只有负有救火义务,而不仅仅是报警义务的人,才可能以不作为方式成立放火罪。

3. 关于不作为犯,下列哪些选项是正确的? (2007 - 2 - 59)

A. 刑法规定,依法配备公务用枪的人员丢失枪支不及时报告,造成严重后果的构成犯罪。该罪以不报告为成立条件,属于不作为犯罪

B. 偷税罪是一种不履行纳税义务的行为,只能由不作为构成

C. 遗弃罪是一种不履行扶养义务的行为,属于不作为犯罪

D. 刑法规定,将代为保管的他人财物非法占为己有,数额较大,拒不退还的,构成犯罪。该罪以拒不退还为成立条件,属于不作为犯罪

📖 **答案(　　　)②**

📚 **【考点】** 不作为犯与作为犯的区分

📖 **【解析】** 作为犯的特点在于,行为人破坏现状,制造法不允许的风险,促成法益侵害。不作为犯的特点在于,行为人不介入已经存在的因果流程,放任风险,促成法益侵害。据此,A 正确。丢失枪支

制造了法不允许的风险,法律要求行为人积极介入,拉起保护法益的屏障。但行为人不及时报告,导致严重后果,属于不作为犯。B错误,偷税罪(现为逃税罪)既可以通过积极的破坏现状,比如做假账减少应纳税额,制造和实现法不允许的风险,也可以通过不介入已经存在的因果流程,比如明知税务人员计算应纳税额的数据有误却故意不指正,放任风险实现。因此,偷税罪既可能是作为犯,也可能是不作为犯。C正确,遗弃罪是对需要扶养的被害人负有扶养义务,但能扶养而拒不扶养的行为。显然,该犯罪属于不介入已经存在的因果流程,成立不作为犯。D错误,非法占为己有的行为既可能积极破坏现状,变暂时占有为非法所有,比如将尚未届至返还期限的借用物品非法占为己有,也可能消极不介入已经存在的因果流程成立不作为犯,比如将已经届至返还期限的借用物品非法占为己有。拒不返还与非法占为己有同义,反映了行为人的主观犯意,同时也是非法占为己有的必然表现。

4. 甲因家中停电而点燃蜡烛时,意识到蜡烛没有放稳,有可能倾倒引起火灾,但想到如果就此引起火灾,反而可以获得高额的保险赔偿,于是外出吃饭,后来果然引起火灾,并将邻居家的房屋烧毁。甲以失火为由向保险公司索赔,获得赔偿。对于此案,下列哪一选项是正确的?(2008 川 - 2 - 13)

A. 就放火罪而言,甲的行为属于不作为犯

B. 就放火罪而言,甲的行为属于作为与不作为的结合

C. 就保险诈骗罪而言,甲的行为属于不作为犯

D. 就保险诈骗罪而言,甲的行为属于作为与不作为的结合

📋 **答案(   )①**

📖 **【考点】** 不作为犯与作为犯的区分

📝 **【解析】** 甲因停电而点燃蜡烛,属于合法行为,未制造法不允许的风险。当意识到蜡烛没有放稳,因此可能引发火灾时,客观上已经存在导致火灾的因果流程,甲基于持有危险物而负有积极介入的作为义务,但其能作为而不作为,成立不作为犯。甲在火灾发生后谎报保险事故骗取保险金,属于破坏现状,制造法不允许的危险,成立作为犯。此外,保险诈骗罪既可以由作为构成,也可由不作为构成,但是本案情况属于作为。

5. 下列哪些选项成立不作为犯罪?(2008 川 - 2 - 52)

A. 过路人甲看见某公寓发生火灾而不报警,导致公寓全部被烧毁

B. 成年人乙带邻居小孩出去游玩,小孩溺水,乙发现后能够救助而不及时抢救,致使小孩被淹死

C. 丙重男轻女,认为女儿不能延续香火,将年仅1岁的女儿抱到火车站,放在长椅上后匆匆离开。因为天冷,等警察发现女孩将其送到医院时,女孩已经死亡

D. 司机丁意外撞倒负完全责任的行人刘某后,没有立即将刘某送往医院,刘某死亡。事后查明,即使司机丁将刘某送往医院,也不可能挽救刘某的生命

📋 **答案(   )②**

📖 **【考点】** 不作为犯的成立条件

📝 **【解析】** A错误,一般公民负有火灾的报警义务,但拒不报警的行为与作为形式的放火行为不具有等价性,因此不成立不作为犯。只有负有救火义务的人,才可能因此成立不作为犯。B正确,成年人带邻居小孩去游玩,基于事实上的承担而负有作为义务,在孩子面临危险时,能救助而未救助,成立不作为犯。C正确,丙是女儿的监护人,其将女儿放在火车站的行为本身没有制造法禁止的风险。但是,当孩子因饥饿、寒冷等原因需要扶助时,丙基于监护责任负有积极救助的作为义务,其能救助而未

救助,导致死亡结果的,成立不作为犯(遗弃罪)。D错误,丁撞伤刘某完全归责于刘某,很难说丁在法律上负有救助的作为义务。即便根据现场情况,只有丁能够救助刘某,基于社会团结义务产生救助义务,也不成立不作为犯。因为,在行为当时,客观上已经丧失救助可能性,结果具有不可避免性,即便认为丁的行为具有行为无价值(能履行作为义务而不履行),也不能说该行为具有结果无价值,与作为形式的犯罪不具有等价性,因此不能满足不作为犯的成立条件。

6. 关于不作为犯罪,下列哪些选项是正确的?（2010 – 2 – 52）

A. 甲在车间工作时,不小心使一根铁钻刺入乙的心脏,甲没有立即将乙送往医院而是逃往外地。医院证明,即使将乙送往医院,乙也不可能得到救治。甲不送乙就医的行为构成不作为犯罪

B. 甲盗伐树木时砸中他人,明知不立即救治将致人死亡,仍有意不救。甲不救助伤者的行为构成不作为犯罪

C. 甲带邻居小孩出门,小孩失足跌入粪塘,甲嫌脏不愿施救,就大声呼救,待乙闻声赶来救出小孩时,小孩死亡。甲不及时救助的行为构成不作为犯罪

D. 甲乱扔烟头导致所看仓库起火,能够扑救而不救,迅速逃离现场,导致火势蔓延财产损失巨大。甲不扑救的行为构成不作为犯罪

答案(　　)①

【考点】 不作为犯的成立条件

【解析】 A错误,甲不小心使乙受重伤,该行为属于制造危险的前行为,产生作为义务。甲能救助而不救助显然属于具有行为无价值的不法行为,但是当时结果发生具有不可避免性,甲的行为不可能具有结果无价值,因而与作为形式的犯罪不具有等价性,不成立不作为犯。B正确,甲盗伐林木时造成他人重伤,甲因此产生作为义务。甲能救助而不救助,并且客观上导致死亡结果,与作为形式犯罪具有等价性,成立不作为犯。C正确,甲带邻居小孩出门,属于事实上承担保护义务,在孩子面临危险时,能救助而未救助,并且因此导致死亡结果,具有与作为的等价性,成立不作为犯。D正确,甲乱丢烟头,属于制造危险的前行为,负有作为义务,其能扑救而不扑救,并因此导致火势蔓延,成立不作为的放火罪。

7. 关于不作为犯罪,下列哪些选项是正确的?（2011 – 2 – 52）

A. 宠物饲养人在宠物撕咬儿童时故意不制止,导致儿童被咬死的,成立不作为的故意杀人罪

B. 一般公民发现他人建筑物发生火灾故意不报警的,成立不作为的放火罪

C. 父母能制止而故意不制止未成年子女侵害行为的,可能成立不作为犯罪

D. 荒山狩猎人发现弃婴后不救助的,不成立不作为犯罪

答案(　　)②

【考点】 作为义务来源

【解析】 A正确,宠物饲养人持有危险物,因此负有救助义务,其能救助而未救助,导致死亡结果,成立不作为犯。B错误,一般公民负有报警义务,但不负有救火义务,因此,即便不报警或救火,也不成立不作为的放火罪。因为,该不作为与作为形式的防火不具有等价性,不成立不作为犯。C正确,父母对未成年子女具有监护责任,并因此负有监督型作为义务。未成年子女实施侵害行为,父母不加制止,该不法侵害行为符合特定犯罪成立要件,父母可能成立不作为的帮助犯甚至正犯。D正确,荒山猎人与弃婴之间没有监护关系,其也未在事实上承担救助义务,因此不负有作为义务,不可能成立不作为犯。

8. 下列哪一选项构成不作为犯罪?（2012 – 2 – 4）

---

①参考答案 BCD　②参考答案 ACD

A. 甲到湖中游泳,见武某也在游泳。武某突然腿抽筋,向唯一在场的甲呼救。甲未予理睬,武某溺亡

B. 乙女拒绝周某求爱,周某说"如不答应,我就跳河自杀"。乙明知周某可能跳河,仍不同意。周某跳河后,乙未呼救,周某溺亡

C. 丙与贺某到水库游泳。丙为显示泳技,将不善游泳的贺某拉到深水区教其游泳。贺某忽然沉没,丙有点害怕,忙游上岸,贺某溺亡

D. 丁邀秦某到风景区漂流,在漂流筏转弯时,秦某的安全带突然松开致其摔落河中。丁未下河救人,秦某溺亡

📁 **答案(　　)①**

📖 **【考点】** 作为义务来源

📖 **【解析】** A错误,武某抽筋与甲毫无关系,甲不负有作为义务,尽管当时只有甲能救助(保护法益的高度依赖性),也不会因此成立不作为犯。保护法益的高度依赖性在判断不作为犯的等价性要件时有意义,但是等价性的判断是以首先满足作为义务为前提的。B错误,拒绝求爱不属于制造法禁止危险的前行为,乙因此不负有作为义务。周某跳河应自我负责。C正确,丙为了显示泳技,将不善游泳的贺某拉到深水区教其游泳,该行为使被害人处于法禁止的危险之中,属于危险前行为,产生作为义务。丙能作为而不作为,并因此导致贺某死亡,成立不作为犯。D错误,秦某是成年人,丁带其漂流,不会因此承担危险前行为产生的作为义务。在漂流过程中,秦某的安全带突然松开并因此落水,这一危险与丁无关,丁不救助不成立不作为犯。

9. 关于不作为犯罪,下列哪些选项是正确的?(2013 - 2 - 51)

A. 船工甲见乙落水,救其上船后发现其是仇人,又将其推到水中,致其溺亡。甲的行为成立不作为犯罪

B. 甲为县公安局长,妻子乙为县税务局副局长。乙在家收受贿赂时,甲知情却不予制止。甲的行为不属于不作为的帮助,不成立受贿罪共犯

C. 甲意外将6岁幼童撞入河中。甲欲施救,乙劝阻,甲便未救助,致幼童溺亡。因只有甲有救助义务,乙的行为不成立犯罪

D. 甲将弃婴乙抱回家中,抚养多日后感觉麻烦,便于夜间将乙放到菜市场门口,期待次日晨被人抱走抚养,但乙被冻死。甲成立不作为犯罪

📁 **答案(　　)②**

📖 **【考点】** 作为犯与不作为犯的区分

📖 **【解析】** A错误,船工救人上船。乙因此属于无危险的状态,甲发现乙是仇人,又将其推下水,该行为显然破坏现状,制造了法禁止的危险,成立作为的故意杀人罪。B正确,甲是公安局长,打击贿赂犯罪不在其职权范围以内,其发现乙受贿,并不会因为自己的公安局长身份负有作为义务。甲乙之间基于法律规定或紧密的生活共同体具有相互扶助的义务,但该义务属于保护型作为义务,不是监督型义务,更不涉及监督对方不实施贿赂犯罪的义务。因此,甲不成立不作为的受贿罪共犯,乙成立受贿罪的单独正犯。C错误,甲意外将幼童撞入河中,尽管甲主观上没有责任,但确实是因为甲的不法行为导致他人处于危险之中,甲基于危险前行为负有救助义务。甲能救助时,乙教唆其不救助,最终导致死亡结果,成立故意杀人罪的共犯。甲为正犯,乙为教唆犯。D正确,甲将弃婴抱回家扶养,基于事实上承担而负有作为义务。其能扶养而不扶养,将孩子放在菜市场门口,结果导致孩子冻死,成立遗弃罪,

构成不作为犯。

10. 关于不作为犯罪的判断,下列哪一选项是错误的?(2014-2-5)

A. 小偷翻墙入院行窃,被护院的藏獒围攻。主人甲认为小偷活该,任凭藏獒撕咬,小偷被咬死。甲成立不作为犯罪

B. 乙杀丙,见丙痛苦不堪,心生悔意,欲将丙送医。路人甲劝阻乙救助丙,乙遂离开,丙死亡。甲成立不作为犯罪的教唆犯

C. 甲看见儿子乙(8周岁)正掐住丙(3周岁)的脖子,因忙于炒菜,便未理会。等炒完菜,甲发现丙已窒息死亡。甲不成立不作为犯罪

D. 甲见有人掉入偏僻之地的深井,找来绳子救人,将绳子的一头扔至井底后,发现井下的是仇人乙,便放弃拉绳子,乙因无人救助死亡。甲不成立不作为犯罪

答案( )①

📖【考点】保证人的作为义务

📝【解析】A正确,甲因持有危险物而产生作为义务。B正确,乙因危险前行为而负有作为义务。C错误,甲因监护人地位产生作为义务。D正确,甲的救助行为未达到事实上承担的程度,仅仅是单纯不继续施救而已,未增加乙的危险程度,因此不产生作为义务。如果甲已经拉绳子,中途放弃的,负有事实上承担产生的作为义务。

11. 关于不作为犯罪,下列哪些选项是正确的?(2015-2-52)

A. 儿童在公共游泳池溺水时,其父甲、救生员乙均故意不救助。甲、乙均成立不作为犯罪

B. 在离婚诉讼期间,丈夫误认为自己无义务救助落水的妻子,致妻子溺水身亡的,成立过失的不作为犯罪

C. 甲在火灾之际,能救出母亲,但为救出女友而未救出母亲。如无排除犯罪的事由,甲构成不作为犯罪

D. 甲向乙的咖啡投毒,看到乙喝了几口后将咖啡递给丙,因担心罪行败露,甲未阻止丙喝咖啡,导致乙、丙均死亡。甲对乙是作为犯罪,对丙是不作为犯罪

答案( )②

📝【解析】父亲与救生员均有保护型作为义务,且均属于危害结果发生不可缺少的必要条件,因此均成立不作为犯。丈夫误认法律,但对事实及其社会危害性没有误认,成立故意。对母亲无疑具有作为义务,加之"如无排除犯罪成立",当然构成不作为犯罪。甲对乙积极制造法禁止的危险,对丙只是单纯的不介入已经存在的危险,因此前者是作为,后者是不作为。

12. 关于不作为犯罪,下列哪一选项是正确的?(2016-2-1)

A. "法无明文规定不为罪"的原则当然适用于不作为犯罪,不真正不作为犯的作为义务必须源于法律的明文规定

B. 在特殊情况下,不真正不作为犯的成立不需要行为人具有作为可能性

C. 不真正不作为犯属于行为犯,危害结果并非不真正不作为犯的构成要件要素

D. 危害公共安全罪、侵犯公民人身权利罪、侵犯财产罪中均存在不作为犯

答案( )③

📖【考点】不作为犯

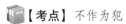

①参考答案 C ②参考答案 ACD ③参考答案 D

【解析】A错误,真正不作为犯的作为义务须由刑法明文规定,但不真正不作为犯的义务来源则是开放的(包括监督型作为义务与保护型作为义务)。后者的义务来源包括但不限于法律规定的义务,超法规义务来源大量存在。这一现象并不违反罪刑法定原则,不真正不作为犯的成立需要满足等价性的要求,这一要求实际上仍然贯彻落实了罪刑法定的内在要求,即以不作为实现原本由作为实施的犯罪,通过等价性要件,满足了法律明确规定了的作为犯形式的构成要件,从而被认定为犯罪。B、C项错误,不真正不作为犯应满足以下条件:(1)发生了危害结果;(2)结果具有回避可能性;(3)能作为;(4)应作为;(5)与作为的等价性。作为可能性和危害结果的发生属于不真正不作为犯的成立要素。此外,不真正不作为犯既可能是行为犯(无论何种意义上使用行为犯的概念①),也可能是结果犯(无论何种意义上使用结果犯的概念)。D项正确,爆炸罪(不作为)、丢失枪支不报罪、遗弃罪、拒不支付劳动报酬罪等属于不作为犯。

第四章 危害结果(实害结果与危险结果)

1. 关于危害结果的相关说法,下列哪一选项是错误的?(2008-2-1)

A. 甲男(25岁)明知孙某(女)只有13岁而追求她,在征得孙某同意后,与其发生性行为。甲的行为没有造成危害后果

B. 警察乙丢失枪支后未及时报告,清洁工王某捡拾该枪支后立即上交。乙的行为没有造成严重后果

C. 丙诱骗5岁的孤儿离开福利院后,将其作为养子,使之过上了丰衣足食的生活。丙的行为造成了危害后果

D. 丁恶意透支3万元,但经发卡银行催收后立即归还。丁的行为没有造成危害后果

答案( )②

【考点】危害后果

【解析】危害结果是行为对法益造成的现实侵害或危险状态,包括实害结果与危险结果。A错误,甲与孙某发生性关系虽然征得孙某同意,但是由于孙某未满14岁,不具有性的自我决定权,其同意无效,不能阻却甲成立强奸罪。刑法惩罚奸淫幼女的行为是为了保护幼女的身心健康,无论幼女是否同意,甲的行为都侵犯了孙某的身心健康,已经形成实害结果。B正确,丢失枪支不报行为要构成犯罪要求造成严重后果。这里的严重后果是指丢失枪支这一结果之外的严重结果,比如不法分子使用该枪实施犯罪。由于枪支及时找回,未造成其他结果,因此乙的行为未造成严重后果。C正确,丙拐骗儿童供自己收养,使其过上比孤儿院更好的生活。该行为虽然没有使儿童生活境遇恶化,但是使儿童从监护人的监护下脱离出来,使其处于缺乏法律监护的状态,这一结果具有严重社会危害性,发生了拐骗儿童罪所禁止的危害结果。D正确,根据刑法第196条第2款的规定,恶意透支需要经发卡银行催后仍不归还才成立信用卡诈骗罪。丁在被催收后及时归还,没有造成银行的经济损失,未发生法定的危害结果。

2. 关于犯罪数额的计算,下列哪一选项是正确的?(2009-2-11)

A. 甲15周岁时携带凶器抢夺他人财物价值3万元;17周岁时抢劫他人财物价值2万元。甲的犯罪数额是5万元

B. 乙收受贿赂15万元,将其中3万元作为单位招待费使用。乙的犯罪数额是12万元

①既可以从犯罪成立意义上使用行为犯与结果犯的概念,也可以在犯罪既遂意义上使用这两个概念。比如,不作为的故意杀人罪是犯罪既遂意义上的结果犯,不作为的玩忽职守罪是犯罪成立意义上的结果犯。 ②参考答案A

C. 丙第一次诈骗 6 万元,第二次诈骗 12 万元,但用其中 6 万元补偿第一次诈骗行为被害人的全部损失。丙的犯罪数额是 6 万元

D. 丁盗窃他人价值 6000 元的手机,在销赃时夸大手机功能将其以 1 万元卖出。丁除成立盗窃罪外,还成立诈骗罪,诈骗数额是 1 万元

📖 答案(   )①

📚 【考点】危害结果;犯罪数额的计算

🖨 【解析】A 正确,甲已满 14 周岁,携带凶器抢夺成立抢劫罪,甲应当承担刑事责任,其犯罪数额为 3 万元。甲 17 岁时抢劫 2 万元,成立抢劫罪。前次犯罪未处理,数额累计,共计 5 万元。B、C 均错误,行为人犯罪以后,其犯罪所得的用途(包括用于消费、赠与、捐赠、赔偿被害人损失等)并不影响其犯罪数额的认定。乙受贿数额是 15 万元,其中作为单位招待费使用的 2 万元属于赠与行为,其本身不影响受贿数额的计算。丙第二次诈骗 12 万元,已经成立犯罪既遂。其拿出 6 万元补偿第一次犯罪的被害人损失,属于事后的赔偿损失行为,属于酌定的从轻情节,但不影响 12 万元诈骗数额的认定。该数额与第一次诈骗的数额累计,诈骗数额为 18 万元。D 错误,针对手机所承载的法益而言,丁盗窃该手机构成盗窃罪,事后其夸大手机功能进行销赃的行为缺乏期待可能性,不成立掩饰隐瞒犯罪所得罪。其夸大手机功能的行为并非虚构事实的欺骗行为,而只是夸大功能而已,不构成诈骗罪。此外,根据 1997 年最高人民法院《关于审理盗窃案件具体应用法律若干问题的解释》第 5 条第 7 款的规定:销赃数额高于按本解释计算的盗窃数额的,盗窃数额按销赃数额计算。据此,尽管手机价值只有 6000 元,但销售 10000 元,丁的盗窃数额应以 1 万元计算。

第五章 因果关系

1. 下列关于刑法上因果关系的说法哪些是正确的?(2003 - 2 - 41)

A. 甲欲杀害其女友,某日故意破坏其汽车的刹车装置。女友如驾车外出,15 分钟后遇一陡坡,必定会坠下山崖死亡。但是,女友将汽车开出 5 分钟后,即遇山洪暴发,泥石流将其冲下山摔死。死亡结果的发生和甲的杀害行为之间,没有因果关系

B. 乙欲杀其仇人苏某,在山崖边对其砍了 7 刀,被害人重伤昏迷。乙以为苏某已经死亡,遂离去。但苏某自己醒来后,刚迈了两步即跌下山崖摔死。苏某的死亡和乙的危害行为之间存在因果关系

C. 丙追杀情敌赵某,赵狂奔逃命。赵的仇人赫某早就想杀赵,偶然见赵慌不择路,在丙尚未赶到时,即向其开枪射击,致赵死亡。赵的死亡和丙的追杀之间没有因果关系

D. 丁持上膛的手枪闯入其前妻钟某住所,意图杀死钟某。在两人厮打时,钟某自己不小心触发扳机遭枪击死亡。钟的死亡和丁的杀人行为之间存在因果关系,即使丁对因果关系存在认识错误,也构成故意杀人罪既遂

📖 答案(   )②

📚 【考点】因果关系的判断

🖨 【解析】A 正确,甲虽然实施了足以导致死亡结果的行为,但是现实发生的死亡结果是泥石流致人死亡,而发生该结果时甲的行为还未实际发挥作用,因此,死亡结果不能归责于甲。甲的行为足以导致死亡结果只是一种假设,尽管该假设有着现实根据,但是由于甲的行为没有实际发挥作用,因此最

①参考答案 A　②参考答案 ABCD

终止于假设。注意,刑法上的因果关系是指现实发生的因果关系,而不是假设的因果关系。B正确,如果乙不伤害苏某,便不会发生后来的坠崖,因此,乙的伤害行为与死亡结果之间具有条件意义上的因果关系。在因果关系发展过程中,介入了苏某自己走路不稳跌落悬崖的行为。该因素对死亡结果的发生虽然发挥了重要作用,但是,该因素与乙伤害行为具有类型化关联(受伤之人神志不清出现意外符合经验法则),根据经验法则不具有异常性,因此因果关系未中断。苏某的死应归责于乙的伤害行为。C正确,如果没有丙的追杀行为,赵某就不会碰上赫某进而被其开枪打死。据此,丙的行为与赵某的死之间具有条件意义上的因果关系。但是,丙的追杀行为仅具有致人死亡的抽象危险性,对死亡结果的发生仅具有条件作用。在该因果关系发展过程中,介入了赫某的故意杀人行为,该介入因素对死亡结果的发生具有实质作用(赵某死于枪伤)。根据经验法则,在被追杀过程中遇到仇人杀害具有异常性,因此丙追杀的行为与赫某的故意杀人之间不具有类型化关联,赫某的杀人行为独立地发挥作用并导致死亡结果,使丙与死亡结果之间的因果关系中断。D正确,如果丁不携带手枪去钟某家实施杀人行为,那么钟某也不会在厮打过程中自己扣动扳机造成死亡结果,据此,丁的行为与死亡结果之间具有条件意义上的因果关系。同时,丁以杀人的意思使用上膛的手枪与被害人厮打具有致人死亡的现实危险,容易在厮打过程中被现实化。在丁的行为向死亡结果发展过程中,介入了钟某自己扣动扳机的行为,该行为对钟某的死亡发挥了一定作用(确实因钟某扣动扳机才使钟某中弹),但是根据经验法则,在相互厮打中,由于彼此身体处于难以控制的状态,误扣扳机并不异常。所以,即便是钟某自己扣动的扳机,也不能中断因果关系,钟某的死亡结果仍然应归责于丁。

2. 关于因果关系,下列哪一选项是错误的?(2006-2-2)

A. 甲故意伤害乙并致其重伤,乙被送到医院救治。当晚,医院发生火灾,乙被烧死。甲的伤害行为与乙的死亡之间不存在因果关系

B. 甲以杀人故意对乙实施暴力,造成乙重伤休克。甲以为乙已经死亡,为隐匿罪迹,将乙扔入湖中,导致乙溺水而亡。甲的杀人行为与乙的死亡之间存在因果关系

C. 甲因琐事与乙发生争执,向乙的胸部猛推一把,导致乙心脏病发作,救治无效而死亡。甲的行为与乙的死亡之间存在因果关系,是否承担刑事责任则应视甲主观上有无罪过而定

D. 甲与乙都对丙有仇,甲见乙向丙的食物中投放了5毫克毒物,且知道5毫克毒物不能致丙死亡,遂在乙不知情的情况下又添加了5毫克毒物,丙吃下食物后死亡。甲投放的5毫克毒物本身不足以致丙死亡,故甲的投毒行为与丙的死亡之间不存在因果关系

答案(   )①

【考点】 因果关系的判断

【解析】 A正确,甲若不伤害乙,乙就不会进医院,不进医院也就不会因火灾而死。据此,甲的行为与死亡结果之间具有条件意义上因果关系。但是,甲的行为不具有烧死他人的现实危险,而仅具有条件作用。在因果关系发展过程中,介入了火灾这一要素,由于伤害他人与火灾之间不具有类型化关联,所以介入因素具有明显的异常性,火灾在死亡结果发生过程中独立地发挥了主要作用,导致因果关系中断。B正确,甲若不实施重伤行为,也就不会有后来的抛尸灭迹行为,进而也不会发生溺死结果。据此,甲的行为与死亡结果之间具有条件意义上的因果关系。同时,重伤行为具有引起死亡结果的现实危险,对死亡结果的发生能够发挥重要作用。在因果关系发展过程中,介入了甲抛尸灭迹的行为,该行为与之前的重伤行为具有类型化关联(重伤昏迷貌似死亡然后抛尸灭迹符合经验法则),不具

有异常性,所以,尽管抛尸行为确实对死亡结果的发生具有重要作用,但是仍然不能中断杀人行为与死亡结果之间的因果关系。C正确,甲猛推一把导致乙心脏病发作,进而导致死亡结果,这一因果历程完全符合自然法则,因此甲的行为与死亡结果之间具有合法则的因果关系。注意,特殊体质和疾病隐患在行为之前就存在,不属于介入因素,而是危险发生时的具体条件。尽管一般人猛推他人不会致人心脏突发疾病,但具体到具有特殊体质或疾病隐患的被害人,产生了致人死亡的具体危险。一旦该危险现实化,不能将结果归责于特殊体质或疾病隐患(不可抗力),而应归责于针对特殊体质或疾病隐患的被害人实施不法侵害的行为人。这一点是基于正义精神的基本价值判断。D错误,如果乙不投毒,就不会出现甲增加投毒剂量的行为,丙也就不会死。据此,乙的投毒行为与死亡结果之间具有条件意义上的因果关系。同时,乙的投毒行为具有引起死亡结果的抽象危险。在因果关系发展过程中,介入了甲故意增加投毒剂量的行为,并最终导致丙死亡。甲的行为属于第三人的故意犯罪,其与乙的投毒行为之间不具有类型化关联,因而具有介入的异常性。但是,甲的投毒剂量仅5克,不足以致人死亡,只有其与乙所投毒剂结合,才能致人死亡。因此,甲的投毒行为实际上是使乙投毒致人死亡的抽象危险变为具体危险并最终现实化的行为。据此,甲的行为不足以中断因果关系,相反,却是促进因果关系成立的因素。此外,甲的投毒行为最终使毒品剂量达到致死量,合法则地直接造成了死亡结果,因而与死亡结果具有因果关系(甲成立片面的承继共犯)。综上,甲的行为与乙的行为与死亡结果均有因果关系。

3. 关于刑法上因果关系的判断,下列哪一选项是正确的?(2007-2-1)

A. 甲为抢劫而殴打章某,章某逃跑,甲随后追赶。章某在逃跑时钱包不慎从身上掉下,甲拾得钱包后离开。甲的暴力行为和取得财物之间存在因果关系

B. 乙基于杀害的意思用刀砍程某,见程某受伤后十分痛苦,便将其送到医院,但医生的治疗存在重大失误,导致程某死亡。乙的行为和程某的死亡之间没有因果关系

C. 丙经过铁路道口时,遇见正在值班的熟人项某,便与其聊天,导致项某未及时放下栏杆,火车通过时将黄某轧死。丙的行为与黄某的死亡之间存在因果关系

D. 丁为杀害李某而打其头部,使其受致命伤,2小时之后必死无疑。在李某哀求下,丁开车送其去医院。20分钟后,高某驾驶卡车超速行驶,撞向丁的汽车致李某当场死亡。丁的行为和李某的死亡之间存在因果关系

📋 答案(   )①

📚 **【考点】** 因果关系的判断

📝 **【解析】** A错误,甲如果不殴打章某,章某也不会因此逃跑,进而不慎丢失钱包,使甲获得钱包。据此,在条件意义上,甲的殴打行为与取得财物之间具有因果关系。注意,甲为了抢劫殴打章某,其暴力程度尚未达到压制章某反抗的程度,即客观上还没有产生直接能够劫取财物的危险,甲的行为不足以排除章某对财物的占有。在因果关系发展过程中,章某不慎将钱包丢失,即介入了章某自己的过失行为。该介入因素与甲迫使章某逃跑之间没有类型化关联(逃跑时通常不会丢失财物),因而具有异常性。同时,丢失行为使章某对钱包的占有明显松动(如果章某跑出相当远的距离,有可能已经丧失占有),对甲直接取得财物发挥了重要作用。据此,章某的丢失行为使甲的暴力行为与取得财物之间的因果关系中断。在章某丢下钱包后,甲违背其意志直接转移财物归自己占有,由此,本案的取财行为应该为盗窃行为。综上,甲的暴力行为成立抢劫罪的未遂(如殴打行为足以压制一般人反抗)或一般违法行为(如殴打不足以压制一般人反抗),甲的捡拾行为成立盗窃罪的既遂。由于前后两行为均不能涵盖

对方的不法内涵(前行为具有暴力取财的内容,但没有取得财物,后行为取得了财物,但不能包含前行为的暴力内容),应按照数罪并罚处理。B正确,乙若没有实施杀害行为,程某就不会因此就医,也就不会发生医疗事故而死。据此,乙的杀害行为与死亡结果之间具有条件意义上的因果关系。同时,乙的杀害行为产生了死亡的现实危险,该危险在乙将其及时送医后抽象化。在因果关系发展过程中,介入了医生的重大医疗过失,导致死亡结果。该介入因素与乙的杀害行为及送医行为均不具有类型化关联,因此具有异常性,即医疗过失行为独立地发挥了作用。同时,重大医疗过失本身足以导致死亡结果,可见介入因素对死亡结果的发生发挥了重要作用。综上,医生的重大过失行为使甲的伤害行为与死亡结果之间的因果关系中断。C错误,丙如果未与值班的项某聊天,项某就不会因为聊天而忘记放栏杆,进而导致黄某死亡。据此,丙的行为与黄某的死具有条件意义上的因果关系。但是,与值班人员聊天的行为不能产生死亡的现实危险,考虑到现场情况的特殊性,充其量只能产生抽象危险,发挥条件作用。在因果关系的发展过程中,介入了项某忘记履行职责的过失行为。该行为与聊天行为之间不具有类型化关联(聊天通常不会使人忘乎所以),因而具有异常性,能够脱离聊天行为独立地对死亡结果的发生产生作用。同时,项某的过失行为足以使一般人误以为可以正常通行而陷入死亡的高度危险之中,因此,该介入因素对危害结果的发生发挥了重要作用。综上,项某的过失行为使丙的聊天行为与死亡结果之间的因果关系中断。项某构成铁路运营安全事故罪,丙仅承担民事责任,不构成犯罪。D错误,刑法上的危害结果是具体现实的结果,据此,李某的死亡结果应确定为丁实施杀害行为之后20分钟被撞死,而不是2小时以后的死亡。如果没有丁的杀害行为,就不会发生后来的送医行为,也不会在途中遭遇卡车撞击而死。据此,丁的杀害行为与死亡结果之间具有条件意义上的因果关系。同时,丁的杀害行为制造了死亡的现实危险,但该危险不会在2小时内现实化,即丁的行为只产生了2小时之后死亡的现实危险。在因果关系发展过程中,介入了高某的交通肇事行为。该介入因素与丁的杀害行为或送医行为没有类型化关联,具有异常性,能够脱离丁的行为独立地发生作用。同时,高某的行为产生了死亡的现实危险,其对死亡结果的发生发挥了重要作用。综上,就现实发生的死亡结果而言(而不是2小时后可预见的死亡结果),高某的行为使丁的行为与死亡结果之间的因果关系中断。

4. 关于因果关系,下列哪些选项是错误的?(2008-2-52)

A. 甲乘坐公交车时和司机章某发生争吵,狠狠踹了章某后背一脚。章某返身打甲时,公交车失控,冲向自行车道,撞死了骑车人程某。甲的行为与程某的死亡之间存在因果关系

B. 乙以杀人故意瞄准李某的头部开枪,但打中了李某的胸部(未打中心脏)。由于李某是血友病患者,最后流血不止而死亡。乙的行为与李某的死亡之间没有因果关系

C. 丙与同伙经预谋后同时向王某开枪,同伙射击的子弹打中王某的心脏,致王某死亡。由于丙射击的子弹没有打中王某,故丙的行为与王某的死亡之间没有因果关系

D. 丁以杀人故意对赵某实施暴力,导致赵某遭受濒临死亡的重伤。赵某在医院接受治疗时,医生存在一定过失,未能挽救赵某的生命。丁的行为与赵某的死亡之间没有因果关系

答案(　　)①

【考点】 因果关系的判断

【解析】 A正确,如果没有甲脚踹司机的行为,司机也不会返身打甲,公交车也不会因此失控,导致撞死路人。在此意义上,甲的行为与死亡结果之间具有条件意义上的因果关系。同时,甲脚踹司机的行为具有危害交通安全的现实危险性,足以严重干扰司机正常驾驶或者引起司机(以理性第三人

为标准)的应激反应,导致汽车失控,出现严重事故。在因果关系发展过程中,介入了司机返身还击的行为,该行为是车辆失控的直接原因,在事故发生中发挥了重要作用。但是,甲的行为与司机行为之间具有类型化关联,即根据经验法则甲的行为足以引起司机返身还击的应激反应,因此司机行为的介入并不异常,其没有脱离甲的行为而独立发生作用,不能中断因果关系。B错误,乙原本想打死者的头部,但实际上打击的是胸部。行为人主观上的想象与决意并不能在事后改变已经存在的因果历程。所以,在判断实际发生的因果关系时,乙的主观想法并不需要考虑。我们需要考虑的只是客观事实,即乙发射的子弹打中了李某的胸部,患有血友病的李某死亡。应该说,如果没有乙的开枪行为,李某不会中弹,也不会因为血友病而死。在此意义上,乙的行为与死亡结果之间具有条件意义上的关系。同时,开枪打击别人胸部(内有重要脏器)具有致人死亡的具体危险性。该危险在李某因血友病而死亡过程中被现实化,因此,乙的行为与死亡结果之间具有因果关系。注意,血友病原本就存在,并非因果历程发展中的介入因素,而是危害结果发生的具体条件,在该条件下发生的危害结果是因血友病而死的具体危害结果。刑法上因果关系所讨论的正是行为与具体危险结果之间的因果关系,而非行为与抽象意义上的死亡结果之间的因果关系。C错误,如果丙没有与同伙预谋与共同实施开枪杀人,同伙不会参与到对王某的杀人行为中,王某也不会被同伙的子弹打死。据此,丙的预谋行为以及与同伙共同实行的杀人行为,与王某死亡结果之间,具有条件意义上的因果关系。同时,预谋行为与共同遂行犯罪的行为会在心理上引起或强化共同犯罪人实施犯罪,并进而产生危害结果,即预谋行为与共同遂行犯罪的行为,与共同犯罪人实施犯罪之间,共同犯罪人实施犯罪与危害结果之间,具有类型化关联。在因果关系发展过程中,介入了同伙开枪杀人的行为。从法医学角度,同伙射击的一枪是死亡的直接原因,对死亡结果的发生发挥了重要作用。但是,如前所述,从心理因果角度,丙的预谋行为与共同遂行犯罪的行为,与同伙的开枪行为之间,具有类型化关联,因而不具有异常性。综上,同伙开枪杀人的行为不能中断丙的行为与死亡结果之间的因果关系。D错误,如果没有丁的杀害行为,赵某不会受濒临死亡的重伤,也不会发生在送医救治过程中遇到存在一定过失的医疗行为导致死亡。据此,丁的杀害行为与死亡结果之间具有条件意义上的因果关系。同时,丁以杀人的意思实施了足以致人死亡的行为,导致濒临死亡的重伤,客观上形成了死亡的现实危险。在因果关系发展过程中,介入了一定过失的医疗行为。该介入因素与杀害行为之间不存在类型化关联,具有异常性,能够独立地发挥作用,但是,从抽象意义上,该介入因素本身因为过失程度低,故并不具有足以致人死亡的现实危险,而仅有抽象危险。因此,其通常在死亡结果的发生过程中不可能发挥重要作用。但是,具体到本案情况,由于伤者所受之伤为濒临死亡的重伤,与死亡结果之间十分接近,依此,可以说正是之前的杀害行为导致的濒临死亡的重伤才使原本仅有抽象危险的医疗行为在具体场景下才造成了死亡结果。综上,医生行为虽然是死亡的直接原因,也具有介入因素的异常性,但其并未发挥重要作用,因此不能中断丁行为与死亡结果之间的因果关系。

5. 关于刑法上的因果关系,下列哪一判断是正确的?(2010-2-3)

A. 甲开枪射击乙,乙迅速躲闪,子弹击中乙身后的丙。甲的行为与丙的死亡之间不具有因果关系

B. 甲追赶小偷乙,乙慌忙中撞上疾驶汽车身亡。甲的行为与乙的死亡之间具有因果关系

C. 甲、乙没有意思联络,碰巧同时向丙开枪,且均打中了丙的心脏。甲、乙的行为与丙的死亡之间不具有因果关系

D. 甲以杀人故意向乙的食物中投放了足以致死的毒药,但在该毒药起作用前,丙开枪杀死了乙。甲的行为与乙的死亡之间不具有因果关系

答案( )①

---

① 参考答案 D

📖 【考点】因果关系的判断

📝 【解析】A 错误,如果甲没有开枪,子弹就不会因为乙的躲避而击中丙。据此,甲的行为是死亡结果条件意义上的原因。同时,甲的开枪行为具有引起他人死亡的现实危险。在因果关系发展过程中,介入了乙的躲避行为。该介入因素与甲开枪行为具有类型化关联(被害人在面临危险时的本能反应),因此不具有异常性。尽管乙躲避行为在丙死亡结果发生过程中发挥了不可或缺的作用,但是无论从何种意义上其本身并不足以引起死亡结果,而只能改变结果的样态。本案中,乙的躲避行为仅使甲开枪行为产生的具体危险从原本可能出现的乙死亡,现实化为丙的死亡结果。可见,介入的乙行为仅发挥了改变结果样态的作用,无法影响结果是否发生。综上,乙的躲避行为不具有异常性,且未发挥决定性作用,不能中断甲行为与死亡结果之间的因果关系。B 错误,如果甲不追赶小偷,小偷不会在慌忙之后发生交通事故死亡。据此,甲的行为与死亡结果之间具有条件意义上的因果关系。同时,需要注意的是,甲追赶小偷的行为本身属于公民实施的扭送行为,不具有非法性;该行为本身不具有致人死亡的危险性。在因果关系发展过程中,介入了小偷自己慌不择路的行为。该介入因素与甲的追赶行为具有类型化关联,即急迫追击他人造成恐慌心理使注意力下降而发生交通事故。据此,介入因素并不异常。另一方面,介入因素也未能发挥重要作用,撞上疾驰的汽车是造成死亡的直接原因,且发挥了决定性作用。综上,介入因素不异常,虽然发挥了重要作用,但不能中断因果关系。在构成要件层面,甲的行为与死亡结果之间具有因果关系。但是,由于我国的因果关系是危害行为与危害结果之间的因果关系,依此,作为危害行为的原因必须具有非法性,但是本案甲的追击行为并不具有非法性,并非刑法上因果关系的原因。所以,甲的行为与死亡结果之间不具有刑法上的因果关系。C 错误,甲、乙单独向丙开枪,但在时间上具有同时性,且均击中要害。如果没有甲或乙的行为,丙均会死亡(脱离具体案情的抽象意义上)。据此,甲或乙的行为与死亡结果之间均不具有因果关系。但是,刑法上的因果关系是具体结果(包括样态、时间、地点等个别化要素)与危害行为之间的因果关系,而非危害行为与抽象意义上危害结果之间的因果关系。据此,就身中两处致命伤的具体死亡结果而言,甲和乙的行为均是不可或缺的条件,具有条件意义上的因果关系。同时,甲乙的行为均具有死亡的现实危险。在因果关系的发展过程中,并没有存在时间间隔的介入因素发生,但存在时间具有同时性的介入因素(本书承认同时性的介入因素①),即甲与乙之间彼此属于对方的介入因素。两人行为之间不具有类型化关联,具有介入的异常性,能彼此独立发挥作用。同时,两人行为也确实在具体死亡结果上均发挥了同等程度的重要作用(击中心脏)。但是,由于两者的作用具有等价性,无明显优越性。因此,尽管介入具有异常性,但也不存在彼此中断的可能性。依此,甲乙的行为均是死亡结果的原因。如果论者否定同时性的介入因素,那么本案无介入因素,甲乙是造成死亡结果的共同原因,都需为此负责。D 正确,由于甲乙没有共犯关系,因此如果没有甲的投毒行为,丙仍然可能实施枪杀行为,可见,甲的行为与死亡结果之间不具有条件意义上的因果关系。丙的死因是枪杀,而不是毒杀(尚未实际发挥致人死亡的作用),因此,甲的投毒行为并未实际发挥作用,仅存假设的因果关系。实际发生作用的是枪杀,丙也确实死于枪伤,因此应由丙单独为死亡结果承担责任。

6. 关于因果关系,下列哪一选项是错误的?(2011 - 2 - 3)

A. 甲将被害人衣服点燃,被害人跳河灭火而溺亡。甲行为与被害人死亡具有因果关系

---

① 有人认为介入因素一定有先后的时间间隔,介入因素一定发生在危害行为之后。但是,私见认为,介入因素所要讨论的核心问题是,在多因一果时,危害结果究竟归责于哪一个或哪几个原因。就此而言,无须计较介入因素的时间性,仅需关注介入因素是否实际发挥作用即可。换言之,只要是实际发挥作用的介入因素,即便与危害行为具有同时性,也可以作为介入因素讨论。

B. 乙在被害人住宅放火,被害人为救婴儿冲入宅内被烧死。乙行为与被害人死亡具有因果关系

C. 丙在高速路将被害人推下车,被害人被后面车辆轧死。丙行为与被害人死亡具有因果关系

D. 丁毁坏被害人面容,被害人感觉无法见人而自杀。丁行为与被害人死亡具有因果关系

答案(　　　)①

【考点】因果关系的判断

【解析】A正确,如果没有甲的行为,被害人不会因为衣服点燃而跳入水中溺亡。据此,甲的行为与死亡结果之间具有条件意义上的因果关系。同时,根据跳河行为可判断,甲的行为使被害人处于紧迫的针对生命健康法益的危险之中,身体上也产生了极度灼痛的状态,容易出现应激的避险行为。在因果关系发展过程中,介入了被害人自己跳河溺水的行为。该介入因素与甲的行为具有类型化关联(为灭火而进入水中),不具有明显的异常性。另一方面,该介入因素对死亡结果的产生发挥了直接作用,即被害人的死因是溺水身亡,而非烧死。但尽管如此,由于介入因素与甲行为具有类型化关联,不能中断甲行为与死亡结果之间的因果关系。B正确,如果没有乙的放火行为,被害人不会为了救婴儿而冲入火场被烧死。据此,乙行为与死亡结果之间具有条件意义上的因果关系。同时,放火行为能够产生现实具体的死亡危险。在因果关系发展过程中,介入了被害人自己冲入火场的行为。该介入因素与乙行为具有类型化关联(放火引起火灾后,为救孩子而冲入火场是理性的行为),不具有异常性。尽管介入因素在死亡结果发生过程中发挥了不可或缺的作用,但冲入火场本身并不足以致人死亡,而只是为实现放火行为的具体危险提供了条件。综上,被害人冲入火场虽然确实发挥了不可或缺作用,但不具有异常性,不能中断乙行为与死亡结果之间的因果关系。C正确,如果没有丙的行为,被害人不会跌落高速公路被后向来车撞死。据此,丙行为与死亡结果之间具有条件意义上的因果关系。同时,丙行为具有死亡的现实危险(高速路上跌落很可能出现交通事故)。在因果关系发展过程中,介入了后车的撞击行为。该介入因素与丙行为具有类型化关联(在高速从前车跌落很可能被后车撞击),不具有异常性。所以,尽管后车撞击是死亡直接原因,对死亡结果的发生具有重要作用,但仍然属于丙行为的实际影响范围之内,不能中断丙行为与死亡结果之间的因果关系。D错误,如无丁的毁容行为,被害人不会因此自杀。据此,毁容行为与死亡结果之间具有条件意义上的因果关系。同时,毁容行为不可能产生死亡的危险。在因果关系发展过程中,介入了被害人自己的自杀行为。该介入因素与毁容行为不具有类型化关联,即因容貌被毁而自杀并不理性(一般人不会因为毁容而选择自杀),因而具有明显的异常性。另一方面,自杀行为能够产生现实的死亡危险,事实上也确实发挥了决定性作用。相比而言,毁容对死亡结果的发生作用极低,而自杀行为却发挥了极大作用,且具有明显异常性(能够单独发生作用),因此中断丁行为与死亡结果之间的因果关系。

7. 甲与素不相识的崔某发生口角,推了他肩部一下,踢了他屁股一脚。崔某忽觉胸部不适继而倒地,在医院就诊时死亡。经鉴定,崔某因患冠状粥样硬化性心脏病,致急性心力衰竭死亡。关于本案,下列哪一选项是正确的? (2012 - 2 - 6)

A. 甲成立故意伤害罪,属于故意伤害致人死亡

B. 甲的行为既不能认定为故意犯罪,也不能认定为意外事件

C. 甲的行为与崔某死亡结果之间有因果关系,这是客观事实

D. 甲主观上对崔某死亡具有预见可能性,成立过失致人死亡罪

答案(　　　)②

【考点】因果关系的判断

①参考答案 D　②参考答案 C

【解析】 被害人的死因是心脏病,甲事先对此一无所知,其客观上实施的仅是轻微的殴打行为,并不能评价为伤害行为,但诱发了被害人的心脏病导致死亡。在构成要件符合性层面,甲行为的打击力度不符合伤害行为要求,但符合过失致人死亡行为的要求,同时,从因果关系看,因心脏病而死的结果与甲行为具有直接关联,且不存在介入因素,可以肯定甲行为与死亡结果之间具有因果关系。至此,甲行为符合过失致人死亡罪的客观要件。在违法性层面,甲没有违法阻却事由。在责任层面,甲对诱发心脏病致人死亡完全无认识,不成立故意。同时,甲也不具有预见的可能性,因此也不存在过失。所以,最终甲的行为不构成任何犯罪。据此,ABD 错误,C 正确,显然因果关系具有客观性,不以甲的主观认识为转移。

8. 因乙移情别恋,甲将硫酸倒入水杯带到学校欲报复乙。课间,甲、乙激烈争吵,甲欲以硫酸泼乙,但情急之下未能拧开杯盖,后甲因追乙离开教室。丙到教室,误将甲的水杯当作自己的杯子,拧开杯盖时硫酸淋洒一身,灼成重伤。关于本案,下列哪些选项是错误的?(2012 - 2 - 53)

A. 甲未能拧开杯盖,其行为属于不可罚的不能犯

B. 对丙的重伤,甲构成过失致人重伤罪

C. 甲的行为和丙的重伤之间没有因果关系

D. 甲对丙的重伤没有故意、过失,不需要承担刑事责任

答案(   )①

【考点】 因果关系的判断;过失犯

【解析】 本案可以分三个行为阶段分析。在第一阶段,乙移情别恋,甲将硫酸倒入水杯带到学校欲报复乙。该行为属于故意伤害罪的预备行为,单纯将作案工具带到学校不能产生法益侵害的现实危险,不能评价为着手。甲、乙激烈争吵,甲欲以硫酸泼乙,但情急之下未能拧开杯盖,后甲因追乙离开教室。在这一行为阶段,由于甲乙距离很近,甲一旦拧开瓶盖,在近距内很容易在极短时间内用硫酸泼到乙,因此虽然拧瓶盖不是直接能够导致危害结果的行为,但已经使乙直接面临现实危险,应评价为着手。因客观原因,甲没能拧开瓶盖,应成立故意伤害罪的未遂犯。在甲离开后,丙进入教室,误将硫酸杯子打开并泼洒到自己造成重伤。在这一行为阶段,甲属于危险物的持有人,负有消除法益侵害危险的作为义务,但为了追乙而没有履行作为义务。在现场遗留的硫酸被丙误用而造成丙的重伤。应该说,甲的不作为与丙的重伤结果之间具有因果关系。因为,如果甲作为就能避免重伤结果,甲的不作为与重伤结果之间具有条件意义上的因果关系。同时,甲不作为制造了重伤的现实危险。在因果关系发展过程中,介入了丙自己误用的行为。该介入因素虽然是重伤的直接原因,但是与甲的不作为具有类型化关联(遗留危险物品通常容易被现场不知情的人误用),不具有异常性,因此不能中断甲与重伤结果之间的因果关系。据此,甲的不作为成立过失致人重伤罪。第二阶段是第一阶段的进一步发展,应按照实行行为吸收预备行为的吸收犯原理,整体认定为针对乙的故意伤害罪未遂。第三阶段是针对丙的过失致人重伤罪。前后两阶段行为独立,侵犯不同法益,应数罪并罚。因此,ACD 错误,B 正确。

9. 关于因果关系的认定,下列哪些选项是正确的?(2013 - 2 - 52)

A. 甲、乙无意思联络,同时分别向丙开枪,均未击中要害,因两个伤口同时出血,丙失血过多死亡。甲、乙的行为与丙的死亡之间具有因果关系

B. 甲等多人深夜追杀乙,乙被迫跑到高速公路上时被汽车撞死。甲等多人的行为与乙的死亡之间具有因果关系

C. 甲将妇女乙强拉上车,在高速公路上欲猥亵乙,乙在挣扎中被甩出车外,后车躲闪不及将乙轧

死。甲的行为与乙的死亡之间具有因果关系

D. 甲对乙的住宅放火,乙为救出婴儿冲入住宅被烧死。乙的死亡由其冒险行为造成,与甲的放火行为之间没有因果关系

📖 **答案(　　　)**①

📚 **【考点】** 因果关系的判断

📝 **【解析】** A正确,甲乙的枪击行为均未击中要害,但两个伤口同时流血,最后导致丙失血死亡。就此而言,甲乙行为发挥了相同的作用,彼此之间没有明显的优越性。据此,即便将甲乙行为彼此视为介入要素,也不会彼此产生中断效果。考虑到甲行为或乙行为至少具有死亡的抽象危险(虽未击中要害,但造成血流不止),两者对死亡结果的发生均发挥了重要作用,与死亡结果之间均有刑法上的因果关系。本题从体系化检视角度解析如下:这里的危害结果是两个伤口同时流血导致的死亡结果。就该结果而言,如果没有甲或乙的行为,均不会出现这种样态的死亡结果。同时,甲或乙的行为引起的流血现象至少具有死亡的抽象危险(单独不能造成流血过多死亡就是抽象危险;单独便能造成流血过多死亡就是具体危险)。在因果关系发展过程中,介入了甲或乙的行为。该介入因素虽然具有异常性(不具有通谋关系的甲或乙故意犯罪与乙或甲的故意犯罪行为没有类型化关联),且在死亡结果发生中作用相当,故彼此均不能产生中断效果。B正确,如果没有甲等多人的追杀行为,乙就不会被迫进入高速公路,也就不会被撞死。据此,甲等多人的行为与死亡结果之间具有条件意义上的因果关系。同时,追杀行为本身能够形成紧迫的心理压力,导致被害人作出应激的避险行为。在因果关系发展过程中,介入了乙自己进入高速公路以致被撞死的行为。该介入因素与甲等多人的行为具有类型化关联,即追杀行为会引起被追杀人慌不择路铤而走险,因此不具有异常性。虽然乙的行为对其死亡具有重要作用,但因为不具有异常性,不能中断甲等多人的行为与死亡结果之间的因果关系。C正确,如果没有甲的猥亵行为,被害人也不会因为挣扎而被甩出车外导致死亡。据此,甲的行为与死亡结果之间具有条件意义上的因果关系。同时,甲在高速路上强制猥亵行为足以使被害人因挣扎而跌落在路上。在因果关系发展的过程中,介入了后车撞击行为。该行为与甲的强制猥亵行为具有类型化关联,即强制猥亵伴随暴力和性攻击,足以使被害人在挣扎中跌落在高速公路上,并使后车躲闪不及发生事故。虽然后车撞击行为对死亡结果发挥了直接作用,但是因为不具有异常性,因此不能中断甲强制猥亵行为与死亡结果之间的因果关系。D错误,如果没有甲的放火行为,乙也不会为了救婴儿冒险进入火场。据此,甲的放火行为与死亡结果之间具有条件意义上的因果关系。同时,放火行为本身足以导致死亡结果发生。在因果关系发展过程中,介入了乙的冒险行为。该介入因素与甲行为具有类型化关联,即引起火灾后冒险进入火场抢救婴儿符合经验法则(一般人或者理性第三人均会如此)。虽然乙的冒险行为对死亡结果发挥了重要作用,但是因为不具有异常性,所以不能中断甲行为与死亡结果之间的因果关系。

10. 甲于某晚9时驾驶货车在县城主干道超车时,逆行进入对向车道,撞上乙驾驶的小轿车,乙被卡在车内无法动弹,乙车内黄某当场死亡、胡某受重伤。后查明,乙无驾驶资格,事发时略有超速,且未采取有效制动措施。(事实一)

甲驾车逃逸。急救人员5分钟后赶到现场,胡某因伤势过重被送医院后死亡。(事实二)

交警对乙车进行切割,试图将乙救出。此时,醉酒后的丙(血液中的酒精含量为152mg/100mL)与丁各自驾驶摩托车"飙车"经过此路段。(事实三)

丙发现乙车时紧急刹车,摩托车侧翻,猛烈撞向乙车左前门一侧,丙受重伤。20分钟后,交警将乙

抬出车时,发现其已死亡。现无法查明乙被丙撞击前是否已死亡,也无法查明乙被丙撞击前所受创伤是否为致命伤。(事实四)

丁离开现场后,找到无业人员王某,要其假冒飙车者去公安机关投案。(事实五)

王某虽无替丁顶罪的意思,但仍要丁给其5万元酬劳,否则不答应丁的要求,丁只好付钱。王某第二天用该款购买100克海洛因藏于家中,用于自吸。5天后,丁被司法机关抓获。(事实六)

关于事实四乙死亡的因果关系的判断,下列选项错误的是。(2013 - 2 - 89)

A. 甲的行为与乙死亡之间,存在因果关系

B. 丙的行为与乙死亡之间,存在因果关系

C. 处置现场的警察的行为与乙死亡之间,存在因果关系

D. 乙自身的过失行为与本人死亡之间,存在因果关系

答案( )①

【考点】 因果关系判断的前提——对因果历程的发展有基本的了解

【解析】 因果关系的判断要求案件基本事实明确,如果存在事实不明,对因果历程缺乏基本证据支持,那么不能适用因果关系相关学说认定因果关系,而只能适用存疑时有利于被告原则作出推定。据此,对甲而言,由于无法查明乙被丙撞击前所受创伤是否为致命伤,所以甲第一次撞击只能认定为非致命伤;同时,由于无法查明乙被丙撞击前是否已死亡,因此只能认定乙被甲撞击后并未死亡。对丙而言,由于无法查明乙被丙撞击前所受创伤是否为致命伤,那就只能认定已经受到致命伤;同时,由于无法查明乙被丙撞击前是否已死亡,那就只能认定为已经死亡。在这一事实推定下,应认为乙的死因不明,现有证据既不能证明甲行为与死亡结果之间的关系,也不能证明丙行为与死亡结果之间的关系。在死因不明的情况下,只能作出对所有行为人的有利推定,因此也不能认定他们的行为与死亡结果之间具有因果关系。据此,AB 均错误。C 错误,因为警察行为属于执行公务,且执行公务过程中未制造任何危险,不能称之为危害行为。所以,不可能成立刑法上的因果关系。D 错误,乙的过失行为未侵害他人法益,同样不成立危害行为,因此谈不上刑法上的因果关系。

11. 关于因果关系的判断,下列哪一选项是正确的?(2014 - 2 - 6)

A. 甲伤害乙后,警察赶到。在警察将乙送医途中,车辆出现故障,致乙长时间得不到救助而亡。甲的行为与乙的死亡具有因果关系

B. 甲违规将行人丙撞成轻伤,丙昏倒在路中央,甲驾车逃窜。1分钟后,超速驾驶的乙发现丙时已来不及刹车,将丙轧死。甲的行为与丙的死亡没有因果关系

C. 甲以杀人故意向乙开枪,但由于不可预见的原因导致丙中弹身亡。甲的行为与丙的死亡没有因果关系

D. 甲向乙的茶水投毒,重病的乙喝了茶水后感觉更加难受,自杀身亡。甲的行为与乙的死亡没有因果关系

答案( )②

【考点】 因果关系的判断

【解析】 A 错误,如甲未伤害乙,乙也不会因警车故障而死于途中,甲的伤害行为与死亡结果之间具有条件意义上的因果关系。但因果关系发展过程中,介入了警察送乙就医的行为。一旦警察带着伤者离开,甲便在客观上不再能够影响因果历程的发展。同时,甲的伤害行为所产生的死亡危险也

因警察采取救助措施而被抽象化(没有具体现实的死亡危险,仅具有抽象危险),对死亡结果不能继续发挥决定性作用。因此,乙的生死已经脱离了甲伤害行为的现实影响,同时也不再处于甲可支配的范围,回避死亡结果的义务完全转移给警察。后来,在送医途中警车故障,警察未积极克服障碍继续送医救治,最终还是没有避免死亡结果。从介入因素分析,(1)警车故障。在执行职务过程中出现警车故障无疑具有异常性(警车比一般车辆更具有可靠性),因而能够与甲的伤害行为分离而独立地发挥作用。但车辆故障对继续实施救助行为并非属于不可克服的障碍,警察仍然能够通过修车或以其他方式继续救助,即警车故障虽然属于异常介入,但仅具有致人死亡的抽象危险,对死亡结果的发生没有决定性作用。(2)警察未积极克服障碍送医救治。警察负有救助义务,但能克服障碍继续实施救助而不救助,成立不作为的渎职行为。该行为具有异常性,能够脱离警车故障独立发生作用,而且在死亡结果发生过程中发挥了决定性作用。应该说,之所以警车故障能够拖延抢救时间最终导致死亡,完全是警察的不作为,换言之,正是警察的不作为才使警车故障所产生的致人死亡的抽象危险变为具体危险,并最终使其现实化。综上所述,甲的伤害行为所产生的死亡危险已经被警察救助行为抽象化,作用较小;后续介入的警车故障和警察不作为虽然均属于异常介入,但警车故障仅具有致人死亡的抽象危险,且处于警察所可能支配的范围内,作用较小;警察的不作为使警车故障潜在的抽象危险现实化,在死亡结果的发生过程中发挥了决定性作用,因此应当把死亡结果归责于警车的不作为。结论是,甲伤害行为与死亡结果之间的因果关系被介入因素中断,乙的死亡结果不能归责于甲。B错误,甲没有撞伤丙,就不会发生被乙碾压致死的事故,因此,甲的行为与死亡结果之间具有条件意义上的因果关系。在因果关系发展过程中,甲撞伤乙使其昏躺在路中间原本便有致人死亡的现实危险性,甲完全有能力也有义务将乙移至安全位置以便消除该危险,但是甲拒绝救助,致使该危险在介入乙的超速驾驶行为之后被现实化,最终导致了死亡结果。乙的超速驾驶行为违反交通法规,制造了法禁止的危险,该危险因乙不能及时刹车而合法则地被现实化,导致了死亡结果。显然,乙的行为对死亡结果的发生发挥了重要作用,具有因果关系。但是,我们据此还不能认为乙的行为中断了甲的行为与死亡结果之间的因果关系。这是因为,根据经验法则,使人昏在路中央后发生碾压事故并不异常,乙的碾压与甲将人撞晕在路中间具有类型化关联,或者说,乙碾压行为并不是独立地发挥作用,而是甲行为所蕴含危险性的现实化,因此不能中断原本已经存在的因果关系。综上,乙的行为不仅与死亡结果之间具有合法则的因果关系,而且也使甲行为的危险性现实化,甲乙均需对丙的死承担责任。C错误,乙死于枪伤,且子弹由甲射出,甲的开枪行为导致乙死亡完全合乎自然科学法则,两者之间具有合法则的因果关系。在因果关系发展过程中,介入了不可预见的因素,导致打击误差。根据经验法则,该介入因素无疑具有异常性,但是其本身对死亡结果没有实际作用,而仅仅使开枪行为的危险性在打击目标之外的丙身上得以现实化,因此仍然是开枪行为对死亡结果发挥主要作用,不能预见的因素不能中断因果关系。应该说,不可预见的原因只能影响主观要素,不能影响因果关系这一客观要素。D正确,如果甲不投毒,乙不会感觉更难受,因此也不会选择自杀。据此,甲的行为与死亡结果之间具有因果关系,但是在因果关系发展过程中,介入了被害人的自杀行为。由于自杀属于完全非理性的行为,感觉更为难受与自杀之间没有类型化关联,具有明显的异常性,且乙确实属于自杀身亡,而非毒发身亡,自杀发挥了主要作用,因此能够中断因果关系。乙的死亡结果不能归责于甲。

【难点】 因果关系题目的难点基本上都在于因果关系的中断问题。中断的判断一方面要判断介入因素的异常性,另一方面又要比较介入因素与前行为的实际作用大小。是否异常的判断要站在理性第三人立场根据经验法则进行分析。注意,这里根据经验法则判断是一种客观的事实判断,与介入因素在规范上的应然性无关。比如,防卫挑拨使对方忍不住实施不法侵害,虽然不法侵害不应该发生,但挑拨行为与不法侵害之间在事实上仍然存在类型化关联。

12. 关于因果关系,下列哪一选项是正确的?(2015-2-1)

A. 甲跳楼自杀,砸死行人乙。这属于低概率事件,甲的行为与乙的死亡之间无因果关系

B. 集资诈骗案中,如出资人有明显的贪利动机,就不能认定非法集资行为与资金被骗结果之间有因果关系

C. 甲驾车将乙撞死后逃逸,第三人丙拿走乙包中贵重财物。甲的肇事行为与乙的财产损失之间有因果关系

D. 司法解释规定,虽交通肇事重伤3人以上但负事故次要责任的,不构成交通肇事罪。这说明即使有条件关系,也不一定能将结果归责于行为

📖 **答案(　　)①**

📖 **【解析】** 自杀不是犯罪,但自杀引起的"砸死他人"的行为,显然侵害了法益,属于危害行为。且该行为与危害结果之间具有因果关系。集资诈骗罪中,被害人具有明显的贪利性动机并非罕见的现象,恰恰相反,该现象具有一般的通常性,既然如此,该介入因素就不能作为异常的介入因素处理,不可能中断因果关系。第三人拿走财物的行为构成盗窃罪,第三人独立的故意犯罪无疑具有异常性与重大性,中断因果关系。从自然因果看,交通肇事3人以上重伤当然与肇事者的肇事行为具有条件意义上的因果关系,但是刑法上的因果关系是从规范意义上进行的归责,只有承担全部或主要责任,才能将重伤结果归责于肇事者。

13. 甲以伤害故意砍乙两刀,随即心生杀意又砍两刀,但四刀中只有一刀砍中乙并致其死亡,且无法查明由前后四刀中的哪一刀造成死亡。关于本案,下列哪一选项是正确的?(2015-2-16)

A. 不管是哪一刀造成致命伤,都应认定为一个故意杀人罪既遂

B. 不管是哪一刀造成致命伤,只能分别认定为故意伤害罪既遂与故意杀人罪未遂

C. 根据日常生活经验,应推定是后两刀中的一刀造成致命伤,故应认定为故意伤害罪未遂与故意杀人罪既遂

D. 根据存疑时有利于被告人的原则,虽可分别认定为故意伤害罪未遂与故意杀人罪未遂,但杀人与伤害不是对立关系,故可按故意伤害(致死)罪处理本案

📖 **答案(　　)②**

📖 **【解析】** 既遂必须证明危害行为与死亡结果之间具有因果关系。由于无法查清究竟哪一刀致命,因而缺乏足够证据证明杀人行为与死亡结果之间存在因果关系,不成立故意杀人罪既遂。同理,由于无法查明伤害行为与死亡结果之间存在因果关系,因此不能针对伤害行为单独认定故意伤害罪既遂。本案只能从规范上,将杀人故意和杀人行为降低评价为伤害故意和伤害行为,那么才能避免证据不足的问题,从而认定故意伤害罪致人死亡。

14. 关于因果关系,下列哪些选项是正确的?(2015-2-53)

A. 甲驾车经过十字路口右拐时,被行人乙扔出的烟头击中面部,导致车辆失控撞死丙。只要肯定甲的行为与丙的死亡之间有因果关系,甲就应当承担交通肇事罪的刑事责任

B. 甲强奸乙后,威胁不得报警,否则杀害乙。乙报警后担心被甲杀害,便自杀身亡。如无甲的威胁乙就不会自杀,故甲的威胁行为与乙的死亡之间有因果关系

C. 甲夜晚驾车经过无照明路段时,不小心撞倒丙后继续前行,随后的乙未注意,驾车从丙身上轧过。即使不能证明甲直接轧死丙,也必须肯定甲的行为与丙的死亡之间有因果关系

D. 甲、乙等人因琐事与丙发生争执,进而在电梯口相互斯打,电梯门受外力挤压变形开启,致丙掉

入电梯通道内摔死。虽然介入了电梯门非正常开启这一因素,也应肯定甲、乙等人的行为与丙的死亡之间有因果关系

📖 答案( )①

📖【解析】因果关系仅是承担刑事责任的一个客观要素,而非充要条件。甲的威胁行为不足以侵害他人生命,不存在杀人或伤害行为。死亡结果应归咎于乙的自杀行为。第二次碾压不具有异常性,不中断因果关系。电梯受外力挤压而意外打开不具有异常性,不中断因果关系。

15. 关于因果关系的认定,下列哪一选项是正确的?(2016-2-2)

A. 甲重伤王某致其昏迷。乞丐目睹一切,在甲离开后取走王某财物。甲的行为与王某的财产损失有因果关系

B. 乙纠集他人持凶器砍杀李某,将李某逼至江边,李某无奈跳江被淹死。乙的行为与李某的死亡无因果关系

C. 丙酒后开车被查。交警指挥丙停车不当,致石某的车撞上丙车,石某身亡。丙的行为与石某死亡无因果关系

D. 丁敲诈勒索陈某。陈某给丁汇款时,误将3万元汇到另一诈骗犯账户中。丁的行为与陈某的财产损失无因果关系

📖 答案( )②

📖【考点】因果关系

📖【解析】A错误,甲重伤王某,仅制造了人身伤害的风险。乞丐的行为属于第三人的故意犯罪行为,应认定为异常介入;乞丐的行为制造了侵害财产的风险,对王某的财产损失具有重大作用。甲仅对人身伤害风险负责,乞丐应对财产侵害风险及其现实化的危害结果负责,王某的损失应归责于乞丐的行为。B错误,乙纠集他人持凶器砍杀将李某逼至江边,被害人在精神恐惧紧张之下实施的行为不异常,李某跳入江中的行为不可能中断因果关系。C正确,丙酒后开车,制造了法禁止的风险,但在服从交警指挥后,该风险已经转移至交警负责的领域。交警应对自己指挥不当制造的风险及其现实化的死亡结果承担责任。D错误,丁敲诈勒索陈某,陈某在汇款过程中虽然存在失误,但仍然转账成功,因而遭受了财产损失。错误转账行为对危害结果发生与否没有任何作用,而仅影响究竟是由哪一个犯罪人获益(不具有刑法意义),因此,即便认为错误转账是异常的介入,也不可能发挥重大作用,进而中断因果关系。注意,本案的特殊性在于行为人敲诈勒索罪未遂(虽然被害人处分汇款,但行为人取得汇款),但仍然存在因果关系(被害人处分汇款,行为人虽然未取得汇款,但被害人遭受了经济损失)。据此,不能将存在因果关系与犯罪既遂等同。

第六章 违法性③

第一节 正当防卫

1. 甲外出时在自己的住宅内安放了防卫装置。某日晚,乙撬门侵入甲的住宅后,被防卫装置击为轻伤。甲的行为是什么性质?(2002-2-6)

A. 故意伤害罪

B. 正当防卫

C. 防卫不适时

D. 民事侵权行为,不构成犯罪

📖 答案( )①

📦【考点】防卫装置

📖【解析】甲在外出时,事先放置了防卫装置。虽然甲设置防卫装置在不法侵害之前,但防卫装置发生作用的时间是不法侵害正在进行时,因此甲设置防卫装置的行为满足正当防卫的时间条件和防卫前提条件。防卫装置仅造成不法侵害人轻伤,也符合防卫限度条件和对象条件。综上,甲的行为成立正当防卫。

2. 张某的次子乙平时经常因琐事滋事生非,无端打骂张某。一日,乙与其妻发生争吵,张某过来劝说。乙转而辱骂张某并将其踢倒在地,并掏出身上的水果刀欲刺张某,张某起身逃跑,乙随后紧追。张某的长子甲见状,随手从门口拿起扁担朝乙的颈部打了一下,将乙打昏在地上。张某顺手拿起地上的石头转身回来朝乙的头部猛砸数下,致乙死亡。对本案中张某、甲的行为应当如何定性?(2003 - 2 - 12)

A. 张某的行为构成故意杀人罪,甲的行为属于正当防卫

B. 张某的行为构成故意杀人罪,甲的行为属于防卫过当

C. 张某的行为属于防卫过当,构成故意杀人罪,甲的行为属于正当防卫

D. 张某和甲的行为均构成故意杀人罪

📖 答案( )②

📦【考点】事后防卫

📖【解析】甲为了保护父亲免受乙的暴力侵害,用扁担打乙的颈部使其昏迷。该行为实施时,乙的不法侵害正在进行,甲的防卫行为针对乙本人,且为了制止暴力侵害仅造成乙昏迷,未明显超过必要限度,符合正当防卫条件,成立正当防卫。在乙昏迷在地上后,不法侵害已经结束,客观上已经不能再进行正当防卫,张某拿起石头猛砸乙使其死亡,属于事后防卫,应成立故意杀人罪。

3. 根据刑法第20条前两款的规定,____行为不负刑事责任;但____必须符合一定条件,否则就会造成新的不法侵害。误认为存在不法侵害,进行"防卫"的,属于____;不法侵害已经结束后,进行"防卫"的,属于____。防卫行为明显超过必要限度造成重大损害的,属于____;关于____的罪过形式,刑法理论上存在争议,但可以肯定的是,____不是独立罪名,应根据其符合的犯罪构成确定罪名;对于____,应当酌情减轻或者免除处罚。在这段话的空格中。(2004 - 2 - 20)

A. 2 处填写"正当防卫",5 处填写"防卫过当",1 处填写"假想防卫"

B. 2 处填写"正当防卫",4 处填写"防卫过当",1 处填写"假想防卫"

C. 3 处填写"正当防卫",5 处填写"防卫过当"

D. 3 处填写"正当防卫",4 处填写"防卫过当",1 处填写"假想防卫"

📖 答案( )③

📦【考点】正当防卫

①参考答案 B　②参考答案 A　③参考答案 B

📖 **【解析】** 1 处填写正当防卫;2 处填写正当防卫;3 处填写假想防卫;4 处填写事后防卫;5 处填写防卫过当;6 处填写防卫过当;7 处填写防卫过当;8 处填写防卫过当。

4. 刑法第 20 条第 3 款规定:"对正在进行行凶、杀人、抢劫、强奸、绑架以及其他严重危及人身安全的暴力犯罪,采取防卫行为,造成不法侵害人伤亡的,不属于防卫过当,不负刑事责任。"关于刑法对特殊正当防卫的规定,下列哪些理解是错误的? (2005 - 2 - 59)

A. 对于正在进行杀人等严重危及人身安全的暴力犯罪,采取防卫行为,没有造成不法侵害人伤亡的,不能称为正当防卫

B. "其他严重危及人身安全的暴力犯罪"的表述,不仅说明其前面列举的抢劫、强奸、绑架必须达到严重危及人身安全的程度,而且说明只要列举之外的暴力犯罪达到严重危及人身安全的程度,也应适用特殊正当防卫的规定

C. 由于特殊正当防卫针对的是严重危及人身安全的暴力犯罪,而这种犯罪一旦着手实行便会造成严重后果,所以,应当允许防卫时间适当提前,即严重危及人身安全的暴力犯罪处于预备阶段时,也应允许进行特殊正当防卫

D. 由于针对严重危及人身安全的暴力犯罪进行防卫时可以杀死不法侵害人,所以,在严重危及人身安全的暴力犯罪结束后,当场杀死不法侵害人的,也属于特殊正当防卫

📖 **答案(　　)**①

📚 **【考点】** 特殊防卫权

📖 **【解析】** A 错误,刑法第 20 条第 3 款规定不具备进行反对解释的条件,即针对严重侵害人身安全的暴力犯罪实施防卫行为有且只有造成伤亡结果时才成立正当防卫。该条规定仅是对严重侵害人身安全暴力犯罪进行正当防卫的限度条件的缓和规定,意指即便造成伤亡也成立正当防卫,如果未造成伤亡的,当然更没有理由否定正当防卫的成立。B 正确,"其他"的表述通常可以适用同类解释规则,即行凶、杀人、抢劫、强奸、绑架与"其他"具有类似性,凡是与前述行为具有相当性的暴力犯罪,均可适用该款规定。C 错误,特殊防卫仅仅在限度条件上有所放宽,而在其他正当防卫条件上与一般正当防卫没有任何区别,因此也要遵循防卫的前提条件、目的条件、时间条件、对象条件等。据此,即便是针对严重危及人身安全的暴力犯罪,也不允许事先防卫。D 错误,如前所述,特殊防卫仅在限度条件上与一般正当防卫无区别,在时间条件上完全相同。据此,严重危及人身安全的暴力犯罪结束后,就不能进行事后防卫。

5. 陈某抢劫出租车司机甲,用匕首刺甲一刀,强行抢走财物后下车逃跑。甲发动汽车追赶,在陈某往前跑了 40 米处将其撞成重伤并夺回财物。关于甲的行为性质,下列哪一选项是正确的? (2007 - 2 - 2)

A. 法令行为

B. 紧急避险

C. 正当防卫

D. 自救行为

📖 **答案(　　)**②

📚 **【考点】** 不法侵害的尚未结束

📖 **【解析】** 正当防卫是为了保护法益而作出的权利性规定,不法侵害尚未形成终局性状态时,现

_____

①参考答案 ACD　　②参考答案 C

场还能通过防卫行为挽回法益侵害的,应认为不法侵害尚未结束。据此,陈某已经抢劫到财物,还造成伤害结果,抢劫罪已经既遂。但是,被害人通过自己驾车撞击行为能够现场挽回损失的,应认为不法侵害尚未结束,被害人仍然有权进行适时防卫。因此,甲的行为符合正当防卫的时间条件,也符合其他防卫条件,成立正当防卫。A错误,甲的行为并非在执行法令。B错误,甲是针对紧迫的不法侵害和不法侵害人本人进行防卫行为,属于正对不正的正当化行为,并非正对正的避险行为。D错误,自救行为是法益侵害已经形成终局性状态的前提下(针对过去已然发生但处于继续侵害状态的不法侵害),被害人在难以请求国家公权力救济时不得已而采取的私力救济手段。注意,这里不法侵害尚未形成终局性状态,据此,甲的行为不成立自救行为。

6. 甲手持匕首寻找抢劫目标时,突遇精神病人丙持刀袭击。丙追赶甲至一死胡同,甲迫于无奈,与丙搏斗,将其打成重伤。

关于甲将精神病人丙打成重伤的行为,下列选项正确的是。(2008-2-93)

A. 甲的行为属于正当防卫,因为对于精神病人的不法侵害也可以进行正当防卫

B. 甲的行为属于紧急避险,因为"不法"必须是主客观相统一的行为,而精神病人没有责任能力,其客观侵害行为不属于"不法"侵害,故只能进行紧急避险

C. 甲的行为属于自救行为,因为甲当时只能依靠自己的力量救济自己的法益

D. 甲的行为既不是正当防卫,也不是紧急避险,因为甲当时正在进行不法侵害,精神病人丙的行为客观上阻止了甲的不法行为,甲不得针对丙再进行正当防卫与紧急避险

 **答案(　　)**①

📖 **【考点】** 防卫前提;防卫对象

📝 **【解析】** 正当防卫的前提条件是紧迫的不法侵害,这里的不法侵害是在不法意义上讲的行为与法秩序相冲突。据此,只要具备自然行为能力的人均可能实施不法侵害行为,因此精神病人实施的暴力侵害也满足防卫的前提条件,可以实施防卫行为。B错误,精神病人没有责任能力,因此在责任层面不可能满足犯罪的成立要求,但是在不法层面,精神病人的行为仍然属于具有刑法意义的行为,符合正当防卫关于不法侵害的要求。C错误,自救行为并非泛指私力救济,而是有着特定的要求。甲正面临着紧迫的不法侵害,并非已然发生且处于继续状态的不法侵害,对其只能进行正当防卫,不能进行自救。D错误,甲当时正在实施抢劫的预备行为,该行为固然属于不法行为,但是还未着手,没有形成紧迫的不法侵害,根据正当防卫关于防卫前提的要求,不能实施防卫行为。因此,精神病人的行为不成立正当防卫,仍然属于不法侵害,可以对其进行正当防卫。

7. 关于正当防卫,下列哪一选项是错误的?(2009-2-3)

A. 制服不法侵害人后,又对其实施加害行为,成立故意犯罪

B. 抢劫犯使用暴力取得财物后,对抢劫犯立即进行追击的,由于不法侵害尚未结束,属于合法行为

C. 动物被饲主唆使侵害他人的,其侵害属于不法侵害;但动物对人的自发侵害,不是不法侵害

D. 基于过失而实施的侵害行为,不是不法侵害

 **答案(　　)**②

📖 **【考点】** 正当防卫的成立条件

📝 **【解析】** A正确,制服不法侵害人之后,不法侵害已经结束,不能实施防卫行为。对不法侵害

---

① 参考答案 A　　② 参考答案 D

人实施加害行为的,成立故意犯罪。B 正确,抢劫犯即便劫取到财物,构成抢劫罪的既遂,假如现场可以挽回损失的,法益侵害还未形成终局性状态,此时,不法侵害尚未结束,仍然可以进行正当防卫。C 正确,动物受到饲主的唆使侵害他人,虽然侵害直接来自于动物,但动物只是饲主的侵害手段,并且随时可以支配或唤回动物,客观上仍然存在不法侵害行为(唆使是作为,不唤回是不作为),因此可以对其实施防卫行为;动物对人的自发侵害,客观上不存在行为,也就谈不上不法侵害行为,对其只能进行紧急避险,不能进行正当防卫。D 错误,不法侵害是指行为人的行为不符合法秩序,即便是过失实施的侵害行为,也属于刑法上的不法侵害。

8. 甲乙两家有仇。某晚,两拨人在歌厅发生斗殴,甲、乙恰巧在场并各属一方。打斗中乙持刀砍伤甲小臂,甲用木棒击中乙头部,致乙死亡。关于甲的行为,下列哪一选项是正确的?(2010 - 2 - 7)

A. 属于正当防卫

B. 属于紧急避险

C. 属于防卫过当

D. 属于故意杀人

答案( )①

【考点】 防卫意识

【解析】 根据刑法规定,正当防卫需要具备防卫意识。甲乙有仇,且正好处于斗殴双方,主观上没有为了保护合法权益的目的,而仅有彼此伤害的故意。据此,甲乙均不构成正当防卫,应成立故意杀人。

9. 乙基于强奸故意正在对妇女实施暴力,甲出于义愤对乙进行攻击,客观上阻止了乙的强奸行为。

观点:

①正当防卫不需要有防卫认识

②正当防卫只需要防卫认识,即只要求防卫人认识到不法侵害正在进行

③正当防卫只需要防卫意志,即只要求防卫人具有保护合法权益的意图

④正当防卫既需要有防卫认识,也需要有防卫意志

结论:

a. 甲成立正当防卫

b. 甲不成立正当防卫

就上述案情,观点与结论对应正确的是哪一选项?(2011 - 2 - 7)

A. 观点①观点②与 a 结论对应;观点③观点④与 b 结论对应

B. 观点①观点③与 a 结论对应;观点②观点④与 b 结论对应

C. 观点②观点③与 a 结论对应;观点①观点④与 b 结论对应

D. 观点①观点④与 a 结论对应;观点②观点③与 b 结论对应

答案( )②

【考点】 正当防卫的主观要件

【解析】 乙基于强奸故意正在对妇女实施暴力,该行为显然属于严重危及人身安全的暴力犯罪,满足正当防卫的前提条件和限度条件。甲出于义愤对乙进行攻击,符合防卫的对象条件。此外,义愤说明防卫人已经认识到乙行为的社会危害性(不法侵害),自己的行为客观上能够阻止该行为继续下去。但是,义愤说明甲不具有保护合法权益的目的,而仅具有道德意义上的维护社会伦理秩序的动机。

---

①参考答案 D　②参考答案 A

根据观点①,正当防卫不需要防卫认识,那么甲的行为已经满足正当防卫其他要件,当然成立正当防卫。根据观点②,正当防卫只需要防卫认识,据此甲具有防卫认识,其行为满足正当防卫所有条件,成立正当防卫。根据观点③,正当防卫不需要防卫认识,只需要防卫意志,那么甲不具有防卫意志,因此不成立正当防卫。根据观点④,正当防卫既需要防卫认识,也需要防卫意志,那么甲只具有防卫认识,不具备防卫意志,因此不构成正当防卫。

10. 关于正当防卫的论述,下列哪一选项是正确的?(2012 - 2 - 7)

A. 甲将罪犯顾某扭送派出所途中,在汽车后座上死死扼住激烈反抗的顾某头部,到派出所时发现其已窒息死亡。甲成立正当防卫

B. 乙发现齐某驾驶摩托车抢劫财物即驾车追赶,两车并行时齐某的摩托车撞到护栏,弹回与乙车碰撞后侧翻,齐某死亡。乙不成立正当防卫

C. 丙发现邻居刘某(女)正在家中卖淫,即将刘家价值 6000 元的防盗门砸坏,阻止其卖淫。丙成立正当防卫

D. 丁开枪将正在偷越国(边)境的何某打成重伤。丁成立正当防卫

答案( )①

【考点】 正当防卫的成立条件

【解析】 A 错误,甲对罪犯实施扭送属于法令行为。该行为实施之时,不法侵害已经结束,顾某的挣扎未侵害任何合法权益,据此甲的行为不可能成立正当防卫。为了制止顾某挣扎,甲实施了足以致人死亡的暴力行为,该行为显然超过了扭送所需要的程度,且造成了悬殊的结果,不成立正当法令行为。B 正确,乙对不法侵害人实施追击行为,属于公民实施扭送行为的一部分,属于合法行为。之后,两者并行时,被害人自己驾车撞到护栏,然后又撞到乙,侧翻死亡。乙的追击行为与死亡结果之间具有条件意义上的因果关系,但是因果关系发展过程中介入了被害人自己撞到护栏的行为,并因此撞击乙和自己侧翻,最终导致死亡。这些介入因素具有异常性,且是死亡的主要原因,乙的追击行为本身不可能致人死亡。据此,被害人自己的行为中断了乙行为与死亡结果之间的因果关系。至此,乙行为本身不具有非法性,同时也未造成死亡结果,不满足任何犯罪的构成要件。既然如此,也不需要在违法性层面检视正当防卫的问题。此外,乙的摩托车与齐某的摩托车碰撞造成侧翻,是外在强力所致,乙在此处并不存在刑法意义上的行为,不能将之称为乙的防卫行为。C 错误,行为人在家中卖淫虽然具有不法性,但是并非紧迫的不法侵害,不能进行正当防卫。可以通过报警等其他手段有效保护社会法益。D 错误,偷越国(边)境行为侵害的是超个人法益。对超个人法益通常不能轻易进行防卫,否则与正当防卫的目的冲突(正当防卫的目的是公民保护个人法益,而不是让公民保护超个人法益而陷入危险的境地,甚至参与公益的战争。保护超个人法益首先和主要是公权力的责任,一般公民不得参与)。当他人偷越国(边)境具有紧迫性时,公民可以对其防卫,但是为了保护微小的超个人法益(偷越一次国边境并非重大法益)而造成重伤结果,显然明显超过必要限度,属于防卫过当。

11. 甲对正在实施一般伤害的乙进行正当防卫,致乙重伤(仍在防卫限度之内)。乙已无侵害能力,求甲将其送往医院,但甲不理会而离去。乙因流血过多死亡。关于本案,下列哪一选项是正确的?(2013 - 2 - 7)

A. 甲的不救助行为独立构成不作为的故意杀人罪

B. 甲的不救助行为独立构成不作为的过失致人死亡罪

C. 甲的行为属于防卫过当

D. 甲的行为仅成立正当防卫

📖 答案（　　）①

【考点】防卫过当

【解析】防卫过当是指防卫行为造成明显超过必要限度的防卫结果的情形。甲为了制止一般伤害，实施防卫行为造成乙重伤（直接结果），但是由于其拒绝救助，重伤演变为死亡结果（间接结果）。应该说，甲的防卫行为造成的防卫结果应该是死亡，而不是重伤。之所以这样认为，是没有甲的防卫行为，乙不会死亡，且甲的行为原本就足以致人死亡。在因果关系发展过程中，介入了甲拒绝救助的行为。该行为无论是否成立单独的不作为犯罪（遗弃罪），其都不具有异常性（一般认为，不法行为造成他人重伤与不加救助之间具有类型化关联。据此，正当行为造成重伤后不加救助则更具有通常性），且单纯不救助对死亡结果的作用小于前述致人重伤行为，实际上只发挥了实现防卫行为所制造死亡危险的作用。可见，甲拒绝救助的行为不能中断甲防卫行为与死亡结果之间的因果关系。甲的防卫行为导致了死亡结果，而不是重伤结果。在此意义上，甲拒绝救助的行为（遗弃罪）并未进一步侵犯新的法益，而只是使防卫行为所制造的死亡危险得以现实化，即甲拒绝救助的遗弃行为成立与罚的后行为。综上，甲为了制止一般伤害，实施防卫行为造成他人死亡，明显超过必要限度，应成立防卫过当，应构成过失致人死亡罪（防卫行为构成过失致人死亡罪，而不是不救助行为构成过失致人死亡罪）。

12. 甲深夜盗窃 5 万元财物，在离现场 1 公里的偏僻路段遇到乙。乙见甲形迹可疑，紧拽住甲，要甲给 5000 元才能走，否则就报警。甲见无法脱身，顺手一拳打中乙左眼，致其眼部受到轻伤，甲乘机离去。关于甲伤害乙的行为定性，下列哪一选项是正确的？（2014 - 2 - 8）

A. 构成转化型抢劫罪

B. 构成故意伤害罪

C. 属于正当防卫，不构成犯罪

D. 系过失致人轻伤，不构成犯罪

📖 答案（　　）②

【考点】犯罪既遂；正当防卫；转化型抢劫

【解析】甲窃取现金已经离开一公里，到达偏僻地段，应该说盗窃已经既遂，并且不法侵害已经终局性地完结。在这一前提下，行为人即便为窝藏赃物行凶也不可能转化为抢劫罪（转化型抢劫也要求不法侵害正在进行）。所以，A 错误。虽然 5 万元现金属于赃款，但现金谁占有谁所有，5 万元现金属于甲的财产，其占有状态或所有权均合法，值得刑法保护。无论你在财产犯罪上采取怎样的学说，都应肯定甲不能被侵害。乙紧拽甲，索要财物的行为属于正在进行的不法侵害，甲有权防卫。甲伤害乙的行为客观上属于为了保护自己的权益（人身自由和应受法律保护的占有及本权），成立正当防卫。因此，答案为 C，不构成故意伤害罪或过失伤害。需要注意的是，即便甲认为自己占有 5 万元属于非法利益，自己是为了保护非法利益而实施防卫的，也不宜否定防卫意思的成立。因为他只要认识到自己的稳定占有状态正在被侵害，并且主观上欲保护这种占有就够了。防卫意思不要求达到专业人士的认知水平，只要具有平行评价就可以了。此处属于假想犯罪，实为正当防卫。即便否定保护财产的防卫意思，也应该肯定保护人身自由具有防卫意思。因此，结论是成立正当防卫。

①参考答案 C　②参考答案 C

【难点】 本题考查了法益侵害终结在转化型抢劫中的意义、财产犯罪的保护法益、正当防卫中的不法侵害、防卫意思等。考生容易忽视法益侵害终结的判断问题；没有深入理解赃物是否值得刑法保护、现金的特殊性等财产犯罪的难点；再就是防卫意思的平行评价问题。

13. 严重精神病患者乙正在对多名儿童实施重大暴力侵害，甲明知乙是严重精神病患者，仍使用暴力制止了乙的侵害行为，虽然造成乙重伤，但保护了多名儿童的生命。

观点：

①正当防卫针对的"不法侵害"不以侵害者具有责任能力为前提

②正当防卫针对的"不法侵害"以侵害者具有责任能力为前提

③正当防卫针对的"不法侵害"不以防卫人是否明知侵害者具有责任能力为前提

④正当防卫针对的"不法侵害"以防卫人明知侵害者具有责任能力为前提

结论：

a. 甲成立正当防卫

b. 甲不成立正当防卫

就上述案情，观点与结论对应错误的是下列哪些选项？（2014 - 2 - 52）

A. 观点①②与 a 结论对应；观点③④与 b 结论对应

B. 观点①③与 a 结论对应；观点②④与 b 结论对应

C. 观点②③与 a 结论对应；观点①④与 b 结论对应

D. 观点①④与 a 结论对应；观点②③与 b 结论对应

答案（　　）①

【考点】 不法侵害

【解析】 本题为推理题，考生需掌握正当防卫基本架构即可开始推导。如果不法侵害不需要侵害者具有责任能力，那么本案当然具有不法侵害，可以正当防卫；如果不法侵害不以防卫人是否明知侵害者具有责任能力为前提，那么本案当然具有不法侵害，可以正当防卫。上述两者的反命题，自然不利于得出可以实施正当防卫的结论。四个选项排列组合，即可得出正确的是 B，其余均是错误的。

【难点】 本题其实不需掌握精深的刑法理论，只需要明白正当防卫的框架，然后推导即可。这基本上是逻辑推导能力的考查。考生觉得难，很大程度上是思想上不能接受题干里的命题，并因此影响了考生的逻辑判断。

第二节　紧急避险

1. 甲遭乙追杀，情急之下夺过丙的摩托车骑上就跑，丙被摔骨折。乙开车继续追杀，甲为逃命飞身跳下疾驶的摩托车奔入树林，丙一万元的摩托车被毁。关于甲行为的说法，下列哪一选项是正确的？（2009 - 2 - 4）

A. 属于正当防卫　　　　　　　　　B. 属于紧急避险

C. 构成抢夺罪　　　　　　　　　　D. 构成故意伤害罪、故意毁坏财物罪

答案（　　）②

---

①参考答案 ACD　②参考答案 B

📖 【考点】紧急避险

📝 【解析】甲为了免受正在发生的被乙追杀产生的死亡危险,夺过丙的摩托车并导致丙骨折。甲的夺车伤人行为满足抢夺罪的构成要件,但是在违法性层面,甲为了避免自己较大的生命危险,不得已采取暴力方法,侵害了丙较小的健康法益和财产法益,成立紧急避险。甲为了逃命,飞身跳车,导致丙摩托车被毁,该行为在构成要件层面满足故意毁坏财物罪构成要件,但因为之前存在抢夺行为,毁坏行为未进一步侵犯新的法益,成立与罚的后行为,不需单独定罪。此外,即使甲的毁坏行为需要单独定罪量刑,考虑到甲是为了躲避追杀而弃车毁损,也符合紧急避险的条件,不具有违法性。

2. 鱼塘边工厂仓库着火,甲用水泵从乙的鱼塘抽水救火,致鱼塘中价值2万元的鱼苗死亡。仓库中价值2万元的商品因灭火及时未被烧毁。甲承认仓库边还有其他几家鱼塘,为报复才从乙的鱼塘抽水。关于本案,下列哪一选项是正确的?(2015 - 2 - 4)

    A. 甲出于报复动机损害乙的财产,缺乏避险意图

    B. 甲从乙的鱼塘抽水,是不得已采取的避险行为

    C. 甲未能保全更大的权益,不符合避险限度要件

    D. 对2万元鱼苗的死亡,甲成立故意毁坏财物罪

📖 答案( )①

📝 【解析】避险意图与报复动机并不是排斥的关系,只有案件事实表明,报复动机是行为人唯一的行为动机时,才能否定避险意图。无论从谁家鱼塘抽水,都符合紧急避险的"不得已"要求,不能因为行为人有报复动机这一主观要素,否定避险行为在客观上具有不得已的性质。甲不仅避免了2万元商品被烧毁,而且避免了火灾对公共安全的影响,符合保护更大权益的要求。由此,甲也不成立故意毁坏财物罪。

3. 关于正当防卫与紧急避险,下列哪一选项是正确的?(2016 - 2 - 6)

    A. 为保护国家利益实施的防卫行为,只有当防卫人是国家工作人员时,才成立正当防卫

    B. 为制止正在进行的不法侵害,使用第三者的财物反击不法侵害人,导致该财物被毁坏的,对不法侵害人不可能成立正当防卫

    C. 为摆脱合法追捕而侵入他人住宅的,考虑到人性弱点,可认定为紧急避险

    D. 为保护个人利益免受正在发生的危险,不得已也可通过损害公共利益的方法进行紧急避险

📖 答案( )②

📖 【考点】正当化事由

📝 【解析】A错误,根据《刑法》第20条第1款规定:"为了使国家、公共利益、本人或者他人的人身、财产和其他权利免受正在进行的不法侵害,而采取的制止不法侵害的行为,对不法侵害人造成损害的,属于正当防卫,不负刑事责任。"为保护国家利益的防卫行为,法律并未要求防卫人必须是国家工作人员。只要能够满足正对不正的实质要求,一般主体为了保护法益都可以实施正当防卫行为。B错误,为制止正在进行的不法侵害,使用第三者的财物反击不法侵害人,防卫人对不法侵害人仍然可能成立正当防卫,只不过对财物的权利人同时构成紧急避险。C错误,在合法追捕的场合,被抓捕人无权拒捕,因此不能认为客观上存在可规避的风险。从人性弱点角度,不足以建构正当化事由,既没有法定根据,也不足以自立地建构一个超法规正当化事由。D正确,根据《刑法》第21条前两款规定:"为了使国家、公共利益、本人或者他人的人身、财产和其他权利免受正在发生的危险,不得已采取的紧急避险行

为,造成损害的,不负刑事责任。紧急避险超过必要限度造成不应有的损害的,应当负刑事责任,但是应当减轻或者免除处罚。"若保护的个人利益大于损害的公共利益(不能认为凡是公共利益都比个人利益重大),当然可以成立合法的紧急避险。

第三节　被害人承诺

1. 下列哪种说法是错误的?(2006 – 2 – 16)

A. 甲取得患有绝症的病人乙的同意而将其杀死,甲仍然构成故意杀人罪

B. 甲以出卖为目的收买生活贫困的妇女乙后,经乙同意将其卖给一个富裕人家为妻,甲仍然构成拐卖妇女罪

C. 甲征得不满14周岁的幼女乙同意而与之发生性行为,甲仍然构成强奸罪

D. 甲在收买被拐卖的妇女乙后,按照乙的意愿没有阻碍其返回原居住地,对甲仍然应当追究收买被拐卖的妇女罪的刑事责任

答案(　　　)①

【考点】 被害人承诺

【解析】 A 正确,生命不在被害人承诺的权限范围以内,病人乙对自己生命的承诺无效,不能阻却甲故意杀人罪的成立。B 正确,人不能作为商品进行交易,这一人身权益涉及人类尊严,不能成为被害人承诺的对象。妇女乙对自己人身自由的承诺无效,不能阻却拐卖妇女罪的成立。C 正确,未满14周岁的幼女不享有性的自决权,被害幼女对性行为的承诺无效,不阻却强奸罪的成立。D 错误,拐卖妇女儿童罪与收买被拐卖妇女儿童罪属于对向犯,原本均成立犯罪,一律追究刑事责任。但是,立法者根据刑事政策的考虑,对收买行为进行有条件的除罪化,即根据刑法241条第6款的规定,可以不追究甲收买被拐卖的妇女罪的刑事责任,但是对于其他犯罪,例如非法拘禁罪、侮辱罪、故意伤害罪等仍然需要追究刑事责任。该规定属于刑罚解除事由,并非违法性阻却事由,即原本应当追究刑事责任,但例外地予以解除。需要注意的是,根据《刑法修正案(九)》,该选项的陈述是正确的,因为《刑法修正案(九)》对收买行为修改为一律追究刑事责任,只是可以适当从宽处罚。

2. 关于排除犯罪的事由,下列哪一选项是正确的?(2006 – 2 – 18)

A. 对于严重危及人身安全的暴力犯罪以外的不法侵害进行防卫,造成不法侵害人死亡的,均属防卫过当

B. 由于武装叛乱、暴乱罪属于危害国家安全罪,而非危害人身安全犯罪,所以,对于武装叛乱、暴乱犯罪不可能实行特殊正当防卫

C. 放火毁损自己所有的财物但危害公共安全的,不属于排除犯罪的事由

D. 律师在法庭上为了维护被告人的合法权益,不得已泄露他人隐私的,属于紧急避险

答案(　　　)②

【考点】 排除犯罪事由

【解析】 A 错误,防卫过当的标准不在于是否针对于严重危及人身安全的暴力犯罪,也不在于

---

①参考答案 2006 年答案为 D,但《刑法修正案(九)》之后,由于收买人不能免除刑事责任,所以《刑法修正案(九)》以后本题无合适答案。　②参考答案 C

造成被害人死亡,而在于防卫行为满足了正当防卫的所有其他要件但明显超过必要限度。据此,即便针对严重危及人身安全的暴力犯罪以外的不法侵害进行防卫,造成不法侵害人死亡,但如果不满足正当防卫的其他要件,也不成立防卫过当。B 错误,武装叛乱、暴乱罪虽然属于危害国家安全罪,但是其本身必然存在着针对人身的暴力内容,如果该暴力达到犯罪程度,当然也可以进行正当防卫。C 正确,放火焚烧自己的财物属于自损行为,如果单纯影响自己法益,当然不可能成立犯罪。但是,假如焚烧引起火灾,殃及其他法益,那么仍然可能成立其他犯罪。如果侵犯了公共安全,应成立放火罪。对于故意毁坏财物罪而言,焚烧自己的财物的行为未满足构成要件,不成立该罪(并非违法阻却事由,而是构成要件阻却事由)。但就放火罪而言,公共安全属于社会法益,行为人当然无权处分,即便通过焚烧自己财物放火也成立犯罪。D 错误,律师负有维护当事人权益的义务,同时律师作为一般公民又负有不违法犯罪的义务。在两种义务冲突时,为履行更为重要的义务,放弃履行较为次要的义务,不具有不法性。这种情形刑法上称之为义务冲突。紧急避险可以理解为一种特殊的义务冲突,但义务冲突并不一定成立紧急避险。此外,律师行为也可以通过正当业务行为进行正当化,即律师为了维护当事人权益而不得已触犯法律,只要该行为属于正当业务行为的范围,可以被正当化。但是,本案律师只是泄露他人隐私,该行为本身未必成立犯罪,因而未必能够满足刑法上的排除犯罪事由,即不一定成立紧急避险。

3. 关于被害人承诺,下列哪一选项是正确的?(2008 - 2 - 5)

A. 儿童赵某生活在贫困家庭,甲征得赵某父母的同意,将赵某卖至富贵人家。甲的行为得到了赵某父母的有效承诺,并有利于儿童的成长,故不构成拐卖儿童罪

B. 在钱某家发生火灾之际,乙独自闯入钱某的住宅搬出贵重物品。由于乙的行为事后并未得到钱某的认可,故应当成立非法侵入住宅罪

C. 孙某为戒掉网瘾,让其妻子丙将其反锁在没有电脑的房间一星期。孙某对放弃自己人身自由的承诺是无效的,丙的行为依然成立非法拘禁罪

D. 李某同意丁砍掉自己的一个小手指,而丁却砍掉了李某的大拇指。丁的行为成立故意伤害罪

答案( )①

【考点】被害人承诺

【解析】A 错误,拐卖妇女儿童罪的保护法益是妇女儿童的人身自由,该法益属于妇女儿童自己的权益,不能由父母处分,同时,由于人身买卖涉及人类尊严也不属于被害人承诺范围。儿童父母为了改善儿童生活条件而同意甲将其卖掉,甲仍然成立拐卖儿童罪。B 错误,钱某家里发生火灾,乙擅自闯入抢救贵重物品,虽然没有获得钱某明示的承诺,但成立推定的承诺,因此不成立非法侵入住宅罪。C 错误,非法拘禁罪所保护的人身自由属于个人可处分的法益,孙某承诺放弃此种意义上的人身自由,成立有效的被害人承诺,排除犯罪成立。D 正确,被害人承诺仅能在有效承诺的范围内排除违法性,超出承诺范围的仍然具有违法性。据此,李某承诺的范围仅限于小指,属于轻伤范围,可以进行有效承诺。但丁砍掉了李某的大拇指,属于重伤范围,不成立有效承诺。

4. 经被害人承诺的行为要排除犯罪的成立,至少符合下列 4 个条件:
①被害人对被侵害的____具有处分权限
②被害人对所承诺的____的意义、范围具有理解能力
③承诺出于被害人的____意志

④被害人必须有____的承诺

下列哪一选项与题干空格内容相匹配?(2011-2-8)

A. 法益——事项——现实——真实　　　B. 事项——法益——现实——真实

C. 事项——法益——真实——现实　　　D. 法益——事项——真实——现实

答案(　　)①

【考点】被害人承诺

【解析】被害人承诺属于超法规的正当化事由,但需满足下列条件:(1)承诺者对被侵害的法益具有处分权限(承诺范围),即一个人只能向他人承诺自己有处分权限的利益;(2)承诺者必须对所承诺的事项的意义、范围具有理解能力(承诺能力),缺乏对事项正确理解能力的人所作出的承诺无效;(3)承诺必须出于被害人的真实意志。对于戏言性的承诺、基于强制或者威胁之下的承诺无效;(4)必须存在现实的承诺,包括现实的承诺与推定的承诺。据此,D 为正确答案。

5. 关于自伤,下列哪一选项是错误的?(2011-2-13)

A. 军人在战时自伤身体,逃避军事义务的,成立战时自伤罪

B. 帮助有责任能力成年人自伤的,不成立故意伤害罪

C. 受益人唆使 60 周岁的被保险人自伤、骗取保险金的,成立故意伤害罪与保险诈骗罪

D. 父母故意不救助自伤的 12 周岁儿子而致其死亡的,视具体情形成立故意杀人罪或者遗弃罪

答案(　　)②

【考点】自伤行为

【解析】健康法益属于被害人个人法益,在轻伤范围内可以进行有效承诺,但重伤不能有效承诺。此外,即便在轻伤范围内,军人等特殊群体虽然不能构成故意伤害罪,但仍然可能成立其他犯罪。据此,A 正确,军人因为承担作战义务不能放弃自己的健康权,军人自伤行为虽然不符合故意伤害罪,但成立战时自伤罪。B 正确,有责任能力的成年人可以在轻伤范围内进行有效承诺,不成立故意伤害罪。C 错误,受益人唆使 60 周岁的被保险人自伤、骗取保险金,固然成立保险诈骗罪,但不成立故意伤害罪。因为 60 岁的人对轻伤可以进行有效承诺,既然被害人已放弃法益,那么教唆行为也缺乏实质意义上的法益侵害,不成立故意伤害罪。D 正确,父母对于未成年人具有保护型作为义务,12 周岁的儿子在面临死亡危险时,父母不作为的,如果形成死亡的现实危险,那么成立故意杀人罪;如果仅形成抽象危险,那么则成立遗弃罪。

第七章 故 意

1. 养花专业户李某为防止偷花,在花房周围私拉电网。一日晚,白某偷花不慎触电,经送医院抢救,不治身亡。李某对这种结果的主观心理态度是什么?(2003-2-1)

A. 直接故意　　　　　　　　　　B. 间接故意

C. 过于自信的过失　　　　　　　D. 疏忽大意的过失

答案(　　)③

---

①参考答案 D　②参考答案 C　③参考答案 B

【考点】 直接故意与间接故意

【解析】 李某明知私拉电网具有导致窃贼死亡的现实可能性,但仍然实施了该行为,应成立故意。同时,李某对触电身亡的窃贼缺乏明确具体的认识,而仅具有使窃贼触电身亡的抽象认识,因此不能认为李某对窃贼的死亡结果具有"明知",而仅仅具有"认识"。另一方面,李某对窃贼的死亡结果并不具有希望的态度,其私拉电网只是为了防止偷花,对死亡结果应该仅具有放任态度。据此,应认定为间接故意。

【难点】 李某对危害公共安全的危害结果具有明确具体的盖然性认识(公共安全的危害结果具有一定程度的抽象性,即不特定或多数人的生命健康法益被侵害),因此可以肯定李某具有以危险方法危害公共安全罪的直接故意。本题问的是对窃贼死亡这一个人法益危害结果的罪过,而非对公共安全这一社会法益的危害结果的罪过,因此结论有所不同。

2. 张某在火车站候车室窃得某人一提包,到僻静处打开一看,里面没有钱财,却有手枪一支,子弹若干发,张某便将枪支、子弹放回包内,然后藏于家中。张某的行为构成何罪?(2003 - 2 - 3)

A. 非法持有枪支、弹药罪   B. 盗窃枪支、弹药罪

C. 非法储存枪支、弹药罪   D. 非法携带枪支、弹药罪

答案(   )①

【考点】 抽象事实错误;对象错误

【解析】 张某以为盗窃的是一般财物,但实际上是手枪,其对盗窃对象发生错误认识。此外,由于一般财物与枪支涉及不同犯罪的构成要件,因而存在抽象事实错误。对于抽象的事实错误,应该从轻罪的主观认识或客观方面出发认定轻罪,之所以如此,是行为人主观认识的犯罪与实际犯罪只可能在轻罪的范围内实现重合,换言之,只有在轻罪范围内行为人对构成要件的实现才可能具有容认态度。据此,张某主观上是具有盗窃一般财物的故意,客观上却盗窃了枪支,前者涉及盗窃罪(轻罪),后者涉及盗窃枪支罪(重罪)。张某对轻罪的故意不能满足重罪主观罪过的要求,不可能成立盗窃枪支罪。由于枪支也具有一般财物的属性,因此我们将枪支评价为财物时,张某对自己行为实现盗窃罪构成要件便具有容认态度,成立盗窃罪既遂。事后,张某发现所盗为枪支,应上交却不上交,构成非法持有枪支、弹药罪。张某的前后两行为侵犯同一对象所蕴含的不同法益,且基于两个犯意,应认为存在两个行为。前者构成盗窃罪,后者构成非法持有枪支罪。从罪数上看,由于前行为客观上侵犯了枪支管理秩序(财产法益包含其中),后行为同样侵犯该法益,在法益上具有同一性,应按照与罚行为处理。盗窃罪轻于非法持有枪支、弹药罪,故最终应认定为张某的行为非法持有枪支、弹药罪。

3. 甲贩运假烟,驾车路过某检查站时,被工商执法部门拦住检查。检查人员乙正登车检查时,甲突然发动汽车夺路而逃。乙抓住汽车车门的把手不放,甲为摆脱乙,在疾驶时突然急刹车,导致乙头部着地身亡。甲对乙死亡的心理态度属于下列哪一选项?(2006 - 2 - 3)

A. 直接故意   B. 间接故意

C. 过于自信的过失   D. 疏忽大意的过失

答案(   )②

【考点】 直接故意与间接故意

【解析】 甲对疾驰中突然急刹车会迫使乙与汽车脱离具有明确认识,而以当时速度,一旦人车

---

①参考答案 A   ②参考答案 B

脱离,乙高速落地即面临现实具体的危险,这一点甲也具有认识(根据平均理性人标准可以推定该结论)。据此,甲既然认识到行为会产生死亡结果的现实可能性,就应肯定故意,否定过失。另一方面,甲如此行为只是为了摆脱乙,不是为了杀死乙,因此,应认为甲对乙的死亡结果持放任态度。据此,甲成立间接故意。

4. 关于故意的认识内容,下列哪一选项是正确的?(2008 - 2 - 2)

A. 甲明知自己的财物处于国家机关管理之中,但不知此时的个人财物应以公共财产论而窃回。甲缺乏成立盗窃罪所必需的对客观事实的认识,故不成立盗窃罪

B. 乙以非法占有财物的目的窃取军人的手提包时,明知手提包内可能有枪支仍然窃取,该手提包中果然有一支手枪。乙没有非法占有枪支的目的,故不成立盗窃枪支罪

C. 成立猥亵儿童罪,要求行为人知道被害人是或者可能是不满14周岁的儿童

D. 成立贩卖毒品罪,不仅要求行为人认识到自己贩卖的是毒品,而且要求行为人认识到所贩卖的毒品种类

答案( )①

【考点】 故意的认识内容

【解析】 故意的认识内容是构成要件要素。据此,A错误,盗窃罪的构成要件要素包括盗窃行为、他人占有的财物、因果关系等,甲已经认识到自己的行为属于窃取行为,同时对象物虽然归自己所有但由国家机关占有(他人占有的财物),自己的窃取行为会转移财物占有,造成财产损失。甲在认识到上述要素的情况下,实施盗窃行为,当然成立盗窃罪。需要注意的是,甲对窃回自己所有但归他人占有的财物,在法律上成立盗窃罪,具有错误认识。但这一认识错误属于可避免的法律认识错误(单纯的可罚性认识错误),并不妨碍故意的成立。B错误,乙明知包内可能有枪支,却仍然窃取,当然具有盗窃枪支罪的故意(本罪为抽象危险犯,认识到行为具有占有枪支的可能性便具有故意,不要求对取得枪支这一危害结果具有认识)。C正确,猥亵儿童罪的构成要件包含儿童这一要素,该罪的故意当然需要对此有认识。如果行为人完全没有认识到被害人为儿童,至多仅成立过失猥亵儿童罪。D错误,贩卖毒品罪的构成要件要素包括毒品,行为人对此必须有认识,但是该认识不需要具体到毒品的种类,只要认识到毒品的一般属性即可,因为法律规定该要素时也只是规定了种属性质意义上的毒品,未具体到种类。

5. 丙发现货币有假大叫"别走",甲迅即启动驶向厂门,丙扑向甲车前风挡,抓住雨刮器。乙对甲说:"太危险,快停车",甲仍然加速,致丙摔成重伤。

对于丙的重伤,甲的罪过形式是。(2010 - 2 - 92)

A. 故意　　　　　　B. 有目的的故意　　　　C. 过失　　　　D. 无认识的过失

答案( )②

【考点】 间接故意

【解析】 甲在乙明确告知危险性时仍然加速行驶,导致乙受重伤。甲对自己的行为产生重伤结果具有现实的认识,但为了逃离,仍然实施该行为,主观上对重伤结果持放任态度,应成立间接故意。B错误,甲没有造成重伤结果的目的,属于无目的的故意。

6. 关于故意的认识内容,下列哪一选项是错误的?(2011 - 2 - 5)

A. 成立故意犯罪,不要求行为人认识到自己行为的违法性

---

① 参考答案 C　　② 参考答案 A

B. 成立贩卖淫秽物品牟利罪,要求行为人认识到物品的淫秽性

C. 成立嫖宿幼女罪(现已废除),要求行为人认识到卖淫的是幼女

D. 成立为境外非法提供国家秘密罪,要求行为人认识到对方是境外的机构、组织或者个人,没有认识到而非法提供国家秘密的,不成立任何犯罪

📕 **答案(　　　　)**①

📚 **【考点】** 故意的认识内容

📝 **【解析】** A正确,故意是对构成要件实现的容认,与违法性认识无关。违法性认识的可能性与故意是各自独立的责任要素。B正确,对于贩卖淫秽物品牟利罪而言,淫秽物品当然是构成要件要素,行为人必须加以认识。由于该要素属于规范的构成要件要素,因此不需要行为人以专业的水准认识到法律意义上的淫秽性,只要具有外行人的平行评价即可。C正确,对于嫖宿幼女罪(现已废除)而言,幼女当然属于构成要件要素,行为人必须加以认识。即认识到对方是或者可能是幼女。D错误,对于为境外非法提供国家秘密罪而言,境外的机构、组织或者个人属于构成要件要素,行为人当然对此要有认识。但即便没有该认识,如果行为人认识到非法提供国家秘密这一事实的,仍然满足非法提供国家秘密罪的要求,成立非法提供国家秘密罪。

7. 下列哪一行为构成故意犯罪?(2012 - 2 - 5)

A. 他人欲跳楼自杀,围观者大喊"怎么还不跳",他人跳楼而亡

B. 司机急于回家,行驶时闯红灯,把马路上的行人撞死

C. 误将熟睡的孪生妻妹当成妻子,与其发生性关系

D. 作客的朋友在家中吸毒,主人装作没看见

📕 **答案(　　　　)**②

📚 **【考点】** 故意的判断

📝 **【解析】** A错误,首先,按照故意杀人罪既遂犯构成要件检视案件(放弃实行行为性的概念),围观者实施了言语刺激的行为,客观上也发生了死亡结果,但围观者行为与死亡结果之间不存在因果关系(言语刺激行为未制造法禁止的危险,或者,即便认为该行为制造了法禁止的危险,但围观者的行为与死亡结果之间也介入了被害人自己的非理性行为,因此死亡结果不能归责于围观者的行为,而应归责于被害人自己),因而未实现构成要件。其次,按照故意杀人罪未遂犯检视,围观者虽然具有希望发生危害结果的内心意思,但是围观者的言语刺激行为未制造足以致人死亡的现实危险(自杀者已经产生自杀决意,因此不成立教唆自杀;言语刺激行为并不能对自杀行为产生实质意义上的促进作用,因而也不成立帮助自杀)。据此,围观者的行为不成立任何犯罪。B错误,闯红灯属于故意违反交通法规的行为,但行为人对自己的行为产生死亡结果不具有容认态度,仅成立过失。值得注意的是,对于引起日常生活中的被允许风险的行为,只能评价为过失犯的行为,而非故意犯的行为。在这种场合,从客观要件上即可否定故意犯的成立。C错误,甲未认识到违背被害人意志,因此对强奸行为缺乏认识,不成立故意犯。D正确,明知到他人在自己家中吸毒,仍不加制止,至少成立间接故意,因而可以成立容留他人吸毒罪。

8. 警察带着警犬(价值3万元)追捕逃犯甲。甲枪中只有一发子弹,认识到开枪既可能只打死警察(希望打死警察),也可能只打死警犬,但一枪同时打中二者,导致警察受伤、警犬死亡。关于甲的行为定性,下列哪一选项是错误的?(2015 - 2 - 3)

A. 如认为甲只有一个故意,成立故意杀人罪未遂

B. 如认为甲有数个故意,成立故意杀人罪未遂与故意毁坏财物罪,数罪并罚

C. 如甲仅打中警犬,应以故意杀人罪未遂论处

D. 如甲未打中任何目标,应以故意杀人罪未遂论处

📖 答案(　　)①

📖【解析】 按照一故意说,本案认定行为人仅具有杀人故意符合罪刑相适应原则。按照数故意说,行为人既有杀人的直接故意,也有毁坏财物的间接故意,但因为只有一个行为,所以应成立竞合犯,而不是数罪并罚。如果仅打中警犬,成立故意毁坏财物罪的既遂与故意杀人罪的未遂的竞合犯,最终认定为故意杀人罪未遂。如果未打中任何目标,则成立故意毁坏财物罪的未遂与故意杀人罪的未遂的竞合犯,仍然需要认定为故意杀人罪未遂。

9. 关于故意与违法性的认识,下列哪些选项是正确的?(2015 – 2 – 55)

A. 甲误以为买卖黄金的行为构成非法经营罪,仍买卖黄金,但事实上该行为不违反《刑法》。甲有犯罪故意,成立犯罪未遂

B. 甲误以为自己盗窃枪支的行为仅成立盗窃罪。甲对《刑法》规定存在认识错误,因而无盗窃枪支罪的犯罪故意,对甲的量刑不能重于盗窃罪

C. 甲拘禁吸毒的陈某数日。甲认识到其行为剥夺了陈某的自由,但误以为《刑法》不禁止普通公民实施强制戒毒行为。甲有犯罪故意,应以非法拘禁罪追究刑事责任

D. 甲知道自己的行为有害,但不知是否违反《刑法》,遂请教中学语文教师乙,被告知不违法后,甲实施了该行为。但事实上《刑法》禁止该行为。乙的回答不影响甲成立故意犯罪

📖 答案(　　)②

📖【解析】 假想犯罪,由于不满足客观要件,所以不可能成立犯罪。只要甲认识到自己盗窃的是枪支,那么便具有盗窃枪支的故意。甲认识到非法拘禁的事实,只是主观上存在可避免的法律错误,不妨碍故意的成立。询问中学教师显然是可避免的法律错误,不影响故意成立。

第八章　认识错误

1. 甲男明知乙女只有 13 周岁,误以为法律并不禁止征得幼女同意后的性交行为。于是在征得乙女的同意后与乙女发生了性交。甲的行为属于下列何种情形?(2002 – 2 – 4)

A. 幻觉犯,不构成奸淫幼女罪(现为强奸罪)

B. 法律认识错误,构成奸淫幼女罪(现为强奸罪)

C. 对象认识错误,构成奸淫幼女罪(现为强奸罪)

D. 客体认识错误,不构成奸淫幼女罪(现为强奸罪)

📖 答案(　　)③

📖【考点】 法律认识错误

📖【解析】 甲明知乙为幼女,但误以为征得幼女同意发生性关系无罪,甲对自己行为的可罚性存在错误认识。该种错误在刑法上称之为法律认识错误。对于法律认识错误,除非该错误是不可避免

的,否则不影响行为人对自己行为实现构成要件的容认,也不影响法规范在责任层面针对行为人可避免的法律认识错误进行谴责,即不阻却故意的成立。

2. 甲欲开枪杀乙,射击的结果却是导致乙重伤,同时导致乙身边的丙死亡。关于本案,下列哪些说法是错误的?(2002 - 2 - 31)

    A. 认定甲的行为成立一个故意杀人罪即可

    B. 认定甲的行为成立一个故意杀人未遂和一个过失致人死亡罪

    C. 认定甲的行为成立一个故意杀人罪和一个过失致人重伤罪

    D. 认定甲的行为成立一个故意杀人罪和一个故意杀人未遂,实行并罚

📖 **答案(   )①**

📚 **【考点】** 打击错误

🖨 **【解析】** 打击错误是指由于行为本身的误差,导致行为人所欲攻击的对象与实际受害对象不一致。本案中,甲本欲杀乙,实际上仅造成乙重伤,却同时导致丙死亡。意欲侵害与实际侵害的对象不一致,属于打击误差。对此,根据法定符合说,对乙的重伤结果,甲成立故意杀人罪未遂;对丙的死亡结果,甲原本意欲杀乙,因此主观上已经认识到自己的行为会发生乙的死亡结果,但实际上发生的是丙的死亡结果,两种结果虽有现象上的不同,但在规范上均属于他人的死亡结果,因此甲仍然对实现故意杀人罪构成要件的具有容认,成立故意杀人罪既遂。最后,甲仅有一个行为,却侵犯了两个法益,成立想象竞合犯,最终仅认定一个故意杀人罪既遂即可。BCD 均忽视了甲只有一个行为,不可能成立数罪。

3. 黄某意图杀死张某,当其得知张某当晚在单位值班室值班时,即放火将值班室烧毁,其结果却是将顶替张某值班的李某烧死。下列哪些判断不符合黄某对李某死亡所持的心理态度?(2002 - 2 - 50)

    A. 间接故意

    B. 过于自信的过失

    C. 疏忽大意的过失

    D. 意外事件

📖 **答案(   )②**

📚 **【考点】** 具体事实错误;对象错误

🖨 **【解析】** 黄某在放火焚烧值班室时,明知室内有人值班,放火行为具有导致死亡结果的高度盖然性,却仍然实施该行为,无疑具有故意。同时,黄某意图杀死室内的人,对故意杀人罪的构成要件实现具有积极希望,应成立直接故意。黄某在本案中误认了对象,误将李某当作张某杀害。在故意杀人罪范围内,该对象错误属于构成要件以内的错误(具体事实错误),就保护生命法益而言,具体的对象错误并不重要,不影响故意成立。

💡 **【难点】** 此处保护的法益并非张某或李某的生命,而是值班室内人员的生命。黄某虽然误把李某当作张某,但对烧死值班室内的人没有任何错误认识,因此对烧死值班室内的人显然具有直接故意。

4. 甲乘坐长途公共汽车时,误以为司机座位后的提包为身边的乙所有(实为司机所有);乙中途下车后,甲误以为乙忘了拿走提包。为了非法占有该提包内的财物(内有司机为他人代购的 13 部手机,价值 2.6 万元),甲提前下车,并将提包拿走。司机到站后发现自己的手提包丢失,便报案。公安人员

---

①参考答案 BCD   ②参考答案 ABCD

发现甲有重大嫌疑,便询问甲,但甲拒不承认,也不交出提包。关于本案,下列说法正确的是:(2004 - 2 - 88)

A. 由于甲误认为提包为遗忘物,所以,甲的认识错误属于事实认识错误

B. 由于甲误认为提包为遗忘物,因而没有盗窃他人财物的故意,根据主客观相统一的原则,甲的行为成立侵占罪

C. 由于提包实际上属于司机的财物,所以,甲的行为成立盗窃罪

D. 由于提包实际上属于司机的财物,而甲又没有盗窃的故意,所以,甲的行为不成立盗窃罪;又由于甲具有侵占遗忘物的故意,但提包事实上不属于遗忘物,所以,甲的行为也不成立侵占罪

📖 **答案(**)①

📚 **【考点】** 抽象事实错误;单纯的刑事可罚性错误(可罚行为的类型错误)

📖 **【解析】** 甲以为提包属于遗忘物,便以侵占的犯罪决意实施了实际上是盗窃的行为。在这里,甲将他人占有之物误认为遗忘物,因此甲主观上自以为实施的是侵占行为,但实际上实施的是盗窃行为,对自己的行为性质发生错误认识。由于财物的性质或占有状态是一个事实问题,而不是纯粹法律问题,因此甲主观上存在事实认识错误。甲的行为客观上符合盗窃罪构成要件,但主观上没有认识到自己的行为满足盗窃罪的构成要件,因此不成立盗窃罪。由于盗窃罪包含着侵占罪(盗窃罪转移占有并拒不归还,侵占罪不转移占有仅拒不归还,两者在拒不归还部分是重合的),因此,甲的行为符合侵占罪构成要件(甲确实在事后拒不归还),同时甲在主观上已认识到自己的行为实现了侵占罪的构成要件,并且具有容认态度,构成侵占罪。如果按照抽象错误处理规则思考本题,可以直接从轻罪(侵占罪)故意出发,然后看客观上有无侵占行为,假如肯定侵占行为存在,那么就成立轻罪既遂。本案正是如此,甲应成立侵占罪。

5. 甲举枪射击乙,但因没有瞄准而击中丙,致丙死亡。关于本案,下列哪些选项是正确的?(2006 - 2 - 52)

A. 甲的行为属于打击错误

B. 甲的行为属于同一犯罪构成内的事实认识错误

C. 甲构成故意杀人(既遂)罪

D. 甲构成故意杀人(未遂)罪与过失致人死亡罪

📖 **答案(**)②

📚 **【考点】** 打击错误

📖 **【解析】** 甲原本意欲杀乙,却实际杀害了丙,属于打击错误。由于乙和丙均属于故意杀人罪构成要件以内,因此属于具体事实错误。甲对乙的死亡结果具有故意,丙的死亡结果与乙的死亡结果具有等价性,均属于他人死亡结果,因此在规范上,甲对他人死亡结果具有故意,成立故意杀人罪既遂。

6. 甲为杀害仇人林某在偏僻处埋伏,见一黑影过来,以为是林某,便开枪射击。黑影倒地后,甲发现死者竟然是自己的父亲。事后查明,甲的子弹并未击中父亲,其父亲患有严重心脏病,因听到枪声后过度惊吓死亡。关于甲的行为,下列哪一选项是正确的?(2007 - 2 - 5)

A. 甲构成故意杀人罪既遂

B. 甲构成故意杀人罪未遂

C. 甲构成过失致人死亡罪

D. 甲对林某构成故意杀人罪未遂,对自己的父亲构成过失致人死亡,应择一重罪处罚

📖 答案(　　)①

📚 【考点】对象错误;因果关系错误

📝 【解析】甲以为黑影是林某,实际是父亲,其开枪射击行为导致自己意欲侵害对象之外的其他对象死亡,该认识错误属于同一构成要件以内的对象错误。由于林某和甲的父亲在构成要件层面具有等价性,因此该错误不能阻却故意成立。此外,甲以为是子弹击中被害人导致死亡,实际发生的是枪声惊吓导致心脏病发作死亡,该错误属于狭义的因果关系错误。因果关系错误不影响甲对自己的行为实现构成要件的容认,同样不影响故意成立。综上,虽然甲在主观上存在因果关系错误和对象错误两种认识错误,但均不影响故意成立。甲对父亲的死应认定为故意杀人罪既遂。林某根本不在现场,既不可能存在林某死亡的危险,更不可能发生实害结果,因此针对林某的法益,甲的行为不具有可罚性。

7. 刘某基于杀害潘某的意思将潘某勒昏,误以为其已死亡,为毁灭证据而将潘某扔下悬崖。事后查明,潘某不是被勒死而是从悬崖坠落致死。关于本案,下列哪些选项是正确的?(2007 - 2 - 54)

A. 刘某在本案中存在因果关系的认识错误

B. 刘某在本案中存在打击错误

C. 刘某构成故意杀人罪未遂与过失致人死亡罪

D. 刘某构成故意杀人罪既遂

📖 答案(　　)②

📚 【考点】事前故意(结果延后发生)

📝 【解析】刘某实施杀人行为,其主观认为是勒死的,但实际上是从悬崖坠落而死。这种情况属于因果关系错误,具体被称为事前故意。对此,杀害被害人与毁尸灭迹具有类型化关联,毁尸灭迹时导致被害人死亡的,被认为只是实现了杀害行为所制造的死亡危险,不能中断杀害行为与死亡结果之间的因果关系;同时,两行为之间具有紧密的时空联系,因此整体上可以将两者视为一个行为。行为人无论认为是整体行为的哪一部分导致了死亡结果,都不影响行为人对自己行为实现构成要件的容认。据此,事前故意并不影响故意成立,应认定为故意犯罪既遂。将毁尸灭迹行为单独认定为过失致人死亡罪,忽视了前后两行为之间的内在联系,也没有充分考虑罪数问题,并不妥当。

8. 丁某盗窃了农民程某的一个手提包,发现包里有大量现金和一把手枪。丁某将真情告诉崔某,并将手枪交给崔某保管,崔某将手枪藏在家里。关于本案,下列哪些选项是正确的?(2007 - 2 - 61)

A. 丁某构成盗窃罪

B. 丁某构成盗窃枪支罪

C. 崔某构成窝藏罪

D. 崔某构成非法持有枪支罪

📖 答案(　　)③

📚 【考点】对象错误;抽象事实错误

📝 【解析】丁某以为自己盗窃的是一般财物,但是实际上除了窃取了大量现金外,还盗窃了枪支。丁某的这一错误属于对象错误,同时由于涉及不同犯罪的构成要件,又属于抽象事实错误。对此,

---

丁某虽然客观上满足了盗窃枪支罪的构成要件,但主观上对自己行为实现该罪构成要件没有认识,因此不成立盗窃枪支罪。丁某行为客观上还满足了盗窃罪的构成要件,即大量现金与枪支均具有一般财物的属性,丁某主观上对自己行为实现盗窃罪构成要件具有容认态度,具有盗窃故意,因此应成立盗窃罪。在窃得枪支后,丁某将枪支交给崔某保管,两人构成非法持有枪支罪的共犯。据此,AD 正确,B 错误。此外,C 错误,因为窝藏罪是指明知是犯罪的人而为其提供隐藏处所、财物,帮助其逃匿的行为。窝藏行为针对的是人而非物,崔某的行为仅涉及掩饰、隐瞒犯罪所得,并不是窝藏行为。

9. 甲想杀害身材高大的乙,打算先用安眠药使乙昏迷,然后勒乙的脖子,致其窒息死亡。由于甲投放的安眠药较多,乙吞服安眠药后死亡。对此,下列哪一选项是正确的?(2008－2－3)

A. 甲的预备行为导致了乙死亡,仅成立故意杀人预备

B. 甲虽已着手实行杀人行为,但所预定的实行行为(勒乙的脖子)并未实施完毕,故只能认定为未实行终了的未遂

C. 甲已着手实行杀人行为,应认定为故意杀人既遂

D. 甲的行为是故意杀人预备与过失致人死亡罪的想象竞合犯,应从一重罪论处

答案(　　　)①

【考点】 结果提前实现

【解析】 在构成要件符合性层面,甲客观上实施了足以致人死亡的投放安眠药行为,并造成了死亡结果。对此,甲在主观上存在错误认识,其原本计划先实施第一行为使被害人昏迷,然后再实施第二行为杀死被害人,但实际上第一行为已经提前使结果发生。这种情形属于因果关系错误,具体称之为结果提前实现。尽管甲存在错误认识,但是并不影响甲对构成要件实现的容认态度,即甲原本以为是第二行为致人死亡,但实际上是第一行为致人死亡。可是,无论是第一行为还是第二行为,它们均属于一个整体行为,均符合"行为人明知自己的行为会发生危害社会的结果,并希望其发生"的规定性,因此不影响故意成立。需要补充说明的是,第一行为和第二行为之所以可以作为一个整体行为理解,是因为:(1)在行为人主观世界里,两者基于一个犯意产生,且针对同一个法益实施,彼此之间具有相互配合和补充关系,具有整体性。这是两者在主观上的紧密联系。(2)在客观上,第二行为是为了实现第一行为的意义而存在或发生的,具有补充或强化第一行为的作用;从因果关系看,第二行为原本就在行为人行为计划之内,其发生不具有异常性,即便第一行为没有产生危害结果,第二行为也不可能中断第一行为与危害结果之间的因果关系。在此意义上,即便是第二行为导致死亡结果的,也可以视为实现第一行为制造的危险,两者在因果关系上具有一体性。(3)第一行为和第二行为在时空上紧密发生。综上,可以将两者理解为一个整体行为。正是因为第一行为和第二行为是一个整体行为,因此如果整体行为已经达于着手,那么便成立故意犯罪既遂;如果整体行为尚未着手,那么预备行为同时符合过失犯要求的,成立故意犯(预备)与过失犯的想象竞合犯,否则应按无罪处理。在本案中,甲投放的安眠药足以致人死亡,应认为已经着手,故成立故意犯既遂。

10. 甲欲杀乙,便向乙开枪,但开枪的结果是将乙和丙都打死。关于本案,下列哪些选项是正确的?(2008－2－54)

A. 根据具体符合说,甲对乙成立故意杀人既遂,对丙成立过失致人死亡罪

B. 根据法定符合说,甲对乙与丙均成立故意杀人既遂

C. 不管是根据具体符合说,还是根据法定符合说,甲对乙与丙均成立故意杀人既遂

D. 不管是根据具体符合说,还是根据法定符合说,甲对乙成立故意杀人既遂,对丙成立过失致人死亡罪

📖 答案(　　)①

📖 【考点】打击错误

📝 【解析】具体符合说认为,行为人所认识或者预见的构成事实要与实际发生的事实只有具体地一致,才具有犯罪故意,否则便是事实认识错误,阻却故意成立。法定符合说则认为,行为人所认识或者预见的构成事实要与实际发生的事实在同一构成要件范围内一致,就认为成立故意,而不要求具体地一致。根据具体符合说,就乙的死亡,甲原本要杀死乙,实际上也杀死了乙,两者达到具体地一致,不存在错误认识,成立故意杀人罪既遂;就丙的死亡,甲原本要杀死乙,但实际上除了杀死乙之外,还杀死了丙。两者在具体范围内不一致,存在事实认识错误,因此不具有故意。如果甲对丙的死具有过失,那么成立过失致人死亡罪。由于甲仅实施了一个行为,侵犯了两个法益,按照故意杀人罪既遂与过失致人死亡罪的想象竞合犯处理。根据法定符合说,甲原本想杀死乙,也确实杀死了乙,对乙成立故意杀人罪既遂。此外,甲原本想杀死乙,但实际上还杀死了丙,由于乙和丙在生命法益上具有等价性,因而在构成要件范围内,甲的主观认识与实际发生的事实达到一致,成立故意杀人罪既遂。

11. 甲意图勒死乙,将乙勒昏后,误以为乙已经死亡。为毁灭证据,又用利刃将所谓的"尸体"分尸。事实上,乙并非死于甲的勒杀行为,而是死于甲的分尸行为。关于本案,下列哪一选项是正确的?(2008 川 – 2 – 4)

A. 甲的行为构成故意杀人(未遂)罪和过失致人死亡罪

B. 甲的行为构成故意杀人(未遂)罪、过失致人死亡罪和侮辱尸体罪(现修正为侮辱、故意毁坏尸体罪)

C. 甲的行为构成故意杀人(既遂)罪和侮辱尸体罪(现修正为侮辱、故意毁坏尸体罪)

D. 甲的行为构成故意杀人(既遂)罪

📖 答案(　　)②

📖 【考点】事前故意

📝 【解析】故意杀人行为与杀人后为了毁灭证据而分尸的行为具有类型化关联,事后分尸行为实际上只是实现了故意杀人行为制造的死亡危险;此外,两行为之间在时空上存在紧密的联系。考虑到两行为之间上述关系,可以将两者视为一个整体行为。在本案中,甲的杀人行为与分尸行为是一个整体行为。甲以为是杀人行为导致死亡结果的,但实际上是分尸行为导致死亡结果的,这是典型的因果关系错误(事前故意)。在杀人行为时,甲主观上已经认识到自己的行为会发生死亡结果,并且希望其发生,但实际上是自己事后的分尸行为发生死亡结果,两者虽然在具体事实上不一致,存在认识错误,但在规范层面,杀人行为与分尸行为是一个整体行为的不同环节,均可以涵摄于"明知自己的行为会发生死亡结果"这一命题之下,因此仍然具有刑法意义上的故意。可见,这种因果关系错误(事前故意)并不影响故意成立,成立故意杀人罪既遂。A、B、C 三项均忽视了分尸行为与杀人行为之间的类型化关联,也未充分考虑到罪数问题(杀人行为和分尸过失致人死亡的行为针对同一法益),不具有合理性。

12. 甲欲杀乙,向乙开枪,但未瞄准,子弹从乙身边穿过打中丙,致丙死亡。关于本案,下列哪些说法是正确的?(2008 川 – 2 – 53)

A. 根据具体符合说,甲对乙成立故意杀人(未遂)罪,对丙成立过失致人死亡罪

B. 根据法定符合说,甲对乙成立故意杀人(未遂)罪,对丙成立故意杀人(既遂)罪

C. 具体符合说与法定符合说均认为,甲对乙成立故意杀人(未遂)罪,对丙成立故意杀人(既遂)罪

D. 具体符合说与法定符合说均认为,甲对乙成立过失致人重伤罪,对丙成立过失致人死亡罪

答案(　　　)①

📖【考点】打击错误

📖【解析】具体符合说认为,行为人所认识或者预见的构成事实要与实际发生的事实只有具体地一致,才具有犯罪故意,否则便是事实认识错误,阻却故意成立。法定符合说则认为,行为人所认识或者预见的构成事实要与实际发生的事实在同一构成要件范围内一致,就认为成立故意,而不要求具体地一致。根据法定符合说,甲具有杀人(乙)的故意,也实施了杀人(丙)的行为,最终也导致了人(丙)死亡,虽然丙不是甲原本意图杀害的目标,但就故意杀人罪而言,乙和丙在生命法益上没有任何区别,具有等价性,因此不影响甲对自己行为实现故意杀人罪构成要件的容认,成立故意杀人罪既遂。按照具体符合说,甲对乙成立故意杀人(未遂)罪,对丙成立过失致人死亡罪,由于仅实施了一个行为,故按照想象竞合犯处理。在打击错误的场合,法定符合说与具体符合说结论不同(在具体对象错误的场合,两者结论相同)。

13. 甲与乙因情生仇。一日黄昏,甲持锄头路过乙家院子,见甲妻正在院内与一男子说话,以为是乙举锄就打,对方重伤倒地后遂发现是乙哥哥。甲心想,打伤乙哥哥也算解恨。关于甲的行为,下列哪些选项是错误的?(2010 - 2 - 54)

A. 甲的行为属于对象错误,成立过失致人重伤罪

B. 甲的行为属于方法错误,成立故意伤害罪

C. 根据法定符合说,甲对乙成立故意伤害(未遂)罪,对乙哥哥成立过失致人重伤罪

D. 甲的行为不存在任何认识错误,理所当然成立故意伤害罪

答案(　　　)②

📖【考点】对象错误

📖【解析】甲误把乙的哥哥当作乙实施了伤害行为,但是乙与乙的哥哥就故意伤害罪的构成要件而言具有等价性,并不影响故意成立。既然客观上甲确实打伤了他人,主观上对该人的伤害结果具有故意,那么应认定为故意伤害罪既遂。据此,A 错误,甲的行为固然是对象错误,但应成立故意伤害罪既遂。B 错误,甲的行为不是方法错误,甲原本意欲伤害现场的那个人,实际上也伤害了现场那个人,并未出现预期以外的结果。甲仅对伤害对象的身份存在错误认识。C 错误,根据法定符合说,对象错误并不影响故意成立。乙根本不在现场,甲的行为不可能成立对乙的犯罪。D 错误,甲误认了被害人的身份,存在错误认识。

14. 关于罪过,下列哪些选项是错误的?(2010 - 2 - 51)

A. 甲的玩忽职守行为虽然造成了公共财产损失,但在甲未认识到自己是国家机关工作人员时,就不存在罪过

B. 甲故意举枪射击仇人乙,但因为没有瞄准,将乙的名车毁坏。甲构成故意杀人未遂

C. 甲翻墙入院欲毒杀乙的名犬以泄愤,不料该犬对甲扔出的含毒肉块不予理会,直扑甲身,情急之下甲拔刀刺杀该犬。甲不构成故意毁坏财物罪,而属于意外事件

---

① 参考答案 AB　　② 参考答案 ABCD

D. 甲因疏忽大意而致人死亡,甲应当预见而没有预见的危害结果,既可能是发生他人死亡的危害结果,也可能只是发生他人重伤的危害结果

答案(　　　)①

【考点】 过失的认识因素;认识错误;紧急避险

【解析】 A错误,故意是对构成要件实现的容认,而过失是行为人对构成要件实现应当预见或虽然已经预见但轻信能够避免。据此,故意要求对构成要件要素均有认识,但过失则不要求有认识,只要应当认识就足够了。甲作为国家机关工作人员,其对自己的身份当然应当认识,因此,即便他确实没有认识到自己具有该身份,也不影响过失的成立。所以,本案属于过失犯罪。B正确,甲以杀人故意开枪,且客观上造成了具体危险。但是,由于没有瞄准,将乙的财物毁坏,发生了毁坏财物的实害结果。从实害结果分析,甲未预见到自己的行为造成毁坏财物的危害结果,不具有故意,因此不成立故意毁坏财物罪。从危险结果分析,由于形成了具体危险,因而存在危险结果。甲对该危害结果具有现实认识,成立故意杀人罪未遂。本题从错误论分析,甲以杀人故意实施了行为,但发生构成要件之外的结果,属于抽象的打击错误。根据法定符合说,构成故意杀人罪未遂与过失毁坏财物行为(如果存在对毁坏财物结果的过失,便成立过失毁坏财物;如果不存在对毁坏财物结果的过失,那么仅成立意外事件),由于刑法不处罚过失毁坏财物行为或意外事件,故仅成立故意杀人罪未遂。C错误,甲非法侵入他人住宅,意图毁坏他人财物,但不仅未造成危害结果,反而引起名犬的攻击。就此而言,甲已经着手毁坏财物,但尚未发生危害结果。面对名犬的攻击,甲情急之下用刀将其杀死。由于甲始终未放弃毁坏财物的决意,因此,甲用刀杀死名犬,当然符合故意毁坏财物罪的构成要件。但是,在违法性层面需要考虑成立紧急避险的可能性。应该说,甲是故意引起了危险(侵入他人住宅当然会引起犬类的攻击),并非过失或意外引起危险,根据刑法原理,对该危险不能进行紧急避险。在责任层面,甲用刀杀死狗当然具有故意。在这里,甲原本预想的是毒死名犬,但实际发生过程中是用刀杀死名犬,这属于因果关系错误。该错误不影响故意的成立。综上,甲成立故意毁坏财物罪既遂。D错误,过失是对实际发生危害结果的过失,如果实际发生的是死亡结果,那么成立致人死亡的过失。如果实际发生重伤结果,那么成立致人重伤的过失。针对同一法益,不可能既存在死亡结果的过失,同时也存在重伤结果的过失。

15. 关于认识错误的判断,下列哪些选项是错误的? (2011-2-53)

A. 甲为使被害人溺死而将被害人推入井中,但井中没有水,被害人被摔死。这是方法错误,甲行为成立故意杀人既遂

B. 乙准备使被害人吃安眠药熟睡后将其勒死,但未待实施勒杀行为,被害人因吃了乙投放的安眠药死亡。这是构成要件提前实现,乙行为成立故意杀人既遂

C. 丙打算将含有毒药的巧克力寄给王某,但因写错地址而寄给了汪某,汪某吃后死亡。这既不是对象错误,也不是方法错误,丙的行为成立过失致人死亡罪

D. 丁误将生父当作仇人杀害。具体符合说与法定符合说都认为丁的行为成立故意杀人既遂

答案(　　　)②

【考点】 方法错误;对象错误;因果关系错误

【解析】 A错误,甲主观上认为被害人是溺死的,实际上是摔死的,这种情形并非方法错误,而是狭义的因果关系错误。B正确,乙原本计划先用安眠药使被害人熟睡,然后再勒死被害人,但实际上

投放安眠药行为提前使结果发生,属于因果关系错误中的结果提前实现。由于投放安眠药属于着手行为,因此应成立故意犯罪既遂。C错误,丙以邮寄方式投毒,原本想杀死此处接受邮件的人,实际上因地址写错,却杀死了彼处接收邮件的人。这种情形属于方法错误。D正确,根据法定符合说,丁误将生父当作仇人,由于生父与仇人在故意杀人罪构成要件上具有等价性,不影响故意成立。具体符合说认为,丁意欲杀死现场那个人,实际上也杀死现场那个人,实现了具体事实上的一致,成立故意。

👩 【难点】 打击错误与对象错误的区别在于,前者行为人主观上对被害人没有发生误认(意图侵害此处的被害人,被害人也确实在此处),后者则对被害人发生误认(意图侵害此处的被害人,但被害人不在此处);前者是行为人操作方法本身存在错误(意图侵害此处的被害人,但方法有误,实际侵害的是彼处的被害人,对此处被害人的身份不存在误认),后者则对方法本身不存在错误(意图侵害此处的被害人,实际上也确实侵害此处的被害人,只不过对被害人身份存在误认)。

16. 关于犯罪故意、过失与认识错误的认定,下列哪些选项是错误的?(2013 - 2 - 53)

A. 甲、乙是马戏团演员,甲表演飞刀精准,从未出错。某日甲表演时,乙突然移动身体位置,飞刀掷进乙胸部致其死亡。甲的行为属于意外事件

B. 甲、乙在路边争执,甲推乙一掌,致其被路过车辆轧死。甲的行为构成故意伤害(致死)罪

C. 甲见楼下没人,将家中一块木板扔下,不料砸死躲在楼下玩耍的小孩乙。甲的行为属于意外事件

D. 甲本欲用斧子砍死乙,事实上却拿了铁锤砸死乙。甲的错误属于方法错误,根据法定符合说,应认定为故意杀人既遂

📋 答案(   )①

📖 【考点】 故意;过失;认识错误

📓 【解析】 A正确,甲、乙相互配合进行危险的飞刀表演。该表演具有一定危险性,原本属于法禁止的危险,但甲属于专业演员,技术精准,从未出错,因此该表演仅产生日常危险,并非法律所禁止。甲在实施这一具备日常危险行为时,根据其与乙之间的配合习惯,合理信赖乙不会突然移动身体。但实际上,乙自己突然移动身体导致毙命。对此,甲在事前无法预见,也不应当预见。应该说,甲的行为仅产生法允许的日常危险,该危险之所以被现实化,完全是因为乙突然移动,死亡结果应归责于被害人自己的行为,而与甲的行为无关。从主观方面看,甲对死亡结果不应当预见,成立意外事件。B错误,甲推乙一掌,该行为导致乙被路过车轧死。在客观方面,甲的行为符合故意杀人罪、故意伤害罪(致死)或过失致人死亡罪的构成要件②。但是在主观方面,甲与乙因为争执而发生推搡,甲并不具有伤害或杀害乙的犯罪决意。应该说,甲没有认识到自己行为导致乙死亡的现实可能性,不成立故意。但是,根据当时情况,客观上具有预见到死亡结果的可能性,成立过失。甲的行为应认定为过失致人死亡罪。C错误,甲从楼上扔木板,该行为具有高度危险。在行为危险所及范围内,行为人均具有结果预见义务与结果回避义务。木板从高处坠落,所能砸到的区域,均属于行为人注意范围之内,而不限于行为人从楼上目视所及的区域。应该说,对于孩子的死亡结果,甲虽然没有现实地认识到其可能性,但在客观上具

---

① 参考答案BCD ② 故意犯制造的危险均不属于日常危险,过失犯制造的危险属于日常危险。行为人利用日常危险实施故意犯罪的,不能认为仅仅制造了日常危险。据此,故意犯和过失犯的行为具有明显的区别,一个行为不可能既满足故意犯的行为要求,又满足过失犯的行为要求。这里之所以说符合上述三种犯罪的构成要件,是因为在确定行为人主观责任前,我们还无法认定甲的行为仅制造了日常危险,还是非日常危险。

有预见可能性。但是,甲没有到楼下仔细检查周遭区域而径自丢下木板,导致躲在暗处的孩子死亡,甲的行为没有充分履行注意义务,具有过失。D错误,甲应认定故意杀人罪既遂,但是甲的行为不存在方法错误。方法错误不是泛指方法存在错误的所有情形,而是特指行为人因方法本身的误差,导致原本意图侵害此处的被害人,却侵害了彼处的被害人。本案中,甲虽然选择犯罪工具有错误,但是在使用犯罪工具实施杀人时,并不存在任何错误,意图杀害乙,也确实杀害了乙,显然不属于方法错误。

17. 关于事实认识错误,下列哪一选项是正确的?(2014 – 2 – 7)

A. 甲本欲电话诈骗乙,但拨错了号码,对接听电话的丙实施了诈骗,骗取丙大量财物。甲的行为属于对象错误,成立诈骗既遂

B. 甲本欲枪杀乙,但由于未能瞄准,将乙身旁的丙杀死。无论根据什么学说,甲的行为都成立故意杀人既遂

C. 事前的故意属于抽象的事实认识错误,按照法定符合说,应按犯罪既遂处理

D. 甲将吴某的照片交给乙,让乙杀吴,但乙误将王某当成吴某予以杀害。乙是对象错误,按照教唆犯从属于实行犯的原理,甲也是对象错误

答案( )①

【考点】 对象错误;打击错误

【解析】 A在诈骗罪构成要件上实现了主客观的合致;B属于打击误差,根据具体符合说,对乙成立故意杀人未遂,对丙可能成立过失致人死亡。两罪想象竞合,从一重罪处断,最终成立故意杀人未遂。C事前故意通常在因果关系错误中讨论,它属于具体错误,应按照法定符合说处理。D共犯的从属性原理与错误论无关,前者属于客观不法层面的问题,后者属于故意问题。本选项应属于打击误差。

【难点】 本题较为全面地考查了学生对事实错误的掌握,从抽象错误与具体错误,从法定符合说到具体符合说,从打击错误到对象错误,基本上都涉及了。这些知识点同时也是错误论的难点。

18. 甲在乙骑摩托车必经的偏僻路段精心设置路障,欲让乙摔死。丙得知甲的杀人计划后,诱骗仇人丁骑车经过该路段,丁果真摔死。关于本案,下列哪些选项是正确的?(2015 – 2 – 56)

A. 甲的行为和丁死亡之间有因果关系,甲有罪

B. 甲的行为属对象错误,构成故意杀人罪既遂

C. 丙对自己的行为无认识错误,构成故意杀人罪既遂

D. 丙利用甲的行为造成丁死亡,可能成立间接正犯

答案( )②

【解析】 甲的行为足以致人死亡,而实际上丁的死就是甲的行为造成的,当然具有因果关系。丙诱骗行为虽然属于故意犯罪,但未发挥重大作用(诱骗本身不足以致人死亡),因果关系不中断。甲的方法没有错误,仅在被害人的具体身份上存在错误,属于对象错误。丙无疑利用了甲,在认识上具有一定的优越性,抽象地说,可以认为有可能成立间接正犯。至于究竟是否成立,取决于丙在认识上的优越性是否已经达到支配甲的程度,有人认为甲的行为已经结束,因此不存在支配关系,有人则认为即便事后利用甲行为造成的危险,也足以认定支配关系。

19. 农民甲醉酒在道路上驾驶拖拉机,其认为拖拉机不属于《刑法》第133条之一规定的机动车。

关于本案的分析,下列哪一选项是正确的?(2016 - 2 - 4)

    A. 甲未能正确评价自身的行为,存在事实认识错误

    B. 甲欠缺违法性认识的可能性,其行为不构成犯罪

    C. 甲对危险驾驶事实有认识,具有危险驾驶的故意

    D. 甲受认识水平所限,不能要求其对自身行为负责

📖 答案(   )①

📖 【考点】 涵摄错误

📖 【解析】 本题考查的知识点是涵摄错误。涵摄错误既可能是事实错误,也可能是法律错误(少数情况下)②。究竟属于哪一类型,取决于行为人误认的对象是法律还是事实。在本题中,甲对自己醉酒驾驶拖拉机的事实并没有误认,而对"机动车"这一概念的外延存在错误认识,最终没有认识到自己的行为符合了危险驾驶罪的构成要件。据此,应认为甲的错误类型属于法律错误,不影响故意的成立。A 显然错误,C 正确。最后,根据题干描述,客观上不存在足以妨碍甲认识自己行为违法性的障碍(通常主要指官方权威的书面意见),因此,甲并不欠缺违法性认识的可能性,故 B 错误。甲既不缺乏故意,也不缺乏违法性认识的可能性,对自己的行为及其结果具有责任,应当承担刑事责任。

20. 甲、乙共同对丙实施严重伤害行为时,甲误打中乙致乙重伤,丙乘机逃走。关于本案,下列哪些选项是正确的?(2016 - 2 - 52)

    A. 甲的行为属打击错误,按照具体符合说,成立故意伤害罪既遂

    B. 甲的行为属对象错误,按照法定符合说,成立故意伤害罪既遂

    C. 甲误打中乙属偶然防卫,但对丙成立故意伤害罪未遂

    D. 不管甲是打击错误、对象错误还是偶然防卫,乙都不可能成立故意伤害罪既遂

📖 答案(   )③

📖 【考点】 打击错误;对象错误

📖 【解析】 A 错误,打击错误,也称方法错误,是指由于行为本身的差误,导致行为人所欲攻击的对象与实际受害的对象不一致(客观结果错误)。根据具体符合说,甲具有伤害丙的故意,不具有伤害乙的故意,所以对丙是故意伤害罪未遂,对乙是过失致人重伤罪,想象竞合从一重,不可能成立故意伤害罪既遂。B 错误,对象错误,是指行为人误认现场被害人的身份,想象的行为对象与实际的侵害对象不一致的情形(主观认识错误)。根据法定符合说,行为人主观上想伤害他人,实际中也伤害了他人,具有伤害故意,成立故意伤害罪既遂。但本题中,甲并没有误认乙为丙,不属于对象错误。C 正确,偶然防卫,是指防卫人虽然没有防卫意识,但其行为在客观上满足了正当防卫的客观要件的情形。在偶然防卫的场合,客观上发生了防卫结果,而非危害结果,因此绝对不可能成立犯罪既遂。在本题中,甲基于伤害故意,着手实施伤害行为,但仅发生防卫结果,对丙成立故意杀人罪未遂。同理,D 正确,不管甲是打击错误、对象错误还是偶然防卫,乙此时已经重伤,且丙乘机逃走,不管采取那种学说,乙均未造成危害结果,不可能成立故意伤害罪既遂。从共犯角度,就乙受伤而言,乙本人不可能构成故意伤害罪,甲、乙不可能就故意伤害罪形成共犯;就丙受伤而言,甲、乙才构成共犯。综上,就乙受伤而言,不能要求乙承担故意伤害罪既遂的责任。

---

①参考答案 C   ②参见张明楷《刑法学》(第五版),法律出版社 2016 年版,第 322 页。   ③参考答案 CD

第九章 过 失

1. 卡车司机甲在行车途中,被一吉普车超过,甲顿生不快,便加速超过该车。不一会儿,该车又超过了甲,甲又加速超过该车。当该车再一次试图超车行至甲车左侧时,甲对坐在副座的乙说:"我要吓他一下,看他还敢超我。"随即将方向盘向左边一打,吉普车为躲避碰撞而翻下路基,司机重伤,另有一人死亡。甲驾车逃离。甲的行为构成:(2004 - 2 - 3)

　　A. 故意杀人罪

　　B. 交通肇事罪

　　C. 破坏交通工具罪

　　D. 故意杀人罪和故意伤害罪的想象竞合犯

> 答案(　　　)①

【考点】 过失与故意的区分

【解析】 甲突然强挡,只是为了吓唬被害人,即"我要吓他一下,看他还敢超我"。据此,甲对强挡行为及其危险性本身已经认识,但对被害人伤亡结果并不具有希望或放任态度。换言之,甲已经预见到伤亡结果发生的抽象可能性,但不认为该危险会被具体化和现实化,属于过于自信过失。

2. 朱某因婚外恋产生杀害妻子李某之念。某日晨,朱在给李某炸油饼时投放了可以致死的"毒鼠强"。朱某为防止其 6 岁的儿子吃饼中毒,将其子送到幼儿园,并嘱咐其子等他来接。不料李某当日提前下班后将其子接回,并与其子一起吃油饼。朱某得知后,赶忙回到家中,其妻、子已中毒身亡。关于本案,下列哪一说法是正确的?(2004 - 2 - 12)

　　A. 朱某对其妻、子的死亡具有直接故意　　B. 朱某对其子的死亡具有间接故意

　　C. 朱某对其子的死亡具有过失　　D. 朱某对其子的死亡属于意外事件

> 答案(　　　)②

【考点】 过于自信过失与间接故意的区别

【解析】 朱某明知自己实施的是投毒行为,足以致人死亡。应当说,朱某对食用者的死亡结果具有现实的认识;同时,朱某对妻子的死具有积极希望的心理态度,但对儿子的死是反对态度。其为避免儿子中毒而采取了一定措施,但是该措施无效,这说明其主观上反对死亡结果发生。据此,朱某对妻子的死是直接故意,对儿子的死是过于自信过失。

3. 看守所值班武警甲擅离职守,在押的犯罪嫌疑人乙趁机逃走,但刚跑到监狱外的树林即被抓回。关于本案,下列哪一选项是正确的?(2010 - 2 - 2)

　　A. 甲主观上是过失,乙是故意　　B. 甲、乙是事前无通谋的共犯

　　C. 甲构成私放在押人员罪　　D. 乙不构成脱逃罪

> 答案(　　　)③

【考点】 过失与故意的区别

【解析】 甲擅离职守,乙趁机逃走。该事实说明甲主观上不具有私放在押人员的故意,只是玩

---

①参考答案 B　　②参考答案 C　　③参考答案 A

忽职守才导致犯人脱逃。其对脱逃结果具有客观上的注意义务,但其没有履行该义务,主观上存在懈怠,具有过失。乙趁机逃跑,当然成立故意犯罪,且已经逃到监狱墙外,脱离了司法机关的实际控制,构成脱逃罪既遂。此外,甲和乙事先没有通谋,不具有共同行为的意思,不成立共犯。

4. 关于过失犯的论述,下列哪一选项是错误的?(2011 - 2 - 6)

A. 只有实际发生危害结果时,才成立过失犯

B. 认识到可能发生危害结果,但结果的发生违背行为人意志的,成立过失犯

C. 过失犯罪,法律有规定的才负刑事责任。这里的"法律"不限于刑事法律

D. 过失犯的刑事责任一般轻于与之对应的故意犯的刑事责任

答案(　　)①

📖 **【考点】** 过失犯

📋 **【解析】** A 正确,过失犯属于结果犯,如果未发生危害结果,那么便不成立过失犯。B 正确,认识到可能发生危害结果,但该结果的发生违背行为人意志,那么行为人对危害结果不可能持希望或放任态度,仅可能成立过失。C 错误,过失犯罪,法律有规定的才负刑事责任。即故意犯罪为原则,过失犯罪为例外。过失犯刑罚扩张事由,根据罪刑法定原则,这里的"法律"应仅限于刑事法律,而不能由别的部门法进行规定。D 正确,过失犯的可谴责性低于故意犯,因此,即便故意犯与过失犯的不法程度相同,过失犯的刑事责任也应该低于故意犯。

5. 下列哪些案件不构成过失犯罪?(2012 - 2 - 52)

A. 老师因学生不守课堂纪律,将其赶出教室,学生跳楼自杀

B. 汽车修理工恶作剧,将高压气泵塞入同事肛门充气,致其肠道、内脏严重破损

C. 路人见义勇为追赶小偷,小偷跳河游往对岸,路人见状离去,小偷突然抽筋溺毙

D. 邻居看见 6 楼儿童马上要从阳台摔下,遂伸手去接,因未能接牢,儿童摔成重伤

答案(　　)②

📖 **【考点】** 过失犯

📋 **【解析】** A 正确,教师因学生违纪而将其赶出教室,该行为并不能制造法禁止的日常危险,不具有过失犯的客观行为。退一步说,即便该行为制造了日常危险,但是在因果关系发展过程中介入了学生自己不理性的自杀行为,该因素不仅异常而且发挥主要致死作用,因此足以中断因果关系。因此,即便存在危害行为,其与危害结果之间也不存在因果关系。所以,仅成立过失犯的未遂,不具有刑事可罚性。B 正确,修理工恶作剧,只能说明其不希望危害结果,但不能说明其坚决反对危害结果发生。作为熟悉高压设备的维修人员,当然认识到气体充入人体会形成对人体健康的现实危险。其明知具体危险存在,却仍然实施该行为,且未采取任何预防措施,将避免危害结果寄希望于偶然,存在明显的侥幸心理。据此,修理工对危害结果应该具有间接故意。注意,此处不能认定为过于自信过失,因为题干中看不出修理工对于避免危害结果有自信的根据或措施。C 正确,见义勇为的行为人实施扭送行为导致小偷自己跳入河中溺水身亡,该行为不构成犯罪。首先,其本身不具有非法性,公民实施扭送只要没有超过法定界限便未制造法禁止的危险。本案中,行为人只是追击小偷,并未实施暴力、胁迫等严重危害人身权利的行为,该行为本身不足以致人死亡。其次,该行为与死亡结果之间介入了被害人自己的跳河行为和抽筋溺水现象。该介入因素与见义勇为人的追击行为之间不具有类型化关联,具有异常性。溺水身亡现象与追击行为更没有类型化关联,也具有异常性。这两个介入因素之间倒是有着类型化关

① 参考答案 C　② 参考答案 ABCD

联,且对死亡结果的发生发挥了主要作用,应当中断见义勇为行为与死亡结果之间的因果关系。据此,见义勇为行为不能满足过失犯的构成要件。最后,即便上述行为满足过失犯构成要件,但在违法性层面,行为人因为实施的是合法的扭送行为,且符合扭送成立要件,能够阻却不法,因而也不成立过失犯。D 正确,邻居看到孩子从 6 楼落下,面临直接现实的死亡危险,其伸手去接的行为降低了危险,仅造成重伤结果。邻居的行为是单纯降低风险的行为,未制造法禁止的危险,不具有刑法意义上的危害行为,不可能成立过失犯。从紧急避险角度分析也能排除过失犯的成立。邻居的行为是造成重伤结果的直接原因,符合过失致人重伤罪的构成要件,但是邻居实施该行为是为了避免孩子死亡,符合紧急避险的要求,阻却不法,不成立犯罪。

第十章　刑事责任能力

1. 对下列哪些情形应当追究刑事责任?(2002 - 2 - 41)

A. 15 周岁的甲在聚众斗殴中致人死亡　　B. 15 周岁的乙非法拘禁他人使用暴力致人伤残

C. 15 周岁的丙贩卖海洛因 8000 克　　D. 15 周岁的丁使用暴力奸淫幼女

答案(　　)①

【考点】 相对负刑事责任年龄

【解析】 A 正确,聚众斗殴致人死亡的,转化为故意杀人罪。15 周岁的人应对故意杀人罪承担刑事责任。B 正确,非法拘禁过程中使用暴力致人死亡,转化为故意杀人罪。15 周岁的人应对故意杀人罪承担刑事责任。C 正确,15 周岁的人应对贩卖毒品罪承担刑事责任。D 正确,使用暴力奸淫幼女的,成立强奸罪,15 周岁的人应对强奸罪承担刑事责任。

2. 甲 15 周岁,系我国某边镇中学生。甲和乙一起上学,在路上捡到一手提包。打开后,发现内有 1000 元钱和 4 小袋白粉末。甲说:"这袋上有中文'海洛因'和英文'heroin'及'50g'的字样。我在电视上看过,这东西就是白粉,我们把它卖了,还能发一笔财。"二人遂将 4 袋白粉均分。甲先将一袋白粉卖与他人,后在学校组织去邻国旅游时,携带另一袋白粉并在境外出售。甲的行为?(2004 - 2 - 6)

A. 构成走私毒品罪　　　　　　B. 构成非法持有毒品罪

C. 构成贩卖毒品罪　　　　　　D. 构成走私、贩卖毒品罪

答案(　　)②

【考点】 相对负刑事责任年龄

【解析】 甲乙两人明知为毒品仍然捡拾,并持有一定时间,客观上具有非法持有毒品罪的不法。但甲未满 16 周岁,对该罪不承担刑事责任。甲将一袋卖给别人,具有贩卖毒品罪的不法,且 15 周岁的人应对该罪承担刑事责任,因此构成贩卖毒品罪。甲携带另一袋毒品越过边境,具有走私毒品罪的不法,但 15 周岁的人对该罪不承担刑事责任。甲在境外出售其走私的毒品,构成贩卖毒品罪。综上,甲仅成立贩卖毒品罪,数量为两袋海洛因。

3. 已满 14 周岁不满 16 周岁的人实施下列哪些行为应当承担刑事责任?(2006 - 2 - 51)

A. 参与运送他人偷越国(边)境,造成被运送人死亡的

B. 参与绑架他人,致使被绑架人死亡的

_____

①参考答案 ABCD　②参考答案 C

C. 参与强迫卖淫集团,为迫使妇女卖淫,对妇女实施了强奸行为的

D. 参与走私,并在走私过程中暴力抗拒缉私,造成缉私人员重伤的

📖 答案(　　)①

📕【考点】相对负刑事责任年龄

📖【解析】A错误,运送他人偷越国(边)境,造成被运送人死亡的,仅构成运送他人偷越国(边)境罪的结果加重犯,不数罪并罚。根据《刑法》规定,已满十四周岁未满十六周岁的人对运送他人偷越国边境罪不承担刑事责任。造成被运送人死亡的,仅成立过失致人死亡行为,已满14周岁不满16周岁的人对该行为不承担刑事责任。B错误,绑架他人,致使被绑架人死亡的,成立绑架罪的结果加重犯,不数罪并罚。根据《刑法》规定,已满14周岁不满16周岁的人对绑架罪不承担刑事责任。同时,致使被绑架人死亡的,仅成立过失致人死亡行为,已满14周岁不满16周岁的人对此不承担刑事责任。C正确,为迫使妇女卖淫,对妇女实施了强奸行为的,成立强迫卖淫罪。已满14周岁不满16周岁的人对该罪不承担刑事责任。但是,对妇女实施强奸行为,本身满足了强奸罪要求。已满14周岁不满16周岁的人对此应当承担刑事责任。D正确,根据《刑法》规定,走私过程中,暴力抗拒缉私的,应按照走私犯罪和妨害公务罪数罪并罚。在走私过程中暴力抗拒缉私,应构成走私罪和妨害公务罪处理。造成缉私人员重伤的,妨害公务罪转化为故意伤害罪。已满14周岁不满16周岁的人对该罪承担刑事责任。

4.《刑法》规定,在拐卖妇女、儿童过程中奸淫被拐卖的妇女的,仅定拐卖妇女、儿童罪。**15周岁的甲在拐卖幼女的过程中,强行奸淫幼女。对此,下列哪些选项是错误的?**(2008 – 2 – 53)

A.《刑法》第十七条第二款没有规定15周岁的人对拐卖妇女、儿童罪负刑事责任,所以,甲不负刑事责任

B. 拐卖妇女、儿童罪包含了强奸罪,15周岁的人应对强奸罪承担刑事责任,所以,对甲应认定为拐卖妇女、儿童罪

C.15周岁的人犯强奸罪的应当负刑事责任,所以,对甲应认定为强奸罪

D. 拐卖妇女、儿童罪重于强奸罪,既然15周岁的人应对强奸罪承担刑事责任,就应对拐卖妇女、儿童罪承担刑事责任,所以,对甲应以拐卖妇女、儿童罪与强奸罪实行并罚

📖 答案(　　)②

📕【考点】相对负刑事责任年龄

📖【解析】A错误,《刑法》第17条第2款没有规定15周岁的人对拐卖妇女、儿童罪负刑事责任,但是不意味着拐卖妇女、儿童罪中所包含的任何行为均可免责。甲奸淫幼女的,构成强奸罪,15周岁的人应当对此承担刑事责任。B错误,甲应当对强奸行为承担刑事责任,但是不意味着甲同样需要对拐卖妇女、儿童罪也承担刑事责任。根据刑法明文规定,拐卖妇女、儿童罪不在相对负刑事责任年龄所指涉的犯罪范围以内,如果甲承担了该罪的刑事责任,那就违反了罪刑法定原则。C正确,无论强奸罪是否被包摄到其他犯罪之中,仅就强奸罪本身而言,已满14周岁未满16周岁的人就需要承担刑事责任。至于是否需要同时对其他犯罪承担刑事责任与此无关。D错误,具体到题干所描述的案情,从不法层面,伴有强奸行为的拐卖妇女、儿童罪确实重于强奸罪,但是在责任层面,15周岁的人只能对强奸行为承担刑事责任,对于拐卖妇女儿童的行为(排除掉强奸行为之外)不承担刑事责任。因此,最终仍然仅成立强奸罪一罪。选项中的观点貌似采用当然解释推导出结论,但实际上混淆了不法与责任的区分。

---

①参考答案 CD　　②参考答案 ABD

5. 甲(15 周岁)的下列哪一行为成立犯罪?(2010 - 2 - 4)

A. 春节期间放鞭炮,导致邻居失火,造成十多万元财产损失

B. 骗取他人数额巨大财物,为抗拒抓捕,当场使用暴力将他人打成重伤

C. 受意图骗取保险金的张某指使,将张某的汽车推到悬崖下毁坏

D. 因偷拿苹果遭摊主喝骂,遂掏出水果刀将其刺成轻伤

答案( )①

【考点】 相对负刑事责任年龄

【解析】 A 错误,甲的行为构成失火罪,该罪只能由已满 16 周岁的人承担刑事责任。B 正确。根据刑法原理,该行为构成转化型抢劫罪,15 周岁的人应对此承担刑事责任。但根据司法解释,甲不构成抢劫罪,但仍然构成故意伤害罪(致人重伤),还是应当承担刑事责任。C 错误,在不法层面,甲与张某构成保险诈骗罪的共同犯罪,但是甲因未满 16 周岁,对该罪不承担刑事责任。张某成立保险诈骗罪的教唆犯。D 错误,甲的行为成立故意伤害罪,但仅造成轻伤结果,根据刑法规定甲对此不承担刑事责任。

6. 甲(15 周岁)求乙(16 周岁)为其抢夺作接应,乙同意。某夜,甲抢夺被害人的手提包(内有 1 万元现金),将包扔给乙,然后吸引被害人跑开。乙害怕坐牢,将包扔在草丛中,独自离去。关于本案,下列哪一选项是错误的?(2012 - 2 - 9)

A. 甲不满 16 周岁,不构成抢夺罪
B. 甲与乙构成抢夺罪的共犯
C. 乙不构成抢夺罪的间接正犯
D. 乙成立抢夺罪的中止犯

答案( )②

【考点】 相对负刑事责任年龄;间接正犯;中止犯

【解析】 在不法层面,甲和乙具有共同的行为意思与共同行为。根据行为共同说,成立共犯。但在责任层面,甲对抢夺罪不具有刑事责任能力,乙对该罪却具有刑事责任能力。因此,甲不构成抢夺罪,乙构成抢夺罪。根据犯罪共同说,甲乙不构成共同犯罪。此外,甲与乙配合,已经取得财物,成立抢夺罪的既遂。乙将财物丢弃在草丛中,是取得财物以后的丢弃行为,不成立中止犯。最后,相对于甲,乙虽然年满 16 周岁,但是在认识上没有优越性,不能认为乙通过支配甲实现了构成要件,因此,乙不成立抢夺罪的间接正犯。

7. 关于责任年龄与责任能力,下列哪一选项是正确的?

A. 甲在不满 14 周岁时安放定时炸弹,炸弹于甲已满 14 周岁后爆炸,导致多人伤亡。甲对此不负刑事责任

B. 乙在精神正常时着手实行故意伤害犯罪,伤害过程中精神病突然发作,在丧失责任能力时抢走被害人财物。对乙应以抢劫罪论处

C. 丙将毒药投入丁的茶杯后精神病突然发作,丁在丙丧失责任能力时喝下毒药死亡。对丙应以故意杀人罪既遂论处

D. 戊为给自己杀人壮胆而喝酒,大醉后杀害他人。戊不承担故意杀人罪的刑事责任

答案( )③

【解析】 先前行为制造了法禁止的危险,这一危险在行为人具有责任能力时仍然存在,行为人便负有监督型作为义务,可成立不作为犯。抢劫罪的实行行为不限于前面的伤害行为,还包括之后的

---

①参考答案 B　②参考答案 D　③参考答案 C

取财行为,而取财行为之时,行为人无责任能力。丙实施杀人行为时具有责任能力,当然成立故意杀人罪;其杀人行为与死亡结果具有因果关系,所以成立既遂。醉酒的人需要承担刑事责任,我国不承认醉酒的阻却效果。

8. 甲患抑郁症欲自杀,但无自杀勇气。某晚,甲用事前准备的刀猛刺路人乙胸部,致乙当场死亡。随后,甲向司法机关自首,要求司法机关判处其死刑立即执行。对于甲责任能力的认定,下列哪一选项是正确的?（2011－2－4）

A. 抑郁症属于严重精神病,甲没有责任能力,不承担故意杀人罪的责任

B. 抑郁症不是严重精神病,但甲的想法表明其没有责任能力,不承担故意杀人罪的责任

C. 甲虽患有抑郁症,但具有责任能力,应当承担故意杀人罪的责任

D. 甲具有责任能力,但患有抑郁症,应当对其从轻或者减轻处罚

📖 **答案(　　)①**

📚 **【考点】** 精神病的法学标准

📝 **【解析】** 抑郁症在医学上属于严重的精神病,但是刑法上精神病的标准与医学上有所不同。刑法上的精神病是针对行为人对自己行为是否能够实现构成要件、是否在规范上具有可谴责性的辨认控制能力而言的。抑郁症患者甲虽然患有严重的精神病,但是根据其想通过实施故意杀人罪实现自己被杀的目的,可以说甲对自己行为实现故意杀人罪构成要件、行为在规范上的可谴责性以及刑罚后果,具有完全充分的认识,由此,甲在刑法上具有完全责任能力,应当承担刑事责任。同时,甲虽然患有严重抑郁症,但在行为的不法程度和期待可能性上与普通人犯罪没有区别,不能从宽处理。

9. 关于刑事责任能力,下列哪一选项是正确的?（2016－2－3）

A. 甲第一次吸毒产生幻觉,误以为伍某在追杀自己,用木棒将伍某打成重伤。甲的行为成立过失致人重伤罪

B. 乙以杀人故意刀砍陆某时突发精神病,继续猛砍致陆某死亡。不管采取何种学说,乙都成立故意杀人罪未遂

C. 丙因实施爆炸被抓,相关证据足以证明丙已满15周岁,但无法查明具体出生日期。不能追究丙的刑事责任

D. 丁在14周岁生日当晚故意砍杀张某,后心生悔意将其送往医院抢救,张某仍于次日死亡。应追究丁的刑事责任

📖 **答案(　　)②**

📚 **【考点】** 刑事责任能力

📝 **【解析】** A项正确,甲虽然吸毒,但吸毒并非排除刑事责任能力的法定事由,因此,甲仍然具有刑事责任能力。在具有刑事责任能力的前提下,甲误认伍某在追杀自己,即对防卫前提存在误认,成立假想防卫,因而没有认识到重伤行为的社会危害性,不成立故意。最后,由于客观上甲对自己吸毒后的失常行为及危害社会的结果具有预见可能性,因此,应成立过失致人重伤罪。如果认为吸毒后进入幻觉状态已经缺乏刑事责任能力,那么,按照原因自由行为理论,甲仍然需要对结果行为导致的死亡结果承担过失犯的刑事责任。B项错误,乙以杀人故意已经着手实施刀砍陆某的举动,之后即便陷入精神病状态,但其客观上仍然继续实施的是杀人行为,据此,如果按照一行为进行认定(一体化说),乙的杀人行为客观上造成了死亡结果,在客观不法意义上,当然成立犯罪既遂(客观之罪)。同时,乙主观上也

---

① 参考答案 C　② 参考答案 A

存在杀人故意,也能够成立主客观统一意义上的故意杀人罪(既遂)。如果将乙的行为认定为两行为,那么,在具有刑事责任能力时仅成立故意杀人罪未遂;在无刑事责任能力时,不成立犯罪。可见,根据前一种学说,当然有可能认为本案成立故意杀人罪既遂。此外,根据因果偏离理论(未发生重大偏离)、原因自由行为理论,都可以认定为既遂①。C 项错误,根据《刑法》第 17 条第 2 款规定:"已满十四周岁不满十六周岁的人,犯故意杀人、故意伤害致人重伤或者死亡、强奸、抢劫、贩卖毒品、放火、爆炸、投毒罪的,应当负刑事责任。"本项中丙触犯爆炸罪,且有证据证明丙已满 15 周岁,根据最高人民法院《关于审理未成年人刑事案件具体应用法律若干问题的解释》第 4 条第 2 款规定:"相关证据足以证明被告人实施被指控的犯罪时已经达到法定刑事责任年龄,但是无法准确查明被告人具体出生日期的,应当认定其达到相应法定刑事责任年龄。"所以应当追究丙的刑事责任,C 项错误。D 项错误,已满 14 周岁不满 16 周岁的人,犯故意杀人或故意伤害致人重伤死亡的,应当负刑事责任。但丁实施砍杀行为是在 14 周岁生日当晚,根据最高人民法院《关于审理未成年人刑事案件具体应用法律若干问题的解释》第 2 条规定:"刑法第十七条规定的'周岁',按照公历的年、月、日计算,从周岁生日的第二天起算。"丁某并未达到 14 周岁的刑事责任年龄,不应当追究其刑事责任。以上从作为角度分析,接下来还需要从不作为角度分析是否成立犯罪。丁因前行为固然产生救助义务,但是,年满 14 岁时,丁送被害人进行救助,已经履行了作为义务,因而不构成犯罪。综上,D 项错误。

第十一章　其他责任要素

关于期待可能性,下列哪一选项是错误的?(2008 川 - 2 - 5)

A. 行为人是否具有故意、过失,与是否具有期待可能性,是两个不同的问题。换言之,具有故意、过失的人,也可能没有期待可能性

B. 行为人犯罪后毁灭自己犯罪的证据的行为之所以不构成犯罪,是因为缺乏期待可能性

C. 在司法实践中,对于因遭受自然灾害外流谋生而重婚的,之所以不以重婚罪论处,是因为缺乏期待可能性

D. 身无分文的乞丐盗窃他人财物得以维持生存的,因为缺乏期待可能性,不应认定为盗窃罪

答案(　　　)②

【考点】 期待可能性

【解析】 所谓的期待可能性,是指根据具体情况,有期待行为人不实施违法行为而实施其他适法行为。该理论认为,如果有不期待行为人实施其他适法行为,就不能对其进行法的非难和谴责,不存在刑法上的责任,其存在与否不仅决定了责任的有无,还影响了责任的大小。

A 正确,本选项涉及故意、过失与期待可能性的关系问题,一般认为,行为时原则上均具有期待可能性,只要是在例外情况下才需要判断行为是否缺乏期待可能性。据此,期待可能性应该是独立于故意和过失之外的责任阻却要素,行为人即便具有故意或过失,也有可能不具有期待可能性。B 正确,行为人在犯罪之后毁灭自己的犯罪证据是人类自保的本能反应,法律无法期待任何人在法庭上做出不利于自己的证词。据此,该行为在刑法上不具有期待可能性,不构成犯罪。C 正确,行为人为生活所迫而重婚,不具有期待可能性,不成立犯罪。D 错误,一般认为,在故意犯的场合,除了重婚罪、掩饰隐瞒犯

---

①张明楷:《刑法学》(第五版),法律出版社 2016 年版,第 306 页。　②参考答案 D

72

罪所得罪和证据犯罪等例外场合,行为人原则上不缺乏期待可能性,而至多期待可能性有所降低。因此,在故意犯的场合,缺乏期待可能性一般不是阻却犯罪事由,而只是刑罚减免事由。在过失犯的场合,期待可能性不仅能够阻却责任,否定犯罪成立,也能在犯罪成立时成立刑罚减免事由。盗窃罪是典型的故意犯,乞丐的盗窃行为虽然为生活所迫,但期待可能性仍然存在,而只是有所降低。据此,乞丐行为具有期待可能性,不能阻却盗窃罪责任,但能作为量刑情节从宽处理。

第十二章 犯罪形态

第一节 犯罪未遂

1. 下列案例中哪一项成立犯罪未遂?(2004 - 2 - 4)

A. 甲对胡某实施诈骗行为,被胡某识破骗局。但胡某觉得甲穷困潦倒,实在可怜,就给其 3000 元钱,甲得款后离开现场

B. 乙为了杀死刘某,持枪尾随刘某,行至偏僻处时,乙向刘某开了一枪,没有打中;在还可以继续开枪的情况下,乙害怕受刑罚处罚,没有继续开枪

C. 丙绑架赵某,并要求其亲属交付 100 万元。在提出勒索要求后,丙害怕受刑罚处罚,将赵某释放

D. 丁抓住妇女李某的手腕,欲绑架李某然后出卖。李为脱身,便假装说:"我有性病,不会有人要。"丁信以为真,于是垂头丧气地离开现场

答案(　　　)①

【考点】 犯罪未遂的成立条件

【解析】 A 正确,甲实施了诈骗行为,说明犯罪已经着手。但甲的骗局被胡某识破,胡某并未产生错误认识并基于错误认识处分财产。胡某虽然处分了财产,但是属于基于同情的赠与行为,与甲的诈骗行为没有因果关系。应该说,甲的诈骗行为没有满足诈骗罪既遂的构成要件,应认定为诈骗罪未遂。B 错误,乙向被害人开枪,制造了死亡的现实危险,应认为已经着手。在客观上仍然有机会继续实施犯罪时,乙因为害怕刑罚处罚而放弃犯罪。应该说,从理性第三人角度,承受刑罚处罚的抽象可能性不足以迫使一般人放弃犯罪,乙却因此放弃犯罪,应属于自动放弃犯罪,成立犯罪中止。C 错误,绑架罪属于侵犯人身权利的犯罪,丙绑架赵某后,赵某的人身权利已经被侵犯,成立绑架罪的既遂。丙由于害怕刑罚处罚而放弃犯罪,不成立中止犯,因为犯罪已经出现既遂形态,但是可以作为量刑情节,从宽处罚。D 错误,李某谎称有性病,丁信以为真,于是放弃了拐卖行为。丁的放弃是否具有自动性,应根据丁的主观认识进行确定,而不能根据一般人未必相信被害人谎言这一客观推测进行判断。在丁的主观世界里,性病会严重影响被拐卖妇女的出卖与获利,因此放弃继续犯罪。该因素在理性第三人看来,尚不足以使一般人放弃继续犯罪,因为患有性病的妇女并非不能卖出,如能求医治愈,价格未必受到影响,即便直接出卖,也仅仅是影响价格,而不至于无法出卖。据此,丁的放弃行为应认定为自动放弃犯罪,成立中止犯。注意,丁意图实施的犯罪是拐卖妇女罪,而非强奸罪。就强奸罪而言,行为人因为相信对方有严重性病而放弃继续犯罪的,可能成立犯罪未遂。

---

①参考答案 A

2. 甲深夜潜入乙家行窃,发现留长发穿花布睡衣的乙正在睡觉,意图奸淫,便扑在乙身上强脱其衣。乙惊醒后大声喝问,甲发现乙是男人,慌忙逃跑被抓获。甲的行为:(2005 - 2 - 7)

A. 属于强奸预备　　　B. 属于强奸未遂　　　C. 属于强奸中止　　　D. 不构成强奸罪

答案(　　)①

📖 **【考点】** 意志以外原因

📖 **【解析】** 甲意图实施强奸罪,但对象性别发生了错误认识。当甲强脱乙衣服时,应认为已经着手实施犯罪(一般人在行为时都会认为被害人有可能是女性,因此根据一般经验法则应认为存在危险结果。不能认为乙实际上是男性,因此成立对象不能犯,不构成犯罪)。在犯罪着手以后,甲发现对方为男性,这一客观外在因素使强奸行为不可能继续(我国的强奸罪被害人仅限于女性),足以使一般人不得不放弃强奸行为。据此,甲的行为应成立强奸罪未遂。

3. 下列哪些选项是错误的?(2006 - 2 - 54)

A. 甲、乙二人合谋抢劫出租车,准备凶器和绳索后拦住一辆出租车,谎称去郊区某地。出租车行驶到检查站,检查人员见甲、乙二人神色慌张便进一步检查,在检查时甲、乙意图逃离出租车被抓获。甲、乙二人的行为构成抢劫(未遂)罪

B. 甲深夜潜入某银行储蓄所行窃,正在撬保险柜时,听到窗外有响动,以为有人来了,因害怕被抓就悄悄逃离。甲的行为构成盗窃(未遂)罪

C. 甲意图杀害乙,经过跟踪,掌握了乙每天上下班的路线。某日,甲准备了凶器,来到乙必经的路口等候。在乙经过的时间快要到时,甲因口渴到旁边的小卖部买饮料。待甲返回时,乙因提前下班已经过了路口。甲等了一阵儿不见乙经过,就准备回家,在回家路上因凶器暴露被抓获。甲的行为构成故意杀人(未遂)罪

D. 甲意图陷害乙,遂捏造了乙受贿 10 万元并与他人通奸的所谓犯罪事实,写了一封匿名信给检察院反贪局。检察机关经初查发现根本不存在受贿事实,对乙未追究刑事责任。甲欲使乙受到刑事追究的意图未能得逞。甲的行为构成诬告陷害(未遂)罪

答案(　　)②

📖 **【考点】** 犯罪未遂的成立条件

📖 **【解析】** A 错误,甲、乙两人合谋抢劫,准备了犯罪工具,并谎称到郊区而搭乘了一辆出租车。上述行为均不可能直接产生危害结果,而只是抢劫的预备行为。在未达到犯罪现场之前,检查站的检查人员见两人神色不对便实施进一步的检查行为,甲、乙因此放弃犯罪。检查人员发现疑点进行进一步检查并不等于已经发现犯罪,因此,在理性第三人看来,检查行为不足以使一般人不得不放弃犯罪,甲、乙放弃犯罪,具有自动性,应成立犯罪中止。B 正确,甲撬保险柜形成侵害财产法益的现实危险,成立盗窃的着手。在犯罪着手以后,甲听见响声以为有人过来,因害怕被抓而逃离。根据甲的主观想象,有人来了,自己的犯罪行为不可能再继续,否则就可能被抓。在理性第三人看来,这一因素足以使一般人不得不放弃犯罪,因而属于意志以外原因迫使行为人放弃犯罪,应成立犯罪未遂。C 错误,就故意杀人罪而言,在现场针对被害人使用凶器时才可能产生死亡危险。据此,甲虽然做了一系列犯罪预备行为,但始终没有使用凶器,犯罪最终在预备阶段出现结局状态。此外,由于错过了被害人经过的时间点,在理性第三人看来,这一因素足以使一般人放弃犯罪。甲放弃犯罪,属于意志以外原因被迫放弃犯罪。综上,甲应成立犯罪预备。D 错误,诬告陷害罪的保护法益是公民的人身权利,一旦被诬告人受到

---

①参考答案 B　　②参考答案 ACD

司法机关的追诉,就会现实地侵害被诬告人的人身权利。因此,司法机关进行立案就属于受到刑事追究,不需要等到定罪量刑才认定为既遂。据此,本案甲的诬告行为已经使被害人受到司法机关侦查,应当认定为既遂。

4. 甲欲枪杀仇人乙,但早有防备的乙当天穿着防弹背心,甲的子弹刚好打在防弹背心上,乙毫发无损。甲见状一边逃离现场,一边气呼呼地大声说:"我就不信你天天穿防弹背心,看我改天不收拾你!"关于本案,下列哪些选项是正确的?（2009 - 2 - 52）

  A. 甲构成故意杀人中止

  B. 甲构成故意杀人未遂

  C. 甲的行为具有导致乙死亡的危险,应当成立犯罪

  D. 甲不构成犯罪

📖 **答案(　　　　)**①

📕 **【考点】** 意志以外原因

📖 **【解析】** 甲对乙开枪射击,但因乙事先早已穿上防弹背心,因而没有造成死亡结果。虽然乙事先已经穿上防弹背心,客观上不可能导致死亡结果,但是甲开枪射击的行为足以致人死亡,已经对他人生命法益造成现实危险,应认为已经着手实行犯罪。防弹背心属于客观外在的因素,且对防止死亡结果具有显著效果,能够有效防止结果发生。该因素属于意志以外原因,甲的行为应成立犯罪未遂。

5. 甲欲杀乙,将乙打倒在地,掐住脖子致乙深度昏迷。30 分钟后,甲发现乙未死,便举刀刺乙,第一刀刺中乙腹,第二刀扎在乙的皮带上,刺第三刀时刀柄折断。甲长叹"你命太大,整不死你,我服气了",遂将乙送医,乙得以保命。经查,第一刀已致乙重伤。关于甲犯罪形态的认定,下列哪一选项是正确的?（2012 - 2 - 8）

  A. 故意杀人罪的未遂犯

  B. 故意杀人罪的中止犯

  C. 故意伤害罪的既遂犯

  D. 故意杀人罪的不能犯

📖 **答案(　　　　)**②

📖 **【考点】** 意志以外原因

📖 **【解析】** 甲欲杀死乙,采取不同手段连续着手实施了数次杀害行为,但是仍然未造成死亡结果。尽管客观上甲仍然有机会杀死乙,但是甲在主观上认为被害人命太大,根本杀不死,因此放弃。自动性的判断应该以行为人主观认识作为判断的材料来源,既然甲主观上认为乙不可能被杀死,那么不管其原因多么不合乎理性,也不妨碍该主观想象成为自动性的判断材料。在理性第三人看来,由于被害人是不可能被杀死的人,所以任何一种杀人方法都不可能得逞,因此足以使一般人放弃继续犯罪。甲放弃犯罪,应认为犯罪着手以后出于意志以外原因被迫放弃犯罪,成立犯罪未遂。

💡 **【难点】** 甲认为被害人之所以杀不死,是因为其命太大。这一认识显然不符合一般人的理性标准,但是自动性的判断并非推行某种理性标准,而是根据行为人自己的主观认识,假设该认识为真,然后按照理性第三人的基准,判断一般人在当时情况下是否也会放弃犯罪,如果得出肯定结论,那么行为人放弃犯罪便不具有自动性;如果得出否定结论,那么行为人放弃犯罪便具有自动性。

①参考答案 BC　②参考答案 A

6. 关于故意犯罪形态的认定,下列哪些选项是正确的? (2013－2－54)

A. 甲绑架幼女乙后,向其父勒索财物。乙父佯装不管乙安危,甲只好将乙送回。甲虽未能成功勒索财物,但仍成立绑架罪既遂

B. 甲抢夺乙价值1万元项链时,乙紧抓不放,甲只抢得半条项链。甲逃走60余米后,觉得半条项链无用而扔掉。甲的行为未得逞,成立抢夺罪未遂

C. 乙欲盗汽车,向甲借得盗车钥匙。乙盗车时发现该钥匙不管用,遂用其他工具盗得汽车。乙属于盗窃罪既遂,甲属于盗窃罪未遂

D. 甲在珠宝柜台偷拿一枚钻戒后迅速逃离,慌乱中在商场内摔倒。保安扶起甲后发现其盗窃行为并将其控制。甲未能离开商场,属于盗窃罪未遂

📖 **答案(   )①**

📚 **【考点】** 犯罪未遂;犯罪既遂

📝 **【解析】** A正确,绑架罪属于侵犯人身权利的犯罪,并非侵犯财产的犯罪。甲虽然没有勒索到财物,但是已经侵犯了乙的人身权利,应成立绑架罪既遂。B错误,价值一万元的项链,即便仅抢到一半,也达到数额较大标准。同时,甲抢得半条项链后离开现场60米,应认为形成了稳定的占有,应成立抢劫罪既遂。甲将抢到的项链丢弃,属于事后处分财物的行为,不影响犯罪的成立。C正确,乙最终取得了财物,当然成立盗窃罪既遂。甲之所以成立盗窃罪未遂,是因为甲应乙的要求提供钥匙的行为与危险结果之间具有因果关系,但与实害结果之间不具有因果关系。详言之,如果甲不借钥匙,乙便不会去窃取汽车(乙的犯罪计划是用盗窃钥匙盗车)。甲在出借钥匙后,客观上促使乙着手实施犯罪(该行为满足了乙对于犯罪计划的要求,具有心理上的帮助作用)。相应地,帮助行为产生的抽象危险经过甲的着手行为被具体化为侵害法益的现实危险或危险结果。但由于钥匙失效这一意志以外原因,该危险并未在实害结果中实现,而是停留在危险结果这一结果形态。在实害结果中实现的危险是乙后来用其他工具窃取汽车行为所产生的现实危险。甲出借的钥匙既然是无效的,那么对于乙继续实施犯罪既没有物理上的促进作用,也失去了心理上的促进作用,因此甲出借钥匙的行为与实害结果之间既没有物理上的因果关系,也没有心理上的因果关系,即甲出借钥匙的行为并没有实现盗窃罪既遂的构成要件(行为与结果之间没有因果关系,因此该行为未实现既遂犯的构成要件),只能认定为犯罪未遂。D错误,体积很小的财物,只要行为人拿在手中便极容易隐藏,考虑到被害人难以察觉并会因此彻底丧失占有,应认定为犯罪既遂。本案中,戒指是体积很小的财物,当甲取得戒指转身离开时,便已经成立犯罪既遂。尽管甲事后偶然被发现,并且未能离开商场,但从财产法益被侵犯的程度看,已经形成完满的侵害状态,成立盗窃罪既遂。

7. 下列哪些选项中的甲属于犯罪未遂? (2014－2－54)

A. 甲让行贿人乙以乙的名义办理银行卡,存入50万元,乙将银行卡及密码交给。甲用该卡时,忘记密码,不好意思再问乙。后乙得知甲被免职,将该卡挂失取回50万元

B. 甲、乙共谋傍晚杀丙,甲向乙讲解了杀害丙的具体方法。傍晚乙如约到达现场,但甲未去。乙按照甲的方法杀死丙

C. 乙欲盗窃汽车,让甲将用于盗窃汽车的钥匙放在乙的信箱。甲同意,但错将钥匙放入丙的信箱,后乙用其他方法将车盗走

D. 甲、乙共同杀害丙,以为丙已死,甲随即离开现场。一个小时后,乙在清理现场时发现丙未死,

持刀杀死丙

📖【答案（　　　）①

📕【考点】未遂犯的成立条件

📝【解析】A错误,本罪的法益在承诺时便已经既遂,无须等到实际获得贿赂。B错误,甲讲解的杀人方法对乙具有心理帮助作用,乙事实上也确实利用该方法杀人了,具有心理上的因果关系,成立既遂。C正确。乙为了着手盗窃主动向甲提出帮助请求,甲同意该请求。就此而言,甲回应帮助请求的行为对乙着手盗窃发挥了心理上的帮助作用,强化了乙的犯意(甲不答应帮忙,乙不会着手犯罪制造现实危险)。但这种强化作用在乙着手犯罪后不再发挥作用,因为甲错投了信箱,乙没有拿到甲的钥匙。所以,甲错投信箱的行为消除了同意行为产生的心理作用。同时,乙使用其他方法窃取了汽车,甲提供钥匙的行为没有实际发挥物理上的帮助作用。总之,甲的行为(无论是同意行为,还是提供钥匙的行为)与财产损失之间既没有心理因果关系,也没有物理因果关系(没有甲的行为,乙同样制造了实害结果)。据此,可以认为甲在预备阶段没有脱离共犯,但在实行阶段做到了共犯的脱离。甲需对乙着手产生的危险结果承担未遂犯的责任,但无须对实害结果承担既遂犯的责任。D正确,因为甲乙共同杀人未杀死被害人。在时空间隔较长的情况下,应认为出现了终局性形态——未遂。乙后来的行为已经与前行为分离,属于新的行为,其独立创设了新的因果流程造成死亡结果,成立既遂。

🧑【难点】共犯的脱离其实就是因果关系的否定判断,即检视行为人行为是否还与危害结果有关系,如果没有关系了,就做到了共犯的脱离。

8. 下列哪一行为成立犯罪未遂?（2015 - 2 - 5）
A. 以贩卖为目的,在网上订购毒品,付款后尚未取得毒品即被查获
B. 国家工作人员非法收受他人给予的现金支票后,未到银行提取现金即被查获
C. 为谋取不正当利益,将价值5万元的财物送给国家工作人员,但第二天被退回
D. 发送诈骗短信,受骗人上当后汇出5万元,但因误操作汇到无关第三人的账户

📖【答案（　　　）②

📕【解析】订购毒品已经形成了毒品交易,违反了毒品管理秩序,成立贩卖毒品罪的既遂。现金支票属于贿赂,实际接收贿赂的,当然成立既遂。行贿行为已经完成,职务行为不可收买性已经被侵犯,构成既遂。诈骗罪既遂要求实际取得财物,被害人误操作,行为人未取得财物,当然未遂。

9. 关于犯罪未遂的认定,下列哪些选项是正确的?（2016 - 2 - 53）
A. 甲以杀人故意将郝某推下过街天桥,见郝某十分痛苦,便拦下出租车将郝某送往医院。但郝某未受致命伤,即便不送医院也不会死亡。甲属于犯罪未遂
B. 乙持刀拦路抢劫周某。周某说"把刀放下,我给你钱"。乙信以为真,收起刀子,伸手要钱。周某乘乙不备,一脚踢倒乙后逃跑。乙属于犯罪未遂
C. 丙见商场橱柜展示有几枚金锭(30万元/枚),打开玻璃门拿起一枚就跑,其实是值300元的仿制品,真金锭仍在。丙属于犯罪未遂
D. 丁资助林某从事危害国家安全的犯罪活动,但林某尚未实施相关犯罪活动即被抓获。丁属于资助危害国家安全犯罪活动罪未遂

📖【答案（　　　）③

①参考答案CD　②参考答案D　③参考答案BC

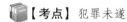【考点】犯罪未遂

【解析】A错误,本题中,被害人未死亡不能归功于甲的中止行为,但是,甲的行为未导致危害结果,同时甲为避免危害结果发生做出了真挚的努力,符合中止犯减免刑罚的实质理由,应认定为犯罪中止(典型的准中止)。B正确,乙持刀拦路抢劫周某,已经实施了实行行为,其收起刀子的行为是基于其内心对其行为足以压制周某反抗的确信,并未彻底放弃犯罪,不能满足犯罪中止的主观要求。周某乘乙不备,踢倒乙后逃跑,这是典型的阻却危害结果发生的被害人反抗,显然属于意志以外原因,成立犯罪未遂。C正确,行为人意图侵犯数额巨大的财物时,现场仅窃取了数额较小的财物(现场仍然有真金锭受到威胁),可以认定为"目的物障碍",属于意志以外原因,成立犯罪未遂(因为现场可能盗窃到真的金锭,因此不属于不可罚的不能犯)。D错误,资助危害国家安全犯罪活动罪是指,境内外机构、组织或者个人资助他人实施背叛国家罪、分裂国家罪、煽动分裂国家罪等的行为。在被资助的对象实施上述犯罪行为的之前、之中、之后进行资助的,只要被资助方接受了资助,便成立本罪的既遂,无须被资助方实际实施危害国家安全的犯罪活动。如果丁资助的是上述犯罪之外的其他危害国家安全犯罪,那么,根据帮助犯的从属性,林某还未实施犯罪活动,丁不构成任何犯罪。

第二节　犯罪中止

1. 甲携带凶器拦路抢劫,黑夜中遇到乙便实施暴力,乙发现是自己的熟人甲,便喊甲的名字,甲一听便住手,还向乙道歉说:"对不起,认错人了。"甲的行为属于下列哪一种情形?(2003－2－2)

　　A. 实行终了的犯罪未遂　　　　　　B. 预备阶段的犯罪中止

　　C. 未实行终了的犯罪未遂　　　　　D. 实行阶段的犯罪中止

答案(　　　　　)①

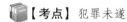【考点】自动性

【解析】甲见到被害人便实施了暴力,这说明行为人已经开始着手实施抢劫,犯罪进入实行阶段。但是,被害人认出是熟人,便招呼甲。甲发现是熟人便放弃继续犯罪。在理性第三人看来,该因素虽然在伦理上(应然的世界)使人不能继续犯罪,但从经验法则(实然的世界)看,该因素不足以使一般人不得不放弃犯罪。例如,性犯罪和盗窃罪不少都是发生在熟人之间。在一般人不会放弃犯罪时,甲放弃了犯罪,不管其念及熟人情谊(具有道德伦理动机),还是惧怕熟人事后告发(抽象的受刑法处罚可能性),均不足以阻却现实的犯罪,应具有放弃犯罪的自动性。据此,甲应成立实行阶段的犯罪中止。

2. 根据犯罪主观要件、犯罪形态的理论分析,下列关于犯罪中止的表述哪些是错误的?(2003－2－42)

　　A. 甲为杀人而与李某商量并委托购买毒药,李某果然为其买来了剧毒药品。但10天后甲放弃了杀人意图,将毒药抛入河中。甲成立犯罪中止,而李某不应成立犯罪中止

　　B. 乙基于杀人的意图对他人实施暴力,见被害人流血不止而心生怜悯,将其送到医院,被害人经治疗后仍鉴定为重伤。乙不是犯罪中止

　　C. 丙对仇人王某猛砍20刀后离开现场。2小时后,丙为寻找、销毁犯罪工具回到现场,见王某仍然没有死亡,但极其可怜,即将其送到医院治疗。丙的行为属于犯罪中止

　　D. 丁为了杀害李四而对其投毒,李四服毒后极端痛苦,于是丁将李四送往医院抢救脱险。经查

明,毒物只达到致死量的50%,即使不送到医院,李四也不会死。丁将被害人送到医院的行为和被害人的没有死亡之间,并无因果关系,所以丁不能成立犯罪中止

答案(　　)①

📚【考点】犯罪中止的成立要件

📖【解析】A 正确,甲委托乙帮忙买毒药,但毒药买来后,甲在着手投毒前又放弃了犯罪,甲的行为成立预备阶段的犯罪中止。李某为了甲投毒杀人而提供毒药,成立故意杀人罪的帮助犯。但是,作为实行犯的甲由于放弃犯罪意图,并未着手投毒,犯罪最终停留在预备阶段便出现终局状态。相对于李某来说,甲并非其意志所能支配的直接正犯,其主动放弃犯罪属于意志以外的原因而被迫放弃犯罪,应成立犯罪预备。B 错误,乙见被害人流血不止,心生怜悯而送医抢救。乙的中止行为具有伦理性动机,显然具有自动性。被害人经治疗后,避免死亡结果,但造成重伤。由于甲所涉罪名为故意杀人罪,因此,只要避免了死亡结果,中止行为便具有有效性。事实上,甲的送医行为确实与死亡结果未发生具有因果关系,甲的行为属于有效的中止行为。C 错误,丙猛砍被害人20刀后离开现场,丙的这一行为并非直接故意犯罪,而是“捅刀子”型的间接故意犯罪,即对死亡或伤害结果均持放任态度。丙的行为属于间接故意伤害行为,成立故意伤害罪。丙在事后救助被害人,属于酌定的从宽处罚情节,但并不成立犯罪中止。D 错误,丁投毒行为本身不足以致人死亡,因此,被害人最终没有死亡与丁的送医救治行为无因果关系。尽管如此,丁已经在被害人中毒后为救助被害人作出了真挚的努力,在客观上提高被害人得到救助的机会,因此,丁仍然能够成立犯罪中止。

3. 犯罪中止可以发生在:(2005 - 2 - 57)

A. 犯罪的预备阶段

B. 犯罪的实行阶段

C. 犯罪行为尚未实行完毕的情况下

D. 犯罪行为已经实行完毕的情况下

答案(　　)②

📚【考点】犯罪中止的存在时段

📖【解析】只要犯罪在发展过程中,尚未出现终局性状态前,行为人均可通过中止行为放弃犯罪或有效防止结果发生,从而成立犯罪中止。据此,在犯罪预备阶段和犯罪实行阶段(包括行为终了前阶段和行为终了后的结果发生阶段)均可能成立犯罪中止。有所不同的是,在行为终了前,行为人成立犯罪中止只需要消极地放弃犯罪行为本身即可,而在行为终了之后,行为人成立犯罪中止还必须采取积极的措施防止结果发生。

4. 甲因父仇欲重伤乙,将乙推倒在地举刀便砍,乙慌忙抵挡喊着说:“是丙逼我把你家老汉推下粪池的,不信去问丁。”甲信以为真,遂松开乙,乙趁机逃走。关于本案,下列哪一选项是正确的?(2009 - 2 - 5)

A. 甲不成立故意伤害罪

B. 甲成立故意伤害罪中止

C. 甲的行为具有正当性

D. 甲成立故意伤害罪未遂(不能犯)

答案(　　)③

①参考答案BCD　②参考答案ABCD　③参考答案B

【考点】自动性

【解析】甲将乙推倒后举刀便砍,该行为成立故意伤害罪的着手。犯罪着手以后,乙说自己对甲父的侮辱行为是被逼迫的,甲信以为真便放弃继续实施犯罪。在这里,甲是否具有放弃犯罪的自动性,关键看乙的话是否足以使甲不得不放弃犯罪。而这一问题的回答取决于,在理性第三人看来,乙的话是否能够足以使一般人不得不放弃犯罪。应该说,乙的话只是表明自己实际受人逼迫,但未否认自己亲手实施侮辱行为。对于一个复仇的人来说,这样的意思表示不可能使报复行为不能再继续实施,即不能期待理性第三人放弃犯罪。但是,在这种情况下,甲放弃了犯罪,无疑应出于自己意志以内的原因,具有中止的自动性,成立犯罪中止。

【难点】自动性的判断应当以行为人自己的主观认识为判断材料的来源,以一般人作为判断的基准,如果一般人不会放弃犯罪,但行为人放弃犯罪的,便具有自动性;反之,则不具有自动性。

5. 甲与一女子有染,其妻乙生怨。某日,乙将毒药拌入菜中意图杀甲。因久等未归且又惧怕法律制裁,乙遂打消杀人恶念,将菜倒掉。关于乙的行为,下列哪一选项是正确的?(2010-2-5)

A. 犯罪预备
B. 犯罪预备阶段的犯罪中止
C. 犯罪未遂
D. 犯罪实行阶段的犯罪中止

答案( )①

【考点】犯罪中止的成立要件

【解析】乙欲杀甲,已经将毒药拌入饭中,但甲至乙放弃犯罪前均未到达现场。考虑到被害人未到达现场,甲的投毒行为不可能形成现实的死亡危险,因而犯罪尚未进入实行阶段。在甲未回来之前,乙因久等未归且又惧怕法律制裁,便打消了杀人意图,将菜倒掉。乙放弃犯罪是否具有自动性,关键看久等被害人未归或惧怕法律制裁究竟是否迫使行为人不得不放弃犯罪。在理性第三人看来,久等未归或抽象的法律制裁可能性均不足以使一般人放弃犯罪。但是,乙放弃了犯罪,应肯定自动性的成立。综上,乙的行为应成立预备阶段的犯罪中止。

6. 关于犯罪中止,下列哪些选项是正确的?(2010-2-57)

A. 甲欲杀乙,埋伏在路旁开枪射击但未打中乙。甲枪内尚有子弹,但担心杀人后被判处死刑,遂停止射击。甲成立犯罪中止

B. 甲入户抢劫时,看到客厅电视正在播放庭审纪实片,意识到犯罪要受刑罚处罚,于是向被害人赔礼道歉后离开。甲成立犯罪中止

C. 甲潜入乙家原打算盗窃巨额现金,入室后发现大量珠宝,便放弃盗窃现金的意思,仅窃取了珠宝。对于盗窃现金,甲成立犯罪中止

D. 甲向乙的饮食投放毒药后,乙呕吐不止,甲顿生悔意急忙开车送乙去医院,但由于交通事故耽误一小时,乙被送往医院时死亡。医生证明,早半小时送到医院乙就不会死亡。甲的行为仍然成立犯罪中止

答案( )②

【考点】犯罪中止的成立要件

【解析】A正确,甲已经射击乙,但未打中,在仍可继续射击时,甲担心杀人后判死刑,因而放弃继续犯罪。担心犯罪后被判死刑,该因素在理性第三人看来不足以放弃继续犯罪。这是因为,该因

①参考答案B ②参考答案AB

素虽然在程度上足以震慑一般人放弃犯罪,但是这种可能性十分抽象,缺乏现实性。只有那些不仅本身足以迫使一般人放弃犯罪,同时具有现实性的因素,才能产生直接的心理强制作用,促使行为人不得不放弃犯罪。据此,一般人不会放弃犯罪,而甲放弃犯罪,具有自动性,应成立犯罪中止。B 正确,甲入户抢劫,已经进入实行阶段,但看到庭审纪录片后,惧怕法律制裁,于是放弃犯罪。这里的法律制裁的可能性相当抽象,不足以使一般人放弃犯罪,甲却放弃犯罪,应具有自动性,成立犯罪中止。C 错误,甲潜入乙家行窃,原计划窃取现金,现场也确实有现金,但是甲发现有贵重珠宝,就没有拿现金,而只拿珠宝。对于盗窃现金而言,甲所涉及的罪名是盗窃罪,但盗窃罪保护一般意义上的财产法益,且财产法益并非个人专属法益,不同种类的财物只要属于同一个人占有,那么便具有等价性。因此,甲虽然没有拿现金,但拿了珠宝,也同样侵害了被害人财产法益,成立盗窃罪的既遂。注意,现金蕴含的财产法益并非具体到现金形式的乙的财产法益,而是一般财产形式的乙的财产法益,因此即便没有拿现金而是拿珠宝,也发生了与拿现金一样的法益侵害结果,没有满足犯罪中止对中止行为有效性的要求。D 错误,可以肯定的是:①甲的投毒行为与乙的死亡结果之间具有条件意义上的因果关系;②介入因素对死亡结果发挥了重大作用(交通事故后耽误一小时,但早半小时送到医院乙就不会死亡)。但根据题干描述,急忙开车送医过程中发生交通事故(应限定于一般过失或无过失)符合日常生活经验,不具有明显的异常性。综上,交通事故不能中断甲的投毒行为与死亡结果之间的因果关系,本案成立故意杀人罪既遂。注意,如果甲对交通事故负有重大过失,甚至甲之所以发生交通事故是因为故意实施了危险驾驶行为,那么死亡结果应归责于甲的驾驶行为,而不是投毒行为。

7. 下列哪些选项不构成犯罪中止?(2011 - 2 - 54)

A. 甲收买 1 名儿童打算日后卖出。次日,看到拐卖儿童犯罪分子被判处死刑的新闻,偷偷将儿童送回家

B. 乙使用暴力绑架被害人后,被害人反复向乙求情,乙释放了被害人

C. 丙加入某恐怖组织并参与了一次恐怖活动,后经家人规劝退出该组织

D. 丁为国家工作人员,挪用公款 3 万元用于孩子学费,4 个月后主动归还

答案(   )①

【考点】 中止行为的有效性;得逞

【解析】 A 错误,在《刑法修正案(九)》之前,收买被拐卖儿童后未违反其意志送其返回原籍的,不以犯罪论处,因此甲的行为并非犯罪,也谈不上犯罪中止。从理论上讲,收买行为一旦完成,便成立收买儿童罪的既遂,事后不可能再实施收买儿童罪的中止。在《刑法修正案(九)》之后,上述行为需要承担刑事责任,但可以从轻处罚。据此,A 选项的表述正确。B 错误,绑架罪是侵犯人身权利的犯罪,并非财产犯罪,因此一旦绑架了被害人,便成立绑架罪的既遂,并不要求一定勒索到财物。乙的行为成立绑架罪既遂。C 错误,参加恐怖活动组织罪属于行为犯,一旦行为人使自己成为恐怖组织的成员,便成立该罪的既遂,即便事后退出,也不影响之前犯罪的既遂。D 错误,为了非法活动或营利活动之外的其他活动而挪用公款罪的行为,只要超过三个月且数额较大,就发生了侵害公款使用权的危害结果,成立犯罪既遂。

8. 关于犯罪停止形态的论述,下列哪些选项是正确的?(2012 - 2 - 54)

A. 甲(总经理)召开公司会议,商定逃税。甲指使财务人员黄某将 1 笔 500 万元的收入在申报时予以隐瞒,但后来黄某又向税务机关如实申报,缴纳应缴税款。单位属于犯罪未遂,黄某属于犯罪中止

B. 乙抢夺邹某现金 20 万元,后发现全部是假币。乙构成抢夺罪既遂

①参考答案 ABCD(《刑法修正案(九)》之前);BCD(《刑法修正案(九)》之后)

C. 丙以出卖为目的,偷盗婴儿后,惧怕承担刑事责任,又将婴儿送回原处。丙构成拐卖儿童罪既遂,不构成犯罪中止

D. 丁对仇人胡某连开数枪均未打中,胡某受惊心脏病突发死亡。丁成立故意杀人罪既遂

答案(　　　)①

📖【考点】中止行为的有效性;得逞

📖【解析】A正确,逃税罪是结果犯,要求出现税收的实际损失。本案中,甲指使黄某隐瞒收入,黄某先实施了隐瞒行为,但是在法定期间内向税务机关如实申报,并未造成税收的实际损失,因此避免了危害结果的发生。同时,该行为完全出于黄某意志以内原因,具有自动性,成立犯罪中止。对甲来说,黄某并非其支配的直接正犯,黄某自己中止犯罪使犯罪出现终局性状态,对于甲来说无疑属于意志以外的原因,甲应成立犯罪未遂。B正确,乙已经抢到了财物,应该成立犯罪既遂。至于乙抢到的仅是假币,没有实现原本计划,这对犯罪成立既遂没有影响。因为,假币在刑法上也属于值得刑法保护的财物,就满足抢夺罪构成要件而言,假币与真币具有等价性。C正确,以出卖为目的偷盗婴儿,应认定为拐卖儿童罪。该罪是侵犯人身权利的犯罪,既然丙已经偷到了婴儿,就应成立犯罪既遂。至于事后的返还行为,仅成立酌定的从宽情节。D正确,丁连开数枪,无疑已经着手犯罪,制造了现实的死亡危险。该行为与死亡结果(心脏病发而死)之间无疑具有因果关系,当然实现了故意杀人罪的构成要件,应成立犯罪既遂。至于死亡原因并非枪伤,而是枪声诱发的心脏病,这一死亡具体原因的差别并不影响因果关系的成立和构成要件的实现。

💡【难点】得逞并不是根据行为人本人的主观目的或犯罪计划是否实现进行判断,而是要看行为是否满足了构成要件,即行为是否实际上造成了危害结果。

9. 甲架好枪支准备杀乙,见已患绝症的乙踉跄走来,顿觉可怜,认为已无杀害必要。甲收起枪支,但不小心触动扳机,乙中弹死亡。关于甲的行为定性,下列哪一选项是正确的?(2014－2－9)

A. 仅构成故意杀人罪(既遂)　　　　　　B. 仅构成过失致人死亡罪

C. 构成故意杀人罪(中止)、过失致人死亡罪　　D. 构成故意杀人罪(未遂)、过失致人死亡罪

答案(　　　)②

📖【考点】行为数;自动性;意志以外原因

📖【解析】本案应认为存在三个行为意思,因而有三个行为。一个是准备杀人的行为,一个是主动放弃杀人的行为,还有一个是走火的行为。前两者构成一个完整的犯罪中止,即杀人预备行为和中止行为。后者构成过失致人死亡罪。在罪数问题上,前后两个犯罪行为各自独立,应数罪并罚。答案为C。AB错在行为数搞错了,不能认为整体上是一个行为。D错在误判了自动性,应认为甲能达而不欲,而非欲达而不能。

💡【难点】本题的难点首先在于行为数的确定,其次是罪数问题。考生容易犯的错误是将行为整体评价为一行为。行为数在罪数一章中具有重要意义。如果是行为单数,那么无论如何也仅成立一罪。如果是行为复数,才牵涉较为复杂的罪数理论。一般认为,以下情形属于一行为:A. 物理上的一行为,如开一枪,打一拳。B. 生活观察上的一行为,虽然有多个物理举动,但是时空上紧密相连,成为接续发生的不可分割的整体。如,持续犯、接续犯(大搬家案)、营业犯、进入宿舍楼连偷三个寝室。C. 法律上的一行为,如抢劫罪、绑架罪、结合犯。

---

①参考答案ABCD　②参考答案C

10. 甲为杀乙,对乙下毒。甲见乙中毒后极度痛苦,顿生怜意,开车带乙前往医院。但因车速过快,车右侧撞上电线杆,坐在副驾驶位的乙被撞死。关于本案的分析,下列哪些选项是正确的?(2014 - 2 - 53)

A. 如认为乙的死亡结果应归责于驾车行为,则甲的行为成立故意杀人中止

B. 如认为乙的死亡结果应归责于投毒行为,则甲的行为成立故意杀人既遂

C. 只要发生了构成要件的结果,无论如何都不可能成立中止犯,故甲不成立中止犯

D. 只要行为人真挚地防止结果发生,即使未能防止犯罪结果发生的,也应认定为中止犯,故甲成立中止犯

答案(   )①

📖【考点】 自动性;有效的中止行为;犯罪既遂

📖【解析】 A 正确,因为死亡结果归责于驾驶行为,那么投毒行为与死亡结果之间便没有因果关系,具有成立中止的余地。同时,甲送医救治的行为是当时能做的最大努力,属于真挚的努力,应认为成立中止犯。B 正确,死亡结果如果归责于投毒行为,当然是故意犯的既遂。C 错误,虽然发生了危害结果,但是假如行为人行为与危害结果没有因果关系,同时,行为人作出了真挚努力,可以构成中止犯。D 错误,仅仅根据真挚努力不足以成立中止犯,还需要没有因果关系这一条件。

📖【难点】 本题比较集中地考查真挚努力构成中止犯的条件,需要充分理解这一条件,才能看准选项,作出正确选择。如果未发生危害结果,中止行为只要提升了避免法益侵害的机会,便成立有效的中止行为。如果已经发生了危害结果,但是假如行为人行为与危害结果没有因果关系,同时,行为人作出了真挚努力,也属于有效的中止行为。

11. 甲以杀人故意放毒蛇咬乙,后见乙痛苦不堪,心生悔意,便开车送乙前往医院。途中等红灯时,乙声称其实自己一直想死,突然跳车逃走,三小时后死亡。后查明,只要当时送医院就不会死亡。关于本案,下列哪一选项是正确的?(2015 - 2 - 6)

A. 甲不对乙的死亡负责,成立犯罪中止

B. 甲未能有效防止死亡结果发生,成立犯罪既遂

C. 死亡结果不能归责于甲的行为,甲成立犯罪未遂

D. 甲未能阻止乙跳车逃走,应以不作为的故意杀人罪论处

答案(   )②

📖【解析】 被害人自己逃避治疗的行为具有异常性和重大性,应认定为因果关系中断。在此前提下,甲心生悔意(具有自动性),已经实施了真挚的努力,应肯定犯罪中止(准中止)。

第十三章 共同犯罪

第一节 共犯的成立条件

1. 甲乙共谋教训其共同的仇人丙。由于乙对丙有夺妻之恨,暗藏杀丙之心,但未将此意告诉甲。

某日,甲、乙二人共同去丙处。为确保万无一失,甲、乙以入室盗窃为由邀请不知情的丁在楼下望风。进入丙的房间后,甲、乙同时对丙拳打脚踢,致丙受伤死亡。甲、乙二人旋即逃离现场。在逃离现场前甲在乙不知情的情况下从丙家的箱子里拿走人民币 5 万元。出门后,甲背着乙向丁谎称从丙家窃取现金 3 万元,分给丁 1 万元,然后一起潜逃。潜逃期间,甲窃得一张信用卡,向乙谎称该卡是从街上捡的,让乙到银行柜台取出了信用卡中的 3 万元现金。犯罪所得财物挥霍一空后,丁因生活无着,向公安机关投案,交代了自己和甲共同盗窃的事实,但隐瞒了事后知道的甲、乙致丙死亡的事实。

(1)就被害人丙的死亡而言,下列对甲、乙所应成立犯罪的何种判断是错误的?(2006 - 2 - 96)

A. 甲、乙均成立故意杀人(既遂)罪,属于共同犯罪

B. 甲、乙均成立故意伤害(致人死亡)罪,属于共同犯罪

C. 甲成立故意伤害(致人死亡)罪,乙成立故意杀人(既遂)罪,不属于共同犯罪

D. 甲成立故意伤害(致人死亡)罪,乙成立故意杀人(既遂)罪,在故意伤害罪的范围内成立共同犯罪

答案(   )①

【考点】 共犯成立条件

【解析】 甲、乙对丙实施暴力上具有共同的行为意思,且客观上实施了相互配合的暴力行为,导致丙受伤死亡。根据行为共同说,甲乙无疑成立共犯。至于共犯所牵涉的罪名,需要根据甲、乙各自罪名确定。首先,甲只是想教训丙,并不具有杀人的意思,其暴力行为构成故意伤害罪(致死)。其次,乙暗藏杀心,其暴力行为构成故意杀人罪(既遂)。最后,甲、乙所涉及的罪名在故意伤害罪(致死)范围内重合,因此,根据部分犯罪共同说,甲、乙应认定为故意伤害罪(致死)的共同犯罪。

(2)对于甲、乙盗窃和使用信用卡的行为,下列何种判断是错误的?(2006 - 2 - 99)

A. 甲、乙构成盗窃罪的共同犯罪

B. 甲、乙构成信用卡诈骗罪的共同犯罪

C. 甲构成盗窃罪,乙构成信用卡诈骗罪

D. 甲构成盗窃罪,乙构成诈骗罪

答案(   )②

【考点】 共犯成立条件

【解析】 甲盗窃信用卡的行为,乙毫不知情,不具有共同行为的意思,当然也不存在共同行为,不成立共犯。但是,甲教唆乙使用信用卡,乙接受教唆使用该卡,就使用信用卡而言,两人具有共同行为意思和行为,成立共犯。该共同行为涉及的罪名是信用卡诈骗罪。乙自然应认定为信用卡诈骗罪。但是,甲除了信用卡诈骗外,之前还实施了盗窃信用卡的行为。由于使用信用卡诈骗也属于使用行为,因此,根据《刑法》关于盗窃信用卡并使用的法律拟制,甲应认定为盗窃罪。盗窃罪与信用卡诈骗罪不可能重合,所以不成立犯罪共同说意义上的共犯。B 错误,因为甲的行为被拟制为盗窃罪,因此很难说盗窃罪中包含着信用卡诈骗罪的内容。

2. 甲、乙夫妇因 8 岁的儿子严重残疾,生活完全不能自理而非常痛苦。一天,甲往儿子要喝的牛奶里放入"毒鼠强"时被乙看到,乙说:"这是毒药吧,你给他喝呀?"见甲不说话,乙叹了口气后就走了。毒死儿子后,甲、乙二人一起掩埋尸体并对外人说儿子因病而死。关于甲、乙行为的定性,下列哪一选项是正确的?(2008 - 2 - 7)

A. 甲与乙构成故意杀人的共同犯罪　　　B. 甲构成故意杀人罪,乙构成包庇罪

C. 甲构成故意杀人罪,乙构成遗弃罪　　　D. 甲构成故意杀人罪,乙无罪

 答案(　　　)①

【考点】 共同犯罪的形式

【解析】 甲向被害人的食品中投毒,乙发现以后,没有采取救助措施,而是默许甲的投毒行为。由于乙是被害人的监护人,对被害人负有保护型保证人义务,在明知甲投毒的情况下,被害人法益面临现实危险,乙却能作为而不作为,成立不作为的故意杀人罪。甲则显然成立作为的故意杀人罪。两人具有共同的行为意思与共同的行为,应成立共同犯罪。根据犯罪共同说,两人在故意杀人罪范围内成立共犯。B错误,乙并非包庇甲的犯罪行为,而是不作为的故意杀人。C错误,乙在行为当时,由于被害人法益高度依赖乙的作为,第三人不可能进行救助,乙能救助而不救助,与作为无疑具有等价性,成立不作为的杀人行为,并非单纯不予救助的遗弃罪。

3. 15周岁的甲非法侵入某尖端科技研究所的计算机信息系统,18周岁的乙对此知情,仍应甲的要求为其编写侵入程序。关于本案,下列哪一选项是错误的?(2015-2-7)

A. 如认为责任年龄、责任能力不是共同犯罪的成立条件,则甲、乙成立共犯

B. 如认为甲、乙成立共犯,则乙成立非法侵入计算机信息系统罪的从犯

C. 不管甲、乙是否成立共犯,都不能认为乙成立非法侵入计算机信息系统罪的间接正犯

D. 由于甲不负刑事责任,对乙应按非法侵入计算机信息系统罪的片面共犯论处

 答案(　　　)②

【解析】 将共犯理解为不法形态,那么甲乙当然属于共犯;乙仅发挥帮助作用,应认定为从犯;乙显然没有支配甲的行为;甲乙存在双向沟通,不可能成立片面的共犯。

第二节　共同的行为意思

1. 下列与犯罪故意和共犯有关的说法哪些是正确的?(2003-2-48)

A. 甲一开始不知道现住自己家的张三是罪犯而收留,但在知道其是杀人犯后仍然加以隐藏的,可以构成窝藏罪

B. 乙为发展公司业务而正常申请贷款100万元。取得贷款不久,公司业务停滞,乙便将贷款转贷牟利,不构成高利转贷罪

C. 丙发现李四挪用公款所取得的款项放在家中,尚未使用,就"借用"李四的公款50万元购买毒品,丙属于挪用公款罪共犯

D. 丁(非国家工作人员)一开始并不知道丈夫田某多次受贿的事实,但在行贿人王五告知丁其有求于田某时,丁接受了王五提供的财物,丁构成受贿罪

 答案(　　　)③

【考点】 共同行为的意思;共犯的故意

【解析】 A正确,窝藏罪是故意犯罪,甲不知张三是罪犯,即便收留他也不成立窝藏罪。但一旦认识到张三是罪犯,那么便会认识到自己行为实现了窝藏罪的构成要件,具有窝藏的故意,成立窝藏

---

①参考答案A　②参考答案D　③参考答案ABD

罪。B 正确,高利转贷罪要求在贷款之时便具有高利转贷的故意,本案中乙在贷款时属于正常贷款,不具有高利转贷的故意,因此不成立高利转贷罪。C 错误,丙发现李四挪用公款所取得的款项时,李四已经完成了挪用行为,该款项已经归个人使用。丙借用李四该笔款项的行为只是单纯使用李四个人款项的行为,并未侵犯公款的使用权。D 正确,丁得知王五有求于丈夫的事实后,收受贿赂,实际上是无身份的妻子利用丈夫国家工作人员的身份进行受贿,构成受贿罪的片面共犯(虽然妻子和丈夫目标一致,但丈夫并不具有与妻子协同的意思,妻子却有与丈夫协同的意思)。

2. 丙发现货币有假大叫"别走",甲迅即启动驶向厂门,丙扑向甲车前风挡,抓住雨刮器。乙对甲说:"太危险,快停车",甲仍然加速,致丙摔成重伤。

关于致丙重伤的行为,下列选项错误的是。(2010 - 2 - 93)

A. 乙明确叫甲停车,可以成立犯罪中止

B. 甲、乙构成故意伤害的共同犯罪

C. 甲的行为超出了共同犯罪故意,对于丙的重伤后果,乙不应当负责

D. 乙没有实施共同伤害行为,不构成犯罪

答案( )①

【考点】 共同行为意思

【解析】 丙抓住雨刷器,甲加速行驶,甲的行为制造了致人死亡的现实危险。此时,乙劝甲停车,甲仍然加速,导致丙重伤。应该说,乙的劝阻行为未制造任何法禁止的危险,且与甲的驾驶行为客观上不具有任何补充或促进作用,也不具有共同的行为意思,无共同行为可言。据此,甲和乙应按照单独犯罪模式处理。如前所述,乙的行为未制造法禁止的危险,且具有降低风险的作用,不可能成立犯罪。甲的行为属于故意伤害罪。

3. 甲乙共谋教训其共同的仇人丙。由于乙对丙有夺妻之恨,暗藏杀丙之心,但未将此意告诉甲。某日,甲、乙二人共同去丙处。为确保万无一失,甲、乙以入室盗窃为由邀请不知情的丁在楼下望风。进入丙的房间后,甲、乙同时对丙拳打脚踢,致丙受伤死亡。甲、乙二人旋即逃离现场。在逃离现场前甲在乙不知情的情况下从丙家的箱子里拿走人民币 5 万元。出门后,甲背着乙向丁谎称从丙家窃取现金 3 万元,分给丁 1 万元,然后一起潜逃。潜逃期间,甲窃得一张信用卡,向乙谎称该卡是从街上捡的,让乙到银行柜台取出了信用卡中的 3 万元现金。犯罪所得财物挥霍一空后,丁因生活无着,向公安机关投案,交代了自己和甲共同盗窃的事实,但隐瞒了事后知道的甲、乙致丙死亡的事实。

就被害人丙死亡这一情节,下列对与丁有关行为的何种判断是错误的?(2006 - 2 - 97)

A. 丁成立故意杀人罪的共犯

B. 丁成立故意伤害罪的共犯

C. 丁成立抢劫罪(致人死亡)的共犯

D. 丁对丙的死亡不承担刑事责任

答案( )②

【考点】 共同行为意思

【解析】 甲、乙意图实施暴力行为,但骗丁说只是盗窃,令其望风。应当说,尽管甲、乙、丁三人各自具有不同的犯罪决意,但是就甲、乙入室犯罪,丁负责望风而言,甲、乙与丁具有共同的行为意思,也实施了相互配合的共同行为,具有行为共同说丁属于甲、乙的帮助犯。根据共犯的从属性原理,在不法

---

① 参考答案 AB　② 参考答案 ABC

层面丁应当对甲、乙造成的不法承担责任。甲、乙在客观上实施了杀人行为或伤害行为,并造成死亡结果,该不法侵害当然可以归责于丁。但是在责任层面,丁仅具有盗窃的决意,并没有认识到自己的行为实现了故意杀人罪的构成要件,因此既不构成侵害人身权利的犯罪,也不可能构成盗窃罪。在甲窃取现金后,客观上才存在盗窃罪的不法,根据共犯的从属性原理,丁的望风行为才有可罚性,成立盗窃罪的帮助犯。

第三节 实行过限

1. 丁某教唆 17 岁的肖某抢夺他人手机,肖某在抢夺得手后,为抗拒抓捕将追赶来的被害人打成重伤。关于本案,下列哪些选项是正确的?(2007 - 2 - 60)

A. 丁某构成抢夺罪的教唆既遂   B. 肖某构成转化型抢劫

C. 对丁某教唆肖某犯罪的行为应当从重处罚   D. 丁某与肖某之间不构成共同犯罪

 答案(　　　)①

【考点】 实行过限

【解析】 丁某教唆肖某抢夺,肖某实施了抢夺,但为抗拒抓捕实施了暴力重伤行为,转化为事后抢劫。应该说,两人对抢夺具有共同的行为意思与行为,成立抢夺罪(既遂)的共同犯罪。但是,肖某在抢夺之外,还实施了事后抢劫行为,因此较为全面的评价应成立抢劫罪。由于丁某对事后抢劫并不知情,且超出了教唆内容,因而与肖某不构成共犯。最后,肖某为未成年人,教唆未成年人犯罪,应从重处罚。D 选项错误,因为丁与肖仅在抢夺罪范围内成立共犯,但在抢劫罪范围内不成立共犯。该选项的判断过于绝对,因而错误。

2. 甲、乙经共谋后到丙的住所对其实施了强奸,事后,甲趁丙不注意之机,将丙的钱包拿走。第二天,甲发现丙的钱包里有一张已经中了 **5** 万元的彩票,即兑了奖。就甲拿走被害人钱包和私自兑奖的行为而言,下列哪些选项是正确的?(2008 川 - 2 - 63)

A. 甲和乙成立盗窃罪的共同犯罪

B. 甲单独对自己的行为承担刑事责任

C. 甲的行为构成盗窃罪

D. 甲的行为构成盗窃罪和诈骗罪,应实行数罪并罚

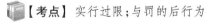 答案(　　　)②

【考点】 实行过限;与罚的后行为

【解析】 甲、乙仅就强奸行为具有共同的行为意思,客观上也实施了共同的强奸行为,成立强奸罪的共犯。之后,甲窃取了丙的钱包,该行为构成盗窃罪。由于甲、乙仅就强奸行为具有共同行为意思,对盗窃罪并无共同行为意思,因此,甲、乙不成立盗窃罪的共犯,仅由甲承担盗窃罪的责任。甲盗窃到彩票后,又假冒所有权人领奖的行为,未侵犯新的财产法益,只是兑现盗窃所得财物的财产性内容,成立与罚的后行为,无须单独定罪量刑。

3. 甲、乙共谋行抢。甲在偏僻巷道的出口望风,乙将路人丙的书包(内有现金一万元)一把夺下转身奔逃,丙随后追赶,欲夺回书包。甲在丙跑过巷道口时突然伸腿将丙绊倒,丙倒地后摔成轻伤,甲、乙乘机逃脱。甲、乙的行为构成何罪?(2009 - 2 - 7)

A. 甲、乙均构成抢夺罪   B. 甲、乙均构成抢劫罪

---

①参考答案 ABC   ②参考答案 BC

C. 甲构成抢劫罪,乙构成抢夺罪　　　　D. 甲构成故意伤害罪,乙构成抢夺罪

答案(　　　　)①

【考点】 实行过限

【解析】 甲乙对抢丙的财物具有共同行为的意思(甲望风,乙实行),且实施了望风行为与实行行为相互配合共同行为,具有共犯关系。共同行为涉及的罪名是抢夺罪,因此成立抢夺罪的共同犯罪。在抢到财物之后,被害人随后追赶,甲超越望风的范围,实施了暴力行为,该行为不属于甲乙关于共同行为的约定,因此不具有共同性,应该由甲单独承担责任。甲的暴力行为足以压制一般人反抗,也符合了刑法关于事后抢劫的规定,应认定为抢劫罪。据此,C 正确。

第四节　共犯的罪名

张某窃得同事一张银行借记卡及身份证,向丈夫何某谎称路上所拾。张某与何某根据身份证号码试出了借记卡密码,持卡消费 5000 元。关于本案,下列哪一说法是正确的?(2010 - 2 - 14)

A. 张某与何某均构成盗窃罪　　　　　　B. 张某与何某均构成信用卡诈骗罪

C. 张某构成盗窃罪,何某构成信用卡诈骗罪　　D. 张某构成信用卡诈骗罪,何某不构成犯罪

答案(　　　　)②

【考点】 共犯的罪名

【解析】 张某盗窃信用卡,骗丈夫说是路上所拾。丈夫信以为真,并与张某一起使用信用卡消费。夫妻两人对使用信用卡具有共同的行为意思,也实施了共同使用信用卡的行为,成立共犯。该共同行为所涉及的罪名是信用卡诈骗罪,但是,张某因之前有盗窃行为,按照《刑法》关于盗窃信用卡并使用的规定,只能认定为盗窃罪。这样一来,两人涉及的罪名不具有重合关系,不成立部分犯罪共同说意义上的共同犯罪。

第五节　身份与共犯

甲为非国家工作人员,是某国有公司控股的股份有限公司主管财务的副总经理;乙为国家工作人员,是该公司财务部主管。甲与乙勾结,分别利用各自的职务便利,共同侵吞了本单位的财物 100 万元。对甲、乙两人应当如何定性?(2005 - 2 - 18)

A. 甲定职务侵占罪,乙定贪污罪,两人不是共同犯罪

B. 甲定职务侵占罪,乙定贪污罪,但两人是共同犯罪

C. 甲定职务侵占罪,乙是共犯,也定职务侵占罪

D. 乙定贪污罪,甲是共犯,也定贪污罪

答案(　　　　)③

【考点】 身份与共犯

【解析】 甲是国有控股公司的副总,其利用职务便利,侵吞本单位财物的行为,应构成职务侵占罪。乙与甲勾结,利用甲的职务便利,共同将该单位财物非法占为己有,数额较大的,根据司法解释,

---

①参考答案 C　　②参考答案 C　　③参考答案 C

乙应以职务侵占罪共犯论处。同时,乙的行为本身也是利用职务便利侵吞所在公司财产,根据《刑法》第271条第2款规定,成立贪污罪。同时,甲在乙的贪污过程中与其勾结,共同侵吞财产,当然也成立贪污罪的共犯。综上所述,甲既是职务侵占罪的实行犯,又是贪污罪的帮助犯,根据法条竞合原理,应认定为职务侵占罪;同时,乙既是贪污罪的实行犯,又是职务侵占罪的帮助犯,根据法条竞合原理,应认定为贪污罪。由于贪污罪与职务侵占罪属于特殊法与一般法的关系,两罪在职务侵占罪范围内重合,因此,甲、乙的共同行为在职务侵占罪范围内成立共同犯罪。据此,根据行为共同说,甲、乙属于共同犯罪,甲定职务侵占罪,乙定贪污罪。根据部分犯罪共同说,甲乙在职务侵占罪范围内成立共同犯罪。本题的正确答案应为BC。但是,2005年司法考试在共犯问题上的官方立场是部分犯罪共同说,因此只能选C。此外,根据司法解释,甲的职务高,为主犯,犯罪性质由其行为性质确定,即应认定为职务侵占罪。

🔍 **【难点】** 甲的职务比乙高,根据司法解释,甲处于支配地位,发挥了主要作用,因此整体行为性质应按照职务侵占罪认定。实际上,该观点基本上脱离了共犯原理进行论述,具有形式化之嫌。职务高者未必在共同犯罪中发挥主要作用,反之亦然。应该说,职务高仅是合法业务活动中的一种分工优势,未必意味着犯罪活动中依然如此。本题题干中的案件事实并未指明甲的行为发挥了主要作用,本题答案完全是根据部分犯罪共同说推导而来。这里涉及的关键点是行为的共同性和不同罪名之间的重合性,无须分析主要作用和职务高低问题。

第六节 对向犯

1. 关于共同犯罪的论述,下列哪一选项是正确的?(2012 - 2 - 10)

A. 甲为劫财将陶某打成重伤,陶某拼死反抗。张某路过,帮甲掏出陶某随身财物。2人构成共犯,均须对陶某的重伤结果负责

B. 乙明知黄某非法种植毒品原植物,仍按黄某要求为其收取毒品原植物的种子。2人构成非法种植毒品原植物罪的共犯

C. 丙明知李某低价销售的汽车系盗窃所得,仍向李某购买该汽车。2人之间存在共犯关系

D. 丁系国家机关负责人,召集领导层开会,决定以单位名义将国有资产私分给全体职工。丁和职工之间存在共犯关系

📖 答案(　　　　)①

📕 **【考点】** 承继的共犯;单位犯罪;对向犯

📝 **【解析】** A错误,在张某参与犯罪之前,甲已经将被害人打成重伤,该结果系甲一人造成,应由甲一人担责。张某帮甲掏出被害人财物(抢劫罪的目的行为)时,由于被害人还在反抗,甲仍然在实施压制反抗的抢劫罪的手段行为,因此,可以说,甲与张某在压制被害人反抗从而取得财物行为上具有共同的行为意思,且客观上也实施了相互配合的共同行为,具有共犯关系。至于共同行为涉及的罪名,当然是抢劫罪,因此两人构成抢劫罪的共犯。尽管如此,张某也只是对参与犯罪之后的抢劫行为承担责任,而不包括取财行为之前甲的行为及其后果。注意,即便被害人已经失去反抗能力,张某帮助取财,该行为也具有抢劫性质,与甲构成抢劫罪的共犯。之所以如此,是因为张某在当时已经了解真相,其取财行为只是进一步实现甲制造的抢劫罪的法益侵害危险,因而具有抢劫行为的共同性,构成抢劫罪而非单纯的盗窃罪。B正确,乙明知黄某意图种植毒品原植物,仍然为其收取种子。这说明乙与黄某在

_____

种植毒品原植物上具有共同的行为意思,也实施了共同的行为,成立共犯。共同行为所涉及的罪名是种植毒品原植物罪。C 错误,丙明知李某销售的汽车系赃物,但仍购买该车。李某的行为构成盗窃罪,但不构成掩饰隐瞒犯罪所得罪,因为财产犯罪的行为人出卖赃物在刑法上不具有期待可能性,因此,虽然客观上具有掩饰隐瞒犯罪所得罪的不法,但主观上不具有责任,不成立犯罪。丙明知李某在销赃,却仍然购买,两人在买卖赃物上具有共同的行为意思和对向行为(共同行为的一种类型),具有共犯关系。该共同行为所涉及的罪名是掩饰隐瞒犯罪所得罪,同时丙并非财产犯罪行为人本人,其实施购买赃物的行为具有刑法上的期待可能性(可以期待行为人实施合法行为),因而成立掩饰隐瞒犯罪所得罪。综上,丙与李某虽然具有共犯关系,但李某因不具有责任而不成立犯罪,丙具有责任,成立掩饰隐瞒犯罪所得罪。D 错误,根据《刑法》第 396 条规定,国家机关、国有公司、企业、事业单位、人民团体、违反国家规定,以单位名义将国有资产集体私分给个人,数额较大的,对其直接负责的主管人员和其他直接责任人员,处三年以下有期徒刑或者拘役,并处或者单处罚金;数额巨大的,处三年以上七年以下有期徒刑,并处罚金。据此,本案构成单位犯罪,丁与领导层成员均需承担刑事责任。职工未参与领导层决策,只是单纯收受财物,与丁或其他领导层成员之间不存在共同行为。因此,丁与职工之间不存在共犯关系。

2. 下列哪些选项中的双方行为人构成共同犯罪?(2012 - 2 - 55)

A. 甲见卖淫秽影碟的小贩可怜,给小贩 1000 元,买下 200 张淫秽影碟

B. 乙明知赵某已结婚,仍与其领取结婚证

C. 丙送给国家工作人员 10 万元钱,托其将儿子录用为公务员

D. 丁帮助组织卖淫的王某招募、运送卖淫女

📖 答案( )①

📖 【考点】对向犯

🗒 【解析】A 错误,销售淫秽物品与购买淫秽物品具有对向关系,双方行为人具有共同的行为意思和共同行为,具有共犯关系。所涉及的罪名是贩卖淫秽物品牟利罪。但是刑法仅处罚贩卖一方,并不处罚收买一方,如果通过共犯理论认定收买行为构成贩卖淫秽物品牟利罪显然超越了法条文字所可能具有的含义范围,违反了罪刑法定原则。因此,本案虽然存在共犯关系,但不存在共同涉及的罪名,不成立共同犯罪。B 正确,乙明知对方已有婚姻关系,却与之结婚,便造成了一个人同时具有两个以上婚姻关系,成立重婚行为。赵某明知自己已经结婚,却仍然与乙结婚,使自己同时具有两个以上婚姻关系,也成立重婚行为。两人在结婚行为上具有共同的行为意思,并且实施了对向行为,具有共犯关系。对向行为涉及的罪名是重婚罪,两人均成立该罪,据此,乙与赵某成立重婚罪的共同犯罪。C 正确,丙作为行贿人,与作为国家工作人员的受贿人之间具有对向关系,两人对实现权钱交易具有共同的行为意思,且客观上行贿行为与受贿行为也构成共同行为,因此丙与国家工作人员之间具有共犯关系。丙为了谋取不正当利益(违反程序录用公务员)向国家工作人员行贿 10 万元,该行为构成行贿罪。国家工作人员收受贿赂,构成受贿罪。但是两罪之间不具有重合关系,但在对向犯的场合,即便罪名不同,也构成共同犯罪,但罪名不同。D 正确,丁的行为既构成《刑法》第 358 条第 3 款规定的协助组织卖淫罪的正犯。协助组织卖淫罪属于典型的帮助犯的正犯化(定罪正犯化;相对正犯化)。

第七节 共谋行为

甲与乙共谋次日共同杀丙,但次日甲因腹泻未能前往犯罪地点,乙独自一人杀死丙。关于本案,下

列哪些说法是正确的?(2002 - 2 - 35)

    A. 甲与乙构成故意杀人罪的共犯

    B. 甲与乙不构成故意杀人罪的共犯

    C. 甲承担故意杀人预备的刑事责任,乙承担故意杀人既遂的刑事责任

    D. 甲与乙均承担故意杀人既遂的刑事责任

答案(　　)①

【考点】 共谋行为;心理的因果关系

【解析】 甲、乙共谋行为属于故意杀人罪的共同预备行为,其对着手犯罪具有心理上的促进作用。在实行阶段,甲因腹泻未参与实行行为,但其未消除之前共谋行为对实行犯罪的心理上的促进作用。如果没有甲乙共谋行为,乙不会基于共谋产生的犯意实施杀人行为,也不会产生死亡结果。在因果关系发展过程中,介入了乙独自杀死被害人的行为,该行为符合甲与乙的共谋计划,与共谋行为具有类型化关联,不具有异常性,因此不能中断共谋行为与死亡结果之间的因果关系。据此,甲应当对乙造成的死亡结果承担责任。在此意义上,乙的行为只是实现了甲参与共谋行为产生的危险,与甲的行为具有客观上的共同性。依此,甲、乙共谋行为与乙的杀人行为属于甲、乙共同行为意思支配下的共同行为,成立共同犯罪。该共同行为触犯了故意杀人罪,因此构成故意杀人罪的共犯,且具备既遂形态。

第八节　共同犯罪中的结果归责

1. 甲、乙共谋伤害丙,进而共同对丙实施伤害行为,导致丙身受一处重伤,但不能查明该重伤由谁的行为引起。对此,下列哪些说法是错误的?(2002 - 2 - 32)

    A. 由于证据不足,甲、乙均无罪

    B. 由于证据不足,甲、乙成立故意伤害(轻伤)罪的共犯,但都不对丙的重伤负责

    C. 由于证据不足,认定甲、乙成立过失致人重伤罪较为合适

    D. 甲、乙成立故意伤害(重伤)罪的共犯

答案(　　)②

【考点】 共同犯罪中的因果归责

【解析】 共同犯罪理论的重要功能是解决共犯各自行为与危害结果之间的因果关系问题,通常采取的规则是"部分行为全部责任"(在共同行为意思以内)。在刑事诉讼中,公诉方仅需证明行为人之间具有共同犯罪关系,那么各个行为人便应对危害结果承担责任。尽管各个行为人行为究竟如何导致危害结果发生的未必有证据加以说明,也不妨碍危害结果归责于所有共同犯罪人。据此,甲、乙在故意伤害罪范围内具有共谋行为和共同实行行为,当然存在共犯关系。虽然究竟是谁引起了被害人的重伤缺之必要的证明,但是并不妨碍将重伤结果归责于两人。现有证据已经证明两人的共犯关系,不存在证据不足的问题。因此,ABC 均错误。

2. 甲乙共谋教训其共同的仇人丙。由于乙对丙有夺妻之恨,暗藏杀丙之心,但未将此意告诉甲。某日,甲、乙二人共同去丙处。为确保万无一失,甲、乙以入室盗窃为由邀请不知情的丁在楼下望风。进入丙的房间后,甲、乙同时对丙拳打脚踢,致丙受伤死亡。甲、乙二人旋即逃离现场。在逃离现场前甲在乙不知情的情况下从丙家的箱子里拿走人民币 5 万元。出门后,甲背着乙向丁谎称从丙家窃取现

金3万元,分给丁1万元,然后一起潜逃。潜逃期间,甲窃得一张信用卡,向乙谎称该卡是从街上捡的,让乙到银行柜台取出了信用卡中的3万元现金。犯罪所得财物挥霍一空后,丁因生活无着,向公安机关投案,交代了自己和甲共同盗窃的事实,但隐瞒了事后知道的甲、乙致丙死亡的事实。

对于甲从丙家的箱子里拿走人民币5万元,丁望风并分得赃物这一情节,下列何种判断是正确的?(2006 - 2 - 98)

    A. 对甲应定抢劫罪、对丁应定盗窃罪

    B. 对甲、丁的行为应定盗窃罪

    C. 甲、丁都应对5万元承担刑事责任

    D. 甲对5万元承担刑事责任,丁只对3万元承担刑事责任

📇 **答案(   )①**

📁 **【考点】** 共同犯罪中的结果归责

📖 **【解析】** 甲虽然一开始只是骗丁自己实施盗窃行为,但是在实行阶段,除了完成故意伤害行为之外,还临时起意实施了盗窃5万元的行为。如上题解析所述,甲、乙和丁尽管主观犯意不同,但是就望风行为与入室犯罪而言具有共同的行为意思,因此成立甲、乙与丁两方的共犯(就盗窃行为而言,甲、乙之间缺乏共同行为的意思,因此不成立共犯)。既然如此,根据部分行为全部责任的原理,丁当然需要对甲、乙行为制造的不法承担责任。甲客观上不仅与乙共同制造了故意伤害罪的不法,还单独制造了盗窃罪(5万元)的不法,丁均需对其负责。但是,在责任层面,丁仅具有盗窃故意,因此,丁最终只能认定为盗窃罪既遂,需要对5万元损失承担责任。注意,根据部分行为全部责任的原理,丁需要对甲造成的5万元损失承担责任,而不是仅限于丁分得的1万元。

3. 关于共同犯罪的说法,下列选项正确的是:(2008 川 - 2 - 91)

    A. 甲一开始被恐怖组织胁迫参加犯罪,但在着手实行后,其非常积极,成为主要的实行人之一,甲在共同犯罪中可以成为主犯

    B. 乙是共同贪污犯罪中的实行犯,但其可能不是主犯

    C. 丙为勒索财物绑架王某,在控制人质之后,丙将真相告诉好友高某,并委托高某去找王某的父母要钱,高同意并实施了勒索行为。丙成立绑架罪,高某成立敲诈勒索罪

    D. 丁与成某经共谋后,共同伤害被害人汪某,丁的木棒击中了汪某的腹部,成某的短刀刺中了汪某的肺部,汪某因为成某的致命伤害在送到医院10小时后死亡。丁需要对死亡结果负责

📇 **答案(   )②**

📁 **【考点】** 主犯;承继的共犯;共同犯罪中的结果归责

📖 **【解析】** A正确,主犯是指在共同犯罪中起主要作用的行为人。甲一开始被胁迫参加恐怖组织,该行为构成参加恐怖活动组织罪的单独犯罪。之后,甲在着手实施恐怖活动犯罪后,行为非常积极,成为主要实行人。就恐怖活动犯罪本身而言,实行犯原本就发挥重要作用,主要实行人则发挥更为重要的作用,相对于其他共犯人,应认定为发挥主要作用,可能成立主犯。注意,被胁迫参加恐怖组织与之后具体事实恐怖活动,是两种不同的犯罪,甲被胁迫实施第一种犯罪,并不影响其在第二种犯罪中发挥主要作用。B正确,乙是共同贪污罪中的实行犯,通常都会构成主犯,但是也有可能与其他实行犯比较发挥次要作用,因而仍然可能成立从犯。C错误,丙实施了绑架和拘禁人质的行为,并教唆高某实施勒索财物。就绑架人质的部分,因为只有丙单独犯罪,且高某参与犯罪时,王某的自由已经被丙的绑

架行为剥夺,因此,高某对绑架行为及造成的结果不承担责任。就拘禁人质的部分而言,高某参与犯罪之前的拘禁行为及危害结果,只有丙单独犯罪,高某对此不承担责任。但是非法拘禁行为属于持续犯,高某在参与犯罪之后,丙的非法拘禁行为仍然在继续。这一部分拘禁行为及后续的勒索财物行为只是进一步实现了丙绑架人质所制造的危险,具有行为的共同性。同时,高某参与犯罪后,对后一部分拘禁行为和勒索财物行为,与丙形成了共同的行为意思,成立行为共同说意义上的共犯。据此,根据部分行为(共同行为意思以内的部分行为)全部责任的原理,高某应当对丙继续拘禁行为人承担责任,丙也需要对高某勒索财物承担责任。就涉及的罪名而言,丙绑架王某,并教唆高某帮助自己向被害人勒索财物,丙的行为从一开始制造的就是绑架罪的危险,成立绑架罪。高某接受教唆,并利用丙绑架的人质向被害人勒索财物,属于实现丙制造绑架罪危险的行为,也应认定为绑架罪。丙与高某的罪名完全能够重合,成立绑架罪的共同犯罪。D正确,丁与成某具有共谋行为,并且以共同的行为意思实施了共同实行行为,无疑具有共犯关系。根据部分行为全部责任的原理,虽然丁的伤害行为并不致命,但仍然需要对死亡结果承担责任。

【难点】行为共同说意义上的共犯是指多因一果的诸行为之间具有客观上的共同性,且受共同行为意思支配,所形成的行为整体。行为共同是指从因果关系角度观察,前后相继的行为之间具有危险实现关系或同时存在的诸行为之间具有补充或叠加关系。

4. 甲和女友乙在网吧上网时,捡到一张背后写有密码的银行卡。甲持卡去ATM机取款,前两次取出5000元。在准备再次取款时,乙走过来说:"注意,别出事",甲答:"马上就好。"甲又分两次取出6000元,并将该6000元递给乙。乙接过钱后站了一会儿说:"我走了,小心点。"甲接着又取出7000元。关于本案,下列哪些选项是正确的?(2015-2-57)

A. 甲拾得他人银行卡并在ATM机上使用,根据司法解释,成立信用卡诈骗罪
B. 对甲前两次取出5000元的行为,乙不负刑事责任
C. 乙接过甲取出的6000元,构成掩饰、隐瞒犯罪所得罪
D. 乙虽未持银行卡取款,也构成犯罪,犯罪数额是1.3万元

答案( )①

【考点】共犯与结果归责

【解析】捡拾信用卡并使用的,根据最高人民检察院的司法解释,成立信用卡诈骗罪。甲取5000元,乙并未参与,因此不应承担刑事责任。甲、乙在5000元取出后,具有共犯关系。乙单纯接受6000元的行为不能认为具有掩饰隐瞒犯罪所得的性质。乙参与到取6000元和7000元现金的行为之中,发挥了心理强化作用,与1.3万元损失之间具有心理上的因果关系,与甲成立共犯。

5. 甲、乙、丙共同故意伤害丁,丁死亡。经查明,甲、乙都使用铁棒,丙未使用任何凶器;尸体上除一处致命伤外,再无其他伤害;可以肯定致命伤不是丙造成的,但不能确定是甲造成还是乙造成的。关于本案,下列哪一选项是正确的?(2016-2-7)

A 因致命伤不是丙造成的,尸体上也没有其他伤害,故丙不成立故意伤害罪
B 对甲与乙虽能认定为故意伤害罪,但不能认定为故意伤害(致死)罪
C 甲、乙成立故意伤害(致死)罪,丙成立故意伤害罪但不属于伤害致死
D 认定甲、乙、丙均成立故意伤害(致死)罪,与存疑时有利于被告的原则并不矛盾

答案( )②

【考点】共犯与结果归责

【解析】甲、乙、丙三人以共同故意伤害丁,显然形成了共犯,且致人死亡。按照部分行为全部责任的原理,三人均成立故意伤害罪致人死亡。据此,A、B、C均错误。存疑有利于被告原则,是指在事实不明的情况下,对案件事实的归纳应作出有利于被告人认定。本案中,由于三人属于共犯,对故意伤害罪致人死亡而言,只要证明三人共同导致被害人死亡即可,据此,就成立故意伤害罪(致死)而言,本案并不存在"不明的事实",无须进行认定。

第九节 狭义共犯的正犯化

1. 下列帮助、教唆行为中,能独立构成犯罪,不按共犯处理的有哪些?(2003 - 2 - 37)

A. 协助他人实施组织卖淫犯罪

B. 煽动他人颠覆国家政权

C. 有查禁犯罪活动职责的国家机关工作人员,向犯罪分子通风报信、提供便利,帮助犯罪分子逃避处罚

D. 帮助当事人毁灭、伪造证据,情节严重

 答案( )①

【考点】狭义共犯的正犯化

【解析】教唆、帮助等狭义共犯的可罚性原本从属于正犯,但是刑法为了重点打击某些教唆、帮助行为,有可能将其正犯化,进行单独定罪量刑。此时,应成立法条竞合关系,按照特别法进行处理,即认定为单独犯罪所触犯的罪名,而不是作为教唆犯与帮助犯所涉及的共同犯罪罪名。根据《刑法》第358条第3款的规定,A项中的行为成立协助组织卖淫罪;根据《刑法》第103条第2款的规定,B项中的行为成立煽动颠覆国家政权罪;根据《刑法》第417条的规定,C项中的行为成立帮助犯罪分子逃避处罚罪;根据《刑法》第307条第2款的规定,D项中的行为成立帮助毁灭、伪造证据罪。

2. 关于共犯,下列哪一选项是正确的?(2007 - 2 - 3)

A. 为他人组织卖淫提供帮助的,以组织卖淫罪的帮助犯论处

B. 以出卖为目的,为拐卖妇女的犯罪分子接送、中转被拐卖的妇女的,以拐卖妇女罪的帮助犯论处

C. 应走私罪犯的要求,为其提供资金、账号的,以走私罪的共犯论处

D. 为他人偷越国(边)境提供伪造的护照的,以偷越国(边)境罪的共犯论处

答案( )②

【考点】狭义共犯的正犯化

【解析】A错误,为他人组织卖淫提供帮助的,理论上构成组织卖淫罪的帮助犯,但刑法将其正犯化,为其单独规定了协助组织卖淫罪。这种情形应按照法条竞合处理,认定为协助组织卖淫罪。B错误,《刑法》第240条第2款规定:"拐卖妇女、儿童是指以出卖为目的,有拐骗、绑架、收买、贩卖、接送、中转妇女、儿童的行为之一的。"由此可知,接送、中转等行为是拐卖妇女、儿童罪的实行行为,而非帮助行为,据此,上述行为应认定为拐卖妇女儿童罪的正犯。C正确,《刑法》第156条规定:与走私罪犯通谋,为其提供贷款、资金、账号、发票、证明,或者为其提供运输、保管、邮寄或者其他方便的,以走私

罪的共犯论处。该规定也符合刑法基本原理,原本就应成立走私罪的共犯。D 错误,为他人偷越国(边)境提供伪造的护照的,成立提供伪造的出入境证件罪(正犯),同时也成偷越国(边)境罪的帮助犯。但由于仅存在一行为,且侵犯同一法益,故按照法条竞合处理,认定为提供伪造的出入境证件罪。

第十节　间接正犯

1. 甲(15 周岁)求乙(16 周岁)为其抢夺作接应,乙同意。某夜,甲抢夺被害人的手提包(内有 1 万元现金),将包扔给乙,然后吸引被害人跑开。乙害怕坐牢,将包扔在草丛中,独自离去。关于本案,下列哪一选项是错误的?(2012 - 2 - 9)

    A. 甲不满 16 周岁,不构成抢夺罪　　　　B. 甲与乙构成抢夺罪的共犯

    C. 乙不构成抢夺罪的间接正犯　　　　　D. 乙成立抢夺罪的中止犯

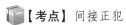 答案(　　　)①

【考点】 间接正犯

【解析】 甲教唆乙实施抢夺的帮助行为,乙接受教唆后,在甲抢到财物后,帮忙保管财物。应该说,甲、乙就抢夺行为具有共同的行为意思,也实施了相互配合的共同行为,成立行为共同说意义上的共犯。甲、乙触犯的罪名均为抢夺罪,但甲未满 16 周岁,不承担刑事责任。乙则成立抢夺罪。在犯罪共同说意义上,甲、乙不成立抢夺罪的共同犯罪。由于甲抢到包扔给了乙,并且将被害人引开,乙已经对财物形成了稳定的占有,成立抢夺罪的既遂。此外,乙没有认识上的优越性,未支配甲实施行为,因此,不成立间接正犯。

2. 关于共同犯罪,下列哪些选项是正确的?(2013 - 2 - 55)

    A. 乙因妻丙外遇而决意杀之。甲对此不知晓,出于其他原因怂恿乙杀丙。后乙杀害丙。甲不构成故意杀人罪的教唆犯

    B. 乙基于敲诈勒索的故意恐吓丙,在丙交付财物时,知情的甲中途加入帮乙取得财物。甲构成敲诈勒索罪的共犯

    C. 乙、丙在五金店门前互殴,店员甲旁观。乙边打边掏钱向甲买一羊角锤。甲递锤时对乙说"你打伤人可与我无关"。乙用该锤将丙打成重伤。卖羊角锤是甲的正常经营行为,甲不构成故意伤害罪的共犯

    D. 甲极力劝说丈夫乙(国家工作人员)接受丙的贿赂,乙坚决反对,甲自作主张接受该笔贿赂。甲构成受贿罪的间接正犯

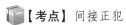 答案(　　　)②

【考点】 教唆犯;承继的共犯;中立的帮助行为;间接正犯

【解析】 A 正确,甲在教唆乙之前,乙已经产生犯意,因此甲的教唆行为与乙的着手行为及死亡结果之间不具有因果关系,不成立教唆犯。但甲的教唆行为具有强化乙犯意的效果,对乙着手犯罪具有促进作用,成立故意杀人罪的帮助犯。B 正确,恐吓行为属于持续性行为,在被害人丙交付财物时,知情的甲帮助乙取得财物,应该说此时两人在使被害人陷入恐惧并基于恐惧处分财产上具有共同的行为意思,客观上也实施了相互配合形成的共同行为,应成立敲诈勒索罪的共同犯罪。注意,敲诈勒索罪属于财产犯罪,其禁止的不是恐吓行为,而是被害人基于恐惧处分财产的行为,依此,即便甲没有参与恐吓行为,而只是利用恐吓行为产生的恐惧心理实施犯罪,也完全符合敲诈勒索罪的构成要件。C 错误,甲明知乙买羊角锤是为

---

①参考答案 D　②参考答案 AB

了伤害丙,尽管其主观上不希望自己卖锤子的行为与乙的打人行为产生关联,但客观上只要甲将羊角锤给乙,就不可避免地对乙的伤害行为产生促进作用。在此意义上,甲与乙在用羊角锤伤人上具有共同的行为意思(消极的希望),客观上也实施了帮助行为与实行行为相互配合的共同行为,成立共同犯罪。两人涉及的罪名均是故意伤害罪,因此在故意伤害罪范围内成立共同犯罪。乙为正犯,甲为帮助犯。D错误,间接正犯要求行为人具有优越的认识,能够通过直接正犯间接支配构成要件的实现。本案中,甲极力劝说丈夫受贿,但乙坚决反对,乙完全不受甲的支配,因此不可能构成受贿罪的间接正犯。就甲的教唆行为而言,由于乙未接受教唆,成立教唆犯的未遂。根据共犯的从属性原理,乙坚决反对受贿,既没有因为甲的教唆实施受贿预备行为,更没有实施受贿的实行行为,因此,甲的教唆行为不可能引起法益侵害,应当认为无罪(但根据司法考试教材观点,这种情形不适用共犯的从属性说,而是例外地适用共犯的独立性说,即甲的教唆行为本身就值得刑罚处罚,但考虑到不可能通过正犯造成危害结果,所以按照受贿罪从轻或减轻处罚)。就甲擅自收受贿赂而言,该行为成立利用影响力受贿罪。甲与乙完全没有共同的行为意思,不成立共犯。

【难点】 所谓中立的帮助行为实际上只是一个虚无的概念,因为凡是产生实质帮助作用的帮助行为才可能成立帮助行为,但一旦具有实质的帮助作用,那么就不可能中立。人们之所以将这类行为称为中立的帮助行为,是因为这类行为表面上或者说抽象意义上具有日常性,因而貌似中立,但具体到个案情形,实质上是不可能中立的。

第十一节　教唆犯

1. 根据《刑法》规定,关于教唆犯的表述,下列哪一选项是正确的?（2008川-2-7）

A. 教唆未成年人贩卖毒品的,成立贩卖毒品罪,应当从重处罚

B. 教唆犯都是主犯

C. 教唆他人吸食、注射毒品的,成立引诱他人吸毒罪的教唆犯

D. 传授犯罪方法的行为,一律不成立教唆犯

 答案(　　)①

【考点】 教唆犯

【解析】 A正确,未成年人对贩卖毒品行为应承担刑事责任,教唆未成年人贩卖毒品,当然构成贩卖毒品罪的教唆犯。根据《刑法》关于教唆犯的处罚规定,教唆未成年人犯罪,应当从重处罚。B错误,教唆犯应根据其发挥的作用认定为主犯或从犯,教唆行为未必发挥主要作用。C错误,他人吸食、注射毒品的行为不成立罪,教唆他人吸食、注射毒品的,不可能成立教唆犯。根据《刑法》规定,该行为可直接认定为引诱他人吸毒罪。D错误,传授犯罪方法本身构成犯罪,但是并不妨碍教唆犯以传授犯罪方法的方式进行教唆。此时,行为人既是所教唆之罪的教唆犯,同时也竞合了传授犯罪方法罪。

2. 关于实行犯的说法,下列哪一选项是正确的?（2008川-2-8）

A. 按照我国《刑法》总则的规定,有的教唆犯也是实行犯

B. 在共同犯罪中,实行犯就是在犯罪中起主要作用的犯罪分子

C. 在对简单共同犯罪中的各实行犯进行处罚时,要遵循"部分实行全部责任"的原则

D. 间接正犯是共同犯罪中的一种特殊类型的实行犯

 答案(　　)②

【考点】教唆犯;实行犯;实行犯的处罚原则;间接正犯

【解析】A错误,教唆行为与实行行为是并列的关系,教唆犯不是实行犯。B错误,实行犯根据其发挥的作用可认定为主犯或从犯,只有主犯才是发挥主要作用的行为人。C正确,共犯是一种客观归责类型或因果关系类型,其基本原则是部分行为全部责任(在共同的行为意思以内)。具体到实行犯的场合,实行犯的处罚需要遵循部分实行全部责任的原则。D错误,间接正犯是相对于直接正犯而言的,间接正犯是对正犯的分类,并非一定与共同犯罪对应。在单独犯罪的场合,同样存在间接正犯。

3. 关于教唆犯,下列哪一选项是正确的?(2009-2-6)

A. 甲唆使不满16周岁的乙强奸妇女丙,但乙只是抢夺了丙的财物一万元后即离开现场,甲应成立强奸罪、抢夺罪的教唆犯

B. 教唆犯不可能是实行犯,但可能是帮助犯

C. 教唆他人吸食、注射毒品的,成立吸食、注射毒品罪的教唆犯

D. 有的教唆犯是主犯,但所有的帮助犯都是从犯

答案( )①

【考点】教唆犯

【解析】A错误,甲教唆强奸,但行为人实施了抢夺,该行为属于教唆未遂,成立强奸罪的未遂。但就抢夺行为而言,甲乙并不具有共同的行为意思与行为,不成立抢夺罪的教唆犯。此外,不满16周岁的乙,对强奸罪承担责任,但对抢夺罪不承担责任。依此,甲更不会成立抢夺罪的教唆犯。B错误,教唆犯既不可能是实行犯,也不可能是帮助犯。教唆行为不同于实行行为,教唆行为比心理上的帮助行为更为严重,不能将其简单地评价为帮助行为。C错误,他人吸食、注射毒品的行为不成立犯罪,教唆他人吸食、注射毒品的,不可能成立教唆犯。根据刑法规定,该行为可直接认定为引诱他人吸毒罪。D正确,在共犯中发挥主要作用的教唆犯是主犯,发挥次要作用的是从犯。帮助犯均是在共同犯罪中发挥帮助作用的行为人,帮助作用并非主要作用,应认定为从犯。注意,如果帮助行为能够达到支配共同行为实现构成要件的程度,那么就直接认定为正犯,而不是帮助犯。例如,共谋行为可能成立正犯。

4.《刑法》第29条第1款规定:"教唆他人犯罪的,应当按照他在共同犯罪中所起的作用处罚。教唆不满十八周岁的人犯罪的,应当从重处罚。"对于本规定的理解,下列哪一选项是错误的?(2013-2-9)

A. 无论是被教唆人接受教唆实施了犯罪,还是二人以上共同故意教唆他人犯罪,都能适用该款前段的规定

B. 该款规定意味着教唆犯也可能是从犯

C. 唆使不满14周岁的人犯罪因而属于间接正犯的情形时,也应适用该款后段的规定

D. 该款中的"犯罪"并无限定,既包括一般犯罪,也包括特殊身份的犯罪,既包括故意犯罪,也包括过失犯罪

答案( )②

【考点】教唆犯的处罚

【解析】A正确,被教唆人接受教唆实施犯罪,教唆人与被教唆人构成共同犯罪,教唆犯应当按照在共同犯罪中的作用处罚;教唆人为两人以上共同教唆时,仍然构成共同犯罪,对于教唆犯自然也要按照在共同犯罪中的作用处罚。B正确,教唆犯应当按照他在共同犯罪中所起的作用处罚,这说明

教唆行为未必一定发挥主要作用,因而也可能成立从犯。C 正确,教唆不满 14 周岁的人犯罪当然符合"教唆不满十八周岁的人犯罪"的要求,即便成立间接正犯,也没有理由排除该条规定的适用。实际上,教唆未满 14 周岁的人犯罪,不法程度比教唆未成年人更高,因而适用该规定也完全符合刑法原理。注意,间接正犯与教唆犯并不是对立的关系,如果教唆行为形成了教唆人的优越认识,并且能够据此支配被教唆人实施犯罪的,当然成立间接正犯。不能认为教唆行为只可能成立教唆犯。应该说,在对共同犯罪的影响力程度上,间接正犯比教唆犯更高,已经达到支配程度,而教唆犯仅制造了犯意,未达到支配程度,两者实际上是层深的关系,并非对立的并列关系。D 错误,根据《刑法》规定,我国刑法中的共犯仅限于故意犯罪,教唆他人实施过失犯罪并非不可能(教唆过失犯不可能,但教唆过于自信过失犯罪是可能的),但不符合实定法规定。既然本题考查的是实定法的解释,那么就应否定教唆过失犯的情形。

第十二节 帮助犯

甲欲去乙的别墅盗窃,担心乙别墅结构复杂难以找到贵重财物,就请熟悉乙家的丙为其标图。甲入室后未使用丙提供的图纸就找到乙价值 100 万元的珠宝,即携珠宝逃离现场。关于本案,下列哪些说法是正确的?(2009 – 2 – 51)

A. 甲构成盗窃罪,入户盗窃是法定的从重处罚情节

B. 丙不构成犯罪,因为客观上没能为甲提供实质的帮助

C. 即便甲未使用丙提供的图纸,丙也构成盗窃罪的共犯

D. 甲、丙构成盗窃罪的共犯,甲是主犯,丙是帮助犯

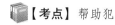 答案( )①

【考点】 帮助犯

【解析】 甲担心自己盗窃时找不到贵重财物,于是请丙为其标图。丙的标图行为无疑对促进甲着手盗窃具有实质的心理帮助作用。但着手实行犯罪后,甲未使用标图便找到珠宝。这说明在结果发生阶段,丙的帮助行为并未发挥预期的作用。尽管如此,不能因为丙行为未能在实害结果的发生中发挥预期的实质作用而否定其对着手行为和实行行为整体具有心理上的促进作用。在此意义上,丙的标图行为对甲实行犯罪具有实质的帮助作用,构成盗窃罪的帮助犯(心理帮助),成立犯罪既遂。注意,A 错误,入户盗窃是盗窃罪的构成要件行为,并非构成要件之外的从重处罚情节。

第十三节 承继共同犯罪

1. 周某为抢劫财物在某昏暗场所将王某打昏。周某的朋友高某正好经过此地,高某得知真相后应周某的要求提供照明,使周某顺利地将王某钱包拿走。关于本案,下列哪些选项是正确的?(2007 – 2 – 53)

A. 高某与周某构成抢劫罪的共同犯罪　　B. 周某构成抢劫罪,高某构成盗窃罪,属于共同犯罪

C. 周某是共同犯罪中的主犯　　D. 高某是共同犯罪中的从犯

 答案( )②

【考点】 承继的共犯

【解析】 周某一开始实施的暴力行为,高某并未参与,只能由周某自己负责。但是,高某在被害人

---

①参考答案 CD　②参考答案 ACD

昏迷后参与到犯罪中时,两人对利用被害人反抗被压制的状态取得财物具有共同的行为意思,客观上也实施了相互配合违背被害人意志取得财物的共同行为,成立行为共同说意义上的共犯。周某的行为成立抢劫罪,高某的行为也应成立抢劫罪,两者在抢劫罪范围内成立共犯。注意,之所以说高某也成立抢劫罪,是因为抢劫罪并非两个行为的机械结合,而是一个有机的行为整体,是一行为,而非多行为。周某从一开始实施的行为便具有抢劫性质,制造了抢劫罪侵害法益的危险。高某在了解到真相后的参与行为只是实现了周某制造的抢劫罪侵害法益的危险,因而具有行为的共同性。换言之,尽管高某未实施压制反抗的行为,但"与周某结成共犯关系,利用周某压制被害人反抗之后的状态取得财物的行为",与"事先与周某通谋,利用周某暴力行为取得财物的行为",在客观上具有相当性,因而也具有抢劫罪的属性。此处需要注意,不能把抢劫理解为"暴力、胁迫或其他行为"与"违背被害人意志取得财物(盗窃)"的结合体,而应将其理解为一个整体的行为。此外,本题CD选项正确,显然周某发挥主要作用,而高某仅发挥了辅助作用。

2. 甲手持匕首寻找抢劫目标……见到丁后便实施暴力,用匕首将其刺成重伤,使之丧失反抗能力,此时甲的朋友乙驾车正好经过此地,见状后下车和甲一起取走丁的财物(约2万元),然后逃跑,丁因伤势过重不治身亡。

关于乙与甲一起取走丁的财物的行为,下列选项正确的是:(2008-2-94)

A. 乙与甲成立抢劫罪的共同犯罪

B. 甲的行为构成抢劫罪,乙的行为属于抢夺罪,两者在抢夺罪这一重合犯罪之内成立共同犯罪,即成立抢夺罪的共同犯罪

C. 乙既不对丁的重伤承担刑事责任,也不对丁的死亡承担刑事责任

D. 乙不对丁的死亡承担刑事责任,但应对丁的重伤承担刑事责任

答案( )①

【考点】承继的共犯

【解析】甲在乙参与犯罪之前已经实施了足以压制被害人反抗的暴力行为。乙经过此地,参与实行了甲的取财行为。应该说,甲、乙对利用被害人失去反抗能力取得财物具有共同行为的意思,并共同实施了取财行为,成立行为共同说意义上的共犯。甲触犯的罪名是抢劫罪,且只有一个整体行为,乙参与到甲的行为之中,也应认定为抢劫行为。之所以如此,是因为乙在了解真相后的取财行为,实际上只是实现了甲制造的抢劫罪侵害法益的危险,当然具有抢劫性质。或者说,乙在事后了解真相后的取财行为与"事先通谋且乙只参与取财行为的抢劫共犯行为"具有相当性。据此,两人成立抢劫罪的共同犯罪。在乙参与之前,甲已经造成丁重伤,故乙无须对甲的重伤行为及重伤致死的结果承担责任。

第十四节 片面的共犯

关于共同犯罪的论述,下列哪一选项是正确的?(2014-2-10)

A. 无责任能力者与有责任能力者共同实施危害行为的,有责任能力者均为间接正犯

B. 持不同犯罪故意的人共同实施危害行为的,不可能成立共同犯罪

C. 在片面的对向犯中,双方都成立共同犯罪

D. 共同犯罪是指二人以上共同故意犯罪,但不能据此否认片面的共犯

答案( )②

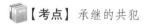

【考点】片面的共犯

【解析】A 错误，因为有无责任能力仅仅是对个人责任的判断，并不一定意味着在不法层面有责任能力者支配了无责任能力者，进而一定成立间接正犯。只要行为人具有自然意义的行为能力，就不能轻易认为行为人之间具有支配关系。例如，15 岁的少年带领 18 岁的成年人一起盗窃，18 岁的成年人仅负责望风。B 错误，按照行为共同说或部分犯罪共同说，即便主观犯意不同，也不妨碍成立特定范围的共同犯罪。例如，甲以杀害意图攻击丙，乙以伤害意图攻击丙，甲、乙相互配合，在故意伤害罪范围内成立共同犯罪。C 错误。对向犯的双方原本就未必都成立犯罪，因而也未必成立共同犯罪，即便是片面的，也是如此。例如，甲未告知乙自己已有配偶，使其与自己结婚。甲犯重婚罪，乙无罪。对于甲来说，乙是自己的共犯。

D 正确，片面共犯强调片面性的共犯，即属于共犯，但只是片面而已。无论采取行为共同说还是犯罪共同说，片面共犯同样成立。对于有意使自己的行为与对方结合而制造危害结果的行为人而言，被结合的人属于结合人的共犯，但反之不成立。

【难点】本题考查间接正犯与责任能力的关系、行为共同说与部分犯罪共同说、对向犯是否均成立犯罪以及片面共犯的片面性。属于综合考查共同犯罪理论难点的题目。如果采取行为共同说，比较容易理解这些关键知识点。

第十五节　共犯脱离(共犯与犯罪中止)

1. 甲与乙共谋盗窃汽车，甲将盗车所需的钥匙交给乙。但甲后来向乙表明放弃犯罪之意，让乙还回钥匙。乙对甲说："你等几分钟，我用你的钥匙配制一把钥匙后再还给你。"甲要回了自己原来提供的钥匙。后乙利用自己配制的钥匙盗窃了汽车(价值 5 万元)。关于本案，下列哪一选项是正确的? (2008 - 2 - 19)

A. 甲的行为属于盗窃中止　　　　　B. 甲的行为属于盗窃预备
C. 甲的行为属于盗窃未遂　　　　　D. 甲与乙构成盗窃罪(既遂)的共犯

答案(　　　　)①

【考点】共犯脱离

【解析】甲、乙共谋盗窃汽车，共谋行为对实行犯罪具有心理上的帮助作用。甲还将所需的钥匙给乙，该钥匙对实行犯罪具有心理上的帮助作用，也具有预期的物理帮助作用。在实行犯罪之前，甲放弃犯罪，向乙说明了退出意志，还要回了钥匙。这些均是有效的脱离行为，能够消除帮助行为产生的心理作用和预期的物理作用。但是，甲额外实施了出借钥匙的行为，使乙得以配制盗窃所需的钥匙，该行为属于新的帮助行为，对乙实施犯罪产生了新的心理帮助作用和预期的物理帮助作用。该行为与乙的盗窃既遂行为具有彼此实现和叠加关系，具有行为共同性，成立共同犯罪。共同行为触犯盗窃罪，故成立盗窃罪的共同犯罪。既然乙窃得财物，那么共同犯罪应成立盗窃罪既遂。

2. 关于共同犯罪的判断，下列哪些选项是正确的? (2011 - 2 - 55)

A. 甲教唆赵某入户抢劫，但赵某接受教唆后实施拦路抢劫。甲是抢劫罪的共犯
B. 乙为吴某入户盗窃望风，但吴某入户后实施抢劫行为。乙是盗窃罪的共犯
C. 丙以为钱某要杀害他人为其提供了杀人凶器，但钱某仅欲伤害他人而使用了丙提供的凶器。

---

① 参考答案 D

丙对钱某造成的伤害结果不承担责任

D. 丁知道孙某想偷车,便将盗车钥匙给孙某,后又在孙某盗车前要回钥匙,但孙某用其他方法盗窃了轿车。丁对孙某的盗车结果不承担责任

📖 **答案(　　　)①**

📕 **【考点】** 共犯的脱离

📝 **【解析】** A正确,甲教唆入户抢劫,乙实施了拦路抢劫,虽然两人在抢劫的情节上有所不同,但对于一般意义上的侵财犯罪两人具有共同的行为意思,成立共犯。就涉及的罪名而言,甲成立抢劫罪基本犯的既遂(入户情节未遂),乙成立一般的抢劫罪。两人的罪名在一般抢劫罪范围内重合,即所教唆之罪与实行之罪在一般抢劫罪范围内达成合致,成立一般抢劫罪的共同犯罪。B正确,乙为吴某盗窃行为望风,吴某却实施了入户抢劫,两人在望风与入户犯罪上具有共同的行为意思,成立共犯。就涉及的罪名而言,乙成立盗窃罪既遂的帮助犯,吴某成立抢劫罪既遂(入户的情节加重犯),两罪名在盗窃罪(既遂)范围内重合。故,乙成立盗窃罪的帮助犯。吴某成立盗窃罪的正犯,同时竞合了抢劫罪的既遂(入户),最终应认定为抢劫罪既遂。C错误,丙与钱某在提供凶器和使用凶器侵害他人上具有共同的行为目标和协同意思,客观上也实施了相互配合的共同行为,成立共犯。在不法层面,根据部分行为全部责任的原理,丙当然需要对重伤结果承担责任。在责任层面,丙的杀人故意包含着对自己行为造成伤害结果的容认,因而具有伤害故意。综上,丙当然需要对伤害结果承担责任,应认定为故意杀人罪未遂(仅造成伤害结果)。D正确,丁将钥匙借给孙某,该行为对危害结果的发生既有心理帮助作用,也有物理帮助作用。但是,在孙某着手犯罪之前,丁将钥匙要回,这样一来,之前出借行为可能产生的心理帮助和物理帮助便会丧失。换言之,丁消除了自己行为对危险结果和实害结果可能产生的心理或物理上的原因力,使自己不仅从实害犯中脱离,也使自己从危险犯中脱离。

第十六节　共同犯罪与错误论

1. 甲、乙共谋杀害在博物馆工作的丙,两人潜入博物馆同时向丙各开一枪,甲击中丙身边的国家重点保护的珍贵文物,造成文物毁损的严重后果;乙未击中任何对象。关于甲、乙的行为,下列哪一选项是正确的?(2004 - 2 - 18)

A. 甲成立故意毁损文物罪,因为毁损文物的结果是甲故意开枪的行为造成的

B. 甲、乙成立故意杀人罪的共犯

C. 对甲应以故意杀人罪和过失损毁文物罪实行数罪并罚

D. 甲的行为属于一行为触犯数罪名,成立牵连犯

📖 **答案(　　　)②**

📕 **【考点】** 共犯与对象错误;毁坏文物犯罪;罪数

📝 **【解析】** 甲、乙共谋杀丙,且同时开枪,具有共同的行为意思和行为,成立行为共同说意义上的共同犯罪。至于涉及的罪名,我们应分别检视,并根据部分犯罪共同说确定重合的罪名。首先,甲构成故意杀人罪未遂。甲未打中人,但打中了文物。由于文物和人涉及不同的犯罪构成要件,因而存在抽象的对象错误。应该说,甲的开枪行为虽然是故意为之,但这里的故意只是对开枪行为的故意,而对毁坏文物的结果,甲并不具故意。因被害人与文物处于同一场所,在博物馆开枪导致文物毁坏在客观上具有预见可能

性,因此甲具有过失。因此,甲应成立故意杀人罪的未遂与过失毁坏文物行为的想象竞合。但毁坏文物犯罪仅处罚故意犯,不处罚过失犯,因此甲毁坏文物行为并不成立犯罪。甲只有一个行为,也仅触犯一个罪名——故意杀人罪(未遂),不存在牵连犯问题。其次,乙开枪射击未打中任何对象,该行为制造了死亡的现实危险,应成立故意杀人罪未遂。最后,甲、乙在故意杀人罪未遂范围内成立共同犯罪。

2. 雷某为购买正式书号用于出版淫秽录像带,找某音像出版社负责人任某帮忙。雷向任谎称自己想制作商业宣传片,需要一个书号,并提出付给出版社 **1** 万元"书号费"。任某同意,但要求雷给自己 **2** 万元好处费,雷某声称盈利后会考虑。任某随后指示有关部门立即办理。雷某拿到该书号出版了淫秽录像带,发行数量极大、影响极坏。雷牟利后给任某 **2** 万元好处费,任某收下。关于本案,下列哪些说法是错误的? (2004 - 2 - 60)

A. 雷某与任某的行为构成为他人提供书号出版淫秽书刊罪的共犯
B. 雷某的行为构成传播淫秽物品罪,任某的行为构成为他人提供书号出版淫秽书刊罪
C. 雷某的行为构成出版淫秽物品牟利罪,任某的行为构成出版淫秽物品牟利罪的共犯
D. 雷某与任某的行为构成非法经营罪的共犯

答案(　　　)①

【考点】 行为性质错误与共犯

【解析】 雷某为了牟取利益而出版淫秽物品,成立出版淫秽物品牟利罪。为了得到出版机会,雷某骗任某制作商业宣传片,通过承诺好处费的方式,使任某提供了书号。任某主观上认识的事实是合法行为,但客观上发生的是犯罪事实,存在行为性质的认识错误。该认识错误使任某没有认识到自己的行为满足了出版淫秽物品牟利罪的构成要件,阻却该罪故意成立。但是,任某客观上确实实施了提供书号的行为,由于精神懈怠,对淫秽物品的出版具有过失,成立为他人提供书号出版淫秽书刊罪。雷某是故意犯罪,任某是过失犯罪,两人之间存在雷某故意制造的认识错误,该错误使两人缺乏共同行为的意思,因此不成立共犯,应分别定罪量刑。据此,A 错误,雷某对出版淫秽物品具有故意,任某则仅具有过失,两者不可能成立共犯。B 错误,雷某具有牟利目的,不可能成立传播淫秽物品罪(该罪不能有牟利目的)。C 错误,任某被雷某欺骗,与其缺乏共同行为的意思,不成立共犯。D 错误,根据司法解释,雷某的行为不能认定为一般意义上的非法经营罪,而只能认定为出版淫秽物品牟利罪。

3. 甲雇凶手乙杀丙,言明不要造成其他后果。乙几次杀丙均未成功,后来采取爆炸方法,对丙的住宅(周边没有其他人与物)进行爆炸,结果将丙的妻子丁炸死,但丙安然无恙。关于本案,下列哪些说法是错误的? (2008 - 2 - 55)

A. 甲与乙构成共同犯罪
B. 甲成立故意杀人罪(未遂)
C. 乙对丙成立故意杀人未遂,对丁成立过失致人死亡罪
D. 乙对丙成立爆炸罪,对丁成立过失致人死亡罪

答案(　　　)②

【考点】 打击误差(方法错误)与共犯

【解析】 甲和乙行为目标一致(杀死丙),且具有协同意思(甲出钱,乙出力),具有共同的行为意思。甲的雇凶行为和乙的杀人行为构成相互配合的共同行为。根据行为共同说,甲、乙成立共同犯罪。根据犯罪共同说,需要确定甲和乙两人各自的罪名,然后看是否具有重合关系。首先,甲成立故意

---

①参考答案 ABCD　②参考答案 BCD

杀人罪既遂。甲雇凶杀人,尽管明确指明只能杀死丙,不能造成其他后果,但是杀手乙杀死了丁。对于甲来说,原本想杀丙,但由于乙方法不当,导致丁死亡,该种情况属于打击误差。根据法定符合说,对丁的死亡结果,甲原本意欲杀丙,因此主观上已经认识到自己的行为会发生丙的死亡结果,但实际上发生的是丁的死亡结果,两种结果虽有现象上的不同,但在法律上丙和丁在生命法益上具有等价性,均属于他人的死亡结果,因此甲仍然对实现故意杀人罪构成要件的具有容认,成立故意杀人罪既遂。其次,乙成立故意杀人罪既遂。乙通过实施爆炸行为,意图杀死住宅内的丙,却炸死了丙的妻子丁,这种情形属于对象错误。就丁的死亡结果,乙所追求的丙的死与实际造成的丁的死,虽然现象有别,但就故意杀人罪保护的生命法益而言两者之间具有等价性,所以并不阻却故意成立。乙成立故意杀人罪既遂。此外,乙的行为虽然属于爆炸行为,但该行为没有侵犯公共安全,因为丙住宅周遭并没有他人和物,不构成爆炸罪。最后,甲和乙所涉及的罪名相同,因而成立故意杀人罪(既遂)的共犯。

4. 甲、乙、丙共谋要"狠狠教训一下"他们共同的仇人丁。到丁家后,甲在门外望风,乙、丙进屋打丁。但当时只有丁的好友田某在家,乙、丙误把体貌特征和丁极为相似的田某当作丁进行殴打,遭到田某强烈抵抗和辱骂,二人分别举起板凳和花瓶向田某头部猛击,将其当场打死。关于本案的处理,下列哪些判断是正确的? (2008 川 - 2 - 61)

A. 甲、乙、丙构成共同犯罪　　　B. 甲、乙、丙均成立故意杀人罪
C. 甲不需要对丁的死亡后果负责　D. 甲成立故意伤害罪

答案(　　)①

【考点】 对象错误与共犯

【解析】 甲、乙、丙三人对暴力教训丁具有共同的行为意思,并基于该意思,实施了甲的望风与乙、丙配合实行犯罪的共同行为,成立甲、乙、丙三人的共犯。该共同行为涉及的罪名是故意伤害罪(致死)。注意,乙、丙将田某误认为丁属于具体的对象错误,不影响故意成立。因此三人成立故意伤害罪(致死)的共同犯罪。据此,A、D 正确。B 错误,因为三人只是想教训丁,并没有杀害的意思。C 错误,根据部分行为全部责任原理,乙、丙造成的不法结果,甲也需要承担责任。

第十七节　共同过失犯罪

1. 甲、乙二人系某厂锅炉工。一天,甲的朋友多次打电话催其赴约,但离交班时间还有 15 分钟。甲心想,乙一直以来都是提前 15 分钟左右来接班,今天也快来了。于是,在乙到来之前,甲就离开了岗位。恰巧乙这天也有要事。乙心想,平时都是我去后甲才离开,今天迟去 15 分钟左右,甲不会有什么意见的。于是,乙过了正常交接班时间 15 分钟左右才赶到岗位。结果,由于无人看管,致使锅炉发生爆炸,损失惨重。甲、乙的行为: (2004 - 2 - 87)

A. 属共同犯罪　　　　　　　　B. 属共同过失犯罪
C. 各自构成故意犯罪　　　　　D. 应按照甲、乙所犯的罪分别处罚

答案(　　)②

【考点】 共同过失犯罪

【解析】 我国刑法规定共同犯罪是指共同故意犯罪,但在理论上仍然可能存在共同过失犯罪。当两个以上行为人对法益侵害负有共同的客观注意义务,两人均未履行该义务,最终导致法益侵害的,

成立共同过失犯罪。本题即如此,甲乙共同承担避免锅炉爆炸的保证人义务(被保证的法益具有同一性,且相互之间具有叠加关系),客观上也负有共同的注意义务,但两人能作为而不作为,违反了共同的注意义务,具有行为的共同性,成立共同过失犯罪。对于共同过失犯罪,由于行为人之间缺乏意思联系,其不法程度与单独过失犯没有区别,也不存在因果关系的难题(彼此之间的过失行为均具有异常性,但作用相当,不足以中断因果关系),因此无须按照共同犯罪处理。

2. 甲系某公司经理,乙是其司机。某日,乙开车送甲去洽谈商务,途中因违章超速行驶当场将行人丙撞死,并致行人丁重伤。乙欲送丁去医院救治,被甲阻止。甲催乙送其前去洽谈商务,并称否则会造成重大经济损失。于是,乙打电话给 120 急救站后离开肇事现场。但因时间延误,丁不治身亡。关于本案,下列哪一选项是正确的? (2006 - 2 - 11)

   A. 甲不构成犯罪,乙构成交通肇事罪

   B. 甲、乙均构成交通肇事罪

   C. 乙构成交通肇事罪和不作为的故意杀人罪,甲是不作为的故意杀人罪的共犯

   D. 甲、乙均构成故意杀人罪

📖 **答案(   )①**

📚 **【考点】** 共同过失犯罪

📖 **【解析】**《关于审理交通肇事刑事案件具体应用法律若干问题的解释》第 5 条第 2 款规定:"交通肇事后,单位主管人员、机动车辆所有人、承包人或者乘车人指使肇事人逃逸,致使被害人因得不到救助而死亡的,以交通肇事罪的共犯论处。"据此,甲、乙均构成交通肇事罪。从刑法原理分析,肇事后指使逃逸的行为人与肇事者就逃逸行为具有共同行为意思和共同行为(教唆和实行组成的整体行为),成立行为共同说意义上的共犯。甲涉及的罪名是交通肇事罪,事后逃逸致人死亡的行为与肇事行为具有类型化关联,应认为一行为。后面的逃逸行为相对于肇事行为而言,并未侵犯新的法益,成立与罚的后行为,无须单独定罪量刑,整体上仅评价为交通肇事罪即可。甲指使逃逸,参与到后面的逃逸行为,应按照整体行为的性质确定甲的行为性质。既然乙的行为属于一个整体的交通肇事行为,那么甲的指使行为也成立交通肇事行为。甲、乙触犯的罪名在交通肇事罪范围内重合,应成立交通肇事罪的共犯。但是,甲在参与前,丁已受重伤,甲无须对重伤结果承担责任。此外,乙意图救助被害人,甲将其劝止,便制造了遗弃行为的危险(如果乙原本就不打算救助被害人而决定逃逸,那么即便不知情的甲指使其逃逸的,也未制造任何法禁止的危险),并引起死亡结果。对该行为及结果,甲应当承担责任。

3. 关于共同犯罪,下列哪一选项是正确的? (2010 - 2 - 6)

   A. 甲、乙应当预见但没有预见山下有人,共同推下山上一块石头砸死丙。只有认定甲、乙成立共同过失犯罪,才能对甲、乙以过失致人死亡罪论处

   B. 甲明知乙犯故意杀人罪而为乙提供隐藏处和财物。甲、乙构成共同犯罪

   C. 交警甲故意为乙实施保险诈骗提供虚假鉴定结论。甲、乙构成共同犯罪

   D. 公安人员甲向犯罪分子乙通风报信助其逃避处罚。甲、乙成立共同犯罪

📖 **答案(   )②**

📚 **【考点】** 共同过失犯罪;无通谋的事后帮助行为

📖 **【解析】** A 错误,甲、乙共同推石头下山,说明甲和乙均存在推石下山的行为。由此,根据过失犯的检视体系,对于死亡结果,甲和乙的行为均满足过失犯的成立要件,都成立过失致人死亡罪。如果查不

---

①参考答案 B   ②参考答案 C

清究竟是甲还是乙推下的石头致人死亡,那么才能以证据不足为由否定甲和乙的过失致人死亡罪。因此,只有承认过失的共同犯罪才能认定甲、乙构成过失致人死亡罪。B错误,事前无通谋的包庇行为,由于发生在犯罪完成之后,无共同行为可言,故不可能构成所包庇之罪的共同犯罪。甲应成立包庇罪。C正确,根据刑法原理,甲为乙实施保险诈骗提供客观条件,应成立保险诈骗罪的帮助犯。根据《刑法》第198条第4款规定,保险事故的鉴定人、证明人、财产评估人故意提供虚假的证明文件,为他人诈骗提供条件的,以保险诈骗的共犯论处。D错误,根据《刑法》第417条规定,有查禁犯罪活动职责的国家机关工作人员,向犯罪分子通风报信、提供便利,帮助犯罪分子逃避处罚的,构成帮助犯罪分子逃避处罚罪。公安人员甲向犯罪分子乙通风报信助其逃避处罚,应构成该罪。从刑法原理看,犯罪分子的犯罪活动已经完成,甲事前无通谋,只是在事后帮助其逃避处罚,与所逃避之罪不可能形成共同行为,故不成立共犯。

第十八节　主犯、从犯与首要分子

1. 下列有关主犯、从犯、胁从犯的说法,哪些是错误的?（2002 - 2 - 37）

A. 胁从犯是指被胁迫、被诱骗参加犯罪的人
B. 首要分子不一定是主犯
C. 在共同犯罪中不可能只有从犯而没有主犯
D. 对于从犯,应当比照主犯从轻、减轻或者免除处罚

答案（　　　）①

【考点】 主犯;从犯;胁从犯

【解析】 A错误,胁从犯仅限于被胁迫参加犯罪的人,被诱骗参加的根据其作用具体认定为主犯或从犯。B正确,首要分子不一定是主犯,有可能成立单独犯罪。C正确,从犯是相对于主犯而言的,如果没有主犯,就无所谓从犯。D错误,从犯从轻、减轻或者免除处罚所比照的标准是共犯所对应的法定刑。从犯当然比主犯处罚轻,但不是比较主犯从宽处罚。

2. 根据我国刑法规定,下列关于首要分子的表述哪一项是正确的?（2005 - 2 - 8）

A. 首要分子只能是组织领导犯罪集团的人
B. 首要分子只能是在聚众犯罪中起组织、策划、指挥作用的犯罪分子
C. 首要分子都是主犯
D. 首要分子既可以是主犯,也可以不是主犯

答案（　　　）②

【考点】 首要分子

【解析】 首要分子既可能是聚众犯罪中的首要分子,也可能是犯罪集团的首要分子。在后者的情形,首要分子属于主犯,但在前一情形,刑法只处罚首要分子时,且首要分子只有一人,那么就会成为单独犯罪,也就谈不上主犯与从犯。

3. 四位学生在课堂上讨论共同犯罪时先后发表了以下观点,其中正确的选项是:（2008 - 2 - 91）

A. 甲:对于犯罪集团的首要分子,应当按照集团所犯的全部罪行处罚,即应当对集团成员所实施的全部犯罪承担刑事责任

B. 乙:在共同犯罪中起主要作用的是主犯,对于犯罪集团首要分子以外的主犯,应当按照其所参与的或者组织、指挥的全部犯罪处罚;对从犯的处罚应当轻于主犯,所以,对于从犯不得按照其所参与的全部犯罪处罚

①参考答案 AD　②参考答案 D

C. 丙:犯罪集团的首要分子都是主犯,但聚众犯罪的首要分子不一定是主犯,因为聚众犯罪不一定成立共同犯罪

D. 丁:一开始被犯罪集团胁迫参加犯罪,但在着手实行后,非常积极,成为主要的实行人之一,在共同犯罪中起主要作用的,应认定为主犯

答案（　　　）①

【考点】 主犯的责任范围;首要分子的责任范围

【解析】 A错误,犯罪集团所犯全部罪行并不等于集团成员个人的罪行之和,在首要分子组织领导的犯罪集团犯罪活动之外的成员个人的犯罪行为,首要分子不承担责任。换言之,只有犯罪集团成员个人所犯罪行中那些与首要分子组织、领导行为有关的部分,才是集团所犯罪行。B错误,根据主犯的处罚规定不能直接对从犯的处罚作出反对解释。根据部分行为全部责任的刑法原理,从犯当然需要对其参与的全部罪行承担责任,只是在承担责任的程度上相较于主犯较轻而已。C正确,聚众犯罪通常处罚首要分子和积极参加者,但是如果没有积极参加者,只有一般参加者,那么刑法就仅仅处罚首要分子,这时便成立单独犯罪。D正确,主犯的认定需要综合行为整体评价其作用,一开始被胁迫参加,不意味着之后的行为就不能发挥主要作用。

第十四章　单位犯罪

1. 下列有关单位犯罪的说法哪一项是错误的?（2005 - 2 - 4）

A. 信用卡诈骗罪的主体可以是单位,但贷款诈骗罪的主体只能是自然人

B. 行政机关可以成为单位犯罪的主体

C. 不具备法人资格的私营企业不能成为单位犯罪的主体

D. 经企业领导集体研究决定并实施的盗窃电力的行为,可以成立单位犯罪,但不对单位判处罚金,只处罚作出该决定的单位领导和直接实施盗窃行为的责任人员

答案（　　　）②

【考点】 单位犯罪的成立范围

【解析】 单位犯罪以法律明文规定为限,法无明文规定的,按照自然人犯罪处理。信用卡诈骗罪、贷款诈骗罪以及盗窃罪都没有规定"单位犯前款罪的",因此,这些单位如果实施相关犯罪,只能追究相关自然人的刑事责任,而不能追究单位的刑事责任。据此,AD错误。B正确,国家机关属于法律明文的单位犯罪主体。C正确,1999年6月18日《最高人民法院关于审理单位犯罪案件具体应用法律有关问题的解释》第1条规定,刑法第30条规定的公司、企业、事业单位,既包括国有、集体所有的公司、企业、事业单位,也包括依法设立的合资经营、合作经营企业和具有法人资格的独资、私营等公司、企业、事业单位。因此,不具有法人资格的独资、私营等公司、企业、事业单位就不能成为单位犯罪的主体。需要注意的是,该司法解释实际上对单位做了缩小解释,合伙企业在日常生活中属于单位,但司法解释将其排除在外。

2. 下列哪些行为不构成单位犯罪?（2005 - 2 - 52）

A. 甲、乙、丙出资设立一家有限责任公司专门从事走私犯罪活动

①参考答案 CD　②参考答案 AD

B. 甲、乙、丙出资设立的公司成立后以生产、销售伪劣产品为主要经营活动

C. 某公司董事长及总经理以公司名义印刷非法出版物,所获收入由他们二人平分

D. 某公司董事长及总经理组织职工对前来征税的税务工作人员使用暴力,拒不缴纳税款

答案(   )①

📦【考点】单位犯罪成立范围

📖【解析】根据司法解释,A正确,有限责任公司是为犯罪设立的,若认为属于单位犯罪,实际上就会使单位犯罪成为犯罪人的保护伞。民商法有所谓撕去公司面纱的原理,刑法也是如此,刑法规定单位犯罪是为了更为有效地控制犯罪,而不是为犯罪人设定开脱罪责的理由。为犯罪设立单位的行为属于典型的脱法行为。B正确,根据司法解释,这种情况实际上也是脱法行为。C正确,盗用单位名义实施犯罪,违法所得由实施犯罪的个人私分的,依照刑法有关自然人犯罪的规定定罪处罚。这种情况之所以不是单位犯罪,是因为缺少单位犯罪成立所必需的"为单位利益"。D正确,刑法未规定单位可以构成抗税罪。

3. 关于单位犯罪的主体,下列哪一选项是错误的?(2006 – 2 – 5)

A. 不具有法人资格的私营企业,也可以成为单位犯罪的主体

B. 刑法分则规定的只能由单位构成的犯罪,不可能由自然人单独实施

C. 单位的分支机构或者内设机构,可以成为单位犯罪的主体

D. 为进行违法犯罪活动而设立的公司、企业、事业单位,或者公司、企业、事业单位设立后,以实施犯罪为主要活动的,不能成为单位犯罪的主体

答案(   )②

📦【考点】单位犯罪成立范围

📖【解析】A错误,根据司法解释,不具有法人资格的私营企业,不能认定为单位犯罪的主体。B正确,刑法分则规定的只能由单位构成的犯罪,属于纯正的单位犯罪,自然人若成立该罪,便违反了罪刑法定原则。CD均正确,根据司法解释,以单位的分支机构或者内设机构的名义实施犯罪,违法所得归分支机构或者内设机构所有的,可以认定为单位犯罪。为进行违法犯罪活动而设立的公司、企业、事业单位,或者公司、企业、事业单位设立后,以实施犯罪为主要活动的,不能成为单位犯罪的主体。

4. 关于单位犯罪,下列选项错误的是:(2008 川 – 2 – 92)

A. 甲注册某咨询公司后一直亏损,后发现为他人虚开增值税专用发票可以盈利,即以此为主要业务,该行为属于咨询公司单位犯罪

B. 乙公司在实施保险诈骗罪以后,因为没有年检而被工商管理局吊销营业执照。案发后对该公司不再追诉,只能对原公司中的直接负责的主管人员和其他直接责任人员追究刑事责任

C. 丙虚报注册资本成立进出口公司,主要从事正当业务经营,后经公司股东集体讨论,以公司的名义走私汽车,利益均分。由于该进出口公司成立时不符合法律规定,该走私行为属于个人犯罪

D. 丁等5名房地产公司领导以公司名义非法经营烟草业务,所得利益归5人均分。该行为属于单位犯罪

答案(   )③

📦【考点】单位犯罪成立范围

📖【解析】A错误,为进行违法犯罪活动而设立的公司、企业、事业单位,或者公司、企业、事业单位

设立后,以实施犯罪为主要活动的,不能成为单位犯罪的主体。B 正确,2002 年 7 月 15 日起施行的最高人民检察院《关于涉嫌犯罪单位被撤销、注销、吊销营业执照或者宣告破产的应如何进行追诉问题的批复》的规定:涉嫌犯罪单位被撤销、注销、吊销营业执照或者宣告破产的,应当根据刑法关于单位犯罪的相关规定,对实施犯罪行为的该单位直接负责的主管人员和其他直接责任人员追究刑事责任,对该单位不再追诉。C 错误,涉案公司主要从事正当业务,虚报资本成立公司不等于设立后主要从事违法犯罪活动。公司股东集体讨论决定,以单位名义,为单位利益实施犯罪,完全符合单位犯罪成立条件,应认定为单位犯罪。D 错误,盗用单位名义实施犯罪,违法所得由实施犯罪的个人私分的,依照刑法有关自然人犯罪的规定定罪处罚。

5. 关于单位犯罪,下列哪些选项是错误的?(2010 – 2 – 53)

A. 单位只能成为故意犯罪的主体,不能成为过失犯罪的主体

B. 单位犯罪时,单位本身与直接负责的主管人员、直接责任人员构成共同犯罪

C. 对单位犯罪一般实行双罚制,但在实行单罚制时,只对单位处以罚金,不处罚直接负责的主管人员与直接责任人员

D. 对单位犯罪只能适用财产刑,既可能判处罚金,也可能判处没收财产

答案(   )①

【考点】 单位犯罪的成立范围

【解析】 A 错误,该表述后段错误,例如,工程重大安全事故罪是过失犯罪,同时也是单位犯罪。B 错误,单位犯罪采取双罚制,既处罚单位,又处罚自然人,这说明刑法已经对单位和自然人行为均作了评价。如果认为自然人与单位构成共犯,那么显然作了重复的评价,为刑法原理所禁止。C 错误,单位犯罪原则上采取双罚制,在例外情况下,只处罚自然人,而不处罚单位本身。D 错误,刑法明文规定,单位犯罪仅适用罚金刑。

6. 某孤儿院为谋取单位福利,分两次将 38 名孤儿交给国外从事孤儿收养的中介组织,共收取 30 余万美元的"中介费"、"劳务费"。关于本案,下列哪一选项符合依法治国的要求?(2011 – 2 – 2)

A. 因《刑法》未将此行为规定为犯罪,便不能由于本案社会影响重大,就以刑事案件查处

B. 本案可追究孤儿院及其主管人员、直接责任人的刑事责任,以利于促进政治效果与社会效果的统一

C. 报请全国人大常委会核准后,本案可作为单位拐卖儿童犯罪处理,以利于进一步发挥法律维护社会稳定的作用

D. 可追究主管人员与其他直接责任人的刑事责任,以利于促进法律效果、政治效果与社会效果的统一

答案(   )②

【考点】 单位犯罪;社会主义法治理念

【解析】 A 错误,刑法规定了拐卖儿童罪,本案可以按照该罪处罚,不能认为无法可依。B 错误,不能单纯出于政治效果或社会效果的考虑进行法外用刑,拐卖儿童罪的主体仅限于自然人,不能处罚孤儿院。C 错误,全国人大常委会核准便可以定罪违反了罪刑法定原则的基本精神,因为罪刑法定原则不仅制约司法者,也制约立法者。刑法没有规定这一做法,那么就不能采用这种方式定罪。D 正确,因为主管人员和其他直接责任人属于自然人,其行为符合拐卖儿童罪的成立要件。

【难点】 当刑法仅规定某罪主体仅为自然人时,不能认为单位从事该行为的情形就只能按无罪处理。直接责任人作为自然人实施犯罪行为,同样能够满足犯罪成立的要求。之所以这样讲,是按司

①参考答案 ABCD   ②参考答案 D

法上的三段论进行推导的结论,即法律规定是大前提,案件事实是小前提,结论是有罪或者无罪。作为大前提的法律虽然没有规定单位这一主体,但是案件事实中除了单位这一拟制的主体外,仍然存在自然人这一实在的主体,该事实当然能满足构成要件中的主体要求。

7. 关于单位犯罪,下列哪些选项是正确的? (2015 - 2 - 54)

A. 就同一犯罪而言,单位犯罪与自然人犯罪的既遂标准完全相同

B.《刑法》第一百七十条未将单位规定为伪造货币罪的主体,故单位伪造货币的,相关自然人不构成犯罪

C. 经理赵某为维护公司利益,召集单位员工殴打法院执行工作人员,拒不执行生效判决的,成立单位犯罪

D. 公司被吊销营业执照后,发现其曾销售伪劣产品 20 万元。对此,应追究相关自然人销售伪劣产品罪的刑事责任

📖 **答案**(　　)①

📖 **【解析】** 单位犯罪与自然人犯罪在犯罪成立要件上仅存在主体区别,其他要素相同,既遂标准也完全相同。根据新增司法解释,应按照自然人犯罪处理。拒不执行判决裁定罪的主体仅限于自然人(《刑法修正案(九)》已经修改)。由于公司已经不复存在,因此,只能按照自然人犯罪检视相关自然人的刑事责任。

第十五章　罪数论

第一节　一　罪

1. 下列哪些情形不属于结果加重犯? (2002 - 2 - 43)

A. 侮辱他人导致他人自杀身亡   B. 监管人员对被监管人进行殴打与体罚虐待致人死亡

C. 强制猥亵妇女致人死亡   D. 遗弃没有独立生活能力的人致其死亡

📖 **答案**(　　)②

📖 **【考点】** 结果加重犯

📖 **【解析】** 结果加重犯必须有刑法明文规定,A、C、D 均属于犯罪的加重情形,但是死亡结果仅作为情节严重的一种类型,刑法并未将其规定为加重结果,因此只能成立情节加重犯。B 应转化为故意杀人罪,所以也不属于该罪的结果加重犯。

2. 下列哪些情形属于吸收犯? (2010 - 2 - 55)

A. 制造枪支、弹药后又持有、私藏所制造的枪支、弹药的

B. 盗窃他人汽车后,谎称所盗汽车为自己的汽车出卖他人的

C. 套取金融机构信贷资金后又高利转贷他人的

D. 制造毒品后又持有该毒品的

📖 **答案**(　　)③

---

① 参考答案 AD　②参考答案 ABCD　③参考答案 AD

📖【考点】吸收犯

📖【解析】吸收犯是指前行为是后行为的所经阶段,后行为是前行为的必然发展,前后行为存在吸收关系的情形。被吸收的行为之所以能被吸收,是因为后行为没有侵犯新的法益,或者,前行为的法益侵害性可以被后行为一并评价。据此,A 正确,制造枪支、弹药后必然持有、私藏枪支弹药,两行为之间具有吸收关系,前行为较重,吸收较轻的后行为。B 错误,盗窃汽车和销售被盗车辆,后行为不是前行为的必然发展,因此不具有吸收关系。但后行为不可罚,该行为成立与罚的后行为,因为后行为原本满足掩饰、隐瞒犯罪所得罪的构成要件,也侵犯了财产法益之外的社会法益,但是盗窃犯销赃不具有期待可能性,因而不具有刑法上的责任,不成立犯罪。C 错误,套取金融机构信贷资金后又高利转贷他人的,构成整体的高利转贷罪。该罪是复行为犯,包括套取行为和转贷行为两个部分。显然,这种情况不存在吸收关系。D 正确,制造毒品必然持有毒品,两行为之间具有吸收关系,后行为未侵犯新的法益。

3. 关于想象竞合犯的认定,下列哪些选项是错误的?(2013 - 2 - 56)

A. 甲向乙购买危险物质,商定 4000 元成交。甲先后将 2000 元现金和 4 克海洛因(折抵现金 2000 元)交乙后收货。甲的行为成立非法买卖危险物质罪与贩卖毒品罪的想象竞合犯,从一重罪论处

B. 甲女、乙男分手后,甲向乙索要青春补偿费未果,将其骗至别墅,让人看住乙。甲给乙母打电话,声称如不给 30 万元就准备收尸。甲成立非法拘禁罪和绑架罪的想象竞合犯,应以绑架罪论处

C. 甲为劫财在乙的茶水中投放 2 小时后起作用的麻醉药,随后离开乙家。2 小时后甲回来,见乙不在(乙喝下该茶水后因事外出),便取走乙 2 万元现金。甲的行为成立抢劫罪与盗窃罪的想象竞合犯

D. 国家工作人员甲收受境外组织的 3 万美元后,将国家秘密非法提供给该组织。甲的行为成立受贿罪与为境外非法提供国家秘密罪的想象竞合犯

📇 答案(   )①

📖【考点】想象竞合犯

📖【解析】A 错误,甲先后将现金和毒品交付给危险物质的卖方。根据行为数理论,甲的举动应评价为两个行为(自然观察上的两个行为)。前行为构成购买危险物质罪,后行为实际上是将毒品有偿转让,构成贩卖毒品罪(该行为同时符合有偿获得危险物质的要求,成立购买危险物质罪,因此成立想象竞合犯)。前后两行为各自独立,应数罪并罚。B 错误,甲实施了绑架行为,仅侵犯了被害人乙及其亲属的法益(绑架罪的保护法益),不属于一行为侵犯数法益的情形,应成立法条竞合。绑架罪法条内在包含着非法拘禁罪的内容,具有包容关系。C 错误,甲投毒行为属于抢劫罪的预备行为,但由于意志以外原因,甲着手抢劫时被害人不在现场,因此甲的抢劫罪已经出现了终局性状态,成立抢劫罪的犯罪预备。看到乙不在家,甲便改变犯意,实施了一个新的盗窃行为,且构成犯罪既遂。甲存在两个行为,触犯两个犯罪,不成立想象竞合犯。D 错误,根据行为数理论,从自然观察角度,甲实施了受贿行为和为境外非法提供国家秘密两个举动,且前行为不是后行为必要的组成部分,应认为数行为。据此,甲应按照受贿和为境外非法提供国家秘密罪数罪并罚。

4. 关于结果加重犯,下列哪一选项是正确的?(2015 - 2 - 8)

A. 故意杀人包含了故意伤害,故意杀人罪实际上是故意伤害罪的结果加重犯

B. 强奸罪、强制猥亵妇女罪的犯罪客体相同,强奸、强制猥亵行为致妇女重伤的,均成立结果加重犯

C. 甲将乙拘禁在宾馆 20 楼,声称只要乙还债就放人。乙无力还债,深夜跳楼身亡。甲的行为不成

---

①参考答案 ABCD

立非法拘禁罪的结果加重犯

　　D. 甲以胁迫手段抢劫乙时,发现仇人丙路过,于是立即杀害丙。甲在抢劫过程中杀害他人,因抢劫致人死亡包括故意致人死亡,故甲成立抢劫致人死亡的结果加重犯

　　📖【解析】故意伤害罪的结果加重犯要求行为人仅具有伤害故意,同时不存在杀人故意。据此,不能将故意杀人罪理解为故意伤害罪的结果加重犯。结果加重犯要求法定性,强制猥亵妇女罪并未规定加重结果。此外,强奸罪和强制猥亵妇女罪的客体不完全相同。乙自杀行为并非拘禁行为本身导致的,缺乏直接性关联,因此不成立非法拘禁罪的结果加重犯。甲存在两个行为,其一是以胁迫手段抢劫,其二是故意杀人,两行为侵犯两个法益,应数罪并罚。

5. 关于罪数,下列哪些选项是正确的(不考虑数额或情节)?(2016－2－54)

　　A. 甲使用变造的货币购买商品,触犯使用假币罪与诈骗罪,构成想象竞合犯

　　B. 乙走私毒品,又走私假币构成犯罪的,以走私毒品罪和走私假币罪实行数罪并罚

　　C. 丙先后三次侵入军人家中盗窃军人制服,后身穿军人制服招摇撞骗。对丙应按牵连犯从一重罪处罚

　　D. 丁明知黄某在网上开设赌场,仍为其提供互联网接入服务。丁触犯开设赌场罪与帮助信息网络犯罪活动罪,构成想象竞合犯

　　📚【考点】罪数

　　📖【解析】A 错误,使用假币罪,指明知是伪造的货币而使用,数额较大的行为。使用假币罪的对象是伪造的货币。使用数额较大的变造的货币的,不构成此罪,应以诈骗罪论处。B 正确,根据司法解释,在走私的物品中包含毒品和假币的,分别构成走私毒品罪和走私假币罪,应数罪并罚。C 错误,入户盗窃制服与招摇撞骗行为之间缺乏类型化关联,不能认定牵连犯。D 正确,开设赌场的行为方式之一,是以营利为目的,在计算机网络上建立赌博网站。丁明知黄某进行的是违法行为,仍为其提供互联网接入服务,触犯开设赌场罪。根据《刑法》第 287 条之二第 1 款规定:"明知他人利用信息网络实施犯罪,为其犯罪提供互联网接入、服务器托管、网络存储、通信传输等技术支持,或者提供广告推广、支付结算等帮助,情节严重的,处三年以下有期徒刑或者拘役,并处或者单处罚金。"丁一行为触犯数罪名,构成想象竞合犯。

第二节　数　　罪

1. 下列哪些犯罪行为,应按数罪并罚的原则处理?(2003－2－36)

　　A. 拐卖妇女又奸淫被拐卖妇女

　　B. 司法工作人员枉法裁判又构成受贿罪

　　C. 参加黑社会性质组织又杀人

　　D. 组织他人偷越国(边)境又强奸被组织人

　　📚【考点】数罪

【解析】A错误，该种情形属于拐卖妇女罪的结果加重犯，不需要数罪并罚。B错误，该种情形原本构成数罪，但根据司法解释，按照重罪处理。C正确，参加黑社会是一种犯罪，仅处罚参加行为；参加以后的行为，如构成犯罪，属于新的行为，成立新的犯罪，应数罪并罚。D正确，组织他人偷越国(边)境成立组织他人偷越国(边)境罪，针对组织行为进行处罚；在组织行为之外又强奸被组织人，是新的行为与犯罪，应数罪并罚。此外，根据《刑法》318条规定，也需要数罪并罚。

2. 下列说法不正确的是：(2004-2-86)

A. 刑法第266条规定的诈骗罪的法定最高刑为无期徒刑，而第198条规定保险诈骗罪的法定最高刑为15年有期徒刑。为了保持刑法的协调和实现罪刑相适应原则，对保险诈骗数额特别巨大的，应以诈骗罪论处

B. 根据刑法第358条的规定，"强奸后迫使卖淫的"成立强迫卖淫罪，不实行数罪并罚。已满14周岁不满16周岁的人，伙同他人强奸妇女后迫使卖淫的，不负刑事责任；因为刑法第17条没有规定已满14周岁不满16周岁的人应对强迫卖淫罪承担刑事责任

C. 刑法第382条明文规定一般公民与国家工作人员勾结伙同贪污的，以共犯论处，所以，一般公民可以与国家工作人员构成贪污罪的共犯；刑法第385条对于受贿罪没有类似规定，所以，一般公民不可能与国家工作人员构成受贿罪的共犯

D. 刑法第399条4款规定，"司法工作人员收受贿赂"有徇私枉法等行为的，依照处罚较重的规定定罪处罚。但是，司法工作人员索取贿赂并有徇私枉法等行为的，则应实行数罪并罚

答案(　　　)①

【考点】法条竞合；罪数；身份与共犯

【解析】A不正确，保险诈骗罪的罪状与诈骗罪罪状之间具有包含关系，即保险诈骗的行为方式是诈骗行为的一种具体类型。在此意义上，保险诈骗罪与诈骗罪之间具有包容关系。保险诈骗行为既符合保险诈骗罪规定，又符合诈骗罪规定的，成立法条竞合，应按照特别法优于一般法的规制，认定为保险诈骗罪。但是，从法定刑协调看，保险诈骗罪处罚没有普通诈骗罪处罚重，一律适用特别法，反而造成罪刑不相适应。对此，有必要适用重法优于轻法的规制。但是，2004年前后，学界主流观点认为，诈骗罪明确规定"本法另有规定的，依照规定"，如果按照重法优先原则，则必然违背了罪刑法定原则。由于罪刑法定原则比罪刑相适应原则具有更高的位阶，因此只能适用特殊法，即只能认定为保险诈骗罪。但是，该观点在近几年已经明确衰落，学界当前的有力观点是"本法另有规定"只是注意规定，并不能形式化地解释为只要存在刑法其他规定，便不得适用诈骗罪条款，而应将罪刑相适用原则与该规定结合起来进行体系解释，即在符合罪刑相适应原则的前提下，如果行为符合本法其他规定，应按照其他规定处理。如果违背了罪刑相适应原则，那么仍然适用诈骗罪规定。

B不正确，在《刑法修正案(九)》之前，根据司法解释，《刑法》第17条第2款规定的8种犯罪是指具体犯罪行为而不是具体罪名。据此，已满14周岁不满16周岁的未成年人，只要实施了强奸行为，就应认定为强奸罪。已满14周岁不满16周岁的未成年人不对强迫卖淫罪承担责任，但是不排斥其对强奸罪承担责任。在《刑法修正案(九)》之后，强奸后迫使其卖淫的，应数罪并罚，据此B仍然错误。

C不正确，根据身份与共犯关系的基本原理，无身份者勾结有身份者贪污，如有身份者为正犯，那么所有犯罪参与人便构成贪污罪的共犯。由此可见，《刑法》第382条的规定符合身份与共犯的一般刑法原理，属于注意规定(注意规定是指在刑法已经做相关规定的前提下，提示司法人员注意，以免司法

人员忽略的规定,它并没有改变相关规定内容,而仅仅是对相关规定的重申)。与之不同,《刑法》第385条关于受贿罪的法条没有类似规定,但我们不能据此推导出一般公民与国家工作人员共同实施受贿行为不构成共同犯罪。因为,该法条虽未作出类似规定,但也不存在相反规定。在这种情况下,当然应该按照共犯与身份的一般原理进行解释。

D 正确,根据行为数理论,司法人员收受贿赂并徇私枉法,应认定为两个行为,即收受贿赂行为和徇私枉法行为。前者构成受贿罪,后者构成徇私枉法罪,原本应当构成数罪并罚,但刑法规定从一重罪处断。刑法的这一规定并不符合刑法原理,属于法律拟制。注意,在这里不能因为两行为之间存在原因行为与结果行为的关系,就认为这种情况成立牵连犯,所以从一重罪处断。首先,收受贿赂与职务犯罪之间不存在类型化的牵连关系。并非收受贿赂之后基本都会实施职务犯罪。尤其是在谋取正当利益而行贿的场合,收受贿赂之后并不需要职务犯罪。其次,不能因为前后行为在个案中存在手段行为与目的行为、原因行为与结果行为的关系,就据此认定两者存在牵连关系。牵连关系必须具有类型化特征,在个案中才成立的牵连关系,并不具有类型化特征。最后,即便认为前后行为存在牵连关系,也没有理由因为这种关系仅认定为一罪。显然,收受贿赂和职务犯罪是两个行为,两个犯意,侵犯两个法益,不能因为两者之间存在某种关系,就可以忽视较轻的犯罪。总之,这种情形不能适用牵连犯原理(牵连犯基本上可以归入想象竞合犯或吸收犯之中,其本身没有独立的理论根据)。既然刑法的这一规定属于法律拟制,那么就应作为一般原则的例外进行理解。而对于例外的解释,通常应当采取缩小解释的方法,否则就会破坏原则的一般性。在这一方向下,既然受贿罪包括"收受贿赂"与"索贿",而这里条文仅表述为"收受贿赂",那么就应仅仅理解为单纯收受贿赂,不包括索贿。这样既满足了同一术语尽量在刑法体系内统一解释的体系解释要求,也符合该规定作为例外的特点,避免对刑法一般原则形成过大冲击。

3. 对下列哪一情形应当实行数罪并罚?(2006 - 2 - 7)

A. 在走私普通货物、物品过程中,以暴力、威胁方法抗拒缉私的

B. 在走私毒品过程中,以暴力方法抗拒检查,情节严重的

C. 在组织他人偷越国(边)境过程中,以暴力方法抗拒检查的

D. 在运送他人偷越国(边)境过程中,以暴力方法抗拒检查的

答案( )①

【考点】 数罪

【解析】 A 正确,《刑法》157 条第 2 款规定,在走私普通货物、物品过程中,以暴力、威胁方法抗拒缉私的,应该认定为走私普通货物、物品罪和妨害公务罪,实行数罪并罚。但是,如果暴力、威胁方法导致缉私人员重伤或者死亡,则要与故意伤害罪或者故意杀人罪实行数罪并罚(妨害公务行为造成公务人员重伤以上结果,转化为故意伤害罪或故意杀人罪)。因此,无论出现哪种情形,都需要数罪并罚。B 错误,《刑法》第 347 条规定,在走私毒品过程中,以暴力方法抗拒检查、拘留、逮捕,情节严重的,判处十年以上有期徒刑、无期徒刑或者死刑,并处没收财产。所以,这种情形不构成数罪,而是情节加重犯。CD 均错误,根据《刑法》第 318 条和第 321 条之规定,组织或者运送他人偷越国(边)境过程中,以暴力方法抗拒检查的,成立情节加重犯,不是数罪并罚。

4. 关于罪数的认定,下列哪些选项是正确的?(2007 - 2 - 57)

A. 甲使用暴力强迫赵某与自己进行商品交易,造成赵某重伤。对甲的行为应以故意伤害罪与强

迫交易罪实行并罚

　　B. 乙借用李某的摩托车后藏匿不想归还。李某要求归还时,乙谎称摩托车被盗。乙欺骗李某的行为不单独构成诈骗罪

　　C. 丙为杀人而盗窃枪支,未及实施杀人行为而被抓获,丙的行为构成故意杀人(预备)罪与盗窃枪支罪的想象竞合犯

　　D. 丁盗窃信用卡并使用的行为,属于盗窃罪与信用卡诈骗罪的吸收犯

　　📖【答案(　　　　)①

　　📚【考点】 罪数

　　📋【解析】 A错误,强迫交易罪罪状包含暴力行为,而暴力行为造成重伤的,一方面侵犯了财产法益,另一方面侵犯了人身法益,由于仅存在一个整体行为,因此成立想象竞合犯,从一重罪从重处断。B正确,乙借用财物拒不返还,成立侵占罪,侵犯了摩托车的占有。乙谎称财物被盗,属于欺骗被害人放弃返还请求权的诈骗罪。但是,返还请求权与财物的占有具有法益的同一性,因此,后行为并未侵犯新的法益,成立与罚的后行为。C正确,盗窃枪支是故意杀人罪的预备行为,成立故意杀人罪。同时,盗窃枪支本身又构成盗窃枪支罪。因为仅存在一行为,却侵害两个法益(枪支管理和生命)所以成立想象竞合犯,从一重罪从重处断。D错误,盗窃信用卡并使用的,按照《刑法》规定,仅成立盗窃罪一罪,不存在盗窃罪与信用卡诈骗罪的吸收关系。

　　5. 关于罪数的说法,下列哪一选项是错误的?(2008 - 2 - 8)

　　A. 甲在车站行窃时盗得一提包,回家一看才发现提包内仅有一支手枪。因为担心被人发现,甲便将手枪藏在浴缸下。甲非法持有枪支的行为,不属于不可罚的事后行为

　　B. 乙抢夺他人手机,并将该手机变卖,乙的行为构成抢夺罪和掩饰、隐瞒犯罪所得罪,应当数罪并罚

　　C. 丙非法行医3年多,导致1人死亡、1人身体残疾。丙的行为既是职业犯,也是结果加重犯

　　D. 丁在绑架过程中,因被害人反抗而将其杀死,对丁不应当以绑架罪和故意杀人罪实行并罚

　　📖【答案(　　　　)②

　　📚【考点】 罪数

　　📋【解析】 A正确,甲盗窃枪支时,仅具有盗窃财物的故意,而枪支也属于财物,因此构成盗窃罪。甲客观上盗窃了枪支,侵犯了公共安全,具有盗窃枪支罪的不法,但是,由于甲没有盗窃枪支的故意,因此不成立盗窃枪支罪。甲发现所盗为枪支时,便将枪支私藏起来。该行为侵犯了财产法益之外的公共安全法益,虽然盗窃行为客观上已经侵犯了该法益,但对公共安全的侵犯具有持续性,不能因为之前侵犯过,之后就不可能再次侵犯,据此,非法持有枪支的行为侵犯了新的法益,应成立新的犯罪。B错误,盗窃财物之后,行为人本人掩饰隐瞒犯罪所得的行为,由于不具有期待可能性,因此成立事后的不可罚行为,只能成立一罪,谈不上数罪并罚。C正确,非法行医罪属于职业犯,同时,刑法在非法行医罪里还将死亡或身体残疾作为法定刑升格条件,成立结果加重犯。D正确,立法者在绑架罪里将致人死亡的结果作为处以死刑的法定刑升格条件,成立结果加重犯。

　　6. 下列哪些情形不能数罪并罚?(2010 - 2 - 58)

　　A. 投保人甲,为了骗取保险金杀害被保险人

　　B. 十五周岁的甲,盗窃时拒捕杀死被害人

C. 司法工作人员甲,刑讯逼供致被害人死亡

D. 运送他人偷越边境的甲,遇到检查将被运送人推进大海溺死

📖 答案(　　　)①

📕 【考点】罪数

📋 【解析】A 错误,《刑法》第 198 条规定,"有下列情形之一,进行保险诈骗活动,数额较大的……(四)投保人、被保险人故意造成财产损失的保险事故,骗取保险金的;(五)投保人、受益人故意造成被保险人死亡、伤残或者疾病,骗取保险金的。有前款第(四)项、第(五)项所列行为,同时构成其他犯罪的,依照数罪并罚的规定处罚。"据此,甲的行为应按照故意杀人罪与保险诈骗罪进行数罪并罚。B 正确,依照最高人民法院《关于审理未成年人刑事案件具体应用法律若干问题的解释》第 10 条规定:"已满十四周岁不满十六周岁的人盗窃、诈骗、抢夺他人财物,为窝藏赃物、抗拒抓捕或者毁灭罪证,当场使用暴力,故意伤害致人重伤或者死亡,或者故意杀人的,应当分别以故意伤害罪或者故意杀人罪定罪处罚。"据此,甲应认定为故意杀人罪一罪,不数罪并罚。C 正确,《刑法》第 247 条规定:"司法工作人员对犯罪嫌疑人、被告人实行刑讯逼供或者使用暴力逼取证人证言的,处三年以下有期徒刑或者拘役。致人伤残、死亡的,依照本法第二百三十四条、第二百三十二条的规定定罪从重处罚。"据此,甲的行为应成立故意杀人罪一罪,不能数罪并罚。D 错误,《刑法》第 321 条第 3 款规定:"犯前两款罪,对被运送人有杀害、伤害、强奸、拐卖等犯罪行为,或者对检查人员有杀害、伤害等犯罪行为的,依照数罪并罚的规定处罚。"据此,甲的行为成立运送他人偷越国边境罪和故意杀人罪,应当数罪并罚。

7. 关于罪数的认定,下列哪些选项是错误的?(2011 - 2 - 56)

A. 引诱幼女卖淫后,又容留该幼女卖淫的,应认定为引诱、容留卖淫罪

B. 既然对绑架他人后故意杀害他人的不实行数罪并罚,那么对绑架他人后伤害他人的就更不能实行数罪并罚

C. 发现盗得的汽车质量有问题而将汽车推下山崖的,成立盗窃罪与故意毁坏财物罪,应当实行并罚

D. 明知在押犯脱逃后去杀害证人而私放,该犯果真将证人杀害的,成立私放在押人员罪与故意杀人罪,应当实行并罚

📖 答案(　　　)②

📕 【考点】罪数

📋 【解析】A 错误,引诱幼女卖淫罪与容留卖淫罪是两个独立的罪名,而不是一个选择性罪名。根据刑法第 359 条第 2 款的规定,引诱幼女卖淫,构成引诱幼女卖淫罪。容留幼女卖淫的,构成《刑法》第 359 条第 1 款容留卖淫罪。两行为各自独立,侵害不同法益,应数罪并罚。B 错误,根据《刑法》第 239 条第 2 款规定,绑架后杀害被绑架人的,构成绑架罪一罪。该规定属于法律拟制,因为绑架后,在绑架行为之外故意实施杀害行为,原本构成绑架罪与故意杀人罪的结合犯(绑架杀人罪),但刑法规定只认定绑架罪一罪。行为人绑架行为本身致人死亡的,应理解为绑架罪的结果加重犯。不管是结合犯,还是结果加重犯,都要有刑法的明文规定。由于刑法没有规定绑架与故意伤害罪的结合犯或结果加重犯,所以只能按照绑架与故意伤害罪数罪并罚。C 错误,盗窃罪属于状态犯,盗窃汽车后,相关财产法益已经被侵犯。事后毁坏汽车的行为,针对的仍然是盗窃的汽车,未侵犯新的法益,成立事后不可罚的行为,因此仅能认定盗窃罪一罪。D 错误,明知私放犯人会杀害证人,行为人仍然私放的,成立故

意杀人罪的帮助犯。由于仅存在一个行为,但侵害两个法益(监管秩序和生命法益),应成立想象竞合犯,不数罪并罚。

8. 关于罪数判断,下列哪一选项是正确的?(2013 - 2 - 10)

A. 冒充警察招摇撞骗,骗取他人财物的,适用特别法条以招摇撞骗罪论处

B. 冒充警察实施抢劫,同时构成抢劫罪与招摇撞骗罪,属于想象竞合犯,从一重罪论处

C. 冒充军人进行诈骗,同时构成诈骗罪与冒充军人招摇撞骗罪的,从一重罪论处

D. 冒充军人劫持航空器的,成立冒充军人招摇撞骗罪与劫持航空器罪,实行数罪并罚

答案( )①

【考点】 罪数

【解析】 A错误,如果认为招摇撞骗罪与诈骗罪具有交叉关系,那么行为人行为应法条竞合,在满足罪刑相适应原则的前提下,优先适用招摇撞骗罪。但是,由于该罪处罚明显低于诈骗罪,因为如果诈骗罪处罚更重,则还是要适用诈骗罪的规定,即重法优于轻法。如果认为招摇撞骗罪与诈骗罪保护法益不同,那么两罪不可能成立法条竞合,而应按照想象竞合犯,从一重罪从重处断。B错误,冒充警察抢劫,虽然属于虚构事实的行为,但并不能使对方自愿处分财物,因此不构成招摇撞骗罪。该行为的实质是制造心理压力,以便压制对方反抗。《刑法》第263条将其规定为抢劫罪的加重构成情形,故应成立抢劫罪一罪。C正确,诈骗罪与冒充军人招摇撞骗罪保护法益不尽相同,应认为存在两个法益,行为人冒充军人进行诈骗,应成立想象竞合犯,从一重罪处断。D错误,冒充军人劫持航空器的行为,虽然也具有虚构事实的性质,但并不会产生使被害人处分利益的效果,而仅是压制被害人反抗的手段,因此只能成立劫持航空器罪,不成立冒充军人招摇撞骗罪。

9. 甲窃得一包冰毒后交乙代为销售,乙销售后得款3万元与甲平分。关于本案,下列哪一选项是错误的?(2015 - 2 - 9)

A. 甲的行为触犯盗窃罪与贩卖毒品罪

B. 甲贩卖毒品的行为侵害了新的法益,应与盗窃罪实行并罚

C. 乙的行为触犯贩卖毒品罪、非法持有毒品罪、转移毒品罪,与掩饰、隐瞒犯罪所得罪

D. 对乙应以贩卖毒品罪一罪论处

答案( )②

【考点】 罪数

【解析】 毒品属于财物范畴,盗窃毒品,侵犯了稳定的占有,成立盗窃罪。之后,将毒品交给乙销售的行为当然侵犯新的法益,另外成立贩卖毒品罪。贩卖毒品的行为同时也是销赃的行为,由于缺乏期待可能性,因此不成立掩饰隐瞒犯罪所得罪。非法持有毒品罪和非法转移毒品罪均被贩卖毒品罪吸收。

10. 吴某被甲、乙合法追捕。吴某的枪中只有一发子弹,认识到开枪既可能打死甲也可能打死乙。设定吴某对甲、乙均有杀人故意,下列哪一分析是正确的?(2016 - 2 - 5)

A. 如吴某一枪没有打中甲和乙,子弹从甲与乙的中间穿过,则对甲、乙均成立故意杀人罪未遂

B. 如吴某一枪打中了甲,致甲死亡,则对甲成立故意杀人罪既遂,对乙成立故意杀人罪未遂,实行数罪并罚

C. 如吴某一枪同时打中甲和乙,致甲死亡、乙重伤,则对甲成立故意杀人罪既遂,对乙仅成立故意

---

①参考答案 C ②参考答案 C

伤害罪

D. 如吴某一枪同时打中甲和乙,致甲、乙死亡,则对甲、乙均成立故意杀人罪既遂,实行数罪并罚

📖 **答案(　　)①**

📚 **【考点】** 罪数

📝 **【解析】** A 项正确,如题干所言,吴某对甲、乙均有故意,那么,基于该故意吴某开枪的行为,既是对甲的杀人着手,又是对乙的杀人着手,即一个行为同时制造了两个故意杀人罪的类型化风险,成立故意杀人罪的想象竞合犯(同种罪名)。另一方面,由于未发生死亡结果,因此仅成立故意杀人罪未遂。B 错误,吴某仅打中甲,那么对其成立故意杀人罪既遂,对乙成立故意杀人罪未遂,但仅存在一个行为(且只有一发子弹),故成立想象竞合犯,最终应认定为故意杀人既遂。C 错误,同时打中两人,一死一伤,仍然应认定为故意杀人罪既遂与故意杀人罪未遂的想象竞合犯,最终还是认定为故意杀人罪既遂。D 错误,同时打死两人,应成立故意杀人罪既遂(对甲)与故意杀人既遂(对乙)的想象竞合犯,最终还是认定为故意杀人罪既遂。

11. 关于法条关系,下列哪一选项是正确的(不考虑数额)? (2016－2－11)

A. 即使认为盗窃与诈骗是对立关系,一行为针对同一具体对象(同一具体结果)也完全可能同时触犯盗窃罪与诈骗罪

B. 即使认为故意杀人与故意伤害是对立关系,故意杀人罪与故意伤害罪也存在法条竞合关系

C. 如认为法条竞合仅限于侵害一犯罪客体的情形,冒充警察骗取数额巨大的财物时,就会形成招摇撞骗罪与诈骗罪的法条竞合

D. 即便认为贪污罪和挪用公款罪是对立关系,若行为人使用公款赌博,在不能查明其是否具有归还公款的意思时,也能认定构成挪用公款罪

📖 **答案(　　)②**

📚 **【考点】** 法条竞合

📝 **【解析】** A 错误,如果认为盗窃罪与诈骗罪是对立关系,那么两者的区别在于是否存在处分行为。针对同一对象(同一结果),不可能既存在处分行为又不存在处分行为,两者必居其一,因此不可能同时触犯盗窃罪与诈骗罪。B 错误,一般认为,故意杀人罪是故意伤害罪的特别犯,两者之间存在法条竞合关系。但是,如果认为故意杀人与故意伤害是对立关系,那么,故意杀人罪的构成要素不可能满足故意伤害罪的构成要素,两者不存在特别法与一般法的竞合关系。C 错误,招摇撞骗罪侵害的犯罪客体是社会管理秩序,诈骗罪侵害的犯罪客体是财产法益,如果法条竞合仅限于属于不同类别的犯罪客体,二者之间便不能形成法条竞合。

D 正确,如果认为贪污罪和挪用公款罪是对立关系,即贪污行为具有非法占有目的,而挪用公款罪则没有非法占有目的,两者存在对立关系,那么,行为人使用公款赌博,在不能查明其是否具有归还公款的意思时,虽然不能满足贪污罪的非法占有目的,但至少能够满足行为人不具有非法占有目的这一挪用行为的构成要素(因为,非法占有目的是入罪的不法要素,不具有非法占有目的则并非不法要素,两者之间存在不法程度的差别,在事实不明时,如果不能满足较高的不法,那么至少可以满足较低的。不能认为,因为有可能满足较高的不法要素,所以较低不法要素也不能满足)。所以,上述情形可以成立挪用公款罪。

---

① 参考答案 A　　② 参考答案 D

第三编　刑罚论

第一章　死　刑

1. 依据法律规定,下列关于死刑的说法哪些是不正确的?（2003 - 2 - 33）

A. 对不属于罪行极其严重的犯罪分子,既不能判处死刑立即执行,也不能判处死刑缓期执行

B. 死刑缓期执行的判决,可以由高级人民法院核准

C. 对犯罪时不满 18 周岁的人,不能判处死刑立即执行,但可以判处死刑同时宣告缓期二年执行

D. 对审判时怀孕的妇女,可以判处死刑,但必须在其生育或者流产后才能执行死刑判决

答案(　　　)①

📖**【考点】** 死刑

📝**【解析】** A 正确,死刑只适用于罪行极其严重犯罪分子,而死刑既包括死刑立即执行,也包括死刑缓期执行。据此,对不属于罪行极其严重的犯罪分子,既不能判处死刑立即执行,也不能判处死刑缓期执行。B 正确,死缓判决由中级人民法院作出时,可以由高级人民法院核准。C 错误,对于未成年人犯罪(犯罪时)以及审判的时候怀孕的妇女不能适用死刑,包括不能判处死刑立即执行,也包括不能判处死刑缓期两年执行。D 错误,"审判的时候"应当扩大解释,包括案件进入刑事诉讼程序到执行死刑以前的整个时段。只要属于审判时怀孕的妇女,不管是做了人工流产,还是自然流产,依法不适用死刑。

2. 孙某因犯抢劫罪被判处死刑,缓期 2 年执行。在死刑缓期执行期间,孙某在劳动时由于不服管理,违反规章制度,造成重大伤亡事故。对孙某应当如何处理?（2004 - 2 - 14）

A. 其所犯之罪查证属实的,由最高人民法院核准,立即执行死刑

B. 其所犯之罪查证属实的,由最高人民法院核准,2 年期满后执行死刑

C. 2 年期满后减为无期徒刑

D. 2 年期满后减为 15 年以上 20 年以下有期徒刑

答案(　　　)②

📖**【考点】** 死缓的变更

📝**【解析】** 死刑缓期二年执行的,在缓期执行的二年时间内只要没有故意犯罪(为了限制死刑,此处的"故意犯罪"应当缩小解释,是指经人民法院审判认定,能够反映罪犯抗拒改造,体现较强人身危险性的故意犯罪),就应减为无期徒刑,如果有重大立功表现的,二年期满后就减为 25 年有期徒刑。但如果故意犯罪,查证属实的(现已修正为情节恶劣的故意犯罪),由最高人民法院核准,执行死刑。本案

①参考答案 CD　②参考答案 C

中,孙某属于过失犯罪,因此可以变更为无期徒刑。

3. 伍某因犯抢劫罪被某中级人民法院一审判处死刑,缓期二年执行,并经高级人民法院核准。在死刑缓期二年执行期间伍某未犯新罪。二年期满后的第二天,高级人民法院尚未裁定减刑,伍某将同监另一犯人打成重伤。该高级人民法院对伍某应当做出什么处理?(2005 - 2 - 36)

A. 裁定核准死刑立即执行

B. 将死刑缓期二年执行改判为死刑立即执行,报最高人民法院核准

C. 先依法裁定减刑,然后对所犯新罪另行审判

D. 维持原死刑缓期二年执行的裁判,以观后效

☞ 答案( )①

📖【考点】 死缓的变更

📖【解析】 根据死缓变更的规定,两年期间未故意犯罪,应减为无期徒刑。第二天所犯之罪,应另行审判,之后再数罪并罚。

4. 下列情形不适用死刑的有:(2005 - 2 - 91)

A. 审判的时候怀孕的妇女　　B. 羁押受审期间已自然流产的妇女

C. 羁押受审期间已人工流产的妇女　　D. 犯罪时不满18周岁的人

☞ 答案( )②

📖【考点】 死刑的限制条件

📖【解析】 1991 年 3 月 18 日,最高人民法院研究室《关于如何理解"审判的时候怀孕的妇女不适用死刑"问题的电话答复》指出:在羁押期间已是怀孕的被告人,无论其怀孕是否属于违反国家计划生育政策,也不论其是否自然流产或者经人工流产以及流产后移送起诉或审判期间的长短,均应视为审判的时候怀孕的妇女,不能判处死刑;如果人民法院在审判的时发现犯罪嫌疑人在羁押受审时已是怀孕的,仍依照上述法律规定,不适用死刑。1998 年 8 月 13 日施行最高人民法院《关于对怀孕妇女在羁押期间自然流产审判时是否可以适用死刑问题的批复》明确指出:怀孕妇女因涉嫌犯罪在羁押期间自然流产后,又因同一事实被起诉、交付审判的,应当视为"审判的时候怀孕的妇女",依法不适用死刑。因此,刑法第 49 条"审判的时候"中的"审判"应该作扩大解释,即不仅包括法院的审判阶段,而且还包括对犯罪嫌疑人开始采取强制措施的侦查和检察院的审查起诉阶段。据此,ABCD 均正确。

5. 审判的时候怀孕的妇女依法不适用死刑。对这一规定的理解,下列哪一选项是错误的?(2007 - 2 - 4)

A. 关押期间人工流产的,属于审判的时候怀孕的妇女

B. 关押期间自然流产的,属于审判的时候怀孕的妇女

C. 不适用死刑,是指不适用死刑立即执行但可适用死缓

D. 不适用死刑,既包括不适用死刑立即执行,也包括不适用死缓

☞ 答案( )③

📖【考点】 死刑的限制条件

📖【解析】 此处省略,详见前述题目有关分析。

6. 甲女因抢劫杀人被逮捕,羁押期间不慎摔伤流产。一月后,甲被提起公诉。对甲的处理,下列哪

①参考答案 C　②参考答案 ABCD　③参考答案 C

一选项是正确的?(2010-2-9)

    A. 应当视为"审判时怀孕的妇女",不适用死刑

    B. 应当视为"审判时怀孕的妇女",可适用死刑缓期二年执行

    C. 不应当视为"审判时怀孕的妇女",因甲并非被强制流产

    D. 不应当视为"审判时怀孕的妇女",因甲并非在审判时摔伤流产

答案(　　　　)①

【考点】死刑的限制条件

【解析】此处省略,详见前述题目有关分析。

7. 关于犯罪分子可以适用死刑缓期执行限制减刑的案件,下列选项正确的是:(2011-2-92)

A. 绑架案件　　　　B. 抢劫案件　　　　C. 爆炸案件　　　　D. 有组织的暴力性案件

答案(　　　　)②

【考点】死缓的变更

【解析】见刑法第50条规定。

8.《刑法》第49条规定:__的时候不满18周岁的人和__的时候怀孕的妇女,不适用死刑。__的时候已满75周岁的人,不适用死刑,但__的除外。下列哪一选项与题干空格内容相匹配?(2012-2-11)

    A. 犯罪——审判——犯罪——故意犯罪致人死亡

    B. 审判——审判——犯罪——故意犯罪致人死亡

    C. 审判——审判——审判——以特别残忍手段致人死亡

    D. 犯罪——审判——审判——以特别残忍手段致人死亡

答案(　　　　)③

【考点】死刑的限制条件

【解析】参考刑法第49条填写即可。

9. 下列关于刑期起算的哪些选项是正确的?(2006-2-55)

    A. 管制、拘役的刑期,从判决执行之日起计算

    B. 有期徒刑的刑期,从判决确定之日起计算

    C. 死刑缓期执行减为有期徒刑的刑期,从死刑缓期执行期满之日起计算

    D. 附加剥夺政治权利的刑期,从徒刑、拘役执行完毕之日或者从假释期满之日起计算

答案(　　　　)④

【考点】刑期起算

【解析】A正确,根据《刑法》第41条、第44条规定,管制、拘役的刑期,都是从判决执行之日起计算。B错误,根据《刑法》第47条规定,有期徒刑的刑期从判决执行之日起计算,而不是从确定之日起计算。C正确,根据《刑法》第51条的规定,死刑缓期执行减为有期徒刑的刑期,从死刑缓期执行二年期满之日起计算。D错误,根据《刑法》第58条第1款规定,附加剥夺政治权利的刑期,从徒刑、拘役执行完毕之日或者从假释之日起计算,剥夺政治权利的效力当然施用于主刑执行期间。

---

①参考答案 A　②参考答案 ABCD　③参考答案 D　④参考答案 AC

10. 甲与乙女恋爱。乙因甲伤残提出分手,甲不同意,拉住乙不许离开,遭乙痛骂拒绝。甲绝望大喊:"我得不到你,别人也休想",连捅十几刀,致乙当场惨死。甲逃跑数日后,投案自首,有悔罪表现。关于本案的死刑适用,下列哪一说法符合法律实施中的公平正义理念?(2012 - 2 - 2)

A. 根据《刑法》规定,当甲的杀人行为被评价为"罪行极其严重"时,可判处甲死刑

B. 从维护《刑法》权威考虑,无论甲是否存在从轻情节,均应判处甲死刑

C. 甲轻率杀人,为严防效尤,即使甲自首悔罪,也应判处死刑立即执行

D. 应当充分考虑并尊重网民呼声,以此决定是否判处甲死刑立即执行

答案(　　)①

📖 【考点】社会主义法治理念与死刑

📋 【解析】A 正确,根据案情,甲的杀人动机、起因、方法等均符合罪行极其严重的要求,如果综合考虑其他要素,能够评价为甲的杀人行为整体属于极其严重的犯罪,可以判处死刑。B 错误,刑法具有补充性或谦抑性,不能通过死刑来维护刑法的权威,违反罪刑相适应原则滥用死刑,反而有损刑法权威。C 错误,根据刑罚的并合主义,不能出于一般预防目的针对犯罪人加重其刑,这一做法违反罪刑相适应原则,也违反了人不能作为手段的法治基本原理。D 错误,网民意见未经民主程序处理,具有不明确性和变易性,因而不能将其等同于民意。死刑虽然需要考虑民意,但必须在法律框架内裁量和执行,不能直接受制于民意或网民意见。

第二章　罚　金

1. 刑法分则某条文规定:犯 A 罪的,"处三年以下有期徒刑,并处或者单处罚金"。被告人犯 A 罪,但情节较轻,且其身无分文。对此,下列哪一判决符合该条规定?(2002 - 2 - 1)

A. 甲法官以被告人身无分文为由,判处有期徒刑 6 个月

B. 乙法官以被告人身无分文且犯罪情节较轻为由,判处有期徒刑 1 年,缓期 2 年执行

C. 丙法官以被告人的犯罪情节较轻为由,判处拘役 3 个月

D. 丁法官以被告人的犯罪情节较轻为由,判处罚金 1000 元

答案(　　)②

📖 【考点】罚金数额的裁量

📋 【解析】A 错误,罚金刑数额的确定应考虑犯罪人的经济能力,身无分文的情况下,应减少罚金数额。至于究竟适用有期徒刑或罚金刑,并不能根据经济能力确定,而是需要根据犯罪的轻重。B 错误,身无分文不能成为判处有期徒刑的理由,但可以情节较轻判处缓刑。C 错误,本罪的法定刑没有规定拘役,按照罪刑法定原则,不能适用该刑种。D 正确,1000 元属于罚金刑的最低数额,可以犯罪人身无分文为根据,适用这一幅度的罚金刑。

2. 依据法律规定,在管制的判决和执行方面,下列说法哪些是不正确的?(2003 - 2 - 45)

A. 管制的期限为 3 个月以上 2 年以下,数罪并罚时不得超过 3 年

B. 被判处管制的犯罪分子,由公安机关执行

C. 对于被判处管制的犯罪分子,在劳动中应酌量发给报酬

D. 管制的刑期从判决执行之日起计算,判决执行以前先行羁押的,羁押一日折抵刑期一日

答案(　　)①

📖 **【考点】** 管制

📖 **【解析】** A 符合刑法明文规定。B、C、D 均错误,管制应实行社区矫正,应同工同酬,羁押一日折抵刑期二日。

3. 甲在一刑事附带民事诉讼中,被法院依法判处罚金并赔偿被害人损失,但甲的财产不足以全部支付罚金和承担民事赔偿。下列关于如何执行本案判决的表述哪一项是正确的?(2005 - 2 - 5)

A. 刑事优先,应当先执行罚金　　　B. 应当先承担民事赔偿责任

C. 按比例执行罚金和承担民事赔偿责任　　D. 承担民事赔偿责任后减免罚金

答案(　　)②

📖 **【考点】** 民事赔偿优先原则

📖 **【解析】**《刑法》第 36 条规定,由于犯罪行为而使被害人遭受经济损失的,对犯罪分子除依法给予刑事处罚外,并应根据情况判处赔偿经济损失。承担民事赔偿责任的犯罪分子,同时被判处罚金,其财产不足以全部支付的,或者被判处没收财产的,应当先承担对被害人的民事赔偿责任。据此,应遵循民事赔偿优先原则。

第三章　剥夺政治权利

1. 下列有关剥夺政治权利的说法,哪些是正确的?(2002 - 2 - 45)

A. 刑法总则规定,对于故意杀人、强奸等严重破坏社会秩序的犯罪分子,可以附加剥夺政治权利。因此,对于严重盗窃、故意重伤等犯罪分子,也可以附加剥夺政治权利

B. 附加剥夺政治权利的刑期,从徒刑执行完毕之日或从假释之日起计算,剥夺政治权利的效力当然施用于主刑执行期间

C. 被剥夺政治权利的犯罪分子,无权参加村民委员会的选举

D. 刑法总则规定:"对于危害国家安全的犯罪分子应当附加剥夺政治权利"。但如果人民法院对危害国家安全的犯罪分子独立适用剥夺政治权利,则不能再附加剥夺政治权利

答案(　　)③

📖 **【考点】** 剥夺政治权利的适用

📖 **【解析】** A、B 正确,参见上文法条规定。C 正确,根据《村民委员会组织法》第 12 条的规定,被剥夺政治权利的村民没有权利参加村委会选举。D 正确,独立适用和附加适用,两者必居其一。

2. 罗某犯放火罪应被判处 10 年有期徒刑,此时人民法院对罗某还可以适用的附加刑是:(2004 - 2 - 9)

A. 罚金　　　B. 剥夺政治权利　　　C. 没收财产　　　D. 赔偿经济损失

答案(　　)④

---

①参考答案 BCD　②参考答案 B　③参考答案 ABCD　④参考答案 B

【考点】剥夺政治权利的适用

【解析】A、C错误,放火罪属于严重破坏社会秩序的暴力犯罪,财产刑对其缺乏针对性,不能附加适用。B正确,根据《刑法》56条规定,放火可以附加适用剥夺政治权利。D错误,其不属于附加刑。

3. 下列关于剥夺政治权利附加刑如何执行问题的说法哪些是正确的?(2005 - 2 - 53)

A. 被判处无期徒刑的罪犯,一般要剥夺政治权利,其期限与主刑一样,同时执行

B. 被判处有期徒刑的罪犯,被剥夺政治权利的,从有期徒刑执行完毕或假释之日起,执行剥夺政治权利附加刑

C. 被判处拘役的罪犯,被剥夺政治权利的,从拘役执行完毕或假释之日起,执行剥夺政治权利附加刑

D. 被判处管制的罪犯,被剥夺政治权利的,附加刑与主刑刑期相等,同时执行

答案( )①

【考点】剥夺政治权利的执行

【解析】A错误,根据《刑法》规定,判处死刑或者无期徒刑应当剥夺政治权利终身,而不是一般要剥夺政治权利。B正确,《刑法》第58条规定,附加剥夺政治权利的刑期,从有期徒刑、拘役执行完毕之日或者从假释之日起计算。C错误,拘役没有假释,只有执行完毕。D正确,根据《刑法》第55条的规定,被判处管制的罪犯,被剥夺政治权利的,附加刑与主刑刑期相等,同时执行。

第四章 没收财产

1. 关于没收财产,下列哪一选项是正确的?(2009 - 2 - 9)

A. 甲抢劫数额巨大,对其可以判处罚金一万元并处没收财产

B. 乙犯诈骗罪被判处没收全部财产时,法院对乙未满18周岁的子女应当保留必需的生活费用,对乙的成年家属不必考虑

C. 丙盗窃珍贵文物情节严重,即便其没有可供执行的财产,亦应当判处没收财产

D. 丁为治病向李某借款五万元,一年后丁因犯罪被判处没收财产。无论李某是否提出请求,一旦法院发现该债务存在,就应当判决以没收的财产偿还

答案( )②

【考点】没收财产刑的适用

【解析】A错误,根据《刑法》关于抢劫罪的规定,罚金刑和没收财产只能科处一种刑罚,不可能出现并科的情形。B错误,根据《刑法》第59条规定,没收全部财产时,应当对犯罪分子及其扶养的家属保留必要的生活费用,包括未成年子女和需要犯罪分子扶养的老人。在《刑法修正案(八)》之前,C正确,无论犯罪分子是否有可供执行的财产,《刑法》第264条(《刑法修正案(八)》之前)对盗窃珍贵文物犯罪的法定刑中规定,情节严重的需要"并处没收财产",即对该行为必然并处没收财产。但根据《刑法修正案(八)》修订后的第264条规定,"盗窃珍贵文物情节严重"可能满足"数额特别巨大或者有其他特别严重情节"的要求,其法定刑为"处十年以上有期徒刑或者无期徒刑,并处罚金或者没收财产"。据此,丙的行为,可能并处罚金,也可能并处没收财产,不必然并处没收财产,因此C错误。D错

误,根据《刑法》第60条规定,没收财产以前犯罪分子所负的正当债务,需要以没收的财产偿还的,经债权人请求,应当偿还。因此,未经债权人请求,法院无权主动判决以没收的财产偿还。

2. 关于没收财产,下列哪些选项是错误的? (2010 - 2 - 56)

A. 甲受贿100万元,巨额财产来源不明200万元,甲被判处死刑并处没收财产。甲被没收财产的总额至少应为300万元

B. 甲抢劫他人汽车被判处死刑并处没收财产。该汽车应上缴国库

C. 甲因走私罪被判处无期徒刑并处没收财产。此前所负赌债,经债权人请求应予偿还

D. 甲因受贿罪被判有期徒刑十年并处没收财产30万元,因妨害清算罪被判有期徒刑三年并处罚金二万元。没收财产和罚金应当合并执行

📖 **答案(   )**①

📚 **【考点】** 没收财产

📖 **【解析】** A错误,300万元属于犯罪分子违法所得的财物,应当予以追缴或者责令退赔,不属于没收财产刑的执行对象。B错误,汽车属于被害人的合法财产,应当及时返还,而非上缴国库。C错误,赌债并非正当债务,不应偿还。D错误,根据2011年5月1日施行的《刑法修正案(八)》第10条对《刑法》第69条第2款所作的修订后的规定:数罪中有判处附加刑的,附加刑仍须执行,其中,附加刑种类相同的,合并执行,种类不同的,分别执行。据此,没收财产(不管是没收部分还是全部财产)与罚金刑,都要分别执行,而不能合并执行。

第五章 非刑罚处罚措施

1.《刑法》第64条前段规定:"犯罪分子违法所得的一切财物,应当予以追缴或者责令退赔"。关于该规定的适用,下列哪一选项是正确的? (2016 - 2 - 8)

A. 甲以赌博为业,但手气欠佳输掉200万元。输掉的200万元属于赌资,应责令甲全额退赔

B. 乙挪用公款炒股获利500万元用于购买房产(案发时贬值为300万元),应责令乙退赔500万元

C. 丙向国家工作人员李某行贿100万元。除向李某追缴100万元外,还应责令丙退赔100万元

D. 丁与王某共同窃取他人财物30万元。因二人均应对30万元负责,故应向二人各追缴30万元

📖 **答案(   )**②

📚 **【考点】** 没收

📖 **【解析】** 根据《刑法》第64条规定:"犯罪分子违法所得的一切财物,应当予以追缴或者责令退赔;对被害人的合法财产,应当及时返还;违禁品和供犯罪所用的本人财物,应当予以没收。没收的财物和罚金,一律上缴国库,不得挪用和自行处理。"违法所得是指通过违法行为所得的财物。A错误,200万赌资属于犯罪组成之物,是违法行为失去的财物,不属于犯罪所得。B正确,根据《刑法》第384条第1款规定:"国家工作人员利用职务上的便利,挪用公款归个人使用,进行非法活动的,或者挪用公款数额较大、进行营利活动的,或者挪用公款数额较大、超过三个月未还的,是挪用公款罪,处五年以下有期徒刑或者拘役;情节严重的,处五年以上有期徒刑。挪用公款数额巨大不退还的,处十年以上有期徒刑或者无期徒刑。"乙挪用公款炒股获利,挪用的公款属于犯罪所用之物,应当予以追缴,而利用其挪

用公款所获利益属于违法所得,应责令退赔。本案中,乙挪用公款炒股的获利是 500 万元,应责令乙退赔 500 万元。利用违法所得购买的房产产生的收益也属于违法所得,但贬值的部分并非违法所得。对贬值的部分,违法所得人应承担赔偿责任。C 错误,行贿款属于行贿罪的犯罪组成之物,并非违法所得。受贿人收回 100 万元属于违法所得,应予没收。D 错误,丁与王某共同盗窃的行为,成立盗窃罪的共同犯罪,丁和王某均应对 30 万元负责,即根据 30 万元进行定罪量刑。但是,针对 30 万元违法所得进行追缴或退赔的责任应当由丁和王某共同承担,即以 30 万元为限由两人退赔。

2. 关于职业禁止,下列哪一选项是正确的?(2016 - 2 - 9)

A. 利用职务上的便利实施犯罪的,不一定都属于"利用职业便利"实施犯罪

B. 行为人违反职业禁止的决定,情节严重的,应以拒不执行判决、裁定罪定罪处罚

C. 判处有期徒刑并附加剥夺政治权利,同时决定职业禁止的,在有期徒刑与剥夺政治权利均执行完毕后,才能执行职业禁止

D. 职业禁止的期限均为 3 年至 5 年

答案(　　　)①

【考点】 职业禁止

【解析】 根据《刑法》第 37 条之一规定:"因利用职业便利实施犯罪,或者实施违背职业要求的特定义务的犯罪被判处刑罚的,人民法院可以根据犯罪情况和预防再犯罪的需要,禁止其自刑罚执行完毕之日或者假释之日起从事相关职业,期限为三年至五年。被禁止从事相关职业的人违反人民法院依照前款规定作出的决定的,由公安机关依法给予处罚;情节严重的,依照本法第三百一十三条的规定定罪处罚。其他法律、行政法规对其从事相关职业另有禁止或者限制性规定的,从其规定。"A 错误,职务上的便利以具有某一职业为前提(职务是指职业活动中的管理性工作),因此,利用职务上的便利,当然满足"利用职业便利"的要求。B 正确,根据上述法条,行为人违反职业禁止的决定,由公安机关依法给予处罚,其中情节严重的,应以《刑法》第 313 条规定,即拒不执行判决、裁定罪定罪处罚。C 错误,此处的"刑罚",应该指主刑,不包括附加刑,也就是说刑罚执行完毕不包括罚金、没收财产、剥夺政治权利等附加刑的执行。D 错误,根据上述法条,当其他法律、行政法规对职业禁止另有规定时,从其规定,所以职业禁止的期限未必均为 3 年至 5 年。

第六章 量 刑

1. 假如甲罪的法定刑为"三年以上十年以下有期徒刑",下列关于量刑的说法正确的是:(2004 - 2 - 85)

A. 如果法官对犯甲罪的被告人判处 7 年以上 10 年以下有期徒刑,就属于从重处罚;如果判处 3 年以上 7 年以下有期徒刑,就属于从轻处罚

B. 法官对犯甲罪的被告人判处 3 年有期徒刑时,属于从轻处罚与减轻处罚的竞合

C. 由于甲罪的法定最低刑为 3 年以上有期徒刑,所以,法官不得对犯甲罪的被告人宣告缓刑

D. 如果犯甲罪的被告人不具有刑法规定的减轻处罚情节,法官就不能判处低于 3 年有期徒刑的刑罚,除非根据案件的特殊情况,报经最高人民法院核准

答案(　　　)②

【考点】 量刑

【解析】A错误,该观点实际上拟制了法定刑"中间线",然后围绕该点进行量刑。但是,所谓的从重或从轻处罚都必须在法定刑的幅度之内,在由犯罪社会危害性和行为人人身危险性所决定的量刑基准点以上或以下量刑。从重或从轻并不意味着在法定刑的"中间线"以上或以下判处刑罚。即首先暂不考虑从轻处罚或从重处罚的情节,只考虑情节之外的基本犯罪事实对应量刑的基准点,然后再考虑各种情节,围绕这个"点"上下调节刑罚,最终再确定宣告刑。B错误,减轻处罚不包括法定刑的下限,从轻处罚则包括了法定刑的下限。C错误,根据《刑法》第72条的规定,缓刑可以适用于被判处3年以下有期徒刑的犯罪分子,这里的"以下"包括本数,因此可以适用缓刑。D正确,符合《刑法》第63条规定。

2. 下列关于从重处罚的表述哪些是正确的?(2005 – 2 – 54)

A. 从重处罚是指应当在犯罪所适用刑罚幅度的中线以上判处

B. 从重处罚是在法定刑以上判处刑罚

C. 从重处罚是指在法定刑的限度以内判处刑罚

D. 从重处罚不一定判处法定最高刑

答案(　　　)①

【考点】从重处罚

【解析】A错误,从重处罚并非在犯罪所适用刑罚幅度的中线以上判处,而是在具体的法定刑幅度以内,在由犯罪社会危害性和行为人人身危险性所决定的量刑基准点以上量刑。B错误,该表述是加重处罚的规定,《刑法》已经废除加重处罚。C正确,该表述符合《刑法》第62条规定。D正确,从重处罚需要针对犯罪事实遵循罪刑相适应原则决定是否选择法定最高刑,而不是必然选择法定最高刑。

3. 下列哪些行为属于法定的从重处罚情节?(2006 – 2 – 65)

A. 国家机关工作人员甲利用职权对乙进行非法拘禁,时间长达3天

B. 军警人员甲持枪抢劫

C. 国家机关工作人员甲利用职权挪用数额巨大的救济款进行赌博

D. 国家机关工作人员甲徇私舞弊,滥用职权,致使公共财产、国家和人民利益遭受重大损失

答案(　　　)②

【考点】从重处罚

【解析】A、C符合刑法相关规定,属于从重处罚情节。B错误,军警人员抢劫符合冒充军警人员抢劫的要求,成立抢劫罪的情节加重犯。持枪抢劫也成立抢劫罪的情节加重犯。D错误,根据《刑法》397条规定,国家机关工作人员徇私舞弊,滥用职权或者玩忽职守,致使公共财产、国家和人民利益遭受重大损失,成立滥用职权罪的结果加重犯。

第七章　累　犯

1. 以下哪些被告人构成累犯?(2002 – 2 – 36)

A. 某甲犯盗窃罪被判有期徒刑,刑罚执行完毕后第4年又犯强奸罪

B. 某乙犯间谍罪被判有期徒刑,刑罚执行完毕后第2年又犯抢劫罪

C. 某丙犯传染病菌种、毒种扩散罪被判有期徒刑,刑罚执行完毕后第 3 年又犯故意杀人罪

D. 某丁犯故意伤害罪被判有期徒刑 10 年,执行 6 年后获得假释,假释后的第 7 年又犯诈骗罪

答案( )①

【考点】累犯的构成要件

【解析】根据《刑法》第 65、66 条之规定,累犯分为一般累犯和特别累犯。一般累犯的构成要件包括以下要点:(1)前罪与后罪均为故意犯罪;(2)均被判处有期徒刑以上刑罚;(3)刑罚执行完毕或赦免之后五年以内;(4)过失犯罪和不满十八周岁的人犯罪除外。特别累犯之构成要注意以下几点:(1)须为危害国家安全犯罪、恐怖活动犯罪、黑社会性质的组织犯罪的犯罪分子;(2)刑罚执行完毕或赦免之后无时间间隔。据此,A、B、D 答案正确。需要注意的是,D 项中,丁犯为 10 年有期徒刑,在执行 6 年后假释,其 5 年间隔时间并不是从假释之日起算,而是从假释考验期满之日计算。C 项中的传染病菌种、毒种扩散罪系过失犯罪,不成立累犯。

2. 王某因犯盗窃罪被判处有期徒刑,执行完毕后第四年,再次犯盗窃罪被人民法院判处二年零九个月有期徒刑。人民法院不能对王某适用下列哪些制度?（2003 - 2 - 40）

A. 减刑　　　　　B. 缓刑　　　　　C. 假释　　　　　D. 保外就医

答案( )②

【考点】累犯的构成要件,累犯的法律后果

【解析】《刑法》第 74 条规定:对于累犯和犯罪集团的首要分子,不适用缓刑。《刑法》第 81 条第二款规定,对累犯以及因故意杀人、强奸、抢劫、绑架、放火、爆炸、投放危险物质或者有组织的暴力性犯罪被判处十年以上有期徒刑、无期徒刑的犯罪分子,不得假释。所以 B、C 正确。对于累犯,能否减刑、保外就医、监外执行,法律没有明确的限定。

3. 下列哪一种情形不成立累犯?（2004 - 2 - 13）

A. 张某犯故意伤害罪被判处有期徒刑 3 年,缓刑 3 年,缓刑期满后的第 3 年又犯盗窃罪,被判处有期徒刑 10 年

B. 李某犯强奸罪被判处有期徒刑 5 年,刑满释放后的第 4 年,又犯妨害公务罪,被判处有期徒刑 6 个月

C. 王某犯抢夺罪被判处有期徒刑 4 年,执行 3 年后被假释,于假释期满后的第 5 年又犯故意杀人罪被判处无期徒刑

D. 田某犯叛逃罪被判处管制 2 年,管制期满后 20 年又犯为境外刺探国家秘密罪,被判处拘役 6 个月

答案( )③

【考点】累犯的构成要件

【解析】如前所述,B、C 符合一般累犯的构成要件,D 符合特别累犯的构成要件,所以 B、C、D 均成立累犯罪。因缓刑不存在累犯问题,所以 A 项不成立累犯。

4. 符合下列哪些情形而在五年以内再犯应当判处有期徒刑以上刑罚之罪的可以构成累犯?（2005 - 2 - 55）

A. 前罪的刑罚执行完毕以后　　B. 赦免以后　　C. 缓刑考验期满以后　　D. 假释考验期满以后

答案( )④

①参考答案 ABD　②参考答案 BC　③参考答案 A　④参考答案 ABD

【考点】 累犯的构成要件

【解析】《刑法》条文明确规定了一般累犯的构成要件之一为"刑罚执行完毕或赦免以后",据此,A、B正确。如前所述,假释的起算时间,从假释考验期满计算,D正确。通常认为,缓刑并没有执行刑罚,所以不存在刑罚执行完毕之说,缓刑也不存在累犯的问题。

5. 关于累犯,下列哪一选项是正确的?(2009 - 2 - 10)

A. 甲因故意伤害罪被判七年有期徒刑,刑期自1990年8月30日至1997年8月29日止。甲于1995年5月20日被假释,于1996年8月25日犯交通肇事罪。甲构成累犯

B. 乙因盗窃罪被判三年有期徒刑,2002年3月25日刑满释放,2007年3月20日因犯盗窃罪被判有期徒刑四年。乙构成累犯

C. 丙因危害国家安全罪被判处五年有期徒刑,1996年4月21日刑满释放,2006年4月20日再犯同罪。丙不构成累犯

D. 丁因失火罪被判处三年有期徒刑,刑期自1995年5月15日至1998年5月14日。丁于1998年5月15日在出狱回家途中犯故意伤害罪。丁构成累犯

答案(   )①

【考点】 累犯的构成要件

【解析】 累犯分为一般累犯和特别累犯。一般累犯的构成要件包括以下要点:(1)前罪与后罪均为故意犯罪;(2)前罪、后罪均被判处有期徒刑以上刑罚;(3)刑罚执行完毕或赦免之后五年以内;(4)过失犯罪和不满十八周岁的人犯罪除外。特别累犯之构成要注意以下几点:(1)前罪、后罪均须为危害国家安全犯罪、恐怖活动犯罪、黑社会性质的组织犯罪的犯罪分子;(2)刑罚执行完毕或赦免之后无时间间隔。A项,因交通肇事罪属于过失犯罪,故甲不成立累犯。B项,乙符合一般累犯罪的构成要件,构成累犯。C项,符合特别累犯的构成要件,成立累犯。D项,失火罪不是故意犯罪,丁不构成累犯。

6. 关于累犯,下列哪一判断是正确的?(2010 - 2 - 8)

A. 甲因抢劫罪被判处有期徒刑十年,并被附加剥夺政治权利三年。甲在附加刑执行完毕之日起五年之内又犯罪。甲成立累犯

B. 甲犯抢夺罪于2005年3月假释出狱,考验期为剩余的二年刑期。甲从假释考验期满之日起五年内再故意犯重罪。甲成立累犯

C. 甲犯危害国家安全罪五年徒刑期满,六年后又犯杀人罪。甲成立累犯

D. 对累犯可以从重处罚

答案(   )②

【考点】 累犯的成立条件

【解析】 A项,考查的是对刑法规定中"刑罚执行完毕"的理解,刑罚执行完毕指的是主刑执行完毕,不包括附加刑,所以不成立累犯。B项,符合一般累犯构成要件。C项,只有前罪符合特殊累犯的罪类条件,后罪不符合,不成立特殊累犯;同时,该项不符合一般累犯的五年时间间隔要件,故不成立累犯。《刑法》第65条规定累犯应当从重处罚,而不是"可以"从重处罚,D项错误。

7. 2009年1月,甲(1993年4月生)因抢劫罪被判处有期徒刑1年。2011年3月20日,甲以特别残忍手段故意杀人后逃跑,6月被抓获。关于本案,下列哪一选项是正确的?(2011 - 2 - 9)

---

① 参考答案 B   ② 参考答案 B

A. 根据从旧兼从轻原则,本案不适用《刑法修正案(八)》

B. 对甲故意杀人的行为,应当从轻或者减轻处罚

C. 甲在审判时已满 18 周岁,可以适用死刑

D. 甲构成累犯,应当从重处罚

答案(　　)①

【考点】 未成年人累犯

【解析】 根据最高人民法院《关于〈刑法修正案(八)〉时间效力问题的解释》第 3 条第 1 款规定,被判处有期徒刑以上刑罚,刑罚执行完毕或者赦免之后,在 2011 年 4 月 30 日以前再犯应当判处有期徒刑以上刑罚之罪的,是否构成累犯,适用修正前刑法第 65 条的规定,但是,前罪实施时不满十八周岁的,是否构成累犯,适用修正后刑法第 65 条的规定。《刑法修正案(八)》修改之前的刑法第 65 条对累犯的成立没有年龄限制,但修正案施行之后,犯罪时不满十八周岁的,不成立一般累犯。甲前后两个罪都发生在《刑法修正案(八)》施行以前,原则上应当适用修订之前的刑法规定。但是,当行为时的法律与审判时的法律不同时,根据从旧兼从轻原则,应适用更有利于被告人的新法,不按照累犯处理。据此,A、D 均错误。B 正确,根据刑法第 17 条第 3 款规定,已满 14 周岁不满 18 周岁的人犯罪的,应当从轻或者减轻处罚。甲在故意杀人时不满 18 周岁,应当从轻或者减轻处罚。C 错误,根据刑法第 49 条的规定,犯罪的时候不满十八周岁的人和审判的时候怀孕的妇女,不适用死刑。甲在故意杀人时未满 18 周岁,不能适用死刑。

8. 关于累犯,下列哪一选项是正确的?(2015 - 2 - 10)

A. 对累犯和犯罪集团的积极参加者,不适用缓刑

B. 对累犯,如假释后对所居住的社区无不良影响的,法院可决定假释

C. 对被判处无期徒刑的累犯,根据犯罪情节等情况,法院可同时决定对其限制减刑

D. 犯恐怖活动犯罪被判处有期徒刑 4 年,刑罚执行完毕后的第 12 年又犯黑社会性质的组织犯罪的,成立累犯

答案(　　)②

【解析】 对犯罪集团的积极参加者可以适用缓刑。累犯不能适用缓刑。限制减刑的规定不包括无期徒刑的累犯。前后罪只要属于特殊累犯指定犯罪范围即可,不要求前后一致。

第八章　自首与立功

第一节　自　首

1. 甲为使其弟乙逃脱处罚,送给正在审理乙涉嫌非法拘禁一案的合议庭审判长丙 5 万元。在审判委员会上,丙试图为乙开脱罪责,但未能得逞,于是丙将收受的 5 万元退还给甲。甲经过思想斗争,到司法机关主动交代了自己向丙行贿的行为。关于本案的处理,下列哪些说法是正确的?(2002 - 2 - 48)

A. 对甲的行为应以行贿罪论处　　　　B. 对丙的行为应当认定为受贿中止

C. 对甲应当适用刑法总则关于自首的处罚规定　　　D. 对甲可以减轻处罚或者免除处罚

答案(　　)③

📖 **【考点】** 行贿人主动交代行贿行为与自首的关系;中止犯成立条件

📖 **【解析】** A、D 正确,C 错误,《刑法》第 390 条规定,行贿人在被追诉前主动交代行贿行为的,可以减轻处罚或者免除处罚。据此,甲的行为可以减轻处罚或者免除处罚。同时,甲因主动投案,如实供述,也成立自首。由于甲仅实施了一个行为,因此形成了自首与《刑法》第 390 条刑罚减免事由的竞合,应按照对行为人最为有利的原则,仅适用《刑法》第 390 条规定。注意,两者不可同时适用,否则就会造成重复评价。B 错误,丙已经承诺谋取利益,构成受贿罪既遂。其退赃行为,仅成立酌定的从宽情节,不成立犯罪中止。

👤 **【难点】** 《刑法》第 164 条第 2 款、第 392 条第 2 款规定与本题涉及的第 390 条类似,均规定了刑罚减免事由。

2. 下列情形哪一项属于自首?(2005 - 2 - 6)
A. 甲杀人后其父主动报案并将甲送到派出所,甲当即交代了杀人的全部事实和经过
B. 甲和乙共同贪污之后,主动到检察机关交代自己的贪污事实,但未提及乙
C. 甲和乙共同盗窃之后,主动向公安机关反映乙曾经诈骗数千元,经查证属实
D. 甲给监察局打电话,承认自己收受他人 1 万元贿赂,并交代了事情经过,然后出走不知所踪

📖 答案( )①

📖 **【考点】** 自首的成立条件

📖 **【解析】** A 正确,1998 年 4 月 6 日《最高人民法院关于处理自首和立功具体应用法律若干问题的解释》第 1 条明确指出:并非出于犯罪嫌疑人主动,而是经亲友规劝、陪同投案的;公安机关通知犯罪嫌疑人的亲友,或者亲友主动报案后,将犯罪嫌疑人送去投案的,也应当视为自动投案。据此,甲应成立自首。B 错误,在共同犯罪中,行为人要成立自首,不仅要交代自己的犯罪事实,而且还要如实交代自己知道的所有同案犯。据此,甲既然未提及乙,就不应当成立自首。C 错误,甲的行为并未如实供述自己的罪行,而是揭发他人在另一案件中的罪行,应成立立功。D 错误,甲未投案,只是如实供述自己的罪行,不成立自首。

3. 甲、乙共谋教训其共同的仇人丙。由于乙对丙有夺妻之恨,暗藏杀丙之心,但未将此意告诉甲。某日,甲、乙二人共同去丙处。为确保万无一失,甲、乙以入室盗窃为由邀请不知情的丁在楼下望风。进入丙的房间后,甲、乙同时对丙拳打脚踢,致丙受伤死亡。甲、乙二人旋即逃离现场。在逃离现场前甲在乙不知情的情况下从丙家的箱子里拿走人民币 5 万元。出门后,甲背着乙向丁谎称从丙家窃取现金 3 万元,分给丁 1 万元,然后一起潜逃。潜逃期间,甲窃得一张信用卡,向乙谎称该卡是从街上捡的,让乙到银行柜台取出了信用卡中的 3 万元现金。犯罪所得财物挥霍一空后,丁因生活无着,向公安机关投案,交代了自己和甲共同盗窃的事实,但隐瞒了事后知道的甲、乙致丙死亡的事实。

对于丁的投案行为,下列何种判断是正确的?(2006 - 2 - 100)
A. 丁虽然投案,但隐瞒了甲、乙致丙死亡的事实,因而不构成自首
B. 丁虽然隐瞒了甲、乙致丙死亡的事实,但交代了本人与甲共同犯罪的事实,因而构成自首
C. 丁构成自首且揭发甲与自己共同犯罪的行为成立立功
D. 丁构成坦白但揭发甲与自己共同犯罪的行为成立立功

📖 答案( )②

---

① 参考答案 A ② 参考答案 B

📖【考点】自首和立功的成立条件

📝【解析】A错误，B正确。1998年4月6日最高人民法院通过的《关于处理自首和立功具体应用法律若干问题的解释》第1条关于"共同犯罪案件中的犯罪嫌疑人，除如实供述自己的罪行，还应当供述所知的同案犯，主犯则应当供述所知其他同案犯的共同犯罪事实，才能认定为自首"。据此，丁虽然隐瞒了甲、乙致丙死亡的事实，但向公安机关投案，交代了自己和甲共同盗窃的事实，应当认定为自首。甲、乙致丙死亡的行为属于实行过限的行为，就该行为而言，三人不构成共犯。所以，丁即便未供述该行为，也并不影响其成立盗窃罪这一共犯的自首。丁检举揭发甲、乙共同导致丙死亡的事实，可以构成重大立功。但丁仅供述了自己与甲的共同盗窃行为，不符合立功条件。据此，C、D错误。

4. 甲因为盗窃乙的自行车(价值460元)被抓获，公安机关对其作出行政拘留15日的处罚。在被行政拘留期间，甲主动交代了盗窃丙的摩托车(价值2万元)的犯罪事实，该事实经公安机关查证属实。对甲主动交代盗窃摩托车一事的行为应如何定性?（2008 川 - 2 - 2）

A. 自首　　　　　B. 坦白　　　　　C. 立功　　　　　D. 重大立功

📖 答案(　　　　)①

📖【考点】自首的成立条件

📝【解析】根据刑法和有关司法解释的规定，自首分为一般自首和特殊自首。《刑法》第67条第1款规定"犯罪以后自动投案，如实供述自己的罪行的，是自首"，此即为一般自首。《刑法》第67条第2款规定，"被采取强制措施的犯罪嫌疑人、被告人和正在服刑的罪犯如实供述司法机关还未掌握的本人其他罪行的，以自首论"。此即为特殊自首，也称为准自首。"被采取强制措施"，通常认为，也包括行政拘留等限制、剥夺人身自由的措施。甲在被行政拘留期间主动交代其盗窃丙摩托车的犯罪事实，符合特殊自首的成立条件。

5. 关于自首中的"如实供述"，下列哪些选项是错误的?（2009 - 2 - 53）

A. 甲自动投案后，如实交代自己的杀人行为，但拒绝说明凶器藏匿地点的，不成立自首

B. 乙犯有故意伤害罪、抢夺罪，自动投案后，仅如实供述抢夺行为，对伤害行为一直主张自己是正当防卫的，仍然可以成立自首

C. 丙虽未自动投案，但办案机关所掌握线索针对的贪污事实不成立，在此范围外丙交代贪污罪行的，应当成立自首

D. 丁自动投案并如实供述自己的罪行后又翻供，但在二审判决前又如实供述的，应当认定为自首

📖 答案(　　　　)②

📖【考点】如实供述

📝【解析】A错误，"如实供述"是指犯罪嫌疑人主动交代自己的主要犯罪事实。凶器藏匿地点不是主要犯罪事实，甲交代自己的杀人行为便应当成立自首。B正确，根据司法解释，犯罪嫌疑人对行为性质的辩解不影响自首的成立。C正确，根据司法解释，没有自动投案，但具有以下情形之一的，以自首论:(1)犯罪分子如实交代办案机关未掌握的罪行，与办案机关已掌握的罪行属不同种罪行的;(2)办案机关所掌握线索针对的犯罪事实不成立，在此范围外犯罪分子交代同种罪行的。据此，办案机关掌握线索针对贪污的事实不成立，丙交代的贪污行为是司法机关尚未掌握的同种罪行，应当成立自首。D错误，根据司法解释，犯罪嫌疑人自动投案主动供述罪行以后又翻供的，只有在一审判决前又如

_____

① 参考答案 A　　② 参考答案 AD

实供述的才成立自首。

6. 下列哪一选项成立自首？（2015-2-11）

A. 甲挪用公款后主动向单位领导承认了全部犯罪事实，并请求单位领导不要将自己移送司法机关

B. 乙涉嫌贪污被检察院讯问时，如实供述将该笔公款分给了国有单位职工，辩称其行为不是贪污

C. 丙参与共同盗窃后，主动投案并供述其参与盗窃的具体情况。后查明，系因分赃太少、得知举报有奖才投案

D. 丁因纠纷致程某轻伤后，报警说自己伤人了。报警后见程某举拳冲过来，丁以暴力致其死亡，并逃离现场

📖 答案（　　）①

📠 **【解析】** 甲并未将自己置于司法机关的控制之下，不成立自动投案。乙并未自动投案。丙符合自动投案和如实供述的要求，成立自首。自首对动机并没有法规范上的要求。丁虽然一开始意图自动投案，但后续未将自己置于司法机关的控制之下。

第二节 立 功

1. 某甲因盗窃罪案发被捕，在侦查人员对其审讯期间，交代了自己与李某诈骗4万元的犯罪事实，并提供了同案犯李某可能隐匿的地点，根据这一线索，侦查机关顺利将李某追捕归案。对某甲的盗窃罪如何处罚？（2003-2-9）

A. 应当减轻或者免除处罚　　　　　　B. 应当从轻或者减轻处罚

C. 可以从轻或者减轻处罚　　　　　　D. 可以减轻或者免除处罚

📖 答案（　　）②

📠 **【考点】** 自首；一般立功

📠 **【解析】** 甲因盗窃被捕，但如实交代了司法机关未掌握的诈骗罪，成立余罪自首。根据其涉案金额，犯罪并非较轻，可以从轻或减轻处罚。提供了同案犯李某可能隐匿的地点，根据这一线索，侦查机关顺利将李某追捕归案。犯罪分子归案后，提供其他同案犯藏匿地址，司法机关据此抓捕同案犯的，不能认定为协助司法机关抓捕同案犯，据此，该行为不构成立功。综上，甲仅具有自首情节，按照《刑法》规定可以从轻或减轻处罚。

2. 甲和乙共同入户抢劫并致人死亡后分头逃跑，后甲因犯强奸罪被抓获归案。在羁押期间，甲向公安人员供述了自己和乙共同所犯的抢劫罪行，并提供了乙因犯故意伤害罪被关押在另一城市的看守所的有关情况，使乙所犯的抢劫罪受到刑事追究。对于本案，下列哪一选项是正确的？（2006-2-6）

A. 甲的行为属于坦白，但不成立特别自首

B. 甲的行为成立特别自首，但不成立立功

C. 甲的行为成立特别自首和立功，但不成立重大立功

D. 甲的行为成立特别自首和重大立功

📖 答案（　　）③

📠 **【考点】** 特别自首；重大立功

---

①参考答案 C　　②参考答案 C　　③参考答案 D

【解析】甲因犯强奸罪被抓获归案。在羁押期间，甲向公安人员供述了自己和乙共同所犯的抢劫罪行。《刑法》第67条第2款规定，被采取强制措施的犯罪嫌疑人、被告人和正在服刑的罪犯，如实供述司法机关还未掌握的本人其他罪行的，以自首论。据此，甲成立特别自首。此外，甲提供了乙因犯故意伤害罪被关押在另一城市的看守所的有关情况，使乙所犯的抢劫罪受到刑事追究。该并非简单的揭发同案犯共同犯罪事实（不可能成立立功），也不属于提供同案犯联系方式或藏匿地址（不可能成立立功），因此仍然可能成立立功。根据《关于处理自首和立功具体应用法律若干问题的解释》第5条规定，协助司法机关抓捕其他犯罪嫌疑人（包括同案犯）的，应认定为立功。由于抢劫罪（致人死亡）可能判处无期徒刑或死刑，属于重大案件，因此甲协助抓捕的行为成立重大立功。

3. 甲见追回剩余**70万元**无望，就携带乙归还的**30万元**潜逃。甲半年内将30万元挥霍一空，走投无路后向司法机关投案，并交代了借公款给乙、接受乙贿赂和携款潜逃的事实，并提供线索协助司法机关将乙捉拿归案。乙归案后主动交代了行贿和司法机关尚未掌握的贩卖毒品的犯罪事实。

关于甲投案以及乙归案后的行为，下列说法正确的是：(2007－2－96)
A. 甲在走投无路的情况下被迫投案，不应认定为自首
B. 甲提供线索致使乙被抓获的行为属于立功
C. 乙对贩卖毒品罪成立自首
D. 乙对行贿罪不成立自首

答案（ ）①

【考点】立功；自首

【解析】A错误，甲虽然是在走投无路时被迫投案，但该行为仍然符合自动投案的要求，成立自首。B正确，甲提供线索，使同案犯乙被抓获，属于协助抓捕型立功。C正确，乙在归案后，主动交代司法机关未掌握的贩卖毒品罪，成立余罪自首。D正确，乙在归案后虽然交代了行贿行为，但该行为已经被司法机关掌握，不成立余罪自首。

4. 下列哪些选项不构成立功？(2012－2－57)
A. 甲是唯一知晓同案犯裴某手机号的人，其主动供述裴某手机号，侦查机关据此采用技术侦查手段将裴某抓获
B. 乙因购买境外人士赵某的海洛因被抓获后，按司法机关要求向赵某发短信"报平安"，并表示还要购买毒品，赵某因此未离境，等待乙时被抓获
C. 丙被抓获后，通过律师转告其父想办法协助司法机关抓捕同案犯，丙父最终找到同案犯藏匿地点，协助侦查机关将其抓获
D. 丁被抓获后，向侦查机关提供同案犯的体貌特征，同案犯由此被抓获

答案（ ）②

【考点】立功

【解析】A、D错误，1998年4月6日最高人民法院《关于处理自首和立功具体应用法律若干问题的解释》规定，协助司法机关抓捕其他犯罪嫌疑人（包括同案犯），应当认定为有立功表现。但是，犯罪分子提供同案犯姓名、住址、体貌特征等基本情况，或者提供犯罪前、犯罪中掌握、使用的同案犯联络方式、藏匿地址，司法机关据此抓捕同案犯的，不能认定为协助司法机关抓捕同案犯。据此，甲的行为

①参考答案 BCD ②参考答案 ACD

不构成立功。B 正确,根据司法解释,按照司法机关的安排,以打电话、发信息等方式将其他犯罪嫌疑人(包括同案犯)约至指定地点的,成立协助抓捕型立功。据此,乙的行为是立功。C 错误,立功必须是犯罪分子本人实施的行为。为使犯罪分子得到从轻处理,犯罪分子的亲友直接向有关机关揭发他人犯罪行为,提供侦破其他案件的重要线索,或者协助司法机关抓捕其他犯罪嫌疑人的,不应当认定为犯罪分子的立功表现。据此,丙父协助司法机关抓捕同案犯,而非丙协助,故丙不构成立功。

5. 甲(民营企业销售经理)因合同诈骗罪被捕。在侦查期间,甲主动供述曾向国家工作人员乙行贿 9 万元,司法机关遂对乙进行追诉。后查明,甲的行为属于单位行贿,行贿数额尚未达到单位行贿罪的定罪标准。甲的主动供述构成下列哪一量刑情节?(2014 - 2 - 12)

    A. 坦白   B. 立功   C. 自首   D. 准自首

    📖 答案(   )①

📖 **【考点】** 立功

📖 **【解析】** 甲的行贿行为不构成单位行贿罪,因此不可能成立坦白和自首。但其揭发了乙受贿事实,提供了重要线索,乙的行为构成受贿罪,且已经被追诉(得以侦破和查证属实),因此成立立功。

第九章 缓 刑

1. 2000 年 8 月 21 日,甲因犯诈骗罪被人民法院判处有期徒刑 3 年,缓刑 5 年。2005 年 6 月 20 日,甲又犯盗窃罪。对于甲的量刑,下列表述哪些是正确的?(2005 - 2 - 64)

    A. 甲具有法定从重处罚情节   B. 甲不构成累犯

    C. 对甲的盗窃罪不能适用缓刑   D. 对甲应当数罪并罚

    📖 答案(   )②

📖 **【考点】** 缓刑的适用条件、累犯的构成要件

📖 **【解析】** 缓刑不存在累犯之说,所以 B 项正确。甲不构成累犯,所以不具法定从重处罚情节,A 项错误。甲之前犯诈骗罪(缓刑),之后犯盗窃罪,由于前罪刑罚并未执行,所以两罪不构成累犯。对诈骗罪和盗窃罪数罪并罚后,不得再次适用缓刑,否则便与缓刑目的相悖,C 正确。甲犯在缓刑考验期内又犯新罪,应撤销缓刑,新罪、旧罪数罪并罚。

2. 关于缓刑,下列哪一选项是错误的?(2006 - 2 - 8)

    A. 对于累犯不适用缓刑

    B. 对于危害国家安全的犯罪分子,不适用缓刑

    C. 对于数罪并罚但宣告刑为 3 年以下有期徒刑的犯罪分子,可以适用缓刑

    D. 虽然故意杀人罪的法定最低刑为 3 年有期徒刑,但只要符合缓刑条件,仍然可以适用缓刑

    📖 答案(   )③

📖 **【考点】** 缓刑的适用条件

📖 **【解析】** A、D 均正确,符合刑法明文规定。B 错误,危害国家安全的犯罪分子只要符合缓刑适用条件,仍然可以适用缓刑。C 正确,对于判决宣告以前犯数罪的犯罪分子,只要判决执行的刑罚为拘

---

①参考答案 B   ②参考答案 BCD   ③参考答案 B

役、三年以下有期徒刑,且符合根据犯罪分子的犯罪情节和悔罪表现,适用缓刑确实不致再危害社会的案件,依法可以适用缓刑。据此,数罪并罚但宣告刑为 3 年以下有期徒刑满足缓刑适用条件。

3. 徐某因犯故意伤害罪,于 **2007 年 11 月 21 日**被法院判处有期徒刑 **1 年**,缓期 **2 年**执行。在缓刑考验期限内,徐某伙同他人无故殴打学生傅某,致傅某轻微伤。当地公安局于 **2008 年 4 月 3 日**决定对徐某行政拘留 **15 日**,并于当日开始执行该行政拘留决定。行政拘留结束后,法院撤销对徐某的缓刑,决定收监执行。关于本案,下列哪一选项是正确的?(2008 – 2 – 9)

A. 徐某被行政拘留的 15 天可以折抵刑期

B. 徐某被行政拘留的 15 天不应当折抵刑期

C. 应当将 1 年有期徒刑与 15 天的拘留按照限制加重原则实行并罚

D. 15 天的行政拘留应当被 1 年有期徒刑吸收

答案(　　　)①

【考点】 缓刑的撤销;行政处罚与刑罚的关系

【解析】 徐某的行为违反了刑法关于考验期内义务的规定,法院应当撤销缓刑,执行原判刑罚。行政处罚不属于刑罚,其期间也不是刑期,不能折抵刑期。

4. 关于缓刑,下列哪一选项是正确的?(2008 川 – 2 – 10)

A. 对累犯以及杀人、伤害等暴力性犯罪,不得宣告缓刑

B. 被宣告缓刑的犯罪分子,在缓刑考验期内,只要没有再犯新罪的,缓刑考验期满,原判刑罚就不再执行

C. 缓刑考验期限,从判决确定之日起计算

D. 被宣告缓刑的犯罪分子,在缓刑考验期内犯新罪的,应当撤销缓刑,将前罪和后罪所判处的刑罚,依照先减后并的方法决定应当执行的刑罚

答案(　　　)②

【考点】 缓刑

【解析】 A 错误,杀人、伤害等暴力性犯罪可以适用缓刑。B 错误,在缓刑的考验期内,即便没有犯新罪,但发现漏罪或严重违反考验期内应遵守的义务,也应当撤销缓刑。C 正确,缓刑考验期,从判决确定之日计算。D 错误,缓刑是量刑制度,其考验期不是刑期。因此,撤销缓刑后,不存在先减后并或先并后减的问题,直接按照限制加重或并科原则进行数罪并罚即可。

5. 关于缓刑的适用,下列哪一选项是错误的?(2011 – 2 – 10)

A. 被宣告缓刑的犯罪分子,在考验期内再犯罪的,应当数罪并罚,且不得再次宣告缓刑

B. 对于被宣告缓刑的犯罪分子,可以同时禁止其从事特定活动,进入特定区域、场所,接触特定的人

C. 对于黑社会性质组织的首要分子,不得适用缓刑

D. 被宣告缓刑的犯罪分子,在考验期内由公安机关考察,所在单位或者基层组织予以配合

答案(　　　)③

【考点】 缓刑的适用

【解析】 A 正确,缓刑的适用要求犯罪人没有再犯罪的危险。在缓刑考验期内再犯罪的,具有

---

①参考答案 B　②参考答案 C　③参考答案 D

再犯罪的危险,不得再次适用缓刑。B 正确,该项内容符合《刑法》第 72 条第 2 款关于禁止令的规定。C 正确,《刑法》第 74 条规定,对于累犯和犯罪集团的首要分子,不适用缓刑。黑社会性质组织属于犯罪集团,其首要分子不得适用缓刑。D 错误,缓刑应进行社区矫正。公安机关不再是执行主体。

6. 被宣告的犯罪分子,在考验期内犯新罪或者发现判决宣告以前还有其他罪没有判决的,应当撤销_____,对新犯的罪或者新发现的罪作出判决,把前罪和后罪所判处的刑罚,依照《刑法》第 **69** 条的规定,决定执行的刑罚。(2013 - 2 - 11)

关于三个空格的填充内容,下列哪一选项是正确的?

A. 均应填"假释"

B. 均应填"缓刑"

C. 既可均填"假释",也可均填"缓刑"

D. 既不能均填"假释",也不能均填"缓刑"

答案( )①

【考点】 缓刑;假释

【解析】 在撤销的法律效果上,缓刑和假释的规定具有类似性,两者均适合填充到题干空缺位置。

7. 甲怀疑医院救治不力致其母死亡,遂在医院设灵堂、烧纸钱,向医院讨说法。结合社会主义法治理念和刑法规定,下列哪一看法是错误的?(2014 - 2 - 2)

A. 执法为民与服务大局的理念要求严厉打击涉医违法犯罪,对社会影响恶劣的涉医犯罪行为,要依法从严惩处

B. 甲属于起哄闹事,只有造成医院的秩序严重混乱的,才构成寻衅滋事罪

C. 如甲母的死亡确系医院救治不力所致,则不能轻易将甲的行为认定为寻衅滋事罪

D. 如以寻衅滋事罪判处甲有期徒刑 3 年、缓刑 3 年,为有效维护医疗秩序,法院可同时发布禁止令,禁止甲 1 年内出入医疗机构

答案( )②

【考点】 禁止令

【解析】 对于 A、B、C 的分析见罪刑相适应原则部分该题的讲解。D 涉及禁止令问题,医疗机构并非法律明示的区域场所,其是否属于"其他确有必要禁止进入的区域场所",取决于医疗机构是否与前述场所具有相当性。医疗牵涉公民的基本人身权利和社会经济权利,即及时获得医疗上物质帮助的权利以及生命健康权。根据《立法法》规定,这一惩罚措施必须由立法机关按照法定程序以基本法的形式予以规定,人民法院无权采取这一禁止方式。

8. 关于刑罚的具体运用,下列哪些选项是错误的?(2014 - 2 - 55)

A. 甲 1998 年因间谍罪被判处有期徒刑 4 年。2010 年,甲因参加恐怖组织罪被判处有期徒刑 8 年。甲构成累犯

B. 乙因倒卖文物罪被判处有期徒刑 1 年,罚金 5000 元;因假冒专利罪被判处有期徒刑 2 年,罚金 5000 元。对乙数罪并罚,决定执行有期徒刑 2 年 6 个月,罚金 1 万元。此时,即使乙符合缓刑的其他条件,也不可对乙适用缓刑

C. 丙因无钱在网吧玩游戏而抢劫,被判处有期徒刑 1 年缓刑 1 年,并处罚金 2000 元,同时禁止丙在 12 个月内进入网吧。若在考验期限内,丙仍常进网吧,情节严重,则应对丙撤销缓刑

D. 丁系特殊领域专家,因贪污罪被判处有期徒刑 8 年。丁遵守监规,接受教育改造,有悔改表现

---

①参考答案 B　②参考答案 D

无再犯危险。1 年后,因国家科研需要,经最高法院核准,可假释丁

📩 **答案(　　)**①

📖 **【考点】** 溯及力;刑罚具体制度

📝 **【解析】** A 错误。根据《刑法修正案(八)》关于累犯的修订,后罪为恐怖活动可构成特殊累犯。而按照旧法,这种情况不构成特殊累犯。本案均发生在 2011 年 5 月 1 日之前,按照从旧兼从轻原则,不能适用新法,而只能适用旧法。B 错误,适用缓刑的刑罚条件是针对宣告刑而言的,乙的宣告刑小于 3 年,符合缓刑条件,可以适用缓刑。C 正确,根据《刑法修正案(八)》的规定,违反禁止令情节严重,撤销缓刑。D 正确,根据假释的相关规定,在符合法定条件的前提下,经最高人民法院核准,假释无执行期限限制。

9. 关于缓刑的适用,下列哪些选项是正确的?(2015 - 2 - 59)

A. 甲犯重婚罪和虐待罪,数罪并罚后也可能适用缓刑

B. 乙犯遗弃罪被判处管制 1 年,即使犯罪情节轻微,也不能宣告缓刑

C. 丙犯绑架罪但有立功情节,即使该罪的法定最低刑为 5 年有期徒刑,也可能适用缓刑

D. 丁 17 岁时因犯放火罪被判处有期徒刑 5 年,23 岁时又犯伪证罪,仍有可能适用缓刑

📩 **答案(　　)**②

📝 **【解析】** 缓刑不要对针对单一犯罪,数罪并罚时,也可以适用缓刑。管制不能适用缓刑。缓刑对法定最低刑 5 年的犯罪仍然可以适用,因为立功情节可能使被告人处于 3 年以下有期徒刑。3 年以下有期徒刑是指实际判处的刑罚,而不限于法定最高刑为 3 年有期徒刑的犯罪。前后罪不构成累犯,当然可以适用缓刑。

第十章　减　刑

关于减刑,下列哪一选项是正确的?(2010 - 2 - 10)

A. 减刑只适用于被判处拘役、有期徒刑、无期徒刑和死缓的犯罪分子

B. 对一名服刑犯人的减刑不得超过三次,否则有损原判决的权威性

C. 被判处无期徒刑的罪犯减刑后,实际执行时间可能超过十五年

D. 对被判处无期徒刑、死缓的罪犯的减刑,需要报请高级法院核准

📩 **答案(　　)**③

📖 **【考点】** 减刑

📝 **【解析】** A 错误,减刑是指对于被判处管制、拘役、有期徒刑、无期徒刑的犯罪人,在刑罚执行期间,如果认真遵守监规,接受教育改造,确有悔改表现,或者有立功表现的,适当减轻原判刑罚的制度。死缓并不属于减刑的对象。B 错误,根据最高人民法院《关于办理减刑、假释案件具体应用法律若干问题的规定》可知,减刑不仅有法定的限度,而且应有一定的幅度,但减刑的次数没有限制。C 正确,根据司法解释,被判处无期徒刑的罪犯减刑后,实际执行的刑期不能少于十年(《刑法修正案(八)已经提升为十三年)。据此,被判处无期徒刑的罪犯减刑后实际执行的时间可能超过十五年。D 错误,根据《刑法》第 79 条规定,对于犯罪分子的减刑,由执行机关向中级以上人民法院提出减刑建议书。人民法

①参考答案 AB　②参考答案 ABCD　③参考答案 C

院应当组成合议庭进行审理,对确有悔改或者立功事实的,裁定予以减刑。据此,中级以上人民法院有权作出减刑裁定,无须报请高级法院核准。

第十一章 假 释

1. 对刑法关于撤销假释的规定,下列哪些理解是正确的?(2004 - 2 - 51)

A. 只要被假释的犯罪分子在假释考验期内犯新罪,即使假释考验期满后才发现,也应当撤销假释

B. 在假释考验期满后,发现被假释的犯罪分子在判决宣告以前还有其他罪没有判决的,不能撤销假释

C. 被假释的犯罪分子,在假释考验期内犯新罪的,应当按先减后并的方法实行并罚,但"先减"是指减去假释前已经实际执行的刑期

D. 在假释考验期内,发现被假释的犯罪分子在判决宣告以前还有其他罪没有判决的,撤销假释后,按照先并后减的方法实行并罚,假释经过的考验期,应当计算在新决定的刑期之内,因为假释视为执行刑罚

 答案( )①

📖【考点】 假释的撤销

📖【解析】 A、B 均正确,《刑法》第 86 条规定,在假释考验期内犯新罪,应当撤销假释,实行数罪并罚;在假释考验期内,发现有漏罪的,也应当撤销假释。据此,只有在考验期内发现漏罪,才能撤销假释;而犯新罪则无期间要求。C 正确,选项内容符合《刑法》第 86 条第 1 款的规定。D 错误,假释考验期不是刑期,不存在计算刑期的问题。"先并后减"所"减"只能是已经实际执行的刑期,而不是假释考验期。

2. 关于假释,下列哪一选项是正确的?(2006 - 2 - 9)

A. 被假释的犯罪分子,未经执行机关批准,不得行使言论、出版、集会、结社、游行、示威自由的权利

B. 对于犯杀人、爆炸、抢劫、强奸、绑架等暴力性犯罪的犯罪分子,即使被判处 10 年以下有期徒刑,也不得适用假释

C. 对于累犯,只要被判处的刑罚为 10 年以下有期徒刑,均可适用假释

D. 被假释的犯罪分子,在假释考验期间再犯新罪的,不构成累犯

 答案( )②

📖【考点】 假释的适用

📖【解析】 A 错误,假释期间并不限制言论、出版、集会、结社、游行、示威自由。B 错误,《刑法》第 81 条第 2 款规定,对累犯以及因故意杀人、强奸、抢劫、绑架、放火、爆炸、投放危险物质或者有组织的暴力性犯罪被判处十年以上有期徒刑、无期徒刑的犯罪分子,不得假释。据此,犯故意杀人、强奸、抢劫、绑架、放火、爆炸、投放危险物质或者有组织的暴力性犯罪,但被判处 10 年以下有期徒刑的,不在禁止范围内。C 错误,根据《刑法》第 81 条第 2 款规定,累犯具有较强人身危险性,不适用假释。D 正确,在假释考验期间再犯新罪的,应撤销假释,按照先减后并的方法数罪并罚。由于原判刑罚并未执行完毕,因此不能满足累犯 5 年期间的时间起算要求。

3. 关于假释的适用,下列哪些选项是正确的?(2007 - 2 - 56)

---

①参考答案 ABC ②参考答案 D

A. 甲因爆炸罪被判处有期徒刑 15 年。在服刑 13 年时,因有悔改表现而被裁定假释

B. 乙犯抢劫罪被判处有期徒刑 9 年,犯嫖宿幼女罪(现已废除)判 8 年,数罪并罚决定执行 15 年。在服刑 13 年时,因有悔改表现而被裁定假释

C. 丙犯诈骗罪被判处有期徒刑 10 年,刑罚执行 7 年后假释。假释考验期内第 2 年,丙犯抢劫罪,应当判 9 年,数罪并罚决定执行 10 年。在服刑 7 年时,因有悔改表现而被裁定假释

D. 丁犯盗窃罪,被判处有期徒刑 3 年,缓刑 4 年。经过缓刑考验期后,发现丁在缓刑考验期内的第 2 年,犯故意伤害罪,应判 9 年,数罪并罚决定执行 10 年。在服刑 7 年时,因丁有悔改表现而被裁定假释

📖 **答案(**)①

📘 **【考点】** 假释的使用

📝 **【解析】** A 错误,爆炸罪属于严重的暴力犯罪,且判处 10 年以上有期徒刑,依法不得适用假释。B 正确,抢劫罪虽然属于严重的暴力犯罪,但判处 10 年以下有期徒刑,可以适用假释。嫖宿幼女罪不属于严重暴力犯罪,可以适用假释。综上,乙可以适用假释。C 正确,抢劫罪虽然属于严重的暴力犯罪,但判处 10 年以下有期徒刑,可以适用假释。丙已经执行 7 年,符合适用假释关于执行刑期的要求(决定执行刑期 10 年的一般为 5 年),可以适用假释。D 正确,故意伤害罪虽然属于严重的暴力犯罪,但判处 10 年以下有期徒刑,可以适用假释。丁已经执行 7 年,符合适用假释关于执行刑期的要求(决定执行刑期 10 年的一般为 5 年),可以适用假释。

4. 关于假释,下列哪些选项是错误的? (2008 - 2 - 57)

A. 被判处有期徒刑的犯罪分子,执行原判刑期的二分之一,如果符合假释条件的,可以假释;如果有特殊情况,经高级人民法院核准,可以不受上述执行刑期的限制

B. 被假释的犯罪分子,在假释考验期内,遵守了各种相关规定,没有再犯新罪,也没有发现以前还有其他罪没有判决的,假释考验期满,剩余刑罚就不再执行

C. 被假释的犯罪分子,在假释考验期限内犯新罪的,应当撤销假释,按照先并后减的方法实行数罪并罚

D. 对于因杀人、绑架等暴力性犯罪判处 10 年以上有期徒刑的犯罪分子,不得假释;即使他们被减刑后,剩余刑期低于 10 年有期徒刑,也不得假释

📖 **答案(**)②

📘 **【考点】** 假释的适用

📝 **【解析】** A 错误,如果有特殊情况,需经最高人民法院核准,可以不受上述执行刑期的限制。B 错误,假释的法律效果不是缓刑的不再执行原判刑罚,而是认为刑罚执行完毕。C 错误,在假释考验期限内犯新罪的,应当撤销假释,按照"先减后并"的方法实行数罪并罚。D 正确,该项内容符合司法解释相关规定。此类犯罪人具有严重的人身危险性,即便被减刑,也不得进行假释。

5. 关于假释与数罪并罚的相关问题,下列哪些说法是正确的? (2008 川 - 2 - 60)

A. 甲强奸罪被判有期徒刑 9 年,执行 5 年后假释,在假释考验期满后,发现甲在强奸罪判决宣告以前还有抢劫罪没有得到处理。因此,应该撤销对甲的假释,依照数罪并罚原则进行处理

B. 乙犯爆炸罪被判处有期徒刑 12 年,在刑罚执行过程中被减刑 2 年,如果乙实际服刑 6 年以上,可以假释

---

① 参考答案 BCD   ② 参考答案 ABC

C. 丙犯贪污罪被判处有期徒刑 5 年,刑满释放后 4 年内又犯聚众斗殴罪被判有期徒刑 7 年,在执行 4 年后,丙可以假释

D. 丁犯交通肇事罪被判有期徒刑 5 年,执行 3 年后假释,在假释考验期满后,发现丁在考验期内犯有盗窃罪,应当撤销丁的假释,根据先减后并原则数罪并罚

📁 **答案(** **)**①

📖 **【考点】** 假释;数罪并罚

📖 **【解析】** A 错误,对于漏罪,只有在考验期之内发现的,才能撤销假释。在考验期满后发现的,不能撤销假释。B 错误,根据《刑法》第 81 条第 2 款的规定,乙是犯有爆炸罪,且被判处 10 年以上有期徒刑,无论如何减刑,都不能适用假释。C 错误,丙所实施的前后两罪都是故意犯罪,其满足 5 年之内的时间要求,构成累犯。累犯不适用假释。D 正确,3 年已经超过 5 年的一半,可以适用假释。犯罪人因犯新罪撤销假释,应按照先减后并的方法进行数罪并罚。

6. 关于假释,下列哪一选项是错误的?(2009 – 2 – 12)

A. 甲系被假释的犯罪分子,即便其在假释考验期内再犯新罪,也不构成累犯

B. 乙系危害国家安全的犯罪分子,对乙不能假释

C. 丙因犯罪被判处有期徒刑 2 年,缓刑 3 年。缓刑考验期满后,发现丙在缓刑考验期内的第七个月犯有抢劫罪,应当判处有期徒刑 8 年,数罪并罚决定执行 9 年。丙服刑 6 年时,因有悔罪表现而被裁定假释

D. 丁犯抢劫罪被判有期徒刑 9 年,犯寻衅滋事罪被判有期徒刑 5 年,数罪并罚后,决定执行有期徒刑 13 年,对丁可以假释

📁 **答案(** **)**②

📖 **【考点】** 假释的适用

📖 **【解析】** A 正确,被假释的犯罪分子在假释考验期内又犯新罪的,由于刑罚还未执行完毕,应当数罪并罚,不构成累犯。B 错误,危害国家安全犯罪不在《刑法》第 81 条第 2 款规定的不得适用假释的犯罪中,可以适用假释。C 正确,丙在缓刑考验内犯罪的,撤销缓刑后,由于原判刑罚尚未执行,因此不可能构成累犯。此外,丙犯抢劫罪被判刑罚为 8 年有期徒刑,不属于不能假释的情形。综上,丙可以适用假释。D 正确,抢劫罪虽然属于严重的暴力犯罪,但判处 10 年以下有期徒刑,可以适用假释。寻衅滋事罪可以适用假释。虽然数罪并罚决定执行的刑期为 13 年,但仍然符合假释适用条件。

7. 关于减刑、假释的适用,下列哪些选项是错误的?(2013 – 2 – 57)

A. 对所有未被判处死刑的犯罪分子,如认真遵守监规,接受教育改造,确有悔改表现,或者有立功表现的,均可减刑

B. 无期徒刑减为有期徒刑的刑期,从裁定被执行之日起计算

C. 被宣告缓刑的犯罪分子,不符合"认真遵守监规,接受教育改造"的减刑要件,不能减刑

D. 在假释考验期限内犯新罪,假释考验期满后才发现的,不得撤销假释

📁 **答案(** **)**③

📖 **【考点】** 减刑;假释

📖 **【解析】** A 错误,根据《刑法》第 78 条的规定,减刑适用的对象是被判处管制、拘役、有期徒刑、

无期徒刑的犯罪分子,而不包括独立适用附加刑的犯罪分子。"对所有未被判处死刑的犯罪分子"包括了独立适用附加刑的犯罪分子,因而存在错误。B 错误,根据《刑法》第 80 条规定,无期徒刑减为有期徒刑的刑期,从裁定减刑之日起计算,而非裁定被执行之日起计算。C 错误,根据举重以明轻的当然解释方法,未宣告缓刑的犯罪分子,符合"认真遵守监规,接受教育改造"的减刑要件,就可以减刑。那么,比之更轻的宣告缓刑的犯罪分子,符合减刑条件的,当然可以减刑。D 错误,根据《刑法》第 86 条规定,犯罪分子在假释考验期限内犯罪新罪,不管是否在考验期内发现,都应当撤销假释。

8. 甲因在学校饭堂投毒被判处 **8** 年有期徒刑。服刑期间,甲认真遵守监规,接受教育改造,确有悔改表现。关于甲的假释,下列哪一说法是正确的?(2014 - 2 - 11)

A. 可否假释,由检察机关决定　　　B. 可否假释,由执行机关决定

C. 服刑 4 年以上才可假释　　　D. 不得假释

答案(　　)①

【考点】假释

【解析】8 年有期徒刑,4 年为执行完一半刑期,可以由监狱建议假释,但最终由中级以上人民法院决定。只有 C 正确。

9. 关于假释的撤销,下列哪一选项是错误的?(2015 - 2 - 12)

A. 被假释的犯罪分子,在假释考验期内犯新罪的,应撤销假释,按照先减后并的方法实行并罚

B. 被假释的犯罪分子,在假释考验期内严重违反假释监督管理规定,即使假释考验期满后才被发现,也应撤销假释

C. 在假释考验期内,发现被假释的犯罪分子在判决宣告前还有同种罪未判决的,应撤销假释

D. 在假释考验期满后,发现被假释的犯罪分子在判决宣告前有他罪未判决的,应撤销假释,数罪并罚

答案(　　)②

【解析】对于漏罪,只有在考验期之内发现,才撤销。考验期满之后发现的,不得撤销。新罪则无论何时发现都撤销。严重违反监督规定的行为亦如是。

第十二章　追诉时效

1. **1980** 年初,张某强奸某妇女并将其杀害。**1996** 年末,张某因酒后驾车致人重伤。两案在 **2007** 年初被发现。关于张某的犯罪行为,下列哪些选项是错误的?(2009 - 2 - 55)

A. 应当以强奸罪、故意杀人罪和交通肇事罪追究其刑事责任,数罪并罚

B. 应当以强奸罪追究其刑事责任

C. 应当以故意杀人罪追究其刑事责任

D. 不应当追究任何刑事责任

答案(　　)③

【考点】追诉时效

📖【解析】强奸罪的法定刑是 3 ~ 10 年有期徒刑,其追诉时效是 15 年。故意杀人罪的法定刑是死刑、无期徒刑或者 10 年以上有期徒刑,其追诉时效是 20 年。在追诉期内又犯罪的,前罪追诉的期限从犯后罪之日起计算。张某先犯了强奸和故意杀人罪。1980 年到 1996 年经过了 16 年,强奸罪已过追诉时效,但故意杀人罪仍可追诉。1996 年,张某又犯交通肇事罪,故意杀人罪的追诉期从 1996 年重新计算。从 1996 年到 2007 年经过 11 年,没有超过追诉时效。张某交通肇事致人重伤,法定刑是 3 年以下有期徒刑或者拘役,其追诉时效是 5 年。该罪追诉时效起算点是 1996 年,显然已经超过时效。据此,只有故意杀人罪还在追诉期内,强奸罪和交通肇事罪已经过了追诉期。

2. 1999 年 11 月,甲(17 周岁)因邻里纠纷,将邻居杀害后逃往外地。2004 年 7 月,甲诈骗他人 5000 元现金。2014 年 8 月,甲因扒窃 3000 元现金,被公安机关抓获。在讯问阶段,甲主动供述了杀人、诈骗罪行。关于本案的分析,下列哪些选项是错误的?(2014 - 2 - 56)

A. 前罪的追诉期限从犯后罪之日起计算,甲所犯三罪均在追诉期限内

B. 对甲所犯的故意杀人罪、诈骗罪与盗窃罪应分别定罪量刑后,实行数罪并罚

C. 甲如实供述了公安机关尚未掌握的罪行,成立自首,故对盗窃罪可从轻或者减轻处罚

D. 审判时已满 18 周岁,虽可适用死刑,但鉴于其有自首表现,不应判处死刑

📋 答案(　　)①

📚【考点】追诉时效及其他刑罚适用制度

📖【解析】A 错误,因为诈骗罪(5000 元)的追诉期限不会超过十年,该罪显然过了追诉期限。B 错误,诈骗罪已经过了追诉期限,不能纳入并罚的范围。C 错误,因为余罪自首是对故意杀人罪和诈骗罪产生法律效果。D 错误,因为不适用死刑是根据犯罪时年龄确定,而不是审判时。

3. 关于追诉时效,下列哪些选项是正确的?(2015 - 2 - 60)

A. 甲犯劫持航空器罪,即便经过 30 年,也可能被追诉

B. 乙于 2013 年 1 月 10 日挪用公款 5 万元用于结婚,2013 年 7 月 10 日归还。对乙的追诉期限应从 2013 年 1 月 10 日起计算

C. 丙于 2000 年故意轻伤李某,直到 2008 年李某才报案,但公安机关未立案。2014 年,丙因他事被抓。不能追诉丙故意伤害的刑事责任

D. 丁与王某共同实施合同诈骗犯罪。在合同诈骗罪的追诉期届满前,王某单独实施抢夺罪。对丁合同诈骗罪的追诉时效,应从王某犯抢夺罪之日起计算

📋 答案(　　)②

📖【解析】即便经过三十年,由于可能存在时效的中断或延长,也可能报请最高人民检察院核准,所以仍然可能被追诉。追诉时效是刑罚权发动的时间限制,根据《刑法》规定,挪用公款用于单纯的消费目的,需三个月未归还,才可以进行追诉,据此应该从 2013 年 4 月份开始计算追诉时效。有人以本罪为状态犯为由,认为应从 1 月份开始计算,但该观点混淆了犯罪成立时点和追诉时点的关系,如果法律上对特定行为无法追诉,那么该行为还不能认为成立犯罪。这与状态犯和持续犯无关。故意伤害罪的基本法定刑为 3 年以下有期徒刑,据此追诉时效为 5 年。2008 年已经超过了追诉时效。追诉时效是针对个人的法律制度,部分共犯人犯新罪的,时效需要重新计算,但该效果不及于其他共犯人。之所以如此,是因为人身危险性需要从个人角度判断,而不能连带。

4. 关于追诉时效,下列哪一选项是正确的?(2016 - 2 - 10)

①参考答案 ABCD　②参考答案 AC

A.《刑法》规定,法定最高刑为不满 5 年有期徒刑的,经过 5 年不再追诉。危险驾驶罪的法定刑为拘役,不能适用该规定计算危险驾驶罪的追诉时效

B. 在共同犯罪中,对主犯与从犯适用不同的法定刑时,应分别计算各自的追诉时效,不得按照主犯适用的法定刑计算从犯的追诉期限

C. 追诉时效实际上属于刑事诉讼的内容,刑事诉讼采取从新原则,故对刑法所规定的追诉时效,不适用从旧兼从轻原则

D. 刘某故意杀人后逃往国外 18 年,在国外因伪造私人印章(在我国不构成犯罪)被通缉时潜回国内。4 年后,其杀人案件被公安机关发现。因追诉时效中断,应追诉刘某故意杀人的罪行

答案(　　　)①

【考点】 追诉时效

【解析】 A 错误,根据《刑法》第 88 条规定:"在人民检察院、公安机关、国家安全机关立案侦查或者在人民法院受理案件以后,逃避侦查或者审判的,不受追诉期限的限制。被害人在追诉期限内提出控告,人民法院、人民检察院、公安机关应当立案而不予立案的,不受追诉期限的限制。"不受追诉时效限制的只限于上述规定中的情形,危险驾驶罪仍应适用追诉时效。同时,"法定最高刑不满 5 年有期徒刑"应解释为包括拘役、管制等惩罚程度低于 5 年有期徒刑的各种情形。因为按照当然解释的原理,犯罪都有追诉期限,重罪有 5 年的追诉期限,那么轻罪当然不可能无限期进行追诉,也应以 5 年为追诉期限。B 正确,追诉期限应根据个别化量刑后的结果进行个别具体的判断,据此,共同犯罪中应根据主犯和从犯的法定刑,确定追诉时效。C 错误,追诉时效,是刑法明文规定的司法机关追究犯罪人刑事责任的有效期限。犯罪已过法定追诉时效期限的,不再追究犯罪分子的刑事责任;已经追究的,应当撤销案件,或者不予起诉,或者宣告无罪。其涉及的是犯罪人的实体权利,并非属于刑事诉讼的内容,应适用刑法的从旧兼从轻原则。D 错误,故意杀人罪的最高法定刑是死刑,根据《刑法》第 87 条第 4 项规定:"(四)法定最高刑为无期徒刑、死刑的,经过二十年。如果二十年以后认为必须追诉的,须报请最高人民检察院核准。"刘某故意杀人的追诉时效为 20 年,在国外伪造私人印章的行为,因为在我国不构成犯罪,所以并不导致追诉时效的中断,4 年后,其杀人案件虽然被公安机关发现,但因已过 20 年追诉时效,不予追诉。

第十三章　数罪并罚

1. 下列关于数罪并罚的做法与说法,哪些是错误的?(2002 - 2 - 39)

A. 甲犯 A、B 罪,分别被判处有期徒刑 14 年和 7 年,法院决定合并执行 18 年。甲执行 8 年后,又犯 C 罪,被判处有期徒刑 5 年。对此,法院应在 14 年以上 20 年以下有期徒刑的范围内决定合并执行的刑期,然后,减去已经执行的 8 年刑期

B. 乙犯 A、B 罪,分别被判处有期徒刑 14 年和 11 年,法院决定合并执行 20 年。在执行 2 年后,法院发现乙在判决宣告以前还有没有判决的 C 罪,并就 C 罪判处有期徒刑 5 年。这样,乙实际执行的有期徒刑必然超过 20 年

C. 丙犯 A、B 罪,分别被法院判处 14 年和 11 年,法院决定合并执行 20 年。在执行 2 年后,丙又犯

C罪,法院就C罪判处有期徒刑5年。由于数罪并罚时有期徒刑不得超过20年,故丙实际上不可能执行C罪的刑罚

D. 丁在判决宣告以前犯有A、B、C、D四罪,但法院只判决A罪8年有期徒刑、B罪12年有期徒刑,决定合并执行18年有期徒刑。执行5年后发现C罪与D罪,法院判处C罪5年有期徒刑、D罪7年有期徒刑。此次并罚的"数刑中的最高刑期"应是18年,而不是12年

答案( )①

【考点】 数罪并罚

【解析】 A错误,出现新罪的,应先减后并。但选项中的算法是先并后减。B错误,发现漏罪的,应先并后减。乙的所有犯罪先并后的上限是20年,再减去已经执行的2年,必然低于20年。C错误,出现新罪的,应先减后并。丙先减后是18年,再与5年并罚,应在18年以上,20年以下处刑(总和刑小于35年)。如决定执行20年,加上之前执行的2年,实际执行22年,如此算来,还是有可能执行C罪刑罚的一部分。D正确,发现漏罪的,应先并后减。先并是指AB两罪合并执行的18年、5年、7年三者合并处罚。数刑中的最高刑期应是18年。

2. 关于数罪并罚,下列哪一选项是错误的? (2007-2-8)

A. 甲在刑罚执行完毕以前发现漏罪的,应当按照"先并后减"的原则实行数罪并罚

B. 乙在刑罚执行完毕以前再犯新罪的,应当按照"先减后并"的原则实行数罪并罚

C. 丙在刑罚执行完毕以前再犯新罪,同时又发现漏罪的,应当先将漏罪与原判决的罪实行"先并后减";再对新罪与前一并罚后尚未执行完毕的刑期实行"先减后并"

D. "先减后并"在一般情况下使犯罪人受到的实际处罚比"先并后减"轻

答案( )②

【考点】 数罪并罚

【解析】 ABC均符合刑法规定。D错误,两者实际处罚力度的比较并无一般性的结论。

3. 关于数罪并罚,下列哪些选项是符合《刑法》规定的? (2011-2-57)

A. 甲在判决宣告以前犯抢劫罪、盗窃罪与贩卖毒品罪,分别被判处13年、8年、15年有期徒刑。法院数罪并罚决定执行18年有期徒刑

B. 乙犯抢劫罪、盗窃罪分别被判处13年、6年有期徒刑,数罪并罚决定执行18年有期徒刑。在执行5年后,发现乙在判决宣告前还犯有贩卖毒品罪,应当判处15年有期徒刑。法院数罪并罚决定应当执行19年有期徒刑,已经执行的刑期,计算在新判决决定的刑期之内

C. 丙犯抢劫罪、盗窃罪分别被判处13年、8年有期徒刑,数罪并罚决定执行18年有期徒刑。在执行5年后,丙又犯故意伤害罪,被判处15年有期徒刑。法院在15年以上20年以下决定应当判处16年有期徒刑,已经执行的刑期,不计算在新判决决定的刑期之内

D. 丁在判决宣告前犯有3罪,被分别并处罚金3万元、7万元和没收全部财产。法院不仅要合并执行罚金10万元,而且要没收全部财产

答案( )③

【考点】 数罪并罚

【解析】 A正确,根据《刑法》第69条规定,有期徒刑的数罪并罚,是在数刑中最高刑期以上,

总和刑期以下,最高不能超过 20 年(总和刑期 35 年以上的,不超过 25 年)的范围内决定最终的刑罚。对甲应该在 15 年以上,不超过 25 年的幅度内决定最终执行的刑期,法院决定 18 年有期徒刑符合刑法规定。B 正确,根据《刑法》第 70 条规定,发现漏罪的,应先对两个判决所确定的刑罚实行数罪并罚,再减去已经执行的刑罚。对乙按照 18 年和 15 年并罚,在 18 年以上,20 年以下的幅度内决定执行的刑罚,然后再减去已经执行的 5 年。C 正确,出现新罪的,应先减后并。对丙应从 18 年中减去已经执行的 5 年,得到的 13 年再与故意伤害罪的 15 年并罚,即在 15 年以上 20 年以下的幅度内决定执行的刑期,16 年符合刑法规定。D 正确,根据《刑法》第 69 条第 2 款的规定,数罪中有判处附加刑的,附加刑仍须执行。其中附加刑种类相同的,合并执行,种类不同的,分别执行。罚金 3 万元与罚金 7 万元属于种类相同的附加刑,应合并执行 10 万元罚金。没收财产与罚金是不同种类的附加刑,应该分别执行。

4. 甲因走私武器被判处 **15 年有期徒刑,剥夺政治权利 5 年;因组织他人偷越国境被判处 14 年有期徒刑,并处没收财产 5 万元,剥夺政治权利 3 年;因骗取出口退税被判处 10 年有期徒刑,并处罚金 20 万元。关于数罪并罚,下列哪一选项符合《刑法》规定?**(2012 - 2 - 12)

　　A. 决定判处甲有期徒刑 35 年,没收财产 25 万元,剥夺政治权利 8 年
　　B. 决定判处甲有期徒刑 20 年,罚金 25 万元,剥夺政治权利 8 年
　　C. 决定判处甲有期徒刑 25 年,没收财产 5 万元,罚金 20 万元,剥夺政治权利 6 年
　　D. 决定判处甲有期徒刑 23 年,没收财产 5 万元,罚金 20 万元,剥夺政治权利 8 年

答案(　　)①

【考点】 数罪并罚中最高期限和附加刑执行

【解析】 AC 均错误,根据《刑法修正案(八)》规定,甲的刑期总和 35 年以上的,决定执行刑期最高不能超过 25 年(不包括本数在内)。35 年和 25 年均超过 25 年。B 错误,根据《刑法》第 69 条第 2 款规定,数罪中有判处附加刑的,附加刑仍须执行,其中附加刑种类相同的,合并执行,种类不同的,分别执行。罚金刑与没收财产属于不同种类的附加刑,必须分别执行,而不能合并为 25 万罚金。D 正确,该结果符合刑法规定。

5. 判决宣告以前一人犯数罪,数罪中有判处(1)和(2)的,执行(3);数罪中所判处的(4),仍须执行。将下列哪些选项内容填入以上相应括号内是正确的?(2016 - 2 - 55)

　　A.(1)死刑(2)有期徒刑(3)死刑(4)罚金
　　B.(1)无期徒刑(2)拘役(3)无期徒刑(4)没收财产
　　C.(1)有期徒刑(2)拘役(3)有期徒刑(4)附加刑
　　D.(1)拘役(2)管制(3)拘役(4)剥夺政治权利

答案(　　)②

【考点】 数罪并罚

【解析】 吸收原则可适用于存在死刑、无期徒刑、有期徒刑的并罚案件中。死刑吸收徒刑,无期吸收有期,有期吸收拘役。并科原则适用于主刑和附加刑之间以及管制与剥夺自由刑之间。据此,ABC 项正确,D 项错误。

①参考答案 D　②参考答案 ABC

第四编　罪刑各论

第一章　危害国家安全罪

1. 某国家机关工作人员甲借到 M 国探亲的机会滞留不归。一年后甲受雇于 N 国的一个专门收集有关中国军事情报的间谍组织,随后受该组织的指派潜回中国,找到其在某军区参谋部工作的战友乙,以 1 万美元的价格从乙手中购买了 3 份军事机密材料。对甲的行为应如何处理?(2002 - 2 - 11)

A. 以叛逃罪论处　　　　　　　　B. 以叛逃罪和间谍罪论处

C. 以间谍罪论处　　　　　　　　D. 以非法获取军事秘密罪论处

答案(　　　)①

【考点】叛逃罪;间谍罪

【解析】甲在探亲期间在境外滞留不归,并非在履行公务期间,因此不构成叛逃罪。甲在国外参加间谍组织,回国后又接受间谍组织任务,成立间谍罪。据此,A、B、D 错误,C 正确。

2. 某国间谍戴某,结识了我某国家机关机要员黄某。戴某谎称来华投资建厂了解政策动向,让黄某借工作之便为其搞到密级为"机密"的《内参报告》四份。戴某拿到文件后送给黄某一部手机,并为其子前往某国留学提供了六万元资金。对黄某的行为如何定罪处罚?(2009 - 2 - 13)

A. 资助危害国家安全犯罪活动罪、非法获取国家秘密罪,数罪并罚

B. 为境外窃取、刺探、收买、非法提供国家秘密、情报罪,受贿罪,数罪并罚

C. 非法获取国家秘密罪、受贿罪,数罪并罚

D. 故意泄露国家秘密罪、受贿罪,从一重罪处断

答案(　　　)②

【考点】为境外窃取、刺探、收买、非法提供国家秘密、情报罪

【解析】黄某接受手机和家属留学经费,利用职务之便,刺探国家秘密,并非法提供给境外人士,该行为构成受贿罪,也构成为境外窃取、刺探、收买、非法提供国家秘密、情报罪。受贿行为与为境外窃取、刺探、收买、非法提供国家秘密行为虽然伴随发生,但各自独立,侵犯不同法益,应数罪并罚。

【难点】本案不能认为成立想象竞合犯,因为受贿罪仅能评价利用职务之便收受贿赂的行为,忽略了与国家秘密相关的行为;为境外窃取、刺探、收买、非法提供国家秘密、情报罪仅能评价针对国家秘密采取的一系列行为,不能评价黄某利用职务之便受贿的行为。只有评价为两罪,才能做到充分

①参考答案 C　②参考答案 B

评价。

3. 甲系海关工作人员,被派往某国考察。甲担心自己放纵走私被查处,拒不归国。为获得庇护,甲向某国难民署提供我国从未对外公布且影响我国经济安全的海关数据。关于本案,下列哪一选项是错误的?(2012 - 2 - 14)

A. 甲构成叛逃罪

B. 甲构成为境外非法提供国家秘密、情报罪

C. 对甲不应数罪并罚

D. 即使《刑法》分则对叛逃罪未规定剥夺政治权利,也应对甲附加剥夺 1 年以上 5 年以下政治权利

📖 答案(　　　)①

📕 **【考点】** 叛逃罪;为境外非法提供国家秘密、情报罪

📗 **【解析】** 甲系国家工作人员,在履行公务期间,在境外叛逃,成立叛逃罪。之后,甲明知难民署为境外机构,却仍然提供涉及国家安全的情报,成立为境外非法提供国家秘密、情报罪。上述行为各自独立,侵害不同法益,应数罪并罚。正是因为数罪并罚,甲即便不能因为叛逃罪被剥夺政治权利,也会因为为境外非法提供国家秘密、情报罪被剥夺政治权利。只有 C 选项错误,其余选项均正确。

第二章　危害公共安全罪

第一节　危险方法侵害公共安全犯罪

1. 下列哪些情形构成以危险方法危害公共安全罪?(2007 - 2 - 58)

A. 投放虚假的爆炸性、毒害性、放射性、传染病病原体等物质,严重扰乱社会秩序的

B. 故意破坏正在使用的矿井下的通风设备的

C. 违反国家规定,向土地大量排放危险废物,造成重大环境污染事故,导致多人死亡的

D. 故意传播突发性传染病病原体,危害公共安全的

📖 答案(　　　)②

📕 **【考点】** 以危险方法危害公共安全罪的行为相当性

📗 **【解析】** A 错误,投放虚假的危险物质,不可能危及公共安全,与放火、爆炸、决水、投放危险物质等行为无可比性。B 正确,故意破坏重要的安全保障设备,与放火、爆炸、决水、投放危险物质等行为具有相当性,成立以危险方法危害公共安全罪。C 错误,该行为危险性低于放火、爆炸、决水、投放危险物质等行为,仅构成重大环境污染事故罪。D 正确,传播行为有别于投放行为,但其造成的公共安全危险并无差异,因此构成以危险方法危害公共安全罪。

2. 下列哪一行为成立以危险方法危害公共安全罪?(2012 - 2 - 15)

A. 甲驾车在公路转弯处高速行驶,撞翻相向行驶车辆,致 2 人死亡

B. 乙驾驶越野车在道路上横冲直撞,撞翻数辆他人所驾汽车,致 2 人死亡

C. 丙醉酒后驾车,刚开出 10 米就撞死 2 人

D. 丁在繁华路段飙车,2 名老妇受到惊吓致心脏病发作死亡

📖 **答案(**　　　**)**①

📚 **【考点】** 其他危险方法

📖 **【解析】** A 错误,根据交通法规,转弯处必须减速行驶,甲违反该法规高速行驶,造成事故,应成立交通肇事罪。该行为的危险性不及放火、爆炸、决水、投放危险物质等行为。B 正确,驾驶机动车横冲直撞,撞翻数辆汽车,该行为显然超过了交通肇事行为的危险性,与放火、爆炸、决水、投放危险物质等行为具有相当性。C 错误,丙醉酒后驾车,成立交通肇事罪与危险驾驶罪的想象竞合犯,择一重罪处断。D 错误,飙车本身的危险性与交通肇事行为大致相当,仅构成危险驾驶罪。

💡 **【难点】** 放火、爆炸、决水、投放危险物质等行为的特点在于本身具有极高的危险性,不仅能直接导致大量的不特定多数人死亡或财产受损,而且一旦实施便难以被行为人和救助人控制。一般制造公共危险的行为通常达不到受害规模大,并难以控制的程度。

3. 关于危害公共安全罪的论述,下列哪些选项是正确的?(2014 – 2 – 57)

A. 甲持有大量毒害性物质,乙持有大量放射性物质,甲用部分毒害性物质与乙交换了部分放射性物质。甲、乙的行为属于非法买卖危险物质

B. 吸毒者甲用毒害性物质与贩毒者乙交换毒品。甲、乙的行为属于非法买卖危险物质,乙的行为另触犯贩卖毒品罪

C. 依法配备公务用枪的甲,将枪赠与他人。甲的行为构成非法出借枪支罪

D. 甲父去世前告诉甲"咱家院墙内埋着 5 支枪",甲说"知道了",但此后甲什么也没做。甲的行为构成非法持有枪支罪

📖 **答案(**　　　**)**②

📚 **【考点】** 非法买卖危险物质;公共安全

📖 **【解析】** A 正确,买卖既可以以金钱作为媒介,也可以实物交换,这种解释未超出用语可能的含义。同时,这一解释也满足了保护公共安全的需要。B 正确,贩卖与买卖可以做类似解释,包括实物交换。C 正确,按照当然解释原理,出借即为犯罪,赠与当然更是犯罪。该解释符合保护公共安全的需要。D 正确,持有行为本身可以理解为不作为,该上交而未上交即为持有。该解释符合保护公共安全的需要。

4. 甲对拆迁不满,在高速公路中间车道用树枝点燃一个焰高约 20 厘米的火堆,将其分成两堆后离开。火堆很快就被通行车辆轧灭。关于本案,下列哪一选项是正确的?(2016 – 2 – 12)

A. 甲的行为成立放火罪

B. 甲的行为成立以危险方法危害公共安全罪

C. 如认为甲的行为不成立放火罪,那么其行为也不可能成立以危险方法危害公共安全罪

D. 行为危害公共安全,但不构成放火、决水、爆炸等犯罪的,应以危险方法危害公共安全罪论处

📖 **答案(**　　　**)**③

📚 **【考点】** 危险方法危害公共安全犯罪

📖 **【解析】** 本题考查的是危险方法危害公共安全犯罪的同类解释。以危险方法危害公共安全

罪,是指使用与放火、决水、爆炸、投放危险物质等危险性相当的其他危险方法,危害公共安全的行为。本案甲的行为应认为只有一个,即放置树枝点燃的行为,这一行为既有设置路障的性质,也有放火的性质。显然,放火行为并不具有使火势蔓延导致火灾的可能性,因此不构成放火罪;设置路障的行为也没有达到与放火、决水、爆炸等相当的危险(很快被通行车辆轧灭),不能认为成立以危险方法危害公共安全罪。就此而言,ABD 均错误。C 正确,因为如果认为不成立放火罪,其理由一定在于没有放火方法产生的高度危险。如果没有这一程度的危险,那么该行为当然也不可能满足以危险方法危害公共安全罪所要求的危险程度(与放火罪相当的危险),因而不构成该罪。

第二节　破坏型危害公共安全犯罪

1. 甲盗割正在使用中的铁路专用电话线,在构成犯罪的情况下,对甲应按照下列哪一选项处理?(2006 - 2 - 10)

　A. 破坏公用电信设施罪

　B. 破坏交通设施罪

　C. 盗窃罪与破坏交通设施罪中处罚较重的犯罪

　D. 盗窃罪与破坏公用电信设施罪中处罚较重的犯罪

答案(　　)①

【考点】以盗窃方法破坏交通设施

【解析】甲盗割正在使用中的铁路专用电话线,既触犯盗窃罪,又触犯破坏交通设施罪,成立想象竞合犯。

2. 陈某欲制造火车出轨事故,破坏轨道时将螺栓砸飞,击中在附近玩耍的幼童,致其死亡。陈某的行为被及时发现,未造成火车倾覆、毁坏事故。关于陈某的行为性质,下列哪一选项是正确的?(2016 - 2 - 13)

　A. 构成破坏交通设施罪的结果加重犯

　B. 构成破坏交通设施罪的基本犯与故意杀人罪的想象竞合犯

　C. 构成破坏交通设施罪的基本犯与过失致人死亡罪的想象竞合犯

　D. 构成破坏交通设施罪的结果加重犯与过失致人死亡罪的想象竞合犯

答案(　　)②

【考点】破坏交通设施罪;结果加重犯

【解析】根据《刑法》第117条规定:"破坏轨道、桥梁、隧道、公路、机场、航道、灯塔、标志或者进行其他破坏活动,足以使火车、汽车、电车、船只、航空器发生倾覆、毁坏危险,尚未造成严重后果的,处三年以上十年以下有期徒刑。"本罪的基本犯是危险犯,即存在倾覆毁坏危险(类型化危险)时,成立本罪。当该危险(类型化危险)现实化为实害结果时,应认定为加重结果,成立本罪的结果加重犯。本案中,陈某破坏铁轨的行为导致幼童死亡,但该结果并非倾覆、毁坏危险的现实化,因此仅成立破坏交通设施罪的基本犯,不成立结果加重犯。此外,陈某虽然不是故意杀死幼童,但原本客观上可以避免幼童的死亡,因此构成过失致人死亡罪。死亡结果仅是过失犯类型化危险的现实化。最后,由于仅存在一个行为,所以成立想象竞合犯。据此,只有 C 正确。

第三节　恐怖犯罪

乙成立恐怖组织并开展培训活动,甲为其提供资助。受培训的丙、丁为实施恐怖活动准备凶器。因案件被及时侦破,乙、丙、丁未能实施恐怖活动。关于本案,下列哪些选项是正确的?（2016－2－56）

A. 甲构成帮助恐怖活动罪,不再适用《刑法》总则关于从犯的规定

B. 乙构成组织、领导恐怖组织罪

C. 丙、丁构成准备实施恐怖活动罪

D. 对丙、丁定罪量刑时,不再适用《刑法》总则关于预备犯的规定

答案(　　)①

【考点】恐怖犯罪

【解析】本题考查的是帮助犯的正犯化。A 正确,帮助恐怖活动罪是指故意资助恐怖活动组织、实施恐怖活动的个人,或者资助恐怖活动培训,以及为恐怖活动组织、实施恐怖活动或者恐怖活动培训招募、运送人员的行为。该罪原本为恐怖活动的帮助行为,但一旦立法者将其上升为正犯规定在刑法中,就变成了正犯,不适用从犯的规定。B 正确,组织、领导恐怖组织罪是指组织、领导恐怖组织活动的行为。本题中,乙成立恐怖组织并开展培训活动,构成组织、领导恐怖组织罪。C 正确,《刑法》第 120 条之二的规定:"有下列情形之一的,处五年以下有期徒刑、拘役、管制或者剥夺政治权利,并处罚金;情节严重的,处五年以上有期徒刑,并处罚金或者没收财产:(一)为实施恐怖活动准备凶器、危险物品或者其他工具的;(二)组织恐怖活动培训或者积极参加恐怖活动培训的;(三)为实施恐怖活动与境外恐怖活动组织或者人员联络的;(四)为实施恐怖活动进行策划或者其他准备的。"受培训的丙、丁为实施恐怖活动准备凶器,构成准备实施恐怖活动罪。D 正确,准备实施恐怖活动罪是预备行为的实行行为化,对丙、丁定罪量刑时,不再适用预备犯的规定。

第四节　枪支犯罪

1. A 为某国家机关工作人员,依法配备有公务用枪。A 在有配偶(B 女,生活在外地)的情况下,长期与 C 女共同生活,并生有一子(周围群众均认为 A 与 C 为夫妻关系),为此借用了 D 的 3 万元现金。D 多次讨债,A 无力偿还,于是 A 将公务用枪(无子弹)用作借债质押物交给 D,约定 A 还款时,D 将枪支归还 A。3 个月后,A 仍然未能归还借款,D 便将枪支送给其外甥 E 玩耍。E 在一周后使用该枪支抢劫某银行储蓄所现金 20 余万元。

(1) 关于 A 将枪支质押给 D 的行为,下列哪些说法是错误的?（2002－2－82）

A. A 的行为既不属于非法出租,也不属于非法出借,根据罪刑法定原则,不成立非法出租、出借枪支罪

B. A 的行为本身没有造成严重后果,故不成立非法出租、出借枪支罪

C. 由于枪内无子弹,A 的行为不可能危害公共安全,故不成立非法出租、出借枪支罪

D. 对 A 的行为以滥用职权罪论处较为合适

答案(　　)②

---

① 参考答案 ABCD　　② 参考答案 ABCD

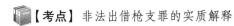

【考点】 非法出借枪支罪的实质解释

【解析】 A错误,A将枪支质押给他人,完全符合出借枪支的实质要求,应成立非法出借枪支罪。选项宣称根据罪刑法定原则应否定犯罪成立,是对"出借"做了形式化解释。B错误,对于非法出借公务用枪的行为,即便没有造成严重后果,也成立犯罪。C错误,尽管枪内无子弹,但一旦被有子弹的人使用,便会严重危及公共安全。非法出借公务用枪属于抽象危险犯,无须产生具体危险。D错误,A出借枪支与职权无关,遑论滥用。

(2)关于 D 的行为,下列哪些说法是错误的?(2002 - 2 - 83)

A. D 的行为仅成立非法持有枪支罪

B. D 的行为成立非法持有枪支罪和抢劫罪

C. D 的行为虽然不成立抢劫罪,但应对 E 抢劫银行的犯罪行为承担一定的刑事责任

D. D 的行为不成立犯罪

答案(　　)①

【考点】 非法持有枪支罪

【解析】 D不具有持枪资格,其收下枪支作为质物成立非法持有枪支罪。其将枪支送给 E 玩,成立 E 非法持有枪支罪的帮助犯。D 对 E 使用枪支抢劫银行一无所知,尽管客观上为其提供了犯罪工具,但并不具有抢劫行为的共同意思,不成立抢劫罪。据此,只有 A 是正确答案,其余选项均错误。

2. 张某在火车站候车室窃得某人一提包,到僻静处打开一看,里面没有钱财,却有手枪一支,子弹若干发,张某便将枪支、子弹放回包内,然后藏于家中。张某的行为构成何罪?(2003 - 2 - 3)

A. 非法持有枪支、弹药罪

B. 盗窃枪支、弹药罪

C. 非法储存枪支、弹药罪

D. 非法携带枪支、弹药罪

答案(　　)②

【考点】 盗窃枪支、弹药罪;非法持有枪支、弹药罪

【解析】 行为人以普通盗窃罪的故意实施了盗窃行为,盗取的却是枪支弹药。由于枪支弹药也属于财物,因此,行为人显然构成盗窃罪。由于行为人缺乏盗窃枪支弹药的故意,因此不构成盗窃枪支弹药罪。事后,行为人明知为枪支弹药,仍然藏匿在家中,构成非法持有枪支弹药罪。该行为与前述盗窃行为侵犯不同法益,不成立与罚的后行为,需数罪并罚。只有 A 正确,其余均错误。

【难点】 与罚的后行为不仅是行为之间需要接续发生,具有内在关联(后行为使前行为具有意义或能够使前行为目的得以实现),还要求侵犯同一法益。未满足上述条件,应数罪并罚。

3. 丁某盗窃了农民程某的一个手提包,发现包里有大量现金和一把手枪。丁某将真情告诉崔某,并将手枪交给崔某保管,崔某将手枪藏在家里。关于本案,下列哪些选项是正确的?(2007 - 2 - 61)

A. 丁某构成盗窃罪

B. 丁某构成盗窃枪支罪

C. 崔某构成窝藏罪

D. 崔某构成非法持有枪支罪

答案(　　)③

【考点】 盗窃枪支弹药罪;非法持有枪支弹药罪

【解析】 丁以盗窃故意实施了盗窃行为,且取得了财物(枪支也属于财物),成立盗窃罪既遂。

---

① 参考答案 BCD　② 参考答案 A　③ 参考答案 AD

丁未认识到枪支存在,因此不构成盗窃枪支罪。崔某帮助丁藏匿枪支,两人构成非法持有枪支罪的共犯。崔某藏匿枪支,并非藏匿犯罪之人,因此不构成窝藏罪。但是,崔某明知是丁犯罪所得,仍然藏匿,成立掩饰、隐瞒犯罪所得罪。

4. 警察甲为讨好妻弟乙,将公务用枪私自送乙把玩,丙乘乙在人前炫耀枪支时,偷取枪支送交派出所,揭发乙持枪的犯罪事实。关于本案,下列哪些选项是正确的?(2012 - 2 - 58)

 A. 甲私自出借枪支,构成非法出借枪支罪

 B. 乙非法持有枪支,构成非法持有枪支罪

 C. 丙构成盗窃枪支罪

 D. 丙揭发乙持枪的犯罪事实,构成刑法上的立功

📖 答案(   )①

📖 【考点】 非法出借枪支罪;盗窃枪支罪;立功

📖 【解析】 A正确,甲依法配备公务用枪,其非法将枪支借给乙,构成非法出借枪支罪。B正确,乙无持枪资格,仍然明知故犯,成立非法持有枪支罪。C错误,丙窃取枪支只是为了交给公安机关,并没有非法据为己有的目的,因此丙不具有盗窃枪支罪的故意,不成立盗窃枪支罪。D错误,丙窃取枪支上交公安机关,不构成任何犯罪。立功以行为人已经犯罪为前提,丙不构成犯罪,自然也无所谓立功。

第五节　交通犯罪

一、交通肇事罪

1. 卡车司机甲在行车途中,被一吉普车超过,甲顿生不快,便加速超过该车。不一会儿,该车又超过了甲,甲又加速超过该车。当该车再一次试图超车行至甲车左侧时,甲对坐在副座的乙说:"我要吓他一下,看他还敢超我。"随即将方向盘向左边一打,吉普车为躲避碰撞而翻下路基,司机重伤,另有一人死亡。甲驾车逃离。甲的行为构成:(2004 - 2 - 3)

 A. 故意杀人罪 　　　　　　　B. 交通肇事罪

 C. 破坏交通工具罪　　　　　　D. 故意杀人罪和故意伤害罪的想象竞合犯

📖 答案(   )②

📖 【考点】 交通肇事的行为类型

📖 【解析】 从不法层面看,甲在驾车过程中,违章突然变道,导致后车躲避不当发生翻车事故,造成一死一伤的严重后果。甲的行为发生在公共交通领域,因此该行为不仅侵犯了个人法益,也侵犯了公共安全。从责任层面看,甲之所以这么做仅仅是吓唬超车者,并不具有杀人故意或伤害故意,因此,尽管甲对违章行为是故意的,但对死亡结果和重伤结果是过失的,仅具有犯罪过失。综上,甲不构成故意犯罪,仅成立交通肇事罪。

👤 【难点】 肇事人对肇事行为往往是故意的,而且具有多种多样的复杂动机,但是对侵害结果则是过失的,即主观上并不希望或放任危害结果发生。本案中,甲仅仅是想吓唬被害人,并不具有杀害或伤害的决意,因而仅体现出对公共安全法益的轻视或忽视,并非敌视或蔑视。

---

①参考答案 AB　　②参考答案 B

2. 甲系某公司经理,乙是其司机。某日,乙开车送甲去洽谈商务,途中因违章超速行驶当场将行人丙撞死,并致行人丁重伤。乙欲送丁去医院救治,被甲阻止。甲催乙送其前去洽谈商务,并称否则会造成重大经济损失。于是,乙打电话给**120**急救站后离开肇事现场。但因时间延误,丁不治身亡。关于本案,下列哪一选项是正确的?(2006 - 2 - 11)

A. 甲不构成犯罪,乙构成交通肇事罪

B. 甲、乙均构成交通肇事罪

C. 乙构成交通肇事罪和不作为的故意杀人罪,甲是不作为的故意杀人罪的共犯

D. 甲、乙均构成故意杀人罪

答案( )①

【考点】 交通肇事罪的共犯

【解析】 在不法层面,乙违章超速驾车造成一死一伤,随即产生对伤者的救助义务(按交通法规应及时救助),甲劝说原本准备救助的乙,使其放弃救助,仅拨打120电话便逃逸。整体说来,乙既违反了禁止超速驾驶的注意义务,又违反了及时救助伤者的义务,并造成了两人死亡的危害后果,无疑成立交通肇事罪。甲在乙第一次肇事行为之后才参与了后续的违章行为,即甲、乙对违反及时救助义务具有共同的行为意思和行为,甲成立教唆犯(教唆违章行为),同时也成立承继的共犯(交通肇事行为),应构成交通肇事罪(不法意义上)的共犯。在责任层面,甲、乙至少具有过失。应该说,甲、乙对伤者的死亡均不具有积极希望的态度,甲只是为了避免经济损失才指使乙逃逸,而乙拨打120电话说明其反对死亡结果发生。显然,两人在客观上均可能认识到死亡结果的发生,因而至少具有过失。如果案件事实进一步表明,甲、乙不仅在客观上可能认识到死亡结果发生的可能性,而且在主观上确实认识到死亡结果的现实可能性,那么两人会进一步成立杀人故意,足以认定故意杀人罪(逃逸致人死亡属于不作为杀人)。尽管有可能升级为故意杀人罪的共犯,但考虑到故意杀人罪与交通肇事罪在交通肇事罪范围内重合②,因此,甲、乙仍然成立交通肇事罪的共犯。

【难点】 司法解释关于交通肇事罪共犯的规定属于注意规定,而非法律拟制。"交通肇事后,单位主管人员、机动车辆所有人、承包人或者乘车人指使肇事人逃逸,致使被害人因得不到救助而死亡的,以交通肇事罪的共犯论处",这种情形应理解为上述人员参与到肇事人逃逸这一新的交通肇事行为中,并造成了新的危害结果。简单说,先肇事,然后逃逸的,实际上可以评价为两次连续的肇事行为,且主观上至少具有过失,因此从因果共犯角度,所有参与人在交通肇事罪范围内成立共犯。

3. 根据刑法规定与相关司法解释,下列哪一选项符合交通肇事罪中的"因逃逸致人死亡"?(2007 - 2 - 9)

A. 交通肇事后因害怕被现场群众殴打,逃往公安机关自首,被害人因得不到救助而死亡

B. 交通肇事致使被害人当场死亡,但肇事者误以为被害人没有死亡,为逃避法律责任而逃逸

C. 交通肇事致人重伤后误以为被害人已经死亡,为逃避法律责任而逃逸,导致被害人得不到及时救助而死亡

D. 交通肇事后,将被害人转移至隐蔽处,导致其得不到救助而死亡

答案( )③

①参考答案 B ②交通肇事致人死亡行为符合杀人行为要求,同时故意与过失在过失范围内重合,因此故意杀人罪与交通肇事罪在交通肇事罪范围内重合。 ③参考答案 C

【考点】 逃逸致人死亡

【解析】 根据司法解释,肇事人为逃避法律责任而逃逸才能认定为因逃逸致人死亡,A中肇事人并未逃避法律责任,而是去公安机关自首,因此不成立逃逸致人死亡。B错误,肇事人误以为被害人没有死亡,但实际上已经死亡,客观上便不可能满足逃逸致人死亡的要求。C正确,肇事人误以为被害人已经死亡,为逃避法律责任而离开,并导致被害人得不到及时救助而死亡。由于肇事人对死亡结果未发生具有客观上的预见可能性,足以认定肇事人对死亡结果存在过失。同时,其为了逃避法律责任而逃逸,也符合相关规定,应认定为逃逸致人死亡。D错误,肇事人将伤者移至隐蔽处,使伤者的生命处于更为现实的危险之中,应成立故意杀人罪。

【难点】 肇事人不管出于何种正当理由逃逸,均没有履行救助被害人的法律责任,因此也符合因逃逸致人死亡的要求,即存在新的肇事行为,应构成第二次交通肇事罪。但是,肇事人逃离现场如果符合免责的紧急避险,则最终不承担责任。本案中,肇事人担心被现场群众殴打,然后逃往公安机关自首,实际上符合逃避法律责任的要求,但最终不具有责任或责任降低,可能对死亡结果不承担刑事责任,故不适用逃逸致人死亡的规定。

4. 关于交通肇事罪与其他犯罪关系的论述,下列哪些选项是正确的?(2008 川–2–58)

A. 甲酒后驾车撞死一行人,下车观察时,发现死者是其情敌刘某,甲早已预谋将刘某杀死。甲的行为应为故意杀人罪,而不能定为交通肇事罪

B. 乙明知车辆的安全装置不全,仍然指使其雇员王某驾驶该车辆运输货物;王某明知车辆有缺陷,仍超速行驶,造成交通事故,导致1人死亡。乙与王某均构成交通肇事罪

C. 丙在施工场地卸货倒车时,不慎将一装卸工人轧死。丙的行为构成重大责任事故罪,而不是交通肇事罪

D. 丁在一高速公路上驾车行驶时,因疲劳过度将车驶出高速公路,将行人常某撞死。对丁的行为应认定为交通肇事罪,而不是过失致人死亡罪

答案(   )①

【考点】 交通肇事罪的行为;公共交通领域;交通肇事罪的共犯

【解析】 A错误,甲酒后驾车撞死一人,事后发现是自己意图杀死的人,该行为仅能构成交通肇事罪。甲虽然有杀死被害人的犯罪决意,但在造成刘某死亡时,并未认识到自己的酒驾行为会产生刘某死亡的结果,因此不存在对刘某的杀人故意。这种情形属于事前故意,不能据此认定故意犯罪。B正确,乙明知指令司机驾驶安全装置不全的车运输违反交通法规,但仍然支配司机进行驾驶,最终造成严重后果,完全符合交通肇事罪成立要件。此外,乙在本案中对司机没有优越性支配,不能认为交通肇事罪的间接正犯。由于违章行为是乙与司机共同参与,因此在因果共犯论意义上构成交通肇事罪的共犯,乙成立教唆犯,司机为正犯。C正确,丙虽有驾驶行为,但事发地点在施工场地,并非公共交通领域,故不成立交通肇事罪,而应认定为重大责任事故罪。D正确,丁在高速行使,后又冲出高速路造成常某死亡。由于违章行为发生地点属于公共交通领域,所以,即便结果发生地并不在公共交通领域,也不妨碍本案成立交通肇事罪。

5. 甲于某晚9时驾驶货车在县城主干道超车时,逆行进入对向车道,撞上乙驾驶的小轿车,乙被卡在车内无法动弹,乙车内黄某当场死亡、胡某受重伤。后查明,乙无驾驶资格,事发时略有超速,且未采

取有效制动措施。(事实一)

甲驾车逃逸。急救人员 5 分钟后赶到现场,胡某因伤势过重被送医院后死亡。(事实二)

(1)关于事实一的分析,下列选项错误的是:(2013 - 2 - 86)

A. 甲违章驾驶,致黄某死亡、胡某重伤,构成交通肇事罪

B. 甲构成以危险方法危害公共安全罪和交通肇事罪的想象竞合犯

C. 甲对乙车内人员的死伤,具有概括故意

D. 乙违反交通运输管理法规,致同车人黄某当场死亡、胡某重伤,构成交通肇事罪

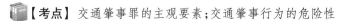 答案(　　)①

📖【考点】交通肇事罪的主观要素;交通肇事行为的危险性

📘【解析】交通肇事人对肇事行为本身可能存在明确的认识,即肇事行为完全可能故意为之,但其对危害结果的发生并不具有故意,而仅具有过失。此外,逆向行驶属于违章行为,其危险性尚未达放火、爆炸、决水、投放危险物质一样难以预见和控制危害结果的程度,因此不能认定为危险方法。据此,A 正确,甲违章逆行造成严重后果,甲对此负有重要责任,成立交通肇事罪。B 错误,甲的行为仅成立交通肇事行为,达不到以危险方法危害公共安全的程度。C 错误,甲对死亡结果缺乏具体明确的认识,仅具有过失,不成立概括的故意。D 错误。乙无驾驶资格,事发时略有超速,且未采取有效制动措施。乙无驾驶资格但仍驾驶,且略有超速,这些行为虽然违反交通法规,但均不会危及交通安全。乙未采取有效的制动措施,显然违章并且危及交通安全,符合交通肇事罪的行为要求。但是,乙对事故发生负有次要责任,根据司法解释在仅造成一死一伤危害后果时需要承担主要或全部责任才构成交通肇事罪。据此,乙不成立交通肇事罪。

(2)关于事实二的分析,下列选项正确的是:(2013 - 2 - 87)

A. 胡某的死亡应归责于甲的肇事行为

B. 胡某的死亡应归责于甲的逃逸行为

C. 对甲应适用交通肇事"因逃逸致人死亡"的法定刑

D. 甲交通肇事后逃逸,如数日后向警方投案如实交代罪行的,成立自首

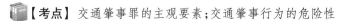 答案(　　)②

📖【考点】逃逸致人死亡

📘【解析】认定逃逸致人死亡,客观上要求逃逸行为与死亡结果之间具有因果关系,主观上要求逃逸者对死亡结果具有预见可能性。本案中,医护人员及时赶到事故现场抢救,甲的逃逸行为并未妨碍伤者得到及时救治,胡某的死亡主要归因于伤势过重,即死亡结果应归责于甲逃逸之前的肇事行为。据此,A 正确,B 错误,胡某的死亡应归责于甲的肇事行为,事后发生的逃逸行为并未中断两者之间的因果关系。C 错误,胡某死亡与逃逸无关,不符合因逃逸致人死亡的客观要求。D 正确,交通肇事逃逸之后,在行为人未归案前,只要符合自首条件,当然成立自首。

6. 乙(15 周岁)在乡村公路驾驶机动车时过失将吴某撞成重伤。乙正要下车救人,坐在车上的甲(乙父)说:"别下车! 前面来了许多村民,下车会有麻烦。"乙便驾车逃走,吴某因流血过多而亡。关于本案,下列哪一选项是正确的? (2014 - 2 - 13)

A. 因乙不成立交通肇事罪,甲也不成立交通肇事罪

B. 对甲应按交通肇事罪的间接正犯论处

C. 根据司法实践,对甲应以交通肇事罪论处

D. 根据刑法规定,甲、乙均不成立犯罪

📖 答案(   )①

📚【考点】同乘人指使逃逸的交通肇事罪

📝【解析】机动车辆所有人、承包人或者乘车人指使肇事人逃逸,致使被害人因得不到救助而死亡的,以交通肇事罪共犯论处。乘车人指使肇事司机逃逸的行为与死亡结果之间具有刑法上的因果关系(心理因果),原本应构成遗弃罪或不作为的故意杀人罪(教唆犯),但是司法实践中根据司法解释按照交通肇事罪的共犯处理,这属于法律拟制。明确这一规定的性质后,应将指使逃逸的行为评价为交通肇事罪,并且与肇事人具有共犯关系(按照行为共同说确实属于共犯,就此而言,并非法律拟制,而是注意规定)。此外,需要注意的是,本规定仅要求肇事人客观上实施了交通肇事犯罪行为即可,未要求肇事人构成交通肇事罪。换言之,这里所谓交通肇事罪共犯,并不是主客观统一的交通肇事罪,而是客观意义上的交通肇事罪。据此,A错误,因为根据司法解释,乙不成立交通肇事罪,不意味着甲也不成立交通肇事罪。乙尽管因为无责任能力而不成立犯罪,但是站在客观的法秩序的角度确实存在交通肇事罪这种行为,甲仍然是交通肇事罪的共犯。由于乙不成立犯罪,那么仅能认定甲成立交通肇事罪。C是正确的。D错误。乙已经15岁,具有独立的行为能力,甲虽然是其父亲,但其指使行为达不到间接正犯的支配程度。B错误。

👩【难点】本题考查了同乘人指使逃逸这一司法解释的理解,涉及共犯理论、犯罪基本属性、拟制规定等知识点,只有掌握准确,并灵活运用才能正确处理。考生在理解犯罪时习惯将其理解为主客观统一的犯罪,但是犯罪首先是客观意义的犯罪,即犯罪是不法且有责的行为,首先是不法行为,即侵害法益的行为(犯罪的实质),其次才谈得上有责的行为。对于法秩序而言,行为具有法益侵害性就足以被否定和非难,至于行为人究竟是否有责,则是是否施予刑罚的问题。

二、危险驾驶罪

1. 甲于某晚9时驾驶货车在县城主干道超车时,逆行进入对向车道,撞上乙驾驶的小轿车,乙被卡在车内无法动弹,乙车内黄某当场死亡、胡某受重伤。后查明,乙无驾驶资格,事发时略有超速,且未采取有效制动措施。(事实一)

甲驾车逃逸。急救人员5分钟后赶到现场,胡某因伤势过重被送医院后死亡。(事实二)

交警对乙车进行切割,试图将乙救出。此时,醉酒后的丙(血液中的酒精含量为152mg/100mL)与丁各自驾驶摩托车"飙车"经过此路段。(事实三)

丙发现乙车时紧急刹车,摩托车侧翻,猛烈撞向乙车左前门一侧,丙受重伤。20分钟后,交警将乙抬出车时,发现其已死亡。现无法查明乙被丙撞击前是否已死亡,也无法查明乙被丙撞击前所受创伤是否为致命伤。(事实四)

丁离开现场后,找到无业人员王某,要其假冒飙车者去公安机关投案。(事实五)

王某虽无替丁顶罪的意思,但仍要丁给其5万元酬劳,否则不答应丁的要求,丁只好付钱。王某第二天用该款购买100克海洛因藏于家中,用于自吸。5天后,丁被司法机关抓获。(事实六)

关于事实三的定性,下列选项正确的是:(2013-2-88)

A. 丙、丁均触犯危险驾驶罪,属于共同犯罪

B. 丙构成以危险方法危害公共安全罪,丁构成危险驾驶罪

C. 丙、丁虽构成共同犯罪,但对丙结合事实四应按交通肇事罪定罪处罚,对丁应按危险驾驶罪定罪处罚

D. 丙、丁未能完成预定的飙车行为,但仍成立犯罪既遂

📦【答案(　　)】①

📖【考点】危险驾驶罪;交通肇事罪

📄【解析】丙、丁醉酒驾驶机动车(摩托车),成立危险驾驶罪的共犯,A 正确。丙违章驾驶摩托车撞到乙车左侧车门,该行为符合交通肇事罪的构成要件行为,其危险性尚未达到以其他危险方法危害公共安全罪的程度,况且后者是故意犯罪,而丙的行为仅存在过失。因此,丙不成立以危险方法危害公共安全罪,B 错误。丙醉驾行为未对乙造成严重后果,仅造成自己重伤,不符合交通肇事罪关于结果的成立要求,因此不成立交通肇事罪,C 错误。危险驾驶罪是危险犯,并不要求完成预定的飙车行为,其行为便既遂,D 正确。

2. 下列哪一行为应以危险驾驶罪论处?（2015 – 2 – 13）

A. 醉酒驾驶机动车,误将红灯看成绿灯,撞死 2 名行人

B. 吸毒后驾驶机动车,未造成人员伤亡,但危及交通安全

C. 在驾驶汽车前吃了大量荔枝,被交警以呼气式酒精检测仪测试到酒精含量达到醉酒程度

D. 将汽车误停在大型商场地下固定卸货车位,后在醉酒时将汽车从地下三层开到地下一层的停车位

📦【答案(　　)】②

📄【解析】误将红绿灯看错,属于过失,不成立危险驾驶罪;吸毒后的毒驾不能解释为醉酒驾驶;吃荔枝而处于醉酒状态,行为人不具有故意,不成立危险驾驶;停车场内的驾驶行为可以解释为在道路上醉驾。

第六节　生产安全事故犯罪

1. 甲是某搬运场司机,在搬运场驾车作业时违反操作规程,不慎将另一职工轧死。对甲的行为应当如何处理?（2005 – 2 – 20）

A. 按过失致人死亡罪处理

B. 按交通肇事罪处理

C. 按重大责任事故罪处理

D. 按意外事件处理

📦【答案(　　)】③

📖【考点】重大责任事故罪;交通肇事罪;过失致人死亡罪

📄【解析】甲不慎将另一职工轧死,就此而言,甲构成过失致人死亡罪。但是,本案发生的地点属于搬运场,其行为又属于违章作业行为,仅评价为侵犯个人法益的犯罪,显然忽略了对公共安全的侵犯。所以,从违章作业行为角度,甲在生产作业过程中存在重大过失行为,成立重大责任事故罪。此外,甲的行为在形式上还是驾驶行为,但是据此不能认定为交通肇事罪,因为该行为并非发生在公共交

---

①参考答案 AD　②参考答案 D　③参考答案 C

通领域,而是企业厂区内,即甲的行为固然是存在重大过失的驾驶行为,但该行为并未违反交通法规,不符合交通肇事罪的构成要件。综上,甲应成立过失致人死亡罪和重大责任事故罪的想象竞合犯,应成立重大责任事故罪。据此,C正确,其余选项错误。

2. 某施工工地升降机操作工刘某未注意下方有人即按启动按钮,造成维修工张某当场被挤压身亡。刘某报告事故时隐瞒了自己按下启动按钮的事实。关于刘某行为的定性,下列哪一选项是正确的?(2010 - 2 - 12)

A. (间接)故意杀人罪
B. 过失致人死亡罪
C. 谎报安全事故罪
D. 重大责任事故罪

答案( )①

【考点】 过失致人死亡罪;不报、谎报安全事故罪;重大责任事故罪

【解析】 刘某过失实施一定行为导致他人死亡,应成立过失致人死亡罪。但该行为并非一般意义上的过失致人死亡行为,而是发生在生产作业过程中的过失行为,所以评价为重大责任事故罪更为全面。此外,刘某隐瞒事故原因的行为涉嫌不报、谎报安全事故罪。该罪不仅要求负有报告职责的人不报或谎报事故原因,还要求该行为贻误事故抢救,而本案事实未满足该要素,因此刘某不成立不报、谎报安全事故罪。综上,刘某成立过失致人死亡罪与重大责任事故罪想象竞合犯,应按照重大责任事故罪处理。D正确,其余选项错误。

3. 甲在建筑工地开翻斗车。某夜,甲开车时未注意路况,当场将工友乙撞死、丙撞伤。甲背丙去医院,想到会坐牢,遂将丙弃置路沟后逃跑。丙不得救治而亡。关于本案,下列哪一选项是错误的?(2013 - 2 - 12)

A. 甲违反交通运输管理法规,因而发生重大事故,致人死伤,触犯交通肇事罪
B. 甲在作业中违反安全管理规定,发生重大伤亡事故,触犯重大责任事故罪
C. 甲不构成交通肇事罪与重大责任事故罪的想象竞合犯
D. 甲为逃避法律责任,将丙带离事故现场后遗弃,致丙不得救治而亡,还触犯故意杀人罪

答案( )②

【考点】 交通肇事罪;重大责任事故罪;故意杀人罪

【解析】 本案存在两个相互独立的行为。其一,甲在生产作业中未注意路况,当场撞死一人撞伤一人,构成重大责任事故罪。该行为虽然属于驾驶行为,但事发地点在工地,并非公共交通领域,因此不构成交通肇事罪。其二,甲在救助丙过程中,将丙弃置路沟导致其死亡。该行为违反前行为(重大责任事故行为)产生的作为义务,甲非但有能力履行而不履行该义务,更将丙放置在难以让人发现的路沟内,应成立故意杀人罪(既有作为,又有不作为)。综上,甲应成立重大责任事故罪与故意杀人罪,由于两行为各自独立,侵犯不同法益,应数罪并罚。据此,A错误,B、C、D正确。

第三章　破坏社会主义市场经济秩序罪

第一节　生产、销售伪劣商品罪

1. 甲为获利于某日晚向乙家的羊圈内(共有 29 只羊)投放毒药,待羊中毒后将羊运走,并将羊肉出售给他人。甲的行为构成哪些犯罪?(2002 - 2 - 40)

A. 盗窃罪

B. 投毒罪(投放危险物质罪)

C. 故意毁坏财物罪

D. 生产、销售有毒、有害食品罪

📖 答案(　　)①

📒 【考点】有毒有害食品;毁坏财物

📝 【解析】甲毒死羊并窃取,涉案金额较大,成立盗窃罪。同时,甲还有屠宰和销售有毒羊肉的行为,由于毒药属于有毒有害非食品原料,因此构成生产、销售有毒有害食品罪。上述行为各自独立,侵犯不同法益,应数罪并罚。AD 正确。B 错误,投放危险物质罪侵犯的是公共安全,本案仅涉及乙的财产安全,未侵犯公共安全。C 错误,单纯造成羊死亡,并未使财物完全丧失效用,仍然具有使用价值和交换价值。通过投毒方式造成羊死亡,羊肉含有有毒有害成分,尽管对人体健康有一定不良影响,但仍然可以食用,那么应认为属于财物。假如甲所投之毒足以造成重大伤亡,完全不能食用,那么应成立毁坏行为。但是,此时的羊肉依然可以认定为财物,因为尽管从财物的主观价值上不能再食用而只能销毁,但在市场上仍然可以假冒食品进行销售,具有一定的经济价值。窃取这种羊肉同样构成盗窃罪。销售该羊肉还额外成立投放危险物质罪。可见,此处有毒的羊肉仍然具有效用,应评价为财物。不能因为有毒有害食品禁止销售和食用,就认为有毒有害食品已经丧失效用。

2. 甲为了获取超额利润,在明知其所经销的电器产品不符合保障人身安全的国家标准的情况下,仍然大量进货销售,销售金额总计达到 180 万元。一企业因使用这种电器而导致短路,引起火灾,造成 3 人轻伤,部分厂房被烧毁,直接经济损失 10 万元。下列关于甲的行为的说法哪些是正确的?(2005 - 2 - 66)

A. 应当数罪并罚

B. 构成销售不符合安全标准的产品罪

C. 构成销售伪劣产品罪

D. 应按照销售伪劣产品罪和销售不符合安全标准的产品罪中的一个重罪定罪处罚

📖 答案(　　)②

📒 【考点】销售伪劣产品罪;销售不符合安全标准的产品罪

📝 【解析】甲明知为不安全的产品,仍然大量销售,引发火灾,成立销售不符合安全标准的产品罪。另一方面,不安全的产品属于伪劣产品,销售金额达到 180 万元,构成销售伪劣产品罪。由于两行为侵犯同一法益,销售伪劣产品罪和销售不符合安全标准的产品罪具有包容关系,成立法条竞合,应按照重罪处理。据此,A 错误,其余选项正确。

3. 刘某专营散酒收售,农村小卖部为其供应对象。刘某从他人处得知某村办酒厂生产的散酒价格低廉,虽掺有少量有毒物质,但不会致命,遂大量购进并转销给多家小卖部出售,结果致许多饮者中毒甚至双眼失明。下列哪些选项是正确的?(2009 – 2 – 56)

A. 造成饮用者中毒的直接责任人是某村办酒厂,应以生产和销售有毒、有害食品罪追究其刑事责任;刘某不清楚酒的有毒成分,可不负刑事责任

B. 对刘某应当以生产和销售有毒、有害食品罪追究刑事责任

C. 应当对构成犯罪者并处罚金或没收财产

D. 村办酒厂和刘某构成共同犯罪

答案(　　)①

【考点】 生产、销售有毒有害食品罪;共犯

【解析】 刘某虽然不知有毒成分具体名称及危害,但对有毒性存在明确的认识。其大量转销掺有该物质的酒,成立销售有毒有害食品罪。村办企业生产有毒酒类,构成生产有毒有害食品罪。刘某与村办企业之间缺少共同生产销售有毒有害食品的行为意思,仅是单纯生产商与销售商之间的协作,不存在共同的生产行为或销售行为,不成立共犯。据此,AD 错误,B 正确。此外,C 正确,经济犯罪最有效的刑罚手段当属财产刑,因此本罪适用罚金刑与没收财产。

4. 甲将邻居交售粮站的稻米淋洒农药,取出部分作饵料,毒死麻雀后售与饭馆,非法获利 5000 元。关于甲行为的定性,下列哪一选项是正确的?(2010 – 2 – 11)

A. 构成故意毁坏财物罪

B. 构成以危险方法危害公共安全罪和盗窃罪

C. 仅构成以危险方法危害公共安全罪

D. 构成投放危险物质罪和销售有毒、有害食品罪

答案(　　)②

【考点】 有毒有害食品;危险物质

【解析】 甲在他人准备销售的稻米中投入农药,足以形成危害公共安全的具体危险,成立投放危险物质罪。甲还窃取了少量有毒稻米用于抓捕麻雀,由于涉案金额较小,不成立盗窃罪。甲在毒死麻雀后将其作为食品销售给饭店,形成了对公共安全的抽象危险(尚未形成具体危险),且非法获利 5000 元,应成立销售有毒有害食品罪。上述行为各自独立,侵犯不同法益,应数罪并罚。据此,D 正确。此外,A 错误,因为甲投毒行为并不会使稻米完全丧失效用,故不能评价为毁坏行为。B 错误,一方面,甲不构成盗窃罪,因为数额较小;另一方面,甲在稻米中投毒和出售有毒麻雀的行为,符合投放危险物质的行为要求,自然没必要援引其他危险方法认定为犯罪。C 错误,甲出售有毒麻雀,非法获利 5000元,应认定为经济犯罪。因此,本案仅认定投放危险物质罪显然评价不充分。注意,甲投毒于稻米的行为成立投放危险物质罪,但甲出售有毒麻雀的行为不能认定为投放危险物质罪。因为,该罪属于具体危险犯,甲的销售行为并不能直接危害公共安全,还需饭店作为食材使用后才能形成具体危险,因此该行为不构成投放危险物质罪。

①参考答案 BC　②参考答案 D

😀【难点】投放危险物质罪属于侵犯公共安全的具体危险犯,生产、销售有毒有害食品罪则属于侵犯市场经济秩序的抽象危险犯,同时属于侵犯公共安全的抽象危险犯。单纯销售有毒麻雀给饭店,未加工后提供给消费者时,仅形成侵犯公共安全的抽象危险,因此不成立投放危险物质罪。

5. 杨某生产假冒避孕药品,其成分为面粉和白糖的混合物,货值金额达15万多元,尚未销售即被查获。关于杨某的行为,下列哪一选项是正确的?(2010-2-15)

A. 不构成犯罪

B. 以生产、销售伪劣产品罪(未遂)定罪处罚

C. 以生产、销售伪劣产品罪(既遂)定罪处罚

D. 触犯生产假药罪与生产、销售伪劣产品罪(未遂),依照处罚较重的规定定罪处罚

📖 **答案(　　　)①**

📁【考点】生产销售假药罪与生产销售伪劣产品罪的关系

📖【解析】杨某生产的药品成分完全不属于药品,因而属于假药,其行为构成生产销售假药罪。另一方面,假药当然属于伪劣产品,其货值金额达到15万元,是法定销售金额5万元的3倍,成立生产销售伪劣产品罪(未遂)。由于两罪侵犯同一法益,构成法条竞合,按照重罪处理。

6. 关于生产、销售伪劣商品罪,下列哪些选项是正确的?(2013-2-58)

A. 甲未经批准进口一批药品销售给医院。虽该药品质量合格,甲的行为仍构成销售假药罪

B. 甲大量使用禁用农药种植大豆。甲的行为属于"在生产的食品中掺入有毒、有害的非食品原料",构成生产有毒、有害食品罪

C. 甲将纯净水掺入工业酒精中,冒充白酒销售。甲的行为不属于"在生产、销售的食品中掺入有毒、有害的非食品原料",不成立生产、销售有毒、有害食品罪

D. 甲利用"地沟油"大量生产"食用油"后销售。因不能查明"地沟油"的具体毒害成分,对甲的行为不能以生产、销售有毒、有害食品罪论处

📖 **答案(　　　)②**

📁【考点】生产、销售伪劣商品的行为类型

📖【解析】A正确,根据相关法规,缺少批准文号的药品按照假药处理。B正确,种植行为属于生产行为,而禁用农药属于有毒有害非食品原料,使用该农药,符合掺入的要求。C错误,纯净水虽然属于食品,但工业酒精属于有毒有害非食品原料,两者混合,当然符合掺入的要求。D错误,虽然不能确定地沟油的具体毒害成分,但不妨碍认定其为有毒有害非食品原料,因此完全满足生产销售有毒有害食品罪的构成要件要求。

7. 关于生产、销售伪劣商品罪,下列哪些判决是正确的?(2014-2-58)

A. 甲销售的假药无批准文号,但颇有疗效,销售金额达500万元,如按销售假药罪处理会导致处罚较轻,法院以销售伪劣产品罪定罪处罚

B. 甲明知病死猪肉有害,仍将大量收购的病死猪肉,冒充合格猪肉在市场上销售。法院以销售有毒、有害食品罪定罪处罚

C. 甲明知贮存的苹果上使用了禁用农药,仍将苹果批发给零售商。法院以销售有毒、有害食品罪定罪处罚

---

①参考答案D　②参考答案AB

D. 甲以为是劣药而销售,但实际上销售了假药,且对人体健康造成严重危害。法院以销售劣药罪定罪处罚

📖 答案( )①

📕【考点】 法条竞合;伪劣产品犯罪

📕【解析】 生产销售伪劣产品罪是法条竞合较为集中的类罪。法条竞合,特别法优于一般法,但绝不能违反从一重处断的原则。劣药是名副其实的药,但是疗效较差;假药不是名副其实的药,是无效的药。假药可以评价为劣药(极度劣质,达到无效程度),但劣药不能评价为假药。不符合安全标准的食品,足以导致食物中毒或其他食源性病患,处罚较重。有毒有害食品是指在食品中掺入有毒有害的非食品原料所产生的食品,处罚相对较轻。据此,A 正确,因为法条竞合的根本原理还是从一重处断,一般法处罚重时,需要一般法优先。B 错误,应该定销售不符合安全标准的食品罪处理。C 正确,因为属于掺入非食品原料。D 正确,满足了销售劣药罪的成立要件。

👤【难点】 考生容易单纯记忆特别法优于一般法,忘记最根本原理还是重法优于轻法。特殊的伪劣产品犯罪注意它们之间的区别点。

8. 下列哪一犯罪属抽象危险犯?(2015 – 2 – 14)
A. 污染环境罪
B. 投放危险物质罪
C. 破坏电力设备罪
D. 生产、销售假药罪

📖 答案( )②

📕【解析】 污染环境罪(实害犯)、投放危险物质罪和破坏电力设备罪(具体危险犯)均非抽象危险犯。

9. 关于生产、销售伪劣商品罪,下列哪些选项是正确的?(2016 – 2 – 57)
A. 甲既生产、销售劣药,对人体健康造成严重危害,同时又生产、销售假药的,应实行数罪并罚
B. 乙为提高猪肉的瘦肉率,在饲料中添加"瘦肉精"。由于生猪本身不是食品,故乙不构成生产有毒、有害食品罪
C. 丙销售不符合安全标准的饼干,足以造成严重食物中毒事故,但销售金额仅有 500 元。对丙应以销售不符合安全标准的食品罪论处
D. 丁明知香肠不符合安全标准,足以造成严重食源性疾患,但误以为没有毒害而销售,事实上香肠中掺有有毒的非食品原料。对丁应以销售不符合安全标准的食品罪论处

📖 答案( )③

📕【考点】 生产销售伪劣产品罪

📕【解析】 A 正确,甲生产、销售假药,成立生产销售假药罪;生产、销售劣药,并对人体健康造成严重危害,成立生产销售劣药罪。甲实施了两个行为,侵犯了两个法益,应数罪并罚。B 错误,最高人民法院、最高人民检察院《关于办理危害食品安全刑事案件适用法律若干问题的解释》第9条第2款规定:"在食用农产品种植、养殖、销售、运输、贮存等过程中,使用禁用农药、兽药等禁用物质或者其他有毒、有害物质的,适用前款的规定定罪处罚。"即饲料中添加"瘦肉精",按照生产有毒、有害食品罪定罪。

C正确,销售不符合安全标准的食品罪,是指生产、销售不符合食品安全标准的食品,足以造成严重食物中毒事故或者其他严重食源性疾病的行为。丙销售不符合安全标准的饼干,足以造成严重食物中毒事故,即构成此罪,与销售金额无关。只有在销售金额达到5万元以上的,才可能构成生产、销售伪劣产品罪。D正确,销售不符合安全标准的食品罪与生产销售有毒、有害食品罪之间存在轻重差别,有毒有害食品当然能够满足不安全食品的标准。在此意义上,本题中的行为人实际上是以轻罪故意实施了重罪行为,按照犯罪检视体系当然满足轻罪的成立要件,应以销售不符合安全标准的食品罪论处。

第二节 走私罪

1. 黄某、王某二人从境外走私入境假币150余万元。运载假币的渔船刚一到岸即被海关缉私人员发现。黄某、王某手持铁棍,将缉私人员打成重伤后携带假币逃走。对黄某、王某的行为应以哪些犯罪论处?(2002 - 2 - 47)

A. 走私假币罪

B. 运输假币罪

C. 故意伤害罪

D. 妨害公务罪

答案( )①

【考点】 暴力抗拒缉私;妨害公务罪的转化犯

【解析】 行为人走私假币入境,涉案金额150余万元,成立走私假币罪。在海关人员缉私时,行为人以暴力手段抗拒,应成立妨害公务罪。妨害公务行为造成公务人员重伤的,应转化为故意伤害罪。上述行为各自独立,侵犯不同法益,应数罪并罚。据此,A、C正确,B、D错误。

2. 刘某利用到国外旅游的机会,购买了手枪1支、子弹若干发自用,并经过伪装将其邮寄回国内。后来刘某得知丁某欲搞一支枪抢银行,即与丁某协商,以1万元将其手枪出租给丁某。丁某使用该手枪抢劫银行时被抓获。对刘某的行为应如何处理?(2008川 - 2 - 11)

A. 以非法买卖危险物质罪与抢劫罪实行并罚

B. 以非法买卖危险物质罪与非法出租枪支罪实行并罚

C. 以走私武器、弹药罪与抢劫罪实行并罚

D. 以走私武器、弹药罪、非法出租枪支罪、抢劫罪实行并罚

答案( )②

【考点】 走私武器、弹药罪;非法出租枪支罪

【解析】 刘某购买枪支、弹药的行为成立非法买卖枪支罪。注意,枪支虽然有害,但并不是危险物质,因此不构成非法买卖危险物质罪。刘某伪装枪支,将其从境外邮寄回国内,符合走私武器、弹药罪要求。在上述过程中,刘某一直持有枪支弹药,还构成非法持有枪支弹药罪。由于买卖枪支弹药是为了走私枪支弹药入境并由自己长期持有,应认为仅存在一个整体行为,应按照吸收犯的原理最终认定为走私枪支弹药罪。回国后,刘某明知丁某抢劫银行,仍然为其提供犯罪所需枪支,应成立抢劫罪的帮助犯。此外,刘某不属于依法配备公务用枪的人员,其出租枪支的行为不能认定为非法出租枪支罪。据此,刘某应以走私武器、弹药罪与抢劫罪实行数罪并罚。据此,C正确,ABD错误。

①参考答案 AC ②参考答案 C

3. 关于走私犯罪,下列哪一选项是正确的? (2011 - 2 - 11)

A. 甲误将淫秽光盘当作普通光盘走私入境。虽不构成走私淫秽物品罪,但如按照普通光盘计算,其偷逃应缴税额较大时,应认定为走私普通货物、物品罪

B. 乙走私大量弹头、弹壳。由于弹头、弹壳不等于弹药,故乙不成立走私弹药罪

C. 丙走私枪支入境后非法出卖。此情形属于吸收犯,按重罪吸收轻罪的原则论处

D. 丁走私武器时以暴力抗拒缉私。此情形属于牵连犯,从一重罪论处

📖 答案( )①

📚 **【考点】** 走私犯罪的具体成立要素

📝 **【解析】** A正确,淫秽光盘因其特殊性可以评价为一般性的普通货物,据此,误以为普通货物而走私,完全满足走私普通货物罪所需的客观要素与主观要素,成立走私普通货物罪。B错误,弹头、弹壳属于弹药的组成部分,属于半成品弹药,成立走私弹药罪。C错误,走私枪支入境成立走私枪支罪。在入境后,行为人再将枪支销售的,侵犯了新的法益,另成立非法买卖枪支罪。两行为各自独立,侵犯不同法益,应数罪并罚。D错误,根据《刑法》规定,走私过程中,暴力抗拒缉私的,应按照走私犯罪和妨害公务罪数罪并罚,不成立牵连犯。从原理上讲,走私行为与暴力抗拒缉私并无类型化牵连关系,原本就不成立牵连犯。

4. 下列哪些行为(不考虑数量),应以走私普通货物、物品罪论处? (2015 - 2 - 61)

A. 将白银从境外走私进入中国境内

B. 走私国家禁止进出口的旧机动车

C. 走私淫秽物品,有传播目的但无牟利目的

D. 走私无法组装并使用(不属于废物)的弹头、弹壳

📖 答案( )②

📝 **【解析】** 贵金属入境,成立普通走私,只有出境才被禁止,白银不属于禁止进出口的货物,当然成立普通走私。禁止进出口的机动车,和无牟利目的的淫秽物品,应成立走私国家禁止进出口的货物物品罪。有异议认为,旧机动车的情形,根据2002年的司法解释应认定为普通走私,但是该解释已经被《刑法修正案(七)》废止。不能组装的弹头弹壳,不属于弹药,当然属于普通货物。

第三节 妨害对公司、企业的管理秩序罪

1. 甲、乙二人出资10万元,同时通过购买并使用伪造的商业零售发票,虚填商品实物价值人民币50万元,骗取审计事务所出具验资报告,欺骗公司登记主管部门,以60万元注册资本取得"××贸易有限公司"营业执照。后甲、乙又合谋将上述10万元资本金转移用于注册另一公司。甲、乙二人的行为构成: (2005 - 2 - 9)

A. 虚报注册资本罪

B. 虚假出资罪

C. 虚报注册资本罪与抽逃出资罪

D. 虚假出资罪与抽逃出资罪

📖 答案( )③

---

①参考答案A ②参考答案AD ③参考答案C

【考点】 虚报注册资本罪;抽逃出资罪

【解析】 甲、乙实际出资10万元,虚报实物出资50万元,骗取审计事务所出具验资报告,欺骗公司登记主管部门,骗取了登记,成立虚报注册资本罪。之后,两人又将实际出资的10万元抽逃,数额巨大,成立抽逃出资罪。两行为各自独立,侵犯不同法益,应数罪并罚。C正确,其余均错误。B、D所谓虚假出资罪并不构成,因为甲、乙虚报注册资本的行为必然接续发生不履行出资义务的行为,后者成立与罚的后行为,无须单独定罪处罚。

2. 下列哪些人可以成为非法经营同类营业罪的犯罪主体?(2005 - 2 - 58)

A. 中外合资企业的董事、经理

B. 国有公司的董事

C. 国有企业的经理

D. 国有公司控股的公司、企业的董事、经理

答案( )①

【考点】 非法经营同类营业罪的犯罪主体

【解析】 本罪的主体仅限于国有公司任职的董事、经理。中外合资公司和国有控股公司均不属于国有公司。

3. 甲向乙借款50万元注册成立A公司,乙与甲约定在A公司取得营业执照的第二天,乙的B公司向A公司借款50万元。A公司取得营业执照后,由甲经手将A公司50万元借给B公司。关于甲的行为性质,下列哪一选项是正确的?(2013 - 2 - 13)

A. 虚报注册资本罪

B. 虚假出资罪

C. 抽逃出资罪

D. 无罪

答案( )②

【考点】 虚假出资;抽逃出资

【解析】 甲向乙借款50万元注册公司,由于出资行为合法,成立A公司取得营业执照当然合法有效,至此不存在虚假出资或虚报注册资本行为。B公司向A公司借款50万元合法有效,B公司转移了50万元现金的占有,但获得了50万元债权,公司资产并未变化,不能认为存在抽逃行为。综上,客观上不存在虚报注册资本、虚假出资或抽逃出资的行为,不成立任何犯罪。

第四节 破坏金融管理秩序罪

1. 甲找到在某国有公司任出纳员的朋友乙,提出向该公司借款5万元用于购买假币,并许诺出售假币获利后给乙好处费。乙便擅自从自己管理的公司款项中借给甲5万元。甲拿到5万元后,让丙从外地购得假币若干,然后在本地出售。出售一部分后,甲便送给乙2万元好处费。甲后来在出售假币的过程中被公安人员抓获。甲如实交代了让丙购买假币和自己出售假币的行为,还主动交代了自己使用面值共5000元的假币购买家电产品的事实,但未能如实说明购买假币的5万元现金的来源。乙得

知甲被抓后,担心受刑罚处罚,便携带10万元公款潜逃外地,后被司法机关抓获归案。

(1)关于出售、购买假币罪的共犯关系,下列哪些说法是错误的?（2002-2-84）

A. 甲、乙、丙三人成立出售、购买假币罪的共犯

B. 甲、乙二人成立出售、购买假币罪的共犯

C. 甲、丙二人成立出售、购买假币罪的共犯

D. 甲单独成立出售、购买假币罪,乙、丙不成立出售、购买假币罪

答案（　　　）①

📖【考点】 出售、购买假币罪;共犯

📝【解析】 甲、乙对购买和出售假币具有共同的行为意思,甲提供资金,乙具体实施,两者构成出售、购买假币罪的共犯。丙与乙具有购买出售假币的共同意思与行为,也成立出售、购买假币罪的共犯。但是,甲并不知道丙的存在,丙也不知道甲的存在,两人不存在共同行为的意思和行为,也不存在片面帮助或实行的意思或行为,因此不构成共犯。据此,只有B正确,其余选项均错误。

(2)关于甲出售、购买假币与使用假币的行为,下列哪些说法是错误的?（2002-2-86）

A. 使用假币罪应被出售、购买假币罪吸收

B. 使用假币罪与出售、购买假币罪为牵连关系,应从一重处罚

C. 对使用假币罪与出售、购买假币罪应实行并罚

D. 甲就使用假币罪成立自首

答案（　　　）②

📖【考点】 使用假币罪

📝【解析】 A正确,甲先购买假币,然后又出售部分假币和使用部分假币。应该说,使用所购买的假币相对于之前的购买行为,并未侵犯新的法益,成立罚的后行为,不需要单独定罪处罚,被购买假币罪吸收。B错误,使用假币与购买、出售假币不具有类型化的牵连关系,不能认为购买、出售假币就是为了使用假币,因此不成立牵连犯。C错误,如前所述,使用假币被购买假币罪吸收,当然无须并罚。D错误,使用假币原本不构成犯罪,因此也谈不上对该罪的自首。

2. 甲从A地购得面值共2万元的假币,然后携带假币乘坐火车到B地。甲在车上与几个朋友赌博时被乘警发现,乘警按规定对甲处以罚款,甲欺骗乘警,以假币交纳罚款,被乘警发现。甲的行为构成下列哪些罪?（2003-2-34）

A. 购买、运输假币罪

B. 诈骗罪

C. 持有、使用假币罪

D. 赌博罪

答案（　　　）③

📖【考点】 购买、运输假币罪;持有、使用假币罪

📝【解析】 甲购买假币和携带假币到异地的行为,构成购买、运输假币罪。甲在火车上与几个朋友赌博,并非聚众赌博、开设赌场或以赌博为业,不构成赌博罪。乘警对其罚款时,甲将自己持有的假币用于缴纳罚款,显然属于使用假币的行为,成立持有、使用假币罪。甲欺骗乘警的行为,目的在于免

除罚款缴纳义务,免除此种公法上的义务难以评价为财产性利益,因此不构成诈骗罪。

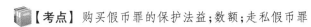【难点】免除公法上涉及财产的义务不能评价为财产性利益。例如,偷税罪不可能竞合诈骗罪或盗窃罪。

3. 刑法第171条第1款前段规定:"出售、购买伪造的货币或者明知是伪造的货币而运输,数额较大的,处三年以下有期徒刑或者拘役,并处二万元以上二十万元以下罚金。"关于本条的理解,下列哪些说法是错误的?(2004 - 2 - 53)

A. 运输假币罪要求行为人明知是假币,但出售、购买假币罪不要求行为人明知是假币

B. 根据故意犯罪的刑法规定与刑法原理,出售、购买假币罪也以行为人明知是假币为前提

C. 出售、购买、运输假币罪都是故意犯罪,但运输假币罪只能是直接故意,而出售、购买假币罪只能是间接故意

D. "并处二万元以上二十万元以下罚金"是指可以并处罚金,而非应当并处罚金

答案(　　　)①

【考点】A错误,B正确。运输假币明文规定行为人必须明知为假币,出售和购买假币则没有明知的规定,但据此不能得出出售、购买假币罪不要求行为人明知是假币的结论。因为该罪属于故意犯罪,必然要求行为人对所购买和出售的假币有明确认识。C错误,单从明知的规定,不能推断究竟是间接故意犯罪还是直接故意犯罪。D错误,根据体系解释,"并处罚金"是指应当并处罚金。

4. 甲在国外旅游,见有人兜售高仿真人民币,用1万元换取10万元假币,将假币夹在书中寄回国内。(事实一)

关于事实一的分析,下列选项正确的是:(2012 - 2 - 86)

A. 用1万元真币换取10万元假币,构成购买假币罪

B. 扣除甲的成本1万元,甲购买假币的数额为9万元

C. 在境外购买人民币假币,危害我国货币管理制度,应适用保护管辖原则审理本案

D. 将假币寄回国内,属于走私假币,构成走私假币罪

答案(　　　)②

【考点】购买假币罪的保护法益;数额;走私假币罪

【解析】A正确,购买假币是指以真币及其衍生权利为对价交换假币,甲的行为符合该要求,成立购买假币罪。B错误,购买假币罪保护的法益是本国货币管理制度,并非财产法益,不可能根据收支情况折算涉案金额。本案购买假币是10万元。C错误,在境外购买假币侵犯的只有外国的货币管理制度,因此不能以保护原则为由行使管辖权。D正确,将假币跨越国边境邮寄,属于走私假币行为,成立走私假币罪。

5. 下列哪一行为可以构成使用假币罪?(2006 - 2 - 12)

A. 甲用总面额1万元的假币参加赌博

B. 甲(系银行工作人员)利用职务上的便利,以伪造的货币换取货币

C. 甲在与他人签订经济合同时,为显示自己的经济实力,将总面额20万元的假币冒充真币出示给对方看

D. 甲用总面额 10 万元的假币换取高某的 1 万元真币

答案( )①

【考点】使用假币

【解析】A 正确,甲使用面额 1 万元假币赌博,符合假币可能的用途,成立使用假币罪。B 错误,甲作为银行工作人员,其使用假币换真币的行为,应构成金融工作人员以假币换取货币罪,不能评价为一般意义上的使用假币行为。C 错误,20 万元假币只用于展示,显然对真币不会形成冲击,因此不成立使用假币罪。D 错误,甲用假币换真币的行为属于出售假币行为,成立出售假币罪。

6. 甲发现某银行的 ATM 机能够存入编号以“HD”开头的假币,于是窃取了三张借记卡,先后两次采取存入假币取出真币的方法,共从 ATM 机内获取 6000 元人民币。甲的行为构成何罪?(2009 - 2 - 61)

A. 使用假币罪

B. 信用卡诈骗罪

C. 盗窃罪

D. 以假币换取货币罪

答案( )②

【考点】使用假币罪;盗窃罪

【解析】甲将假币存入银行的行为,符合假币可能的用途,因此构成使用假币罪。甲的行为使银行在其借记卡中设置了债权,该行为违背银行意志,并给银行造成了财产性利益损失,甲因此而获得了财产性利益,成立盗窃罪。之后,甲行使该非法获得的债权取出 6000 元,违反银行意志,侵犯银行对现金的占有,构成盗窃罪。前述盗窃利益与盗窃现金侵犯法益具有内在一致性,后行为使前行为的意义得以实现,前行为属于与罚的前行为,无须单独定罪。据此,甲存入假币成立使用假币罪,取出真币成立盗窃罪,两者各自独立,侵犯不同法益,应数罪并罚。

【难点】财产性利益与财物之间具有内在关联,应认为仅侵犯一个法益。据此,侵犯财产性利益的行为与侵犯财物的行为可能成立与罚的前行为或后行为。

7. 甲、乙预谋修车后以假币骗付。某日,甲、乙在某汽修厂修车后应付款 4850 元,按照预谋甲将 4900 元假币递给乙清点后交给修理厂职工丙,乙说:“修得不错,零钱不用找了”,甲、乙随即上车。丙发现货币有假大叫“别走”,甲迅即启动驶向厂门,丙扑身甲车前风挡,抓住雨刮器。

甲、乙用假币支付修车费被识破后开车逃跑的行为应定的罪名是:(2010 - 2 - 91)

A. 持有、使用假币罪

B. 诈骗罪

C. 抢夺罪

D. 抢劫罪

答案( )③

【考点】持有、使用假币罪

【解析】甲、乙用假币支付修车费用,符合假币可能的用途,应成立持有、使用假币罪。该行为同时属于隐瞒事实的行为,旨在骗免债务,成立针对财产性利益的诈骗罪(未遂)。之后,开车逃跑的行为符合针对财产性利益的盗窃罪。由于使用假币罪既侵犯了货币管理制度，又侵犯了财产法益，后续的盗窃行为并未侵犯新的法益，成立与罚的后行为，不成立盗窃罪。使用假币行为与诈骗行为属于同一行为，侵犯不同法益，成立想象竞合犯，使用假币罪较重，最终认定为使用假币罪。据此，A 正确，B 错误。CD 错误，因为甲、乙未实施强力或暴力胁迫手段。

8. 下列哪一行为不成立使用假币罪（不考虑数额）？（2015－2－15）

A. 用假币缴纳罚款

B. 用假币兑换外币

C. 在朋友结婚时，将假币塞进红包送给朋友

D. 与网友见面时，显示假币以证明经济实力

答案（　　）①

【解析】 显示并不会使假币进入流通领域。其他的则要么自己将假币投入流通，要么令他人将假币投入流通。

9. 关于货币犯罪，下列哪一选项是正确的？（2010－2－13）

A. 以货币碎片为材料，加入其他纸张，制作成假币的，属于变造货币

B. 将金属货币熔化后，制作成较薄的、更多的金属货币的，属于变造货币

C. 将伪造的货币赠与他人的，属于使用假币

D. 运输假币并使用假币的，按运输假币罪从重处罚

答案（　　）②

【考点】 变造；使用；运输

【解析】 A 错误，真币碎片为材料已经丧失了真币的基础，仅属于原材料，在此基础上制造货币为伪造货币。B 错误，金属货币熔化后也成为原材料，丧失了真币的基础，因此仅成立伪造货币罪。C 正确，赠与也属于假币可能的用途，当然成立使用假币罪。D 错误，运输假币与使用假币属于各自独立的行为，且侵犯了货币管理制度的不同方面，应数罪并罚。

10. 关于货币犯罪的认定，下列哪些选项是正确的？（2011－2－59）

A. 以使用为目的，大量印制停止流通的第三版人民币的，不成立伪造货币罪

B. 伪造正在流通但在我国尚无法兑换的境外货币的，成立伪造货币罪

C. 将白纸冒充假币卖给他人的，构成诈骗罪，不成立出售假币罪

D. 将一半真币与一半假币拼接，制造大量半真半假面额 100 元纸币的，成立变造货币罪

答案（　　）③

【考点】 变造；货币

【解析】 A 正确，由于第三版人民币已经停止流通，因此伪造该种货币不会冲击真币，不构成伪造货币罪，应按照诈骗罪处理。B 正确，货币犯罪中的货币只要具有流通性即可，不要求在国内可兑换，因为凡是具有流通性的货币，均可以冲击真币。国内不可兑换仅说明只能通过国外外汇市场间接冲击本国真币，并不意味着对真币没有冲击性。C 正确，白纸当然不是假币，以此为假币卖给别人，仅能满足诈骗罪成立要件。D 错误，根据司法解释，这种情形应按照伪造货币罪处理。根据刑法原理，拼接半真半假的货币，既是以真币为基础的加工行为，也是进一步完成伪造货币的行为，成立伪造货币与

①参考答案 D　②参考答案 C　③参考答案 ABC

变造货币的法条竞合,应按照较重的伪造货币罪处理。

11. 关于货币犯罪,下列哪一选项是错误的?(2013 - 2 - 14)

A. 伪造货币罪中的"货币",包括在国内流通的人民币、在国内可兑换的境外货币,以及正在流通的境外货币

B. 根据《刑法》规定,伪造货币并出售或者运输伪造的货币的,依照伪造货币罪从重处罚。据此,行为人伪造美元,并运输他人伪造的欧元的,应按伪造货币罪从重处罚

C. 将低额美元的纸币加工成高额英镑的纸币的,属于伪造货币

D. 对人民币真币加工处理,使100元面额变为50元面额的,属于变造货币

答案(   )①

【考点】 货币

【解析】 A 正确,货币只要具有流通性,便可作为货币犯罪的对象。国内流通的人民币和正在流通的境外货币,当然具有流通性;在国内可兑换的境外货币,因为可兑换,因此也具有流通性。B 错误,伪造货币与出售或运输伪造的货币具有类型化关联,因为仅侵犯一个法益,故应按照伪造货币罪从重处罚。但是这里所侵犯的法益必须具有同一性,美元和欧元不具有同一性,当然侵犯不同的法益,因而需要数罪并罚。C 正确,变造货币所说的真币基础是指同种真币,美元对于英镑当然称不上真币的基础,因此只能成立伪造货币罪。D 正确,以真币为基础加工当然属于变造行为。其面额减小并不意味着不会对真币产生冲击,因此仍然具有可罚性。

12. X 公司系甲、乙二人合伙依法注册成立的公司,以钢材批发零售为营业范围。丙因自己的公司急需资金,便找到甲、乙借款,承诺向 X 公司支付高于银行利息五个百分点的利息,并另给甲、乙个人好处费。甲、乙见有利可图,即以购买钢材为由,以 X 公司的名义向某银行贷款 1000 万元,贷期半年。甲、乙将贷款按约定的利息标准借与丙,丙给甲、乙各 10 万元的好处费。半年后,丙将借款及利息还给 X 公司,甲、乙即向银行归还本息。关于甲、乙、丙行为的定性,下列哪一选项是正确的?(2008 - 2 - 11)

A. 甲、乙构成高利转贷罪,丙无罪

B. 甲、乙构成骗取贷款罪,丙无罪

C. 甲、乙构成高利转贷罪、非国家工作人员受贿罪,丙构成对非国家工作人员行贿罪

D. 甲、乙构成骗取贷款罪、非国家工作人员受贿罪,丙构成对非国家工作人员行贿罪

答案(   )②

【考点】 高利转贷罪;非国家工作人员受贿罪;对非国家工作人员行贿罪

【解析】 丙以商业贿赂的方法请求甲、乙以单位名义向其借款,该行为客观上符合对非国家工作人员行贿罪的构成要件。同时,通过非法方法意图谋取的利益属于不正当利益,丙在主观上也具有谋取不正当利益的目的。据此,丙构成对非国家工作人员行贿罪。甲、乙接受贿赂,并利用职务便利实施了违法的借款行为,成立非国家工作人员受贿罪。为了获得资金,甲、乙以单位名义向银行套取贷款,之后转贷丙获取高额利息,成立高利转贷罪。丙对套取贷款并未参与,也不知情,因此无须对甲、乙的高利转贷行为承担责任。甲、乙存在两个行为,侵犯两个法益,应数罪并罚。丙仅成立一罪。

13. 甲以银行定期存款 4 倍的高息放贷,很快赚了钱。随后,四处散发宣传单,声称为加盟店筹资,

---

① 参考答案 B　　② 参考答案 C

承诺 3 个月后还款并支付银行定期存款 2 倍的利息。甲从社会上筹得资金 1000 万元,高利贷出,赚取息差。(事实五)

关于事实五的定性,下列选项正确的是:(2012 - 2 - 90)

A. 以同期银行定期存款 4 倍的高息放贷,构成非法经营罪

B. 甲虽然虚构事实吸纳巨额资金,但不构成诈骗罪

C. 甲非法吸纳资金,构成非法吸收公众存款罪

D. 对甲应以非法经营罪和非法吸收公众存款罪进行数罪并罚

答案( )①

【解析】 甲虚构事实骗取了存款,但是甲具有归还意图,因此不构成诈骗罪。甲未经批准通过虚假项目向社会不特定人宣传,承诺还本付息,获得大量存款,成立非法吸收公众存款罪。甲的行为当然属于违反特许规定经营金融业务的非法经营行为,成立非法经营罪。由于仅存在一个行为,侵犯同一种类法益(非法吸收公众存款罪的法益包含在非法经营罪保护法益之中),甲的行为应成立非法经营罪与非法吸收公众存款罪的法条竞合,按照较重的非法吸收公众存款罪处罚。据此,B、C 正确,A、D 错误。

14. 关于破坏社会主义市场经济秩序罪的认定,下列哪一选项是错误的?(2014 - 2 - 14)

A. 采用运输方式将大量假币运到国外的,应以走私假币罪定罪量刑

B. 以暴力、胁迫手段强迫他人借贷,情节严重的,触犯强迫交易罪

C. 未经批准,擅自发行、销售彩票的,应以非法经营罪定罪处罚

D. 为项目筹集资金,向亲戚宣称有高息理财产品,以委托理财方式吸收 10 名亲戚 300 万元资金的,构成非法吸收公众存款罪

答案( )②

【考点】 走私假币罪、强迫交易罪、非法经营罪、非法吸收公众存款罪

【解析】 走私类犯罪仅处罚进口或出口的有:许进不许出——走私文物罪、走私贵重金属罪;许出不许进——走私废物罪。其余犯罪既处罚进口也处罚出口。走私假币罪是违反海关法规,逃避海关监管,运输、携带、邮寄伪造的货币进出国(边)境的行为。非法经营罪是违反国家规定,从事非法经营活动,扰乱市场秩序,情节严重的行为。具体类型有四种:(1)未经许可经营专营专卖及其他限制买卖的物品(包括盐、烟);(2)买卖进口许可证、进口原产地证明以及其他许可证或证明文件;(3)未经批准经营证券期货或保险业务、从事资金支付结算业务;(4)其他:经营外汇、出版物、电信业务、生产销售瘦肉精等药物、灾害期间哄抬物价牟取暴利、互联网业务、发行销售彩票、发行基金募集资金。强迫交易罪是指以暴力、胁迫手段强迫交易,情节严重的行为。具体类型包括:买卖商品、提供或接受服务、参与或退出投标拍卖、转让或收购公司企业资产、参与或退出特定经营活动。非法吸收公众存款罪是指非法吸收公众存款或变相吸收公众存款,扰乱金融秩序的行为。据此,A 正确,假币进出国边境均为犯罪;B 正确,借贷属于强迫接受服务;C 正确,擅自发行销售彩票;D 错误,在亲戚范围内吸收存款,称不上吸收公众存款。

15. 某国有银行行长甲指使负责贷款业务的科长乙向申请贷款的丙单位索要财物。乙将索要所获 15 万元中的 9 万元交给甲,其余 6 万元自己留下。后来,甲、乙均明知丙单位不具备贷款条件,仍然向丙单位贷款 1000 万元,使银行遭受 800 万元损失。对于本案,下列哪些选项是正确的?(2008 - 2 - 56)

A. 甲的受贿数额是 9 万元

B. 乙的受贿数额是 15 万元

C. 甲、乙均构成违法发放贷款罪

D. 对于甲、乙的违法发放贷款罪和受贿罪,应当数罪并罚

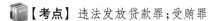 答案(　　)①

【考点】 违法发放贷款罪;受贿罪

【解析】 甲指使乙利用国家工作人员身份收受贿赂,成立受贿罪。根据部分行为全部责任的原理,受贿数额为 15 万元,而不是实际分得的金额。甲、乙明知该单位不符合贷款条件却仍然发放贷款,成立违法发放贷款罪。上述两行为各自独立,侵犯不同法益,应数罪并罚。

16. 甲受国有事业单位委派,担任某农村信用合作社主任。某日,乙找甲,说要贷款 200 万元做生意,但无任何可抵押财产也无担保人,不符合信贷条件。乙表示若能贷出款来,就会给甲 10 万元作为辛苦费。于是甲嘱咐该合作社主管信贷的职员丙"一定办好此事"。丙无奈,明知不符合条件仍然放贷。乙当即给甲 10 万元,其余 190 万元贷后用于挥霍,经合作社多次催收,乙拒绝归还。

(1) 甲的行为触犯的罪名是:(2008 川 - 2 - 93)

A. 受贿罪

B. 贷款诈骗罪

C. 玩忽职守罪

D. 违法发放贷款罪

答案(　　)②

【考点】 违法发放贷款罪;受贿罪

【解析】 甲受国有单位委派,属于国家工作人员。其利用职务便利收受好处费 10 万元,成立受贿罪。甲明知乙不符合贷款条件却指令丙发放贷款,成立违法发放贷款罪。以上两行为各自独立,侵犯不同法益,应数罪并罚。

(2) 对于乙、丙的行为,下列说法正确的是:(2008 川 - 2 - 94)

A. 乙构成贷款诈骗罪

B. 乙构成行贿罪

C. 丙构成违法发放贷款罪

D. 丙构成玩忽职守罪

答案(　　)③

【考点】 贷款诈骗罪;违法发放贷款罪

【解析】 乙虚构贷款事实,将所贷款项用于挥霍,具有非法占有目的,成立贷款诈骗罪。乙为了获得非法贷款(不正当利益),向国家工作人员甲行贿,成立行贿罪。上述两行为各自独立,侵犯不同法益,应数罪并罚。丙明知不符合贷款条件,但迫于无奈而故意发放贷款,虽然期待可能性有所降低,但不能阻却责任,仍然成立违法发放贷款罪。D 错误,丙属于故意犯罪,而玩忽职守罪是过失犯。

【难点】 丙无奈发放贷款,只能说期待可能性降低,但对故意犯罪而言,期待可能性不可能阻却

责任。在过失犯的场合,期待可能性才可能阻却责任。

17. 甲公司走私汽车获利人民币 **4000** 万元后,欲通过乙公司(非国有)的账户将这笔资金换成外汇转移至香港,并说明可按资金数额的 **10％** 支付"手续费"。乙公司得知该笔资金为甲公司走私犯罪所得,仍同意为该资金转账提供账户,并在收取"手续费" **400** 万元后,将该资金折换成 **438** 万美元,以预付货款为名汇往甲公司在香港的账户。乙公司的行为构成:(2005 - 2 - 93)

　　A. 走私罪(共犯)

　　B. 洗钱罪

　　C. 逃汇罪

　　D. 单位受贿罪

📖 答案(　　　)①

📗 **【考点】** 洗钱罪

📖 **【解析】** 乙公司明知 4000 万元为走私犯罪所得,仍然提供资金账户,协助甲公司汇往境外,成立洗钱罪。A 错误,甲公司已经走私既遂,乙公司没有参与走私,也未事先与其通谋进行事后帮助,因此不成立走私罪的共犯。C 错误,乙公司将 438 万美元汇往香港属于合法渠道,并非逃汇行为。D 错误,单位受贿罪的单位仅限于国有单位和人民团体,乙公司不符合该要求。

18. 甲系某国有公司经理。生意人乙见甲掌管巨额资金,就以小恩小惠拉拢甲。后乙以做生意需要资金为由,劝诱甲出借公款,并与甲共同策划了挪用的方式,还送给甲好处费 **5** 万元。甲未经公司董事会决定就将 **100** 万元资金借给乙。乙得到巨款以后,告知银行职员丙该款的真实来源,丙为乙提供资金账户,乙随时提款用于贩卖毒品。

银行职员丙的行为构成:(2007 - 2 - 97)

　　A. 挪用公款罪的共犯

　　B. 贩卖毒品罪的共犯

　　C. 洗钱罪

　　D. 赃物犯罪

📖 答案(　　　)②

📗 **【考点】** 洗钱罪

📖 **【解析】** 丙未参与乙挪用公款的行为,不成立挪用公款罪的共犯,故 A 错误。丙对甲贩卖毒品不知情,缺乏共同行为的意思,因此不成立贩卖毒品罪的共犯,故 B 错误。丙明知 100 万元为贪污贿赂犯罪所得,但仍然提供资金账号,成立洗钱罪。D 错误,洗钱罪与赃物犯罪具有特殊法与一般法的关系,根据法条竞合原理,应按照洗钱罪处理。

19. 关于洗钱罪的认定,下列哪一选项是错误的?(2011 - 2 - 12)

　　A.《刑法》第一百九十一条虽未明文规定侵犯财产罪是洗钱罪的上游犯罪,但是,黑社会性质组织实施的侵犯财产罪,依然是洗钱罪的上游犯罪

　　B. 将上游的毒品犯罪所得误认为贪污犯罪所得而实施洗钱行为的,不影响洗钱罪的成立

　　C. 上游犯罪事实可以确认,因上游犯罪人死亡依法不能追究刑事责任的,不影响洗钱罪的认定

　　D. 单位贷款诈骗应以合同诈骗罪论处,合同诈骗罪不是洗钱罪的上游犯罪。为单位贷款诈骗所

得实施洗钱行为的,不成立洗钱罪

答案(   )①

【考点】上游犯罪

【解析】A正确,黑社会性质的组织犯罪应解释为黑社会性质组织实施的犯罪,据此,本案所得符合要求。B正确,误认上游犯罪的种类不影响对上游犯罪所得的认识。根据刑法原理,对选择性要素的认识错误,如果要素之间具有相当性,那么并不阻却故意成立。C正确,上游犯罪所得仅以犯罪事实查证属实为标准进行认定,犯罪人死亡不影响犯罪所得的性质。D错误,根据司法解释,单位贷款诈骗,应按照合同诈骗罪处理。该解释之所以如此,是因为贷款诈骗罪的主体仅限于自然人,不包括单位。但是,该解释仅解决单位刑事责任问题,并未涉及自然人刑事责任。单位的负责人或直接责任人具有贷款诈骗的行为,也有贷款诈骗的故意,当然成立贷款诈骗罪。据此,单位贷款诈骗的所得仍然属于金融诈骗犯罪所得,应成立洗钱罪。

【难点】自然人犯罪与单位犯罪是并行不悖的关系,认定单位犯罪并不意味着自然人无罪。自然人犯罪与单位犯罪同时成立时,自然人的刑事责任可能发生竞合,应按照充分评价和禁止重复评价的原理,给予自然人较重的刑罚。

第五节　金融诈骗罪

1. 钱某持盗来的身份证及伪造的空头支票,骗取某音像中心VCD光盘4000张,票面金额3.5万元。物价部门进行赃物估价鉴定的结论为:"盗版光盘无价值"。对钱某骗取光盘的行为应如何定性? (2003 - 2 - 7)

A. 钱某的行为不构成犯罪

B. 钱某的行为构成票据诈骗罪的既遂,数额按票面金额计算

C. 钱某的行为构成票据诈骗罪的未遂

D. 钱某的行为构成诈骗罪的既遂,数额按票面金额计算

答案(   )②

【考点】票据诈骗罪既遂

【解析】光盘因盗版而无价值,但仍然属于财物。钱某签发空头支票骗取光盘的行为,符合票据诈骗罪的要求,且对票据秩序造成实害,成立票据诈骗罪的既遂。涉案金额是票据诈骗所指向的3.5万元,而不是骗取的财物价值。如将光盘作为票据诈骗数额,就混淆了票据诈骗罪与普通诈骗罪的区别。据此,B正确,AC错误。D错误,钱某的行为同时竞合了诈骗罪,但是根据法条竞合原理,只能认定为票据诈骗罪。

【难点】票据诈骗罪保护法益是票据秩序,而不是财物。因此,签发空头支票骗取了财物,无论是否骗得数额较大财物,均实际侵犯了票据秩序,构成犯罪既遂。

2. 被告人江某与被害人郑某是同一家电脑公司的工作人员,二人同住一间集体宿舍。某日,郑某将自己的信用卡交江某保管,3天之后索回。一周后,郑某发现自己的信用卡丢失,到银行挂失时,得知卡上1.5万元已被人取走。郑某报案后,司法机关找到了江某。江承认其所为,但对作案事实前后

---

①参考答案D　②参考答案B

供述不一。第一次供述称,在郑某将信用卡交其保管时,利用以前与郑某一起取款时偷记下的郑某信用卡上的密码,私下在取款机上取款;第二次供述称,是仿制了一张信用卡后,用所获取的郑某信用卡上的有关信息取款;第三次供述却称,是拾得郑某的信用卡后,用该卡取款。但被害人郑某怀疑是江某盗窃其信用卡后取走卡上所存的钱款。

(1)如果郑某将信用卡交江某保管时,江某私下用来取走了现金,下列说法正确的是:(2003－2－85)

A. 江某构成侵占罪

B. 江某构成信用卡诈骗罪

C. 江某构成盗窃罪

D. 江某不构成犯罪

📖 答案(　　　　)①

📖 **【考点】** 侵占信用卡并使用

📝 **【解析】** 冒用他人信用卡仅限于三种情形:(一)拾得他人信用卡并使用的;(二)骗取他人信用卡并使用的;(三)窃取、收买、骗取或者以其他非法方式获取他人信用卡信息资料,并通过互联网、通信终端等使用的。盗窃信用卡并使用成立盗窃罪,不属于冒用他人信用卡。那么剩下的便只有侵占信用卡并使用。由于信用卡本身价值低廉,对其侵占不构成犯罪。侵占信用卡后到 ATM 机使用,应成立对银行现金的盗窃罪。显然,行为人并不是持卡人,也未经持卡人同意,其取走现金当然违背银行意志。据此,C 正确,其余选项错误。如果行为人在银行柜台或商场使用信用卡,那么构成诈骗罪。

(2)如果江某用自己仿制的信用卡在自动取款机上提取了现金,下列说法正确的是:(2003－2－86)

A. 江某构成伪造金融票证罪

B. 江某构成伪造信用卡罪

C. 江某构成信用卡诈骗罪

D. 应该实行数罪并罚

📖 答案(　　　　)②

📖 **【考点】** 复制信用卡并使用

📝 **【解析】** A 正确,根据司法解释,复制信用卡属于伪造信用卡,应成立伪造金融票证罪。之后,行为人又使用伪造的信用卡,与之前的伪造行为具有与罚关系,仅成立伪造金融票证罪一罪。B 错误,没有伪造信用卡罪这一罪名。

(3)如果江某拾得信用卡后,用该信用卡在自动取款机上提取了现金,下列说法错误的是:(2003－3－87)

A. 江某构成侵占罪

B. 江某构成信用卡诈骗罪

C. 江某构成侵占遗失物罪

---

①参考答案 C　②参考答案 A

D. 江某不构成犯罪,其行为属不当得利

📖 答案(　　　　)①

📕 **【考点】** 拾得信用卡并使用

📖 **【解析】** 拾得信用卡并使用属于冒用他人信用卡,成立信用卡诈骗罪。据此,ACD 错误,B 正确。

(4)如果江某盗窃信用卡后,用该信用卡在自动取款机上提取了现金,下列说法正确的是:(2003 - 2 - 88)

A. 江某构成盗窃信用卡罪
B. 江某构成信用卡诈骗罪
C. 江某既构成盗窃罪又构成信用卡诈骗罪,应实行数罪并罚
D. 江某构成盗窃罪

📖 答案(　　　　)②

📕 **【考点】** 盗窃信用卡并使用

📖 **【解析】** 盗窃信用卡并使用,按刑法规定应认定为盗窃罪。据此,D 正确,其余选项错误。

3. 甲公司为了解决资金不足,以与虚构的单位签订供货合同的方法,向银行申请获得贷款 200 万元,并将该款用于购置造酒设备和原料,后因生产、销售假冒注册商标的红酒被查处,导致银行贷款不能归还。甲公司获取贷款的行为构成:(2005 - 2 - 16)

A. 贷款诈骗罪
B. 合同诈骗罪
C. 集资诈骗罪
D. 民事欺诈,不构成犯罪

📖 答案(　　　　)③

📕 **【考点】** 贷款诈骗罪;合同诈骗罪;骗取贷款罪(2006 年刑法修正案新增)

📖 **【解析】** A 错误,甲公司只是为了解决资金紧张而骗取银行贷款,不具有非法占有目的,但因意志以外原因不能归还贷款,对此不能以贷款诈骗罪处理。B、C 错误,甲公司不具有非法占有目的,因此不可能成立任何一种金融诈骗罪。D 正确,甲公司的行为不符合任何犯罪的构成要件,因此无罪,但构成民事欺诈。需要注意的是,2006 年《刑法修正案(六)》新增骗取贷款罪,该罪不要求非法占有目的,本案应认定为骗取贷款罪。但是,2005 年尚无此规定。

4. 关于贷款诈骗罪的判断,下列哪一选项是正确的? (2007 - 2 - 11)

A. 甲以欺骗手段骗取银行贷款,给银行造成重大损失的,构成贷款诈骗罪
B. 乙以牟利为目的套取银行信贷资金,转贷给某企业,从中赚取巨额利益的,构成贷款诈骗罪
C. 丙公司以非法占有为目的,编造虚假的项目骗取银行贷款。该公司构成贷款诈骗罪
D. 丁使用虚假的证明文件,骗取银行贷款后携款潜逃的,构成贷款诈骗罪

📖 答案(　　　　)④

📕 **【考点】** 贷款诈骗罪

---

①参考答案 ACD　②参考答案 D　③参考答案 D　④参考答案 D

【解析】 A 错误,甲还需非法占有目的,才能确定其有罪。B 错误,该行为构成高利转贷罪,而非贷款诈骗罪。C 错误,单位实施贷款诈骗罪只能按照合同诈骗罪处理。D 正确,丁用虚假文件骗取贷款,符合贷款诈骗罪客观要件;携款潜逃表明其具有非法占有目的,符合贷款诈骗罪的主观要件。

5. 甲将自己的汽车藏匿,以汽车被盗为由向保险公司索赔。保险公司认为该案存有疑点,随即报警。在掌握充分证据后,侦查机关安排保险公司向甲"理赔"。甲到保险公司二楼财务室领取 20 万元赔偿金后,刚走到一楼即被守候的多名侦查人员抓获。关于甲的行为,下列哪一选项是正确的?(2009 – 2 – 15)

A. 保险诈骗罪未遂

B. 保险诈骗罪既遂

C. 保险诈骗罪预备

D. 合同诈骗罪

答案(　　　　)①

【考点】 保险诈骗罪既遂

【解析】 A 正确,甲虽然实施了保险诈骗行为,但是被害人并未因此陷入错误认识处分财产,而是为了配合公安机关侦查处分财产。据此,甲构成保险诈骗罪的未遂。B、C 错误。D 错误,甲的行为不符合同诈骗罪的类型化特征。

6. 甲资金链断裂无法归还借款,但仍继续扩大宣传,又吸纳社会资金 **2000 万元**,以后期借款归还前期借款。后因亏空巨大,甲将余款 **500 万元**交给其子,跳楼自杀。

关于事实的定性,下列选项正确的是:(2012 – 2 – 91)

A. 甲以非法占有为目的,非法吸纳资金,构成集资诈骗罪

B. 甲集资诈骗的数额为 2000 万元

C. 根据《刑法》规定,集资诈骗数额特别巨大的,可判处死刑(《刑法修正案(九)》已废除该罪死刑)

D. 甲已死亡,导致刑罚消灭,法院对余款 500 万元不能进行追缴

答案(　　　　)②

【考点】 集资诈骗罪

【解析】 A 正确,甲以后期款项归还前期借款,后亏空巨大,吸纳金额达 2000 万元,具有非法占有目的,成立集资诈骗罪。B 正确,集资诈骗的数额应根据被害人损失的数额计算,而不是行为人最终剩余的数额。在《刑法修正案(九)》之前,C 正确,根据《刑法》第 199 条,本罪最高可判死刑。但在《刑法修正案(九)》之后,C 错误。D 错误,甲虽然死亡,但 500 万元仍然是犯罪所得,可以追缴。

7. 潜逃期间,甲窃得一张信用卡,向乙谎称该卡是从街上捡的,让乙到银行柜台取出了信用卡中的 **3 万元现金**。

对于甲、乙盗窃和使用信用卡的行为,下列何种判断是错误的?(2006 – 2 – 99)

A. 甲、乙构成盗窃罪的共同犯罪

B. 甲、乙构成信用卡诈骗罪的共同犯罪

C. 甲构成盗窃罪,乙构成信用卡诈骗罪

---

①参考答案 A　②参考答案 ABC(《刑法修正案(九)》之前);AB(《刑法修正案(九)》之后)

D. 甲构成盗窃罪,乙构成诈骗罪

📖 **答案(　　　)**①

📚 **【考点】** 盗窃信用卡并使用;冒用他人信用卡

📝 **【解析】** 甲窃得信用卡,并通过乙使用该卡,根据《刑法》规定,成立盗窃罪。乙对盗窃行为毫不知情,不可能与甲就盗窃罪成立共犯。甲明知该卡为他人信用卡,仍然欺骗乙使用,属于冒用他人信用卡的行为,主观上具有与乙共同实施冒用行为的决意;同时,乙误以为自己在使用拾得的他人信用卡,也具有与甲配合共同冒用他人信用卡诈骗的决意。综上,甲、乙虽然对冒用他人信用卡的具体行为类型发生错误认识,但并不影响两人具有共同的行为意思与犯罪故意,应成立信用卡诈骗罪的共犯。

8. 张某窃得同事一张银行借记卡及身份证,向丈夫何某谎称路上所拾。张某与何某根据身份证号码试出了借记卡密码,持卡消费 5000 元。关于本案,下列哪一说法是正确的?（2010 - 2 - 14）

A. 张某与何某均构成盗窃罪

B. 张某与何某均构成信用卡诈骗罪

C. 张某构成盗窃罪,何某构成信用卡诈骗罪

D. 张某构成信用卡诈骗罪,何某不构成犯罪

📖 **答案(　　　)**②

📚 **【考点】** 盗窃信用卡并使用;冒用他人信用卡

📝 **【解析】** 张某窃的信用卡,并通过丈夫使用该卡,根据《刑法》规定,成立盗窃罪。丈夫对盗窃行为毫不知情,不可能与就盗窃罪成立共犯。张某明知该卡为他人信用卡,仍然欺骗丈夫使用,属于冒用他人信用卡的行为,主观上具有与丈夫共同实施信用卡诈骗的决意;同时,丈夫误以为自己在使用拾得的他人信用卡,也具有与张某配合共同实施冒用他人信用卡的决意。综上,两人虽然对冒用他人信用卡的具体行为类型发生错误认识,但并不影响两人具有共同的冒用他人信用卡的行为意思与犯罪故意,应成立信用卡诈骗罪的共犯。张某的盗窃罪已侵犯法益,之后的信用卡诈骗未侵犯新的法益,成立与罚的后行为,无须再单独定罪。据此,只有 C 正确。

9. 甲、乙为朋友。乙出国前,将自己的借记卡(背面写有密码)交甲保管。后甲持卡购物,将卡中 **1.3 万元用完**。乙回国后发现卡里没钱,便问甲是否用过此卡,甲否认。关于甲的行为性质,下列哪一选项是正确的?（2013 - 2 - 15）

A. 侵占罪

B. 信用卡诈骗罪

C. 诈骗罪

D. 盗窃罪

📖 **答案(　　　)**③

📚 **【考点】** 信用卡诈骗罪

📝 **【解析】** 甲未经乙同意使用其信用卡消费,符合冒用他人信用卡要求,成立信用卡诈骗罪。此外,甲保管信用卡仅限于卡本身的占有,不涉及金钱,信用卡本身价值低廉,且甲事后及时归还,不构成侵占罪。甲欺骗乙未使用信用卡,该行为旨在骗免金钱返还义务,成立对财产性利益的诈骗罪。但是,

---

①参考答案 AD　②参考答案 C　③参考答案 B

该罪发生在信用卡诈骗罪之后,与信用卡诈骗所侵害的财产法益具有同一性,因此未造成新的法益侵害,成立事后的不可罚行为(与罚的后行为),不再单独定罪量刑。甲虽然违背乙的自然意志,将卡中的1.3万元用完,但在刷卡购物时,甲掌握其密码,具有处分地位与权限,其处分行为在法律上对乙仍然有效,即在法律上甲的行为并未违背乙的意志。据此,甲不成立盗窃罪。

10. 甲急需20万元从事养殖,向农村信用社贷款时被信用社主任乙告知,一个身份证只能贷款5万元,再借几个身份证可多贷。甲用自己的名义贷款5万元,另借用4个身份证贷款20万元,但由于经营不善,不能归还本息。关于本案,下列哪一选项是正确的?(2016-2-14)

    A. 甲构成贷款诈骗罪,乙不构成犯罪

    B. 甲构成骗取贷款罪,乙不构成犯罪

    C. 甲构成骗取贷款罪,乙构成违法发放贷款罪

    D. 甲不构成骗取贷款罪,乙构成违法发放贷款罪

📖 **答案(**   **)①**

📖 **【考点】** 骗取贷款罪;违法发放贷款罪

📖 **【解析】** A错误,贷款诈骗罪要求以非法占有为目的,甲向信用社贷款从事养殖,不具有非法占有的目的,不成立贷款诈骗罪。另一方面,甲以借用他人身份证获取信用社贷款,后不能归还本息,给信用社造成重大损失,但甲是听取了信用社主任乙的建议,不存在欺骗手段。不符合骗取贷款罪的构成要件。相比而言,D选项中对甲的定性准确。此外,根据《刑法》第186条第1款规定:"银行或者其他金融机构的工作人员违反国家规定发放贷款,数额巨大或者造成重大损失的,处五年以下有期徒刑或者拘役,并处一万元以上十万元以下罚金;数额特别巨大或者造成特别重大损失的,处五年以上有期徒刑,并处二万元以上二十万元以下罚金。"乙作为信用社主任,违反规定告知甲借身份证贷款,给信用社造成重大损失,依法构成违法发放贷款罪。

11. 甲将私家车借给无驾照的乙使用。乙夜间驾车与其叔丙出行,途中遇刘某过马路,不慎将其撞成重伤,车辆亦受损。丙下车查看情况,对乙谎称自己留下打电话叫救护车,让乙赶紧将车开走。乙离去后,丙将刘某藏匿在草丛中离开。刘某因错过抢救时机身亡。(事实一)

为逃避刑事责任,乙找到有驾照的丁,让丁去公安机关"自首",谎称案发当晚是丁驾车。丁照办。公安机关找甲取证时,甲想到若说是乙造成事故,自己作为被保险人就无法从保险公司获得车损赔偿,便谎称当晚将车借给了丁。(事实二)

后甲找到在私营保险公司当定损员的朋友陈某,告知其真相,请求其帮忙向保险公司申请赔偿。陈某遂向保险公司报告说是丁驾车造成事故,并隐瞒其他不利于甲的事实。甲顺利获得7万元保险赔偿。(事实三)

(1)关于事实一的分析,下列选项正确的是:(2016-2-86)

    A. 乙交通肇事后逃逸致刘某死亡,构成交通肇事逃逸致人死亡

    B. 乙交通肇事且致使刘某死亡,构成交通肇事罪与过失致人死亡罪,数罪并罚

    C. 丙与乙都应对刘某的死亡负责,构成交通肇事罪的共同正犯

    D. 丙将刘某藏匿致使其错过抢救时机身亡,构成故意杀人罪

📖 **答案(**   **)②**

📖 **【考点】** 交通肇事后逃逸

【解析】乙客观上实施了交通肇事后的逃逸行为,但是其与死亡结果之间并无因果关系。丙将伤者隐藏的行为构成故意杀人罪(最高人民法院《关于审理交通肇事刑事案件具体应用法律若干问题的解释》第 6 条规定:"行为人在交通肇事后为逃避法律追究,将被害人带离事故现场后隐藏或者遗弃,致使被害人无法得到救助而死亡或者严重残疾的,应当分别依照刑法第二百三十二条、第二百三十四条第二款的规定,以故意杀人罪或者故意伤害罪定罪处罚。"),属于第三人的异常且重大的介入(前行为属于高度危险的过失行为,后行为是高度危险的故意行为,且后行为直接导致死亡,死亡结果仅归责于丙的行为),因果关系中断。据此,D 正确,A 错误。此外,交通肇事构成犯罪需要满足一死三重伤的要求,本案乙的肇事行为尚未达到犯罪程度,同时,基于同一理由,乙也不构成失致人死亡罪,因此B 错误。最高人民法院《关于审理交通肇事刑事案件具体应用法律若干问题的解释》第 5 条第 2 款规定:"交通肇事后,单位主管人员、机动车辆所有人、承包人或者乘车人指使肇事人逃逸,致使被害人因得不到救助而死亡的,以交通肇事罪的共犯论处。"本案中,乙是驾驶人,丙是乘车人,丙指使乙逃逸,但被害人刘某的死亡是由于丙的藏匿行为而造成,同时,乙也没有实施交通肇事的实行行为,自然不可能与丙构成该罪的共同正犯。

(2)关于事实二的分析,下列选项错误的是:(2016-2-87)
A. 伪证罪与包庇罪是相互排斥的关系,甲不可能既构成伪证罪又构成包庇罪
B. 甲的主观目的在于骗取保险金,没有妨害司法的故意,不构成妨害司法罪
C. 乙唆使丁代替自己承担交通肇事的责任,就此构成教唆犯
D. 丁的"自首"行为干扰了司法机关的正常活动,触犯包庇罪

答案(　　)①

【考点】证据相关犯罪

【解析】A 错误,伪证罪是指在刑事诉讼中,证人、鉴定人、记录人、翻译人对与案件有重要关系的情节,故意作虚假证明、鉴定、记录、翻译,意图陷害他人或者隐匿罪证的行为。包庇罪是指明知是犯罪的人而作假证明包庇的行为。行为人完全可能通过伪证行为做假证明包庇犯罪人,因此,伪证罪和包庇罪并非相互排斥的关系,甲作为证人,通过提供虚假证明包庇犯罪人时,则既构成伪证罪,又构成包庇罪,成立想象竞合。B 错误,甲虽然是为了骗取保险金作伪证,但是客观上该行为妨害了司法秩序,且甲主观上已经认识到必然破坏司法秩序(符合司法秩序,自己将无法获得保险金),因此具有直接故意,当然可能构成妨害司法的犯罪。C 错误,乙虽然客观上实施了教唆丁包庇自己的行为,丁接受教唆也实施了包庇罪,但在责任层面,丁教唆包庇的对象是自己,不具有期待可能性,因而不成立犯罪。D 正确,丁明知乙是犯罪实行人,却主动向公安机关作假证明予以包庇,成立包庇罪。

(3)关于事实三的分析,下列选项正确的是:(2016-2-88)
A. 甲对发生的保险事故编造虚假原因,骗取保险金,触犯保险诈骗罪
B. 甲既触犯保险诈骗罪,又触犯诈骗罪,由于两罪性质不同,应数罪并罚
C. 陈某未将保险金据为己有,因欠缺非法占有目的不构成职务侵占罪
D. 陈某与甲密切配合,骗取保险金,两人构成保险诈骗罪的共犯

答案(　　)②

【考点】保险诈骗罪

①参考答案 ABC　②参考答案 AD

📖【解析】A 正确,《刑法》第 198 条关于保险诈骗罪的规定,投保人、被保险人或者受益人对发生的保险事故编造虚假的原因或者夸大损失的程度骗取保险金,进行保险诈骗活动,数额较大的,成立保险诈骗罪。甲故意编造保险事故的原因,骗取保险金(虽然未通过陈某,但依然构成骗保),成立保险诈骗罪。B 错误,保险诈骗罪与诈骗罪是特殊法与一般法的关系,甲实施保险诈骗行为,根据特殊法优于一般法的原则,应定保险诈骗罪。C 错误,陈某知道真相,却仍然利用职务便利帮助甲骗取保险金。显然,陈某与甲构成保险诈骗罪的共犯,主观上已经认识到自己的行为能够帮助甲排除单位对保险金的占有(排他意思),同时也具有利用保险金的意思(陈某显然不具有毁坏保险金的意思,同时,陈某帮助甲是为了让同案犯将保险金据为己有,当然符合财物可能的用途),因此应认定为具有非法占有目的(使行为人自己非法占有 + 使第三人非法占有)。需要避免的误区是,不能因为陈某最终没有分得保险金,就认为其没有非法占有目的。这是因为,最终是否分得财物属于事后的举动,非法占有目的只要能够认定排他意思和利用意思即可,至于事后是否实际取得则在所不问。D 项正确,《刑法》第 198 条第 4 款规定:"保险事故的鉴定人、证明人、财产评估人故意提供虚假的证明文件,为他人诈骗提供条件的,以保险诈骗的共犯论处。"陈某作为保险公司的定损员,与甲通谋,向保险公司报告说是丁驾车造成事故,并隐瞒其他不利于甲的事实的行为,当然成立保险诈骗罪的共犯。

第六节 危害税收征管罪

1. 某外贸公司在缴纳了 **100** 万元的税款后,采取虚报出口的手段,骗得税务机关退税 **180** 万元,后被查获。对该公司应如何处理?(2002 – 2 – 5)

A. 以偷税罪处理

B. 以骗取出口退税罪处理

C. 其中的 100 万元按偷税罪处理,余下的 80 万元按骗取出口退税罪处理

D. 其中的 100 万元按骗取出口退税罪处理,余下的 80 万元按偷税罪处理

📖 答案(　　　)①

📖【考点】先缴税后骗回的行为

📖【解析】根据《刑法》规定,该公司先缴税 100 万元,后又虚报出口骗回 180 万元,其中 100 万元在之前缴税范围内,应成立逃税罪。超出先期缴税范围的 80 万元,成立骗取出口退税款罪。

2. 对涉及增值税专用发票的犯罪案件,下列哪些处理是正确的?(2003 – 2 – 44)

A. 非法购买增值税专用发票的,按非法购买增值税专用发票罪定罪处罚

B. 非法购买增值税专用发票后又虚开的,按非法购买增值税专用发票罪和虚开增值税专用发票罪并罚

C. 非法购买增值税专用发票后又出售的,按非法出售增值税专用发票罪定罪处罚

D. 非法购买伪造的增值税专用发票后又出售的,按出售伪造的增值税专用发票罪定罪处罚

📖 答案(　　　)②

📖【考点】非法购买增值税专用发票后又实施了税务犯罪

①参考答案 C　②参考答案 ACD

【解析】 根据《刑法》208 条第 2 款规定,A、C、D 正确。B 错误,该情况应仅按照虚开增值税专用发票罪处理。

3. 某企业生产的一批外贸供货产品因外商原因无法出口,该企业采用伪造出口退税单证和签订虚假买卖合同等方法,骗取出口退税 50 万元(其中包括该批产品已征的产品税、增值税等税款 19 万元)。对该企业应当如何处理?(2005 - 2 - 10)

- A. 以合同诈骗罪处罚
- B. 以偷税罪处罚
- C. 以骗取出口退税罪处罚
- D. 以偷税罪和骗取出口退税罪并罚

答案(　　　)①

【考点】 先缴税后骗回的行为

【解析】 根据《刑法》规定,该企业先缴税 19 万元,后又骗取出口退税款 50 万元。其中,19 万元在之前缴税范围内,应成立逃税罪。超出先期缴税范围的 31 万元,成立骗取出口退税款罪。A 错误,本案不存在合同诈骗行为。B、C 均未恰当区分在先交纳税款范围内的税款与该范围之外的税款。

4. 关于骗取出口退税罪和虚开增值税发票罪的说法,下列哪些选项是正确的?(2008 - 2 - 59)

A. 甲公司具有进出口经营权,明知他人意欲骗取国家出口退税款,仍违反国家规定允许他人自带客户、自带货源、自带汇票并自行报关,骗取国家出口退税款。对甲公司应以骗取出口退税罪论处

B. 乙公司虚开用于骗取出口退税的发票,并利用该虚开的发票骗取数额巨大的出口退税,其行为构成虚开用于骗取出口退税发票罪与骗取出口退税罪,实行数罪并罚

C. 丙公司缴纳 200 万元税款后,以假报出口的手段,一次性骗取国家出口退税款 400 万元,丙公司的行为分别构成偷税罪与骗取出口退税罪,实行数罪并罚

D. 丁公司虚开增值税专用发票并骗取国家税款,数额特别巨大,情节特别严重,给国家利益造成特别重大损失。对丁公司应当以虚开增值税专用发票罪论处

答案(　　　)②

【考点】 骗取出口退税罪;虚开增值税发票罪;罪数

【解析】 A 正确,甲公司隐瞒他人通过本公司骗取退税款的事实,虚报出口,共同骗取退税款,成立骗取出口退税罪。B 错误,虚开行为是骗取行为的预备行为,整体上可认为一行为,侵犯同一类法益,成立法条竞合,从一重罪处断。C 正确,在 200 万元范围内成立逃税罪,在剩余的 200 万元范围内成立骗取出口退税罪。D 正确,在 2011 年《刑法修正案(八)》生效之前,虚开行为之后实施骗税行为的,仅认定虚开增值税发票罪一罪。据此,丁公司仅成立虚开增值税发票罪。但是,2011 年以后,《刑法修正案(八)》废除该规定,应按照法条竞合或吸收犯(虚开增值税发票罪当然包含着之后骗取税款的行为),从一重罪处断。

5. 个体工商户乙欠缴营业税 15 万元,当税务人员上门征收税款时,乙组织甲等多人进行暴力围攻,殴打税务人员,抗拒缴纳,其中甲出手最狠,将一名税务人员打成重伤。甲的行为构成何罪?(2008 川 - 2 - 12)

- A. 偷税罪
- B. 抗税罪

C. 故意伤害罪

D. 抗税罪与故意伤害罪实行并罚

答案(　　)①

【考点】 抗税罪的转化

【解析】 甲以暴力方法抗拒纳税,构成抗税罪,但是其将税务人员打成重伤,应转化为故意伤害罪。

6. ①纳税人逃税,经税务机关依法下达追缴通知后,补缴应纳税款,缴纳滞纳金,已受行政处罚的,一律不予追究刑事责任

②纳税人逃避追缴欠税,经税务机关依法下达追缴通知后,补缴应纳税款,缴纳滞纳金,已受行政处罚的,应减轻或者免除处罚

③纳税人以暴力方法拒不缴纳税款,后主动补缴应纳税款,缴纳滞纳金,已受行政处罚的,不予追究刑事责任

④扣缴义务人逃税,经税务机关依法下达追缴通知后,补缴应纳税款,缴纳滞纳金,已受行政处罚的,不予追究刑事责任

关于上述观点的正误判断,下列哪些选项是错误的?(2012 - 2 - 61)

A. 第①句正确,第②③④句错误

B. 第①②句正确,第③④句错误

C. 第①③句正确,第②④句错误

D. 第①②③句正确,第④句错误

答案(　　)②

【考点】 税务犯罪的刑法排除事由

【解析】 经税务机关依法下达追缴通知后,补缴应纳税款,缴纳滞纳金,已受行政处罚的,不予追究刑事责任;但是,五年内因逃避缴纳税款受过刑事处罚或者被税务机关给予二次以上行政处罚的除外。据此,④正确,而①②错误。补缴的法律效果不是减轻或免除处罚或者一律不追究刑事责任。③错误,纳税人以暴力方法拒不缴纳税款,即便事后主动补缴应纳税款也追究刑事责任,即抗税罪不具有刑法排除事由。ABCD 均错误。

第七节　侵犯知识产权罪

1. 李某为了牟利,未经著作权人许可,私自复制了若干部影视作品的 VCD,并以批零兼营等方式销售,销售金额为 11 万元,其中纯利润 6 万元。李某的行为构成何罪?(2003 - 2 - 5)

A. 销售侵权复制品罪

B. 侵犯著作权罪

C. 非法经营罪

D. 生产、销售伪劣产品罪

答案(　　)③

【考点】 侵犯著作权再销售的行为

【解析】 未经著作权人许可复制他人作品,成立侵犯著作权罪。之后销售该制品的行为,未侵犯新的法益,不再单独定罪。据此,A 错误,B 正确。C 错误,非法经营罪属于一般法,侵犯著作权并销售其制品应认定为侵犯著作权罪,属于有针对性的特殊法,按照法条竞合原理,仅需认定侵犯著作权罪即可。

2. 下列关于侵犯商业秘密罪的说法哪些是正确的?(2004 - 2 - 52)

①参考答案 C　②参考答案 ABCD　③参考答案 B

A. 窃取权利人的商业秘密,给其造成重大损失的,构成侵犯商业秘密罪

B. 捡拾权利人的商业秘密资料而擅自披露,给其造成重大损失的,构成侵犯商业秘密罪

C. 明知对方窃取他人的商业秘密而购买和使用,给权利人造成重大损失的,构成侵犯商业秘密罪

D. 使用采取利诱手段获取权利人的商业秘密,给权利人造成重大损失的,构成侵犯商业秘密罪

答案(　　　)①

📖【考点】*侵犯商业秘密罪的行为类型*

📖【解析】根据《刑法》规定,上述行为 ABD 符合第 219 条第 2 款规定的行为类型,C 符合该条第 3 款的行为类型。

3. 甲公司拥有某项独家技术每年为公司带来 **100** 万元利润,故对该技术严加保密。乙公司经理丙为获得该技术,带人将甲公司技术员丁在其回家路上强行拦截并推入丙的汽车,对丁说如果他提供该技术资料就给他 **2** 万元,如果不提供就将他嫖娼之事公之于众。丁同意配合。次日丁向丙提供了该技术资料,并获得 **2** 万元报酬。丙的行为构成:(2005 - 2 - 94)

A. 强迫交易罪

B. 敲诈勒索罪

C. 绑架罪

D. 侵犯商业秘密罪

答案(　　　)②

📖【考点】*侵犯商业秘密罪*

📖【解析】丙通过利诱、胁迫方法获取了甲公司的商业秘密,使甲公司对商业秘密不再享有排他的支配权,应认为存在重大损失,成立侵犯商业秘密罪。A 错误,丙以金钱利诱丁提供商业秘密,该行为不属于商品或服务提供者与消费者之间的交易行为。B 错误,丙的行为也符合敲诈勒索的特征,但不能因此排除甲公司对商业秘密的占有和使用,不符合转移占有的要求,不成立敲诈勒索罪。C 错误,丙并未剥夺丁的人身自由,不存在绑架行为。

4. 赵某多次临摹某著名国画大师的一幅名画,然后署上该国画大师姓名并加盖伪造印鉴,谎称真迹售得收入 **6** 万元。对赵某的行为如何定罪处罚?（2009 - 2 - 14）

A. 按诈骗罪和侵犯著作权罪,数罪并罚

B. 按侵犯著作权罪处罚

C. 按生产、销售伪劣产品罪处罚

D. 按非法经营罪处罚

答案(　　　)③

📖【考点】*制作、销售假冒他人署名的美术作品;诈骗罪*

📖【解析】赵某临摹行为不成立任何犯罪,作品作者正是赵某本人,未侵犯著作权或其他法益。赵某署名国画大师,并盖伪造印章,还谎称真迹加以销售,当然属于虚构事实的行为,同时也是制作假冒他人署名的美术作品的行为。该行为侵犯了国画大师的署名权,同时也侵犯了消费者的财产法益。由于仅存在一个整体行为,且侵犯两个法益,应成立想象竞合犯,从一重罪处断。由于侵犯著作权罪第

四种行为类型对行为的评价更全面,诈骗罪仅能评价侵犯财产法益,未涉及署名权行为,故在涉案金额不高的通常情况下,认定为侵犯著作权罪较为合适。但是,值得注意的是,如果涉案金额巨大,可能导致诈骗罪处罚重于侵犯著作权罪,那么还是应当认定为诈骗罪。本案涉案金额只有6万元,认定为侵犯著作权罪最为合适。据此,A错误,B正确。C错误,因为假冒他人署名的美术作品本身并不是伪劣产品。D错误,根据司法解释和一般刑法原理,非法经营罪属于一般法,侵犯著作权罪属于特殊法,后者更为优先。

【难点】单纯临摹和署名不构成默示的诈骗,但谎称真迹则是诈骗。

5. 甲加盟后,明知伪劣的"一滴香"调味品含有害非法添加剂,但因该产品畅销,便在"一滴香"上贴上赵氏调味品的注册商标私自出卖,前后共卖出5万多元"一滴香"。

关于该事实的定性,下列选项正确的是:(2012 - 2 - 88)

A. 在"一滴香"上擅自贴上赵氏调味品注册商标,构成假冒注册商标罪

B. 因"一滴香"含有害人体的添加剂,甲构成销售有毒、有害食品罪

C. 卖出5万多元"一滴香",甲触犯销售伪劣产品罪

D. 对假冒注册商标行为与出售"一滴香"行为,应数罪并罚

答案(　　　)①

【考点】假冒注册商标罪与伴生犯罪的关系

【解析】在商品外包装上贴上他人注册商标,属于使用他人注册商标,甲未经允许实施的上述行为构成假冒注册商标罪。商品中含有对人体有害的非食品原料,成立销售有毒、有害食品罪。甲销售伪劣产品,销售金额达到5万元,成立销售伪劣产品罪。甲的上述行为具有整体性,即甲为了销售产品而假冒商标,可认为仅存在一行为,侵犯数法益,按照想象竞合犯处理,不能数罪并罚。

第八节　扰乱市场秩序罪

1. 下列关于扰乱市场秩序罪的说法哪些是正确的?(2004 - 2 - 55)

A. 单位可以构成刑法规定的各种扰乱市场秩序的犯罪

B. 广告主、广告经营者和广告发布者之外的其他人不能单独构成虚假广告罪

C. 招标人不能构成串通投标罪

D. 不以牟利为目的,非法转让土地使用权的,不能构成非法转让土地使用权罪

答案(　　　)②

【考点】扰乱市场经济秩序罪

【解析】ABD均符合刑法相关规定。投标人与招标人串通投标,损害国家、集体、公民的合法利益的,也构成串通投标罪,故C错误。

2. 对下列与扰乱市场秩序罪相关的案例的判断,哪一选项是正确的?(2007 - 2 - 10)

A. 甲所购某名牌轿车行驶不久,发动机就发生故障,经多次修理仍未排除。甲用牛车拉着该轿车在闹市区展示。甲构成损害商品声誉罪

B. 广告商乙在拍摄某减肥药广告时,以肥胖的郭某当替身拍摄减肥前的画面,再以苗条的影视明星刘某作代言人夸赞减肥效果。事后查明,该药具有一定的减肥作用。乙构成虚假广告罪

C. 丙按照所在企业安排研发出某关键技术,但其违反保密协议将该技术有偿提供给其他厂家使用,获利400万元。丙构成侵犯商业秘密罪

D. 章某因房地产开发急需资金,以高息向丁借款500万元,且按期归还本息。丁尝到甜头后,多次发放高利贷,非法获利数百万元。丁构成非法经营罪

📁 **答案(　　　)**①

📚 **【考点】** 损害商品声誉罪;虚假广告罪;侵犯商业秘密罪

📋 **【解析】** 损害商品声誉罪是指捏造并散布虚伪事实,损害他人的商业商品声誉。甲散布的只是汽车的真实缺陷,没有损害他人的商业信誉,不构成犯罪。虚假广告罪是利用广告对商品或者服务作虚假宣传,而不仅仅是夸大的宣传。乙的药确实具有一定的减肥作用,不属于虚假宣传,不构成犯罪。违反约定或者违反权利人有关保守商业秘密的要求,披露、使用或者允许他人使用其所掌握的商业秘密的,以侵犯商业秘密论。丙的行为属于第三种情形,C项正确。丁的行为属于放高利贷的行为,由于借贷方承诺高利息,且兑现高息,不能说侵犯了个人法益,也难说侵犯了金融秩序,因为高利贷客观上解决了资金问题,具有一定积极意义。可能存在的问题是,高利贷谋取了超出法律保护范围的高利息,但是获利从来不是入罪的理论,犯罪的侵害性表现在被害人被害,而不是行为人获利。至于超出法定范围的利息属于自然债务,由当事人进行社会自治,公权力无须介入。既然如此,就不能认为高利贷具有严重社会危害性,成立犯罪。另一方面,从罪刑法定原则出发,放高利贷的行为不符合非法经营的一般行为类型。唯一可能符合的就是"其他严重扰乱市场秩序的非法经营行为",但是,如前所述,高利贷行为不应解释为严重扰乱市场秩序的行为。事实上,受高利贷实际影响的人是银行等金融机构,即高利贷干扰了金融机构在放贷上的垄断利益。但是,该利益属于部门利益,刑法为一般人而设,故部门利益不能称之为法益,不值得刑法保护。

3. 律师赵某接受律师事务所指派,为某公司股票上市提供法律意见。赵某在接受该公司的**10万元财物**之后,提供了虚假的法律意见书,导致不具备上市条件的该公司取得上市资格,严重损害了股东利益。赵某的行为构成何罪?(2008 川-2-9)

A. 受贿罪

B.《刑法》第一百六十三条规定的公司、企业、其他单位人员受贿罪(现改为非国家工作人员受贿罪)

C. 提供虚假证明文件罪

D.《刑法》第一百六十三条规定的公司、企业、其他单位人员受贿罪和提供虚假证明文件罪,应当数罪并罚

📁 **答案(　　　)**②

📚 **【考点】** 非国家工作人员受贿罪;提供虚假证明文件罪

📋 **【解析】** 赵某属于中介组织人员,其利用职务便利,为请托人谋取非法利益,接受贿赂,成立非国家工作人员受贿罪。之后,赵某故意提供虚假证明文件,成立提供虚假证明文件罪。根据刑法原理,两行为各自独立,侵犯不同法益,应数罪并罚。但是《刑法》第229条明确规定此时不再数罪并罚,而仅认定为提供虚假证明文件罪的加重犯。

---

①参考答案 C　②参考答案 C

4. 下列哪些行为构成非法经营罪? (2009 - 2 - 57)

A. 甲违反国家规定,擅自经营国际电信业务,扰乱电信市场秩序,情节严重

B. 乙非法组织传销活动,扰乱市场秩序,情节严重

C. 丙买卖国家机关颁发的野生动物进出口许可证

D. 丁复制、发行盗版的《国家计算机考试大纲》

📖 **答案(   )①**

📖 **【考点】** 非法经营的行为类型;传销

📒 **【解析】** 根据司法解释,A 正确。B 错误,根据《刑法修正案(七)》,非法组织传销活动,成立组织领导传销活动罪。C 正确,该行为属于买卖法律、行政法规规定的经营许可证。D 错误,该行为成立侵犯著作权罪。

5. 张某到加盟店欲批发 1 万元调味品,见甲态度不好表示不买了。甲对张某拳打脚踢,并说"涨价 2000 元,不付款休想走"。张某无奈付款 1.2 万元买下调味品。

关于该事实甲的定性,下列选项正确的是: (2012 - 2 - 89)

A. 应以抢劫罪论处

B. 应以寻衅滋事罪论处

C. 应以敲诈勒索罪论处

D. 应以强迫交易罪论处

📖 **答案(   )②**

📖 **【考点】** 强迫交易罪

📒 **【解析】** 甲具有商品经营者身份,其在经营过程中,因故向消费者张某实施暴力胁迫行为,强迫其交付超过原批发价20%的货款,由于与合理价格相差不大,不属于悬殊的价款,因此成立强迫交易罪。A 错误,由于要价与合理价格之间的差价不悬殊,仍然存在交易的基础,不能否定处分行为存在,故不成立抢劫罪。B 错误,该行为主要侵犯市场秩序,与社会管理秩序无关,因此不成立寻衅滋事罪。C 错误,甲有胁迫行为,但也存在交易基础,被害人没有遭受数额较大的经济损失,不能构成敲诈勒索罪。

第四章 侵犯公民人身权利、民主权利罪

1. 甲于某日晨在路边捡回一名弃婴,抚养了 3 个月后,声称是自己的亲生儿子,以 3000 元卖给乙。如何认定甲的行为? (2002 - 2 - 8)

A. 甲的行为构成遗弃罪

B. 甲的行为构成拐骗儿童罪

C. 甲的行为构成诈骗罪

①参考答案 AC   ②参考答案 D

D. 甲的行为构成拐卖儿童罪

📖 答案( )①

📖 **【考点】** 拐卖行为的类型

📖 **【解析】** 拐卖儿童罪保护的法益是免于被作为商品进行交易的人身自由,由此,拐卖行为的重点在于将人作为商品进行交易,因此单纯卖出本身即符合拐卖的实质要求。"拐"是指以实力控制被害人,无论是买来,还是骗来,或者偷来,又或者捡来,甚至自己养育之子女,都符合拐的要求。卖则指卖出。两者都属于本罪的实行行为。已经卖出便成立既遂。

🙂 **【难点】** 犯罪行为的方式究竟有哪些,需要从法益保护的角度出发进行实质的解释。

2. 甲以出卖为目的,将乙女拐骗至外地后关押于一地下室,并曾强奸乙女。甲在寻找买主的过程中因形迹可疑被他人告发。国家机关工作人员前往解救时,甲的朋友丙却聚众阻碍国家机关工作人员的解救行为。对本案应如何处理?(2002 - 2 - 46)

A. 对甲的行为以拐卖妇女罪论处

B. 由于甲尚未出卖乙女,对拐卖妇女罪应认定为犯罪未遂

C. 对丙应以聚众阻碍解救被收买的妇女罪论处

D. 对丙应以拐卖妇女罪的共犯论处

📖 答案( )②

📖 **【考点】** 拐卖妇女儿童罪的既遂标准,聚众阻碍解救被收买妇女罪

📖 **【解析】** A 正确,甲先拐骗,之后寻找买主,属于典型的拐卖妇女罪。同时,被害人的人身自由已经被侵犯,已经构成既遂,故 B 错误。C 错误,聚众阻碍解救被收买妇女罪针对的是已经被收买后的妇女,而非待出卖的妇女。D 正确,丙的行为对出卖被拐卖妇女具有帮助作用,应成立拐卖妇女罪的共犯。

3. 甲为上厕所,将不满 1 岁的女儿放在外边靠着篱笆站立,刚进入厕所,就听到女儿的哭声,急忙出来,发现女儿倒地,疑是站在女儿身边的 4 岁男孩乙所为。甲一手扶起自己的女儿,一手用力推乙,导致乙倒地,头部刚好碰在一块石头上,流出鲜血,并一动不动。甲认为乙可能死了,就将其抱进一个山洞,用稻草盖好,正要出山洞,发现稻草动了一下,以为乙没死,于是抬起一块石头猛砸乙的头部,之后用一块磨盘压在乙的身上后离去。案发后,经法医鉴定,甲在用石头砸乙之前,乙已经死亡。依此情况,甲的行为构成何罪?(2003 - 2 - 4)

A. 过失致人死亡罪

B. 过失致人死亡罪与故意杀人罪(既遂)数罪

C. 过失致人死亡罪与故意杀人罪(未遂)数罪

D. 故意杀人罪

📖 答案( )③

📖 **【考点】** 过失致人死亡罪与故意杀人罪的区别

📖 **【解析】** 本案有两个行为,一为失手推人的行为,二为故意砸人的行为。这两个行为前后联系不紧(缺乏类型化关联),不能视为一个整体行为,应分别处理。甲推被害人的行为导致死亡结果,同时,现场有石头,将人推倒存在现实的危险,甲负有客观的注意义务,因此构成过失致人死亡罪。之后,

甲将尸体藏进山洞,覆盖的稻草动了一下,甲误以为人还活着,就基于杀人的决意实施了杀人行为。从事后客观的角度判断,被害人已经死亡,甲的杀人行为无论如何也不可能导致第二次死亡,因此甲不可能成立故意杀人罪既遂。就故意杀人罪未遂而言,甲主观上具有杀人的决意,客观上实施了足以致人死亡的行为,且站在事前的角度,一般人(理性第三人,并非专业鉴定人)根据当时的情况会认为被害人仍然可能有生命,因此客观上制造了侵害他人生命的现实危险。综上,甲成立故意杀人罪未遂。过失致人死亡罪与故意杀人罪未遂应数罪并罚,正确答案为 C。

【难点】 成立结果犯的未遂犯需要根据一般人的基准判断有无具体危险发生。

4. 甲承包经营某矿井采矿业务。甲为了降低采矿成本,提高开采量,便动员当地矿工和村民将子女带到矿井上班,并许诺给他们的子女以高工资。矿工和村民纷纷将他们的子女带到矿井上班,从事井下采矿作业,其中有二十余人为 **10～16** 周岁的未成年人。后因甲所承诺的高工资未兑现,二十余名童工表示不想再干,要求离开矿井。甲不同意,并在矿井周围布上电铁丝网,雇用数十名守卫,禁止所有的矿工包括这二十余名童工离开矿井,强制他们为其采矿,其中一名年约 **12** 岁的童工因体质瘦弱而累死在井下。甲的行为构成何罪?(2003 - 2 - 46)

    A. 非法拘禁罪

    B. 强迫职工劳动罪(已更名为强迫劳动罪)

    C. 雇用童工从事危重劳动罪

    D. 重大责任事故罪

                 答案( )①

【考点】 雇用童工从事危重劳动罪、强迫劳动罪

【解析】 甲强迫所有矿工在井下劳动,成立强迫劳动罪。其雇佣 10～16 岁未成年人从事危重劳动,构成雇用童工从事危重劳动罪。本案存在两个行为,独立构成两罪,数罪并罚。甲将矿工关押在井下,也构成非法拘禁罪,但该罪与强迫劳动罪竞合,从一重处断,仍然只定强迫劳动罪。12 岁童工死亡是从事危重劳动本身造成的,不能认定为重大责任事故。

5. 根据我国刑法的规定,偷盗婴幼儿的行为可因主观目的的不同而构成下列哪些犯罪?(2003 - 2 - 49)

    A. 偷盗婴幼儿罪

    B. 绑架罪

    C. 拐卖儿童罪

    D. 拐骗儿童罪

                 答案( )②

【考点】 偷盗婴幼儿的行为性质

【解析】 偷盗婴幼儿,如果以勒索财物为目的,成立绑架罪;如果以出卖为目的,成立拐卖儿童罪;如果以收养役使为目的,就成立拐骗儿童罪。刑法没有偷盗婴幼儿罪。

6. 王某怀疑其妻与其表兄刘某有不正当关系,遂于某晚跟踪其妻至刘某住所。进屋后,王发现其妻披头散发,正在哭泣,刘某站在旁边,王大怒,遂殴打其妻,并与刘发生争吵。王知道刘某有百万家财,决定抓住这个机会狠狠敲诈他一笔,于是谎称到其父母家中解决问题,将刘某骗至其姘妇叶某的住

所(当时叶不在家),并对刘某进行殴打、捆绑,反锁屋门将刘拘禁达一天之久。刘某在不堪忍受的情况下,承认与王妻有不正当关系,提出用金钱补偿,并在王的胁迫下,先后三次给家人打电话,要家人将30万元放在某公园指定场所,刘的家人并未照办。不久,叶某返回住所,王某以实情相告,叶未加制止,并与王某一起致信刘妻,信称:刘某系卑鄙小人,现在我等控制之中,为示惩戒,速送30万元至某公园指定地点,钱到放人,不得报警;否则,后果自负。刘妻害怕,将钱放至指定地点,并通知王某。王某叫叶某去公园取钱,叶某不敢去。于是,王某留下叶某看管刘某,自己去取赃款。在王某外出取钱之时,刘某哀求叶某将自己放掉,并称王某心狠手辣,钱到手后,绝不会放过叶某。叶某恐惧,将刘某放掉,并和刘某一起去派出所报警,带领公安人员去公园捉拿王某。人们赶到公园时,王某早已携款逃走。

(1)王某的行为不属于:(2003-2-81)

A. 敲诈勒索罪

B. 绑架罪

C. 抢劫罪

D. 非法拘禁罪

答案( )①

【考点】 绑架罪的行为结构

【解析】 王某因被害人奸情趁机将其拘禁,并据此向被害人妻子勒索财物,该行为构成典型的绑架罪。王某的行为虽然同时触犯敲诈勒索罪和非法拘禁罪,但基于法定一罪的原理,仅成立绑架罪一罪。另外,王某取财行为是基于绑架行为,而非以暴力胁迫手段针对被害人本人,因此不构成抢劫罪。综上,ACD均错误。

(2)叶某的行为属于:(2003-2-82)

A. 犯罪预备

B. 犯罪未遂

C. 犯罪中止

D. 犯罪既遂

答案( )②

【考点】 绑架罪的共犯

【解析】 叶某与王某合谋致信王某,共同实施绑架行为,之后又帮助王某看管刘某,属于绑架罪的次要实行犯。叶某具有绑架的犯罪决意,在此范围内应对共同犯罪所造成的侵害结果负责。王某已经绑架既遂,那么叶某当然也成立绑架罪既遂。

(3)叶某在共同犯罪中属于:(2003-2-83)

A. 主犯

B. 从犯

C. 胁从犯

D. 实行犯

答案( )③

【考点】 绑架罪的正犯与共犯

①参考答案 ACD　②参考答案 D　③参考答案 BD

 【解析】叶某实施了绑架行为的一部分,属于次要实行犯;同时,叶某仅起到辅助作用,成立从犯。

(4) 假设王某在犯罪过程中杀害了刘某,其行为构成:(2003 - 2 - 84)

A. 绑架罪

B. 故意杀人罪

C. 抢劫罪

D. 绑架罪和故意杀人罪

【答案( )①

【考点】杀害被绑架人

【解析】按照《刑法》规定,绑架致被绑架人死亡的,成立绑架罪的结果加重犯,不需要再单独定罪。

7. 韩某在向张某催要赌债无果的情况下,纠集好友把张某挟持至韩家,并给张家打电话,声称如果再不还钱,就砍掉张某一只手。韩某的作为:(2004 - 2 - 1)

A. 构成非法拘禁罪

B. 构成绑架罪

C. 构成非法拘禁罪和绑架罪的想象竞合犯

D. 构成敲诈勒索罪

【答案( )②

【考点】非法拘禁罪的行为类型

【解析】《刑法》第 238 条规定,为索取债务非法扣押、拘禁他人的,以非法拘禁罪论处,韩某为了实现非法债权而拘禁张某构成非法拘禁罪。其打电话向张家索债,因为未超过债权范围,也不能按照绑架罪处理,仍然按照非法拘禁罪处理。

8. 甲拐骗了 5 名儿童,偷盗了 2 名婴儿,并准备全部卖往 A 地。在运送过程中甲因害怕他们哭闹,给他们注射了麻醉药。由于麻醉药过量,致使 2 名婴儿死亡,5 名儿童处于严重昏迷状态,后经救治康复。对甲的行为应以何罪论处?(2004 - 2 - 82)

A. 拐卖儿童罪

B. 拐骗儿童罪

C. 过失致人死亡罪

D. 绑架罪

【答案( )③

【考点】拐卖儿童罪

【解析】拐卖妇女儿童致人重伤死亡的,成立拐卖妇女儿童罪的结果加重犯,不再另行定罪。A 正确。拐骗儿童罪并不具有出卖目的,因此 B 错误。甲对死亡结果有过失,触犯过失致人死亡罪,但因为有结果加重犯的规定,不需要再单独定罪,C 错误。本案无绑架所要求的提出非法要求的目的,不成立绑架罪,D 错误。

9. 甲在一豪宅院外将一个正在玩耍的男孩(3 岁)骗走,意图勒索钱财,但孩子说不清自己家里的

联系方式,无法进行勒索。甲怕时间长了被发现,于是将孩子带到异地以 **4000** 元卖掉。对甲应当如何处理?(2005 - 2 - 17)

    A. 以绑架罪与拐卖儿童罪的牵连犯从一重处断

    B. 以绑架罪一罪处罚

    C. 以拐卖儿童罪一罪处罚

    D. 以绑架罪与拐卖儿童罪并罚

答案( )①

【考点】 绑架罪的未遂、拐卖儿童罪

【解析】 甲先实施了绑架行为,但是因客观障碍不能继续犯罪,于是转而实施拐卖儿童的行为。行为人分别另起犯意,侵犯两个法益,应认为存在两个行为,应成立绑架罪和拐卖儿童罪,数罪并罚。两罪虽然在空间上有连接,但是两个行为没有类型化的牵连关系,即缺乏之目的与手段、原因与结果之间的牵连关系,因此不成立牵连犯。

10. 某派出所民警甲接到关于某旅店老板乙涉嫌组织卖淫的举报,即前往该旅店,但没有碰见乙,便将怀疑是卖淫女的服务员丙带回派出所连夜审讯,要她交代从事卖淫以及乙组织卖淫活动的事。由于丙拒不承认有这些事,甲便指使其他民警对丙进行多次殴打逼其交代,丙于次日晨死于审讯室。法医出具的尸检报告称:"因受外力击打造成下肢大面积皮下出血,引起患有心脏功能障碍的丙心力衰竭而死。"对于甲的行为,下列说法正确的是:(2005 - 2 - 92)

    A. 属于刑讯逼供行为

    B. 属于暴力取证行为

    C. 应按故意杀人罪处罚

    D. 属于意外事件,不负刑事责任

答案( )②

【考点】 暴力取证罪的转化犯

【解析】 被害人属于本案证人,采取暴力方式逼取证人证言致人死亡的,虽然属于暴力取证行为,但转化为故意杀人罪进行处理。

11. 关于故意杀人罪,下列哪一选项是正确的?(2006 - 2 - 13)

    A. 甲意欲使乙在跑步时被车撞死,便劝乙清晨在马路上跑步,乙果真在马路上跑步时被车撞死,甲的行为构成故意杀人罪

    B. 甲意欲使乙遭雷击死亡,便劝乙雨天到树林散步,因为下雨时在树林中行走容易遭雷击。乙果真雨天在树林中散步时遭雷击身亡。甲的行为构成故意杀人罪

    C. 甲对乙有仇,意图致乙死亡。甲仿照乙的模样捏小面人,写上乙的姓名,在小面人身上扎针并诅咒 49 天。到第 50 天,乙因车祸身亡。甲的行为不可能致人死亡,所以不构成故意杀人罪

    D. 甲以为杀害妻子乙后,乙可以升天,在此念头支配下将乙杀死。后经法医鉴定,甲具有辨认与控制能力。但由于甲的行为出于愚昧无知,所以不构成故意杀人罪

答案( )③

---

①参考答案 D   ②参考答案 BC   ③参考答案 C

【考点】 故意杀人罪的实行行为(创设法不允许的风险)

【解析】 A错误,在马路上跑步遭遇车祸属于日常风险,该风险超越了行为人可支配的范围,因此,日常风险产生的结果只能由被害人自己承担,不能归责于行为人。日常风险不属于法禁止危险,使被害人置身于该风险的行为也非不法行为。B错误,在雨中的树林散步遭雷劈也属于日常风险的范围,因此甲的行为也非不法行为。C正确,甲的行为无论如何也不可能形成现实的死亡危险,乙遭遇车祸只是日常风险的实现形式,与甲的行为无关,因此不可能满足故意杀人罪的构成要件。D错误,甲杀死妻子出于良好的动机,但就故意杀人罪的构成要件实现而言,甲完全能够认识和控制,因此甲当然成立故意杀人罪。愚昧无知既不可能阻却不法,也不可能影响责任,当然不能以此为由否定故意杀人罪的成立。

【难点】 行为至少产生了危险结果才能为法律所禁止。是否产生危险结果,需要考虑两方面要素:其一,行为人主观上有犯罪决意(类型功能),其二,行为客观上具有发生实害结果的现实可能性(确立功能)。如果客观上不具有发生实害结果的现实可能性,那么就不可能存在法禁止的危险结果。如果主观上犯罪决意不明确,那就无法确定究竟是何种犯罪的危险结果。两者都具备,才能认为存在具体犯罪类型的危险结果。

12. 下列哪些行为不应认定为过失致人死亡罪?(2006-2-56)

A. 甲遭受乙正在进行的不法侵害,在防卫过程中一棒将乙打倒,致乙脑部跌在一块石头上而死亡。法院认为甲的防卫行为明显超过必要限度造成了重大损害,应以防卫过当追究刑事责任

B. 甲对乙进行非法拘禁,在拘禁过程中,因长时间捆绑,致乙呼吸不畅窒息死亡

C. 甲因对女儿乙的恋爱对象丙不满意,阻止乙、丙正常交往,乙对此十分不满,并偷偷与丙登记结婚,甲获知后对乙进行打骂,逼其离婚。乙、丙不从,遂相约自杀而亡

D. 甲结婚以后,对丈夫与其前妻所生之子乙十分不满,采取冻饿等方式进行虐待,后又发展到打骂,致乙多处伤口腐烂,乙因未获及时救治而不幸身亡

答案( )①

【考点】 防卫过当与过失致人死亡罪的关系②

【解析】 A应认定为过失致人死亡罪,甲属于防卫过当,对死亡结果具有过失,因而成立过失致人死亡罪。B构成故意杀人罪。甲的行为一开始属于非法拘禁罪,但拘禁行为本身致人死亡,根据《刑法》规定转化为故意杀人罪。C构成暴力干涉婚姻自由罪,甲的行为属于暴力干涉婚姻自由的行为,且最终造成死亡结果,成立结果加重犯,最终仅成立暴力干涉婚姻自由罪。根据日常生活经验,甲的干涉行为与被害人死亡之间具有直接关联,虽然自杀行为有不理智的一面,但仍然属于甲的责任领域。死亡结果应归责于甲的行为。D构成故意杀人罪,甲的行为开始构成虐待罪,但其虐待行为最终致人死亡,按照《刑法》转化犯规定,应认定为故意杀人罪。

13. 对下列哪些行为不能认定为强奸罪?(2006-2-57)

A. 拐卖妇女的犯罪分子奸淫被拐卖的妇女的

B. 利用职权、从属关系,以胁迫手段奸淫现役军人的妻子的

C. 利用迷信奸淫妇女的

①参考答案BCD ②原则上,防卫过当要么成立过失犯,要么属于意外事件。但是,根据论者对故意的理解不同,防卫过当成立故意犯也不是没有可能性的。

D. 组织卖淫的犯罪分子强奸妇女后迫使其卖淫的

答案（　　）①

📚 **【考点】** 强奸罪的并罚

📖 **【解析】** A 仅构成拐卖妇女罪的结果加重犯,不单独成立强奸罪。B、C 均属于违背妇女意志与其发生性关系的行为,前者是不敢反抗,后者是不知反抗,均成立强奸罪。在《刑法修正案(九)》之前,D 错误,构成组织强迫卖淫罪的结果加重犯,不单独构成强奸罪。但在《刑法修正案(九)》之后,上述行为应数罪并罚,故可以成立强奸罪,D 错误。

14. 关于强奸罪及相关犯罪的判断,下列哪一选项是正确的?（2007 - 2 - 12）

A. 甲欲强奸某妇女遭到激烈反抗,一怒之下卡住该妇女喉咙,致其死亡后实施奸淫行为。甲的行为构成强奸罪的结果加重犯

B. 乙为迫使妇女王某卖淫而将王某强奸,对乙的行为应以强奸罪与强迫卖淫罪实行数罪并罚

C. 丙在组织他人偷越国(边)境过程中,强奸了被组织的妇女李某。丙的行为虽然触犯了组织他人偷越国(边)境罪与强奸罪,但只能以组织他人偷越国(边)境罪定罪量刑

D. 丁在拐卖妇女的过程中,强行奸淫了该妇女。丁的行为虽然触犯了拐卖妇女罪与强奸罪,但根据刑法规定,只能以拐卖妇女罪定罪量刑

答案（　　）②

📚 **【考点】** 强奸罪与其他犯罪的关系

📖 **【解析】** A 错误,甲先将被害人杀死再奸尸的,构成故意杀人罪和侮辱尸体罪(现修正为侮辱、故意毁坏尸体罪),应数罪并罚。在《刑法修正案(九)》之前,B 错误,强迫卖淫罪将强奸行为作为法定刑升格条件,因此强奸妇女迫使其卖淫的,不单独成立强奸罪。但在《刑法修正案(九)》之后,上述行为应数罪并罚,故 B 正确。C 错误,偷越国境罪与强奸罪保护法益不同,本案存在两个行为,应按照偷越国境罪和强奸罪数罪并罚。D 正确,拐卖妇女过程中奸淫被拐卖人的,构成拐卖妇女罪的结果加重犯。

15. 下列哪种情形构成诬告陷害罪?（2007 - 2 - 13）

A. 甲为了得到提拔,便捏造同事曹某包养情人并匿名举报,使曹某失去晋升机会

B. 乙捏造"文某明知王某是实施恐怖活动的人而向其提供资金"的事实,并向公安部门举报

C. 丙捏造同事贾某受贿 10 万元的事实,并写成 500 份传单在县城的大街小巷张贴

D. 丁匿名举报单位领导王某贪污救灾款 50 万元。事后查明,王某只贪污了救灾款 5000 元

答案（　　）③

📚 **【考点】** 诬告陷害罪的实行行为

📖 **【解析】** A 错误,诬告他人仅意图使其失去提升机会,不符合诬告陷害罪的足以进行刑事追诉的要求。B 正确,乙捏造的是犯罪事实,且向国家司法机关告发,足以引起刑事追诉。C 错误,丙虽然捏造了犯罪事实,但未向国家司法机关告发,仅成立诽谤罪,不成立诬告陷害罪。D 错误,丁举报失实,但仅限于具体数额与事实不符,但对行为性质没有错误,不应认为诬告陷害罪。

16. 张某和赵某长期一起赌博。某日两人在工地发生争执,张某推了赵某一把,赵某倒地后后脑勺正好碰到石头上,导致颅脑损伤,经抢救无效死亡。关于张某的行为,下列哪一选项是正确的?（2007 - 2 - 14）

---

①参考答案 AD(《刑法修正案(九)》之前);A(《刑法修正案(九)》之后)　②参考答案 D(《刑法修正案(九)》之前);BD(《刑法修正案(九)》之后)　③参考答案 B

A. 构成故意杀人罪

B. 构成过失致人死亡罪

C. 构成故意伤害罪

D. 属于意外事件

 答案(　　　　)①

【考点】过失致人死亡罪的主观要件

【解析】张某推倒赵某的地点是工地,因而推人行为具有一定的危险性,对可能发生的伤亡结果有预见可能性,但张某未能预见,主观上具有过失,应成立过失致人死亡罪。

【难点】过失的判断需要根据一般人标准,结合现场情况,进行具有一定抽象性的客观判断。这一过程实际上是在寻找理性第三人在行为时应遵循怎样的行为标准,没有达到这一标准,就具有过失。

17. 李某以出卖为目的偷盗一名男童,得手后因未找到买主,就产生了自己抚养的想法。在抚养过程中,因男童日夜啼哭,李某便将男童送回家中。关于李某的行为,下列哪些选项是错误的?(2007 - 2 - 55)

A. 构成拐卖儿童罪

B. 构成拐骗儿童罪

C. 属于拐卖儿童罪未遂

D. 属于拐骗儿童罪中止

 答案(　　　　)②

【考点】拐卖儿童罪的出卖目的、拐骗儿童罪的收养目的

【解析】A 正确,以出卖为目的偷盗婴儿的,应构成拐卖儿童罪。拐卖行为只要完成拐或卖的一部分就达到既遂,不要求一定卖出。本案既然已经收买,并准备卖出,那么就已经犯罪既遂,C 错误。拐骗儿童罪要求不具有出卖的目的,李某具有出卖目的,因此不构成该罪,B、D 错误。

18. 甲得知乙一直在拐卖妇女,便对乙说:"我的表弟丙没有老婆,你有合适的就告诉我一下。"不久,乙将拐骗的两名妇女带到甲家,甲与丙将其中一名妇女买下给丙做妻。关于本案,下列哪一选项是错误的?(2008 - 2 - 13)

A. 乙构成拐卖妇女罪

B. 甲构成拐卖妇女罪的共犯

C. 甲构成收买被拐卖的妇女罪

D. 丙构成收买被拐卖的妇女罪

 答案(　　　　)③

【考点】拐卖妇女罪的教唆犯

【解析】乙一直在拐卖妇女,并再一次应甲要约而拐卖,无疑构成拐卖妇女罪;甲在提出要约时,乙一直从事拐卖活动,已经产生犯意。甲也认识到乙一直从事拐卖活动,因此缺乏教唆的故意,不成立教唆犯。甲的要约是为丙收买被拐卖妇女创造条件,构成收买被拐卖妇女罪的帮助犯。丙收买被拐卖妇女,成立收买被拐卖妇女的实行犯。

①参考答案 B　②参考答案 BCD　③参考答案 B

19.《刑法》规定,在拐卖妇女、儿童过程中奸淫被拐卖的妇女的,仅定拐卖妇女、儿童罪。**15 周岁**的甲在拐卖幼女的过程中,强行奸淫幼女。对此,下列哪些选项是错误的?(2008 - 2 - 53)

A.《刑法》第十七条第二款没有规定 15 周岁的人对拐卖妇女、儿童罪负刑事责任,所以,甲不负刑事责任

B. 拐卖妇女、儿童罪包含了强奸罪,15 周岁的人应对强奸罪承担刑事责任,所以,对甲应认定为拐卖妇女、儿童罪

C.15 周岁的人犯强奸罪的应当负刑事责任,所以,对甲应认定为强奸罪

D. 拐卖妇女、儿童罪重于强奸罪,既然 15 周岁的人应对强奸罪承担刑事责任,就应对拐卖妇女、儿童罪承担刑事责任,所以,对甲应以拐卖妇女、儿童罪与强奸罪实行并罚

答案(　　　)①

📖【考点】拐卖妇女罪的结果加重犯

📄【解析】15 周岁不具有承担拐卖妇女儿童罪的刑事责任能力,因此不构成该罪。但 15 周岁的行为人应当对强奸罪承担刑事责任,本案完全符合强奸罪要求,应成立强奸罪。A 错误,因为 15 周岁可以对强奸罪承担刑事责任。B 错误,即便拐卖妇女儿童罪包含了强奸行为,但也不能据此认为成立拐卖妇女儿童罪。C 正确。D 错误,强奸行为属于拐卖妇女儿童罪的法定刑升格条件,认定为该罪可以做到充分评价,也无须进行数罪并罚。

20. 甲曾向乙借款 9000 元,后不想归还借款,便预谋毒死乙。甲将注射了"毒鼠强"的白条鸡挂在乙家门上,乙怀疑白条鸡有毒未食用。随后,甲又乘去乙家串门之机,将"毒鼠强"投放到乙家米袋内。后乙和其妻子、女儿喝米汤中毒,乙死亡,其他人经抢救脱险。关于甲的行为,下列哪些选项是错误的?(2008 - 2 - 60)

A. 构成投放危险物质罪

B. 构成投放危险物质罪与抢劫罪的想象竞合犯

C. 构成投放危险物质罪与故意杀人罪的想象竞合犯

D. 构成抢劫罪与故意杀人罪的吸收犯

答案(　　　)②

📖【考点】杀人行为的定性

📄【解析】甲第一次投毒行为是将白条鸡挂在乙家门上,他人从白条鸡所处的位置能推知该财物属于乙家占有,因而不会拿去。第二次投毒是在乙家的米缸里,他人更不可能因此受到侵害。两次投毒行为的作用范围仅涉及乙家,并不会侵犯不特定或多数人的生命财产安全,即本案仅涉及特定人的安全,不涉及公共安全,因此仅成立故意杀人罪,不成立投放危险物质罪。此外,甲是为了逃避债务而杀人,并非积极的攫取财物,因此未侵犯财产法益,不构成财产犯罪。综上,本案仅构成故意杀人罪一罪。由此,ABCD 均错误。

21. 关于侵犯人身权利犯罪的说法,下列哪些选项是错误的?(2008 - 2 - 61)

A. 私营矿主甲以限制人身自由的方法强迫农民工从事危重矿井作业,并雇用打手对农民工进行殴打,致多人伤残。甲的行为构成非法拘禁罪与故意伤害罪,应当实行并罚

B. 砖窑主乙长期非法雇佣多名不满 16 周岁的未成年人从事超强度体力劳动,并严重忽视生产作业安全,致使一名未成年人因堆砌的成品砖倒塌而被砸死。对乙的行为应以雇用童工从事危重劳动罪

①参考答案 ABD　②参考答案 ABCD

从重处罚

C. 丙以介绍高薪工作的名义从外地将多名成年男性农民工骗至砖窑主王某的砖窑场,以每人 1000 元的价格卖给王某从事强迫劳动。由于《刑法》仅规定了拐卖妇女、儿童罪,所以,对于丙的行为,无法以犯罪论处

D. 拘留所的监管人员对被监管人进行体罚虐待,致人死亡的,以故意杀人罪论处,不实行数罪并罚

📖 【答案(   )】①

📇 【考点】 强迫劳动罪、雇佣童工从事危重劳动罪、虐待被监管人员罪

📖 【解析】 A 错误,私营矿主的行为属于典型的强迫劳动罪,致人伤残属于结果加重犯。无须再认定非法拘禁罪和故意伤害罪。B 错误,本案存在两个行为,一个是雇佣童工从事危重劳动罪,另一个行为是严重忽视生产安全,应成立重大责任事故罪。根据《刑法》规定,雇佣童工从事危重劳动本身即构成犯罪(这里的危重劳动本身符合安全生产要求),如果造成事故的,则需要数罪并罚。导致 C 错误,本案虽然不构成拐卖类犯罪,但构成强迫劳动罪,不能认定为非罪。D 正确,虐待被监管人员罪致人重伤死亡的,按《刑法》规定转化为故意杀人罪,不能进行数罪并罚。

22. 甲以从事杂技表演的名义欺骗多名农村儿童。儿童均信以为真,便随甲进城。甲将这些儿童带至大城市,利用儿童从事乞讨活动。其间,甲曾与儿童的家属电话联系,称小孩生活得很好。关于本案,下列哪一选项是正确的? (2008 川 – 2 – 14)

A. 甲的行为构成组织儿童乞讨罪

B. 甲的行为构成拐骗儿童罪

C. 甲的行为构成诈骗罪

D. 甲的行为征得了儿童家长的同意,不成立犯罪

📖 【答案(   )】②

📇 【考点】 拐骗儿童罪

📖 【解析】 拐骗儿童一般具有役使或者单纯收养的目的。甲欺骗多名儿童从事乞讨活动,并未使用暴力胁迫手段,不符合组织儿童乞讨罪的要求。其骗取的并非财物,因此不构成诈骗罪。甲的行为虽然征得家长同意,但是家长是被骗的,即便没有被骗,家长也不能承诺放弃孩子的人身自由。

👤 【难点】 即便父母同意,也不能阻却拐骗儿童罪的成立,因为被害儿童的人身权利,父母是无权处分的。

23. 下列哪些情形不能认定为过失致人死亡罪? (2008 川 – 2 – 54)

A. 甲在运输放射性物质过程中发生事故,造成 4 人死亡

B. 乙在工地塌方之后,仍然强令 6 名工人进入隧道抢救价值 2000 万元的机械,6 名工人由此遇难

C. 丙遭受不法侵害,情急之下失手将不法侵害人打死,法院认为丙防卫过当,应当负刑事责任

D. 聚众斗殴致人死亡

📖 【答案(   )】③

📇 【考点】 过失致人死亡罪的竞合

①参考答案 ABC   ②参考答案 B   ③参考答案 ABD

【解析】A 放射性物质属于危险物品,运输该物质出现事故的,侵犯了公共安全,构成危险物罪肇事罪。对 4 人死亡这一具体的实害结果,甲事前具有预见可能性,因而也满足过失致人死亡罪的要求。此外,根据《刑法修正案(九)》,该行为还可能符合危险驾驶罪的要求。因此,三个罪名可能发生想象竞合。应该说,按照公共安全犯罪处理能够做到充分评价。B 构成强令违章冒险作业罪,该行为也同时竞合了过失致人死亡罪,从一重处断应认定为强令违章冒险作业罪。C 丙防卫过当,其对死亡结果具有过失,因此应认定为过失致人死亡罪。D 聚众斗殴致人死亡的,应按照故意杀人罪认定。

24. 为谋财绑架他人的,在下列哪一种情形下不应当判处死刑?(2009 - 2 - 8)
A. 甲绑架并伤害被绑架人致其残疾的
B. 乙杀死人质后隐瞒事实真相向人质亲友勒索赎金 10 万元的
C. 丙绑架人质后害怕罪行败露杀人灭口的
D. 丁控制人质时因捆绑太紧过失致被害人死亡的

答案( )①

【考点】杀害被绑架人

【解析】A 错误或正确待定,根据《刑法修正案(九)》,杀害被绑架人,伤害被绑架人致死重伤、死亡的,可以适用死刑。此处仅存在伤害行为且致人伤残,如果这里的伤残满足重伤要求,可能适用死刑;反之,则不适用死刑。B、C 错误,无论出于何种动机故意杀害被绑架人,都可能但不必然适用死刑。D 错误,《刑法修正案(九)》删除了绑架罪的结果加重犯,因而成立过失致人死亡罪与绑架罪既遂的想象竞合犯,可能但不必然适用死刑。

25. 甲持刀将乙逼入山中,让乙通知其母送钱赎人。乙担心其母心脏病发作,遂谎称开车撞人,需付 5 万元治疗费,其母信以为真。关于甲的行为性质,下列哪一选项是正确的?(2010 - 2 - 16)
A. 非法拘禁罪　　　B. 绑架罪　　　C. 抢劫罪　　　D. 诈骗罪

答案( )②

【考点】绑架罪的行为结构

【解析】本案甲的行为在客观上符合绑架罪的构成要件——绑架他人,主观上具有勒索财物的目的,理应构成绑架罪既遂。至于乙欺骗母亲的行为,属于乙的紧急避险行为,即为了保护母亲的健康,实施诈骗行为满足了甲的不法要求,该行为构成诈骗罪,由于人身健康法益明显大于财产法益,因此成立紧急避险。甲的行为同时触犯非法拘禁罪,但绑架罪属于法定一罪,仅成立绑架罪一罪。甲乙就诈骗行为并无共同意思,不成立共同犯罪。甲也没有形成意思支配,也不成立诈骗罪的间接正犯。综上,甲仅成立绑架罪既遂。如果甲让乙谎称车祸需要送钱,也不影响本案的定性,因为甲仍然利用了乙母亲对乙的担忧取得了财产,符合绑架罪目的行为的要求。

【难点】绑架罪的手段行为有和诱和略诱,通过手段行为以实力控制了被绑架人,绑架罪便达于既遂。绑架罪的目的行为是利用被绑架人的相关人对被绑架人的安危的担忧实现非法要求。这里的利用相关人的担忧只是主观要素,并不要求客观上一定得以实现。此外,这里只要利用相关人的担忧就够了,至于基于何种方法令其担忧则无关紧要。

26. 甲任邮政中心信函分拣组长期间,先后三次将各地退回信函数万封(约 500 公斤),以每公斤 0.4 元的价格卖给废品收购站,所得款项占为己有。关于本案,下列哪一选项是正确的?(2010 - 2 - 18)

①参考答案 A(《刑法修正案(九)》之前);无正确答案(《刑法修正案(九)》之后)　②参考答案 B

A. 退回的信函不属于信件,甲的行为不成立侵犯通信自由罪

B. 退回的信函虽属于信件,但甲没有实施隐匿、毁弃与开拆行为,故不成立侵犯通信自由罪

C. 退回的信函处于邮政中心的管理过程中,属于公共财物,甲的行为成立贪污罪

D. 退回的信函被当作废品出卖也属于毁弃邮件,甲的行为成立私自毁弃邮件罪

📖 **答案(　　　)①**

📖 **【考点】** 私自开拆、隐匿、毁弃邮件、电报罪

📖 **【解析】** A错误,退回的信件也是信件,因为同样牵涉通信自由。B错误,甲将信件变卖,使信件难以找回,成立隐匿或毁弃行为。C错误,因为信函本身经济价值极低,合计卖出200元现金,未达贪污罪数额要求,不成立贪污罪。注意,按照《刑法修正案(九)》,贪污罪废除具体数额要求,只要数额较大或有其他较重情节,即可构成犯罪。本案中,行为人贪污行为严重侵犯公民通信自由,应该达到情节较重的程度,可以认定为犯罪。D正确,因为作为废品出卖,会使信件丧失原本的效用,成立毁弃行为。

🧑 **【难点】** 毁弃行为的实质是使邮件电报失去本来效用,一切具有该效果的行为都属于毁弃行为。

27. 甲欲绑架女大学生乙卖往外地,乙强烈反抗,甲将乙打成重伤,并多次对乙实施强制猥亵行为。甲尚未将乙卖出便被公安人员抓获。关于甲行为的定性和处罚,下列哪些判断是错误的?(2010 - 2 - 61)

A. 构成绑架罪、故意伤害罪与强制猥亵妇女罪,实行并罚

B. 构成拐卖妇女罪、故意伤害罪、强制猥亵妇女罪,实行并罚

C. 构成拐卖妇女罪、强制猥亵妇女罪,实行并罚

D. 构成拐卖妇女罪、强制猥亵妇女罪,实行并罚,但由于尚未出卖,对拐卖妇女罪应适用未遂犯的规定

📖 **答案(　　　)②**

📖 **【考点】** 拐卖妇女儿童罪的结果加重犯

📖 **【解析】** 《刑法》仅规定了致人重伤或死亡,以及强奸被拐卖妇女,成立拐卖妇女儿童罪的结果加重犯,但未规定强制猥亵被拐卖妇女的情形。强制猥亵行为虽然发生在拐卖过程中,但不宜认定为拐卖行为的一部分,而是单独的新行为。因此,应构成拐卖妇女罪、强制猥亵妇女罪,实行并罚。此外,拐卖妇女儿童罪只要侵犯了人身权利就是既遂,不要求卖出。

28. 关于故意伤害罪与组织出卖人体器官罪,下列哪一选项是正确的?(2011 - 2 - 14)

A. 非法经营尸体器官买卖的,成立组织出卖人体器官罪

B. 医生明知是未成年人,虽征得其同意而摘取其器官的,成立故意伤害罪

C. 组织他人出卖人体器官并不从中牟利的,不成立组织出卖人体器官罪

D. 组织者出卖一个肾脏获15万元,欺骗提供者说只卖了5万元的,应认定为故意伤害罪

📖 **答案(　　　)③**

📖 **【考点】** 故意伤害罪与组织出卖人体器官罪的关系

📖 **【解析】** A错误,单纯经营尸体器官,构成非法经营罪,但不一定成立组织买卖人体器官罪,因为该罪需要组织他人买卖器官,而不是单纯的买卖器官。B正确,未成年人不具有摘取器官的承诺能力,因此即便其同意摘取器官,也成立故意伤害罪。C错误,组织他人出卖人体器官罪与牟利无关,因

为本罪保护法益是人身权,因而不需要将牟利作为不法要素。D错误,组织者隐瞒高价卖出的事实,构成诈骗罪。这里的诈骗所针对的是财物,而非器官摘取,提供者的承诺仍然属于有效的承诺。

29.《刑法》第二百三十八条第一款与第二款分别规定:"非法拘禁他人或者以其他方法非法剥夺他人人身自由的,处三年以下有期徒刑、拘役、管制或者剥夺政治权利。具有殴打、侮辱情节的,从重处罚。""犯前款罪,致人重伤的,处三年以上十年以下有期徒刑;致人死亡的,处十年以上有期徒刑。使用暴力致人伤残、死亡的,依照本法第二百三十四条、第二百三十二条的规定定罪处罚。"关于该条款的理解,下列哪些选项是正确的?(2011－2－60)

    A. 第一款所称"殴打、侮辱"属于法定量刑情节

    B. 第二款所称"犯前款罪,致人重伤"属于结果加重犯

    C. 非法拘禁致人重伤并具有侮辱情节的,适用第二款的规定,侮辱情节不再是法定的从重处罚情节

    D. 第二款规定的"使用暴力致人伤残、死亡",是指非法拘禁行为之外的暴力致人伤残、死亡

📄 答案(　　　)①

📖 **【考点】** 非法拘禁致人死亡

📑 **【解析】** A正确,"殴打、侮辱情节的,从重处罚",显然属于法定的量刑情节。B正确,致人重伤属于法定刑升格条件,符合结果加重犯要求。C错误,非法拘禁致人重伤是指拘禁行为本身致人重伤死亡,侮辱行为单独又侵犯了人格名誉,当然需要从重。这里需要注意的是,"殴打、侮辱情节的,从重处罚"是基本犯的情节加重犯,该加重效果因为是基本犯的加重效果,所以当然及于基本犯的结果加重犯。D正确,拘禁行为本身就是一种物理的有形力,因而也属于暴力,但是其与第二款"使用暴力致人伤残、死亡"中暴力不同,后者指的是拘禁行为本身这一暴力形式之外的新的暴力行为。比如,甲将被害人拘禁,由于捆绑吊起来倒立,导致死亡,这是指拘禁行为本身暴力致人重伤死亡。甲如果在拘禁过程中,拿利刃伤害被害人,导致死亡,那就需要适用"使用暴力致人伤残、死亡"的规定。

30. 甲花4万元收买被拐卖妇女周某做智障儿子的妻子,周某不从,伺机逃走。甲为避免人财两空,以3万元将周某出卖。(事实一)

    乙收买周某,欲与周某成为夫妻,周某不从,乙多次暴力强行与周某发生性关系。(事实二)

    不久,周某谎称怀孕要去医院检查,乙信以为真,周某乘机逃走向公安机关报案。警察丙带人先后抓获了甲、乙。讯问中,乙仅承认收买周某,拒不承认强行与周某发生性关系。丙恼羞成怒,当场将乙的一只胳膊打成重伤。乙大声呻吟,丙以为其佯装受伤不予理睬。(事实三)

    深夜,丙上厕所,让门卫丁(临时工)帮忙看管乙。乙发现丁是老乡,请求丁放人。丁说:"行,但你以后如被抓住,一定要说是自己逃走的。"乙答应后逃走,丁未阻拦。(事实四)

    请回答第88—91题。

    (1) 关于事实一的定性,下列选项正确的是:(2011－2－88)

    A. 甲行为应以收买被拐卖的妇女罪与拐卖妇女罪实行并罚

    B. 甲虽然实施了收买与拐卖两个行为,但由于两个行为具有牵连关系,对甲仅以拐卖妇女罪论处

    C. 甲虽然实施了收买与拐卖两个行为,但根据《刑法》的特别规定,对甲仅以拐卖妇女罪论处

    D. 由于收买与拐卖行为侵犯的客体相同,而且拐卖妇女罪的法定刑较重,对甲行为仅以拐卖妇女罪论处,也能做到罪刑相适应

📄 答案(　　　)②

---

①参考答案 ABD　②参考答案 CD

【考点】 单纯收买后另起犯意再出卖被拐卖妇女的处理

【解析】 甲一开始仅是单纯收买被拐卖妇女,成立收买被拐卖妇女罪。但在收买后,目的落空,转而另起犯意再出卖的,应另外构成拐卖妇女罪。甲虽然实施了两个行为,原本应该构成数罪,但考虑到《刑法》有特别规定,仅按照拐卖妇女罪处理。《刑法》之所以将原本的数罪认定为一罪,主要是考虑到两罪保护法益相同,符合与罚行为的要求,按照较重的犯罪认定即能做到充分评价,因此只定拐卖妇女罪。收买被拐卖妇女罪是与罚的前行为。

【难点】 与罚行为的特点是前后行为针对同一法益,该法益不能被侵犯两次,因而只能按一罪处理。前行为与罚,就称为与罚的前行为;反之,称为与罚的后行为。

(2)关于事实二的定性,下列选项错误的是:(2011 - 2 - 89)
A. 乙行为成立收买被拐卖的妇女罪与强奸罪,应当实行并罚
B. 乙行为仅成立收买被拐卖的妇女罪,因乙将周某当作妻子,故周某不能成为乙的强奸对象
C. 乙行为仅成立收买被拐卖的妇女罪,因乙将周某当作妻子,故缺乏强奸罪的故意
D. 乙行为仅成立强奸罪,因乙收买周某就是为了使周某成为妻子,故收买行为是强奸罪的预备行为

答案(　　)①

【考点】 收买被拐卖妇女后的强奸行为

【解析】 根据《刑法》规定,收买被拐卖妇女后强奸的,另外成立强奸罪进行数罪并罚,A正确。乙主观上将周某作为妻子只是单方面的动机,周某并不同意,乙也对此有认识,因此不妨碍周某成为强奸罪的对象和乙具有强奸故意。乙的收买行为虽然客观上为强奸行为创造了条件,但是收买后未必一定发生强奸,乙如果一开始就计划强奸,那么才可以将收买行为理解为预备行为。但即便如此,如果预备行为本身构成别的犯罪,那么不能将其吸收到强奸行为中,因为两者的保护法益不同。同时,按照想象竞合犯处理,仅仅定一罪,还不能充分评价整体的不法程度,因此最终应按照数罪并罚处理更为妥当。《刑法》对此也有专门规定,认可数罪并罚的处理方法。

(3)关于事实三的定性,下列选项正确的是:(2011 - 2 - 90)
A. 丙行为是刑讯逼供的结果加重犯
B. 对丙行为应以故意伤害罪从重处罚
C. 对丙行为应以刑讯逼供罪与过失致人重伤罪实行并罚
D. 对丙行为应以刑讯逼供罪和故意伤害罪实行并罚

答案(　　)②

【考点】 刑讯逼供罪的转化犯

【解析】 丙的行为属于刑讯逼供行为,造成犯罪嫌疑人重伤的,按《刑法》规定转化为故意伤害罪处理。同时,丙的行为除了侵犯健康权,还侵犯了人身自由,因此需要从重处罚。

【难点】 在成立转化犯的情况下,不能同时成立结果加重犯或者数罪并罚。

31. 下列哪一行为不应以故意伤害罪论处?(2012 - 2 - 16)
A. 监狱监管人员吊打被监管人,致其骨折

B. 非法拘禁被害人,大力反扭被害人胳膊,致其胳膊折断

C. 经本人同意,摘取 17 周岁少年的肾脏 1 只,支付少年 5 万元补偿费

D. 黑社会成员因违反帮规,在其同意之下,被截断 1 截小指头

答案( )①

【考点】故意伤害罪的行为类型、被害人承诺

【解析】A 监管人员虐待被监管人员,使用暴力致人伤害的,应认定为故意伤害罪。B 非法拘禁,使用暴力致人伤害的,应认定为故意伤害罪。C 未经本人同意摘取其器官的,构成故意伤害罪。D 截断小指属于轻伤,被害人有权处分,其承诺有效,阻却故意伤害罪成立。

32. 关于侵犯人身权利罪的论述,下列哪一选项是错误的?(2012 - 2 - 17)

A. 强行与卖淫幼女发生性关系,事后给幼女 500 元的,构成强奸罪

B. 使用暴力强迫单位职工以外的其他人员在采石场劳动的,构成强迫劳动罪

C. 雇用 16 周岁未成年人从事高空、井下作业的,构成雇用童工从事危重劳动罪

D. 收留流浪儿童后,因儿童不听话将其出卖的,构成拐卖儿童罪

答案( )②

【考点】奸淫幼女、强迫劳动罪的对象、童工、单纯卖出儿童

【解析】A 正确,与幼女发生性关系,无论幼女是否自愿,均成立强奸罪;B 正确,强迫劳动的对象是一般人,不限于本单位职工。C 错误,童工是指未满 16 周岁的未成年人。D 正确,单纯卖出儿童的行为即构成拐卖儿童罪,不要求先买进儿童。

33.《刑法》第 246 条规定:"以暴力或者其他方法公然侮辱他人或者捏造事实诽谤他人,情节严重的,处三年以下有期徒刑、拘役、管制或者剥夺政治权利。"关于本条的理解,下列哪些选项是正确的?(2012 - 2 - 51)

A."以暴力或者其他方法"属于客观的构成要件要素

B."他人"属于记述的构成要件要素

C."侮辱"、"诽谤"属于规范的构成要件要素

D."三年以下有期徒刑、拘役、管制或者剥夺政治权利"属于相对确定的法定刑

答案( )③

【考点】侮辱罪和诽谤罪的构成要素

【解析】"以暴力或者其他方法"描述了外在的客观事实特征,属于客观的构成要件要素;"他人"在本条应理解为记述的构成要件要素,因为此处的他人不牵涉法律—社会意义的评价;"侮辱"、"诽谤"不能通过外在事实的描述加以揭示,而需要进行法律—社会意义的规范评价,属于规范的构成要件要素;"三年以下有期徒刑、拘役、管制或者剥夺政治权利"属于相对确定的法定刑。

【难点】"他人"在不同犯罪中有可能具有不同的属性。比如,在财产犯罪中,"他人"财物并非单纯通过外在事实就可以加以描述,还需要通过规范性评价才能确定,因此属于规范的构成要件要素。"他人"究竟属于何种要素,需要结合具体犯罪进行分析。

34. 因乙移情别恋,甲将硫酸倒入水杯带到学校欲报复乙。课间,甲、乙激烈争吵,甲欲以硫酸泼乙,但情急之下未能拧开杯盖,后甲因追乙离开教室。丙到教室,误将甲的水杯当作自己的杯子,拧开

①参考答案 D ②参考答案 C ③参考答案 ABCD

杯盖时硫酸淋洒一身,灼成重伤。关于本案,下列哪些选项是错误的?（2012 - 2 - 53）

A. 甲未能拧开杯盖,其行为属于不可罚的不能犯

B. 对丙的重伤,甲构成过失致人重伤罪

C. 甲的行为和丙的重伤之间没有因果关系

D. 甲对丙的重伤没有故意、过失,不需要承担刑事责任

 答案(　　　)①

【考点】 过失致人重伤罪的成立要件

【解析】 A错误,根据着手的实质客观说或者折中说,甲拧杯子盖的行为都属于着手。就前者而言,拧杯盖是泼硫酸的最后一个环节,客观上已经存在迫在眉睫的危险。就后者而言,按照行为人的犯罪计划,拧开盖与泼硫酸之间已经没有中间环节,因此已经着手。既然甲已经着手犯罪,产生了侵害法益的具体危险,那么就不可能成立不能犯。B正确,因为硫酸属于危险物质,甲作为持有人具有监督型作为义务,即需要积极排除硫酸危害他人的危险,甲能为而不为,只顾追乙,成立不作为的过失致人重伤罪。C错误,如果没有甲的行为,硫酸也不会被别人打开产生侵害结果,同时,被害人自己打开杯子并不是异常的介入因素,不足以中断因果关系,因而甲的行为与重伤结果具有因果关系。D错误,甲将危险物质放置在公共场所,应该说至少具有对侵害结果的预见可能性,当然具有罪过,并需要承担刑事责任。

35. 关于刑讯逼供罪的认定,下列哪些选项是错误的?（2012 - 2 - 60）

A. 甲系机关保卫处长,采用多日不让小偷睡觉的方式,迫其承认偷盗事实。甲构成刑讯逼供罪

B. 乙系教师,受聘为法院人民陪审员,因庭审时被告人刘某气焰嚣张,乙气愤不过,一拳致其轻伤。乙不构成刑讯逼供罪

C. 丙系检察官,为逼取口供殴打犯罪嫌疑人郭某,致其重伤。对丙应以刑讯逼供罪论处

D. 丁系警察,讯问时佯装要实施酷刑,犯罪嫌疑人因害怕承认犯罪事实。丁构成刑讯逼供罪

 答案(　　　)②

【考点】 刑讯逼供罪的手段行为、转化犯

【解析】 A错误,不让睡觉属于变相肉刑,但甲仅为保卫处长,不是国家司法机关工作人员。B正确,乙作为人民陪审员殴打被害人属于肉刑,但并非为了逼取口供,因此不构成刑讯逼供罪。C错误,丙是司法人员,同时客观上也实施了肉刑逼供,但造成重伤时,应按照故意伤害罪从重处罚。D错误,丁是司法人员,其佯装实施酷刑,并不能满足肉刑或变相肉刑的要求,不成立刑讯逼供罪。

36. 关于侮辱罪与诽谤罪的论述,下列哪一选项是正确的?（2013 - 2 - 16）

A. 为寻求刺激在车站扒光妇女衣服,引起他人围观的,触犯强制猥亵、侮辱妇女罪(现修正为强制猥亵、侮辱罪),未触犯侮辱罪

B. 为报复妇女,在大街上边打妇女边骂"狐狸精",情节严重的,应以侮辱罪论处,不以诽谤罪论处

C. 捏造他人强奸妇女的犯罪事实,向公安局和媒体告发,意图使他人受刑事追究,情节严重的,触犯诬告陷害罪,未触犯诽谤罪

D. 侮辱罪、诽谤罪属于亲告罪,未经当事人告诉,一律不得追究被告人的刑事责任

 答案(　　　)③

📖【考点】侮辱行为、诽谤行为、强制猥亵侮辱行为、诬告陷害行为的区别

📑【解析】A错误,为了追求性刺激而扒光衣服,属于强制猥亵侮辱妇女的行为,但因为在车站公然实施,所以同时竞合了侮辱行为。B正确,单纯谩骂没有任何事实内容,只能成立侮辱罪。C错误,捏造强奸事实,向公安局告发,成立诬告陷害罪,向媒体告发,则属于诽谤行为,当然触犯诽谤罪。D错误,侮辱诽谤行为如果严重危害社会秩序和国家利益,仍然能够作为公诉案件处理。

37. 关于侵犯人身权利罪,下列哪些选项是错误的? (2013 – 2 – 59)

A. 医生甲征得乙(15周岁)同意,将其肾脏摘出后移植给乙的叔叔丙。甲的行为不成立故意伤害罪

B. 丈夫甲拒绝扶养因吸毒而缺乏生活能力的妻子乙,致乙死亡。因吸毒行为违法,乙的死亡只能由其本人负责,甲的行为不成立遗弃罪

C. 乙盗窃甲价值4000余元财物,甲向派出所报案被拒后,向县公安局告发乙抢劫价值4000余元财物。公安局立案后查明了乙的盗窃事实。对甲的行为不应以诬告陷害罪论处

D. 成年妇女甲与13周岁男孩乙性交,因性交不属于猥亵行为,甲的行为不成立猥亵儿童罪

📖 **答案(** ① **)**

📖【考点】被害人承诺的辨认能力、遗弃罪的对象、诬告陷害罪的法益与目的、猥亵

📑【解析】A错误,未满18岁的人不具有被害人承诺的辨认能力,摘取其器官构成故意伤害罪。B错误,遗弃是指对没有独立生活能力的人能扶养而拒绝扶养的行为,缺乏独立生活能力的人均可以成为本罪对象,至于其为何不具有独立生活能力,则在所不问。C正确,诬告陷害罪保护法益为人身权利和司法机关的正常秩序,乙原本就成立犯罪,公安机关无故拒绝立案,甲改口乙为抢劫,促使公安机关启动原本应该启动的侦查程序,并没有侵犯乙的人身权利和公安机关的正常活动。此外,诬告陷害罪要求行为人捏造犯罪事实意图使被害人受到刑事追诉,乙原本就是犯罪人,本来需要承担刑事责任,甲仅具有使原本需要承担刑事责任的人承担刑事责任,不符合诬告陷害罪的主观要求。D错误,猥亵行为与性交行为并不是对立的关系,两者具有相同的实质——满足性欲。性交行为属于高度类型化的满足性欲的行为,而猥亵行为则通常泛指一切满足性欲的行为。据此,可以将与男童性交的行为评价为猥亵行为予以处罚。这里需要运用当然解释方法,不法程度较低的猥亵男童的行为成立犯罪,那么不法程度更高的性交行为当然也成立犯罪,将性交解释为猥亵属于猥亵的扩大解释,但也未超过用语可能的含义范围之外。

😊【难点】当然解释的运用往往涉及举重以明轻和举轻以明重这两大类型。这里的轻重比较,其实对应着概念之间关系的设定,究竟应该以平面并列的模式理解概念,还是应该善于以层深的立体模式理解概念?在当然解释的场合,我们需要以层深的模式理解概念。从某种意义上说,层深模式是整个法律体系所共有的一种存在方式,比如刑法与其他部门法就是层深的关系,一般违法行为达到很严重的程度,就会成为刑法上的犯罪行为。如果因为某种原因不能认定为犯罪,那么至少我们可以认定为一般违法行为。反过来说,成立一般违法行为,也不是否定其可能同时成立犯罪的理由。

38. 关于故意杀人罪、故意伤害罪的判断,下列哪一选项是正确的? (2014 – 2 – 15)

A. 甲的父亲乙身患绝症,痛苦不堪。甲根据乙的请求,给乙注射过量镇定剂致乙死亡。乙的同意是真实的,对甲的行为不应以故意杀人罪论处

① 参考答案 ABD

B. 甲因口角,捅乙数刀,乙死亡。如甲不顾乙的死伤,则应按实际造成的死亡结果认定甲构成故意杀人罪,因为死亡与伤害结果都在甲的犯意之内

C. 甲谎称乙的女儿丙需要移植肾脏,让乙捐肾给丙。乙同意,但甲将乙的肾脏摘出后移植给丁。因乙同意捐献肾脏,甲的行为不成立故意伤害罪

D. 甲征得乙(17周岁)的同意,将乙的左肾摘出,移植给乙崇拜的歌星。乙的同意有效,甲的行为不成立故意伤害罪

📖 【答案(　　　)①

📔 【考点】 故意杀人罪与被害人承诺

📑 【解析】 A错误,对生命的承诺无效,超过了承诺的权限;B正确,这是常见的间接故意杀伤事件,行为人对伤亡结果抱持放任态度,因此无论出现死亡结果还是伤害结果,均在故意容忍的范围之内;C错误,乙的同意基于错误认识作出的,存在意思瑕疵,不是有效承诺;D错误,17岁对器官移植的后果及意义缺乏足够的辨认能力,因此不是有效承诺。

🧑 【难点】 被害人承诺的成立要件:1. 承诺对象:构成要件要素的实现,包括行为及结果;2. 承诺主体:必须具有辨认能力(不是自然意义上的行为能力,也未必达到民事行为能力的程度,而是刑法上所谓能够正确理解承诺内容、后果及其意义),一般18岁以上才对处分身体重大法益具有辨认能力;3. 承诺内容:主体放弃自己享有处分权限的法益;4. 承诺形式:必须明示或默示地予以外化;5. 承诺时点:结果发生时;6. 承诺过程:必须真实有效,不存在意思瑕疵,胁迫、暴力或认识错误可能导致意思瑕疵;7. 行为人必须认识到承诺存在。

根据被害人承诺的一般原理,被害人对生命和重伤不具有处分权限,因此对生命和重伤的承诺并不能阻却故意杀人罪和故意伤害罪的成立。但被害人对轻伤可以进行承诺,能够阻却犯罪成立。在器官移植领域,对并不危及生命或重大健康的情况下,器官提供者可以有处分自己器官的权限。换言之,器官提供者在其权限范围内可以进行有效承诺。我国器官移植的相关法规规定,18岁以上才能进行器官捐献。

动向:本题重点考查了被害人承诺对故意伤害罪、故意杀人罪的影响。承诺权限、承诺是否存在意思瑕疵、承诺人的辨认能力是常见的命题点。其他要件还存在争议,因此虽然很有考查的必要,但不容易命题。从命题趋势看,全面掌握被害人承诺的要件有其必要性。

39. 甲男(15周岁)与乙女(16周岁)因缺钱,共同绑架富商之子丙,成功索得50万元赎金。甲担心丙将来可能认出他们,提议杀丙,乙同意。乙给甲一根绳子,甲用绳子勒死丙。关于本案的分析,下列哪一选项是错误的?(2014－2－16)

A. 甲、乙均触犯故意杀人罪,因而对故意杀人罪成立共同犯罪

B. 甲、乙均触犯故意杀人罪,对甲以故意杀人罪论处,但对乙应以绑架罪论处

C. 丙系死于甲之手,乙未杀害丙,故对乙虽以绑架罪定罪,但对乙不能适用"杀害被绑架人"的规定

D. 对甲以故意杀人罪论处,对乙以绑架罪论处,与二人成立故意杀人罪的共同犯罪并不矛盾

📖 【答案(　　　)②

📔 【考点】 绑架罪的共犯

📖【解析】A 正确,甲乙对杀人具有共同故意,成立共犯。B 正确,因为乙的行为完全符合绑架罪的成立要件。C 错误,因为甲乙属于共犯(行为共同说),对死亡结果均应承担责任;D 正确,罪名是个人的,但在罪名重合范围内可能成立共犯。

😀【难点】已满 14 周岁未满 16 周岁的行为人仅对部分犯罪承担刑事责任,其中并不包括绑架罪。但是已满 14 周岁未满 16 周岁的行为人绑架他人并杀害被绑架人的应如何处理? 1. 既然行为人根据刑事责任年龄规定不对绑架罪承担刑事责任,那么就不可能定绑架罪;2. 绑架行为涉及的非法拘禁罪不属于应当承担刑事责任的范围,因此不成立非法拘禁罪;3. 杀人行为涉及的故意杀人罪属于承担刑事责任的范围,应成立故意杀人罪。如已满 14 周岁未满 16 周岁的行为人与他人共同绑架他人并杀害被绑架人,那么就按照共同犯罪理论进行处理。按照行为共同说,成立共犯,对死亡结果均应承担责任。但最终定罪应根据个人责任能力情况分别定罪。按照部分犯罪共同说,绑架罪(撕票)与故意杀人罪在故意杀人罪范围内重合,可以成立故意杀人罪的共犯。

40. 甲为要回 30 万元赌债,将乙扣押,但 2 天后乙仍无还款意思。甲等 5 人将乙押到一处山崖上,对乙说:"3 天内让你家人送钱来,如今天不答应,就摔死你。"乙勉强说只有能力还 5 万元。甲刚说完"一分都不能少",乙便跳崖。众人慌忙下山找乙,发现乙已坠亡。关于甲的行为定性,下列哪些选项是**错误的**?(2014 - 2 - 59)

　　A. 属于绑架致使被绑架人死亡

　　B. 属于抢劫致人死亡

　　C. 属于不作为的故意杀人

　　D. 成立非法拘禁,但不属于非法拘禁致人死亡

📖 答案(　　　　)①

📚【考点】非法拘禁致人死亡

📖【解析】本案只存在非法拘禁行为。没有绑架行为,只有进一步升级为绑架的意思,但未实施向第三人提出非法要求的行为。无抢劫行为,只是威胁日后偿还非法债务,没有现场取财。无不作为杀人,没有作为义务。死亡结果的产生仅能归责于乙自己非理性不正常的自我答责行为。答案 D 正确,其余的选项均肯定因果关系存在,显然错误。

41. 甲与乙(女)2012 年开始同居,生有一子丙。甲、乙虽未办理结婚登记,但以夫妻名义同居,周围群众公认二人是夫妻。对甲的行为,下列哪些分析是正确的?(2015 - 2 - 62)

　　A. 甲长期虐待乙的,构成虐待罪

　　B. 甲伤害丙(致丙轻伤)时,乙不阻止的,乙构成不作为的故意伤害罪

　　C. 甲如与丁(女)领取结婚证后,不再与乙同居,也不抚养丙的,可能构成遗弃罪

　　D. 甲如与丁领取结婚证后,不再与乙同居,某日采用暴力强行与乙性交的,构成强奸罪

📖 答案(　　　　)②

📖【解析】甲、乙之间具有事实婚姻中的家庭成员关系,成立虐待罪。乙对丙负有保护型作为义务,应成立不作为的故意伤害罪。甲不再抚养丙,当然可能成立遗弃罪。甲、乙事实婚姻破裂后,甲的行为当然成立强奸罪。

42. 甲为勒索财物,打算绑架富商之子吴某(5 岁)。甲欺骗乙、丙说:"富商欠我 100 万元不还,你们帮我扣押其子,成功后给你们每人 10 万元。"乙、丙将吴某扣押,但甲无法联系上富商,未能进行勒

索。三天后,甲让乙、丙将吴某释放。吴某一人在回家路上溺水身亡。关于本案,下列哪一选项是正确的?(2016 - 2 - 15)

A. 甲、乙、丙构成绑架罪的共同犯罪,但对乙、丙只能适用非法拘禁罪的法定刑

B. 甲未能实施勒索行为,属绑架未遂;甲主动让乙、丙放人,属绑架中止

C. 吴某的死亡结果应归责于甲的行为,甲成立绑架致人死亡的结果加重犯

D. 不管甲是绑架未遂、绑架中止还是绑架既遂,乙、丙均成立犯罪既遂

📖 **答案(**   **)①**

📖 **【考点】** 绑架罪

📖 **【解析】** 本案被害人吴某被侵害或损害的法益有两个,一为身体活动自由,一为生命法益。就人身活动自由而言,甲以绑架的故意,以欺骗的方式教唆乙、丙实施拘禁吴某的行为(缺乏绑架的共同行为意思),致使吴某丧失人身自由3天。乙、丙由于主观上并不具有提出不法要求的目的,因此其客观上仅实施了非法拘禁行为,构成非法拘禁罪的既遂犯(《刑法》第238条第3款规定:"为索取债务非法扣押、拘禁他人的,依照前两款的规定处罚。")。甲具有提出非法要求的目的(勒索财物),因此应认定为绑架罪。同时,由于吴某的人身自由已经被侵犯,甲构成绑架罪的既遂。就生命法益而言,吴某在回家路上溺水身亡,并非甲、乙、丙行为直接使然。此外,甲、乙、丙剥夺吴某人身自由的行为(未制造死亡危险)虽然是死亡结果的前提条件,但是在因果发展过程中,吴某溺水身亡属于异常且重大的被害人自己行为的介入,中断因果关系。依此,吴某的死亡结果既不是非法拘禁罪的结果加重犯(并非拘禁行为直接导致死亡结果,缺乏直接关联性),也不是绑架罪的结果加重犯(《刑法》第239条第2款规定:"犯前款罪,杀害被绑架人的,或者故意伤害被绑架人,致人重伤、死亡的,处无期徒刑或者死刑,并处没收财产。")或者结合犯(甲的行为与吴某的死亡没有直接关联)。综上,本案仅成立绑架罪基本犯的既遂(甲)和非法拘禁罪的基本犯既遂(乙、丙)。据此,只有D是正确的。

43. 关于侵犯公民人身权利罪的认定,下列哪些选项是正确的?(2016 - 2 - 58)

A. 甲征得17周岁的夏某同意,摘其一个肾脏后卖给他人,所获3万元全部交给夏某。甲的行为构成故意伤害罪

B. 乙将自己1岁的女儿出卖,获利6万元用于赌博。对乙出卖女儿的行为,应以遗弃罪追究刑事责任

C. 丙为索债将吴某绑于地下室。吴某挣脱后,驾车离开途中发生交通事故死亡。丙的行为不属于非法拘禁致人死亡

D. 丁和朋友为寻求刺激,在大街上追逐、拦截两位女生。丁的行为构成强制侮辱罪

📖 **答案(**   **)②**

📖 **【考点】** 人身权利犯罪

📖 **【解析】** A正确,《刑法》第234条之一第2款规定:"未经本人同意摘取其器官,或者摘取不满十八周岁的人的器官,或者强迫、欺骗他人捐献器官的,依照本法第二百三十四条、第二百三十二条的规定定罪处罚。"夏某不满18周岁,对摘除其肾脏缺乏承诺能力,不存在有效承诺,因此甲构成故意伤害罪。B错误,遗弃罪是指对于年老、年幼、患病或者其他没有独立生活能力的人,负有扶养义务而拒绝扶养,情节恶劣的行为。本题中行为人的行为既是拐卖儿童的行为,又是拒绝扶养的行为。前者构成较重的拐卖儿童罪,后者如果情节严重(危及生命健康)构成较轻的遗弃罪。按照想象竞合犯的原

理,乙的行为最终只能认定为拐卖儿童罪。C 正确,《刑法》第 238 条第 3 款规定:"为索取债务非法扣押、拘禁他人的,依照前两款的规定处罚。"非法拘禁致人死亡是指拘禁行为本身直接导致死亡。本题中,被害人的死亡与行为人的拘禁之间不存在直接关联性,不成立非法拘禁罪的结果加重犯(吴某的死亡是驾车发生交通事故所致)。D 错误,强制侮辱罪是指以暴力、胁迫或其他方法强制侮辱妇女的行为,客体为妇女的性的羞耻心与性的自决权。丁和朋友追逐、拦截行为并未侵犯两位女生的性的羞耻心,况且单纯追逐拦截也不能评价为"暴力、胁迫或其他方法",因此不构成强制侮辱罪。

第五章　侵犯财产罪

第一节　抢劫罪

1. 张某乘坐出租车到达目的地后,故意拿出面值 100 元的假币给司机钱某,钱某发现是假币,便让张某给 10 元零钱,张某声称没有零钱,并执意让钱某找零钱。钱某便将假币退还张某,并说:"算了,我也不要出租车钱了。"于是,张某对钱某的头部猛击几拳,还吼道:"你不找钱我就让你死在车里。"钱某只好收下 100 元假币,找给张某 90 元人民币。张某的行为构成何罪?(2002 - 2 - 12)

A. 使用假币罪　　　B. 敲诈勒索罪　　　C. 抢劫罪　　　D. 强迫交易罪

答案(　　)①

📖 【考点】 抢劫罪的暴力胁迫

📑 【解析】 A 错误,使用假币罪要求情节严重,本案假币仅有 100 元,尚未达到犯罪程度。B 错误,敲诈勒索中的威胁不足以压制被害人的反抗,本案胁迫内容是对人身的现实暴力,足以压制反抗,不符合敲诈勒索罪的要求,但符合抢劫中威胁的要求,成立抢劫罪。D 错误,强迫交易罪要求存在交易的基础,且情节严重,本案行为人强迫以假币换真币,并非交易,不成立强迫交易罪。

2. 根据犯罪构成理论,并结合刑法分则的规定,下列哪些说法是正确的?(2003 - 2 - 35)

A. 甲某晚潜入胡某家中盗窃贵重物品时,被主人发现。甲夺门而逃,胡某也没有再追赶。甲就躲在胡某家墙根处的草垛里睡了一晚,第二天早上村长高某路过时,发现甲行踪诡秘,就对其盘问。甲以为高某发现了自己昨晚的盗窃行为,就对高某进行打击,致其重伤。甲构成盗窃罪、故意伤害罪,应数罪并罚

B. 乙在大街上见赵某一边行走一边打手机,即起歹意,从背后用力将其手机抢走。但因用力过猛,致使赵某绊倒摔成重伤。乙同时构成抢夺罪、过失致人重伤罪,但不应数罪并罚

C. 丙深夜入室盗窃,被主人李某发现后追赶。当丙跨上李某家院墙,正准备往外跳时,李某抓住丙的脚,试图拉住他。但丙顺势踹了李某一脚,然后逃离现场。丙构成抢劫罪

D. 丁骑摩托车在大街上见妇女田某提着一个精致皮包在行走,即起歹意,从背后用力拉皮包带,试图将皮包抢走。田某顿时警觉,拽住皮包带不放。丁见此情景,突然对摩托车加速,并用力猛拉皮包带,田某当即被摔成重伤。丁构成抢劫罪而不构成抢夺罪

答案(　　)②

①参考答案 C　②参考答案 ABD

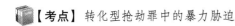

【考点】　转化型抢劫罪中的暴力胁迫

【解析】　A 正确,甲的盗窃行为已经结束,第二天的暴力行为与盗窃之间存在较大的时空间隔,不具有当场性,不成立转化型的抢劫。这里的当场性实际上是要求前因行为产生的不法侵害尚未终局性地完结。B 正确,乙的暴力行为直接对物,间接对人,属于抢夺行为。同时,该行为又导致被害人摔倒重伤,成立过失致人重伤罪。由于仅存在一个行为,应按照想象竞合犯处理。由于抢夺罪(致人重伤)的处罚重于单纯的过失致人重伤罪,所以仍然定抢夺罪。C 错误,丙先盗窃之后实施暴力抗拒抓捕,但是该暴力尚未达到压制一般人的程度,不能转化为抢劫。D 正确,根据司法解释,骑机动车抢夺致人重伤的,应按照抢劫罪一罪处理。

【难点】　转化型抢劫罪中的暴力胁迫行为也必须达到使被害人不能反抗、不敢反抗的程度。

3. 某晚,崔某身穿警服,冒充交通民警,骗租到个体女司机何某的夏利出租车。当车行至市郊时,崔某持假枪抢走何某人民币 1000 元,并将何某一脚踹出车外,使何某身受重伤,崔某乘机将出租车开走。本案中属于抢劫罪法定加重情节的有哪些?(2003 – 2 – 39)

A. 持枪抢劫

B. 冒充军警人员抢劫

C. 抢劫致人重伤

D. 在公共交通工具上抢劫

答案(　　　)①

【考点】　抢劫罪的结果加重犯

【解析】　B、C 均符合《刑法》规定。A 错误,行为人所持为假枪,因此没有符合持枪抢劫的要求。D 错误,因为出租车属于小型出租车,刑法上不视为公共交通工具。

【难点】　公共交通工具的出租车限于中型或大型出租车。

4. 下列哪些行为应认定为抢劫罪一罪?(2005 – 2 – 61)

A. 甲将仇人杀死后,取走其身上的 5000 元现金

B. 甲持刀拦路行抢,故意将受害人杀死后取走其财物

C. 甲在抢劫过程中,为压制被害人的反抗,故意将被害人杀死,取走其财物

D. 甲实行抢劫罪后,为防止受害人报案,将其杀死

答案(　　　)②

【考点】　抢劫罪中的暴力致人死亡

【解析】　A 应定故意杀人罪和盗窃罪,进行数罪并罚。甲杀死的是仇人,并非自始具有抢劫的故意。B 正确,为了抢劫而首先杀人,属于暴力致人死亡,成立抢劫罪的结果加重犯。C 正确,甲为了压制反抗而杀死被害人,属于典型的暴力致人死亡,成立抢劫罪的结果加重犯。D 错误,甲实施抢劫之后,已经出现抢劫罪的既遂,不可能再包含后续杀人行为。这里的杀人行为属于另起犯意,单独成立故意杀人罪进行数罪并罚。

【难点】　抢劫罪属于复行为犯,暴力、胁迫或其他方法属于方法行为,目的行为是取财行为。据此,行为人主观上要有将方法行为服务于目的行为的主观意思,否则不成立抢劫行为,而应分别定罪。

①参考答案 BC　②参考答案 BC

注意,这里方法与目的关联性仅是客观要素,只要案件事实客观上满足这一要求即可,不要求与行为人的主观计划完全一致。比如,原本计划诈骗取财而灌醉被害人,结果被害人不胜酒力昏睡过去,行为人直接取财,应该说也满足方法与目的之间的类型化关联。

5. 甲使用暴力将乙扣押在某废弃的建筑物内,强行从乙身上搜出现金 3000 元和 1 张只有少量金额的信用卡,甲逼迫乙向该信用卡中打入人民币 10 万元。乙便给其妻子打电话,谎称自己开车撞伤他人,让其立即向自己的信用卡打入 10 万元救治伤员并赔偿。乙妻信以为真,便向乙的信用卡中打入 10 万元,被甲取走,甲在得款后将乙释放。对甲的行为应当按照下列哪一选项定罪?(2006 - 2 - 14)

    A. 非法拘禁罪

    B. 绑架罪

    C. 抢劫罪

    D. 抢劫罪和绑架罪

答案(　　　)①

【考点】 绑架罪和抢劫罪的区分

【解析】 甲使用暴力以实力控制乙,当时仅具有现场取得乙本人随身携带财物的意思,对取得的 3000 元和信用卡成立抢劫罪。甲又让乙想办法往卡里打钱,但没有利用第三人对乙安危的担心逼迫第三人交付财物。乙自己想办法给妻子打电话,骗其打入 10 万元。甲接着取得该笔款项,仍然属于抢劫行为的当场取财。前后两次取财基于同一犯意,应认为一行为。仅成立抢劫罪一罪。

【难点】 (1)对象不同。绑架罪直接作用于三个人:绑架人、被绑架人和第三人,而抢劫罪仅直接作用于两个人:抢劫人和被抢劫人(包括方法行为被害人和目的行为被害人,两者通常为一个人,但也可以分离);(2)法益不同。绑架行为本身是拘禁行为,侵犯的是人身自由,如取得财物,还额外侵犯财产法益,但财产法益并非绑架罪所必需,侵犯人身自由即已既遂。抢劫罪保护的是财产法益和人身权,财产法益是基本犯的保护法益,人身权是结果加重犯的法益。只有侵犯了财产法益,才是抢劫罪基本犯的既遂。未取得财产,但侵犯人身法益的,成立基本犯的未遂与结果加重犯的既遂。(3)主观要素不同。绑架罪要求绑架人具有勒赎意思,即(A)具有利用第三人对被绑架人忧虑的意思;(B)向第三人勒索财物或提出其他非法要求的目的。这两个要素属于客观事实的超过要素,即不要求客观行为与之合致,仅在主观上具有即可。抢劫罪则不具有上述主观要素。

6. 甲持西瓜刀冲入某银行储蓄所,将刀架在储蓄所保安乙的脖子上,喝令储蓄所职员丙交出现金 1 万元。见丙故意拖延时间,甲便在乙的脖子上划了一刀。刚取出 5 万元现金的储户丁看见乙血流不止,于心不忍,就拿出 1 万元扔给甲,甲得款后迅速逃离。对甲的犯罪行为,下列哪一选项是正确的?(2008 - 2 - 12)

    A. 抢劫罪(未遂)

    B. 抢劫罪(既遂)

    C. 绑架罪

    D. 敲诈勒索罪

答案(　　　)②

【考点】 抢劫罪的因果历程

【解析】甲为了取得财物而实施了足以压制一般人反抗的暴力胁迫行为,但在该行为发展过程中介入了丁的行为,该行为在当时情况下属于第三人正常理智的介入行为,不中断因果关系。最终应认为甲的抢劫行为与财产损失之间具有因果关系,成立抢劫罪既遂(基本犯既遂)。甲的行为不构成绑架罪,因为甲直接暴力侵害保安,同时也是直接威胁了职员,并没有以保安为人质,向职员勒赎。甲也不成立敲诈勒索罪,因为敲诈勒索告知的恶害,尚未达到足以压制一般人反抗的程度(判断的时点是取财之时)。在本案中,甲的行为显然足以压制一般人反抗,因此只能构成抢劫罪。

【难点】敲诈勒索罪与抢劫罪在胁迫上的区别在于,以取财之时为判断时点,前者内容不限于现实的对人暴力,如果以现实的对人暴力为内容,那么也不足以压制一般人反抗。后者内容限于对人暴力,且足以压制一般人的反抗,从而能够现场取财。

7. 甲驾驶摩托车至某广场,乘途经该广场的乙不备,猛搜其携带的手提包,乙紧紧抓住手提包不放,甲即猛踩油门,将乙拖行数米并甩开,夺其手提包后扬长而去。经查,手提包共有钱物价值人民币 **5000** 元,乙亦因被甲强拉硬搜而致手腕脱臼。对甲的行为应以何罪处罚?(2008 川 – 2 – 17)

A. 抢夺罪

B. 抢劫罪

C. 抢夺罪与抢劫罪实行并罚

D. 抢夺罪与抢劫罪的牵连犯从一重罪处断

答案( )①

【考点】驾驶车辆夺取他人财物

【解析】甲的行为属于驾驶机动车采取强拉硬搜方法劫取财物的行为,成立抢劫罪一罪。

【难点】驾驶车辆夺取他人财物的,一般以抢夺罪从重处罚。但具有下列情形之一,应当以抢劫罪定罪处罚:(1)驾驶车辆,逼挤、撞击或者强行逼倒他人以排除他人反抗,乘机夺取财物的(注意规定);(2)驾驶车辆强抢财物时,因被害人不放手而采取强拉硬搜方法劫取财物的(注意规定,原本该方法就足以压制一般人反抗);(3)行为人明知其驾驶车辆强行夺取他人财物的手段会造成他人伤亡的后果(法律拟制,原本是抢夺罪和人身犯罪的想象竞合犯)。

8. 甲、乙、丙、丁共谋诱骗黄某参赌。四人先约黄某到酒店吃饭,甲借机将安眠药放入黄某酒中,想在打牌时趁黄某不清醒合伙赢黄某的钱。但因甲投放的药品剂量偏大,饭后刚开牌局黄某就沉沉睡去,四人趁机将黄某的钱包掏空后离去。上述四人的行为构成何罪?(2009 – 2 – 19)

A. 赌博罪

B. 抢劫罪

C. 盗窃罪

D. 诈骗罪

答案( )②

【考点】方法行为与目的行为之间的类型化关联

【解析】行为人原本计划诈骗而投放安眠药,结果导致被害人昏睡,尽管具体犯罪发展历程与想象不一致,但仍然满足了方法行为与目的行为(取财)之间的类型化关联,即以“其他方法”使被害人陷入不知反抗的状态是为了取财行为。因此,构成抢劫罪。A错误,因为行为人还未开始赌博。C错

---

① 参考答案 B   ② 参考答案 B

误,仅仅评价为盗窃,就没有评价行为人意图通过使人不知反抗的手段达到取财目的的行为。D错误,因为还没有实施诈骗,仅有诈骗的预备行为,而且取得财物并非基于诈骗行为使被害人陷于错误认识而处分财物。诈骗罪不处罚单纯的诈骗预备。

😀【难点】 方法行为与目的行为之间的类型化关联仅要求在客观上满足这一关联性要求就够了,不要求与主观犯罪计划完全一致。

9. 下列哪些情形可以成立抢劫致人死亡?(2009 - 2 - 58)

A. 甲冬日深夜抢劫王某财物,为压制王某的反抗将其刺成重伤并取财后离去。三小时后,王某被冻死

B. 乙抢劫妇女高某财物,路人曾某上前制止,乙用自制火药枪将曾某打死

C. 丙和贺某共同抢劫严某财物,严某边呼救边激烈反抗。丙拔刀刺向严某,严某躲闪,丙将同伙贺某刺死

D. 丁盗窃邱某家财物准备驾车离开时被邱某发现,邱某站在车前阻止丁离开,丁开车将邱某撞死后逃跑

📖 **答案(   )①**

📖【考点】 抢劫致人死亡

📖【解析】 抢劫致人死亡属于客观要素,应当客观地在构成要件之内予以认定:(1)抢劫行为与死亡结果之间具有因果关系;(2)死亡结果在客观上具有避免可能性,即在客观上可归责于行为人(因此行为人至少具有过失)。A正确,甲的抢劫行为与死亡结果之间介入的天气冷这一因素并非异常介入,因果关系不中断。B正确,路人的死亡结果当然与乙的行为具有因果关系。C正确,丙同伙的死亡与丙的抢劫行为当然具有因果关系,而且客观上该结果也有避免可能性。D正确,丁属于转化型抢劫,其暴力行为直接导致被害人死亡。

😀【难点】 致人伤亡的对象不要求仅限于财产损失人或被人身侵害人,也有可能涉及第三人或者其他共同行为人(行为人本人除外)。因为刑法规定的只是"致人伤亡",没有理由将对象限定在被抢劫人范围内。

10. 甲欠乙10万元久不归还,乙反复催讨。某日,甲持凶器闯入乙家,殴打乙致其重伤,迫乙交出10万元欠条并在已备好的还款收条上签字。关于甲的行为性质,下列哪一选项是正确的?(2010 - 2 - 17)

A. 故意伤害罪   B. 抢劫罪

C. 非法侵入住宅罪   D. 抢夺罪

📖 **答案(   )②**

📖【考点】 抢劫财产性利益

📖【解析】 甲以暴力方法将债权凭证毁灭,并伪造还款凭证,该行为足以使被害人丧失民事上的胜诉权,构成抢劫财产性利益,应以抢劫罪论处。甲同时触犯故意伤害罪和非法侵入住宅罪,但它们与抢劫罪想象竞合,最终应按抢劫罪一罪处理。甲的行为属于对人暴力,取得消极财产,不符合抢夺罪中对物暴力的要求。

---

①参考答案 ABCD(选项 B 和选项 C 表明,抢劫罪的基本犯的被害人和加重犯的被害人可以不是同一被害人)
②参考答案 B(以抢劫的方式免除债务,成立抢劫罪)

11. 甲、乙等人佯装乘客登上长途车。甲用枪控制司机,令司机将车开到偏僻路段;乙等人用刀控制乘客,命乘客交出随身财物。一乘客反抗,被乙捅成重伤。财物到手下车时,甲开枪打死司机。关于本案,下列哪些选项是正确的?(2012 - 2 - 59)

A. 甲等人劫持汽车,构成劫持汽车罪

B. 甲等人构成抢劫罪,属于在公共交通工具上抢劫

C. 乙重伤乘客,无须以故意伤害罪另行追究刑事责任

D. 甲开枪打死司机,需以故意杀人罪另行追究刑事责任

📝 答案( )①

📖 【考点】 在公共交通工具抢劫

📝 【解析】 甲暴力威胁控制汽车,符合劫持汽车罪。长途汽车属于公共交通工具,在其上抢劫,成立抢劫罪的结果加重犯。乙重伤乘客,属于抢劫致人重伤,成立抢劫罪的结果加重犯,不需要单独定罪处罚。甲打死司机是在抢劫既遂之后,因此需要另案处理,成立单独的故意杀人罪。

12. 甲深夜进入小超市,持枪胁迫正在椅子上睡觉的店员乙交出现金,乙说"钱在收款机里,只有购买商品才能打开收款机"。甲掏出 100 元钱给乙说"给你,随便买什么"。乙打开收款机,交出所有现金,甲一把抓跑。事实上,乙给甲的现金只有 88 元,甲"亏了"12 元。关于本案,下列哪一说法是正确的?(2013 - 2 - 8)

A. 甲进入的虽是小超市,但乙已在椅子上睡觉,甲属于入户抢劫

B. 只要持枪抢劫,即使分文未取,也构成抢劫既遂

C. 对于持枪抢劫,不需要区分既遂与未遂,直接依照分则条文规定的法定刑量刑即可

D. 甲虽"亏了"12 元,未能获利,但不属于因意志以外的原因未得逞,构成抢劫罪既遂

📝 答案( )②

📖 【考点】 抢劫罪加重犯的量刑、持枪抢劫

📝 【解析】 甲抢劫乙时,虽然乙在椅子上睡觉,但小超市并不会因此在客观上具有户的性质。户要求具有供家庭生活起居之用的相对隔离空间,小超市并非隔离空间,仅仅在此休息不能成为户。抢劫罪是财产犯罪,未取得财产的,只能成立抢劫罪未遂。抢劫罪的结果加重犯需要区分基本犯既遂还是未遂,然后结合加重犯情节进行量刑,不能不加区分地直接适用结果加重犯的规定。当基本犯未遂,但持枪抢劫的(加重情节满足),应按照抢劫罪加重犯法定刑为基准,按照未遂犯量刑规则进行量刑。抢劫罪属于个别财产犯罪,不需要计算行为人在抢劫中支出的财物,只要其取得财物的就构成抢劫罪的既遂。

💬 【难点】 抢劫罪加重犯的量刑应考虑,基本犯既未遂、结果加重犯既未遂以及情节加重犯是否具备这三方面要素确定法定刑档次,然后再适用未遂犯或既遂犯量刑规则进行具体裁量。

13. 郑某等人多次预谋通过爆炸抢劫银行运钞车。为方便跟踪运钞车,郑某等人于 2012 年 4 月 6 日杀害一车主,将其面包车开走(事实一)。后郑某等人制作了爆炸装置,并多次开面包车跟踪某银行运钞车,了解运钞车到某储蓄所收款的情况。郑某等人摸清运钞车情况后,于同年 6 月 8 日将面包车推下山崖(事实二)。同年 6 月 11 日,郑某等人将放有爆炸装置的自行车停于储蓄所门前。当运钞车停在该所门前押款人员下车提押款时(当时附近没有行人),郑某遥控引爆爆炸装置,致 2 人死亡 4 人

---

① 参考答案 ABCD ② 参考答案 D

重伤(均为运钞人员),运钞车中的 230 万元人民币被劫走(事实三)。

(1)关于事实一(假定具有非法占有目的),下列选项正确的是:(2014 - 2 - 86)

A. 抢劫致人死亡包括以非法占有为目的故意杀害他人后立即劫取财物的情形

B. 如认为抢劫致人死亡仅限于过失致人死亡,则对事实一只能认定为故意杀人罪与盗窃罪(如否认死者占有,则成立侵占罪),实行并罚

C. 事实一同时触犯故意杀人罪与抢劫罪

D. 事实一虽是为抢劫运钞车服务的,但依然成立独立的犯罪,应适用"抢劫致人死亡"的规定

📖 **答案(   )①**

📖 **【考点】** 抢劫致人死亡

📖 **【解析】** A 正确,结果加重犯当然包括对加重结果的直接故意和目的设定。B 正确,如果认为结果加重犯仅限于对加重结果的过失,那么本案就无法适用抢劫致人死亡的规定,也不能适用抢劫罪基本犯的规定,因为仅评价为抢劫基本犯一罪,就无法评价死亡结果,不是充分的评价。只能认为前面行为是单纯的故意杀人,后一行为是盗窃或侵占,然后数罪并罚,这是较为全面的评价。C 正确,因为本案事实完全满足故意杀人罪的成立要件,同时也满足抢劫罪的成立要件,属于想象竞合犯。D 正确,由于前面事实已与后续事实具有较长时空间隔,完全可以评价为一个独立行为,独立成立犯罪。

📖 **【难点】** 本题考查结果加重犯的基本理论,在罪数部分,一定要把握该领域的基本原理——充分评价和避免重复评价。

(2)关于事实三的判断,下列选项正确的是:(2014 - 2 - 88)

A. 虽然当时附近没有行人,郑某等人的行为仍触犯爆炸罪

B. 触犯爆炸罪与故意杀人罪的行为只有一个,属于想象竞合

C. 爆炸行为亦可成为抢劫罪的手段行为

D. 对事实三应适用"抢劫致人重伤、死亡"的规定

📖 **答案(   )②**

📖 **【考点】** 抢劫致人死亡

📖 **【解析】** A 正确,因为爆炸罪保护的是不特定或多数人的生命财产安全,强调社会性特征。从爆炸现场环境看,无疑具有社会性特征,即便现场只有行为人试图抢劫的数人,但随时可能出现新的不特定人,具有社会性,侵害了公共安全。B 正确,爆炸罪的故意涵盖着故意杀人罪的故意,对于死亡的两人,行为人具有明确的直接故意,所以,应同时触犯了两个罪,但由于只有一个行为,因此成立想象竞合犯。C 正确,本案中的爆炸行为无疑属于暴力行为,其作为取财行为的手段是显而易见的。D 正确,行为人的爆炸行为是死伤结果的原因,同时对死伤结果具有故意,符合抢劫致人死伤的要求。

📖 **【难点】** 公共安全的特点是社会性,这一点是理解公共安全的关键。即便现场没有人,但如果随时能够出现不特定人,也应该认为具有社会性。

14. 贾某在路边将马某打倒在地,劫取其财物。离开时贾某为报复马某之前的反抗,往其胸口轻踢了一脚,不料造成马某心脏骤停死亡。设定贾某对马某的死亡具有过失,下列哪一分析是正确的?(2016 - 2 - 16)

A. 贾某踢马某一脚,是抢劫行为的延续,构成抢劫致人死亡

---

①参考答案 ABCD　②参考答案 ABCD

B. 贾某踢马某一脚,成立事后抢劫,构成抢劫致人死亡

C. 贾某构成抢劫罪的基本犯,应与过失致人死亡罪数罪并罚

D. 贾某构成抢劫罪的基本犯与故意伤害(致死)罪的想象竞合犯

答案(　　　)①

📖 **【考点】** 抢劫罪

📝 **【解析】** 本案的危害结果有两个:(1)就财产损失而言,贾某当然构成抢劫罪的既遂;(2)就死亡结果而言,贾某踢一脚的行为属于抢劫之后的行为,并非为了抗拒抓捕、窝藏赃物或者毁灭罪证而实施的暴力行为(为了报复),因此应单独评价为过失致人死亡罪。综上,贾某构成抢劫罪的基本犯,应与过失致人死亡罪数罪并罚。

第二节　盗窃罪

1. 王某利用计算机知识获取某公司上网账号和密码后,以每 3 个月 100 元的价格出售上网账号和密码,从中获利 5000 元,给该公司造成 4 万元的损失。对此,下列哪个说法是正确的?(2002 - 2 - 7)

A. 王某的行为构成盗窃罪,盗窃数额为 5000 元

B. 王某的行为构成诈骗罪,诈骗数额为 5000 元

C. 王某的行为构成盗窃罪,盗窃数额为 4 万元

D. 王某的行为构成诈骗罪,诈骗数额为 4 万元

答案(　　　)②

📖 **【考点】** 盗用上网账号及密码

📝 **【解析】** 根据司法解释,盗用公共信息网络的上网账号及密码,造成电信资费损失的,应按照盗窃罪处理,盗窃数额应以损失的资费计算。这种情况实际上属于盗窃了付费的网络服务,是对财产性利益的窃取行为。

2. 李某多次尾随盗伐林木人员,将其砍倒尚未运走的林木偷偷运走,销赃获利数千元。此外,他还盗伐了他人自留地、责任田等地边田坎种植的零星树木 5 个多立方米。对李某的上述行为应当如何定罪处罚?(2003 - 2 - 8)

A. 以盗伐林木罪定罪处罚

B. 以盗窃罪定罪处罚

C. 以盗伐林木罪和盗窃罪定罪,实行数罪并罚

D. 以盗伐林木罪、盗窃罪和销售赃物罪定罪,实行数罪并罚

答案(　　　)③

📖 **【考点】** 盗伐林木罪与盗窃罪的区别

📝 **【解析】** 根据司法解释,将国家、集体、他人所有并已经伐倒的树木窃为己有,以及偷砍他人房前屋后、自留地种植的零星树木,数额较大的,以盗窃罪定罪处罚。前者属于单纯窃取已经伐倒的树木,没有盗伐行为,只能认定为盗窃罪。后一类型的盗伐行为由于对森林资源的破坏十分有限,因此未侵犯盗伐林木罪的法益,仅成立盗窃罪。

---

①参考答案 C　②参考答案 C　③参考答案 B

3. 李某花 5000 元购得摩托车一辆,半年后,其友王某提出借用摩托车,李同意。王某借用数周不还,李某碍于情面,一直未讨还。某晚,李某乘王某家无人,将摩托车推回。次日,王某将摩托车丢失之事告诉李某,并提出用 4000 元予以赔偿。李某故意隐瞒真情,称:"你要赔就赔吧。"王某于是给付李某摩托车款 4000 元。后李某恐事情败露,又将摩托车偷偷卖给丁某,获得款项 3500 元。李某的行为构成何罪?(2003 - 2 - 10)

    A. 盗窃罪

    B. 诈骗罪

    C. 销售赃物罪

    D. 盗窃罪和诈骗罪的牵连犯

答案(   )①

【考点】 盗窃罪的侵害结果

【解析】 李某将摩托车交给王某,王某便合法占有摩托车。李某未经同意,擅自将车推回,属于违背财物合法占有人意志取得财物的行为,成立盗窃罪。之后,王某主动提出向李某赔偿,李某隐瞒真相维持了王某业已产生的错误认识,王某因此处分财产给李某,该行为成立不作为的诈骗罪。②盗窃罪与诈骗罪分别独立构成犯罪,但两者在侵犯法益上具有重合性,即 4000 元是对失窃财物的赔偿金,是盗窃侵害结果衍生而来的财产损失。王某丢失了自己占有的他人财物,原本就是给所有权人 4000 元,李某骗其给付 4000 元的行为并没有侵害新的财产法益(诈骗行为未造成新的侵害结果),故诈骗罪成立与罚的后行为,不需要单独定罪处罚。李某后来销售摩托车的行为属于盗窃行为人本人销售赃物,不成立销售赃物罪(现在已修改为掩饰、隐瞒犯罪所得罪)。

【难点】 财产犯罪的侵害结果一旦发生,在法律上就会衍生为其他形式的财产损失。这种衍生而来的财产损失并未加重法益侵害的程度,因此,不能认为造成了新的侵害结果。

4. 某晚,甲潜入乙家中行窃,被发现后携所窃赃物(价值 900 余元)逃跑,乙紧追不舍。甲见杂货店旁有一辆未熄火摩托车,车主丙正站在车旁吸烟,便骑上摩托车继续逃跑。次日,丙在街上发现自己的摩托车和甲,欲将甲扭送公安局,甲一拳将丙打伤,后经法医鉴定为轻伤。本案应当以下列哪些罪名追究甲的刑事责任?(2003 - 2 - 32)

    A. 抢劫罪   B. 抢夺罪

    C. 盗窃罪   D. 故意伤害罪

答案(   )③

【考点】 盗窃罪与抢夺罪的区别

【解析】 甲盗窃 900 元逃跑的行为成立盗窃罪。逃跑过程中,又趁丙不备,公然夺取摩托车,该行为构成抢夺罪。丙第二天的扭送行为是合法拘禁行为,甲故意伤害造成轻伤,应成立故意伤害罪。三个行为各自独立,侵犯三个法益,满足三个犯罪的成立条件,应数罪并罚。

---

①参考答案 A   ②私见认为,王某的错误并非由李某的隐瞒真相的行为造成,缺乏与作为诈骗(使被害人产生错误认识)的等价性,因此是否成立不作为的诈骗值得研究。如果认为诈骗罪不仅包括使被害人产生错误认识,也包括维持被害人已经产生的错误认识,那么本案成立不作为的诈骗罪。这种观点实际上变相肯定了不作为诈骗与作为诈骗的等价性。   ③参考答案 BCD

😀【难点】抢夺罪取财行为的特点是行为人对物施加强力使被害人不能及时有效反抗。这种不能及时有效反抗可能是因为被害人完全无防备而无法及时作出反应,也可能是因为被害人虽然有防备,但行为人对财物的暴力在时间和强度上具有明显的优势,因而不能给予有效反抗。盗窃罪仅要求违背被害人意志取得财产即可,通常使用平和的手段,既没有对物暴力,也没有对人暴力。

5. 陈某在商场金店发现柜台内放一条重 **12** 克、价值 **1600** 元的纯金项链,与自己所戴的镀金项链样式相同。陈某以挑选金项链为名,乘售货员不注意,用自己的镀金项链调换了上述纯金项链。陈某的行为:(2004 – 2 – 11)

A. 构成盗窃罪

B. 构成诈骗罪

C. 构成诈骗罪与盗窃罪的想象竞合犯

D. 构成诈骗罪与盗窃罪二罪

📖 答案(　　　)①

📕【考点】盗窃罪与诈骗罪的区别

📝【解析】陈某的取财行为是趁售货员不注意调换了项链,而不是之后以假项链掩盖窃取真项链事实的欺诈行为。财产犯罪的行为性质是由取财行为确定的,因此应成立盗窃罪。之后的欺诈行为并没有产生新的不法侵害,更没有使售货员基于错误认识处分财物,因而不具有可罚性。

😀【难点】盗窃罪与诈骗罪的区别关键在于是否存在处分行为与处分意思。盗窃行为不是通过处分行为而转移财物的占有,而是直接转移财物占有。诈骗行为则需要通过被害人的处分行为才能转移财物占有。应该说,诈骗罪的被害人对转移财物占有本身并没有错误认识,他正确认识了财物将会转移占有,而且自己对此表示同意,即转移占有未违背被害人的意志(未违背表示意思)。诈骗罪被害人只是错误认识了转移占有所获得的对价(违背内心意思)。盗窃罪则违背了被害人意志。

6. 甲晚上潜入一古寺,将寺内古墓室中有珍贵文物编号的金佛的头用钢锯锯下,销赃后获赃款 **10** 万元。对甲应以什么罪追究刑事责任?(2004 – 2 – 19)

A. 故意损毁文物罪

B. 倒卖文物罪

C. 盗窃罪

D. 盗掘古文化遗址、古墓葬罪

📖 答案(　　　)②

📕【考点】盗窃罪与故意毁坏文物罪的区分

📝【解析】甲的行为既符合盗窃罪的要求,又符合故意毁坏文物罪的要求,成立想象竞合犯。因盗窃罪重于故意毁坏文物罪,所以仅认定盗窃罪一罪。

7. 甲某日晚到洗浴中心洗浴。甲进入该中心后,根据服务员乙的指引,将衣服、手机、手提包等财物锁入 **8** 号柜中,然后进入沐浴区。半小时后,乙为交班而准备打开自己一直存放衣物的 **7** 号柜,忙乱中将钥匙插入 **8** 号柜的锁孔,但居然能将 **8** 号柜打开。乙发现柜中有手提包,便将其中的 **3** 万元拿走。为迅速逃离现场,乙没有来得及将 **8** 号柜门锁上。稍后另一客人丙见 **8** 号柜半开半掩,就将柜中的手机(价值 3000 元)以及信用卡拿走。由于信用卡的背后写有密码,第二天,丙持该信用卡到商场购买价值 2 万元的手表。关于本案,下列哪些说法是错误的?(2004 - 2 - 57)

A. 乙的行为构成侵占罪,丙的行为构成盗窃罪

B. 乙的行为构成盗窃罪,丙的行为构成侵占罪

C. 乙的行为构成盗窃罪,丙的行为构成盗窃罪与信用卡诈骗罪

D. 乙的行为构成职务侵占罪,丙的行为构成侵占罪与信用卡诈骗罪

答案( )①

【考点】盗窃罪中的占有判断

【解析】8 号柜虽然被乙打开,但其中的财物仍然归甲占有,因为储物柜是封闭排他的空间,即便将其打开,在社会观念上也会认为占有人为甲。乙窃取其中财物,成立盗窃罪。丙窃取其中财物,也成立盗窃罪。丙盗窃信用卡并使用的,仍然按照盗窃罪处理,所以仍然定盗窃罪。乙的行为与职务行为无关,不牵涉职务侵占罪。

【难点】占有的判断一方面考虑事实上的支配力,另一方面考虑占有意思,两者缺一不可,而且具有相互补强的关系。在具体判断事实上支配力时,一方面要进行物理上的观察,另一方面还要通过社会规范或社会观念进行观察。储物柜内的财物无论如何都归放置人占有。

8. 甲到乙的办公室送文件,乙不在。甲看见乙办公桌下的地上有一活期存折(该存折未设密码),便将存折捡走。乙回办公室后找不着存折,但看见桌上的文件,便找到甲问是否看见其存折,甲说没看到。甲下班后去银行将该存折中的 5000 元取走。甲的行为构成:(2005 - 2 - 11)

A. 侵占罪

B. 盗窃罪

C. 诈骗罪

D. 金融凭证诈骗罪

答案( )②

【考点】盗窃存折

【解析】根据司法解释,盗窃能够即时兑现的存折,应按照盗窃罪论处。本案存折未设密码,可以即时兑现,盗窃该存折,就等同于盗窃价值相当于存款数额的财物。后续无论其通过 ATM 机取出 5000 元,还是通过柜台取出 5000 元,均属于与罚的后行为,不能单独定罪。

【难点】能够即时兑现的债权凭证完全可以理解为具有相当金额的财物,盗窃该凭证时便已经既遂。

9. 甲在某证券交易大厅偷窥获得在该营业部开户的乙的资金账号及交易密码后,通过电话委托等方式在乙的资金账号上高吃低抛某一支股票,同时通过自己在证券交易部的资金账号低吃高抛同一支股票,造成乙损失 30 万元,甲从中获利 20 万元。对甲应当如何处理?(2005 - 2 - 13)

A. 属于法无明文规定的情形,不以犯罪论处

B. 以盗窃罪论处

C. 以故意毁坏财物罪论处

---

①参考答案 ABCD ②参考答案 B(根据社会观念,活期存折仍然由乙占有,盗窃未设密码的活期存折与盗窃财物本身相同,甲的行为成立盗窃罪)

D. 以操纵证券价格罪论处

📑 答案(　　　)①

📕 【考点】建立自己的占有

📖 【解析】在公开自由的金融市场,盗用他人信息并利用,使自己占有他人财物,造成他人损失的,应按盗窃罪论处。

😊 【难点】盗窃行为需要既排除他人占有,又建立新的自己占有,如果只是单纯排除他人占有,不能构成盗窃行为。甲将乙的股票卖出,符合排除他人占有的要求,但是在股票市场遵循公开自由市场交易规则,所以单纯抛出股票并不能当然地建立自己新的占有。但是,考虑到损失30万元与获利20万元均属于大单交易,如果甲低吃时在盘口挂单价格与低价卖出的乙的股票价格十分接近或完全相同,且挂单时间同步,可以肯定甲低价买入的股票正是自己低价卖出的乙的股票。同理,甲高抛的挂单价格与乙高吃的挂单价格十分接近或一致,且两者具有同步性,也可以肯定甲的获利正是建立在乙的损失之上。这样一来,可以认为甲的行为成立完整的盗窃行为,成立盗窃罪。此外,对于不可避免地被第三人低价买入的股票,甲明知仅能排除占有而无法建立新的占有,应按照故意毁坏财物罪进行处理。即,对于20万元获利的部分,甲成立盗窃罪。对10万元的额外损失,甲属于毁坏财物的行为,应该成立故意毁坏财物罪。由于仅有一个行为,成立想象竞合犯,最终仅成立盗窃罪从重处罚。

10. 关于盗窃罪的认定,下列结论哪些是正确的?(2005 - 2 - 60)

A. 甲因饮酒过量醉卧街头。乙向围观群众声称甲系其好友,将甲扶至无人之处,掏走甲身上一千余元离去。乙的行为构成盗窃罪

B. 甲与乙在火车上相识,下车后同到一饭馆就餐。乙殷勤劝酒,将甲灌醉,掏走甲身上一千余元离去。乙的行为构成盗窃罪

C. 甲去一餐馆吃晚饭,时值该餐馆打烊,服务员已下班离去,只有老板乙在清账理财。在甲再三要求之下,乙无奈亲自下厨准备饭菜。甲趁机将厨房门反锁,致乙欲出不能,只能从递菜窗口眼看着甲打开柜台抽屉拿走一千余元离去。甲的行为构成盗窃罪

D. 甲在街头出售报纸时发现乙与一摊主因买东西发生纠纷,其携带的箱子(内有贵重物品)放在身旁的地上,便提起该箱子悄悄溜走。乙发现后紧追不舍。为摆脱乙的追赶,甲将手中剩余的几张报纸卷成一团扔向乙,击中乙脸,乙受惊吓几乎滑倒。随之又追,终于抓住甲。甲的行为构成盗窃罪

📑 答案(　　　)②

📕 【考点】盗窃罪、抢劫罪的界限

📖 【解析】A正确,甲虽然有欺骗行为,但该行为并未取财,而是为后续盗窃制造条件。本案的取财行为是甲窃取醉汉的财物,应成立盗窃罪。B错误,因为甲使用了使被害人不知反抗的"其他方法",③然后再取财。该行为符合抢劫罪的要求,成立抢劫罪。仅定盗窃罪忽略了手段行为,不能做到

---

①参考答案B。有人认为本题应成立故意毁坏财物罪,理由是股票市场遵循集中竞价规则,难以证明甲建立新的占有,因此只能定故意毁坏财物罪。但是,该观点对股票市场的集中竞价有误解,甲的这种操作手法一定不会在集中竞价阶段进行,而是在开盘后的连续竞价交易阶段进行,同时,甲一定是在交易量少、筹码分布不均的盘口区域挂价,否则自己根本无利可图。既然甲确实营利20万元,而又造成乙30万元损失,那么基本可以肯定甲对排除他人占有并建立自己新的占有具有很强的支配力。　②参考答案AD　③注意,这不是所有使被害人不知反抗的方法均成立抢劫罪中的"其他方法",只有那些与暴力、胁迫具有相当性的"其他方法"才能符合要求。比如,先诈骗,使被害人不知反抗,或者,先骗被害人入睡,使被害人不知反抗。

完全评价。C 错误,甲的行为是对人先采取暴力压制,而后直接取财,应成立抢劫罪。D 正确,甲先实施了盗窃,在犯罪过程中为了抗拒抓捕而使用了极其轻微的暴力,未达到足以压制一般人反抗的程度,因此不能转化为抢劫罪,仅成立盗窃罪。

🧑 **【难点】** 抢劫罪中的暴力、胁迫或其他方法要遵循同位解释规则,彼此之间具有相当性。事后抢劫中的暴力和胁迫同样如此。

11. 甲到银行自动取款机提款后,忘了将借记卡退出便匆忙离开。该银行工作人员乙对自动取款机进行检查时,发现了甲未退出的借记卡,便从该卡中取出 5000 元,并将卡中剩余的 3 万元转入自己的借记卡。对乙的行为的定性,下列哪些选项是错误的? (2006 - 2 - 58)

A. 乙的行为构成盗窃罪
B. 乙的行为构成侵占罪
C. 乙的行为构成职务侵占罪
D. 乙的行为构成信用卡诈骗罪

📇 **答案(   )**①

📖 **【考点】** 存款的占有;转账行为;盗窃信用卡并在 ATM 机使用

📘 **【解析】** 甲将信用卡遗忘,但由于银行检查,而信用卡的占有转移给银行。乙违背银行意志,将信用卡归自己支配使用,但该行为与职务行为没有关系,不成立职务侵占行为,仅成立盗窃信用卡的行为。乙窃得信用卡后在 ATM 机上使用,按照刑法规定,应成立盗窃罪。其中,甲的行为排除了银行对 5000 元现金的占有,建立自己新的占有,成立针对 5000 元现金的盗窃罪(被害人为银行)。乙转账 3 万元的行为,排除了甲对债权的占有,建立了自己新的占有,是对财产性利益的盗窃,成立对财产性利益的盗窃罪(被害人为甲)。前后两个行为,侵犯两个被害人的法益,成立数罪。按照司法实践,应数额累积,仅成立一个盗窃罪。

🧑 **【难点】** 存款归银行占有,而非存款名义人。存款名义人仅是债权人。转账行为仅转移了财产性利益,而不涉及存款。

12. 甲将汽车停在自家楼下,忘记拔车钥匙,匆匆上楼取文件,被恰好路过的乙发现。乙发动汽车刚要挂挡开动时,甲正好下楼,将乙抓获。关于乙的行为,下列哪一选项是正确的? (2007 - 2 - 6)

A. 构成侵占罪既遂
B. 构成侵占罪未遂
C. 构成盗窃罪既遂
D. 构成盗窃罪未遂

📇 **答案(   )**②

📖 **【考点】** 占有的判断

📘 **【解析】** 甲忘记拔钥匙离开,但其客观上仍然能及时返回支配汽车,主观上也没有放弃占有的意思,从社会观念上看,也不会认为钥匙未拔的汽车属于无人占有的财物,所以,汽车仍然归甲占有。乙上车准备离开时,被甲及时抓获,应认为未取得财物占有,成立盗窃罪的未遂。

🧑 **【难点】** 占有的判断要同时考虑事实上的支配能力(社会观念在这一判断中具有参考意义)和占有意思。

---

① 参考答案 BCD　② 参考答案 D

动向:占有是司法考试中必考内容,它与几乎所有的财产犯罪都有紧密联系,属于必须理解和熟练运用的知识点。

13. 张某出于报复动机将赵某打成重伤,发现赵某丧失知觉后,临时起意拿走了赵某的钱包,钱包里有1万元现金,张某将其占为己有。关于张某取财行为的定性,下列哪一选项是正确的?（2007 - 2 - 7）

A. 构成抢劫罪

B. 构成抢夺罪

C. 构成盗窃罪

D. 构成侵占罪

答案（　　　　）①

📖【考点】 盗窃罪与抢劫罪的界限

📰【解析】 张某出于报复动机重伤赵某,该行为成立故意伤害罪。在赵某丧失知觉后,其随身携带的财物,应认为仍然归其占有。一方面,赵某虽然处于无意识状态,但不影响其对财物仍然具有占有意思(潜在的占有意思);另一方面,从社会观念看,赵某虽然昏迷,但其对随身携带的财物仍然占有,况且在客观上赵某随时可能醒来,具有潜在的支配能力。因此,张某临时起意取走财物的行为成立盗窃罪。此外,由于张某并非为了取财而实施暴力伤害行为,所以不成立抢劫罪。

动向:丧失意识人、死者的占有均属于占有中的难点,后者考过数次,前者完全可能成为命题重点。

14. 甲路过某自行车修理店,见有一辆名牌电动自行车(价值1万元)停在门口,欲据为己有。甲见店内货架上无自行车锁便谎称要购买,催促店主去50米之外的库房拿货。店主临走时对甲说:"我去拿锁,你帮我看一下店。"店主离店后,甲骑走电动自行车。甲的行为构成何罪?（2007 - 2 - 15）

A. 诈骗罪

B. 盗窃罪

C. 侵占罪

D. 职务侵占罪

答案（　　　　）②

📖【考点】 占有的判断

📰【解析】 店主为了拿货委托甲看店,这一委托行为是否改变占有的状态?应该说,店主只是短暂离开,且就在附近未走远,其委托行为并没有赋予甲处分权地位,而仅请求其作为占有辅助人帮忙。在此意义上,店内的物品,包括被盗的自行车,仍然归在附近的店主占有。甲的行为成立盗窃罪。由于店主未处分财物给甲,所以不成立诈骗罪。由于甲始终未取得对电动车的合法占有,因此不可能成立侵占罪。甲的行为也与职务无关,不可能成立职务侵占罪。

👤【难点】 委托物是否改变占有状态需要考虑委托人有无处分意思和处分行为,不存在处分意思与处分行为,委托行为至多造成占有的松动。

15. 梁某与好友强某深夜在酒吧喝酒。强某醉酒后,钱包从裤袋里掉到地上,梁某拾后见钱包里有5000元现金就将其隐匿。强某要梁某送其回家,梁某怕钱包之事被发现,托辞拒绝。强某在回家途中醉倒在地,被人发现时已冻死。关于本案,下列哪些选项是正确的?（2007 - 2 - 52）

---

①参考答案 C　②参考答案 B

A. 梁某占有财物的行为构成盗窃罪

B. 梁某占有财物的行为构成侵占罪

C. 梁某对强某的死亡构成不作为的故意杀人罪

D. 梁某对强某的死亡不构成不作为的故意杀人罪

答案(   )①

📚【考点】盗窃醉酒人财物、不作为的致人死亡

📖【解析】醉酒人的钱包掉落在地上,空间距离相对较近,醉酒人也没有放弃占有的意思,社会观念上也不会认为钱包属于遗忘物,因此钱包仍然归被害人占有。行为人取得该钱包,无疑成立盗窃罪,而不是侵占罪。临时性的聚餐饮酒不能形成危险共同体,因此不产生作为义务,梁某的行为不成立不作为犯罪。梁某与被害人一起饮酒的行为以及拒绝送醉酒人回家的行为也未创设法不允许的风险,不具有作为义务,同样不成立不作为犯罪。

👤【难点】临时性的聚会饮酒不产生作为义务,但如果事实上承担起保护醉酒人的责任,则产生作为义务。比如,梁某答应了送强某回家,但中间又改变主意离开。

动向:临时性聚会饮酒、临时性的娱乐聚会并不构成危险共同体。如行为人的前行为使醉酒人醉酒的,则以先行为为根据论证作为义务。

16. 某地突发百年未遇的冰雪灾害,乙离开自己的住宅躲避自然灾害。两天后,大雪压垮了乙的房屋,家中财物散落一地。灾后最先返回的邻居甲路过乙家时,将乙垮塌房屋中的 **2** 万元现金拿走。关于甲行为的定性,下列哪一选项是正确的?(2008 – 2 – 16)

A. 构成盗窃罪

B. 构成侵占罪

C. 构成抢夺罪

D. 仅成立民法上的不当得利,不构成犯罪

答案(   )②

📚【考点】社会观念与占有的判断

📖【解析】社会观念在占有判断中起到重要作用,它是观察占有人是否具有事实上支配力的具体方式。灾害后,虽然被害人家中无人,但房屋属于排他的自己专属领域,即便房屋垮塌,社会观念仍然认为屋内的财物归屋主占有。依此,甲的行为成立盗窃罪。由于甲的行为不属于拾得遗忘物,所以不成立侵占罪。甲未强行夺取财物,不可能形成双方对抗的局面,不属于抢夺罪。甲获得的 2 万元属于不当得利,但是同时也成立盗窃罪。

👤【难点】不当得利与财产犯罪并不矛盾。财产犯罪所得在民事上均属于不当得利,但不妨碍在刑法上同时认定犯罪,两者角度不同,并不是对立关系。

17. 某日,甲醉酒驾车将行人乙撞死,急忙将尸体运到 **X** 地掩埋。10 天后,甲得知某单位要在 **X** 地施工,因担心乙的尸体被人发现,便将乙的尸体从 **X** 地转移至 **Y** 地。在转移尸体时,甲无意中发现了乙的身份证和信用卡。此后,甲持乙的身份证和信用卡,从银行柜台将乙的信用卡中的 **5** 万元转入自己的信用卡,并以乙的身份证办理入网手续并使用移动电话,造成电信资费损失 **8000** 余元。甲的行为构成何罪?(2008 – 2 – 58)

---

①参考答案 AD   ②参考答案 A

A. 交通肇事罪

B. 侵占罪

C. 信用卡诈骗罪

D. 诈骗罪

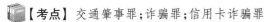 答案(　　　)①

【考点】交通肇事罪;诈骗罪;信用卡诈骗罪

【解析】A 正确,甲醉酒驾车造成一人死亡的结果,成立交通肇事罪。B 错误,10 天后,甲在转移尸体时,发现信用卡和身份证并据为己有,该行为构成侵占行为,但由于身份证和信用卡价值低廉,未达到数额较大要求,故不成立侵占罪。C 正确,甲持乙信用卡,冒充持卡人在银行柜台转账 5 万元,该行为符合信用卡诈骗罪成立要件。D 正确,甲利用乙的身份证办理并使用移动电话,造成电信资费损失 8000 元,构成诈骗罪。

18. 关于盗窃行为的定性,下列哪些选项是正确的?（2008 - 2 - 64）

A. 盗窃伪造的货币的行为,不成立盗窃罪

B. 盗窃伪造的国家机关印章的行为,不成立盗窃国家机关印章罪

C. 盗窃伪造的信用卡并使用的行为,不适用《刑法》第一百九十六条关于"盗窃信用卡并使用"的规定

D. 盗窃企业违规制造的枪支的行为,不成立盗窃枪支罪

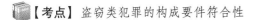 答案(　　　)②

【考点】盗窃类犯罪的构成要件符合性

【解析】A 错误,伪造的货币虽然属于违禁品,但仍然值得刑法保护,即违禁品也属于盗窃对象,应成立盗窃罪。B 正确,伪造的机关印章并不能满足盗窃国家机关印章罪的构成要件,因为该罪所谓国家机关印章当然是指真的,否则不可能侵犯该罪法益。C 正确,"盗窃信用卡并使用"中的信用卡当然是指真的信用卡,否则不可能侵犯该罪法益。D 错误,即便是违规制造的枪支,也属于真的枪支,盗窃该枪支,当然危害公共安全,成立盗窃枪支罪。

【难点】构成要件是否符合,或者更为具体地说,是否将假的对象物涵摄到构成要件之内,需要根据该罪的保护法益进行理解和判断。

19. 甲与乙一起乘火车旅行。火车在某车站仅停 2 分钟,但甲欺骗乙说:"本站停车 12 分钟",乙信以为真,下车购物。乙刚下车,火车便发车了。甲立即将乙的财物转移至另一车厢,然后在下一站下车后携物潜逃。甲的行为构成何罪?（2008 川 - 2 - 15）

A. 诈骗罪

B. 侵占罪

C. 盗窃罪

D. 故意毁坏财物罪

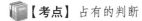 答案(　　　)③

【考点】占有的判断

【解析】甲骗乙下车,火车离开后,乙在物理上很难及时对财物进行支配,社会观念上也不会

---

①参考答案 ACD　②参考答案 BC　③参考答案 C

认为乙仍然对行李架上的财物具有排他的支配力。因此,可以说乙丧失了对行李的占有。但是,考虑到火车属于相对封闭、流动性较弱的公共领域,同时,列车员对行李也有概括的管理责任,应认为乙的行李应归列车员占有。甲窃取该行李,应成立盗窃罪。甲骗乙的行为并不是促其处分财产,因此不构成诈骗罪。乙下车后,财物归列车员占有,而非甲占有,因此不成立侵占罪。甲的行为不构成故意毁坏财物罪,虽然乙确实丧失了财物的使用价值和经济价值,但甲客观上并没有毁坏财物。

【难点】 在公共场所或公共交通工具,需要根据人员的流动性、管理人的责任范围、被害人的物理控制范围等因素进行综合判断。这要区分占有丧失、占有松动以及占有的转移。

20. 甲系某股份制电力公司所属某供电所抄表组抄表员。在一次抄表时,甲与某金属加工厂承包人乙合谋少记载该加工厂用电量,并将电表上的数字回拨,使加工厂少交 **3** 万元电费。事后甲从乙处索取好处费 **1** 万元。关于甲的行为触犯的罪名,下列哪些选项是正确的?(2008 川 – 2 – 62)

A. 贪污罪

B. 非国家工作人员受贿罪

C. 盗窃罪

D. 诈骗罪

答案( )①

【考点】 盗窃罪;处分意识;非国家工作人员受贿罪

【解析】 甲系某股份制电力公司的抄表员,不具有国家工作人员身份,属于普通单位职工。其在履行职务过程中,伙同乙实施了将电表数字回拨的行为,并收受了 1 万元,成立非国家工作人员受贿罪。甲乙通过回拨电表数字,虚构事实隐瞒真相,使电力公司误认了收费数额,从而未收取足额电费,承受了经济损失。甲的这一行为虽然属于欺骗行为,也使电力公司陷入错误认识,但是电力公司没有因为这一错误认识而处分债权或免除债务。即,电力公司根本未认识到债权的存在,当然谈不上处分这一债权。此外,甲虽然具有电力公司抄表员的身份,但显然不具有处分公司债权的权限,更与电力公司处于不同阵营,因此不能认为甲应乙的请求回拨电表数字的行为成立代表电力公司的处分行为。据此,不能够认为甲成立诈骗罪(包含两人诈骗和三角诈骗)。应该说,甲的行为实际上是违背作为被害人的电力公司的意志,以其个人职权免除乙债务的行为,成立对财产性利益的盗窃罪。据此,A 错误,因为甲不具有国家工作人员身份。BC 正确,D 错误。

21. 甲系私营速递公司卸货员,主要任务是将公司收取的货物从汽车上卸下,再按送达地重新装车。某晚,乘公司监督人员上厕所之机,甲将客户托运的一台价值 **1** 万元的摄像机夹带出公司大院,藏在门外沟渠里,并伪造被盗现场。关于甲的行为,下列哪一选项是正确的?(2009 – 2 – 18)

A. 诈骗罪

B. 职务侵占罪

C. 盗窃罪

D. 侵占罪

答案( )②

【考点】 占有的转移

【解析】 甲为卸货员,不具有受委托保管、监管、控制的职责,依此,其在经手货物时,不能认为其为占有人,也不成立占有辅助人。即,财物仍然由公司占有,监督人员属于占有辅助人。甲趁无人监管,将财物带离公司,并藏匿在门外沟渠,应认为排除了公司对财物的占有而建立了自己新的占有,应成立盗窃罪。甲窃取公司财物,不成立职务侵占罪。因为卸货员的业务范围不属于受委托保管、监管、控制财物,仅是简单的装卸货物,不具有职务性。

【难点】需要根据特定人员的业务内容确定其地位,具有独立处分地位的,属于占有人;不具有独立处分地位,但负有控制、监管、保管职责的,属于占有辅助人;如果不具备上述特征,那么仅属于占有的参与人。

22. 欣欣在高某的金店选购了一条项链,高某趁欣欣接电话之际,将为其进行礼品包装的项链调换成款式相同的劣等品(两条项链差价约3000元)。欣欣回家后很快发现项链被"调包",即返回该店要求退还,高某以发票与实物不符为由拒不退换。关于高某的行为,下列哪些说法是错误的?(2009-2-59)

A. 构成盗窃罪
B. 构成诈骗罪
C. 构成侵占罪
D. 不构成犯罪,属民事纠纷

答案(　　)①

【考点】盗窃罪与诈骗罪的区别

【解析】高某取财行为是调包行为,属于违背被害人意志取得财物,应成立盗窃罪。高某虽然也有诈骗的行为,但该行为仅起到掩盖盗窃事实的作用,其本身并未造成财产损失。本案不构成侵占,因为被害人已付钱,取得对财物的占有,其打电话时,虽然未将财物握在手中,但仍然对财物有着较强的事实上的支配力,财物占有人应为欣欣,而不是高某。高某仅是占有参与人。

【难点】财物与占有人之间的空间距离较近时,一般均认为财物由占有人占有,即便该财物实际上握在他人手中。

23. 下列哪些行为属于盗窃?(2010-2-62)
A. 甲穿过铁丝网从高尔夫球场内"拾得"大量高尔夫球
B. 甲在夜间翻入公园内,从公园水池中"捞得"旅客投掷的大量硬币
C. 甲在宾馆房间"拾得"前一顾客遗忘的笔记本电脑一台
D. 甲从一辆没有关好门的小轿车内"拿走"他人公文包

答案(　　)②

【考点】占有的判断

【解析】高尔夫球处于封闭的高尔夫球场内,当然由球场占有,甲违背其意志取得财物,成立盗窃罪。公园水池内的硬币并非失去占有之物,而是归公园管理人占有,故成立盗窃罪。宾馆遗忘的笔记本,由于宾馆管理人员负有管理房间的责任,因此财物由宾馆占有。小轿车内的物品,虽然被占有人忘记了,但仍然属于占有人排他的个人领域内,仍然归占有人占有,故成立盗窃罪。

【难点】事实上的支配既有物理上的支配,也有基于社会观念而可以推知占有人的支配。如果属于他人管理范围或者他人排他的领域,即便没有物理上的支配力,也应肯定占有存在。

①参考答案 BCD　②参考答案 ABCD

24. 关于盗窃罪的理解,下列哪一选项是正确的? (2011 - 2 - 16)

A. 扒窃成立盗窃罪的,以携带凶器为前提

B. 扒窃仅限于窃取他人衣服口袋内体积较小的财物

C. 扒窃时无论窃取数额大小,即使窃得一张白纸,也成立盗窃罪既遂

D. 入户盗窃成立盗窃罪的,既不要求数额较大,也不要求多次盗窃

答案(　　) ①

【考点】 盗窃的特殊类型

【解析】 扒窃是指在公共领域窃取被害人随身携带的物品。扒窃成立盗窃罪不以携带凶器为前提,属于独立的盗窃类型。扒窃的对象是被害人随身携带的物品,对体积没有要求。扒窃虽然没有数额较大的要求,但是根据同位解释规则,如果财物过于微小,绝对不可能达到数额较大,也不能成立盗窃罪。D 是正确的,入户盗窃对数额和次数并无要求。

【难点】 盗窃的特殊类型需要遵循同位解释规则进行实质解释。

25. 乙驾车带甲去海边游玩。到达后,乙欲游泳。甲骗乙说:"我在车里休息,把车钥匙给我。"趁乙游泳,甲将该车开往外地卖给他人。甲构成何罪? (2013 - 2 - 17)

A. 侵占罪

B. 盗窃罪

C. 诈骗罪

D. 盗窃罪与诈骗罪的竞合

答案(　　) ②

【考点】 盗窃罪与诈骗罪的区分

【解析】 本案甲的欺骗行为虽然使乙陷入错误,但乙交付甲钥匙并不具有处分意思,客观上也不存在处分行为,因此不成立诈骗罪。甲的取财行为是在乙不知情时控制财物并将其卖掉,符合盗窃罪要求。

26. 甲潜入他人房间欲盗窃,忽见床上坐起一老妪,哀求其不要拿她的东西。甲不理睬而继续翻找,拿走一条银项链(价值 400 元)。关于本案的分析,下列哪些选项是正确的? (2013 - 2 - 60)

A. 甲并未采取足以压制老妪反抗的方法取得财物,不构成抢劫罪

B. 如认为区分盗窃罪与抢夺罪的关键在于是秘密取得财物还是公然取得财物,则甲的行为属于抢夺行为;如甲作案时携带了凶器,则对甲应以抢劫罪论处

C. 如采取 B 选项的观点,因甲作案时未携带凶器,也未秘密窃取财物,又不符合抢夺罪"数额较大"的要件,无法以侵犯财产罪追究甲的刑事责任

D. 如认为盗窃行为并不限于秘密窃取,则甲的行为属于入户盗窃,可按盗窃罪追究甲的刑事责任

答案(　　) ③

【考点】 盗窃行为的秘密性

【解析】 甲未对老妪实施暴力、胁迫或其他方法,不成立抢劫罪。如果认为盗窃是秘密的,抢夺是公然的,那么本案不具有秘密性,便应认定为抢夺罪。携带凶器抢夺的,按刑法规定,应立抢劫罪。抢夺未达数额较大,不构成犯罪。如果硬性要求盗窃必须具有秘密性,那么本案只能认为无罪。

---

①参考答案 D　②参考答案 B　③参考答案 ABCD

但是,即便甲秘密窃取 400 元也会成立犯罪(入户盗窃对数额无较大的要求),现在抢夺了 400 元,反而不成立犯罪,这一结论不合理。为了得到合理结论,应当认为盗窃不具有秘密性。

🔖【难点】 盗窃不需要具有秘密性。秘密窃取虽然符合日常生活中人们对盗窃现象的一般概括,但在规范意义上该要素是多余的。

27. 甲的下列哪些行为属于盗窃(不考虑数额)?(2014 – 2 – 60)

A. 某大学的学生进食堂吃饭时习惯于用手机、钱包等物占座后,再去购买饭菜。甲将学生乙用于占座的钱包拿走

B. 乙进入面馆,将手机放在大厅 6 号桌的空位上,表示占座,然后到靠近窗户的地方看看有没有更合适的座位。在 7 号桌吃面的甲将手机拿走

C. 乙将手提箱忘在出租车的后备箱。后甲搭乘该出租车时,将自己的手提箱也放进后备箱,并在下车时将乙的手提箱一并拿走

D. 乙全家外出打工,委托邻居甲照看房屋。有人来村里购树,甲将乙家山头上的树谎称为自家的树,卖给购树人,得款 3 万元

📖 答案(   )①

📖【考点】 占有的判断

📠【解析】 A 正确,在流动性强的公共场所,占有会出现松动,但尚未丧失占有,因为根据习惯,占位的财物可以推知有占有意思,同时占有人使用财物占位,应该认为有一种持续性支配力。B 正确,根据社会通常观念,从手机在面馆放置状态可以认为主人没有放弃占有的意思,同时,主人未远离,支配力仍然存在。C 正确,遗忘物丢在出租车上,在这种流动性较低的场合,财物应转移给司机占有。被害人为司机。D 正确,乙家山头的树木属于乙的支配领域之内,且具有占有意思,当然归乙占有。甲受托照看乙的房屋,也应认为仅是房屋的占有辅助人,取得房屋内的财物,仍然是盗窃。

👩【难点】 占有应综合考虑体素和心素,从比较支配力大小的角度判断究竟由谁占有。

28. 郑某等人多次预谋通过爆炸抢劫银行运钞车。为方便跟踪运钞车,郑某等人于 2012 年 4 月 6 日杀害一车主,将其面包车开走(事实一)。后郑某等人制作了爆炸装置,并多次开面包车跟踪某银行运钞车,了解运钞车到某储蓄所收款的情况。郑某等人摸清运钞车情况后,于同年 6 月 8 日将面包车推下山崖(事实二)。同年 6 月 11 日,郑某等人将放有爆炸装置的自行车停于储蓄所门前。当运钞车停在该所门前押款人员下车提押款时(当时附近没有行人),郑某遥控引爆爆炸装置,致 2 人死亡 4 人重伤(均为运钞人员),运钞车中的 230 万元人民币被劫走(事实三)。

关于事实二的判断,下列选项正确的是:(2014 – 2 – 87)

A. 非法占有目的包括排除意思与利用意思

B. 对抢劫罪中的非法占有目的应与盗窃罪中的非法占有目的作相同理解

C. 郑某等人在利用面包车后毁坏面包车的行为,不影响非法占有目的的认定

D. 郑某等人事后毁坏面包车的行为属于不可罚的事后行为

📖 答案(   )②

📖【考点】 非法占有目的

📠【解析】 A 正确,这是非法占有目的的基本要素。B 正确,抢劫罪与盗窃罪均属于攫取型的财

---

① 参考答案 ABCD   ② 参考答案 ABCD

产犯罪,没有理由认为两者在非法占有目的上需要区分。C正确,郑某在取得面包车时具有非法占有目的,事后也确实遵循其经济用途使用,足以认定非法占有目的。至于后来的毁坏行为,属于事后根据需要新产生的犯罪意思。非法占有目的是特指取财行为时的目的,并不是事后行为时的目的。D正确,毁坏面包车未侵害新的法益,因此不必另行处罚,完全可以被吸收到前面的抢劫罪中一并处罚。

【难点】本题考查了非法占有目的的时间性与内容。该知识点并不复杂,但需要结合具体案例进行简单的运用。理解与罚的后行为的关键是没有新的法益侵害性。

29. 甲在强制戒毒所戒毒时,无法抗拒毒瘾,设法逃出戒毒所。甲径直到毒贩陈某家,以赊账方式买了少量毒品过瘾。后甲逃往乡下,告知朋友乙详情,请乙收留。乙让甲住下(事实一)。甲对陈某的毒品动起了歪脑筋,探知陈某将毒品藏在厨房灶膛内。某夜,甲先用毒包子毒死陈某的2条看门狗(价值6000元),然后翻进陈某院墙,从厨房灶膛拿走陈某50克纯冰毒(事实二)。甲拿出40克冰毒,让乙将40克冰毒和80克其他物质混合,冒充120克纯冰毒卖出(事实三)。

关于事实二的判断,下列选项正确的是:(2014-2-90)
A. 甲翻墙入院从厨房取走毒品的行为,属于入户盗窃
B. 甲进入陈某厨房的行为触犯非法侵入住宅罪
C. 甲毒死陈某看门狗的行为是盗窃预备与故意毁坏财物罪的想象竞合
D. 对甲盗窃50克冰毒的行为,应以盗窃罪论处,根据盗窃情节轻重量刑

答案(   )①

【考点】盗窃罪保护法益

【解析】A正确,甲进入他人住宅内,当然符合入户的要求。B正确,在不考虑情节的情况下,甲未经允许进入他人住宅,当然可能触犯非法侵入住宅罪。C正确,甲毒死看门狗是为了方便盗窃,因此构成盗窃预备;狗属于财物,同时价值6000元,数额较大,应认为故意毁坏财物罪。D正确,因为毒品的占有虽然谈不上本权,但是属于应用法律程序恢复的占有,值得刑法保护。

【难点】考生对违禁品也需要刑法保护可能存在不同观念,如果坚持民法意义上的所有权说,盗窃违禁品不具有法益侵害性。但现行通说是本权说+应用法定程序恢复的占有说,应当及时改变观念。首先,财产犯罪保护所有权。这意味着所有权人窃回失窃财物,不成立盗窃罪。其次,财产犯罪既保护合法占有,也保护非法占有。合法占有需满足两个条件:第一,必须是需要通过法定程序恢复的占有;第二,非法占有人不能对抗享有优越权限的人,比如所有权人。非法占有仅需满足一个条件:必须达到平稳状态。所谓达到平稳状态,是指行为人占有某件财物,即使不合法,但是只有通过法定程序才能加以没收、追缴,一般人无权侵犯。

30. 乙全家外出数月,邻居甲主动帮乙照看房屋。某日,甲谎称乙家门口的一对石狮为自家所有,将石狮卖给外地人,得款1万元据为己有。关于甲的行为定性,下列哪一选项是错误的?(2015-2-18)
A. 甲同时触犯侵占罪与诈骗罪
B. 如认为购买者无财产损失,则甲仅触犯盗窃罪
C. 如认为购买者有财产损失,则甲同时触犯盗窃罪与诈骗罪
D. 不管购买者是否存在财产损失,甲都触犯盗窃罪

答案(   )②

①参考答案ABCD ②参考答案A

📖【解析】甲主动照看房屋,不能据此认为房屋及其附属物归甲占有。甲将狮子卖给第三人,成立盗窃罪。甲谎称狮子为自家所有,应认定为诈骗行为;如果从整体财产角度认为财产无损失,那么不成立诈骗罪;反之,从个别财产角度认为存在财产损失,那么成立诈骗罪。

31. 菜贩刘某将蔬菜装入袋中,放在居民小区路旁长条桌上,写明"每袋 **20** 元,请将钱放在铁盒内"。然后,刘某去 **3** 公里外的市场卖菜。小区理发店的店员经常好奇地出来看看是否有人偷菜。甲数次公开拿走蔬菜时假装往铁盒里放钱。关于甲的行为定性(不考虑数额),下列哪一选项是正确的?(2015 – 2 – 19)

　　A. 甲乘人不备,公然拿走刘某所有的蔬菜,构成抢夺罪

　　B. 蔬菜为经常出来查看的店员占有,甲构成盗窃罪

　　C. 甲假装放钱而实际未放钱,属诈骗行为,构成诈骗罪

　　D. 刘某虽距现场 3 公里,但仍占有蔬菜,甲构成盗窃罪

📗 答案(　　)①

📖【解析】甲未实施强力夺取行为,不构成抢夺罪。店员只是旁观,与占有的认定无关。蔬菜仍然归刘某占有。甲的假装行为并未使被害人陷入错误认识而处分财产。

32. 乙女在路上被铁丝绊倒,受伤不能动,手中钱包(内有现金 5000 元)摔出七八米外。路过的甲捡起钱包时,乙大喊"我的钱包不要拿",甲说"你不要喊,我拿给你",乙信以为真没有再喊。甲捡起钱包后立即逃走。关于本案,下列哪一选项是正确的?(2016 – 2 – 18)

　　A. 甲以其他方法抢劫他人财物,成立抢劫罪

　　B. 甲以欺骗方法使乙信以为真,成立诈骗罪

　　C. 甲将乙的遗忘物据为己有,成立侵占罪

　　D. 只能在盗窃罪或者抢夺罪中,择一定性甲的行为

📗 答案(　　)②

📚【考点】诈骗罪;盗窃罪

📖【解析】乙女钱包摔出七八米之外,但仅是占有的松动,并未丧失占有,甲的行为是转移占有的犯罪,而不是侵占罪。此外,甲取得占有不是基于乙的处分行为,也不是通过实施针对被害人的暴力胁迫或者其他方法,而是违背被害人意志取得财物。虽然甲有欺骗行为,也使被害人陷入错误认识,但乙并没有处分财产的意思,即客观上并未实施处分行为。据此,甲取得占有并不是通过诈骗行为,而是盗窃(如果认为钱包不再属于紧密占有之物)或者抢夺(如果认为钱包仍然归乙紧密占有)。A 错误,因为不存在针对乙的暴力、胁迫或其他方法;B 错误,甲的欺骗行为并没有引起被害人的处分行为;C 错误,因为甲的行为属于转移占有的财产犯罪;D 正确,根据钱包是否仍然属于紧密占有之物认定为盗窃罪或抢夺罪。

33. 下列哪些行为构成盗窃罪(不考虑数额)?(2016 – 2 – 59)

　　A. 酒店服务员甲在帮客人拎包时,将包中的手机放入自己的口袋据为己有

　　B. 客人在小饭馆吃饭时,将手机放在收银台边上充电,请服务员乙帮忙照看。乙假意答应,却将手机据为己有

　　C. 旅客将行李放在托运柜台旁,到相距 20 余米的另一柜台问事时,机场清洁工丙将该行李拿走据为己有

---

①参考答案 D　　②参考答案 D

D. 顾客购物时将车钥匙遗忘在收银台,收银员问是谁的,丁谎称是自己的,然后持该钥匙将顾客的车开走

答案(　　)①

【考点】盗窃罪;占有;侵占罪

【解析】A正确,酒店服务员帮客人拎包,服务员属于占有辅助人,占有仍然归客人。服务员将手机放入自己的口袋,违背客人意志,转移财物占有,构成盗窃罪。B正确,客人在小饭店吃饭,将手机放在收银台充电,并请服务员乙照看。客人与服务员之间不存在特别信赖关系,不能认为客人已经将手机转移占有给服务员。考虑到客人就在附近,且只是请服务员帮其"照看",应认为服务员是占有辅助人,并非委托保管人。服务员假意答应,违背其意志据为己有,应认定为盗窃罪。C正确,旅客在自己行李20余米外,能够没有障碍地及时强化或恢复紧密占有,同时,旅客仍然有占有意思(只是在远处办事),因此,行李的占有人仍然是旅客。清洁工违背其意志转移占有,成立盗窃罪。D正确,车钥匙是汽车的从属物。本题中,针对车钥匙的行为不具有单独评价的意义。就汽车而言,尽管车钥匙遗忘在他处,但汽车仍然归顾客占有,丁取得钥匙后,违背其意志转移占有,当然认定为盗窃罪。至于丁取得钥匙的行为,应认定为诈骗行为,只是由于没有单独评价的意义,成为事前的不可罚行为。

第三节　诈骗罪

1. 甲向法院提起诉讼,要求乙偿还借款12万元,并向法院提供了盖有乙的印章、指纹的借据及附件,后法院判决乙向甲偿还"借款"12万元。经乙申诉后查明,上述借据及附件均系甲伪造,乙根本没有向甲借款。甲的行为属于什么性质?(2002 - 2 - 3)

　　A. 民事欺诈,不成立犯罪　　　　　　B. 诈骗罪

　　C. 合同诈骗罪　　　　　　　　　　　D. 票据诈骗罪

答案(　　)②

【考点】诉讼诈骗

【解析】甲伪造足以使处分权人(承办法官)产生错误认识的事实,处分权人基于错误认识而处分财产,被害人损失财产,该行为符合诉讼诈骗的要求,成立诈骗罪。A错误,民事欺诈符合犯罪成立要件,就应成立犯罪。本案行为符合诈骗罪要件,应成立犯罪。C错误,因为本案缺乏真实的合同基础。D错误,借据及附件并不属于票据。

---

① 参考答案ABCD 　② 参考答案B,最高人民检察院《关于通过伪造证据骗取法院民事裁判占有他人财物的行为如何适用法律问题的答复》指出:"以非法占有为目的,通过伪造证据骗取法院民事裁判占有他人财物的行为所侵害的主要是人民法院正常的审判活动,可以由人民法院依照民事诉讼法的有关规定作出处理,不宜以诈骗罪追究行为人的刑事责任。如果行为人伪造证据时,实施了伪造公司、企业、事业单位、人民团体印章的行为,构成犯罪的,应当依照刑法第二百八十条第二款的规定,以伪造公司、企业、事业单位、人民团体印章罪追究刑事责任;如果行为人有指使他人作伪证行为,构成犯罪的应当依照刑法第三百零七条第一款的规定,以妨害作证罪追究刑事责任。"该答复违反刑法原理,且属于最高人民检察院的个案答复,不具有普遍的约束力。司法实践中,将诉讼诈骗认定为诈骗罪的例子不在少数。在国家司法考试中,三角诈骗理所当然是诈骗罪。根据《刑法修正案(九)》草稿,以取财为目的的诉讼诈骗应当按照诈骗罪处理。

【难点】 诉讼诈骗属于三角诈骗,三角诈骗区别于两人诈骗,财产损失人与处分权人并不是一个人,但是尽管不是一个人,同样符合诈骗罪的成立要件。诈骗罪的本质是骗取财产,即刑法禁止的是诈骗方式取财这一行为方式,就此而言,即便被骗人与损失人并非一个人也没关系。三角诈骗的特点在于使处分权人陷入错误而造成被害人损失,从整体结构上看,仍然属于骗取了财产,应当成立诈骗罪。三角诈骗与两人诈骗之间的区别仅具有现象上的意义,不具有规范上的意义。

2. 个体户甲开办的汽车修理厂系某保险公司指定的汽车修理厂家。甲在为他人修理汽车时,多次夸大汽车毁损程度,向保险公司多报汽车修理费用,从保险公司骗取 12 万余元。对甲的行为应如何论处?(2004 - 2 - 5)

A. 以诈骗罪论处

B. 以保险诈骗罪论处

C. 以合同诈骗罪论处

D. 属于民事欺诈,不以犯罪论处

📖 **答案(　　)**①

📕 **【考点】** 保险诈骗罪与诈骗罪之间的区别

📝 **【解析】** 保险诈骗罪的行为主体是投保人、被保险人或者受益人,本案行为人不合要求不成立保险诈骗罪。甲夸大汽车损毁程度,使保险公司陷入错误认识,处分 12 万余元,符合诈骗罪成立要件。本案不涉及合同诈骗罪,因为虚报车损的行为不属于合同诈骗的特定行为类型。

【难点】 金融诈骗与普通诈骗罪之间的关系属于特殊法与一般法的关系,原则上按特殊法处理,但如果一般法重于特殊法,则需要按照一般法处理。

3. 乙与丙因某事发生口角,甲知此事后,找到乙,谎称自己受丙所托带口信给乙,如果乙不拿出 2000 元给丙,丙将派人来打乙。乙害怕被打,就托甲将 2000 元带给丙。甲将钱占为己有。对甲的行为应当如何处理?(2005 - 2 - 19)

A. 按诈骗罪处理

B. 按敲诈勒索罪处理

C. 按侵占罪处理

D. 按抢劫罪处理

📖 **答案(　　)**②

📕 **【考点】** 不作为的诈骗罪;敲诈勒索罪的手段行为

📝 **【解析】** 财产犯罪的手段行为必须具有取财的直接性。甲虽然虚构事实,告知恶害,但并未要求乙将财物交付自己。乙是自己决定将财产委托给甲让其转交给丙。就此而言,不能认为甲告知虚构之恶害的行为不成立诈骗罪或敲诈勒索罪。但是,该行为使乙产生恐惧心理与错误认识,使其财产权益处于危险之中。就此而言,根据不作为犯的原理,甲因该行为产生了告知真相之义务。在甲接受财产后,应向乙告知真相,但甲能告知而不告知,使乙的错误得以维持,进而取得财产,该行为完全符合不作为的诈骗要件,成立诈骗罪。另一方面,甲的前行为同时也是告知恶害的行为,乙也确实因此陷入恐惧之中,但乙交付财产后便消除了恐惧心理,甲未告知真相的行为,既没有使乙产生新的恐惧心理,也没有维持之前产生的恐惧心理,因而不能评价为不作为的敲诈勒索罪。此外,甲也不构成侵占罪,因为

①参考答案 A　②参考答案 A

甲对财物的占有虽然是基于乙的委托,但乙之所以委托是在于甲的欺骗行为,因此甲对财物的占有不成立合法的占有,缺乏侵占罪的前提条件。最后,甲也不成立抢劫罪,因为甲的胁迫尚未达到一般人难以抗拒不得不现场交付财物的程度。

【难点】 不作为诈骗的特点在于可能出现维持被害人错误的情形。敲诈勒索罪难以通过不作为方式实施,因为被害人交付财产后,恐惧心理随即消除,不存在通过维持恐惧心理从而建立稳定财产占有的可能性。

4. 下列哪种说法是正确的?(2006 - 2 - 17)

A. 甲潜入乙家,搬走乙家 1 台价值 2000 元的彩电,走到门口,被乙 5 岁的女儿丙看到。丙问甲为什么搬我家的彩电,乙谎称是其父亲让他来搬的。丙信以为真,让甲将彩电搬走。甲的行为属于诈骗

B. 甲在柜台假装购买金项链,让售货员乙拿出 3 条进行挑选,甲看后表示对 3 条金项链均不满意,让乙再拿 2 条。甲趁乙弯腰去取金项链时,将柜台上的 1 条金项链装入口袋。乙拿出 2 条金项链让甲看,甲看后表示不满意,将金项链归还给乙。乙看少了 1 条,便隔着柜台一把抓住甲的手不让其走,甲猛地甩开乙的手逃走。甲的行为属于抢夺

C. 甲在柜台购买 2 条中华香烟,在售货员乙拿给甲 2 条中华香烟后,甲又让乙再拿 1 瓶五粮液酒。趁乙转身时,甲用事先准备好的 2 条假中华香烟与柜台上的中华香烟对调。等乙拿出五粮液酒后,甲将烟酒又看了看,以烟酒有假为由没有买。甲的行为属于盗窃

D. 甲与乙进行私下外汇交易。乙给甲 1 万美元,甲在清点时趁乙不注意,抽出 10 张 100 元面值的美元,以 10 张 10 元面值的美元顶替。清点完成后,甲将总面额 8.3 万元的假人民币交给乙,被乙识破。乙要回 1 万美元,经清点仍是 100 张,拿回家后才发现美元被调换。甲的行为属于诈骗

答案(   )①

【考点】 诈骗罪的处分行为

【解析】 A 错误,甲一开始实施了盗窃行为,在盗窃过程中遇到被害人家里的小孩,于是接着又实施了欺骗行为。但是,被骗人由于缺乏意思决定能力,不可能具有处分地位与处分意思。甲最终取得财物并非因为被骗人处分财产,而是违背被害人意志直接转移财物的占有,成立盗窃罪。在这里,甲的欺骗行为缺乏取得财物的直接性,仅是盗窃的帮助行为,为建立自己新的占有发挥了排除障碍的作用。B 错误,甲隐瞒不支付价款的心理事实,令售货员拿取项链给自己。该行为虽然属于欺骗行为,但售货员给其项链并非基于处分意思处分财物,因而不成立诈骗罪。甲趁售货员不注意而将项链放入口袋的行为,符合盗窃罪要求。由于项链是较小的财物,将其放入口袋时便已排除他人占有并建立自己新的占有,应认定为盗窃罪既遂。之后,售货员发现丢失项链,一把抓住甲,属于在甲未建立稳定占有时意图挽回损失的正当防卫行为。甲为了窝藏赃物、抗拒抓捕,使用轻微暴力夺路而逃。由于此处的暴力并未达到压制一般人反抗的程度,因此不能适用转化型抢劫罪的规定。该行为没有侵犯新的财产法益,仅发挥了稳定不法占有状态的作用,属于事后不可罚行为。综上,全案仅成立盗窃罪一罪。C 正确,甲隐瞒不支付价款的心理事实,要求乙拿取香烟时,乙并不具有处分意思,因而不成立诈骗罪。甲后来趁乙不注意对调香烟的行为使自己在财物支配状态上具有优越的认识,被害人无法认识到财物已经转移,因而丧失了占有,该行为成立盗窃罪。甲后续的欺骗行为只是保护前行为获得财物,未侵犯新的法益,属于事后的不可罚行为。本案应成立盗窃罪一罪。D 错误,甲趁乙不注意替换美元的行为已经取得了财物,成立盗窃罪既遂。后续的欺骗行为仅是掩盖盗窃事实,乙未发现替换事实而让甲离

开,并非处分财产给甲,因而不成立诈骗罪(针对返还请求权的诈骗)。后续欺骗行为未侵犯新的法益,成立事后不可罚行为,本案应认定为盗窃罪一罪。

🤔【难点】 处分行为以具有处分意思为前提,缺乏处分意思,自然不成立处分行为。此外,在具有多种侵财行为的场合,要遵循刑法基本原理系统地检视,既要看到以财物为对象的财产犯罪,也要看到以财产性利益为对象的财产犯罪;既要看到作为形式的财产犯罪,又要看到不作为形式的财产犯罪,同时要具体运用罪数理论,恰当认定犯罪数量。

5. 关于侵犯财产罪及相关犯罪,下列哪一选项是正确的? (2007－2－17)

A. 甲用假币到电器商场购买手机,甲的行为构成诈骗罪

B. 乙受王某之托将价值5万元的手表送给10公里外的朱某,乙在路上让许某捆绑自己,伪造了抢劫现场,将表据为己有。报案后,乙向警方说自己被抢。乙的行为构成侵占罪

C. 丙假冒某部委名义,以组织某高层论坛为名发布广告、寄送材料,要求参会人员每人先邮寄会费1万元。丙收款50万元后潜逃。丙的行为构成虚假广告罪

D. 丁为孩子升学,买了一辆假冒某名牌的摩托车送给教育局长何某。丁的行为构成诈骗罪

📋 **答案(　　)①**

📖【考点】 诈骗罪与相关犯罪的区别

📝【解析】 A错误,使用假币的行为同时也是诈骗行为,由于仅存在一个行为,仅侵犯一个法益,且使用假币与诈骗属于特殊法条与一般法条的关系,应按法条竞合处理,仅认定为使用假币罪。B正确,王某已经将财物委托给乙,故财物的占有人并非王某,而是乙。乙伪造抢劫现场,将表据为己有,符合侵占罪成立要件。乙伪造现场欺骗警察的行为并不能使警察处分财产给自己,不成立诈骗罪。乙伪造现场,使王某误以为果真被抢,进而放弃返还请求权,可以成立针对返还请求权的诈骗罪。但是,由于该行为只是使侵占行为所得到的利益得以确保或实现,未侵犯新的法益,因此成立与罚的后行为,全案仅认定侵占罪一罪即可。C错误,丙的行为成立诈骗罪。丙并非广告主、广告经营者或广告发布者,不满足虚假广告罪的主体要件。D错误,丁隐瞒摩托车为假冒的事实,虽然符合欺骗行为的要求,但未因此引起被骗人处分财产,不成立诈骗罪。

6. 关于诈骗罪,下列哪些选项是正确的? (2007－2－62)

A. 收藏家甲受托为江某的藏品进行鉴定,甲明知该藏品价值100万元,但故意贬其价值后以1万元收买。甲的行为构成诈骗罪

B. 文物贩子乙收购一些赝品,冒充文物低价卖给洪某。乙的行为构成诈骗罪

C. 店主丙在柜台内陈列了两块标价5万元的玉石,韩某讲价后以3万元购买其中一块,周某讲价后以3000元购买了另一块。丙对韩某构成诈骗罪

D. 画家丁临摹了著名画家范某的油画并署上范某的名章,通过画廊以5万元出售给田某,丁非法获利3万元。丁的行为构成诈骗罪

📋 **答案(　　)②**

📖【考点】 诈骗罪的手段行为

📝【解析】 古玩交易不同于普通商品交易,需要遵循"购者自慎原则",即古董交易中的信息不对称不会形成优势方的告知义务,对方需要根据自己的经验和知识独立判断并决定是否交易,由此产生

的法律后果也应由自己承担。即便存在重大误解,也不能单方面解除合同。一般来说,买方虚构藏品价值,使卖方误以为价值较低,从而低价处分藏品,买方因此获利的,不构成诈骗罪,因为买方不负有真实价值的告知义务。但是,在 A 选项中,甲并非普通买家,而是被害人聘请的鉴定专家,甲基于业务或合同而产生真实估价的告知义务。甲隐瞒该事实,使被害人陷入藏品价值较低的错误认识并将财物处分给甲。甲的行为符合诈骗罪手段行为的要求,成立诈骗罪。B 正确,因为乙故意买入赝品出售,由此形成的信息优势具有不法性,足以陷买方于危险之中,符合制造法禁止危险之前行为产生告知真相义务的情形。该告知义务不能通过援引购者自慎原则得以免除,因为该原则仅限于善意交易人,不可能成为不法分子的免责事由。简言之,乙故意购入赝品的行为属于制造法禁止危险的前行为,该行为产生藏品真实性的告知义务,乙故意隐瞒事实,使买方高价买入,造成损失,符合诈骗罪要求,成立诈骗罪。C 错误,玉石的标价属于单方意思表示,买卖双方在此基础上可以进行讨价还价,只要邀约和承诺均履行了诚信义务,即便与标价差距极大也不构成民事上的欺诈。民事上不成立欺诈,刑法上肯定不成立诈骗罪。D 错误,临摹作品属于书画界常见作品类型,单纯的临摹行为不足以使一般人产生错误认识,不能单纯因为署名他人名章便轻易将丁的行为认定为对被害人默示的欺骗。买方需真伪自辨,即丁或者画廊均不负有告知真相的义务,画廊卖画行为并非默示的欺骗。此外,根据诈骗罪的规定,即便属于诈骗行为,但刑法另有规定的,从其规定。据此,既然刑法有侵犯著作权罪的规定,就不再作为诈骗罪处理。综上,丁与画廊均不成立诈骗罪。

😊【难点】真相的告知义务在不同领域或场合具有不同的要求,在具有风险投资性质的商品交易以及在价格明显不合理的商品交易中,需要权衡"购者自慎原则",具体确定告知义务的范围。风险性越高的交易,真相告知义务越低;信价比越不合理的交易,真相告知义务越低。在这些领域,需要根据被害人自我答责或危险接受排除刑法上的可归责性。此外,即便是在可以援引购者自慎原则的场合,如果存在制造法禁止之危险的前行为,那么由此产生的真相告知义务无论如何也不能被免除。

7. 甲在某银行的存折上有 4 万元存款。某日,甲将存款全部取出,但由于银行职员乙工作失误,未将存折底卡销毁。半年后,甲又去该银行办理存储业务,乙对甲说:"你的 4 万元存款已到期。"甲听后,灵机一动,对乙谎称存折丢失。乙为甲办理了挂失手续,甲取走 4 万元。甲的行为构成何罪?(2008 川 - 2 - 14)

    A. 侵占罪   B. 盗窃罪(间接正犯)

    C. 诈骗罪   D. 金融凭证诈骗罪

📖【答案(   )①

📕【考点】维持被害人错误

📝【解析】诈骗罪既可以作为,也可以不作为。作为诈骗不仅可以使被害人陷入错误,也可以维持被害人错误,而常见的不作为诈骗则主要表现为使被害人维持业已产生的错误认识。在本案中,乙自己陷入错误,基于该错误向甲提示 4 万元已到期,甲谎称存折丢失,维持被害人错误,成立诈骗罪。注意,本案从不应维持错误而维持错误角度,甲谎称存折丢失属于作为诈骗;从应告知被害人真相而拒不告知角度,甲属于不作为诈骗。按照作为犯罪优先原则,应评价为作为的诈骗罪。

😊【难点】诈骗罪不仅包括陷人于错误的情形,还包括维持他人错误的情形。后者相对较难,考生需要重点掌握。某种意义上,承认诈骗罪包括维持错误,实际上旨在解决不作为诈骗与作为诈骗的

---

① 参考答案 C

等价性难题,因为单纯维持错误与陷人于错误原本不具有等价性。

8. 丙是乙的妻子。乙上班后,甲前往丙家欺骗丙说:"我是乙的新任秘书,乙上班时好像忘了带提包,让我来取。"丙信以为真,甲从丙手中得到提包(价值3300元)后逃走。关于甲的行为,下列哪些选项是错误的?(2008 川 - 2 - 59)

A. 盗窃罪的直接正犯

B. 诈骗罪的间接正犯

C. 盗窃罪的间接正犯

D. 诈骗罪的直接正犯

答案( )①

【考点】 三角诈骗

【解析】 三角诈骗是指行为人诈骗财产处分人,使其陷入错误而处分财产,因而造成被害人损失。本案中,妻子占有提包,同时也具有处分权限,甲虚构事实,使妻子陷入错误认识,基于处分意思而将提包转移占有给甲,应成立诈骗罪。甲的诈骗行为直接针对具有处分权限的被害人妻子,并由其处分财产,属于诈骗罪的直接正犯,D正确。AC错误,从被害人角度,甲的行为确实违背其内心意思而转移财物,但这里的转移占有并非由行为人直接从被害人占有之下转移至自己占有,而是通过有处分权限的妻子转移财物。就转移占有本身而言,甲取得财物没有违背处分人意志,既然如此,考虑到处分权限的特质,不应认为甲违背了被害人意志转移财产(事实上违背了被害人意志,但法律上未违背被害人意志,因为处分人具有处分地位),因此未符合盗窃罪的成立要件,既不成立盗窃罪的直接正犯,也不成立盗窃罪的间接正犯。B错误,显然,甲并未诈骗被害人本人,而是诈骗其妻子,也未利用其妻子诈骗被害人,不成立诈骗罪的间接正犯。

【难点】 三角诈骗不能理解为盗窃罪的间接正犯,因为盗窃罪与诈骗罪的区别在于是否存在处分行为——被骗人在处分意思(认识+意志)的支配下通过作为或不作为直接转移财产占有,造成财产的减损(≠经济损失,后者是整体观察,前者单纯根据财产是否被转移认定)。

9. 甲将一只壶的壶底落款"民□叁年"磨去,放在自己的古玩店里出卖。某日,钱某看到这只壶,误以为是明代文物。甲见钱某询问,谎称此壶确为明代古董,钱某信以为真,按明代文物交款买走。又一日,顾客李某看上一幅标价很高的赝品,以为是名家亲笔,但又心存怀疑。甲遂拿出虚假证据,证明该画为名家亲笔。李某以高价买走赝品。

(1) 关于甲对钱某是否成立诈骗罪,下列选项错误的是:(2011 - 2 - 86)

A. 甲的行为完全符合诈骗罪的犯罪构成,成立诈骗罪

B. 钱某自己有过错,甲不成立诈骗罪

C. 钱某已误以为是明代古董,甲没有诈骗钱某

D. 古玩投资有风险,古玩买卖无诈骗,甲不成立诈骗罪

答案( )②

【考点】 古玩交易中的真相告知义务;维持错误

【解析】 甲将落款磨去,在被害人自己陷入判断错误之后,又通过谎言维持其错误,应成立维持错误型的诈骗罪。甲单纯磨去落款的行为不足以使被害人陷入错误,仅是诈骗罪的预备行为,也是

其负有真相告知义务的前行为。后续的谎言才是诈骗行为,该行为既是不告知真相的不作为,又是维持被害人错误的作为。A无疑正确。B错误,被害人自己确实存在过错,但是诈骗罪的成立并不限于陷人错误,还包括维持他人错误。本案属于维持他人错误的诈骗类型。另一方面,被害人错误不满足被害人自我答责或危险接受的要求,或者说,被害人错误在古玩交易中并不异常,被害人损失与行为人诈骗行为存在因果关系,甲构成诈骗罪既遂。C错误,诈骗不限于陷人错误,还包括维持错误。D错误,古玩买卖具有高风险的特性,在这一领域,购者自慎成为重要交易规则,我们不能无视这一点而一味地要求双方履行不加限制的真相告知义务,但是并不意味着古玩买卖无诈骗,行为人滥用购者自慎规则的脱法行为,当然可能构成诈骗罪。

【难点】 古玩买卖中,单纯的信息不对称不会产生真相告知义务。但是,如果行为人使用不法手段造成这种不对称,就不能免除真相告知义务。即便在被害人自己产生错误的情况下,行为人仍然需要告知被害人真相。

(2)关于甲对李某是否成立诈骗罪,下列选项正确的是:(2011－2－87)
A. 甲的行为完全符合诈骗罪的犯罪构成,成立诈骗罪
B. 标价高不是诈骗行为,虚假证据证明该画为名家亲笔则是诈骗行为
C. 李某已有认识错误,甲强化其认识错误的行为不是诈骗行为
D. 甲拿出虚假证据的行为与结果之间没有因果关系,甲仅成立诈骗未遂

答案( )①

【考点】 强化被害人错误

【解析】甲将赝品标真品价格,其本身并不构成虚构事实隐瞒真相的行为,因为标价本身不足以使人产生错误或维持错误,而仅具有佐证真品或强化被害人错误的效果。在被害人不确定是否真品产生疑虑时,甲提供虚假证据,使被害人确定为真品,使其产生了足以处分财产的错误,应该属于陷人错误的情形,成立诈骗罪。C错误,诈骗罪中的错误是指足以处分财产的错误,被害人心存疑虑的错误并不足以处分财产,正是行为人使其具有了处分财产的错误,当然成立诈骗行为。甲拿出虚假证据促成被害人产生错误的行为与财产损失之间介入了被害人自己的错误处分行为,但是该介入因素恰恰是基于甲的诈骗行为而产生的,即甲的诈骗行为始终发生着作用。同时,根据生活经验,被害人错误完全不具有异常性,因此不中断因果关系,成立诈骗罪既遂。

10. 2010年某日,甲到乙家,发现乙家徒四壁。见桌上一块玉坠,断定是不值钱的仿制品,甲便顺手拿走。后甲对丙谎称玉坠乃秦代文物,值5万元,丙以3万元买下。经鉴定乃清代玉坠,市值5000元。关于本案的分析,下列哪一选项是错误的?(2013－2－6)
A. 甲断定玉坠为不值钱的仿制品具有一定根据,对"数额较大"没有认识,缺乏盗窃犯罪故意,不构成盗窃罪
B. 甲将所盗玉坠卖给丙,具有可罚性,不属于不可罚的事后行为
C. 不应追究甲盗窃玉坠的刑事责任,但应追究甲诈骗丙的刑事责任
D. 甲诈骗丙的诈骗数额为5万元,其中3万元既遂,2万元未遂

答案( )②

【考点】 可能数额较大的认识;销赃行为与与罚的后行为

---

①参考答案AB　②参考答案D

【解析】 A 正确,尽管甲属于入室盗窃,对数额较大不做要求,但是需要窃取数额较大财物的可能性。与此相应,甲在主观上需要认识到盗窃数额可能较大的认识,否则不能认定盗窃故意。本案中,甲看到被害人乙家十分贫穷,不可能有价值不菲的玉器,所以认定玉坠不值钱,主观上不具有"可能数额较大"的认识。依此,盗窃 5000 元的不法超过了甲的责任范围,不成立盗窃罪。B、C 均正确,甲的销赃行为并非单纯的销售赃物,存在恶意虚构事实的行为,并侵害了新的法益——丙的 3 万元损失。该法益侵害符合诈骗罪要件,成立诈骗罪。D 错误,诈骗罪数额应该以被害人实际损失为准,甲诈骗造成丙实际损失 3 万元,诈骗数额为 3 万元。

【难点】 可能数额较大的认识属于盗窃故意的必备要素,之所以如此,就是因为盗窃的不法在客观上要求具有"有可能造成数额较大损失",极其微小的财物不构成盗窃罪。根据责任主义原理,盗窃故意是对盗窃不法的容认,当然包括对有可能数额较大的认识。销赃行为如果又侵犯了新的法益,那么就不会符合与罚后行为的要求,应定罪量刑。

11. 关于诈骗罪的理解和认定,下列哪些选项是错误的?（2013 - 2 - 61）

A. 甲曾借给好友乙 1 万元。乙还款时未要回借条。一年后,甲故意拿借条要乙还款。乙明知但碍于情面,又给甲 1 万元。甲虽获得 1 万元,但不能认定为诈骗既遂

B. 甲发现乙出国后其房屋无人居住,便伪造房产证,将该房租给丙住了一年,收取租金 2 万元。甲的行为构成诈骗罪

C. 甲请客(餐费 1 万元)后,发现未带钱,便向餐厅经理谎称送走客人后再付款。经理信以为真,甲趁机逃走。不管怎样理解处分意识,对甲的行为都应以诈骗罪论处

D. 乙花 2 万元向甲购买假币,后发现是一堆白纸。由于购买假币的行为是违法的,乙不是诈骗罪的受害人,甲不成立诈骗罪

答案(　　　)①

【考点】 诈骗罪的既遂;财产损失;处分意识;诈骗手段的合法性

【解析】 A 正确,诈骗罪既遂要求行为人基于错误认识处分财产给行为人,而本案中被害人并未被骗,而是碍于情面处分财产给行为人,不成立诈骗罪既遂。B 错误,甲的行为表面上看属于盗用乙房产的行为,不动产不能成为盗窃的对象,因而不成立针对房产的盗窃罪。但从保护财产性利益角度,该行为应成立针对财产性利益的盗窃罪。甲伪造房产证,骗丙与之订立租赁合同,获得租金 2 万元。丙虽然因此处分了 2 万元现金给甲,但同时获得了形式意义上的房屋租赁权。如乙随即出国返回,丙形式意义上的房屋租赁权无法对抗房产所有权,因而会遭受实际经济损失。但是本案并非如此,由于乙在租赁期内未返回,丙实际获得了与租金相对应的租赁利益,故丙未遭受经济损失。就此而言,甲的行为未给丙造成经济损失,不成立诈骗罪。C 错误,经理让甲离开,既没有免除餐费的处分意思,也无处分行为,应成立盗窃罪。D 错误,甲出售假币的行为虽然具有非法性,但是诈骗罪的成立对手段非法与合法并无要求。只要以诈骗手段取得财物,即可构成诈骗罪。在民法上,购买者乙因不法给付而丧失财物的返还请求权,但该财物在交付之前仍然具有合法性,当然值得刑法保护。此外,即便该财物已经属于不法给付物,乙对其的占有也属于未经法定程序不得转移的占有,仍然值得刑法保护。

【难点】 诈骗罪属于整体财产犯罪,只有足以造成财产损失的情况下,才能成立犯罪。在评价财产损失时,主要以经济标准进行认定,但是在例外情况下需要考虑目的落空的情形。目的落空主要指被害人从一开始就为财物设定了个人化的使用目的,如果交换而来的财物不敷使用,便没有实现财

---

① 参考答案 BCD

物的交换价值,产生经济损失。目的落空的适用范围非常有限,典型例子是骗取经济适用房,是国家的政策性目的落空。

12. 甲于某晚9时驾驶货车在县城主干道超车时,逆行进入对向车道,撞上乙驾驶的小轿车,乙被卡在车内无法动弹,乙车内黄某当场死亡、胡某受重伤。后查明,乙无驾驶资格,事发时略有超速,且未采取有效制动措施。(事实一)

甲驾车逃逸。急救人员5分钟后赶到现场,胡某因伤势过重被送医院后死亡。(事实二)

交警对乙车进行切割,试图将乙救出。此时,醉酒后的丙(血液中的酒精含量为152mg/100mL)与丁各自驾驶摩托车"飙车"经过此路段。(事实三)

丙发现乙车时紧急刹车,摩托车侧翻,猛烈撞向乙车左前门一侧,丙受重伤。20分钟后,交警将乙抬出车时,发现其已死亡。现无法查明乙被丙撞击前是否已死亡,也无法查明乙被丙撞击前所受创伤是否为致命伤。(事实四)

丁离开现场后,找到无业人员王某,要其假冒飙车者去公安机关投案。(事实五)

王某虽无替丁顶罪的意思,但仍要丁给其5万元酬劳,否则不答应丁的要求,丁只好付钱。王某第二天用该款购买100克海洛因藏于家中,用于自吸。5天后,丁被司法机关抓获。(事实六)

关于事实六的定性,下列选项错误的是:(2013 - 2 - 91)

A. 王某乘人之危索要财物,构成敲诈勒索罪

B. 丁基于不法原因给付5万元,故王某不构成诈骗罪

C. 王某购买毒品数量大,为对方贩卖毒品起到了帮助作用,构成贩卖毒品罪的共犯

D. 王某将毒品藏于家中的行为,不构成窝藏毒品罪

📖 答案(   )①

📚 【考点】 诈骗罪;对向犯的定罪

✏ 【解析】 A错误。丁为了逃避刑事责任而找到王某顶罪,王某向其索要财物,否则不答应丁的请求。应该说,王某的索财行为不符合敲诈勒索所要求的以自己支配的恶害相通告,因为丁是否最终被追究,虽然与王某有关,但并不是由王某支配的,而是丁自己引起并无论如何也难以避免的。不能因为没有顶罪义务的第三人不顶罪,第三人就支配了这一恶害。所以,王某的行为不构成敲诈勒索罪。B错误,顶罪费用5万元在丁支付给王某之前属于合法占有的财物,当然可以成为诈骗罪的对象。当5万元支付之后,才存在不法原因给付的财物,丁因此丧失返还请求权。C错误,在贩卖毒品中,贩卖行为与购买行为具有对向关系,但是刑法仅处罚贩卖行为而不处罚单纯收买自吸的行为。单纯收买自吸的行为不构成犯罪。D正确,窝藏毒品罪要求为犯罪分子窝藏毒品,而不是为自己吸食而窝藏。王某是为了自己吸食才藏匿毒品,应构成非法持有毒品罪。

13. 乙(16周岁)进城打工,用人单位要求乙提供银行卡号以便发放工资。乙忘带身份证,借用老乡甲的身份证以甲的名义办理了银行卡。乙将银行卡号提供给用人单位后,请甲保管银行卡。数月后,甲持该卡到银行柜台办理密码挂失,取出1万余元现金,拒不退还。甲的行为构成下列哪一犯罪?(2014 - 2 - 18)

A. 信用卡诈骗罪

B. 诈骗罪

C. 盗窃罪(间接正犯)

D. 侵占罪

答案( )①

【考点】诈骗罪与侵占罪的区分：占有的判断

【解析】银行卡的名义人是甲，同时甲也占有银行卡，并知道银行卡密码，因此在事实的支配力上完全能够排斥乙的占有。存款在银行存着时，当然由银行占有，其具有支配力和占有意思。当甲使用银行卡取钱时，根据其与银行签订的银行卡协议，银行没有理由拒绝甲取款。当现金取出后，甲实现了债权，银行让渡了现金所有权，银行没有损失，不是被害人。此时，甲合法占有了现金，但这笔钱原本要给乙，他却据为己有，乙是被害人，应构成侵占罪。

A、B错误，因为甲的取财行为是拒不归还乙的钱，而不是诈骗行为。本案自始不存在诈骗行为，甲的行为完全符合银行卡使用规则，没有虚构事实隐瞒真相。C错误，因为本案被害人不是银行，不存在窃取银行现金的行为，甲使用的是自己的银行卡。另一方面，现金一旦出现，就已经归甲合法占有（甲乙之间有委托取款的关系），其为独立占有人，不能说他是乙的辅助占有人。D正确，甲将合法占有的乙的现金非法占为己有，成立侵占罪。

【难点】本题考查了占有的判断，这是财产犯罪的一个难点。刑法的占有强调事实上的占有，反对过于观念化的占有，一定要与民法上的占有区分开。

14. 乙购物后，将购物小票随手扔在超市门口。甲捡到小票，立即拦住乙说："你怎么把我购买的东西拿走了？"乙莫名其妙，甲便向乙出示小票，两人发生争执。适逢交警丙路过，乙请丙判断是非，丙让乙将商品还给甲，有口难辩的乙只好照办。关于本案的分析（不考虑数额），下列哪一选项是错误的？（2014－2－19）

A. 如认为交警丙没有处分权限，则甲的行为不成立诈骗罪

B. 如认为盗窃必须表现为秘密窃取，则甲的行为不成立盗窃罪

C. 如认为抢夺必须表现为乘人不备公然夺取，则甲的行为不成立抢夺罪

D. 甲虽未实施恐吓行为，但如乙心生恐惧而交出商品的，甲的行为构成敲诈勒索罪

答案( )②

【考点】诈骗罪的处分行为

【解析】A正确，因为诈骗罪要求被骗人处分财产，被骗人必须具有处分权限才能处分财产。B正确，显然本案发生不具有秘密性，因此如果盗窃需要秘密性，便不成立盗窃罪。C正确，因为本案被害人是在有准备的情况下给予财物的。D错误，因为乙心生恐惧并非恐吓行为所致，敲诈勒索罪要求客观上必须有恐吓行为。

【难点】本题考查财产犯罪的手段行为之间的区分，秘密性、乘人不备公然夺取、恐吓行为、处分权限均是常考考点。需要注意的是，盗窃不需要秘密性，只要违背被害人意志取得财产就可以了；抢夺罪也不要求乘人不备公然夺取，只要使用不及反抗的手段就可以了。

15. 下列哪些行为触犯诈骗罪（不考虑数额）？（2015－2－63）

A. 甲对李某家的保姆说："李某现在使用的手提电脑是我的，你还给我吧。"保姆信以为真，将电脑交给甲

B. 甲对持有外币的乙说："你手上拿的是假币，得扔掉，否则要坐牢。"乙将外币扔掉，甲乘机将外

币捡走

C. 甲为灾民募捐,一般人捐款几百元。富商经过募捐地点时,甲称:"不少人都捐一二万元,您多捐点吧。"富商信以为真,捐款 2 万元

D. 乙窃取摩托车,准备骑走。甲觉其可疑,装成摩托车主人的样子说:"你想把我的车骑走啊?"乙弃车逃走,甲将摩托车据为己有

📩 **答案(　　)①**

📖 **【解析】** 保姆对一般家庭财产均具有处分地位(手提电脑是否属于贵重的家庭财产存在疑问,如果属于,那么保姆并不具有处分权)。欺骗他人使其放弃财产,行为人立刻获取的,应认定为欺骗他人处分财产。虽然甲有欺骗行为,但富商对捐赠行为本身及承诺放弃的财产没有产生法益错误或动机错误,2 万元应视为正常赠与。乙属于稳定的占有人,甲的欺骗行为使其放弃占有而自己立刻取得占有,应认定为诈骗罪。

16. 关于诈骗罪的认定,下列哪一选项是正确的(不考虑数额)?(2016 – 2 – 17)

A. 甲利用信息网络,诱骗他人点击虚假链接,通过预先植入的木马程序取得他人财物。即使他人不知点击链接会转移财产,甲也成立诈骗罪

B. 乙虚构可供交易的商品,欺骗他人点击付款链接,取得他人财物的,由于他人知道自己付款,故乙触犯诈骗罪

C. 丙将钱某门前停放的摩托车谎称是自己的,卖给孙某,让其骑走。丙就钱某的摩托车成立诈骗罪

D. 丁侵入银行计算机信息系统,将刘某存折中的 5 万元存款转入自己的账户。对丁应以诈骗罪论处

📩 **答案(　　)②**

📚 **【考点】** 诈骗罪

📖 **【解析】** 根据《刑法》第 266 条规定:"诈骗公私财物,数额较大的,处三年以下有期徒刑、拘役或者管制,并处或者单处罚金;数额巨大或者有其他严重情节的,处三年以上十年以下有期徒刑,并处罚金;数额特别巨大或者有其他特别严重情节的,处十年以上有期徒刑或者无期徒刑,并处罚金或者没收财产。本法另有规定的,依照规定。"诈骗罪的因果流程:行为人以非法占有为目的实施欺诈行为,对方产生或者继续维持错误认识,对方基于错误认识处分财产,行为人取得财物,被害人遭受财产损失。据此,A 错误,因为被害人不知点击链接会转移财产,所以被害人不存在处分意识,应成立盗窃罪。B 正确,乙虚构可供交易的商品,欺骗他人点击付款链接,由于他人是基于对付款网站的错误认识而处分了财产,乙成立诈骗罪。C 错误,丙就孙某的现金成立诈骗,但对摩托车仅成立盗窃,因为被害人钱某并没有陷入错误认识处分摩托车。D 错误,丁侵入银行计算机信息系统,将刘某存折中的 5 万元存款转入自己的账户,银行并没有实施处分行为,因此丁仅成立盗窃罪。此外,丁的行为还涉及计算机犯罪,但并非本题考查内容。

第四节　抢夺罪

1. 陈某在街上趁刘某不备,将其手机(价值 2590 元)夺走。随后陈某反复使用该手机拨打国际长

途电话,致使刘某损失话费5200元。一周后,陈某将该手机丢弃在某邮局门口,引起保安人员的怀疑,经询问案发。下列有关此案的说法中,哪些是不正确的?(2002-2-33)

A. 对陈某的行为以抢夺罪从重处罚即可

B. 对陈某的行为以盗窃罪从重处罚即可

C. 对陈某的行为以抢夺罪与盗窃罪实行数罪并罚

D. 对陈某的行为以抢夺罪与故意毁林财物罪实行数罪并罚

答案( )①

【考点】 抢夺罪与盗窃罪的区分

【解析】 陈某在街上趁被害人不备,将其手机夺走,属于乘人不备公然夺取,成立抢夺罪。之后,陈某使用该手机拨打国际长途,获得了免费的电信服务,并造成被害人损失,应成立针对财产性利益的盗窃罪。本案前后两个行为各自独立,应数罪并罚。

【难点】 抢夺行为具有致人伤亡的可能性,而盗窃罪不具有致人伤亡的可能性。在此意义上,盗窃行为必须在手段上具有"平和性",而抢夺行为需要针对被害人紧密占有之物实施强力。

2. 甲乘在路上行走的妇女乙不注意之际,将乙价值12000元的项链一把抓走,然后逃跑。跑了50米之后,甲以为乙的项链根本不值钱,就转身回来,跑到乙跟前,打了乙两耳光,并说:"出来混,也不知道戴条好项链!"然后将项链扔给乙。对甲的行为,应当如何定性?(2008-2-15)

A. 抢夺罪(未遂)   B. 抢夺罪(中止)

C. 抢夺罪(既遂)   D. 抢劫罪(转化型抢劫)

答案( )②

【考点】 抢劫罪与抢夺罪的区分

【解析】 甲乘人不备,用强力夺取被害人的项链,然后跑出去50米,被害人也未追赶。应该说,此时已构成抢夺罪既遂,且不法侵害已经终局性地完结。甲之后又返回将项链还给乙,该行为属于事后返还财产的行为。尽管在事后返还财产时,打了被害人两个耳光,但是该暴力行为不足以压制反抗,也没有窝藏赃物、抗拒抓捕和毁灭罪证的目的,而且发生在不法侵害终局性完结之后,非当场施暴,因此不可能转化为事后型抢劫罪。

【难点】 抢夺罪的暴力行为是针对财物的,而抢劫罪的暴力是针对人身的。在事后抢劫过程中,如果所犯盗窃、抢夺、诈骗罪已经出现不法侵害的终局性完结,那么不可能再转化为别的犯罪,因为缺乏当场性。

3.《刑法》第二百六十九条对转化型抢劫作出了规定,下列哪些选项不能适用该规定?(2008-2-62)

A. 甲入室盗窃,被主人李某发现并追赶,甲进入李某厨房,拿出菜刀护在自己胸前,对李某说:"你千万别过来,我胆子很小。"然后,翻窗逃跑

B. 乙抢夺王某的财物,王某让狼狗追赶乙。乙为脱身,打死了狼狗

C. 丙骗取他人财物后,刚准备离开现场,骗局就被识破。被害人追赶丙。走投无路的丙从身上摸出短刀,扎在自己手臂上,并对被害人说:"你们再追,我就死在你们面前。"被害人见丙鲜血直流,一下愣住了。丙迅速逃离现场

---

①参考答案 ABD ②参考答案 C

D. 丁在一网吧里盗窃财物并往外逃跑时,被管理人员顾某发现。丁为阻止顾某的追赶,提起网吧门边的开水壶,将开水泼在顾某身上,然后逃离现场

📖 答案(   )①

📖【考点】事后抢劫暴力胁迫行为的量化要求

📖【解析】A错误,甲被发现后,只是将菜刀护在自己胸前,且其威胁程度未达到压制一般人反抗程度,因此不能转化为抢劫罪。B错误,乙抢夺后,为了脱身,仅仅对物实施了暴力,没有满足抢劫罪的暴力要求,因此不能转化。C错误,丙的暴力行为仅对自己实施,且其胁迫内容也是针对自己实施,不符合抢劫罪对暴力胁迫的要求,不能转化为抢劫。D正确,丁用开水泼被害人,足以压制一般人反抗,成立转化型抢劫。

😀【难点】事后型抢劫的暴力胁迫行为与事前型抢劫一样要求足以压制被害人反抗。这一要求意味着暴力胁迫针对的是除自己以外的他人,且足以压制一般人反抗。

4. 关于抢夺罪,下列哪些判断是错误的? (2010 – 2 – 59)

A. 甲驾驶汽车抢夺乙的提包,汽车能致人死亡属于凶器。甲的行为应认定为携带凶器抢夺罪

B. 甲与乙女因琐事相互厮打时,乙的耳环(价值 8000 元)掉在地上。甲假装摔倒在地迅速将耳环握在手中,乙见甲摔倒便离开了现场。甲的行为成立抢夺罪

C. 甲骑着摩托车抢夺乙的背包,乙使劲抓住背包带,甲见状便加速行驶,乙被拖行十多米后松手。甲的行为属于情节特别严重的抢夺罪

D. 甲明知行人乙的提包中装有毒品而抢夺,毒品虽然是违禁品,但也是财物。甲的行为成立抢夺罪

📖 答案(   )②

📖【考点】抢夺罪的手段行为

📖【解析】A错误,汽车在一般人看来没有危险感,因此不属于凶器。B错误,甲、乙厮打属于对人暴力,不能满足抢夺罪的手段要求。耳环掉落在地上,无论是在物理上,还是在社会观念上,都在乙的占有之下。甲违背其意志,以平和手段拿取,成立盗窃罪。C错误,甲飞车抢夺,被害人不放手,便采取强拉硬拽的方法取得财产,成立抢劫罪。D正确,违禁品虽然违法,但需要经过法律程序予以处理,不得任意侵犯业已形成的稳定占有。因此,对毒品稳定的占有也是受刑法保护的,本案成立抢夺罪。

😀【难点】抢夺要求对物实施强力,在该力量未压制被害人反抗的情况下,可以成立抢夺罪;如直接对物,间接对人,并且压制了被害人反抗,应成立抢劫罪。

5. 李某乘正在遛狗的老妇人王某不备,抢下王某装有 4000 元现金的手包就跑。王某让名贵的宠物狗追咬李某。李某见状在距王某 50 米处转身将狗踢死后逃离。王某眼见一切,因激愤致心脏病发作而亡。关于本案,下列哪一选项是正确的? (2015 – 2 – 17)

A. 李某将狗踢死,属事后抢劫中的暴力行为

B. 李某将狗踢死,属对王某以暴力相威胁

C. 李某的行为满足事后抢劫的当场性要件

D. 对李某的行为应整体上评价为抢劫罪

📖 答案(   )③

【解析】事后抢劫的暴力必须针对人身,仅将狗踢死,并不能压制被害人的反抗,不符合对人暴力的要求。将狗踢死不能评价为对人身的暴力威胁(抢劫罪中的威胁仅限于对人身的暴力威胁)。在逃跑过程中踢死狗,由于被害人现场仍然可能追回财物,应认定为具有当场性。李某应认定为抢夺罪。

第五节 侵占罪

1. 结合犯罪构成理论以及刑法分则的相关规定分析,以下案件哪些不构成侵占罪?(2003 - 2 - 47)

A. 某游戏厅早上 8 点刚开门,甲就进入游戏厅玩耍,发现 6 号游戏机上有一个手机,甲马上装进自己口袋,然后逃离。事后查明,该手机是游戏厅老板打扫房间时顺手放在游戏机上的。甲被抓获后称其始终以为该手机是其他顾客遗忘的财物

B. 乙知道邻居肖某的 8 岁小孩被他人绑架,肖某可能会按照歹徒的要求交付赎金,即终日悄悄跟随在肖某身后。某日,见肖某将一塑料口袋塞入某桥洞下,即在肖某离开 10 分钟后,将口袋挖出,取得现金 20 万元

C. 丙到某装饰城购买价值 2 万元的装修材料,委托三轮车夫田某代为运输。田某骑三轮车在前面走,丙骑自行车跟在后面。在经过一路口时,田某见丙被警察拦住检查自行车证,即将装修材料拉走倒卖,获款 4000 元

D. 丁闲极无聊在一自动取款机按键上胡乱敲击。在准备离开时,丁无意中触动了一个按钮,取款机即吐出一张 100 元钞票,丁见此情景,就连续不断地进行操作,直至取出现金 1 万元,然后迅速离去

答案( )①

【考点】侵占罪的构成要件;占有的归属

【解析】A 成立盗窃罪。甲在拿取手机时,虽然主观上认为该手机是顾客遗忘的,但客观上属于游戏厅老板占有之下。这是因为,从体素看,手机显然处在老板排他的支配领域之内,且老板就在附近,随时可能想起手机而直接实施现实的物理支配;从心素看,老板当然具有潜在的占有意思。整体而言,手机属于老板占有。甲对此产生错误认识,认为手机属于其他顾客的遗忘物,但即便其想象为真,我们也不能据此认为甲具有侵占罪的犯罪决意。相反,按照甲的想象,假如手机果真属于其他顾客的遗忘物,那么根据手机所处的位置、周遭情况以及手机被遗忘的时长,法律上也会认为手机转移给了网吧老板占有。简言之,按照甲所想象的"事实",手机仍然归老板占有,只不过甲未对该"事实"作出正确的法律评价,存在单纯的刑事可罚性错误(具体为可罚行为类型的错误)。应该说,该错误不能阻却盗窃故意的成立。甲主观上对自己行为事实的认识,虽然与客观发生的事实有所不同,但在实现盗窃罪构成要件事实意义上,主观想象的事实与客观发生的事实并没有本质不同。依此,尽管甲对事实存在错误认识,但该错误并未影响其主观故意的成立。既然甲的行为满足了盗窃罪的不法,同时也具有故意责任和非法占有目的,当然成立盗窃罪。B 错误,因为肖某将赎金埋在桥下,显然在物理上建立了排他性支配(除了绑匪之外,所有第三人均被其排斥)。此外,乙全程目睹肖某交付赎金的过程,在绑匪取得赎金之前,肖某当然仍然具有占有意思。综合这两方面因素,应当认为赎金仍然归肖某占有,乙挖取该赎金的行为应该成立盗窃罪。C 错误,丙雇佣田某为其运输建筑材料,丙紧跟车后监督,就此而论,建筑材料仍然归丙占有,田某只是占有辅助人。丙被警察拦下查自行车证时,田某趁机开始远离,

---

该行为起初只会造成占有的松动,但是达到一定距离,足以使丙无法挽回财产损失时,应该就使丙丧失了占有。田某的这一行为符合盗窃罪要求,成立盗窃罪。D错误,丁随意操作提款机,并非债权人行使债权,因此,自动提款机吐出的现金并非银行交付给丁的财物,丁不能因此取得现金的占有。从现金吐出原因看,银行并没有根据与储户签订的取款规则将自动取款机内的现金转移占有,而是丁无意或有意①利用机械故障使然。显然,银行仍然具有明确的占有意思,在现金从自动取款机内部吐出之前,其当然属于银行排他的支配领域,即现金属于银行占有。丁违背银行意志取得该现金,应成立盗窃罪。

【难点】 第一次吐出的现金虽然并非丁有意利用机械故障,但丁随意操作取款机的行为无疑属于违法的危险前行为,银行对此次吐出的现金未丧失占有,而仅发生占有的松动。丁有义务恢复银行对该笔现金原有的占有状态。

2. 甲乘坐长途公共汽车时,误以为司机座位后的提包为身边的乙所有(实为司机所有);乙中途下车后,甲误以为乙忘了拿走提包。为了非法占有该提包内的财物(内有司机为他人代购的13部手机,价值2.6万元),甲提前下车,并将提包拿走。司机到站后发现自己的手提包丢失,便报案。公安人员发现甲有重大嫌疑,便询问甲,但甲拒不承认,也不交出提包。关于本案,下列说法正确的是:(2004-2-88)

A. 由于甲误认为提包为遗忘物,所以,甲的认识错误属于事实认识错误

B. 由于甲误认为提包为遗忘物,因而没有盗窃他人财物的故意,根据主客观相统一的原则,甲的行为成立侵占罪

C. 由于提包实际上属于司机的财物,所以,甲的行为成立盗窃罪

D. 由于提包实际上属于司机的财物,而甲又没有盗窃的故意,所以,甲的行为不成立盗窃罪;又由于甲具有侵占遗忘物的故意,但提包事实上不属于遗忘物,所以,甲的行为也不成立侵占罪

答案(　　)②

【考点】 侵占罪与盗窃罪的区别;占有的判断

【解析】(1)行为一:从公交车上取走手机。涉案手机系司机所有,且放置在自己周遭,客观上随时可以支配,主观上具有明确的占有意思。就此而言,财物始终处于司机占有之下。甲违背其意志转移占有,客观上成立盗窃行为。但甲误以为该财物属于乙所有,并且被乙遗忘在车上,因此仅存在侵占遗忘物的犯罪决意。该犯罪决意是否成立侵占故意,需要假设甲的想象为真,然后根据犯罪故意的成立要件进行认定。即,如果甲的想象为真,那么财物应认定为遗忘物。之所以如此,一方面在于,在甲的想象中乙确实遗忘了财物;另一方面,公交车上人员流动大,管理难度高,司机对车内财物不能进行排他性支配,因此,财物也不可能转移给司机占有。既然财物属于遗忘物,那么甲明知自己的行为将他人所有但归自己占有的财物永久地据为己有,那么就满足了侵占罪的客观成立要件,成立侵占故意。综合全案,甲客观上实施了盗窃行为(排除他人占有+建立自己的占有),主观上具有侵占故意,不能满足盗窃罪成立要件,但能满足侵占罪成立要件——客观上存在据为己有(变自己占有为永久所有)的行为,主观上具有侵占故意,因此成立侵占罪。(2)行为二:公安人员询问,甲拒不承认,也拒不返还财物。该行为客观上是将司机所有但由自己占有的财物变为自己永久地所有,成立侵占行为,甲主观上显然具有侵占故意,因此成立侵占罪。(3)罪数:行为二侵害的法益与行为一具有同一性,因此属于与罚的后行为,仅构成侵占罪一罪。基于上述考虑:A正确,甲将司机占有之物误认为乙的遗忘物,属于事实认识错误,阻却了盗窃故意的成立。B正确,甲的客观行为既可认定为盗窃行为,也可以认定为侵占行

为,但主观上仅具有侵占故意,按照主客观统一原则,当然只能成立侵占罪。C错误,该观点仅看到了财物归司机占有的客观要素,完全忽略了主观要素,属于客观归罪。D错误,该观点认为客观上仅存在盗窃行为,但任何盗窃行为当然包含着侵占行为。因此,仍然需要判断案件事实是否满足侵占罪成立要件。该观点实际上将案件事实作为大前提,而不是将法律作为大前提,违反了司法推理的三段论原理。

【难点】 盗窃罪与侵占罪区分的关键在于客观行为,即盗窃罪转移占有,而侵占罪不转移占有。从现象上,盗窃行为不同于侵占行为,但从规范意义上,盗窃行为可以涵盖侵占行为。这是因为,盗窃行为是由排除他人占有和建立自己新的占有组成,其中建立自己新的占有,由于受到非法占有目的的支配,当然可以评价为将自己占有变为永久所有的"据为己有"行为。

3. 甲潜入乙的住宅盗窃,将乙的皮箱(内有现金3万元)扔到院墙外,准备一会儿翻墙出去再捡。偶尔经过此处的丙发现皮箱无人看管,遂将其拿走,据为己有。15分钟后,甲来到院墙外,发现皮箱已无踪影。对于甲、丙行为的定性,下列哪一选项是正确的?（2008-2-6）
A. 甲成立盗窃罪(既遂),丙无罪
B. 甲成立盗窃罪(未遂),丙成立盗窃罪(既遂)
C. 甲成立盗窃罪(既遂),丙成立侵占罪
D. 甲成立盗窃罪(未遂),丙成立侵占罪

答案( )①

【考点】 盗窃罪的既遂标准;侵占遗忘物

【解析】 本案中,甲将财物抛出墙外,便以建立自己占有的形式排除了被害人的占有,犯罪已经达到既遂。甲事后并未建立稳定的占有,但尽管如此,排除被害人占有已然成为事实,成立既遂无疑。丙在墙外看到财物之时,财物客观上属于甲占有(15分钟后甲便寻找,足见其对财物的支配力),但丙误认为财物属于脱离占有物,便以侵占故意将财物据为己有。根据犯罪检视体系,丙的行为客观上符合了盗窃罪构成要件,但主观上仅具有侵占罪的故意,整体上丙的行为只能满足侵占罪的成立要件。综上,甲成立盗窃罪(既遂),丙成立侵占罪。答案应为C。

【难点】 盗窃罪的既遂标准存在失控说、控制说以及失控且控制说之争。从盗窃罪侵害法益看,被害人丧失控制之时,财产法益便已被彻底侵害,即被害人对财物的占有已经被破除,行为应达到既遂状态。但是,被害人丧失占有的判断只能通过比较行为人与被害人对财物的支配力才能得出结论。盗窃行为是指排除被害人占有,同时建立行为人的占有。实际上,能够排除被害人占有的行为必然同时能够建立行为人占有,或者说,之所以排除被害人占有就是行为人建立了自己的占有。这种占有未必是稳定的占有,也不要求是稳定的占有。因此,盗窃罪既遂标准的各种学说并无实质的区别,只不过角度不同而已。只是需要注意,如果论者将"控制"理解为稳定的占有,那么失控说较为可取。控制说与失控且控制说则过分强调行为人得利的一面而违背了盗窃罪侵害性的本质。

4. 甲在8楼阳台上浇花时,不慎将金镯子(价值3万元)甩到了楼下。甲立即让儿子在楼上盯着,自己跑下楼去捡镯子。路过此处的乙看见地面上有一只金镯子,以为是谁不慎遗失的,在甲到来之前捡起镯子迅速逃离现场。甲经多方询查后找到乙,但乙否认捡到金镯子。乙的行为构成何罪?（2008川-2-16）
A. 盗窃罪
B. 侵占罪
C. 抢夺罪
D. 不构成犯罪

答案( )②

📖 【考点】侵占罪

📖 【解析】甲的镯子从楼上落下,甲随即让其子看护,同时自己下楼拾取。据此,应该说镯子仍然归甲占有,仅发生了占有的松动,并未丧失占有。乙看到镯子,误认为脱离占有物,便以侵占故意非法据为己有(之所以认为乙具有侵占故意,是甲捡起镯子便迅速离开现场,且事后否认捡到镯子)。整体而言,乙的行为满足侵占罪成立要件,构成侵占罪。正确答案为 B。A、C 的错误在于误判了财物的占有状态。

💡 【难点】侵占行为的认定具有其他犯罪不具有的特点。侵占行为的外观与合法占有并无区别,之所以评价为侵占行为主要考虑了财物的返还义务和行为人非法所有目的。财物返还义务产生之时,如果行为人还具有非法所有目的,便存在刑法意义上的侵占行为。需要注意的是,非法所有目的的认定需要根据行为人的行为表现加以认定,如处分行为、拒不返还行为、足以表征其非法所有目的的行为等。财物的返还义务则需要根据民法进行判断。

5. 关于侵占罪的认定(不考虑数额),下列哪些选项是错误的?(2011-2-62)

A. 甲将他人停放在车棚内未上锁的自行车骑走卖掉。甲行为构成侵占罪

B. 乙下车取自己行李时将后备厢内乘客遗忘的行李箱一并拿走变卖。乙行为构成侵占罪

C. 丙在某大学食堂将学生用于占座的手机拿走卖掉。丙行为成立侵占罪

D. 丁受托为外出邻居看房,将邻居锁在柜里的手提电脑拿走变卖。丁行为成立侵占罪

📖 答案( )①

📖 【考点】侵占罪;占有的判断

📖 【解析】A 错误,放置在车棚内的自行车尽管没有上锁,但根据社会观念可以推知仍然有人占有,并非抛弃物或脱离占有物,因此甲的行为应成立盗窃罪。B 错误,不管是小型出租车还是长途汽车,后备箱内的行李均由司机进行排他性管理,因此,即便乘客遗忘于此,也不会成为脱离占有物,而转移给司机占有。乙的行为成立盗窃罪。C 错误,对于占位的手机,根据其功能可推知原主人并未放弃占有,且原主人就在附近打饭,手机当然应认定为由手机原主人占有,丙的行为构成盗窃罪。D 错误,丁虽然受委托为被害人照看房子,但其支配范围应限于屋内开放空间的物品。手提电脑属于桌子抽屉封缄起来的内容物,原主人设定了进行排他支配的保护屏障,应认为手提电脑仍然归原主人占有。丁的行为成立盗窃罪。

6. 不计数额,下列哪一选项构成侵占罪?(2012-2-18)

A. 甲是个体干洗店老板,洗衣时发现衣袋内有钱,将钱藏匿

B. 乙受公司委托外出收取货款,隐匿收取的部分货款

C. 丙下飞机时发现乘客钱包掉在座位底下,捡起钱包离去

D. 丁是宾馆前台服务员,客人将礼品存于前台让朋友自取。丁见久无人取,私吞礼品

📖 答案( )②

📖 【考点】侵占罪;占有的判断

📖 【解析】A 正确,衣服空袋内的现金虽然属于封缄后的内容物,但当顾客将衣服交给甲干洗时,根据社会观念,实际上同时转移了衣服及口袋内物品的占有(干洗衣服当然允许服务人员清理清洁衣服内外)。甲将口袋内财物据为己有的行为成立侵占罪。B 错误,乙受委托收取货款,应认为单位与

乙之间有特别信赖关系,故乙是单位货款独立的占有人(乙不是货款的占有辅助人)。乙将部分货款隐匿的,属于利用职务便利窃取财物,成立职务侵占罪。如委托授权范围达到独立的处分权限,货款由甲占有,甲利用职务便利侵吞,同样成立职务侵占罪。C 错误,掉在飞机座位上的钱包属于乘务人员排他管理的范围,拾取该钱包,成立盗窃罪。D 错误,丁负责管理客人存放在前台的财物,由于前台服务人员缺乏独立的处分权限,仅是宾馆对财物占有的辅助人,因此财物由宾馆占有。丁利用职务之便取得财物,属于窃取本单位财物,应成立职务侵占罪。

7. 乙(16 周岁)进城打工,用人单位要求乙提供银行卡号以便发放工资。乙忘带身份证,借用老乡甲的身份证以甲的名义办理了银行卡。乙将银行卡号提供给用人单位后,请甲保管银行卡。数月后,甲持该卡到银行柜台办理密码挂失,取出 1 万余元现金,拒不退还。甲的行为构成下列哪一犯罪?(2014 - 2 - 18)

  A. 信用卡诈骗罪   B. 诈骗罪

  C. 盗窃罪(间接正犯)   D. 侵占罪

                  答案( )①

📖【考点】侵占行为

📝【解析】银行卡的名义人是甲,同时甲也占有银行卡,并知道银行卡密码,因此在事实的支配力上完全排斥了乙的占有。乙仅享有给付工资的请求权。存款在银行存着时,当然由银行占有,其具有支配力和占有意思。当甲使用银行卡取钱时,根据其与银行签订的银行卡协议,银行没有理由拒绝甲取款。当现金取出后,甲实现了债权,银行让渡了现金所有权,银行没有损失,不是被害人。此时,甲合法占有了现金,但这笔钱原本要给乙,他据为己有,乙是被害人,应构成侵占罪。由此,A、B 错误,甲的取财行为是拒不归还乙的钱,并不是诈骗行为。本案自始不存在诈骗行为,甲的行为完全符合银行卡使用规则,没有虚构事实隐瞒真相。C 错误,因为本案被害人不是银行,不存在窃取银行现金的行为,甲使用的是自己的银行卡。另一方面,现金一旦出现,就已经归甲合法占有(甲与银行之间有银行卡使用协议保障甲合法占有所取款项;甲、乙之间仅存在委托取款的关系,即乙仅具有请求甲转移工资归自己占有的权利),其为独立占有人,不能说他是乙的辅助占有人。D 正确,甲将合法占有的乙的现金非法占为己有,成立侵占罪。

第六节　职务侵占罪

1. 甲为非国家工作人员,是某国有公司控股的股份有限公司主管财务的副总经理;乙为国家工作人员,是该公司财务部主管。甲与乙勾结,分别利用各自的职务便利,共同侵吞了本单位的财物 100 万元。对甲、乙两人应当如何定性?(2005 - 2 - 18)

  A. 甲定职务侵占罪,乙定贪污罪,两人不是共同犯罪

  B. 甲定职务侵占罪,乙定贪污罪,但两人是共同犯罪

  C. 甲定职务侵占罪,乙是共犯,也定职务侵占罪

  D. 乙定贪污罪,甲是共犯,也定贪污罪

                  答案( )②

📖【考点】职务侵占罪;共犯

【解析】 甲是国有控股公司的副总,其利用职务便利,侵吞本单位财物的行为,应构成职务侵占罪。乙与甲勾结,利用甲的职务便利,共同将该单位财物非法占为已有,数额较大的,根据司法解释,乙应以职务侵占罪共犯论处。同时,乙的行为本身也是利用职务便利侵吞所在公司财产,根据《刑法》第271条第2款规定,成立贪污罪。同时,甲在乙的贪污过程中与其勾结,共同侵吞财产,当然也成立贪污罪的共犯。综上所述,甲既是职务侵占罪的实行犯,又是贪污罪的帮助犯,根据法条竞合原理,应认定为职务侵占罪;同时,乙既是贪污罪的实行犯,又是职务侵占罪的帮助犯,根据法条竞合原理,应认定为贪污罪。由于贪污罪与职务侵占罪属于特殊法与一般法的关系,两罪在职务侵占罪范围内重合,因此,甲、乙的共同行为在职务侵占罪范围内成立共同犯罪。据此,根据行为共同说,甲、乙属于共同犯罪,甲定职务侵占罪,乙定贪污罪。根据部分犯罪共同说,甲、乙在职务侵占罪范围内成立共同犯罪。本题的正确答案应为BC。但是,2005年司法考试在共犯问题上的官方立场是部分犯罪共同说,因此只能选C。此外,根据司法解释,甲的职务高,为主犯,犯罪性质由其行为性质确定,即应认定为职务侵占罪。

【难点】 甲的职务比乙高,根据司法解释,甲处于支配地位,发挥了主要作用,因此整体行为性质应按照职务侵占罪认定。实际上,该观点基本上脱离了共犯原理进行论述,具有形式化之嫌。职务高者未必在共同犯罪中发挥主要作用,反之亦然。应该说,职务高仅是合法业务活动中的一种分工优势,未必意味着犯罪活动中依然如此。本题题干中的案件事实并未指明甲的行为发挥了主要作用,本题答案完全是根据部分犯罪共同说推导而来。这里涉及的关键点是行为的共同性和不同罪名之间的重合性,无须分析主要作用和职务高低问题。

2. 下列哪些行为应以职务侵占罪论处?(2008 - 2 - 63)

A. 甲系某村民小组的组长,利用职务上的便利,将村民小组集体财产非法据为己有,数额达到5万元

B. 乙为村委会主任,利用协助乡政府管理和发放救灾款物之机,将5万元救灾款非法据为己有

C. 丙是某国有控股公司部门经理,利用职务上的便利,将本单位的5万元公款非法据为己有

D. 丁与某私营企业的部门经理李某内外勾结,利用李某职务上的便利,共同将该单位的5万元资金非法据为己有

答案(　　　)①

【考点】 职务侵占罪的行为类型

【解析】 A正确,根据司法解释,村小组组长满足职务侵占罪中的主体要求,其将村集体财产非法据为己有的行为成立职务侵占罪。B错误,救灾款物在交付灾民之前,仍然属于公共财产,乙作为村长协助乡政府分发救灾款物属于执行公务的行为,根据司法解释,乙的行为应成立贪污罪。C正确,丙虽然将国有控股公司财物非法据为己有,但其并非被国有单位委派人员,仅具有普通职务,因此不构成贪污罪,而只能认定为职务侵占罪。D正确,丁虽然不具有职务,但是其与具有职务的公司人员共同侵占公司财物,根据司法解释或刑法原理,成立职务侵占罪的共犯。

3. 甲在某公司招聘司机时,用假身份证应聘并被录用。甲在按照公司安排独自一人将价值7万元的货物从北京运往山东途中,在天津将该货物变卖后潜逃,得款2万元。甲的行为构成何罪?(2008川 - 2 - 18)

A. 盗窃罪

---

① 参考答案 ACD

B. 诈骗罪

C. 职务侵占罪

D. 侵占罪

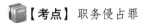 答案(　　　)①

【考点】职务侵占罪的行为类型;占有的判断

【解析】甲虚构身份应聘的行为虽然属于欺骗行为,但被录用并不等于直接取得财物。因此,甲的这一诈骗行为不成立诈骗罪。应该说,甲的取财行为是其将自己负责独立运输的货物卖掉。该行为发生时,由于公司让甲独立运输,对路线、时间等运输方式没有特定要求,因此,应认为货物已由公司交付给甲占有。甲原本应根据职务要求送货,但其中途将货物处分,显然具有非法所有目的,应成立职务侵占罪。A错误,货物已经归甲占有,甲将暂时占有变为非法所有,不符合盗窃罪要求。B错误,甲使用假身份证的行为未骗得财物,不可能成立诈骗罪。C正确。D错误,该观点虽然看到了甲的行为具有侵占性质,但忽视了甲的侵占行为与其职务具有相关性,因此属于不充分的评价。

4. 公司保安甲在休假期内,以"第二天晚上要去医院看望病人"为由,欺骗保安乙,成功和乙换岗。当晚,甲将其看管的公司仓库内价值 5 万元的财物运走变卖。甲的行为构成下列哪一犯罪?(2014 - 2 - 17)

　　A. 盗窃罪　　　　　B. 诈骗罪　　　　　C. 职务侵占罪　　　　D. 侵占罪

答案(　　　)②

【考点】职务侵占罪

【解析】A错误,因为仅仅评价了甲窃取财物的一面,未评价其利用职务监守自盗的一面。B错误,因为甲虽然欺骗了乙,但乙同意换岗并不是处分财产给甲,乙只是辅助占有人,他没有处分权限,没有现实地交付财产。C正确,全面评价了甲窃取财物和监守自盗。注意,此处甲之所以能将5万元财物顺利运走与其职务有关。看守仓库,正是甲职务范围内的活动,其在岗的状态有利地促进了盗窃行为的完成,应当认为与职务有关。D错误,甲值班时仅仅是辅助占有人,不能认为甲在作为保安值班时具有处分权地位。

【难点】本题属于综合考查财产犯罪区别点的题目,涉及处分权限、占有判断、窃取、骗取、侵占、利用职务便利等知识点。这些知识点属于必考考点,需要相互联系,系统全面地掌握。

第七节　敲诈勒索罪

1. 甲、乙合谋勒索丙的钱财。甲与丙及丙的儿子丁(17 岁)相识。某日下午,甲将丁邀到一家游乐场游玩,然后由乙向丙打电话。乙称丁被绑架,令丙赶快送 3 万元现金到约定地点,不许报警,否则杀害丁。丙担心儿子的生命而没有报警,下午 7 点左右准备了 3 万元后送往约定地点。乙取得钱后通知甲,甲随后与丁分手回家。下列罪名哪些不符合甲、乙的行为性质?(2003 - 2 - 50)

A. 绑架罪

B. 抢劫罪

C. 敲诈勒索罪

D. 非法拘禁罪

答案( )①

【考点】绑架罪;诈骗罪;敲诈勒索罪

【解析】甲邀丁游乐的行为未剥夺丁的人身自由,不能认为甲已经以实力控制了被害人。乙以获得赎金的目的,谎称丁被绑架,该行为既是虚构事实的欺骗行为,又是告知恶害的行为,应成立诈骗罪与敲诈勒索罪的想象竞合犯(注意,有观点认为该行为仅侵犯一个法益,因此成立法条竞合而非想象竞合犯)。据此,A、D错误,因为甲、乙并未侵犯丁的人身自由。B错误,因为乙告知的恶害并非现实的对人暴力,不足以压制一般人反抗,不成立胁迫型的抢劫罪。

【难点】绑架罪和非法拘禁罪中剥夺被害人自由的行为须以非法方式侵犯他人可能的自由活动,如果只是欺骗他人从事特定活动,因为未违反被害人意志,因此谈不上侵犯人身自由。此外,当告知行为既具有胁迫性质,又具有虚构性时,完全可能成立敲诈勒索罪和诈骗罪的想象竞合犯。由于敲诈勒索罪通常重于诈骗罪,因此一般应认定为敲诈勒索罪。

2. 甲、乙为劫取财物将在河边散步的丙杀死,当场取得丙随身携带的现金 2000 余元。甲、乙随后从丙携带的名片上得知丙是某公司总经理。两人经谋划后,按名片上的电话给丙的妻子丁打电话,声称丙已被绑架,丁必须于次日中午 12 点将 10 万元现金放在某处,否则杀害丙。丁立即报警,甲、乙被抓获。关于本案的处理,下列哪一种说法是正确的?(2005 – 2 – 14)

A. 抢劫罪和绑架罪并罚

B. 以故意杀人罪、盗窃罪和绑架罪并罚

C. 以抢劫罪和敲诈勒索罪并罚

D. 以故意杀人罪、侵占罪和敲诈勒索罪并罚

答案( )②

【考点】抢劫罪;敲诈勒索罪;绑架罪

【解析】甲、乙杀死丙的行为可以评价为故意杀人罪;丙死后,在短暂的时间内,其随身携带的财物仍然归其占有,因此成立盗窃罪,而不是侵占罪。整体而言,甲、乙为取财而杀死丙的行为可以评价为故意杀人罪和盗窃罪,但这一观点忽略了取财行为与杀人行为之间的类型化关联,属于不完全的评价。如认定为抢劫罪则可对全案事实进行充分评价。在此之后,两人谎称丙被绑架,向其妻子索要赎金的行为,由于客观上并不存在真实的绑架,所以行为不可能满足绑架罪的构成要件,不成立绑架罪。该行为兼具诈骗性质与敲诈性质,应成立诈骗罪与敲诈勒索罪的想象竞合犯,由于敲诈勒索罪更重,因此最终应认定为敲诈勒索罪。

3. 下列哪种行为构成敲诈勒索罪?(2006 – 2 – 15)

A. 甲到乙的餐馆吃饭,在食物中发现一只苍蝇,遂以向消费者协会投诉为由进行威胁,索要精神损失费 3000 元。乙迫于无奈付给甲 3000 元

B. 甲到乙的餐馆吃饭,偷偷在食物中投放一只事先准备好的苍蝇,然后以砸烂桌椅进行威胁,索要精神损失费 3000 元。乙迫于无奈付给甲 3000 元

C. 甲捡到乙的手机及身份证等财物后,给乙打电话,索要 3000 元,并称若不付钱就不还手机及身份证等物。乙迫于无奈付给甲 3000 元现金赎回手机及身份证等财物

D. 甲妻与乙通奸,甲获知后十分生气,将乙暴打一顿,乙主动写下一张赔偿精神损失费 2 万元的欠条。事后,甲持乙的欠条向其索要 2 万元,并称若乙不从,就向法院起诉乙

答案(　　)①

📖【考点】行使权利与敲诈勒索罪

📋【解析】A 错误,甲以恶害相通告,要求给付财物,该行为符合敲诈勒索罪的构成要件。但是,在不法层面,甲在食物中发现苍蝇,其有权要求赔偿,也有权向消协投诉。甲以精神损失费名义索要 3000 元钱虽然在民法上未必能获得肯定,但不妨碍其行为仍然具有行使权利的合法性。据此,甲的行为属于行使权利的行为,阻却敲诈勒索的不法,不能认定为敲诈勒索罪。B 正确,因为苍蝇为甲蓄意放入,并不存在侵害消费者权益的行为,甲不能据此行使权利。甲以打砸财物相威胁,本身也完全不具有权利基础,完全符合敲诈勒索罪成立要件,应认定为敲诈勒索罪。C 错误,甲捡到财物和身份证,属于拾得遗失物的行为,其对财物和身份证的占有属于合法占有。本权人乙的本权不能对抗甲的合法占有,而只能通过协商,让甲转移占有给自己。甲在此过程中索要财物是基于占有而行使权利的行为,阻却敲诈勒索罪的成立。D 错误,欠条为乙主动写下,甲因此获得合法债权。甲以此为由,向法院起诉属于行使权利的行为,阻却敲诈勒索罪的成立。

👩‍🏫【难点】行使权利要求目的和方式均合法,否则便不成立。在具体判断时,应结合其他部门法具体分析要挟内容是否具有合法性根据,方式是否合乎行使权利的程序性要求。此外,行使权利所主张的具体数额属于意思自治的范畴,不能以数额超过法律可能认可的范围,而使行使权利本身具有非法性。

4. 关于敲诈勒索罪的判断,下列哪些选项是正确的?(2007 - 2 - 63)

A. 甲将王某杀害后,又以王某被绑架为由,向其亲属索要钱财。甲除构成故意杀人罪外,还构成敲诈勒索罪与诈骗罪的想象竞合犯

B. 饭店老板乙以可乐兑水冒充洋酒销售,向实际消费数十元的李某索要数千元。李某不从,乙召集店员对其进行殴打,致其被迫将钱交给乙。乙的行为构成抢劫罪而非敲诈勒索罪

C. 职员丙被公司辞退,要求公司支付 10 万元补偿费,否则会将所掌握的公司商业秘密出卖给其他公司使用。丙的行为构成敲诈勒索罪

D. 丁为谋取不正当利益送给国家工作人员刘某 10 万元。获取不正当利益后,丁以告发相要挟,要求刘某返还 10 万元。刘某担心被告发,便还给丁 10 万元。对丁的行为应以行贿罪与敲诈勒索罪实行并罚

答案(　　)②

📖【考点】敲诈勒索罪;抢劫罪;诈骗罪;财产犯罪的保护法益

📋【解析】A 正确,甲杀死被害人,成立故意杀人罪。其谎称绑架被害人而索要财物,由于并不存在真实的绑架行为,因此不构成绑架罪。该行为兼具敲诈与诈骗性质,应成立敲诈勒索罪与诈骗罪的想象竞合犯。B 正确,乙的行为虽然有告知恶害的威胁行为,但之后转化为以暴力方式压制被害人反抗的抢劫行为,由于前后行为针对的是同一法益,因此只能成立一个犯罪。前面的敲诈勒索行为未取得财物,属于较轻的行为;后面的抢劫行为取得财物,属于较重的行为,根据法条竞合原理,最终应认定为抢劫罪。C 正确,丙以泄露商业秘密这一恶害内容告知被害人,要求其支付补偿金,该行为符合敲

诈勒索罪的构成要件。同时,丙的上述主张缺乏合法性基础,因而不符合行使权利的要求,客观上具有敲诈勒索罪的不法。最后,丙主观上也具有敲诈勒索的故意,应认定为敲诈勒索罪。D 正确,丁为了牟取不正当利益而行贿 10 万元的行为成立行贿罪。在事成之后,丁又以告发相威胁,要求返还贿赂,该行为符合敲诈勒索罪的构成要件。在违法性层面,由于刘某已经对贿赂形成稳定占有,丁只能通过合法程序主张权利,而不能以勒索方式要求返还,不成立行使权利行为。最后,丁主观上具有敲诈勒索故意,成立敲诈勒索罪。

👩 **【难点】** 行使权利不仅要求手段合法,也要求目的合法,缺一不可。对于不法原因给付的财物,行为人虽然目的合法,但行使权利的方式只能通过法定程序进行,因此,以敲诈勒索方式主张权利的行为依然成立犯罪。值得注意的是,有人主张在不法原因给付中,行为人因为不法原因而丧失财物的返还请求权,因而不可能行使权利。这一观点对返还请求权存在误解,不值得采信。

5. 甲预谋拍摄乙与卖淫女的裸照,迫使乙交付财物。一日,甲请乙吃饭,叫卖淫女丙相陪。饭后,甲将乙、丙送上车。乙、丙刚到乙宅,乙便被老板电话叫走,丙亦离开。半小时后,甲持相机闯入乙宅发现无人,遂拿走了乙的 **3 万元现金**。关于甲的行为性质,下列哪一选项是正确的?(2011 - 2 - 15)

A. 抢劫未遂与盗窃既遂   B. 抢劫既遂与盗窃既遂的想象竞合

C. 敲诈勒索预备与盗窃既遂   D. 敲诈勒索未遂与盗窃既遂的想象竞合

📖 **答案(**   **)**①

📘 **【考点】** 敲诈勒索罪的着手

📗 **【解析】** 甲预谋拍裸照以便进行要挟,但甲最终并未拍摄到裸照,更谈不上以此敲诈勒索被害人。应当说,甲基于敲诈勒索目的实施了预备行为,但尚未着手实施告知恶害的行为,应认定为敲诈勒索罪的预备犯。在此之后,甲又趁住宅内无人,而窃取了现金,应成立盗窃罪。根据罪数原理,前后两行为分别侵害两个法益,满足两个犯罪成立要件,应数罪并罚。据此,A 错误,因为甲的行为尚未达到足以压制一般人反抗的程度,不成立抢劫罪。B 错误,甲的行为应数罪并罚,不可能成立想象竞合犯。C 正确。D 错误,因为甲尚未开始告知恶害,仅存在预备行为。

第八节　故意毁坏财物罪

1. 下列哪些说法是错误的?(2006 - 2 - 60)

A. 甲将乙价值 2 万元的戒指扔入海中,由于戒指本身没有被毁坏,甲的行为不构成故意毁坏财物罪

B. 甲见乙迎面走来,担心自己的手提包被乙夺走,便紧抓手提包。乙见甲紧抓手提包,猜想包中有贵重物品,在与甲擦肩而过时,当面用力夺走甲的手提包。由于乙并非乘人不备而夺取财物,所以不构成抢夺罪

C. 甲将一张作废的 IC 卡插入银行的自动取款机试探,碰巧自动取款机显示能够取出现金,于是甲取出 5000 元。甲将 IC 卡冒充借记卡的欺骗行为在本案中起到了主要作用,因而构成诈骗罪

D. 甲系汽车检修厂职工,发现自己将要检修的一辆公交车为仇人乙驾驶,便在检修时破坏了刹车装置,然后交付使用。乙驾驶该车时,因刹车失灵,导致与其他车辆相撞,造成三人死亡,一人重伤。由于甲不是对正在使用中的交通工具实施破坏手段,所以不构成破坏交通工具罪

📖 **答案(**   **)**②

📖【考点】毁坏的实质解释

📙【解析】A错误,戒指投入海中,虽然物理上没有毁损,但是由于不可能被任何人找回,因而不再具有使用价值或交换价值。就此而言,这种投海行为与物理意义上的毁坏具有相当性,应当认定为毁坏。B错误,甲使用强力夺取乙紧密占有之物,符合抢夺罪的成立要件,应认定为抢夺罪。抢夺罪不以乘人不备为要素。C错误,机器不可能具有处分能力,因而从自动取款机中取得财物不可能成立诈骗罪,应认定为盗窃罪。D错误,虽然甲破坏的交通工具并非正在使用,因此该行为并不具有危害交通安全的性质;但是,其破坏刹车装置后,还将车辆直接交付使用,这一行为使交通安全处于危险之中。甲因此而负有及时修理排除故障的作为义务(监督危险源的作为义务),其能作为而不作为,足以侵害交通安全,应认定为破坏交通工具罪。

💡【难点】毁坏的实质解释不能简单地理解为被害人不能获得使用价值或交换价值,否则大部分财产犯罪都会符合故意毁坏财物罪的成立要件,而大大超出了一般人对毁坏的通常理解。实质解释不能超越用语可能的含义范围,上述解释显然属于类推解释而不是扩大解释。戒指投入海中属于毁坏财物,并非单纯因为被害人不能享有使用价值或交换价值,而是其他人也不可能享有这些价值,因而与物理上的毁坏具有相当性,成立毁坏行为。

2. 甲对乙使用暴力,欲将其打残。乙慌忙掏出手机准备报警,甲一把夺过手机装进裤袋并将乙打成重伤。甲在离开现场五公里后,把乙价值7000元的手机扔进水沟。甲的行为构成何罪?(2009 - 2 - 17)

    A. 故意伤害罪、盗窃罪
    B. 故意伤害罪、抢劫罪
    C. 故意伤害罪、抢夺罪
    D. 故意伤害罪、故意毁坏财物罪

📑 **答案(   )①**

📖【考点】故意伤害罪;故意毁坏财物罪;非法占有目的

📙【解析】甲将乙打成重伤,构成故意伤害罪。伤害过程中,甲一把夺过乙的手机,客观上属于违背被害人意志转移占有的行为,但是甲之所以如此是想要阻拦乙报警,之后离开现场5公里,业已形成稳定之占有,但仍然将手机丢入水中,足见其主观上不具有非法占有目的。据此,甲取得手机的行为并不成立任何一种攫取型财产犯罪,A、B、C均错误。应该说,甲的前述行为虽然侵犯了乙对手机的占有,但本身并不构成犯罪。甲将手机丢入水中的行为,是在前述甲排除乙对手机占有的基础上,进一步实施的毁坏财物行为,客观上属于毁坏财物的行为,主观上亦有毁坏财物的故意,应成立故意毁坏财物罪。

💡【难点】故意毁坏财物罪所评价的行为既包括排除占有的部分,也包括毁坏的部分,但前者不是必备要素,后者才是评价的重点。值得注意的是,如果前述排除占有的部分可以单独评价为一个独立的行为,那么客观上应认为具有侵害占有的不法行为,而后续的毁坏行为亦可评价为单独的侵害占有或所有的不法行为,根据与罚后行为原理,后者并没有侵犯新的法益,因而不可罚。但是,这一看法忽略了前行为并不成立犯罪这一事实,会导致前行为不成立犯罪,而后行为也不罚的结局。此处需要正确理解与罚行为。应该说,与罚行为之所以不罚并不是因为没有法益侵害性,而是因为没有扩大法益侵害的范围,前后行为在法益侵害性上具有同一性,因而只能认定为一个犯罪,另一行为与之一并处罚。就本案而言,前行为不成立犯罪,那么就只能认定后行为犯罪,将前行为作为后行为的与罚行为。简言之,前述侵犯占有的行为属于故意毁坏财物罪的与罚前行为。

第九节　拒不支付劳动报酬罪

老板甲春节前转移资产,拒不支付农民工工资。劳动部门下达责令支付通知书后,甲故意失踪。公安机关接到报警后,立即抽调警力,迅速将甲抓获。在侦查期间,甲主动支付了所欠工资。起诉后,法院根据《刑法修正案(八)》拒不支付劳动报酬罪认定甲的行为,甲表示认罪。关于此案,下列哪一说法是错误的?(2012 - 2 - 1)

A. 《刑法修正案(八)》增设拒不支付劳动报酬罪,体现了立法服务大局、保护民生的理念

B. 公安机关积极破案解决社会问题,发挥了保障民生的作用

C. 依据《刑法修正案(八)》对欠薪案的审理,体现了惩教并举、引导公民守法、社会向善的作用

D. 甲已支付所欠工资,可不再追究甲的刑事责任,以利于实现良好的社会效果

📖 **答案(　　　　)①**

📔 **【考点】** 拒不支付劳动报酬罪

📝 **【解析】** 根据司法解释规定,拒不支付劳动者的劳动报酬,尚未造成严重后果,在刑事立案前支付劳动者的劳动报酬,并依法承担相应赔偿责任的,可以认定为情节显著轻微危害不大,不认为是犯罪;在提起公诉前支付劳动者的劳动报酬,并依法承担相应赔偿责任的,可以减轻或者免除刑事处罚;在一审宣判前支付劳动者的劳动报酬,并依法承担相应赔偿责任的,可以从轻处罚。据此,本案甲的行为已经构成犯罪,其在侦查期间支付所欠工资属于立案后、提起公诉前支付劳动报酬,在承担刑事责任的前提下,应减轻或免除处罚。D 选项错误,不能不追究甲的刑事责任。A 正确,刑法的目的是保护法益,拖欠工资如果严重侵犯了农民工的财产权益,刑法当然有必要介入。这种介入体现了服务大局、保护民生的社会主义法治理念。B 正确,公安机关积极破案,使侦查权介入农民工讨薪活动中,对保障弱势群体合法权益具有重要作用。C 正确,立法者根据农民工维权需要,对拒不支付劳动报酬罪规定了一系列刑罚解除事由和刑罚排除事由。如果行为人切实履行支付薪酬的义务,那么其人身危险性就会相应变低,应从轻、减轻或免除处罚。如果行为人在刑事立案前履行支付薪酬义务的,由于刑法所指的"拒不支付劳动报酬"行为是一种持续犯,一旦行为人履行义务,合法权益就得到了实现,之前存在的"拒不支付劳动报酬"行为实际上就缺乏法益侵害性,不应成立犯罪。上述内容无疑能够发挥行为规制机能,促使行为人积极履行支付薪酬的义务,进而实现良好的社会效果以及避免刑罚的滥用,体现出宽严相济的刑事政策。

第六章　妨害社会管理秩序罪

第一节　扰乱公共秩序罪

1. 关于黑社会性质组织犯罪的认定问题,下列说法哪些是正确的?(2003 - 2 - 43)

A. 黑社会性质组织是犯罪集团，具有犯罪集团的一般属性

B. 黑社会性质组织所从事的危害行为，既包括犯罪行为，又包括违法行为

C. 组织、领导、参加黑社会性质组织罪，既包括组织、领导、参加黑社会性质组织的行为，又包括在该黑社会性质组织统一策划、指挥下从事的其他犯罪行为

D. 具有国家工作人员的非法保护，是认定黑社会性质组织的必要条件

答案（　　　　）①

📖 **【考点】** 黑社会性质组织

🗄 **【解析】** A 正确，黑社会性质组织是特殊的犯罪集团，并非一般犯罪集团，但仍然具有犯罪集团的共性。B 正确，黑社会所从事的行为属于违法犯罪活动，既有犯罪的，也有一般违法行为。C 错误，组织、领导、参加黑社会性质组织罪仅处罚组织、领导、参加行为，在此之外实施的具体的犯罪活动，需要另行处理。D 错误，"利用国家工作人员的包庇或者纵容"只是黑社会组织认定条件里的选择性要素，不是成立黑社会组织的必要条件。

2. 下列哪些情形应以破坏计算机信息系统罪论处？（2005 - 2 - 63）

A. 甲采用密码破解手段，非法进入国家尖端科学技术领域的计算机信息系统，窃取国家机密

B. 乙因与单位领导存在矛盾，即擅自对单位在计算机中存储的数据和应用程序进行修改操作，给单位的生产经营管理造成严重的混乱

C. 丙通过破解密码的手段，进入某银行计算机信息系统，为其朋友的银行卡增加存款额 10 万元

D. 丁为了显示自己在计算机技术方面的本事，设计出一种计算机病毒，并通过互联网进行传播，影响计算机系统正常运行，造成严重后果

答案（　　　　）②

📖 **【考点】** 破坏计算机信息系统罪

🗄 **【解析】** A 错误，甲的行为侵入国家尖端科学技术领域的计算机信息系统，构成非法侵入计算机信息系统罪。甲又窃取国家机密，同时构成非法获取计算机信息系统数据罪和非法获取国家秘密罪。B 正确，乙擅自对单位在计算机中存储的数据和应用程序进行修改操作，给单位的生产经营管理造成严重的混乱，符合破坏计算机信息系统罪的要求。C 错误，丙进入某银行计算机信息系统，为其朋友的银行卡增加存款额 10 万元，构成非法侵入计算机信息系统罪和盗窃罪（财产性利益）。由于其未造成计算机系统破坏，故不成立破坏计算机信息系统罪。D 正确，丁故意制作、传播计算机病毒等破坏性程序，影响计算机系统正常运行，造成严重后果，成立破坏计算机信息系统罪。

3. 关于利用计算机网络的犯罪，下列哪一选项是正确的？（2007 - 2 - 18）

A. 通过互联网将国家秘密非法发送给境外的机构、组织、个人的，成立故意泄露国家秘密罪

B. 以营利为目的，在计算机网络上建立赌博网站，或者为赌博网站担任代理，接受投注的，属于刑法第 303 条规定的"开设赌场"

C. 以牟利为目的，利用互联网传播淫秽电子信息的，成立传播淫秽物品罪

D. 组织多人故意在互联网上编造、传播爆炸、生化、放射威胁等虚假恐怖信息，严重扰乱社会秩序的，成立聚众扰乱社会秩序罪

答案（　　　　）③

---

① 参考答案 AB　② 参考答案 BD　③ 参考答案 B

【考点】 利用计算机网络进行犯罪

【解析】 A错误，《刑法》第287条规定：利用计算机实施金融诈骗、盗窃、贪污、挪用公款、窃取国家秘密或者其他犯罪的，依照本法有关规定定罪处罚。《刑法》第111条的规定：为境外的机构、组织、人员窃取、刺探、收买、非法提供国家秘密或者情报的，处五年以上十年以下有期徒刑；情节特别严重的，处十年以上有期徒刑或者无期徒刑；情节较轻的，处五年以下有期徒刑、拘役、管制或者剥夺政治权利。据此，选项A的行为构成为境外机构非法提供国家秘密罪。B正确，《关于办理赌博刑事案件具体应用法律若干问题的解释》第2条规定：以营利为目的，在计算机网络上建立赌博网站，或者为赌博网站担任代理，接受投注的，属于刑法第三百零三条规定的"开设赌场"。C错误，《刑法》第363条规定：以牟利为目的，传播淫秽物品的，构成传播淫秽物品牟利罪。C选项中的行为"以牟利为目的"，应当构成传播淫秽物品牟利罪，而非传播淫秽物品罪。D错误，《刑法》第291条之一规定：投放虚假的爆炸性、毒害性、放射性、传染病病原体等物质，或者编造爆炸威胁、生化威胁、放射威胁等恐怖信息，或者明知是编造的恐怖信息而故意传播，严重扰乱社会秩序的，处五年以下有期徒刑、拘役或者管制；造成严重后果的，处五年以上有期徒刑。据此，D选项中的行为构成编造、故意传播虚假恐怖信息罪，而非聚众扰乱社会秩序罪。

4. 无业人员甲通过伪造国家机关公文，骗取某县工商局副局长的职位。在该局股级干部竞争上岗时，甲向干部乙声称："如果不给我2万元，你这次绝对没有机会。"乙为获得岗位，只好送甲2万元。关于对甲的行为的处理意见，下列哪一选项是正确的？（2007 – 2 – 19）

A. 甲触犯的伪造国家机关公文罪与招摇撞骗罪之间具有牵连关系，应从一重罪论处

B. 对甲的行为以伪造国家机关公文罪与敲诈勒索罪实行并罚

C. 对甲的行为以伪造国家机关公文罪与受贿罪实行并罚

D. 甲触犯的伪造国家机关公文罪与受贿罪之间具有牵连关系，应从一重罪论处

答案（ ）①

【考点】 伪造国家机关公文罪

【解析】 甲伪造国家机关公文的行为构成伪造国家机关公文罪。其利用该公文获得职位，并不构成任何犯罪。在具有国家工作人员身份后，其利用职权索贿，构成受贿罪。甲的伪造行为与事后的索贿行为没有类型化牵连关系，不成立牵连犯。故，C正确。A错误，甲获得了真实的国家工作人员身份，其后来的索贿行为并非招摇撞骗行为。B错误，索贿行为最全面的评价是受贿罪，单纯评价为敲诈勒索罪没有考虑职务行为不可收买性被侵犯。D错误，如前所述，伪造与索贿没有牵连关系。

5. 甲潜入某公安交通管理局会计室盗窃，未能打开保险柜，却意外发现在该局工作的乙的警官证，随即将该证件拿走。随后，甲到偏僻路段，先后向9个驾车超速行驶的司机出示警官证，共收取罚款900元。对于本案，下列哪些选项是正确的？（2008川 – 2 – 56）

A. 甲潜入会计室盗窃的行为，成立盗窃未遂

B. 甲收取罚款的行为，构成敲诈勒索罪

C. 甲收取罚款的行为，构成招摇撞骗罪

D. 甲收取罚款的行为，构成诈骗罪

答案（ ）②

📖【考点】招摇撞骗罪

📝【解析】甲潜入会计室盗窃,但未取得财物,成立盗窃罪未遂,故 A 正确。B 错误,冒充民警罚款,被害人交付财产不具有自愿性,不存在处分行为,因此不构成敲诈勒索罪。C 正确,冒充国家工作人员招摇撞骗,成立招摇撞骗罪。D 错误,由于被害人没有处分行为,也不可能成立诈骗罪。

6. 甲长期以赌博所得为主要生活来源。某日,甲在抢劫赌徒乙的赌资得逞后,为防止乙日后报案,将其杀死。对甲的处理,下列哪一选项是正确的?(2009 – 2 – 16)

A. 应以故意杀人罪、抢劫罪并罚

B. 应以抢劫罪从重处罚

C. 应以赌博罪、抢劫罪并罚

D. 应以赌博罪、抢劫罪、故意杀人罪并罚

📋**答案(　　　)①**

📖【考点】赌博罪;抢劫罪;事后杀人

📝【解析】甲长期以赌博所得为主要生活来源,该行为符合赌博罪成立要件。甲抢劫赌徒乙的赌资,并得逞,成立抢劫罪既遂。抢劫得逞后,甲为了防止报案,故意将乙杀死,属于抢劫罪既遂之后新的行为,成立故意杀人罪。上述三个行为各自独立,侵犯不同法益,满足不同犯罪成立要件,应数罪并罚。

💡【难点】不能把犯罪既遂之后侵犯新法益的行为与前罪一起处罚,无论从何种角度,都应分别定罪处罚。

7. 甲承租乙的房屋后,伪造身份证与房产证交与中介公司,中介公司不知有假,为其售房给不知情的丙,甲获款 300 万元。关于本案,下列哪一选项是错误的?(2010 – 2 – 19)

A. 甲的行为触犯了伪造居民身份证罪(现修正为伪造、变造、买卖身份证件罪)与伪造国家机关证件罪,同时是诈骗罪的教唆犯

B. 甲是诈骗罪、伪造居民身份证罪(现修正为伪造、变造、买卖身份证件罪)与伪造国家机关证件罪的正犯

C. 伪造居民身份证罪(现修正为伪造、变造、买卖身份证件罪)、伪造国家机关证件罪与诈骗罪之间具有牵连关系

D. 由于存在牵连关系,对甲的行为应以诈骗罪从重处罚

📋**答案(　　　)②**

📖【考点】伪造国家机关公文罪;诈骗罪的间接正犯

📝【解析】甲利用自己承租房子的便利,伪造身份证和国家机关公文,骗取中介公司信任,为其销售房屋,使丙陷入错误认识而处分 300 万元。甲伪造身份证和房产证的行为构成伪造居民身份证罪(现修正为伪造、变造、买卖身份证件罪)和伪造国家机关文件罪。该行为又是其隐瞒事实的一个环节,即欺骗行为的预备行为。甲骗中介公司使其产生销售涉案住房的决意,并使被害人丙陷入错误处分财产。从不法层面看,甲和中介公司具有共犯关系,正是甲利用认识上的优势使中介公司不自觉地成为甲实施诈骗罪的工具,因此成立诈骗罪的间接正犯。据此,A 错误。中介公司从始至终均对自己行为的违法性缺乏认识,因此,不能说甲使中介公司就不法行为产生共同行为决意。B 正确,甲以自己的行

为直接实施了伪造居民身份证罪(现修正为伪造、变造、买卖身份证件罪)和伪造国家机关公文罪的实行行为,成立直接正犯。甲通过中介公司诈骗丙,是诈骗罪的间接正犯。C 正确,上述三罪之间具有目的行为与手段行为、原因行为与结果行为之间的类型化关联,成立牵连犯。D 正确,甲的目的行为是诈骗罪,且该行为处罚最重,故应按照诈骗罪从重处罚。

8. 甲给机场打电话谎称"3 架飞机上有炸弹",机场立即紧急疏散乘客,对飞机进行地毯式安检,3 小时后才恢复正常航班秩序。关于本案,下列哪一选项是正确的?(2013 - 2 - 1)

   A. 为维护社会稳定,无论甲的行为是否严重扰乱社会秩序,都应追究甲的刑事责任

   B. 为防范危害航空安全行为的发生,保护人民群众,应以危害公共安全相关犯罪判处甲死刑

   C. 从事实和法律出发,甲的行为符合编造、故意传播虚假恐怖信息罪的犯罪构成,应追究其刑事责任

   D. 对于散布虚假信息,危及航空安全,造成国内国际重大影响的案件,可突破司法程序规定,以高效办案取信社会

   答案(   )①

📖【考点】编造、故意传播虚假恐怖信息罪

📖【解析】甲谎称"3 架飞机上有炸弹",迫使机场立即紧急疏散乘客,3 小时后才恢复正常航班秩序,严重扰乱了社会秩序,符合编造、故意传播虚假恐怖信息罪的要求,成立犯罪。据此,C 正确。A 错误,犯罪成立与否的标准是犯罪成立条件,而不是"为了维护社会稳定"。以维稳作为入罪理由严重违反了罪刑法定原则。B 错误,甲散布的是虚假信息,不存在真实的危害公共安全的行为,因此不可能构成危害公共安全犯罪。C 正确,定罪的标准是犯罪成立条件,定罪的根据是案件事实,即应以事实为根据,以法律为准绳。D 错误,即便造成国际重大影响,也不突破罪刑法定原则的基本要求。高效办案,须以维护法治为前提,否则只会破坏社会对司法机关的信赖。

9. 甲、乙两村因水源发生纠纷。甲村 20 名村民手持铁锹等农具,在两村交界处强行修建引水设施。乙村 18 名村民随即赶到,手持木棍、铁锹等与甲村村民互相谩骂、互扔石块,甲村 3 人被砸成重伤。因警察及时疏导,两村村民才逐渐散去。关于本案,下列哪些选项是正确的?(2013 - 2 - 62)

   A. 村民为争水源而斗殴,符合聚众斗殴罪的主观要件

   B. 不分一般参加斗殴还是积极参加斗殴,甲、乙两村村民均触犯聚众斗殴罪

   C. 因警察及时疏导,两村未发生持械斗殴,属于聚众斗殴未遂

   D. 对扔石块将甲村 3 人砸成重伤的乙村村民,应以故意伤害罪论处

   答案(   )②

📖【考点】聚众斗殴罪成立要件

📖【解析】A 正确,为争夺水源而聚众斗殴,虽然动机所体现的主观恶性较低,但是不影响行为人对聚众斗殴行为不法性的认识,因此仍然具有犯罪故意。B 错误,聚众斗殴罪仅处罚首要分子和积极参加者,一般参与者不处罚。C 错误,本案涉案人员规模较大,造成严重社会影响,已然发生严重后果,成立聚众斗殴罪的既遂。D 正确,根据《刑法》规定,聚众斗殴致人死伤的,转化为故意杀人罪或故意伤害罪。

10. 首要分子甲通过手机指令所有参与者"和对方打斗时,下手重一点"。在聚众斗殴过程中,被害人被谁的行为重伤致死这一关键事实已无法查明。关于本案的分析,下列哪一选项是正确的?(2014 -

2 - 20）

A. 对甲应以故意杀人罪定罪量刑

B. 甲是教唆犯,未参与打斗,应认定为从犯

C. 所有在现场斗殴者都构成故意杀人罪

D. 对积极参加者按故意杀人罪定罪,对其他参加者按聚众斗殴罪定罪

📖 答案（   ）①

📚 【考点】聚众斗殴罪的转化

📑 【解析】A正确,因为甲指令双方参与人都彼此下狠手,这样的指令可以评价为心理上的强化行为,其与死亡结果之间无疑具有心理上的因果关系。B错误,对于已经具有斗殴故意的参与者,首要分子的行为不是教唆,仅是强化行为;对于死伤结果而言,该行为无疑具有重要作用,应认定为主犯;C错误,应该区分己方还是他方决定究竟由谁承担故意杀人罪与故意伤害罪的责任;D错误,积极参加者也应区分对待。其次,对一般参加者不受处罚。

🧑 【难点】本题难度较大,需要综合运用行为论、因果关系、共犯理论等。从做题角度,如果确定一项正确,那么就可以大胆地排除别的。本题A选项不难判断正确性,其他的选项不必花太多时间深究。《刑法》第292条第2款规定,聚众斗殴,致人重伤死亡的,按照故意伤害罪与故意杀人罪处理。但问题是应该由哪些人承担故意杀人罪与故意伤害罪的责任?首要分子和积极参加者均需要承担,还是仅由首要分子承担?首先,聚众斗殴罪的客观行为是聚众和斗殴行为。斗殴行为是双方相互攻击的行为,并非单向的伤害行为或杀人行为,但可以涵盖杀人与伤害行为。本罪主观上具有斗殴的故意,该故意也不同于伤害或杀人故意,内容上强调对社会法益的侵害,但可以涵盖伤害故意与杀人故意。就此而言,如果事后查明首要分子或积极参加者对死伤者有明确的杀人或伤害故意,应成立故意杀人罪或故意伤害罪,而不需要适用该款规定。但是,即便无法查清他们具有伤害故意与杀人故意,也可以满足故意杀人罪与故意伤害罪的罪过要求。同时,根据共犯原理,部分行为全部责任,首要分子和积极参加者都应对死伤结果负责。因此,聚众斗殴致人死伤,同时符合了故意杀人罪与故意伤害罪的要求,可能成立想象竞合犯,也可能数罪并罚,但法律规定统一按照故意伤害罪与故意杀人罪一罪处理。其次,在行为要素上,发生死伤结果的一方的己方成员实施的斗殴行为不能评价为对己方死伤者的杀伤行为。因为这些首要分子和积极参加者的行为客观上只是降低死伤者所承担危险的行为,无论如何也不应该将该死伤结果归责于己方成员。因此,最终哪些人承担故意杀人罪与故意伤害罪的责任,需要区分己方还是他方进行区别对待。

11. 甲在公园游玩时遇见仇人胡某,顿生杀死胡某的念头,便欺骗随行的朋友乙、丙说:“我们追逐胡某,让他出洋相。”三人捡起木棒追逐胡某,致公园秩序严重混乱。将胡某追到公园后门偏僻处后,乙、丙因故离开。随后甲追上胡某,用木棒重击其头部,致其死亡。关于本案,下列哪些选项是正确的?（2015 - 2 - 58）

A. 甲触犯故意杀人罪与寻衅滋事罪

B. 乙、丙的追逐行为是否构成寻衅滋事罪,与该行为能否产生救助胡某的义务是不同的问题

C. 乙、丙的追逐行为使胡某处于孤立无援的境地,但无法预见甲会杀害胡某,不成立过失致人死亡罪

D. 乙、丙属寻衅滋事致人死亡,应从重处罚

📖 答案（   ）②

【考点】 寻衅滋事罪

【解析】 甲、乙、丙恣意追打行为成立寻衅滋事罪;甲事后又单独杀死被害人,成立故意杀人罪。无论追打行为是否构成寻衅滋事罪,其追打行为都可以从危险前行为角度讨论作为义务问题,两者不相干。乙、丙的追逐行为使胡某处于孤立无援的境地,客观上产生了救助义务,但是由于无法预见甲会杀人,应成立意外事件。乙、丙的寻衅滋事行为与死亡结果之间不具有刑法上的因果关系,因为甲的行为显然属于异常且重大的介入因素。

12. 下列哪一行为应以妨害公务罪论处?(2016 – 2 – 19)

A. 甲与傅某相互斗殴,警察处理完毕后让各自回家。傅某当即离开,甲认为警察的处理不公平,朝警察小腿踢一脚后逃走

B. 乙夜间入户盗窃时,发现户主戴某是警察,窃得财物后正要离开时被戴某发现。为摆脱抓捕,乙对戴某使用暴力致其轻微伤

C. 丙为使其弟逃跑,将前来实施行政拘留的警察打倒在地,其弟顺利逃走

D. 丁在组织他人偷越国(边)境的过程中,以暴力方法抗拒警察检查

答案( )①

【考点】 妨害公务罪

【解析】《刑法》第 277 条第 1 款规定:"以暴力、威胁方法阻碍国家机关工作人员依法执行职务的,处三年以下有期徒刑、拘役、管制或者罚金。"警察已经处理完斗殴事件后,甲才对警察实施暴力行为,并未阻碍警察执行职务,根据其受伤程度,可以故意伤害罪论处。所以,A 错误。乙夜间入户盗窃,此时戴某并非执行职务,他对乙实施的是正当防卫。乙的行为不成立妨害公务罪,故 B 错误。丙实施暴力将警察打倒在地,阻碍警察对其弟实施行政拘留的行为,成立妨害公务罪。所以,C 正确。最后,《刑法》第 318 条第 5 项规定:"组织他人偷越国(边)境的,处二年以上七年以下有期徒刑,并处罚金;有下列情形之一的,处七年以上有期徒刑或者无期徒刑,并处罚金或者没收财产:(五)以暴力、威胁方法抗拒检查的。"丁在组织他人偷越国(边)境的过程中,以暴力方法抗拒警察检查的行为,不再单独定罪,依然成立组织他人偷越国(边)境罪。所以,D 错误。

13. 2016 年 4 月,甲利用乙提供的作弊器材,安排大学生丙在地方公务员考试中代替自己参加考试。但丙考试成绩不佳,甲未能进入复试。关于本案,下列哪些选项是正确的?(2016 – 2 – 60)

A. 甲组织他人考试作弊,应以组织考试作弊罪论处

B. 乙为他人考试作弊提供作弊器材,应按组织考试作弊罪论处

C. 丙考试成绩虽不佳,仍构成代替考试罪

D. 甲让丙代替自己参加考试,构成代替考试罪

答案( )②

【考点】 考试犯罪

【解析】 A 错误,《刑法》第 284 条之一第 1、2 款规定:"在法律规定的国家考试中,组织作弊的,处三年以下有期徒刑或者拘役,并处或者单处罚金;情节严重的,处三年以上七年以下有期徒刑,并处罚金。为他人实施前款犯罪提供作弊器材或者其他帮助的,依照前款的规定处罚。"组织考试作弊罪,是指在法律规定的国家考试中组织作弊,以及为组织作弊提供作弊器材或者其他帮助的行为。地

方公务员考试属于法律规定的国家考试。甲没有利用作弊器械进行作弊,而是安排丙代替自己考试,不构成组织作弊罪(单纯指使不等于组织,组织是指采用招募、雇佣、强迫、引诱等手段决策、指挥、协调、管理多人进行考试作弊的行为)。B 错误,乙为代替考试行为而非组织考试行为提供器械,不得适用组织考试作弊罪帮助犯正犯化的规定(仅触犯代替考试罪的帮助犯)。代替考试罪是指代替他人或让他人代替自己参加法律规定的国家考试的行为。甲积极地安排丙为其代考,不论丙是否进入复试,单就初试而言,两人已经构成代替考试罪的共犯。据此,C、D 正确。

第二节 妨害司法罪

1. 律师王某在代理一起民事诉讼案件时,编造了一份对自己代理的一方当事人有利的虚假证言,指使证人李某背熟以后向法庭陈述,致使本该败诉的己方当事人因此而胜诉。王某的行为构成何罪?(2003 - 2 - 11)

A. 伪证罪

B. 诉讼代理人妨害作证罪

C. 妨害作证罪

D. 帮助伪造证据罪

📖 答案( )①

📚 【考点】 伪证罪;辩护人、诉讼代理人毁灭证据、伪造证据罪以及妨害作证罪

🗂 【解析】 伪证罪是证人、鉴定人、记录人以及翻译人在刑事诉讼的过程中做伪证的行为。诉讼代理人妨害作证罪是指在刑事诉讼中,诉讼代理人威胁、引诱证人违背事实改变证言或者作伪证的行为;妨害作证罪是指以暴力、威胁、贿买等方法阻止证人作证或者指使他人作伪证的行为。本案王某是诉讼代理人在民事诉讼的过程中指使证人作伪证,应当认定为妨害作证罪。帮助伪造证据罪是指帮助当事人实施伪造证据的行为,即伪造证据的帮助行为。据此,C 为正确答案。A、B 均错误,因为本案并未发生在刑事诉讼过程中。D 错误,王某的行为属于指使证人作伪证的行为,并非当事人伪造证据的帮助行为。注意,在《刑法修正案(九)》颁布后,本案不宜认定为虚假诉讼罪,因为该罪的行为是"以捏造的事实提起民事诉讼",本案尚不能认定"提起民事诉讼",仅仅在诉讼过程中妨害作证。

2. 下列哪一种行为可以构成伪证罪?(2004 - 2 - 7)

A. 在民事诉讼中,证人作伪证的

B. 在刑事诉讼中,辩护人伪造证据的

C. 在刑事诉讼中,证人故意作虚假证明意图陷害他人的

D. 在刑事诉讼中,诉讼代理人帮助当事人伪造证据的

📖 答案( )②

📚 【考点】 伪证罪的行为类型

🗂 【解析】 伪证罪成立要求在刑事诉讼过程中,证人、鉴定人、记录人、翻译人实施伪证行为。据此,A 错误,在民事诉讼中证人作伪证可能成立诈骗罪或帮助当事人伪造证据罪,但不可能成立伪证罪。B 错误,辩护人伪造证据的,应成立辩护人伪造证据罪。C 正确,证人作伪证,在刑事诉讼中成立伪证罪。D 在刑事诉讼中,诉讼代理人帮助当事人伪造证据的,成立诉讼代理人伪造证据罪。

---

① 参考答案 C　② 参考答案 C

3. 下列哪些人可以成为脱逃罪的主体？（2004 - 2 - 58）

A. 被判处管制的犯罪分子

B. 依法被关押的罪犯

C. 依法被关押的被告人

D. 依法被关押但尚无充分证据证明有罪的犯罪嫌疑人

答案（　　）①

【考点】 脱逃罪主体

【解析】 脱逃罪的主体是被依法关押的涉案刑事犯罪的人。据此，B、C、D 均合乎要求。A 虽然属于犯罪人，但是管制并不剥夺自由，不成立脱逃罪。

4. 某法院开庭审理一起民事案件，参加旁听的原告之夫李某认为证人王某的证言不实，便当场大声指责，受到法庭警告。李某不听劝阻，大喊"给我打"，在场旁听的十多个原告方的亲属一拥而上，对王某拳打脚踢，法庭秩序顿时大乱。审判长予以制止，李某一伙又对审判长和审判员进行围攻、殴打，审判长只好匆匆宣布休庭。李某的上述行为触犯了什么罪名？（2004 - 2 - 83）

A. 打击报复证人罪

B. 聚众冲击国家机关罪

C. 扰乱法庭秩序罪

D. 妨害作证罪

答案（　　）②

【考点】 打击报复证人罪；聚众冲击国家机关罪；扰乱法庭秩序罪；妨害作证罪

【解析】 李某大喊"给我打"，在场旁听的十多个原告方的亲属一拥而上，对王某拳打脚踢，根据《刑法》第 308 条的规定，李某的行为构成了打击报复证人罪。同时，李某一伙又对审判长和审判员进行围攻、殴打，审判长只好匆匆宣布休庭，根据《刑法》第 309 条的规定，李某的行为还构成了扰乱法庭秩序罪。前后两行为各自独立，侵犯不同法益，应数罪并罚。

5. 对下列哪些行为不应当认定为脱逃罪？（2006 - 2 - 61）

A. 犯罪嫌疑人在从甲地押解到乙地的途中，乘押解人员不备，偷偷溜走

B. 被判处管制的犯罪分子未经执行机关批准到外地经商，直至管制期满未归

C. 被判处有期徒刑的犯罪分子组织多人有计划地从羁押场所秘密逃跑

D. 被判处无期徒刑的 8 名犯罪分子采取暴动方法逃离羁押场所

答案（　　）③

【考点】 脱逃罪的主体与行为类型

【解析】 A 成立脱逃罪，犯罪嫌疑人在从甲地押解到乙地的途中，乘押解人员不备，偷偷溜走，符合脱逃罪主体与脱离司法机关实力控制的要求。B 错误，管制的被执行人只是限制自由，而不属于被关押的情形。C 错误，组织多人有计划地从羁押场所秘密逃跑，属于组织他人越狱，构成了《刑法》第 317 条第 1 款的组织越狱罪。D 错误，被判处无期徒刑的 8 名犯罪分子采取暴动方法逃离羁押场所，该行为属于集体采取暴动方法脱逃，构成了《刑法》第 317 条第 2 款的暴动越狱罪。组织越狱罪和暴动越狱罪属于脱逃罪的特殊类型，与脱逃罪具有法条竞合关系，应优先适用特别法。

---

① 参考答案 BCD　　② 参考答案 AC　　③ 参考答案 BCD

6. 下列哪些行为不构成包庇罪？（2006 – 2 – 63）

A. 国家机关工作人员包庇黑社会性质的组织的

B. 帮助当事人毁灭、伪造证据的

C. 明知他人有间谍行为,在国家安全机关向其收集有关证据时,拒绝提供,情节严重的

D. 包庇走私、贩卖、运输、制造毒品的犯罪分子的

📋 **答案(   )**①

📖 **【考点】** 包庇罪与特殊包庇罪之间的关系;包庇行为与毁灭伪造证据之间的关系

📖 **【解析】** 对于一般包庇罪和特殊包庇罪,应按照法条竞合原理,特别条款优于普通条款,按照特别条款处罚。毁灭证据不可能成立作假证明的行为,伪造证据则有可能成立作假证明包庇的行为。据此,A 项中,国家机关工作人员包庇黑社会性质的组织的,构成了《刑法》第 294 条包庇黑社会性质组织罪。B 项中,帮助当事人毁灭、伪造证据的,构成了《刑法》第 307 条帮助、毁灭证据罪。其中的伪造行为如果符合包庇犯罪的要求则成立包庇。但是,该伪造证据罪相对于包庇罪属于特殊条款,应该优先适用,因此最终还是需要认定为伪造证据罪。C 项中,明知他人有间谍行为,在国家安全机关向其收集有关证据时,拒绝提供,情节严重的,构成了《刑法》第 311 条拒绝提供间谍犯罪证据罪(现修正为拒绝提供间谍犯罪、恐怖主义犯罪、极端主义犯罪证据罪)。D 项中,包庇走私、贩卖、运输、制造毒品的犯罪分子的,构成了《刑法》第 349 条的包庇毒品犯罪分子罪。以上四种情形均不成立普通包庇罪。

7. 王某担任辩护人时,编造了一份隐匿罪证的虚假证言,交给被告人陈小二的父亲陈某,让其劝说证人李某背熟后向法庭陈述,并给李某 5000 元好处费。陈某照此办理。李某收受 5000 元后,向法庭作了伪证,致使陈小二被无罪释放。后陈某给陈小二 10 万美元,让其逃往国外。关于本案,下列哪些选项是错误的?（2007 – 2 – 64）

A. 王某的行为构成辩护人妨害作证罪

B. 陈某劝说李某作伪证的行为构成妨害作证罪的教唆犯

C. 李某构成辩护人妨害作证罪的帮助犯

D. 陈某让陈小二逃往国外的行为构成脱逃罪的共犯

📋 **答案(   )**②

📖 **【考点】** 辩护人妨害作证罪;妨害罪证罪;伪证罪;脱逃罪

📖 **【解析】** 辩护人妨害作证罪是指在刑事诉讼中,辩护人威胁、引诱证人违背事实改变证言或者作伪证的行为。本罪只发生在刑事诉讼中。妨害作证罪是指以暴力、威胁、贿买等方法阻止证人作证或者指使他人作伪证的行为。本罪不限于刑事诉讼中,民事、经济、行政等诉讼中同样可以成立本罪。妨害作证罪与辩护人妨害作证罪的主要区别在于:(1)前罪是一般主体;而后者主体须为辩护人或者诉讼代理人。(2)前罪的实行行为是阻止证人作证或者指使他人作伪证;而后者则是行为人自己毁灭、伪造证据。(3)前罪普遍存在于所有诉讼程序中;而后者只发生在刑事诉讼中。(4)后罪属于前罪的特殊条款,具有包容关系。辩护人在刑事诉讼中指使他人作伪证,根据法条竞合原理,应以辩护人妨害作证罪论处。据此,A 项正确。陈某劝说李某作伪证的行为成立辩护人妨害作证罪。B 错误,陈某的行为虽然符合教唆行为的外在特征,但刑法已经就辩护人妨害作证行为单独犯罪化,不必再根据教唆犯处理。C 错误,伪证罪是指在刑事诉讼中,证人、鉴定人、记录人、翻译人对与案件有重要关系的情节,故意作虚假证明、鉴定、记录、翻译,意图陷害他人或者隐匿罪证的行为。李某行为符合伪证罪成立要件。

---

① 参考答案 ABCD   ② 参考答案 BCD

D 错误,脱逃罪是指依法被关押的罪犯、被告人、犯罪嫌疑人脱逃的行为。本罪的主体是依法被关押的罪犯(已决犯)、被告人与犯罪嫌疑人。陈小二被无罪释放,不属于上述任何一种情形,当然不构成脱逃罪。

8. 甲欠乙 10 万元久拖不还,乙向法院起诉并胜诉后,甲在履行期限内仍不归还。于是,乙向法院申请强制执行。当法院的执行人员持强制执行裁定书到甲家执行时,甲率领家人手持棍棒在门口守候,并将试图进入室内的执行人员打成重伤。甲的行为构成何罪?(2008－2－17)

A. 拒不执行判决、裁定罪

B. 聚众扰乱社会秩序罪

C. 妨害公务罪

D. 故意伤害罪

 答案(　　　)①

【考点】 拒不执行判决裁定中的伤害行为

【解析】 甲作为被执行人,拒不执行判决、裁定,既符合妨害公务罪要件,也符合拒不执行判决、裁定罪要件。由于两罪具有法条竞合关系,应按照拒不执行判决、裁定罪论处。同时,甲还有故意伤害行为,构成故意伤害罪。甲的伤害行为同时也是拒不执行判决、裁定的行为,成立想象竞合犯,最终应认定为故意伤害罪。

9. 甲在经过某偏僻路口时,发现其好友乙抢劫了丙的财物,且由于乙先前的暴力行为,导致丙流血过多,陷入昏迷状态。甲赶忙对乙说:"你惹麻烦了,快找个地方躲躲,走得越远越好。"甲还将自己远房亲戚的姓名、住址提供给乙,并给乙 3000 元。乙于是坐火车投奔甲的亲戚。甲、乙分别离开现场,3 小时后,丙死亡。甲的行为构成何罪?(2008 川－2－19)

A. 抢劫罪 　　　　　　　　B. 故意杀人罪

C. 过失致人死亡罪 　　　　D. 窝藏罪

 答案(　　　)②

【考点】 窝藏罪

【解析】 乙构成抢劫罪既遂之后,甲才参与进来,因此其不构成抢劫罪。甲教唆乙逃匿,并且提供躲藏地点和费用,成立窝藏罪。乙抢劫导致丙重伤昏迷,乙有救助义务,但未救助,构成过失致人死亡罪、遗弃罪甚至故意杀人罪,但是该行为在抢劫行为之后,未侵犯新的法益,属于与罚的后行为,无须单独定罪。甲让乙离开,起到教唆作用,原本有可能成立故意杀人罪或遗弃罪的教唆犯,但是根据共犯从属性,既然乙的行为成立与罚的后行为,那么甲也不构成犯罪。

10. 下列哪些行为构成包庇罪?(2009－2－62)

A. 甲帮助强奸罪犯毁灭证据

B. 乙(乘车人)在交通肇事后指使肇事人逃逸,致使被害人因得不到救助而死亡

C. 丙明知实施杀人、放火犯罪行为是恐怖组织所为,而作假证明予以包庇

D. 丁系歌舞厅老板,在公安机关查处卖淫嫖娼违法行为时为违法者通风报信,情节严重

 答案(　　　)③

【考点】 包庇行为

【解析】A错误,毁灭证据的行为不属于作假证明包庇的行为。B错误,乙指使肇事者逃逸,构成交通肇事罪的共犯。指使逃逸的行为也不属于提供隐藏处所、财物,帮助其逃匿。C正确,属于明知是犯罪分子而作假证明包庇的行为。D正确,该行为属于补充型包庇罪。

11. 甲抢劫出租车,将被害司机尸体藏入后备箱后打电话给堂兄乙,请其帮忙。乙帮助甲把尸体埋掉,并把被害司机的证件、衣物等烧掉。两天后,甲把抢来的出租车送给乙。乙的行为构成何罪?(2009-2-63)

A. 抢劫罪

B. 包庇罪

C. 掩饰、隐瞒犯罪所得罪

D. 帮助毁灭证据罪

答案(　　)①

【考点】帮助毁灭证据罪;掩饰、隐瞒犯罪所得罪

【解析】乙帮助甲把尸体埋掉,并把被害司机的证件、衣物等烧掉,该行为符合帮助毁灭证据罪成立要件。甲把抢来的出租车送给乙,乙明知该车为赃车,仍然接受,从而使赃物来源得到掩饰和隐瞒,成立窝藏行为。据此,C、D正确。A错误,乙事前未与甲通谋,甲的抢劫行为既遂之后,乙才参与犯罪,不成立抢劫罪共犯。B错误,乙只是毁灭证据和窝藏赃物,并未作假证明包庇。

12. 根据《刑法》有关规定,下列哪些说法是正确的?(2009-2-64)

A. 甲系某国企总经理之妻,甲让其夫借故辞退企业财务主管,而以好友陈某取而代之,陈某赠甲一辆价值12万元的轿车。甲构成犯罪

B. 乙系已离职的国家工作人员,请接任处长为缺少资质条件的李某办理了公司登记,收取李某10万元。乙构成犯罪

C. 丙系某国家机关官员之子,利用其父管理之便,请其父下属将不合条件的某企业列入政府采购范围,收受该企业5万元。丙构成犯罪

D. 丁系国家工作人员,在主管土地拍卖工作时向一家房地产公司通报了重要情况,使其如愿获得黄金地块。丁退休后,该公司为表示感谢,自作主张送与丁价值5万元的按摩床。丁构成犯罪

答案(　　)②

【考点】利用影响力受贿罪;关系密切人

【解析】A正确,甲为国家工作人员妻子,属于关系密切人,其利用影响力使国家工作人员实施职务行为,并收取贿赂,成立利用影响力受贿罪。B正确,乙虽离任,但对现任处长具有影响力,使其违法实施职务行为,并因此收受贿赂,成立利用影响力受贿罪。C正确,丙系国家机关工作人员之子,属于关系密切人,其使父亲实施违法的职务行为,成立利用影响力受贿罪。D错误,丁退休后,公司自作主张送按摩床属于单方赠与行为,双方并无事先约定,因此该财物与职务行为不具有相关性,不能认定为贿赂。

13. 下列哪一选项的行为应以掩饰、隐瞒犯罪所得罪论处?(2011-2-17)

A. 甲用受贿所得1000万元购买了一处别墅

B. 乙明知是他人用于抢劫的汽车而更改车身颜色

C. 丙与抢劫犯事前通谋后代为销售抢劫财物

D. 丁明知是他人盗窃的汽车而为其提供伪造的机动车来历凭证

📖 **答案（   ）①**

📗 **【考点】** 掩饰、隐瞒犯罪所得罪成立要件

📘 **【解析】** A错误，甲用犯罪所得购买别墅虽然能够掩饰、隐瞒犯罪所得，但是甲为犯罪所得之罪的本犯，其实施掩饰、隐瞒行为不具有期待可能性，不成立犯罪。B错误，更改车身颜色确实能够掩饰、隐瞒犯罪所得，但该车辆并非犯罪所得，而是犯罪工具。C错误，丙事先与实行犯通谋的，构成事后帮助犯，也属于不具有期待可能性的情形。D正确，为盗窃所得车辆提供伪造的机动车来历凭证，符合掩饰、隐瞒犯罪所得要求。

14. 案情：甲花4万元收买被拐卖妇女周某做智障儿子的妻子，周某不从，伺机逃走。甲为避免人财两空，以3万元将周某出卖。（事实一）

乙收买周某，欲与周某成为夫妻，周某不从，乙多次暴力强行与周某发生性关系。（事实二）

不久，周某谎称怀孕要去医院检查，乙信以为真，周某乘机逃走向公安机关报案。警察丙带人先后抓获了甲、乙。讯问中，乙仅承认收买周某，拒不承认强行与周某发生性关系。丙恼羞成怒，当场将乙的一只胳膊打成重伤。乙大声呻吟，丙以为其佯装受伤不予理睬。（事实三）

深夜，丙上厕所，让门卫丁（临时工）帮忙看管乙。乙发现丁是老乡，请求丁放人。丁说："行，但你以后如被抓住，一定要说是自己逃走的。"乙答应后逃走，丁未阻拦。（事实四）

关于事实四，下列选项错误的是：（2011－2－91）

A. 乙构成脱逃罪，丁不构成犯罪

B. 乙构成脱逃罪，丁构成私放在押人员罪

C. 乙离开讯问室征得了丁的同意，不构成脱逃罪，丁构成私放在押人员罪

D. 乙与丁均不构成犯罪

📖 **答案（   ）②**

📗 **【考点】** 脱逃罪；私放在押人员罪

📘 **【解析】** A错误，乙作为被关押的犯罪嫌疑人，脱离监管的，成立脱逃罪。B错误，丁作为门卫（临时工），不是依法从事监管工作的司法工作人员，不符合私放在押人员罪的主体要求，不成立私放在押人员罪。C错误，乙离开讯问室征得了丁的同意，但丁的同意因为不具有职权而显然没有效力，该行为属于帮助乙脱逃的行为，成立脱逃罪的共犯。

15. 甲路过偏僻路段，看到其友乙强奸丙的犯罪事实。甲的下列哪一行为构成包庇罪？（2012－2－19）

A. 用手机向乙通报公安机关抓捕乙的消息

B. 对侦查人员的询问沉默不语

C. 对侦查人员声称乙、丙系恋人，因乙另有新欢遭丙报案诬陷

D. 经法院通知，无正当理由，拒绝出庭作证

📖 **答案（   ）③**

📗 **【考点】** 包庇行为

【解析】 A 错误,该行为只是提供信息以便犯罪人逃逸,不属于提供隐藏处所、财物,帮助其逃匿。B 错误,沉默不语不等于作假证明包庇。C 正确,声称行为人与被害人之间存在矛盾而被害人诬告陷害,该行为属于作假证明包庇。D 错误,拒绝出庭作证,不属于作假证明包庇。

16. 甲于某晚 9 时驾驶货车在县城主干道超车时,逆行进入对向车道,撞上乙驾驶的小轿车,乙被卡在车内无法动弹,乙车内黄某当场死亡、胡某受重伤。后查明,乙无驾驶资格,事发时略有超速,且未采取有效制动措施。(事实一)

甲驾车逃逸。急救人员 5 分钟后赶到现场,胡某因伤势过重被送医院后死亡。(事实二)

交警对乙车进行切割,试图将乙救出。此时,醉酒后的丙(血液中的酒精含量为 152mg/100mL)与丁各自驾驶摩托车"飙车"经过此路段。(事实三)

丙发现乙车时紧急刹车,摩托车侧翻,猛烈撞向乙车左前门一侧,丙受重伤。20 分钟后,交警将乙抬出车时,发现其已死亡。现无法查明乙被丙撞击前是否已死亡,也无法查明乙被丙撞击前所受创伤是否为致命伤。(事实四)

丁离开现场后,找到无业人员王某,要其假冒飙车者去公安机关投案。(事实五)

王某虽无替丁顶罪的意思,但仍要丁给其 5 万元酬劳,否则不答应丁的要求,丁只好付钱。王某第二天用该款购买 100 克海洛因藏于家中,用于自吸。5 天后,丁被司法机关抓获。(事实六)

关于事实五的定性,下列选项错误的是:(2013 - 2 - 90)

A. 丁指使王某作伪证,构成妨害作证罪的教唆犯

B. 丁构成包庇罪的教唆犯

C. 丁的教唆行为属于教唆未遂,应以未遂犯追究刑事责任

D. 对丁的妨害作证行为与包庇行为应从一重罪处罚

答案(　　)①

【考点】 包庇罪;妨害作证罪;期待可能性;教唆犯

【解析】 A、B、D 错误,王某让丁为自己顶罪采取了贿买的手段,既符合妨害作证罪实行行为的要求,也符合包庇罪教唆犯的要求,但是由于王某是犯罪嫌疑人本人,其指使他人为自己做伪证包庇自己的行为,在法律上不具有期待可能性,因此缺乏刑法意义上的责任,不成立犯罪。C 错误,无论王某是否接受了丁的教唆而产生包庇罪的犯罪决意,但其客观上没有着手实行包庇行为,因此未对任何法益造成威胁。根据共犯的从属性原理,丁的行为也未侵犯任何法益,不成立犯罪。

17. 甲的下列哪些行为成立帮助毁灭证据罪(不考虑情节)?(2014 - 2 - 61)

A. 甲、乙共同盗窃了丙的财物。为防止公安人员提取指纹,甲在丙报案前擦掉了两人留在现场的指纹

B. 甲、乙是好友。乙的重大贪污罪行被丙发现。甲是丙的上司,为防止丙作证,将丙派往境外工作

C. 甲得知乙放火致人死亡后未清理现场痕迹,便劝说乙回到现场毁灭证据

D. 甲经过犯罪嫌疑人乙的同意,毁灭了对乙有利的无罪证据

答案(　　)②

【考点】 帮助毁灭证据罪

【解析】A错误,因为甲乙共同犯罪,甲为犯罪嫌疑人本人,其毁灭共犯证据无罪。B错误,甲的行为并没有毁灭证据,仅仅是增加了取证难度。C正确,甲的教唆行为促使当事人毁灭证据,该行为与毁灭结果之间存在因果关系,可以评价为"毁灭"行为,因此成立该罪。D正确,典型的毁灭行为,为了当事人而毁灭其无罪证据。

【难点】本题考查的重点是"帮助"和"毁灭证据"的刑法解释。从实质解释出发,为了保护司法公正,必须对帮助做扩大解释,区别于刑法总则帮助犯意义上的帮助。毁灭证据也需要结合司法公正解释。

18. 甲杀人后将凶器忘在现场,打电话告诉乙真相,请乙帮助扔掉凶器。乙随即把凶器藏在自家地窖里。数月后,甲生活无着落准备投案自首时,乙向甲汇款 2 万元,使其继续在外生活。关于本案,下列哪一选项是正确的?(2015 - 2 - 20)

A. 乙藏匿凶器的行为不属毁灭证据,不成立帮助毁灭证据罪

B. 乙向甲汇款 2 万元不属帮助甲逃匿,不成立窝藏罪

C. 乙的行为既不成立帮助毁灭证据罪,也不成立窝藏罪

D. 甲虽唆使乙毁灭证据,但不能认定为帮助毁灭证据罪的教唆犯

答案( )①

【考点】帮助毁灭证据罪

【解析】藏匿行为使证据不可能发挥证明作用,因此可以解释为毁灭证据。提供资金帮助逃匿,属于典型的窝藏罪。甲唆使乙毁灭证据,由于所教唆毁灭的证据是自己的犯罪证据,不成立犯罪。

19. 甲杀丙后潜逃。为干扰侦查,甲打电话让乙将一把未留有指纹的斧头粘上丙的鲜血放到现场。乙照办后报案称,自己看到"凶手"杀害了丙,并描述了与甲相貌特征完全不同的"凶手"情况,导致公安机关长期未将甲列为嫌疑人。关于本案,下列哪一选项是错误的?(2016 - 2 - 20)

A. 乙将未留有指纹的斧头放到现场,成立帮助伪造证据罪

B. 对乙伪造证据的行为,甲不负刑事责任

C. 乙捏造事实诬告陷害他人,成立诬告陷害罪

D. 乙向公安机关虚假描述"凶手"的相貌特征,成立包庇罪

答案( )②

【考点】帮助伪造证据罪

【解析】A正确,根据《刑法》第307条第2款规定:"帮助当事人毁灭、伪造证据,情节严重的,处三年以下有期徒刑或者拘役。"乙为帮助甲将未留有指纹的斧头放到现场属于伪造证据的行为,导致公安机关侦查受阻,触犯帮助伪造证据罪。B正确,甲虽然客观上教唆乙伪造证据,但在责任层面,甲伪造的是自己犯罪的证据,不具有期待可能性,不负刑事责任。C错误,诬告陷害罪是指故意捏造犯罪事实,向国家机关或有关单位告发,意图使他人受到刑事追究,情节严重的行为。诬告陷害的必须是特定的"他人",本案中乙描述与甲相貌特征完全不同的"凶手",但没有指向特定对象,不可能侵犯具体公民的人身权利,不成立诬告陷害罪。D正确,《刑法》第310条第1款规定:"明知是犯罪的人而为其提供隐藏处所、财物,帮助其逃匿或者作假证明包庇的,处三年以下有期徒刑、拘役或者管制;情节严重

的,处三年以上十年以下有期徒刑。"乙向公安机关虚假描述"凶手"的相貌特征,帮助甲逃避刑事责任,成立包庇罪。

第三节 妨害国(边)境管理罪

本节无专项考题考查。

第四节 妨害文物管理罪

1. 甲系某市国有博物馆的馆长。某日,市政府领导带某国博物馆代表团来参观。甲当即决定将本馆收藏的一件战国时期的青铜奔马赠送给市政府,作为新落成的市政府办公大楼的装饰;同时,将一件国家禁止出口的珍贵文物赠送给该外国博物馆代表团。另外,甲还偷偷将本馆的一件珍贵文物据为己有。甲的行为构成:(2005 - 2 - 62)

A. 贪污罪

B. 私赠文物藏品罪

C. 非法向外国人赠送珍贵文物罪

D. 盗窃珍贵文物罪

答案( )①

【考点】 私赠文物藏品罪;非法向外国人赠送珍贵文物罪

【解析】 甲将本馆收藏的一件战国时期的青铜奔马赠送给市政府,作为新落成的市政府办公大楼的装饰。该行为由于并非赠与非国有单位或个人,因此不构成私赠文物藏品罪。甲将一件国家禁止出口的珍贵文物赠送给该外国博物馆代表团,由于代表团由外国人组成,因此尽管是向代表团馈赠,但是仍然成立非法向外国人赠送珍贵文物罪。甲偷偷将本馆的一件珍贵文物据为己有,该行为与其职务有关,因此成立贪污罪。

2. 甲盗掘国家重点保护的古墓葬,窃取大量珍贵文物,并将部分文物偷偷运往境外出售牟利。司法机关发现后,甲为毁灭罪证将剩余珍贵文物损毁。关于本案,下列哪些选项是错误的? (2010 - 2 - 63)

A. 运往境外出售与损毁文物,属于不可罚的事后行为,对甲应以盗掘古墓葬罪、盗窃罪论处

B. 损毁文物是为自己毁灭证据的行为,不成立犯罪,对甲应以盗掘古墓葬罪、盗窃罪、走私文物罪论处

C. 盗窃文物是盗掘古墓葬罪的法定刑升格条件,对甲应以盗掘古墓葬罪、走私文物罪、故意损毁文物罪论处

D. 盗掘古墓葬罪的成立不以盗窃文物为前提,对甲应以盗掘古墓葬罪、盗窃罪、走私文物罪、故意损毁文物罪论处

答案( )②

【考点】 盗掘古墓葬罪;走私文物罪;故意损毁文物罪

【解析】 甲盗掘国家重点保护的古墓葬,构成盗掘古墓葬罪。窃取大量珍贵文物,既构成盗窃

---

① 参考答案 AC ② 参考答案 ABD

罪,也符合盗掘古墓葬罪法定刑升格条件。盗窃文物是盗掘古墓葬罪的法定刑升格条件,如果存在盗窃文物的行为,不再单独评价,原则上应按照盗掘古墓葬罪,不再认定盗窃罪。甲将部分文物偷偷运往境外出售牟利,符合走私文物罪要求。甲为毁灭罪证将剩余珍贵文物损毁,成立故意毁坏文物罪。综上,甲应成立盗掘古墓葬罪、走私文物罪和故意损毁文物罪,三罪并罚。

第五节　危害公共卫生罪

1. 某镇医院医生贾某在为患者输血时不按规定从县血站提取,而是习惯于直接从献血者身上采血后输给患者。住院病人于某因输了贾某采集的不符合国家规定的血液发生不良反应死亡。贾某的行为构成何罪?(2003 - 2 - 6)

　　A. 非法采集、供应血液罪

　　B. 采集、供应血液事故罪

　　C. 医疗事故罪

　　D. 过失致人死亡罪

　　　　　　　　　　　　　　　　　　　　　　　　　　　　答案(　　　)①

【考点】 非法采集、供应血液罪;采集、供应血液事故罪

【解析】 贾某个人决定从献血者身上直接采集血液给患者,符合非法采集、供应血液罪。B错误,该罪属于单位犯罪,自然人实施该行为构成非法采集、供应血液罪。C、D错误,因为医疗事故罪和过失致人死亡罪均属于一般法,而非法采集、供应血液罪属于特殊法,根据法条竞合原理,特殊法优先。

2. 甲系某医院外科医师,应邀在朋友乙的私人诊所兼职期间,擅自为多人进行了节育复通手术。对甲的行为应当如何定性?(2005 - 2 - 15)

　　A. 构成非法行医罪　　B. 构成非法进行节育手术罪

　　C. 构成医疗事故罪　　D. 不构成犯罪

　　　　　　　　　　　　　　　　　　　　　　　　　　　　答案(　　　)②

【考点】 非法进行节育手术罪

【解析】 A错误,甲具有行医资格,不属于非法行医。B错误,甲具有医师资格,其行为不符合非法进行节育手术罪的主体要求。C错误,因为甲的医疗行为不存在过失,也未造成任何后果,不可能成立医疗事故罪。D正确。

3. 医生甲退休后,擅自为人看病2年多。某日,甲为乙治疗,需注射青霉素。乙自述以前曾注射过青霉素,甲便未做皮试就给乙注射青霉素,乙因青霉素过敏而死亡。关于本案,下列哪一选项是正确的?(2013 - 2 - 18)

　　A. 以非法行医罪的结果加重犯论处

　　B. 以非法行医罪的基本犯论处

　　C. 以过失致人死亡罪论处

　　D. 以医疗事故罪论处

　　　　　　　　　　　　　　　　　　　　　　　　　　　　答案(　　　)③

---

①参考答案A　②参考答案D　③参考答案A

【考点】医生执业资格

【解析】医生执业资格包括医师资格和执业许可,缺少任何一个都不具有行医资格。甲已经退休,其具有医师资格,但不具备执业资格,因此甲属于非法行医罪。非法行医致人死亡的,构成该罪的结果加重犯,无须再认定过失致人死亡罪。

第六节　破坏环境资源保护罪

1. 根据有关司法解释,下列哪些情形(有证据证明确属受蒙骗的除外)可以认定(或推定)行为人"非法收购明知是盗伐、滥伐的林木"?(2002 - 2 - 34)

　　A. 收购违反规定出售的木材的

　　B. 在发生过盗伐、滥伐林木案的林区收购木材的

　　C. 在非法的木材交易场所或者销售单位收购木材的

　　D. 收购以明显低于市场价格出售的木材的

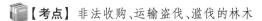 答案(　　　　)①

【考点】非法收购、运输盗伐、滥伐的林木

【解析】本题考查的是关于"非法收购明知是盗伐、滥伐的林木"的司法解释。根据2000年11月17日最高人民法院《关于审理破坏森林资源刑事案件具体应用法律若干问题的解释》,第10条规定:……具有下列情形之一的,可以视为应当知道,但是有证据证明确属被蒙骗的除外:(1)在非法的木材交易场所或者销售单位收购木材的;(2)收购以明显低于市场价格出售的木材的;(3)收购违反规定出售的木材的。据此,A、C、D正确。B错误,曾经发生过滥伐、盗伐不意味着在该地区销售的林木都源于盗伐、滥伐。

2. 甲公司竖立的广告牌被路边树枝遮挡,甲公司在未取得采伐许可的情况下,将遮挡广告牌的部分树枝砍掉,所砍树枝共计6立方米。关于本案,下列哪一选项是正确的?(2013 - 2 - 19)

　　A. 盗伐林木包括砍伐树枝,甲公司的行为成立盗伐林木罪

　　B. 盗伐林木罪是行为犯,不以破坏林木资源为要件,甲公司的行为成立盗伐林木罪

　　C. 甲公司不以非法占有为目的,只成立滥伐林木罪

　　D. 不能以盗伐林木罪判处甲公司罚金

　　答案(　　　　)②

【考点】盗伐林木罪

【解析】A错误,盗伐林木不排除砍伐树枝的行为,因为树枝属于林木的一部分。但是仅仅根据砍树枝,还不能得出盗伐林木罪的结论。B错误,盗伐林木要求数量较大,显然属于结果犯。即便该罪为行为犯,既然该罪属于破坏自然资源的犯罪,当然也要以破坏林木资源为要件。C错误,甲公司是为了让广告牌不被遮挡而砍伐树枝,不具有非法占有目的。D正确,盗伐林木罪要求行为人主观上具有非法占有目的,而甲公司不满足这一要求,不成立盗伐林木罪。所以,不可能以盗伐林木罪处以任何刑罚,包括罚金。

---

①参考答案 ACD　　②参考答案 D

第七节 走私、贩卖、运输、制造毒品罪

1. 甲将头痛粉冒充海洛因欺骗乙,让乙出卖"海洛因",然后二入均分所得款项。乙出卖后获款**4000元**,但在未来得及分赃时,被公安机关查获。关于本案,下列哪些说法是正确的?(2002-2-38)

A. 甲与乙构成贩卖毒品罪的共犯

B. 甲的行为构成诈骗罪

C. 甲属于间接正犯

D. 甲的行为属于犯罪未遂

📖 答案( )①

📚 **【考点】** 贩卖毒品罪

📝 **【解析】** 甲将头痛粉冒充海洛因欺骗乙,让乙出卖"海洛因"。据此,甲具有诈骗的行为和决意,而乙具有贩卖毒品的决意但实际上出售的并非毒品。之后,乙销售成功,获得4000元。据此,甲的诈骗行为造成了经济损失,满足诈骗罪要件,成立诈骗罪。甲的诈骗行为针对乙,但未从乙处直接骗取财物,而是通过欺骗利用乙让其对被害人实施具体的诈骗取财行为。据此,甲成立诈骗罪的间接正犯。甲客观上没有给乙毒品用于销售,因此不可能侵犯毒品犯罪的保护法益,不成立毒品犯罪。乙未欺骗被害人,而是认真地相信自己在贩卖毒品,因此不可能构成诈骗罪。乙也不构成贩卖毒品罪,因为客观上不存在毒品,无论如何也不可能通过销售假毒品侵犯毒品犯罪保护法益。综上,甲成立诈骗罪的间接正犯,乙无罪。甲、乙之间不存在共犯关系。

2. 甲15周岁,系我国某边镇中学生。甲和乙一起上学,在路上捡到一手提包。打开后,发现内有**1000元钱和4小袋白粉末**。甲说:"这袋上有中文'海洛因'和英文'heroin'及'50g'的字样。我在电视上看过,这东西就是白粉,我们把它卖了,还能发一笔财。"二人遂将4袋白粉均分。甲先将一袋白粉卖与他人,后在学校组织去邻国旅游时,携带另一袋白粉并在境外出售。甲的行为:(2004-2-6)

A. 构成走私毒品罪

B. 构成非法持有毒品罪

C. 构成贩卖毒品罪

D. 构成走私、贩卖毒品罪

📖 答案( )②

📚 **【考点】** 贩卖毒品罪;刑事责任年龄

📝 **【解析】** 甲明知是毒品仍然将其卖给他人,成立贩卖毒品罪。其中,一袋在国内贩卖,另一袋在国外贩卖,共计100克。同时,甲还有携带50克毒品跨越国境的行为,成立走私毒品罪。但是,甲只有15周岁,其仅能对贩卖毒品罪承担刑事责任,对走私毒品罪不承担刑事责任。据此,只有C为正确答案。

3. 毒贩甲得知公安机关近来要开展"严打"斗争,遂将尚未卖掉的**50多克海洛因**和贩毒所得赃款**8万多元**拿到家住偏远农村的亲戚乙处隐藏。公安机关得到消息后找乙调查此事,乙矢口否认。乙当晚将上述毒品、赃款带到后山山洞隐藏时被跟踪而至的公安人员当场抓获。乙的上述行为应当以何罪论处?(2005-2-12)

---

① 参考答案 BC ② 参考答案 C

A. 非法持有毒品罪

B. 窝藏、转移赃物罪

C. 窝藏、转移、隐瞒毒品、毒赃罪

D. 包庇毒品犯罪分子罪

答案（　　）①

【考点】 窝藏、转移、隐瞒毒品、毒赃罪

【解析】 乙的行为属于非持有毒品的行为,但是该行为同时属于窝藏、转移、隐瞒毒品行为的一部分,具有法条竞合关系,不需要单独定罪量刑。同时,乙隐藏毒赃的行为可能只是单纯帮助贩卖毒品的行为,也可能成立掩饰、隐瞒犯罪所得行为,但《刑法》专门规定了窝藏、转移、隐瞒毒赃罪,按照特别法优于一般法的法条竞合原理,也只定窝藏、转移、隐瞒毒赃罪即可。综上,甲的行为仅成立窝藏、转移、隐瞒毒品、毒赃罪。此外,乙没有为犯罪分子逃匿提供隐藏处所和经费或作假证明包庇(矢口否认自己未实施窝藏、转移、隐瞒毒品、毒赃的行为,未作假证明包庇甲),而是隐藏转移毒品毒赃,不存在包庇行为。

4. 甲、乙通过丙向丁购买毒品,甲购买的目的是为自己吸食,乙购买的目的是为贩卖,丙则通过介绍毒品买卖,从丁处获得一定的好处费。对于本案,下列哪些选项是正确的? (2006－2－62)

A. 甲的行为构成贩卖毒品罪

B. 乙的行为构成贩卖毒品罪

C. 丙的行为构成贩卖毒品罪

D. 丁的行为构成贩卖毒品罪

答案（　　）②

【考点】 贩卖毒品罪;介绍行为;共犯

【解析】 A 错误,甲购买毒品的目的是为自己吸食,并不具有贩卖目的,因此不构成贩卖毒品罪。乙购买毒品是为了贩卖,成立贩卖毒品罪。丙为了撮合毒品交易双方成交,提供交易机会,成立贩卖毒品罪的帮助犯,既是甲贩卖毒品的帮助犯,又是丁卖出毒品的帮助犯。

5. 陈某向王某声称要购买 80 克海洛因,王某便从外地购买了 80 克海洛因。到达约定交货地点后,陈某掏出仿真手枪威胁王某,从王某手中夺取了 80 克海洛因。此后半年内,因没有找到买主,陈某一直持有 80 克海洛因。半年后,陈某将 80 克海洛因送给其毒瘾很大的朋友刘某,刘某因过量吸食海洛因而死亡。关于本案,下列哪一选项是错误的? (2007－2－16)

A. 王某虽然是陈某抢劫的被害人,但其行为仍成立贩卖毒品罪

B. 陈某持仿真手枪取得毒品的行为构成抢劫罪,但不属于持枪抢劫

C. 陈某抢劫毒品后持有该毒品的行为,被抢劫罪吸收,不另成立非法持有毒品罪

D. 陈某将毒品送给刘某导致其过量吸食进而死亡的行为,成立过失致人死亡罪

答案（　　）③

【考点】 贩卖毒品罪

【解析】 A 正确,王某以贩卖毒品的故意,实施了贩卖毒品的行为,虽然最终没有获得贩卖毒品的对价,但仍然成立贩卖毒品罪。王某的毒品被陈某抢劫,毒品虽然属于违禁品,但仍然不能随意侵

犯,陈某成立抢劫罪,王某是该罪的受害人。B 正确,陈某所持枪支为仿真枪,仿真枪不是枪支,因此不能满足持枪抢劫的要求。C 正确,陈某抢劫毒品后持有该毒品的行为成立抢劫罪与非法持有毒品罪的牵连犯(抢劫违禁品后,作为其结果行为通常要持有违禁品,因而具有类型化牵连关系),应认定为抢劫罪一罪。D 错误,陈某虽然将毒品送给刘某,最终刘某也死亡,但是在两者之间介入了被害人自己的行为。刘某过量吸毒在死亡结果产生中发挥了重要作用,而且具有异常性,因此,中断了陈某行为与死亡结果之间的因果关系。依此,陈某的行为不构成过失致人死亡罪。

6. 甲、乙均为吸毒人员,且关系密切。乙因买不到毒品,多次让甲将自己吸食的毒品转让几克给乙,甲每次均以购买价转让毒品给乙,未从中牟利。关于本案,下列哪些选项是错误的?(2008 – 2 – 65)

A. 贩卖毒品罪必须以营利为目的,故甲的行为不成立贩卖毒品罪

B. 贩卖毒品罪以获利为要件,故甲的行为不成立贩卖毒品罪

C. 甲属于无偿转让毒品,不属于贩卖毒品,故不成立贩卖毒品罪

D. 甲只是帮助乙吸食毒品,《刑法》没有将吸食毒品规定为犯罪,故甲不成立犯罪

📖 **答案(   )①**

📖 **【考点】** 原价转让毒品的行为性质

📖 **【解析】** A 错误,贩卖毒品罪只要求具有贩卖目的即可,不要求具有营利目的,之所以如此,是毒品犯罪保护法益与贩卖行为的营利性无关,因此,只要有偿转让了毒品就侵犯了法益,不需要营利目的或客观上营利。B 错误,贩卖毒品不需要以获利为条件,未营利的贩卖行为同样侵犯法益。C 错误,甲显然属于有偿转让毒品。D 错误,甲的行为确实属于帮助他人吸食毒品,但同时也是有偿转让毒品的贩毒行为,后者成立贩卖毒品罪。

7. 关于毒品犯罪,下列哪些选项是正确的?(2010 – 2 – 60)

A. 明知他人实施毒品犯罪而为其居间介绍,代购代卖的,即使没有牟利目的,也成立贩卖毒品罪

B. 为便于隐蔽运输,对毒品掺杂使假的行为,或者为了销售,去除毒品中的非毒品物质的行为,不成立制造毒品罪

C. 甲认为自己管理毒品不安全,将数量较大毒品委托给乙保管时,甲、乙均成立非法持有毒品罪

D. 行为人对同一宗毒品既走私又贩卖的,量刑时不应重复计算毒品数量

📖 **答案(   )②**

📖 **【考点】** 毒品犯罪

📖 **【解析】** A 正确,明知他人实施毒品犯罪而为其居间介绍,代购代卖的,无论是否牟利,因为对贩卖毒品发挥了实际的促进作用,且具有共同的行为意思,应成立相关毒品犯罪的共犯。B 正确,根据司法解释,为了隐蔽运输、销售、使用、欺骗购买者,或者为了增重,对毒品掺杂使假,添加或去除毒品中的非毒品物质的行为,不属于制造毒品行为。C 正确,持有毒品并不要求直接持有,通过辅助占有人也可持有。甲将毒品交给乙持有,两人均为持有人。D 正确,根据禁止重复评价的原理,对于走私、贩卖、运输、制造毒品罪,行为人对同一宗毒品实施了两种以上犯罪行为时,应按照所实施的行为性质确定罪名,量刑时不应重复计算毒品数量。

8. 关于非法持有毒品罪,下列哪一选项是正确的?(2011 – 2 – 18)

A. 非法持有毒品的,无论数量多少都应当追究刑事责任

---

① 参考答案 ABCD ② 参考答案 ABCD

B. 持有毒品不限于本人持有,包括通过他人持有

C. 持有毒品者而非所有者时,必须知道谁是所有者

D. 因贩卖而持有毒品的,应当实行数罪并罚

答案(   )①

【考点】 毒品犯罪中的数量要求

【解析】 根据《刑法》第348条的规定,非法持有毒品罪的成立对数量有要求,如海洛因10克以上、鸦片200克以上。但制造、走私、贩卖、运输毒品罪则没有数量要求。据此,A项错误。B正确,持有不限于自己直接持有,只要自己处于支配地位,可以通过辅助占有人对毒品进行持有。C错误,非法持有毒品罪只要行为人知道是毒品即可,不要求知道毒品由谁所有。D错误,持有毒品是贩卖毒品的必要前提和组成部分,二罪之间是吸收关系(持有行为被贩卖行为包含),只认定贩卖毒品罪一罪。

9. 关于毒品犯罪的论述,下列哪些选项是错误的?(2012-2-62)

A. 非法买卖制毒物品的,无论数量多少,都应追究刑事责任

B. 缉毒警察掩护、包庇走私毒品的犯罪分子的,构成放纵走私罪

C. 强行给他人注射毒品,使人形成毒瘾的,应以故意伤害罪论处

D. 窝藏毒品犯罪所得的财物的,属于窝藏毒赃罪与掩饰、隐瞒犯罪所得罪的法条竞合,应以窝藏毒赃罪定罪处刑

答案(   )②

【考点】 毒品犯罪

【解析】 A错误,根据《刑法》第347条的规定,针对毒品的犯罪,无论数量多少都应追究刑事责任的限于走私、贩卖、运输和制造毒品的行为,不包括非法买卖制毒物品的行为。B错误,《刑法》专门规定了包庇毒品犯罪分子罪,因此不构成一般法意义上的放纵走私罪;对于缉毒人员或其他国家机关工作人员实施掩护、包庇走私、贩卖、运输、制造毒品犯罪分子的,以包庇毒品犯罪分子罪从重处罚。C错误,《刑法》专门规定强迫他人吸毒罪,强迫他人吸毒造成被害人伤亡的,属于强迫吸毒罪与故意伤害罪或故意杀人罪的想象竞合犯,从一重罪论处。本案造成的后果只是使被害人产生毒瘾,故仅构成强迫他人吸毒罪。D正确,最高人民法院《关于审理洗钱等刑事案件具体应用法律若干问题的解释》第3条规定:"明知是犯罪所得及其产生的收益而予以掩饰、隐瞒,构成刑法第三百一十二条规定的犯罪,同时又构成刑法第一百九十一条或者第三百四十九条规定的犯罪的,依照处罚较重的规定定罪处罚。"可见,行为人同时构成掩饰、隐瞒犯罪所得、犯罪所得收益罪,洗钱罪、窝赃毒品、毒赃罪的,依照处罚较重的规定定罪处罚。在侵犯法益具有同一性时,应按照法条竞合处理;在侵犯法益不具有同一性时,按想象竞合犯处理。无论哪种情形,窝藏毒赃罪均属于较重的一罪。

10. 甲在强制戒毒所戒毒时,无法抗拒毒瘾,设法逃出戒毒所。甲径直到毒贩陈某家,以赊账方式买了少量毒品过瘾。后甲逃往乡下,告知朋友乙详情,请乙收留。乙让甲住下(事实一)。甲对陈某的毒品动起了歪脑筋,探知陈某将毒品藏在厨房灶膛内。某夜,甲先用毒包子毒死陈某的2条看门狗(价值6000元),然后翻进陈某院墙,从厨房灶膛拿走陈某50克纯冰毒(事实二)。甲拿出40克冰毒,让乙将40克冰毒和80克其他物质混合,冒充120克纯冰毒卖出(事实三)。

(1) 关于事实一,下列选项正确的是:(2014-2-89)

A. 甲是依法被关押的人员,其逃出戒毒所的行为构成脱逃罪

B. 甲购买少量毒品是为了自吸,购买毒品的行为不构成犯罪

C. 陈某出卖毒品给甲,虽未收款,仍属于贩卖毒品既遂

D. 乙收留甲的行为构成窝藏罪

📖 **答案(　　　)**①

📚 **【考点】** 脱逃罪;窝藏罪;贩卖毒品罪

📖 **【解析】** 脱逃罪是指依法被关押的罪犯、被告人、犯罪嫌疑人从关押处所逃逸的行为。窝藏罪是指明知犯罪人而为其提供隐藏处所、财物,帮助其逃匿的行为。贩卖毒品罪是指故意有偿转让毒品的行为,其侵害法益是社会法益,并非财产犯罪。单纯吸毒并不侵害他人法益或社会法益,因此不可罚。据此,脱逃罪与窝藏罪均以可能存在犯罪为前提,本案甲单纯自己吸毒的行为不具有法益侵害性,无罪,因此不涉及脱逃罪与窝藏罪。故,AD错误,B正确。陈某虽然出卖毒品未收钱,但赊购本身就是一种有偿转让形式,客观上也破坏了毒品管理秩序,侵害了社会法益,成立犯罪既遂,故C正确。

👩 **【难点】** 本题除了考查脱逃罪、窝藏罪的记忆点之外,还考查了法益侵害性的理解。不同法益,侵害性的要求就不同。无法益侵害无罪,有法益侵害,达到完满状态就是既遂。这种思维区别于日常生活中的常识。

(2) 关于事实三的判断,下列选项正确的是:(2014 - 2 - 90)

A. 甲让乙卖出冰毒应定性为甲事后处理所盗赃物,对此不应追究甲的刑事责任

B. 乙将40克冰毒掺杂、冒充120克纯冰毒卖出的行为,符合诈骗罪的构成要件

C. 甲、乙既成立诈骗罪的共犯,又成立贩卖毒品罪的共犯

D. 乙在冰毒中掺杂使假,不构成制造毒品罪

📖 **答案(　　　)**②

📚 **【考点】** 制造毒品;贩卖毒品;诈骗罪

📖 **【解析】** A错误,因为出卖毒品不仅仅是事后处理赃物,还额外侵犯了新的法益——毒品管理秩序,因此需要认定为贩卖毒品罪。B正确,在标的数量上存在虚构事实的一面,因此符合诈骗罪构成要件。C正确,甲乙共同贩卖毒品的行为,共同虚构毒品数量,因此构成贩卖毒品与诈骗的共同犯罪。D正确,掺杂使假本身并未产生新的毒品,而只是改变了毒品的外在形态,尽管毒品数量不以纯度折算,但在制造毒品罪中应当认为必须产生了新的毒品。本案不能认为构成制造毒品罪。

👩 **【难点】** 综合考查了诈骗罪、贩卖毒品、制造毒品及共犯等知识点。难点是制造毒品的理解。"制造"的刑法解释应结合毒品犯罪法益进行,不能单纯根据数量增加便认为制造了更多毒品。制造毒品的制造行为应结合本罪法益进行解释,制造毒品必须产生了新的毒品才能侵害毒品管理秩序,可能从无到有产生新的毒品,也可能从此种毒品产生彼种毒品。为了便于隐匿运输、销售、使用、欺骗购买者,或者为了增重,对毒品掺杂使假,添加或去除其他非毒品物质,只是单纯改变毒品纯度或品质,不属于制造毒品的行为。

11. 关于毒品犯罪,下列哪些选项是正确的? (2016 - 2 - 61)

A. 甲无牟利目的,为江某代购仅用于吸食的毒品,达到非法持有毒品罪的数量标准。对甲应以非法持有毒品罪定罪

B. 乙为蒋某代购仅用于吸食的毒品,在交通费等必要开销之外收取了若干"劳务费"。对乙应以

贩卖毒品罪论处

C. 丙与曾某互不知情,受雇于同一雇主,各自运输海洛因 500 克。丙将海洛因从一地运往另一地后,按雇主吩咐交给曾某,曾某再运往第三地。丙应对运输 1000 克海洛因负责

D. 丁盗窃他人 200 克毒品后,将该毒品出卖。对丁应以盗窃罪和贩卖毒品罪实行数罪并罚

答案( )①

 【考点】 毒品犯罪

【解析】 A 正确,根据司法解释,甲无牟利的目的,为蒋某吸毒代购毒品,该代购行为不能满足走私、贩卖行为的要求,不构成运输毒品罪。但其持有的数量达到非法持有毒品罪的立案标准时,应定非法持有毒品罪。B 正确,贩卖毒品,是指有偿转让毒品的行为,即行为人将毒品交付给对方,并从对方获取了财产利益。乙为蒋某代购,收取了交通费等必要开销之外的若干"劳务费",该费用应认定为非法的财产利益,属于有偿转让毒品,构成贩卖毒品罪。C 错误,运输毒品,是指采用携带、邮寄、利用他人或者使用交通工具等方法在我国领域内转移毒品。丙和曾某虽然分别受雇于同一雇主,分段运输同一宗毒品,但丙和曾某彼此互不知情,因而没有共同行为意思,不能认定为共同犯罪。依此,丙只需要对自己运输的 500 克海洛因负责。D 正确,丁盗窃他人 200 克毒品的行为,成立盗窃罪(违禁品也属于财物);后将该毒品出卖,侵犯了国家的毒品管理秩序,成立贩卖毒品罪(虽然属于事后销赃,但侵犯新的法益,不成立事后的不可罚行为);两行为侵犯两个法益,应当数罪并罚。

第八节 组织、强迫、引诱、容留、介绍卖淫罪

1. 1998 年 11 月 4 日,甲到娱乐场所游玩时,将卖淫女乙(1984 年 12 月 2 日生)带到住所嫖宿。一星期后甲请乙吃饭时,乙告知了自己年龄,并让甲到时为自己过生日。饭后,甲又带乙到住处嫖宿。甲的行为属于:(2004 - 2 - 8)

A. 奸淫幼女罪

B. 强奸罪

C. 嫖宿幼女罪(现已废除)

D. 应受治安处罚的嫖娼行为

答案( )②

【考点】 嫖宿幼女罪(现已废除);强奸罪(奸淫幼女的行为)

【解析】 A 错误,奸淫幼女罪现已废除。与不满 14 周岁的幼女发生过性关系,不管幼女是否同意,都构成强奸罪。但是刑法又单独规定了嫖宿不满 14 周岁的卖淫幼女的嫖宿幼女罪(现已废除)。由于两者保护法益不用,因而两罪可能成立想象竞合犯,从一重处断。对于一般的嫖宿幼女,可以认定为嫖宿幼女罪(现已废除),处 5 年以上到 15 年徒刑,但如果具备了强奸罪的五种加重情节,例如,嫖宿幼女多人、多次,在公共场所嫖宿幼女,嫖宿幼女致幼女重伤、死亡的,则可以按强奸罪,处于十年以上有期徒刑、无期徒刑或者死刑。本题题干中未交代加重情节,因此应认为嫖宿幼女罪(现已废除)更重,最终应认定为嫖宿幼女罪(现已废除)。在《刑法修正案(九)》颁布之后,本案应认定为强奸罪。

2. 对刑法关于组织、强迫、引诱、容留、介绍卖淫罪的规定,下列解释正确的是:(2004 - 2 - 89)

A. 引诱、容留、介绍卖淫罪,包括引诱、容留、介绍男性向同性恋者卖淫

---

①参考答案 ABD ②参考答案 C

B. 引诱成年人甲卖淫、容留成年人乙卖淫的,成立引诱、容留卖淫罪,不实行并罚

C. 引诱幼女甲卖淫,容留幼女乙卖淫的,成立引诱幼女卖淫罪与容留卖淫罪,实行并罚

D. 引诱幼女向他人卖淫后又嫖宿该幼女的,以引诱幼女卖淫罪论处,从重处罚

答案(　　)①

📖 **【考点】** 引诱、容留、介绍卖淫罪、引诱幼女卖淫罪;嫖宿幼女罪(现已废除)

📖 **【解析】** A正确,在引诱、容留、介绍卖淫罪或者组织卖淫罪中,法条并没有排除向同性恋者卖淫,因此,应将本罪中的卖淫根据本罪法益做扩大解释。引诱、容留、介绍男性向同性恋者卖淫当然侵犯了本罪的保护法益,应成立本罪。这一扩大解释没有超出日常用语的可能含义,因此并不违反罪刑法定原则。B正确,引诱、容留、介绍卖淫罪是选择性罪名,行为人实施其中的一种行为,成立本罪。实施多个行为,也仅成立本罪一罪,不需要实行数罪并罚。C正确,引诱的是不满14周岁的幼女卖淫,成立引诱幼女卖淫罪。但容留幼女卖淫,成立另外的容留卖淫罪。两罪不能归属于同一个选择性罪名之中,存在两个行为,侵犯不同法益(幼女特殊保护),应数罪并罚。D错误,引诱幼女向他人卖淫,成立引诱幼女卖淫罪。之后又嫖宿该幼女的,成立嫖宿幼女罪(现已废除)。上述行为各自独立,侵犯不同法益,应数罪并罚。

第九节　制作、贩卖、传播淫秽物品罪

1. 孙某制作、复制大量的淫秽光盘,除出卖外,还多次将淫秽光盘借给许多人观看。对其行为应如何处理?(2002-2-2)

A. 以制作、复制、贩卖、传播淫秽物品牟利罪处罚

B. 以组织播放淫秽音像制品罪从重处罚

C. 以制作、复制、贩卖淫秽物品牟利罪和传播淫秽物品罪数罪并罚

D. 以传播淫秽物品罪从重处罚

答案(　　)②

📖 **【考点】** 制作、复制、贩卖淫秽物品牟利罪;传播淫秽物品罪

📖 **【解析】** A错误,C正确,D错误。孙某制作、复制大量的淫秽光盘,然后加以销售,构成制作、复制、贩卖淫秽物品牟利罪。但是,孙某还将淫秽光盘借给许多人观看,根据《刑法》第364条第1款关于传播淫秽物品罪的规定,不以牟利为目的,传播淫秽书刊、影片、音像、图片或者其他淫秽物品,情节严重的,成立传播淫秽物品罪。据此,孙某还成立传播淫秽物品罪。上述行为各自独立,侵犯不同法益,应数罪并罚。B错误,组织播放淫秽音像制品罪是指不以牟利为目的,组织播放淫秽电影、录像等音像制品的行为。孙某只是将淫秽光盘借给多人观看,没有组织播放淫秽光盘,因此不构成本罪。

2. 雷某为购买正式书号用于出版淫秽录像带,找某音像出版社负责人任某帮忙。雷某向任某谎称自己想制作商业宣传片,需要一个书号,并提出付给出版社1万元"书号费"。任某同意,但要求雷某给自己2万元好处费,雷某声称盈利后会考虑。任某随后指示有关部门立即办理。雷某拿该书号出版了淫秽录像带,发行数量极大、影响极坏。雷某牟利后给任某2万元好处费,任某收下。关于本案,下列哪些说法是错误的?(2004-2-60)

A. 雷某与任某的行为构成为他人提供书号出版淫秽书刊罪的共犯

B. 雷某的行为构成传播淫秽物品罪,任某的行为构成为他人提供书号出版淫秽书刊罪

C. 雷某的行为构成出版淫秽物品牟利罪,任某的行为构成出版淫秽物品牟利罪的共犯

D. 雷某与任某的行为构成非法经营罪的共犯

📖【答案(　　　)①

📚【考点】为他人提供书号出版淫秽书刊罪;传播淫秽物品罪;出版淫秽物品牟利罪

📝【解析】雷某为了牟取利益而出版淫秽物品,成立出版淫秽物品牟利罪。为了得到出版机会,雷某骗任某制作商业宣传片,通过承诺好处费的方式,使任某提供了书号。任某客观上实施了提供书号的行为,主观上虽不具有故意,但对淫秽物品的出版具有过失,成立为他人提供书号出版淫秽书刊罪。雷某是故意犯罪,任某是过失犯罪,两人之间缺乏共同行为的意思,因此不成立共犯,应分别定罪量刑。据此,A 错误,雷某对出版淫秽物品具有故意,任某则仅具有过失,两者不可能成立共犯。B 错误,雷某具有牟利目的,不可能成立传播淫秽物品罪(该罪不能有牟利目的)。C 错误,任某被雷某欺骗,与其缺乏共同行为的意思,不成立共犯。D 错误,根据司法解释,雷某的行为不能认定为一般意义上的非法经营罪,而只能认定为出版淫秽物品牟利罪。

3. 关于利用互联网传播淫秽物品牟利的犯罪,可以由哪些主体构成?(2010 - 2 - 64)

A. 网站建立者

B. 网站直接管理者

C. 电信业务经营者

D. 互联网信息服务提供者

📖【答案(　　　)②

📚【考点】利用互联网传播淫秽物品牟利

📝【解析】根据 2010 年 1 月 18 日最高人民法院、最高人民检察院《关于办理利用互联网、移动通信终端、声讯台制作、复制、出版、贩卖、传播淫秽电子信息刑事案件具体应用法律若干问题的解释(二)》规定,网站建立者、网站直接管理者、电信业务经营者、互联网信息服务提供者利用互联网传播淫秽物品牟利的,均可以成立传播淫秽物品牟利罪。

第七章　贪污贿赂罪

第一节　贪污罪

1. 甲找到在某国有公司任出纳员的朋友乙,提出向该公司借款 5 万元用于购买假币,并许诺出售假币获利后给乙好处费。乙便擅自从自己管理的公司款项中借给甲 5 万元。甲拿到 5 万元后,让丙从外地购得假币若干,然后在本地出售。出售一部分后,甲便送给乙 2 万元好处费。甲后来在出售假币的过程中被公安人员抓获。甲如实交代了让丙购买假币和自己出售假币的行为,还主动交代了自己使用面值 5000 元的假币购买家电产品的事实,但未能如实说明购买假币的 5 万元现金的来源。乙得知

①参考答案 ABCD　②参考答案 ABCD

甲被抓后,担心受刑罚处罚,便携带10万元公款潜逃外地,后被司法机关抓获归案。

(1)关于挪用公司5万元的行为,下列哪些说法是错误的? (2002-2-85)

A. 甲唆使乙挪用公司5万元,故甲与乙就挪用行为成立共同犯罪

B. 甲没有指使、参与策划挪用公司5万元,故甲与乙就挪用行为不成立共同犯罪

C. 甲明知是挪用的款项而使用,故甲与乙就挪用行为成立共同犯罪

D. 乙明知甲欲从事营利活动,却仍然挪用5万元,故即使没有超过3个月也构成犯罪

答案(　　)①

【考点】 挪用行为;挪用公款的共犯

【解析】 A正确,乙原本无挪用意思,甲教唆其挪用,应成立挪用公款罪的教唆犯。乙实施了挪用行为,符合非法活动型挪用公款罪要求,属于该罪的正犯。甲、乙就挪用公款罪成立共犯。B错误,甲虽然没有指使、参与乙的挪用行为,但存在教唆行为,因此仍然可能成立共犯。C错误,挪用行为并不等同于使用行为,甲明知是挪用款项但仍然使用的,不能满足挪用的要求,因此,就甲的使用行为而言,其与乙不存在行为的共同性,故不能以此为由成立共犯。D错误,甲从事的不仅是营利活动,也是非法活动,因此,甲的挪用行为既不需要时间要求,也不需要数额要求。D选项错误地将其仅归纳营利活动,然后据此否定时间要求并不准确。

(2)关于乙携带10万元公款潜逃的行为,下列哪些说法是错误的? (2002-2-87)

A. 对该行为应认定为贪污罪

B. 对该行为应认定为职务侵占罪

C. 该行为属于挪用公款罪中的挪用公款数额巨大不退还

D. 该行为属于挪用资金罪中的挪用本单位资金数额较大不退还

答案(　　)②

【考点】 携款潜逃

【解析】 携款潜逃所携为公款的,因具有非法所有目的,应成立贪污罪。如所携款项为普通公司企业资金,那么构成职务侵占罪。携款潜逃由于没有返还意思,无论如何也不成立挪用型犯罪。据此,A正确,BCD均错误。

(3)关于乙的全部犯罪行为,下列哪些说法是错误的? (2002-2-88)

A. 对乙应以挪用公款罪、贪污罪、出售、购买假币罪论处,实行数罪并罚

B. 对乙应以挪用资金罪、职务侵占罪、出售、购买假币罪论处,实行数罪并罚

C. 对乙应在挪用公款罪与受贿罪中择一重罪从重处罚

D. 对乙应以贪污罪、受贿罪论处,实行数罪并罚

答案(　　)③

【考点】 挪用公款罪与伴生犯罪的罪数

【解析】 乙挪用5万元公款,构成挪用公款罪;乙携款潜逃,构成贪污罪;乙明知甲出售、购买假币,却提供资金帮助,成立出售、购买假币罪的帮助犯。上述三行为各自独立,侵犯三个法益,应数罪并罚。据此,A正确,BCD错误。

2. 下列哪些情形,属于挪用公款归个人使用,从而可能构成挪用公款罪? (2003-2-31)

---

①参考答案 BCD　②参考答案 BCD　③参考答案 BCD

A. 国有公司经理甲将公款供亲友使用

B. 国有企业财会人员乙以个人名义将公款供其他国有单位使用

C. 国家机关负责人丙个人决定以单位名义将公款供其他单位使用,但未谋取个人利益

D. 国有企业的单位领导集体研究决定将公款给私有企业使用

答案(　　　)①

【考点】归个人使用

【解析】归个人使用的实质是违反公款公用的程序与实体性要求将公款归本人或第三人使用。A正确,亲友属于第三人范围;B正确,以个人名义使用公款违反公款公用的程序性规则;C错误,负责人个人决定将公款以单位名义归其他单位使用,且未谋取个人利益,符合公款公用的程序和实体性要求;D错误,单位领导集体研究决定将公款给其他单位使用,符合公款公用的程序和实体性要求。

3. 某事业单位负责人甲决定以单位名义将本单位资金150余万元贷给另一公司,所得高利息归本单位所有。甲虽未牟取个人利益,但最终使本金无法收回。关于该行为的定性,下列哪几种是可以排除的?(2004-2-54)

A. 挪用公款罪

B. 挪用资金罪

C. 违法发放贷款罪

D. 高利转贷罪

答案(　　　)②

【考点】归个人使用

【解析】甲为单位负责人,本有决策权,其个人决定单位资金用途符合公款公用的程序要求;甲决定以单位名义将单位资金给另一单位使用,同样符合公款使用的程序与实体要求;甲未谋取个人利益,说明甲的行为目的符合公款公用的实体性要求(目的正当)。甲的行为导致单位资金本金无法收回,如果符合渎职或其他犯罪,应认定为其他犯罪。综上,甲的行为不成立挪用公款罪,故A错误。B错误,挪用资金罪所挪资金是一般公司企业单位资金,而本案资金属于事业单位资金,属于公款范围。C错误,违法发放贷款罪的主体是具有合法贷款资格的金融机构,事业单位不符合该要求。D错误,高利转贷罪处罚转贷行为,甲的行为并非转贷行为。

4. 下列哪些选项属于"挪用公款归个人使用"?(2006-2-64)

A. 以个人名义将公款借给某国有企业使用

B. 以个人名义将公款借给某私营企业使用

C. 个人决定以单位名义将公款借给其他单位使用,谋取个人利益的

D. 以单位名义将公款借给其他自然人使用,未谋取个人利益

答案(　　　)③

【考点】归个人使用

【解析】归个人使用的实质是公款私用,私用是指未按照公款公用的程序及实体要求而给本人或第三人使用。据此,A正确,国有企业属于第三人,个人名义也违反公款公用的程序;B正确,以个人名义违反公款公用的程序,私营企业属于第三人;C正确,为了谋取个人利益,违反公款公用的程序

与实体要求,个人擅自决定公款使用,显然属于归个人使用;D 正确,虽然以单位名义借款,但借给自然人使用,违反公款公用的实体性要求,也属于归个人使用。

5. 甲系某国有公司经理。生意人乙见甲掌管巨额资金,就以小恩小惠拉拢甲。后乙以做生意需要资金为由,劝诱甲出借公款,并与甲共同策划了挪用的方式,还送给甲好处费 5 万元。甲未经公司董事会决定就将 100 万元资金借给乙。乙得到巨款以后,告知银行职员丙该款的真实来源,丙为乙提供资金账户,乙随时提款用于贩卖毒品。在甲的催促下,一年后,乙归还 30 万元,后来就拒绝和甲见面。甲见追回剩余 70 万元无望,就携带乙归还的 30 万元潜逃。甲半年内将 30 万元挥霍一空,走投无路后向司法机关投案,并交代了借公款给乙、接受乙贿赂和携款潜逃的事实,并提供线索协助司法机关将乙捉拿归案。乙归案后主动交代了行贿和司法机关尚未掌握的贩卖毒品的犯罪事实。

(1) 关于甲的犯罪行为,下列说法正确的是:(2007 - 2 - 94)

A. 甲将公款挪用给乙使用的行为属于挪用公款进行营利活动

B. 甲不知道乙将公款用于犯罪活动,所以甲乙不构成挪用公款罪的共犯

C. 甲携带 30 万元公款潜逃的行为构成贪污罪

D. 对甲的行为应以挪用公款罪、受贿罪、贪污罪实行并罚

📖 答案( )①

📚 **【考点】** 挪用公款罪行为类型;挪用公款罪向贪污罪的转化

📖 **【解析】** A 正确,乙以做生意为由教唆甲挪用公款,甲信以为真,以营利目的挪用公款 100 万元。乙拿到公款后,虽然从事的是贩毒,但仍然属于营利活动,因此,甲的行为完全符合挪用公款用于营利活动的客观构成要件要求。从另一角度,根据司法解释,甲挪用公款罪的成立并不需要认识到乙行为的非法性。B 错误,甲虽然不知道乙从事贩毒,但由于贩毒也属于营利活动,所以甲对营利活动有正确认识。与乙成立挪用公款罪的共犯。C 正确,甲将 30 万元据为己有,携款潜逃,成立贪污罪。D 正确,甲利用职务之便为乙谋取非法利益,其收受乙 5 万元,成立受贿罪。甲的受贿行为与之前的挪用行为以及之后的贪污行为,各自独立,侵犯法益也各自不同,应数罪并罚。

(2) 关于乙的犯罪行为,下列说法正确的是:(2007 - 2 - 95)

A. 乙的行为属于挪用公款进行非法活动

B. 乙与甲不构成挪用公款罪的共犯

C. 乙归还 30 万元公款的行为导致甲犯贪污罪,故乙成立贪污罪的帮助犯

D. 对乙的行为应以挪用公款罪、行贿罪、贩卖毒品罪实行并罚

📖 答案( )②

📚 **【考点】** 挪用公款罪的共犯;行贿罪;贩卖毒品罪

📖 **【解析】** A 正确,B 错误,这是因为,乙教唆帮助甲挪用公款,属于挪用公款罪的共犯;其获得公款后用于贩毒,显然属于非法活动。C 错误,乙归还 30 万元虽然是甲贪污的前提,但是归还行为本身并不能评价为贪污行为的帮助行为,因为仅仅设定犯罪的前提并不能从实质上促成犯罪,不具有刑事可罚性。D 正确,乙是挪用公款罪的共犯;同时又为了谋取不正当利益而给予甲 5 万元,构成行贿罪;乙挪用公款用于贩卖毒品,另外构成贩卖毒品罪。上述三个行为各自独立,侵犯不同法益,应数罪并罚。

6. 国有公司财务人员甲于 2007 年 6 月挪用单位救灾款 100 万元,供自己购买股票,后股价大跌,甲无力归还该款项。2008 年 1 月,甲挪用单位办公经费 70 万元为自己购买商品房。两周后,甲采取销

毁账目的手段,使挪用的办公经费 **70** 万元中的 **50** 万元难以在单位财务账上反映出来。甲一直未归还上述所有款项。关于甲的行为定性,下列选项正确的是:(2008 - 2 - 92)

　　A. 甲挪用救灾款的行为,不构成挪用特定款物罪

　　B. 甲挪用办公经费的行为构成挪用公款罪,挪用数额为 70 万元

　　C. 甲挪用办公经费后销毁账目且未归还的行为构成贪污罪,贪污数额为 50 万元

　　D. 对于甲应当以挪用公款罪、贪污罪实行并罚

答案(　　　)①

【考点】 挪用特定款物罪与挪用公款罪的区分;挪用公款罪与贪污罪的转化

【解析】 甲挪用救灾款的行为满足营利型挪用公款罪的要求,成立挪用公款罪。该行为不符合挪用特定款物罪的要求,因为该罪是在公款公用的前提下改变特定款物用途的行为,并不包含归个人使用的所谓公款私用。甲挪用 70 万元办公经费的行为属于用于个人消费型的挪用公款行为,但该行为仅持续两周,本身不足以构成犯罪。后来,甲又将 50 万元据为己有,成立贪污罪。其余 20 万元由于挪用时间超过三个月(一直未还),因此成立挪用公款罪。贪污行为与挪用行为针对不同财产,侵犯不同法益,行为各自独立,应认定为数罪。据此,A 正确。B 错误,挪用办公经费 20 万元。C 正确,甲挪用办公经费 50 万元的行为仅持续两周,本身不足以成立犯罪。根据司法解释关于非法占有目的的规定,甲销毁账簿,使挪用的办公经费 70 万元中的 50 万元难以在单位财务账上反映出来,且一直未还的行为,足以认定甲具有非法占有目的,故该行为成立贪污罪。D 正确,贪污行为与挪用行为各自独立,侵犯不同法益,当然数罪并罚。

7. 甲找到某国有企业出纳乙称自己公司生意困难,让乙想办法提供点资金,并许诺给乙好处。乙便找机会从公司账户中拿出 **15** 万元借给甲。甲从中拿了 **2** 万元给乙。之后,甲因违法行为被公安机关逮捕,乙害怕受牵连,携带 **100** 万元公款潜逃。关于乙的全部犯罪行为,下列哪些说法是错误的?(2008 川 - 2 - 64)

　　A. 挪用公款罪与受贿罪,应择一重罪从重处罚

　　B. 应以挪用资金罪、职务侵占罪论处,实行数罪并罚

　　C. 应以挪用公款罪、贪污罪论处,实行数罪并罚

　　D. 应以挪用公款罪、贪污罪、受贿罪论处,实行数罪并罚

答案(　　　)②

【考点】 挪用公款行为;贪污行为;受贿行为

【解析】 在本案中,乙有三个行为,即找机会从公司账户拿出 15 万元的行为、接受了甲作为好处费给的 2 万元和携款 100 万元潜逃的行为。三个行为处于三个犯意,侵犯三个法益,应数罪并罚。前者定挪用公款罪,中者定受贿罪,后者定贪污罪。

8. 下列哪些行为应当以贪污罪论处?(2008 川 - 2 - 65)

　　A. 国家工作人员甲在国内公务活动中收受礼物,依照国家规定应当交公而不交公,数额较大

　　B. 乙受国家机关的委托经营某小型国有企业,利用职务上的便利,将该国有企业的资产转移到个人名下

　　C. 国家工作人员丙利用职务上的便利,挪用公款数额巨大不能退还

D. 国家工作人员丁利用职务之便,将依法扣押的陈某私人所有的汽车据为己有

答案(　　)①

📖 **【考点】** 公共财产;国有财产;非法占有目的

📖 **【解析】** A正确,因公务活动而收受的礼物属于馈赠方赠与国家的财物,在已经转移占有的情况下,当然应当认定为国有财产。甲非法占为己有,当然成立贪污罪。B正确,乙具有国家机关人员身份,其管理的也是国有财产,其利用职务便利,将国有财产非法据为己有的行为构成贪污罪。C错误,丙不具有非法占有目的,而仅仅挪用公款,不构成贪污罪。D正确,依法扣押的公民个人财产属于国家管理的财物,财物的占有人是国家,而且该财物一旦被侵害,国家对此负有赔偿责任,因此应视为公共财产。丁的行为成立贪污罪。

💬 **【难点】** 公共财产不仅包括所有权意义上的公共财产,还包括占有意义上的公共财产。

9. 下列哪一情形不属于"挪用公款归个人使用"?(2010 – 2 – 20)

A. 国家工作人员甲,将公款借给其弟炒股

B. 国家机关工作人员甲,以个人名义将公款借给原工作过的国有企业使用

C. 某县工商局长甲,以单位名义将公款借给某公司使用

D. 某国有公司总经理甲,擅自决定以本公司名义将公款借给某国有事业单位使用,以安排其子在该单位就业

答案(　　)②

📖 **【考点】** 归个人使用

📖 **【解析】** 归个人使用的实质是违反公款公用的程序和实体性要求将公款归本人或第三人使用。据此,A正确,甲给弟弟炒股,属于挪用公款归自然人使用;B正确,甲的行为属于以个人名义归其他单位使用;C错误,甲的行为既没有个人名义,也未通过个人决定,属于公款公用;D正确,甲的行为属于为了谋取个人利益擅自决定以单位名义将公款归其他单位使用,显然违反了公款公用的程序和实体要求,属于公款私用。

10. 关于贪污罪的认定,下列哪些选项是正确的?(2011 – 2 – 63)

A. 国有公司中从事公务的甲,利用职务便利将本单位收受的回扣据为己有,数额较大。甲行为构成贪污罪

B. 土地管理部门的工作人员乙,为农民多报青苗数,使其从房地产开发商处多领取20万元补偿款,自己分得10万元。乙行为构成贪污罪

C. 村民委员会主任丙,在协助政府管理土地征用补偿费时,利用职务便利将其中数额较大款项据为己有。丙行为构成贪污罪

D. 国有保险公司工作人员丁,利用职务便利编造未发生的保险事故进行虚假理赔,将骗取的5万元保险金据为己有。丁行为构成贪污罪

答案(　　)③

📖 **【考点】** 公共财产

📖 **【解析】** 公共财产不限于所有权意义上的财产,还包括占有意义上的财产,即只要是国家占有的财物均属于公共财产。至于这种占有是合法占有还是非法占有,并不重要。据此,A正确,回扣属于

---

①参考答案 ABD　②参考答案 C　③参考答案 ACD

国家占有的财产,当然是公共财产。B 错误,多报的青苗补偿款具有非法性,但该行为侵害的是开发商的财产,并非公共财产。C 正确,土地征用补偿费在交付给农民前,当然属于国家财产。同时,村主任协助政府从事行政管理工作,视为国家工作人员。D 正确,保险金在未交付权利人前,当然属于国有公司的财产,即国有财产。

11. 甲恳求国有公司财务主管乙,从单位挪用 10 万元供他炒股,并将一块名表送给乙。乙做假账将 10 万元交与甲,甲表示尽快归还。20 日后,乙用个人财产归还单位 10 万元。关于本案,下列哪一选项是错误的?(2012 - 2 - 20)

    A. 甲、乙勾结私自动用公款,构成挪用公款罪的共犯

    B. 乙虽 20 日后主动归还 10 万元,甲、乙仍属于挪用公款罪既遂

    C. 乙非法收受名表,构成受贿罪

    D. 对乙不能以挪用公款罪与受贿罪进行数罪并罚

📖 **答案(　　　)①**

📚 **【考点】** 贪污罪共犯;受贿罪

📝 **【解析】** 甲为一般主体,其教唆国有单位工作人员乙利用职务便利,做假账挪用公款 10 万元用于炒股。营利型挪用公款无须时间要求,仅有数额要求,甲与乙构成挪用公款罪的共犯。由于已经挪用,该行为成立既遂。甲送乙名表的行为不能被涵摄到挪用公款行为中进行概括的评价,因为该行为侵犯了新的法益——职务行为的不可收买性,应单独评价为受贿罪。挪用行为与受贿行为属于两个不同的行为,侵犯两个不同的法益,应数罪并罚。据此,A、B、C 正确,D 错误。

12. 国有 A 公司总经理甲发现 A 公司将从 B 公司购进的货物转手卖给某公司时,A 公司即可赚取 300 万元。甲便让其妻乙注册成立 C 公司,并利用其特殊身份,让 B 公司与 A 公司解除合同后,再将货物卖给 C 公司。C 公司由此获得 300 万元利润。关于甲的行为定性,下列哪一选项是正确的?(2013 - 2 - 20)

    A. 贪污罪

    B. 为亲友非法牟利罪

    C. 诈骗罪

    D. 非法经营同类营业罪

📖 **答案(　　　)②**

📚 **【考点】** 贪污罪与为亲友非法牟利罪的区分

📝 **【解析】** 甲将本单位盈利业务交给妻子经营,显然成立为亲友非法牟利罪。但是,仅评价为该罪,忽略了甲对 300 万元利润的支配事实,而仅看到该笔业务的盈利性。甲的行为实际上是将本单位可期待的 300 万元利润通过职务行为转移给了妻子,该行为完全符合贪污罪要求。具体说来,甲的行为与职务具有相关性。虽然甲让 B 公司解约,而不是直接命令自己所在的 A 公司解约,但是,如果甲不是作为总经理,B 公司不可能解约,况且是否与业务单位解约也确实属于甲的职务范围,据此可以认为甲利用了职务之便。另一方面,300 万元可期待利润属于财产性利益,当然可以成立贪污的对象。甲利用职务便利将该利益转移给妻子,符合据为己有的要求,应成立贪污罪。甲的行为仅侵犯同一法益,应认定为法条竞合,贪污罪较重,且明显属于更为全面的评价,应认定为贪污罪。

13. 根据《刑法》与司法解释的规定,国家工作人员挪用公款进行营利活动、数额达到 1 万元或者

---

①参考答案 D　②参考答案 A

挪用公款进行非法活动、数额达到 5000 元的,以挪用公款罪论处。国家工作人员甲利用职务便利挪用公款 1.2 万元,将 8000 元用于购买股票,4000 元用于赌博,在 1 个月内归还 1.2 万元。关于本案的分析,下列哪些选项是错误的?(2014 - 2 - 62)

A. 对挪用公款的行为,应按用途区分行为的性质与罪数;甲实施了两个挪用行为,对两个行为不能综合评价,甲的行为不成立挪用公款罪

B. 甲虽只实施了一个挪用公款行为,但由于既未达到挪用公款进行营利活动的数额要求,也未达到挪用公款进行非法活动的数额要求,故不构成挪用公款罪

C. 国家工作人员购买股票属于非法活动,故应认定甲属于挪用公款 1.2 万元进行非法活动,甲的行为成立挪用公款罪

D. 可将赌博行为评价为营利活动,认定甲属于挪用公款 1.2 万元进行营利活动,故甲的行为成立挪用公款罪

📖 答案(　　　　)①

📗【考点】挪用公款罪;司法三段论

📠【解析】本案挪用行为是一次性挪用 1.2 万元归个人使用,可以认为存在一个行为。该公款的使用适用非法活动型,尚未达到数额要求,因为只有 4000 元。公务员买卖股票不属于非法活动。接下来就看是否满足营利活动型,无疑买股票和赌博均具有营利性质,且数额合计达到数额较大要求,成立犯罪。正确答案是 D。A 和 B 的错误是一样的,在于没有按照将法律规范作为大前提,将案件事实作为小前提进行适用,而是将案件事实作为大前提,将规范作为小前提,根据事实剪裁规范,这是适用法规范的大忌。C 的错误在于错误地理解了公务员经商的非法性。

🧑‍🏫【难点】挪用公款罪是国家工作人员利用职务便利,挪用公款或特定款物归个人使用。三个具体类型:1. 非法活动型:无时间要求,也无数额较大要求(但检察机关 5000 ~ 10000 元才立案);2. 营利活动型:无时间要求,但有数额较大要求(10000 ~ 30000 元);3. 其他使用型:既有时间要求(三个月未还),也有数额较大要求(10000 ~ 30000 元)。法律规范适用应遵循三段论结构,即法律规范是大前提,案件事实是小前提,然后得出结论。这一过程,就是看案件事实能否实现构成要件、是否存在不法、行为人是否有责。是否实现上述成立条件,实际上就是在检视案件事实是否能被涵摄到规范之内,是用规范涵摄事实,而不是用事实限缩或剪裁规范。司法实践中常见到大小前提的倒置现象,即将案件事实作为大前提,将法律规范作为小前提,这个违反了基本的三段论演绎法。

14. 甲是 A 公司(国有房地产公司)领导,因私人事务欠蔡某 600 万元。蔡某让甲还钱,甲提议以 A 公司在售的商品房偿还债务,蔡某同意。甲遂将公司一套价值 600 万元的商品房过户给蔡某,并在公司财务账目上记下自己欠公司 600 万元。三个月后,甲将账作平,至案发时亦未归还欠款。(事实一)

A 公司有工程项目招标。为让和自己关系好的私营公司老板程某中标,甲刻意安排另外两家公司与程某一起参与竞标。甲让这两家公司和程某分别制作工程预算和标书,但各方约定,若这两家公司中标,就将工程转包给程某。程某最终在 A 公司预算范围内以最优报价中标。为感谢甲,程某花 5000 元购买仿制古董赠与甲。甲以为是价值 20 万元的真品,欣然接受。(事实二)

甲曾因公务为 A 公司垫付各种费用 5 万元,但由于票据超期,无法报销。为挽回损失,甲指使知情的程某虚构与 A 公司的劳务合同并虚开发票。甲在合同上加盖公司公章后,找公司财务套取"劳务

费"5 万元。(事实三)

(1)关于事实一的分析,下列选项正确的是:(2016-2-89)

A. 甲将商品房过户给蔡某的行为构成贪污罪

B. 甲将商品房过户给蔡某的行为构成挪用公款罪

C. 甲虚假平账,不再归还 600 万元,构成贪污罪

D. 甲侵占公司 600 万元,应与挪用公款罪数罪并罚

答案(　　)①

【考点】 贪污罪;挪用公款罪

【解析】 贪污罪,是指国家工作人员利用职务上的便利,侵吞、窃取、骗取或者以其他手段非法占有公共财物的。挪用公款罪,是指国家工作人员利用职务上的便利,挪用公款归个人使用,进行非法活动的,或者挪用公款数额较大、进行营利活动的,或者挪用公款数额较大、超过三个月未还的。甲将商品房过户给蔡某后,在公司财务账目上记下自己欠公司 600 万元,该行为表明甲并未将公共财物(房产或者 600 万元债权)据为己有,也未挪用"公款"(属于挪用公司房产偿还个人债务),既不构成贪污罪,也不构成挪用公款罪。所以,AB 均错误。

甲作为国家工作人员,通过虚假平账,不再归还 600 万元的行为,可认定甲具有非法占有公款的目的,构成贪污罪。所以,C 项正确,D 项错误。

(2)关于事实二的分析,下列选项正确的是:(2016-2-90)

A. 程某虽与其他公司串通参与投标,但不构成串通投标罪

B. 甲安排程某与他人串通投标,构成串通投标罪的教唆犯

C. 程某以行贿的意思向甲赠送仿制古董,构成行贿罪既遂

D. 甲以受贿的意思收下程某的仿制古董,构成受贿罪既遂

答案(　　)②

【考点】 受贿罪;串通投标罪

【解析】 A 项正确,B 项错误。《刑法》第 223 条第 1 款规定:"投标人相互串通投标报价,损害招标人或者其他投标人利益,情节严重的,处三年以下有期徒刑或者拘役,并处或者单处罚金。"串通投标罪的成立需要损害招标人或者其他投标人利益,本题中程某最终是在 A 公司预算范围内以最优报价中标,并没有损害 A 公司利益;另一方面,甲、程某与另外两家公司之间存在事先约定,未损害其他投标人的权益,因此,程某不构成串通投标罪的正犯,甲也不构成该罪的教唆犯。C 错误,本题中,程某属于事后行贿行为,但由于其事前并未获得不正当利益(A 公司在预算范围内以最优报价中标),因此不能满足为了谋取非法利益而行贿的要求,不成立行贿罪。D 错误,受贿罪是指国家工作人员利用职务上的便利,索取他人财物,或者非法收受他人财物,为他人谋取利益。由于甲以为仿制古董是价值 20 万元的真品,其主观上确有受贿的故意,也为他人谋取了利益。但是,由于仿制古董的真实价值只有 5000 元,尚未达到受贿罪的立案标准,因而不构成受贿罪既遂,应认定为受贿罪未遂。

(3)关于事实三的分析,下列选项错误的是:(2016-2-91)

A. 甲以非法手段骗取国有公司的财产,构成诈骗罪

B. 甲具有非法占有公共财物的目的,构成贪污罪

C. 程某协助甲对公司财务人员进行欺骗,构成诈骗罪与贪污罪的想象竞合犯

D. 程某并非国家工作人员,但帮助国家工作人员贪污,构成贪污罪的帮助犯

答案( )①

【考点】 贪污罪;诈骗罪

【解析】 AB错误,甲作为国有公司的领导,指使知情的程某虚构与A公司的劳务合同并虚开发票,利用职务上的便利,加盖公司公章后骗取"劳务费",该行为形式上符合利用职务便利骗取公共财物的要求,但实际上只是借此弥补了自己先期为单位垫付的金钱(合法债权的权利范围之内),不具有非法占有的目的,因此既不成立诈骗罪,也不成立贪污罪。同理,CD也错误,程某是甲的帮助犯,但甲不构成犯罪,程某自然也不可能成立犯罪。

第二节 受贿犯罪

1. 下列关于受贿罪的说法哪些是不正确的?(2003-2-38)

A. 甲系地税局长,1993年向王某借钱3万元。1994年王某所办企业希望免税,得到甲的批准,王当时就对甲说:"上次借给你的钱就不用还了,算我给你的感谢费。"但甲始终不置可否。2003年5月甲因其他罪被抓获时,主动交代了借钱不还的事实。甲不构成受贿罪

B. 乙的妻子在乡村小学教书,乙试图通过关系将其妻调往县城,就请县公安局长胡某给教育局长黄某打招呼,果然事成。事后,乙给胡某2万元钱,胡将其中1万元给黄某,剩余部分自己收下。本案中,黄某构成受贿罪、胡某构成介绍贿赂罪、乙构成行贿罪

C. 丙为贷款而给某银行行长李某5万元钱,希望在贷款审批时多多关照。李某收过钱,点了点头。但事后,在行长办公会上,由于其他领导极力反对发放此笔贷款,丙未获取分文贷款资金。李某虽然收受他人财物,但由于没有为他人谋取利益,所以不构成受贿罪

D. 丁系工商局长,1995年在对赵某所办企业进行年检时,发现该企业并不完全符合要求,就要求其补充材料。在某些主要材料难以补齐的情况下,赵某多次找到丁,希望高抬贵手。丁见赵某开办企业也不容易,就为其办理了年检手续,但未向赵提出任何不法要求。2001年丁退休后欲自己开办公司,就向赵某提出:6年前自己帮助了赵,希望赵给2万元作为丁自己公司的启动资金,赵推脱不过,只好给钱。丁应当构成受贿罪

答案( )②

【考点】 受贿罪的成立要件

【解析】 A错误,甲借款行为在职务行为之前,且属于单纯的借款行为,与职务行为无关,该行为不成立受贿罪。1994年甲实施了职务行为,王当时表示免除债务,该行为属于给予消极财产,且与职务行为相关,应认定为贿赂。免除债务属于单方意思表示即可生效的民事行为,在王某作出明确免除意思后,甲就获得了财产性利益,即贿赂事实上处于其占有之下。甲因此产生作为义务,即应明确地作出反对债务免除的意思表示。甲未明确反对,未置可否,且一直未归还欠款,应成立不作为的受贿罪。B错误,乙为了谋取不正当利益给予国家工作人员2万元现金,构成行贿罪。胡某利用地位形成的条件进行斡旋受贿,成立受贿罪,而非介绍贿赂罪。黄某利用职务便利为乙谋取利益,成立受贿罪。C错误,受贿罪的保护法益是职务行为不可收买性,丙收受贿赂并承诺帮忙之时,权钱交易关系业已形成,构成犯罪既遂。行贿罪未为请托人谋取到利益也成立既遂。D错误,丁在实施职务行为前后并未与赵

某对贿赂有任何约定,因此职务行为虽然失当,但并不牵涉权钱交易。丁在退休后向赵索要的感谢费与之前的职务行为不可能形成权钱交易,仅仅是索要赠与的行为,不成立受贿罪。

2. 甲的女儿 2003 年参加高考,没有达到某大学录取线。甲委托该高校所在市的教委副主任乙向该大学主管招生的副校长丙打招呼,甲还交付给乙 2 万元现金,其中 1 万元用于酬谢乙,另 1 万元请乙转交给丙。乙向丙打了招呼,并将 1 万元转交给丙。丙收下 1 万元,并答应尽量帮忙,但仍然没有录取甲的女儿。一个月后,丙的妻子丁知道此事后,对丙说:"你没有帮人家办事,不能收这 1 万元,还是退给人家吧。"丙同意后,丁将 1 万元退给甲。关于本案,下列哪些说法是错误的?(2004 - 2 - 59)

A. 乙的行为成立不当得利与介绍贿赂罪

B. 丙没有利用职务上的便利为他人牟取利益,所以不成立受贿罪

C. 丙在未能为他人牟取利益之后退还了财物,所以不成立受贿罪

D. 丁将 1 万元贿赂退给甲而不移交司法机关,构成帮助毁灭证据罪

📖 **答案(   )①**

📇 **【考点】** 受贿罪;介绍贿赂罪

📚 **【解析】** 乙利用地位形成的条件进行斡旋受贿,应成立受贿罪。丙收受贿赂并承诺帮忙,构成受贿罪既遂。其妻子要求返还,属于事后退赃行为,未侵犯司法秩序。据此,A 错误,乙的行为在民法上固然是不当得利,但其行为并非介绍贿赂,而是受贿罪。B 错误,丙承诺帮忙时便已受贿既遂。C 错误,退换赃物仅属于事后情节,可以从宽处罚,但并不妨碍犯罪成立。D 错误,1 万元属于贿赂赃款,属于重要物证,但是丁将其归还给行为人的行为,并不能毁灭该证据,而只是改变了证据所处的占有状态;另一方面,丁是一般公民,不符合帮助毁灭证据罪的主体要求,因此不成立帮助毁灭证据罪。

3. 国家工作人员甲利用职务上的便利为某单位谋取利益。随后,该单位的经理送给甲一张购物卡,并告知其购物卡的价值为 2 万元、使用期限为 1 个月。甲收下购物卡后忘记使用,导致购物卡过期作废,卡内的 2 万元被退回到原单位。关于甲的行为,下列哪一选项是正确的?(2006 - 2 - 19)

A. 甲的行为不构成受贿罪

B. 甲的行为构成受贿(既遂)罪

C. 甲的行为构成受贿(未遂)罪

D. 甲的行为构成受贿(预备)罪

📖 **答案(   )②**

📇 **【考点】** 受贿既遂

📚 **【解析】** 购物卡属于债权凭证,由于可以直接兑现财产内容,应归入财物范围。甲收下购物卡时便实施了受贿行为,且已达到既遂程度。之所以如此,是因为权钱交易业已形成。受贿罪并不禁止受贿人获益,也不禁止受贿人处分贿赂,其禁止的只是侵害职务行为不可收买性。就此而言,甲尽管没有实际享有购物卡的财产性利益,但并不妨碍其成立受贿罪的既遂。据此,B 正确,其余选项错误。

4. 关于受贿罪的判断,下列哪些选项是错误的?(2007 - 2 - 65)

A. 公安局副局长甲收受犯罪嫌疑人家属 10 万元现金,允诺释放犯罪嫌疑人,因为局长不同意未成。由于甲并没有为他人谋取利益,所以不构成受贿罪

B. 国家机关工作人员乙在退休前利用职务便利为钱某谋取了不正当利益,退休后收受了钱某 10 万元。尽管乙与钱某事前并无约定,仍应以受贿罪论处

C. 基层法院法官丙受被告人孙某家属之托,请中级法院承办法官李某对孙某减轻处罚,并无减轻情节的孙某因此被减轻处罚。事后,丙收受孙某家属 10 万元现金。丙不具有制约李某的职权与地位,

不成立受贿罪

D. 海关工作人员丁收受 10 万元贿赂后徇私舞弊,放纵走私,触犯受贿罪和放纵走私罪。由于具有牵连关系,应从一重罪论处

答案( )①

【考点】 受贿罪中的承诺行为;无约定的事后得利;斡旋受贿;受贿与伴生犯罪的罪数

【解析】 A 错误,受贿罪的保护法益是职务行为的不可收买性,因此受贿罪的成立与既遂不可根据是否为请托人谋取利益为标准,而应当以行为人是否收受贿赂和是否承诺职务行为为标准进行认定。甲的行为成立受贿罪,而且是既遂。B 错误,由于双方并无约定,所以退休前的职务行为与退休后的收受财物没有相关性,不应认定为受贿行为。C 错误,斡旋受贿仅要求利用职权或地位形成的便利条件进行斡旋,不要求该职权或地位一定处于优势,因此丙的行为成立受贿罪。D 错误,收受 10 万元贿赂款的行为与事后放纵走私虽然有联系,但两者各自独立,侵犯不同法益,应数罪并罚。

5. 根据《刑法》有关规定,下列哪些说法是正确的?(2009 - 2 - 64)

A. 甲系某国企总经理之妻,甲让其夫借故辞退企业财务主管,而以好友陈某取而代之,陈某赠甲一辆价值 12 万元的轿车。甲构成犯罪

B. 乙系已离职的国家工作人员,请接任处长为缺少资质条件的李某办理了公司登记,收取李某 10 万元。乙构成犯罪

C. 丙系某国家机关官员之子,利用其父管理之便,请其父下属将不合条件的某企业列入政府采购范围,收受该企业 5 万元。丙构成犯罪

D. 丁系国家工作人员,在主管土地拍卖工作时向一家房地产公司通报了重要情况,使其如愿获得黄金地块。丁退休后,该公司为表示感谢,自作主张送与丁价值 5 万元的按摩床。丁构成犯罪

答案( )②

【考点】 利用影响力受贿罪;关系密切人

【解析】 A 正确,甲为国家工作人员妻子,属于关系密切人,其利用影响力使国家工作人员实施职务行为,并收取贿赂,成立利用影响力受贿罪。B 正确,乙虽离任,但对现任处长具有影响力,使其违法实施职务行为,并因此收受贿赂,成立利用影响力受贿罪。C 正确,丙系国家机关工作人员之子,属于关系密切人,其使父亲实施违法的职务行为,成立利用影响力受贿罪。D 错误,丁退休后,公司自作主张送按摩床属于单方赠与行为,双方并无事先约定,因此该财物与职务行为不具有相关性,不能认定为贿赂。

6. 乙的孙子丙因涉嫌抢劫被刑拘。乙托甲设法使丙脱罪,并承诺事成后付其 **10 万元**。甲与公安局副局长丁早年认识,但多年未见面。甲托丁对丙作无罪处理,丁不同意,甲便以揭发隐私要挟,丁被迫按甲的要求处理案件。后甲收到乙 **10 万元**现金。关于本案,下列哪一选项是**错误**的?(2013 - 2 - 21)

A. 对于"关系密切"应根据利用影响力受贿罪的实质进行解释,不能仅从形式上限定为亲朋好友

B. 根据 A 选项的观点,"关系密切"包括具有制约关系的情形,甲构成利用影响力受贿罪

C. 丁构成徇私枉法罪,甲构成徇私枉法罪的教唆犯

D. 甲的行为同时触犯利用影响力受贿罪与徇私枉法罪,应从一重罪论处

答案( )③

---

①参考答案 ABCD ②参考答案 ABC ③参考答案 D

📖【考点】关系密切人

📖【解析】甲与丁虽然仅是早年认识,但由于掌握其隐私,对其具有实质意义上的影响力。甲通过该影响力教唆丁徇私枉法,逼迫其实施违法职务行为,成立利用影响力受贿罪。丁成立徇私枉法罪,甲为教唆犯。甲的受贿行为与教唆行为各自独立,侵犯不同法益,应数罪并罚。据此,A正确,关系密切与否应根据实际影响力判断,凡是对国家工作人员职务行为发挥切实影响力的,便应认定为关系密切人,而不必拘泥于亲友。B正确,制约关系能够发挥影响力,因此属于关系密切范围。C正确。D错误,甲应数罪并罚。

7. 关于受贿相关犯罪的认定,下列哪些选项是正确的?(2013 – 2 – 63)

A. 甲知道城建局长张某吸毒,以提供海洛因为条件请其关照工程招标,张某同意。甲中标后,送给张某50克海洛因。张某构成受贿罪

B. 乙系人社局副局长,乙父让乙将不符合社保条件的几名亲戚纳入社保范围后,收受亲戚送来的3万元。乙父构成利用影响力受贿罪

C. 国企退休厂长王某(正处级)利用其影响,让现任厂长帮忙,在本厂推销保险产品后,王某收受保险公司3万元。王某不构成受贿罪

D. 法院院长告知某企业经理赵某"如给法院捐赠500万元办公经费,你们那个案件可以胜诉"。该企业胜诉后,给法院单位账户打入500万元。应认定法院构成单位受贿罪

📖 答案( )①

📖【考点】贿赂

📖【解析】A正确,贿赂是作为职务行为对价的财物或财产性利益。海洛因虽然属于违禁品,但是具有经济价值,属于财物范围。张收受该物,当然成立受贿罪。B正确,乙的父亲不具有国家工作人员身份,但是其与乙具有父子关系,能够在一定程度上影响乙的职务行为,其利用该影响力收受贿赂,成立利用影响力受贿罪。C正确,王某属于现任厂长关系密切的人,能够影响现任厂长职务行为,但王请托行为仅为推销保险,该行为并不属于职务行为范围,因而不可能形成权钱交易,不成立受贿罪。D正确,法院属于国家机关,其利用职务便利为涉案当事人谋取利益,成立单位受贿罪。

8. 交警甲和无业人员乙勾结,让乙告知超载司机"只交罚款一半的钱,即可优先通行";司机交钱后,乙将交钱司机的车号报给甲,由在高速路口执勤的甲放行。二人利用此法共得32万元,乙留下10万元,余款归甲。关于本案的分析,下列哪一选项是错误的?(2014 – 2 – 21)

A. 甲、乙构成受贿罪共犯

B. 甲、乙构成贪污罪共犯

C. 甲、乙构成滥用职权罪共犯

D. 乙的受贿数额是32万元

📖 答案( )②

📖【考点】受贿罪;滥用职权罪;贪污罪;共同犯罪与身份

📖【解析】A正确,因为甲利用职务便利索要贿赂,同时,乙帮助甲实施犯罪,成立共犯。虽然乙不具有国家工作人员身份,但甲作为实行犯具有身份,根据从属性原理,乙也需要对法益侵害结果承担责任。B错误,因为罚款在未交公之前不属于公共财产,因此不涉及贪污罪。C正确,甲违反规定处理

公务,属于滥用职权,乙起到帮助作用。由于甲为实行犯,因此乙从属于甲的不法侵害结果,构成滥用职权罪。D 正确,虽然乙仅得到 10 万元,但按照部分行为全部责任的原则,受贿数额应该以共同犯罪造成的数额计算,应为 32 万元。

🔖【难点】受贿罪是利用职务之便非法收受他人贿赂的行为;滥用职权罪是指国家机关工作人员超越职权,违法决定、处理其无权决定处理的事项,违反规定处理公务的行为;贪污罪是利用职务便利非法取得公共财物的行为。这三个犯罪均属于真正身份犯。本题考查了身份与共同犯罪的关系,该问题按照单独犯罪模式检视是否满足身份犯要求即可。一旦成立共犯,无身份者同样可以构成身份犯。对于真正身份犯的共同犯罪,只要身份在犯罪中发挥了实际作用便可以认为成立真正身份犯的共同犯罪。反之,则不成立真正身份犯共犯,仅成立非身份犯共犯。

9. 根据《刑法》规定,国家工作人员利用本人职权或者(1)形成的便利条件,通过其他(2)职务上的行为,为请托人谋取(3),索取请托人财物或者收受请托人财物的,以(4)论处。这在刑法理论上称为(5)。将下列哪一选项内容填充到以上相应位置是正确的?(2015 - 2 - 21)

A. (1)地位(2)国家机关工作人员(3)利益(4)利用影响力受贿罪(5)间接受贿

B. (1)职务(2)国家工作人员(3)利益(4)受贿罪(5)斡旋受贿

C. (1)职务(2)国家机关工作人员(3)不正当利益(4)利用影响力受贿罪(5)间接受贿

D. (1)地位(2)国家工作人员(3)不正当利益(4)受贿罪(5)斡旋受贿

📘 答案( )①

📖【解析】只有 D 符合斡旋受贿的要求。

10. 甲送给国有收费站站长吴某 3 万元,与其约定:甲在高速公路另开出口帮货车司机逃费,吴某想办法让人对此不予查处,所得由二人分成。后甲组织数十人,锯断高速公路一侧隔离栏、填平隔离沟(恢复原状需 3 万元),形成一条出口。路过的很多货车司机知道经过收费站要收 300 元,而给甲 100 元即可绕过收费站继续前行。甲以此方式共得款 30 万元,但骗吴某仅得 20 万元,并按此数额分成。

(1)关于甲锯断高速公路隔离栏的定性,下列分析正确的是:(2015 - 2 - 86)

A. 任意损毁公私财物,情节严重,应以寻衅滋事罪论处

B. 聚众锯断高速公路隔离栏,成立聚众扰乱交通秩序罪

C. 锯断隔离栏的行为,即使得到吴某的同意,也构成故意毁坏财物罪

D. 锯断隔离栏属破坏交通设施,在危及交通安全时,还触犯破坏交通设施罪

📘 答案( )②

📖【解析】A 错误,甲的破坏行为没有造成社会秩序的严重混乱,也未严重扰乱交通秩序,不构成寻衅滋事罪或聚众扰乱交通秩序罪。吴某对公共财产无处分权限,因此,即便征得其同意,也构成故意毁坏财物罪。隔离栏关系到交通安全,破坏严重,使其丧失保护作用和疏导功能,足以危害公共安全的,当然可以认定为破坏交通设施罪。

(2)关于甲非法获利的定性,下列分析正确的是:(2015 - 2 - 87)

A. 擅自经营收费站收费业务,数额巨大,构成非法经营罪

B. 即使收钱时冒充国有收费站工作人员,也不构成招摇撞骗罪

C. 未使收费站工作人员基于认识错误免收司机过路费,不构成诈骗罪

D. 骗吴某仅得 20 万元的行为,构成隐瞒犯罪所得罪

答案(　　)①

【解析】非法经营罪需要根据法定标准进行认定,本罪情形不属于非法经营罪的法定类型(私自建设高速公路并收费可能违反专营规定成立非法经营罪)。招摇撞骗罪要求冒充国家机关工作人员,收费站收费员并非机关工作人员。收费站工作人员没有产生足以处分财产的认识错误,不构成诈骗罪。骗吴某仅得 20 万元,并没有侵犯社会法益,不应认定为隐瞒犯罪所得罪。该行为只是行为人本人掩盖赃物的行为。

(3)围绕吴某的行为,下列论述正确的是:(2015 - 2 - 88)
A. 利用职务上的便利侵吞本应由收费站收取的费用,成立贪污罪
B. 贪污数额为 30 万元
C. 收取甲 3 万元,利用职务便利为甲谋利益,成立受贿罪
D. 贪污罪与受贿罪成立牵连犯,应从一重罪处断

答案(　　)②

【解析】本应归收费站收取的费用属于财产性利益(债权),甲利用职务便利将其据为己有,成立贪污罪(这里不存在对现金的贪污,因为现金来自于司机,该笔款项并非公共财产)。贪污数额为 30 万元。收 3 万元是独立的另一行为,当然成立受贿罪。贪污和受贿之间不具有类型化的牵连关系。

11. 国家工作人员甲听到有人敲门,开门后有人扔进一个包就跑。甲发现包内有 20 万元现金,推测是有求于自己职务行为的乙送的。甲打电话问乙时被告知"不要问是谁送的,收下就是了"(事实上是乙安排丙送的),并重复了前几天的请托事项。甲虽不能确定是乙送的,但还是允诺为乙谋取利益。关于本案,下列哪一选项是正确的?(2016 - 2 - 21)
A. 甲没有主动索取、收受财物,不构成受贿罪
B. 甲没有受贿的直接故意,间接故意不可能构成受贿罪,故甲不构成受贿罪
C. 甲允诺为乙谋取利益与收受 20 万元现金之间无因果关系,故不构成受贿罪
D. 即使认为甲不构成受贿罪,乙与丙也构成行贿罪

答案(　　)③

【考点】行贿罪;受贿罪

【解析】A 错误,根据《刑法》第 385 条第 1 款规定:"国家工作人员利用职务上的便利,索取他人财物的,或者非法收受他人财物,为他人谋取利益的,是受贿罪。"受贿罪的行为方式不限于主动的作为,也包括应该退还或上交却不作为。依此,甲的行为虽然不属于主动索取,但显然属于不作为或者被动收受财物,当然可能成立受贿罪。B 错误,受贿罪是故意犯罪,但实定法并未排除间接故意构成本罪的可能性。应该说,间接故意也能满足受贿罪对责任要件的要求,本案即为间接故意受贿罪。C 错误,甲收取了他人的贿赂(不作为方式),然后允诺为他人(客观上就是乙)谋取利益,两者之间当然存在关联性,侵犯了国家机关工作人员职务的不可收买性,构成受贿罪。注意,这里的关联性是指"收受财物"与"为他人谋取利益"之间的关联性,其不等同于"如果未收受他人财物"就"不会为他人谋取利益"。比如,事后受贿便是先谋取利益后收受财物。D 正确,行贿罪是指谋取不正当利益,给予国家工作人员财物的行为。乙安排丙为了谋取不正当的利益(取得利益的手段为行贿便意味着不正当利益),给予国家工作人员甲贿赂,成立行贿罪。

---

①参考答案 BC　②参考答案 ABC　③参考答案 D

12. 关于贿赂犯罪的认定,下列哪些选项是正确的?(2016－2－62)

A. 甲是公立高校普通任课教师,在学校委派其招生时,利用职务便利收受考生家长 10 万元。甲成立受贿罪

B. 乙是国有医院副院长,收受医药代表 10 万元,承诺为病人开处方时多开相关药品。乙成立非国家工作人员受贿罪

C. 丙是村委会主任,在村集体企业招投标过程中,利用职务收受他人财物 10 万元,为其谋利。丙成立非国家工作人员受贿罪

D. 丁为国有公司临时工,与本公司办理采购业务的副总经理相勾结,收受 10 万元回扣归二人所有。丁构成受贿罪

答案(　　)①

【考点】贿赂犯罪

【解析】A 正确,根据司法解释,招生属于公务活动。甲是公立高校普通任课教师,接受学校委派进行招生工作,属于依法受委托从事公务的人员,是其他依照法律从事公务的人员,甲利用职务便利收受 10 万元的行为,成立受贿罪。B 正确,最高人民法院、最高人民检察院《关于办理商业贿赂刑事案件适用法律若干问题的意见》(下称《意见》)将医疗机构、教育机构中的国家工作人员从事医疗、教育物品的采购活动认定为公务行为,该类人员接受贿赂,构成犯罪的,以受贿罪定罪处罚。而将医疗机构中医务人员、教育机构中教师的医疗、教育采购等活动不认定为公务行为,该类人员接受贿赂,构成犯罪的,以非国家工作人员受贿罪定罪处罚。据此,乙虽然是副院长,但是其收受贿赂所利用的职务便利是处方权,不属于公务活动,仅成立非国家工作人员受贿罪。C 正确,根据全国人大常委会的立法解释,村民委员会等村基层组织人员协助人民政府从事下列行政管理工作,才属于其他依照法律从事公务的人员:(一)救灾、抢险、防汛、优抚、扶贫、移民、救济款物的管理;(二)社会捐助公益事业款物的管理;(三)国有土地的经营和管理;(四)土地征用补偿费用的管理;(五)代征、代缴税款;(六)有关计划生育、户籍、征兵工作;(七)协助人民政府从事的其他行政管理工作。丙是村委会主任,其实施的村集体企业招投标活动并非行政管理工作,因此不能认定为国家工作人员。其利用职务收受财物仅成立非国家工作人员受贿罪。D 正确,丁虽然不具有国家工作人员身份,但是其与国有公司副总经理勾结(具有国家工作人员的身份),违反国家规定,收受 10 万元回扣,归个人所有,构成受贿罪的共犯。

第三节　行贿犯罪

1. 下列行为人所谋取的利益,哪些是行贿罪中的"不正当利益"?(2005－2－65)

A. 甲向某国有公司负责人米某送 2 万元,希望能承包该公司正在发包的一项建筑工程

B. 乙向某高校招生人员刘某送 2 万元,希望刘某在招生时对其已经进入该高校投档线的女儿优先录取

C. 丙向某法院国家赔偿委员会委员高某送 2 万元,希望高某按照国家赔偿法的规定处理自己的赔偿申请

D. 丁向某医院药剂科长程某送 2 万元,希望程某在质量、价格相同的条件下优先采购丁所在单位生产的药品

答案(　　)②

①参考答案 ABCD　②参考答案 ABD

【考点】不正当利益

【解析】不正当利益是指违反正当程序或实体性要求获得的利益。据此,A正确,以违反正当程序的方法承包工程属于不正当利益。B正确,不具备优先录取所需条件,且以违反招生正常程序的方法获得,属于不正当利益。C错误,按照国家赔偿法规定进行赔偿的利益属于正当利益,方法和目的均为正当。D正确,丁不具备优先采购权所需条件,且违反正常采购程序,这里的优先采购权属于不正当利益。

2.《刑法》第三百八十九条第一款规定:"为谋取不正当利益,给予国家工作人员以财物的,是行贿罪。"同条第三款规定:"因被勒索给予国家工作人员以财物,没有获得不正当利益的,不是行贿。"关于上述规定,下列哪些选项是正确的?（2008 川 - 2 - 51）

A."为谋取不正当利益"是客观的构成要件要素

B."不正当利益"是规范的构成要件要素

C."给予国家工作人员以财物"是客观的构成要件要素、积极的构成要件要素

D. 第三款规定的内容,属于消极的构成要件要素

答案(　　)①

【考点】为谋取不正当利益的规范属性

【解析】A错误,根据通说,为谋取不正当利益属于主观要素,并非客观上的行为导向性要素。B正确,利益是否正当需要进行规范的认定,并不能在自然意义上进行客观角度的描述。C正确,给予国家工作人员财物属于客观行为的描述,是客观构成要件要素;同时,该要素需要进行积极认定,是入罪必不可少的要素,因此属于积极的构成要件要素。D正确,第三款所谓"没有获得不正当利益"属于出罪要素,旨在排除犯罪成立,且在司法认定上不需要积极认定,只要不能证明行为人获得了不正当利益,就应认定为没有获得不正当利益。

3. 甲向乙行贿5万元,乙收下后顺手藏于自家沙发垫下,匆忙外出办事。当晚,丙潜入乙家盗走该5万元。事后查明,该现金全部为假币。下列哪些选项是正确的?（2009 - 2 - 60）

A. 甲用假币行贿,其行为成立行贿罪未遂,是实行终了的未遂

B. 丙的行为没有侵犯任何人的合法财产,不构成盗窃罪

C. 乙虽然收受假币,但其行为仍构成受贿罪

D. 丙的行为侵犯了乙的占有权,构成盗窃罪

答案(　　)②

【考点】贿赂犯罪的既遂;盗窃罪的法益

【解析】假币固然不具有真实的面额价值,但也属于财物范畴。甲以此为贿赂向乙行贿,客观上形成了权钱交易,应成立行贿罪的既遂;乙接受该贿赂,自然也是既遂。丙盗窃假币成立盗窃罪。这是因为,尽管假币属于违禁品,但丙对假币的占有仍然需要通过法定程序没收,不能随意侵犯,因此假币的占有值得刑法保护。丙的行为侵犯了该财产法益,成立盗窃罪。据此,A错误;B错误,即便非法财产,也值得刑法保护;C正确,假币也属于贿赂;D正确。

4. 甲为某国有企业出纳,为竞争公司财务部主任职位欲向公司副总经理乙行贿。甲通过涂改账目等手段从公司提走20万元,委托总经理办公室秘书丙将15万元交给乙,并要丙在转交该款时一定为

自己提升一事向乙"美言几句"。乙收下该款。八天后,乙将收受钱款一事报告了公司总经理,并将15万元交到公司纪检部门。

一个月后,甲得知公司委任其他人担任财务部主任,恼羞成怒找到乙说:"还我15万,我去把公司钱款补上。你还必须付我10万元精神损害赔偿,否则我就将你告到检察院。"乙反复向甲说明钱已上交不能退还,但甲并不相信。数日后,甲携带一桶汽油闯入乙办公室纵火,导致室内空调等财物被烧毁。

(1)关于甲从公司提出公款20万元并将其中一部分行贿给乙的行为,下列选项错误的是:(2009-2-91)

A. 甲构成贪污罪,数额是20万元;行贿罪与贪污罪之间是牵连关系,不再单独定罪

B. 甲构成贪污罪、行贿罪,数罪并罚,贪污数额是5万元,行贿15万元

C. 甲构成贪污罪、行贿罪,数罪并罚,贪污数额是20万元,行贿15万元

D. 甲对乙说过要"去把公司钱款补上",应当构成挪用公款罪,数额是20万元,再与行贿罪并罚

答案(　　　)①

【考点】 *贪污;行贿;牵连犯的类型化关联*

【解析】 甲利用职务便利通过涂改账目将国有公司的20万元现金据为己有,该行为构成贪污罪。甲拿出其中15万元为了谋取不正当利益而请求乙实施职务行为,该行为构成行贿。甲的上述行为各自独立,并不具有类型化关联,即贪污与受贿并不具有牵连关系,且两个行为侵犯不同法益,应数罪并罚。据此,A错误,牵连犯意义上的牵连关系并不是具体个案中行为人主观设定的牵连关系,而是具有一般性特征的类型化牵连关系。本案贪污行为与行贿行为不具有这种通常接续发生的类型化关联,不成立牵连犯。B错误,贪污数额应为20万元,其从中取15万元用于行贿是一种取得财物之后的处分行为,不妨碍贪污数额的认定。C正确。D错误,甲意图将15万元退回后还给单位,这是在行贿之后的新产生的主观意思,并非贪污之初便有此意图,所以,不能据此认定行为人仅具有挪用的目的。

(2)关于乙的行为,下列选项错误的是:(2009-2-92)

A. 乙构成受贿罪既遂

B. 乙构成受贿罪中止

C. 乙犯罪以后上交赃物的行为,属于酌定从轻处罚情节

D. 乙不构成犯罪

答案(　　　)②

【考点】 *受贿后及时退还或上交财物*

【解析】 行为人受贿后及时退还或上交返还财物的,不应认定为受贿罪。及时性的判断应考虑三方面因素:(1)时间性。退还或上交时间与收受时间相隔太久,不宜认定为及时退还或上交。例如,1年后退还无论如何也不能认定为及时退还。(2)障碍性。如果收受贿赂后,确有障碍,导致未能及时退还或上交的,不应轻易否定及时性成立。(3)动机性。如行为人受贿后,因为自身或关联人、事被查处,为掩饰受贿事实而退还或上交的,应否定及时性。相反,如果行为人并非情势所逼,而自动产生退还或上交动机的,应肯定及时性。据此,本案乙在8天后上交纪委,时间间隔较短,且不具有掩饰犯罪之动机,应认定为及时上交,最终不构成受贿罪。D正确,其余选项均错误。

(3)关于丙的行为,下列选项正确的是:(2009-2-93)

---

①参考答案 ABD　②参考答案 ABC

A. 丙构成受贿罪共犯

B. 丙构成介绍贿赂罪

C. 丙构成行贿罪共犯

D. 丙没有实行行为,不构成犯罪

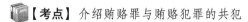答案(　　　)①

📖 【考点】 介绍贿赂罪与贿赂犯罪的共犯

📖 【解析】 A错误,乙不成立受贿罪,丙受甲委托转交贿赂的行为当然也不成立受贿罪的帮助犯。B错误,介绍贿赂罪是指行为人事先得知贿赂一方或双方有贿赂意图,通过介绍行为制造机会,促成贿赂的行为。本案中,丙事先不知甲有行贿意图,且甲已经制造了贿赂机会,因此不可能成立介绍贿赂罪。C正确,丙明知甲向乙行贿,仍然积极帮其实现行贿目的,成立行贿罪的共犯。D错误,丙的行为尽管不是实行行为,但属于帮助行为,据此可以成立犯罪。

5. 何经理为了销售本公司经营的医疗器械,安排公司监事刘某在与某市立医院联系销售业务过程中,按销售金额25%的比例给医院四位正、副院长回扣共计25万余元。本案中,该公司提供回扣的行为构成何罪? (2009 - 2 - 20)

A. 行贿罪

B. 对非国家工作人员行贿罪

C. 单位行贿罪

D. 对单位行贿罪

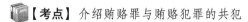答案(　　　)②

📖 【考点】 单位行贿罪

📖 【解析】 何经理为了促销,安排公司监事代表公司向医院提供贿赂。该行为不是单纯的个人行为,而是为了单位利益以单位名义按单位管理规程做出的单位行为,符合单位犯罪要求,成立单位行贿罪。

6. 关于贿赂犯罪,下列哪些选项是错误的? (2010 - 2 - 65)

A. 国家工作人员利用职务便利,为请托人谋取利益并收受其财物而构成受贿罪的,请托人当然构成行贿罪

B. 因被勒索给予国家工作人员财物的,当然不构成行贿罪

C. 行贿人在被追诉前主动交代行贿行为的,可以从轻或者减轻处罚

D. 某国家机关利用其职权或地位形成的便利条件,通过其他国家机关的职务行为,为请托人谋取利益,索取请托人财物的,构成单位受贿罪

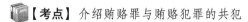答案(　　　)③

📖 【考点】 行贿罪与受贿罪的对向关系

📖 【解析】 A错误,行贿罪与受贿罪属于对向犯,原则上成立共犯,但是基于刑事政策考虑,存在以下例外:(1)行贿人被索贿,同时没有获得不正当利益,不成立行贿罪,但受贿罪可能成立;(2)为了谋取正当利益而行贿不成立犯罪,但受贿人可能成立犯罪;(3)国家工作人员收受贿赂但及时上交或退还的,不成立受贿罪,但行贿人构成行贿罪。B错误,被索贿,但获得不正当利益的,同样构成行贿罪。

①参考答案C　②参考答案C　③原参考答案ABCD;现为ABD(《刑法修正案(九)》之后)

C 错误,主动交代的,可减轻或免除处罚。但是,根据《刑法修正案(九)》(行贿人在追诉前主动交代行贿行为的,可从轻或减轻处罚),该选项正确。D 错误,单位受贿罪的行为类型不包括斡旋受贿。此案应认定主要负责人行贿罪。

7. 大学生甲为获得公务员面试高分,送给面试官乙(某机关领导)2 瓶高档白酒,乙拒绝。次日,甲再次到乙家,偷偷将一块价值 **1** 万元的金币放在茶几上离开。乙不知情。保姆以为乙知道此事,将金币放入乙的柜子。对于本案,下列哪一选项是错误的?(2011 – 2 – 19)

    A. 甲的行为成立行贿罪

    B. 乙的行为不构成受贿罪

    C. 认定甲构成行贿罪与乙不构成受贿罪不矛盾

    D. 保姆的行为成立利用影响力受贿罪

📖 **答案(　　　)①**

📚 **【考点】** 行贿罪与受贿罪的对向关系

📝 **【解析】** A 正确,甲为了谋取不正当利益两次给予国家工作人员财物,构成行贿罪。B 正确,乙未接受贿赂,同时也未允诺职务行为,当然不成立受贿罪。C 正确,行贿罪与受贿罪虽然是对向犯,但不意味着同时成立犯罪,存在三种例外情形。D 错误,金币从甲离开时起便由乙占有,保姆作为占有辅助人仅改变了金币的具体位置,并未据为己有。保姆也未影响乙使其实施职务行为。最后,保姆也没有利用影响力受贿的故意。整体上,保姆没有利用影响力受贿罪的行为与故意,不成立该罪。

8. 国家工作人员甲与民办小学教师乙是夫妻。甲、乙支出明显超过合法收入,差额达 **300** 万元。甲、乙拒绝说明财产来源。一审中,甲交代 **300** 万元系受贿所得,经查证属实。关于本案,下列哪些选项是正确的?(2012 – 2 – 63)

    A. 甲构成受贿罪

    B. 甲不构成巨额财产来源不明罪

    C. 乙不构成巨额财产来源不明罪

    D. 乙构成掩饰、隐瞒犯罪所得罪

📖 **答案(　　　)②**

📚 **【考点】** 拒不说明来源;掩饰、隐瞒犯罪所得;受贿

📝 **【解析】** A 正确,甲是国家工作人员,其受贿 300 万元,成立受贿罪。B 正确,巨额财产来源不明罪是指法院以生效判决形式定罪之前一直拒绝说明来源的行为,甲在一审时说明了来源,因此不构成该罪。C 正确,巨额财产来源不明罪属于真正的身份犯,只有国家工作人员才可能构成该罪。D 错误,掩饰、隐瞒犯罪所得罪的实行行为是"窝藏、转移、收购、代为销售或者以其他方法掩饰、隐瞒",单纯拒绝说明来源的行为与上述行为类型不具有相当性,不能评价为掩饰、隐瞒犯罪所得的行为,因而不构成该罪。

第八章　渎职罪

1. 税务稽查员甲发现 A 公司欠税 80 万元,便私下与 A 公司有关人员联系,要求对方汇 10 万元到

---

①参考答案 D　②参考答案 ABC

自己存折上以了结此事。**A 公司将 10 万元汇到甲的存折上后,甲利用职务上的便利为 A 公司免交 80 万元税款办理了手续。对甲的行为应如何处理?**(2002 - 2 - 10)

 A. 认定为徇私舞弊不征、少征税款罪,从重处罚

 B. 认定为受贿罪,从重处罚

 C. 认定为徇私舞弊不征、少征税款罪与受贿罪的竞合,从一重处罚

 D. 认定为徇私舞弊不征、少征税款罪与受贿罪,实行并罚

 答案( )①

【考点】徇私舞弊不征、少征税款罪与关联罪

【解析】甲徇私舞弊,不征应征税款,致使国家税收遭受 80 万元的重大损失,成立徇私舞弊不征、少征税款罪。甲索要 10 万元现金,利用职务便利办理免税手续的行为,成立受贿罪。受贿行为与不征税款的行为各自独立,侵犯两个法益,应数罪并罚。据此,D 正确,其余选项均错误。

2. 派出所长陈某在"追逃"专项斗争中,为得到表彰,在网上通缉了 7 名仅违反治安管理处罚条例并且已受过治安处罚的人员。虽然陈某通知本派出所人员不要"抓获"这 7 名人员,但仍有 5 名人员被外地公安机关"抓获"后关押。关于陈某行为的性质,下列哪些说法是错误的?(2002 - 2 - 44)

 A. 陈某的行为构成滥用职权罪

 B. 陈某的行为构成玩忽职守罪

 C. 陈某的行为构成非法拘禁罪

 D. 陈某的行为不构成犯罪

 答案( )②

【考点】滥用职权与玩忽职守的区别

【解析】陈某的行为显然是故意超越职权或不正确行使职权,符合滥用职权罪要求,A 正确,B 错误。C 错误,陈某的行为仅限于发布错误通缉令,公安人员依法限制其自由,不属于非法拘谨。陈某作为拘禁行为的间接正犯,也不具有非法性。D 错误,陈某行为严重侵害公民人身法益,当然需要通过刑法处罚。

3. 某国税稽查局对某电缆厂的偷税案件进行查处。该厂厂长甲送给国税稽查局局长乙 3 万元,要求给予关照。乙收钱后,将某电缆厂已涉嫌构成偷税罪的案件仅以罚款了事。次年 8 月,上级主管部门清理税务违法案件。为避免电缆厂偷税案件移交司法机关处理,乙私自更改数据,隐瞒事实,使该案未移交司法机关。对乙应以何罪论处?(2004 - 2 - 61)

 A. 受贿罪

 B. 滥用职权罪

 C. 帮助犯罪分子逃避处罚罪

 D. 徇私舞弊不移交刑事案件罪

 答案( )③

【考点】徇私舞弊不移交刑事案件罪与关联罪

【解析】乙收受甲的 3 万元贿赂款,并以罚代刑,成立受贿罪。乙未将本案作为刑事案件进行移交,应成立徇私舞弊不移交刑事案件罪。受贿行为与不移交行为各自独立,不具有类型化的关联,应

数罪并罚。综上,正确答案为AD。C错误,帮助犯罪分子逃避处罚罪的主体是有查禁犯罪活动职责的国家机关工作人员,其属司法工作人员范畴。本案行为人是行政执法人员,不满足该罪主体要求。

4. 下列哪种行为可以构成玩忽职守罪?(2007 - 2 - 20)

A. 在安全事故发生后,负有报告职责的人员不报或者谎报情况,贻误事故抢救,情节严重的

B. 国有公司工作人员严重不负责任,造成国有公司破产,致使国家利益遭受重大损失的

C. 负有环境保护监督管理职责的国家机关工作人员严重不负责任,导致发生重大环境污染事故,造成人身伤亡的严重后果的

D. 负有管理职责的国家机关工作人员发现他人非法从事天然气开采、加工等违法活动而不予查封、取缔,致使国家和人民利益遭受重大损失的

📖 **答案(**)①

📚 **【考点】** 玩忽职守罪与关联犯罪的关系

📖 **【解析】** A错误,行为人行为构成不报、谎报安全事故罪。B错误,严重不负责任,经营不善造成国有公司破产,其本身不构成犯罪。C错误,行为人行为构成环境监管失职罪。D正确,行为人行为属于不履行职责的玩忽职守行为。A、C属于特殊类型的玩忽职守行为,与玩忽职守罪成立法条竞合,在保证罪刑相适应的前提下,应按特别法处理。

5. 某中级法院的主审法官甲收受故意杀人案被告人乙的家属现金1万元后,伪造乙防卫过当、自首的证据,欺骗该院审判委员会,导致原本可能被判死刑的乙最终仅被判处3年徒刑。对甲应当以何罪论处?(2008 川 - 2 - 20)

A. 徇私枉法罪

B. 滥用职权罪

C. 受贿罪

D. 伪证罪

📖 **答案(**)②

📚 **【考点】** 徇私枉法罪

📖 **【解析】** 甲收受1万元现金的行为成立受贿罪。甲伪造证据的行为不成立伪证罪,因为该罪主体限于证人、鉴定人、记录人和翻译人。甲的行为属于不正确行使职权,成立滥用职权罪;该行为同时也符合徇私枉法罪的成立要件。滥用职权与徇私枉法罪属于一般法与特殊法的关系,成立法条竞合,在保证罪刑相适应的前提下,按特殊法处理,即仅认定为徇私枉法罪。最后,根据《刑法》第399条规定,司法人员徇私枉法,同时收受贿赂的,应择一重罪处断(按照刑法原理,应当数罪并罚,但刑法有了明确的拟制规定,只能认定为一罪)。

6. 关于徇私枉法罪,下列哪些选项是正确的?(2009 - 2 - 65)

A. 甲(警察)与犯罪嫌疑人陈某曾是好友,在对陈某采取监视居住期间,故意对其放任不管,导致陈某逃匿,司法机关无法对其追诉。甲成立徇私枉法罪

B. 乙(法官)为报复被告人赵某对自己的出言不逊,故意在刑事附带民事判决中加大赵某对被害人的赔偿数额,致使赵某多付10万元。乙不成立徇私枉法罪

C. 丙(鉴定人)在收取犯罪嫌疑人盛某的钱财后,将被害人的伤情由重伤改为轻伤,导致盛某轻判。丙不成立徇私枉法罪

D. 丁(法官)为打击被告人程某,将对程某不起诉的理由从"证据不足,指控犯罪不能成立"擅自改为"可以免除刑罚"。丁成立徇私枉法罪

答案(　　　)①

【考点】徇私枉法的行为类型

【解析】A 正确,甲故意放走犯罪嫌疑人,使司法机关无法追诉,成立徇私枉法罪。B 错误,刑事附带民事审判属于刑事诉讼,乙在附带民事诉讼中违背事实裁判,成立徇私枉法罪。C 正确,丙作为鉴定人不属于司法工作人员,其虚假鉴定行为仅成立伪证。D 正确,丁的行为出入人罪,使无罪之人受到追诉(免除刑罚以宣告有罪为前提),成立徇私枉法罪。

7. 刘某以赵某对其犯故意伤害罪,向法院提起刑事附带民事诉讼。因赵某妹妹曾拒绝本案主审法官王某的求爱,故王某在明知证据不足、指控犯罪不能成立的情况下,毁灭赵某无罪证据,认定赵某构成故意伤害罪,并宣告免予刑罚处罚。对王某的定罪,下列哪一选项是正确的?(2011－2－20)

A. 徇私枉法罪
B. 滥用职权罪
C. 玩忽职守罪
D. 帮助毁灭证据罪

答案(　　　)②

【考点】徇私枉法罪与关联罪的界限

【解析】本案所涉及的是刑事附带民事诉讼,该诉讼属于刑事审判。王某的行为违背事实,明知赵某无罪而故意使其受到追诉(免予刑罚处罚的前提是宣告有罪),符合徇私枉法罪成立要件,故 A 正确。王某的行为属于不正确行使职权,也成立滥用职权罪。但是,徇私枉法罪是滥用职权罪的特殊类型,根据法条竞合原理,最终应认定为徇私枉法罪,故 B 错误。C 错误,王某是故意为之,不符合玩忽职守罪要求。D 错误,帮助毁灭证据罪要求行为人明知被告人意图毁灭证据而故意帮助其实施毁灭行为,本案中赵某并无毁灭证据的意图,王某并无帮助意思,而是侵害意思。

8. 下列哪一行为应以玩忽职守罪论处?(2012－2－21)

A. 法官执行判决时严重不负责任,因未履行法定执行职责,致当事人利益遭受重大损失
B. 检察官讯问犯罪嫌疑人甲,甲要求上厕所,因检察官违规打开械具后未跟随,致甲在厕所翻窗逃跑
C. 值班警察与女友电话聊天时接到杀人报警,又闲聊 10 分钟后才赶往现场,因延迟出警,致被害人被杀、歹徒逃走
D. 市政府基建负责人因听信朋友介绍,未经审查便与对方签订建楼合同,致被骗 300 万元

答案(　　　)③

【考点】玩忽职守罪与关联犯罪的关系

【解析】A 错误,行为人行为构成执行判决、裁定失职罪。B 错误,行为人行为构成失职致使在押人员脱逃罪。C 正确,行为人行为属于不履行职责行为,成立玩忽职守罪。D 错误,行为人行为构成国家机关工作人员签订、履行合同失职被骗罪。ABD 均属于特殊的玩忽职守行为,与一般意义上的玩忽职守罪成立法条竞合,在保证罪刑相适应的前提下,按照特殊法条处理。

---

①参考答案 ACD　②参考答案 A　③参考答案 C

9. 丙实施抢劫犯罪后,分管公安工作的副县长甲滥用职权,让侦办此案的警察乙想办法使丙无罪。乙明知丙有罪,但为徇私情,采取毁灭证据的手段使丙未受追诉。关于本案的分析,下列哪些选项是正确的?

A. 因甲是国家机关工作人员,故甲是滥用职权罪的实行犯

B. 因甲居于领导地位,故甲是徇私枉法罪的间接正犯

C. 因甲实施了两个实行行为,故应实行数罪并罚

D. 乙的行为同时触犯徇私枉法罪与帮助毁灭证据罪、滥用职权罪,但因只有一个行为,应以徇私枉法罪论处

📖 答案(   )①

📚 **【考点】** 徇私枉法罪;间接正犯;想象竞合犯

📓 **【解析】** 徇私枉法罪是指徇私或徇情在刑事诉讼中违背事实和法律出入人罪的行为。间接正犯是将他人作为工具使用的犯罪形式。他人必须达到"工具化"的程度,其具体认定标准是看被利用人是否能够认识到真相并作出自己行为选择,如果得出否定结论,那么就是被工具化的,反之则是独立的正犯,利用人不成立间接正犯。间接正犯既可以利用无责任能力人,也可能利用有责任能力人;既可能他人故意行为,也可能利用过失行为;既可能利用非法行为,也可能利用合法行为。想象竞合犯是一行为侵害数法益触犯数罪名的情形。对于想象竞合犯应当从一重罪从重处断。之所以如此,就是行为只有一个,仅能满足一个犯罪的成立要件。之所以从重再从重,是重罪可以最大程度地满足充分评价的要求,同时,在此基础之上,由于额外还侵犯了别的法益,所以,从完全评价角度,还需要再从重。据此,A 正确,因为甲分管公安工作,其违法使用职权,干涉其下属的办案,属于滥用职权行为,成立实行犯。乙此时成立滥用职权罪的帮助犯。B 错误,甲虽然居于领导地位,但不具有直接管辖具体案件的职权,无法直接支配徇私枉法罪构成要件的实现,应认为其成立徇私枉法罪的教唆犯。同时,乙明确认识事实真相,他是基于独立意志选择徇私枉法行为的,达不到被工具化的程度,因而乙是独立的正犯,甲不是间接正犯。C 错误,因为甲仅有一个行为,所以只能定一罪,不可能数罪并罚。D 正确,因为乙除了前述滥用职权罪的帮助犯、徇私枉法罪的实行犯,还额外触犯了帮助毁灭证据罪,成立想象竞合犯。对于乙来说,其徇私枉法行为是最为核心的行为,因此定徇私枉法罪是最为全面的评价。

10. 朱某系某县民政局副局长,率县福利企业年检小组到同学黄某任厂长的电气厂年检时,明知该厂的材料有虚假、残疾员工未达法定人数,但朱某以该材料为准,使其顺利通过年检。为此,电气厂享受了不应享受的退税优惠政策,获取退税 300 万元。黄某动用关系,帮朱某升任民政局局长。检察院在调查朱某时发现,朱某有 100 万元财产明显超过合法收入,但其拒绝说明来源。在审查起诉阶段,朱某交代 100 万元系在澳门赌场所赢,经查证属实。

(1) 关于朱某帮助电气厂通过年检的行为,下列说法正确的是:(2015 - 2 - 89)

A. 其行为与国家损失 300 万元税收之间,存在因果关系

B. 属滥用职权,构成滥用职权罪

C. 属徇私舞弊,使国家税收遭受损失,同时构成徇私舞弊不征、少征税款罪

D. 事后虽获得了利益(升任局长),但不构成受贿罪

📖 答案(   )②

---

① 参考答案 AD　　② 参考答案 ABD

【解析】A 正确,朱某的行为使黄某的企业享受退税政策,造成 300 万元税收损失,两者之间具有因果关系。朱某未考虑应考虑的因素,成立滥用职权罪。C 错误,该罪主体须为税务人员,朱某不具有该身份,不构成该罪。D 正确,该利益并非贿赂。

(2)关于朱某 100 万元财产的来源,下列分析正确的是:(2015－2－90)

A. 其财产、支出明显超过合法收入,这是巨额财产来源不明罪的实行行为

B. 在审查起诉阶段已说明 100 万元的来源,故不能以巨额财产来源不明罪提起公诉

C. 在澳门赌博,数额特别巨大,构成赌博罪

D. 作为国家工作人员,在澳门赌博,应依属人管辖原则追究其赌博的刑事责任

答案(　　)①

【解析】A 错误,该罪的实行行为是拒不说明来源(在提起公诉前)。审查起诉时主动说明来源的,未满足该罪成立要求。朱某仅个人参与赌博,并未聚众赌博或以赌博为业,不成立赌博罪,即单纯参与赌博的行为不产生刑事责任。

(3)关于黄某使电气厂获取 300 万元退税的定性,下列分析错误的是:(2015－2－91)

A. 具有逃税性质,触犯逃税罪

B. 具有诈骗属性,触犯诈骗罪

C. 成立逃税罪与提供虚假证明文件罪,应数罪并罚

D. 属单位犯罪,应对电气厂判处罚金,并对黄某判处相应的刑罚

答案(　　)②

【解析】A 错误,300 万元退税款,不具有逃税性质(虚假纳税申报或不申报)。B 正确,黄某隐瞒实际情况,具有诈骗行为,使税务机关陷入错误认识而将 300 万元处分给了黄某,成立诈骗罪。C 错误,黄某提交的材料并非中介服务机构提供的虚假证明文件,不构成该罪。D 错误,黄某的行为具有诈骗性质,而诈骗罪并非单位犯罪。

11. 关于渎职犯罪,下列哪些选项是正确的?(2016－2－63)

A. 县财政局副局长秦某工作时擅离办公室,其他办公室人员操作电炉不当,触电身亡并引发大火将办公楼烧毁。秦某触犯玩忽职守罪

B. 县卫计局执法监督大队队长武某,未能发现何某在足疗店内非法开诊所行医,该诊所开张三天即造成一患者死亡。武某触犯玩忽职守罪

C. 负责建房审批工作的干部柳某,徇情为拆迁范围内违规修建的房屋补办了建设许可证,房主凭此获得补偿款 90 万元。柳某触犯滥用职权罪

D. 县长郑某擅自允许未经环境评估的水电工程开工,导致该县水域内濒危野生鱼类全部灭绝。郑某触犯滥用职权罪

答案(　　)③

【考点】渎职犯罪

【解析】A 错误,玩忽职守罪是指国家机关工作人员玩忽职守,致使公共财产、国家和人民利益遭受重大损失的行为。客观表现为严重不负责任、不履行职责或者不正确履行职责的行为。秦某作为县财政局副局长的职务范围并不包括对办公室人员操作电炉的监督,其擅离办公室的行为不属于严

重不负责任、不履行职责或者不正确履行职责的,未触犯玩忽职守罪。B 错误,玩忽职守罪属于渎职罪,客观方面须有玩忽职守,致使国家、人民和公共利益的损失。县卫计局执法监督大队队长武某负有查禁非法行医的职责,但是本案中诊所开在足疗店内(必然未经卫生部门备案,且设置隐秘,难以在三天时间内察觉),患者死亡不能归责于武某,因此,武某的行为未导致严重后果,不成立玩忽职守罪。C 正确,滥用职权罪是指国家机关工作人员滥用职权,致使公共财产、国家和人民利益遭受重大损失的行为。负责建房审批工作的干部柳某,徇情为拆迁范围内违规修建的房屋补办了建设许可证,房主获得补偿款 90 万元,而造成国家利益的重大损失,柳某触犯滥用职权罪。D 正确,县长郑某利用职权,超越职权擅自允许未经环境评估的水电工程开工,给国家利益造成重大损失,触犯滥用职权罪。

第九章　军人违反职责罪

可能构成战时自伤罪的情况是:(2004 - 2 - 84)

A. 预备役人员张某在战时为逃避征召,自伤身体

B. 战士李某为尽早脱离战场,在敌人火力猛烈向我方阵地射击时,故意将手臂伸于掩体之外,被敌人子弹击中,无法继续作战

C. 战士王某战时奉命守卫仓库,站岗时因困倦睡着,导致仓库失窃,为了掩盖过错,他用匕首自伤身体,谎称遭到抢劫

D. 战士陈某为了立功当英雄,战时自伤身体,谎称在与偷袭的敌人交火时受伤

答案(　　　)①

【考点】 自伤行为

【解析】 一般公民的自伤行为不构成犯罪,所谓故意伤害罪仅禁止伤害他人,而不禁止伤害自己。军人则有所不同,其生命和身体健康是履行军事义务的前提,因此军人没有处分自己健康的决定权。军人自伤行为侵害了军事法意义上的法益。军人为了逃避军事义务,在战时自伤,或虽然在和平时期,但预备役人员正在执行军事任务,那么就会构成战时自伤罪。A 错误,因为预备役人员还未成为军人,同时也不是在执行军事任务。B 正确,李某符合该罪成立要件,应认定为战时自伤罪。C 错误,王某的自伤行为并不是为了逃避军事义务,而是掩盖之前的过失事实。D 错误,陈某是为了骗取荣誉自伤而非逃避军事义务。

---

①参考答案 B

第五编 试卷四历年案例分析

第一章 案例分析技巧与检视体系

第一节 案例分析的技巧

案件分析是审判活动的基础,实体刑法理论必须通过娴熟的案件分析技能才能得到落实和检验,这也附带地为法学研究提供了真实的问题和现实素材。案件分析技能就是规范的涵摄能力,即将法规范具体运用到案件中的能力。

案件分析并无定法,但必要的技巧仍需熟练掌握:

1. 认真阅读题干,以题干所含信息为基础分析案例,不要人为减少或添加案件事实,没有多余的案件事实,也没有需要补充的案件事实。

例如:甲捅了乙一刀,看着乙流血不止,认为必死无疑,就离开现场。后被人救起,仅受重伤。不要问甲有没有责任能力,案件事实不交代就没问题;不要把离开现场忘记分析,因为可能需要讨论中止;不要忘记仅有伤害结果,需要讨论故意伤害罪既遂,它与故意杀人罪未遂想象竞合,需要按重罪处断。

2. 以行为人划分分析段落,不要按照行为发生顺序,将多人刑责分析混在一起。

例如:甲找乙谋划杀丙,后来乙去帮助买刀,甲负责踩点。某日,两人相约前往犯罪现场,中途甲后悔,就回去了。乙独自前往,到达现场后实施了杀人行为。之后,乙跑到甲处,要他帮助逃跑,甲同意并为其提供隐匿场所和购买火车票。在分析这个案件时,不要按照行为人的出场顺序讨论,否则很有可能因为行为人相互之间存在的复杂从属关系而陷入混乱。

3. 一人犯罪,按照行为发生顺序逐一分析。多人犯罪,首先从最可能成为正犯的人开始分析,然后将共犯附加其上。

上例中,要从独立实现故意杀人构成要件的乙开始分析,再将甲的行为附加其上进行分析。

4. 在具体展开某人刑责分析时,应按照可能涉及的多种犯罪逐个分析,同时,这些犯罪按照重罪优先于轻罪、既遂犯优先于未遂犯、故意犯优先于过失犯、作为犯优先于不作为犯展开。在分则某些罪名分析时,有时也要按照特定顺序,比如财产犯罪中,财物损失优先于财产性利益损失展开。

5. 涉及不确定的案件事实时,需要根据事实的多种可能性逐一分析,然后根据存疑时有利被告原则,选择对被告人最有利的结论。

例如:妻子甲用平底锅打长期对其实施家暴的丈夫乙的头部,丈夫倒在血泊中,妻子离开现场,女儿丙回家后看到血泊中的父亲,也拿着平底锅连续击打父亲。乙最终死亡。我们需要设定案件事实依次分析:(1)甲第一次击打单独形成致命伤;(2)丙的后续击打单独形成致命伤;(3)甲与丙击打累积形成致命伤。

 6. 在各罪分析完毕后,要处理罪数问题。

 7. 最终给出结论。

第二节 犯罪的检讨体系

一、三阶体系:故意作为犯(既遂)

1. 构成要件符合性

构成要件:主体、行为、对象、结果、因果关系(客观归责)、动机

2. 违法性:正当防卫、紧急避险等

3. 责任

(1)主体的责任能力

(2)违法性认识的可能性

(3)期待可能性

(4)故意、目的(争议)

4. 其他犯罪成立条件:客观处罚条件;刑罚排除事由;刑罚解除事由

二、三阶体系:过失作为犯

1. 构成要件符合性

构成要件:主体、行为、对象、结果、因果关系(客观归责)

客观注意义务违反:结果预见义务+结果回避义务

2. 违法性:正当防卫、紧急避险等

3. 责任

(1)主体的责任能力

(2)违法性认识的可能性

(3)期待可能性

(4)责任过失(主观注意义务违反)

4. 其他犯罪成立条件:客观处罚条件;刑罚排除事由;刑罚解除事由

三、三阶体系:故意不作为犯(既遂)

1. 构成要件符合性

构成要件:主体、对象、结果

不作为:未实施可以避免结果的行为、结果回避可能性(客观归责)、作为可能性、作为义务、与作为的等价性(限于不真正不作为犯)

2. 违法性:同故意作为犯

3. 有责性:同故意作为犯

4. 其他犯罪成立条件:同故意作为犯

四、三阶体系:过失不作为犯

1. 构成要件符合性

构成要件:主体、对象、结果

不作为:未实施可以避免结果的行为、结果回避可能性(客观归责)、作为可能性、作为义务、与作为的等价性(限于不真正不作为犯)

客观注意义务违反:结果预见义务+结果回避义务

2. 违法性

3. 有责性:与过失作为犯同

4. 其他犯罪成立条件

五、三阶体系:未遂与中止

前提:未得逞(未既遂)

1. 构成要件符合性

(1)主观构成要件:犯罪决意

①对全部客观构成要件要素的想象

②不法目的

(2)客观构成要件:着手

2. 违法性

3. 责任:与故意作为犯同

4. 刑罚解除事由:中止

(1)在犯罪过程中(尚未因意志以外原因而未遂)

(2)中止行为

①未实行终了:放弃继续犯罪

②已实行终了:有效防止结果发生或为防止犯罪结果发生作出真挚努力

③自动性:能达而不欲

需要注意的是,危害结果≠构成要件结果,而是加了"危害社会的"作为定语。"危害社会的"是对实质违法性的判断,是违法性层面的问题,进而也会影响责任故意中的不法意识。我国危害结果的概念产生了两方面影响:第一,危害结果=构成要件结果+排除正当化结果;第二,我国法定故意=构成要件故意+责任故意。

第三节 犯罪检视体系的例示

甲借乙的相机去游览长城,突然遇到丙抢劫丁的钱包,甲迫不得已,将相机砸向丙,丙受伤倒地,将站在城墙拍照的戊撞下高墙,摔成重伤。之后,甲发现相机严重毁坏。

结构示范:("+"指满足要求;"-"指未满足要求)

第一,关于甲的刑责:

一、相机打丙,对丙,故意伤害罪

(一)构成要件

1. 行为、结果、因果关系(+)

2. 故意(+)

(二)违法性

正当防卫(+)

(1)防卫前提:不法侵害(+)

(2)防卫行为(+)

(3)防卫意思(+)

不成立故意伤害罪。

二、相机打倒丙,丙将戊撞下摔成重伤,对戊,故意伤害罪

构成要件

1. 行为、结果、因果关系(+)

2. 故意(-)

结论:不成立故意伤害罪。

三、相机打倒丙,丙将戊撞下摔成重伤,对戊,过失致人重伤罪

(一)构成要件

1. 行为、结果、因果关系(+)

2. 客观注意义务违反

甲无法认识到击打行为会殃及他人(-)

现场拥挤,甲认识到有可能殃及他人(+)

(二)违法性

1. 正当防卫(-)

防卫前提:不法侵害(-)戊没有实施不法侵害

2. 紧急避险(+)

避险适当:财产+人身——伤害

结论:成立紧急避险。

四、相机被摔坏,对乙,故意毁坏财物罪

(一)构成要件

1. 客观构成要件:他人财物、毁坏、因果关系(+)

2. 主观构成要件:故意(+)

(二)违法性

1. 正当防卫(-)

防卫前提:不法侵害(-)乙未实施不法侵害

2. 紧急避险

(1)避险前提:面临危险(+)丙的人身财产法益面临危险

(2)避险行为

A. 损害法益,保护另一法益(+)

B. 必要性

迫不得已(+)

并非迫不得已(-)

C. 利益权衡:以大换小(+)

结论:成立紧急避险。

五、罪数(略)

六、结论:无罪

第二,关于丙的刑责:(略)

……

结论:抢劫罪。

第二章　试卷四历年真题及答案

一、2002 年试卷 4 第 1 题(10 分)

案情:2001 年 3 月 13 日下午,陈某因曾揭发他人违法行为,被两名加害人报复砍伤。陈某逃跑过程中,两加害人仍不罢休,持刀追赶陈。途中,陈某多次拦车欲乘,均遭出租司机拒载。当两加害人即将追上时,适逢一中年妇女丁某骑一摩托车(价值 9000 元)缓速行驶。陈某当即哀求丁某将自己带走,但也遭拒绝。眼见两加害人已经逼近,情急之下,陈某一手抓住摩托车,一手将丁某推下摩托车(丁某倒地,但未受伤害),骑车逃走。陈某骑车至安全地方(离原地约 2 公里)停歇一会后,才想到摩托车怎么处理。陈某将摩托车尾部工具箱的锁撬开,发现内有现金 3000 元和一张未到期的定期存单(面值 2 万元),陈某顿生贪欲,将 3000 元现金和存单据为己有。并将摩托车推至山下摔坏。几日后,陈某使用伪造的身份证在到期之前将存单中的 2 万元取出,此后逃往外地。

试分析陈某上述各行为的性质,并说明理由。

〔参考答案〕

(1)陈某将丁某推倒后骑车逃走的行为属于紧急避险行为。因为,陈某为了使本人的人身权利免受正在发生的危险,不得已给丁某造成损害,但该损害并没有超过必要限度给丁某造成不应有的损害。(2)陈某将丁某的 3000 元现金和存折据为己有的行为构成侵占罪。因为,陈某在危险消失后即负有归还丁某摩托车(当然包括尾部工具箱中的现金和存折),而在尚未归还以前,陈某负有妥善保管摩托车及相关财物的义务。据此,该摩托车可视为由陈某代为保管的财物。陈某以非法占有为目的,将代为保管的他人财物非法占为己有,数额较大,拒不退还,构成侵占罪。(3)陈某毁坏摩托车的行为构成故意毁坏财物罪。因为,陈某故意毁坏他人财物,而且数额较大。至于陈某用伪造的身份证将丁某存折上的钱取走的行为属于占有他人存折后的后续行为,不单独定罪。

二、2003 年试卷 4 第 1 题;2000 年试卷 4 第 7 题(9 分)

案情:赵某拖欠张某和郭某 6000 多元的打工报酬一直不付。张某与郭某商定后,将赵某 15 岁的女儿甲骗到外地扣留,以迫使赵某支付报酬。在此期间(共 21 天),张、郭多次打电话让赵某支付报酬,但赵某仍以种种理由拒不支付。张、郭遂决定将甲卖给他人。在张某外出寻找买主期间,郭某奸淫了甲。张某找到了买主陈某后,张、郭二人以 6000 元将甲卖给了陈某。陈某欲与甲结为夫妇,遭到甲的拒绝。陈某为防甲逃走,便将甲反锁在房间里一月余。陈某后来觉得甲年纪小、太可怜,便放甲返回家乡。陈某找到张某要求退回 6000 元钱。张某拒绝退还,陈某便于深夜将张某的一辆价值 4000 元的摩托车骑走。

问题:请根据上述案情,分析张某、郭某、陈某的刑事责任。

〔参考答案〕

1. 张某构成非法拘禁罪,拐卖妇女罪(1 分)。

2. 郭某构成非法拘禁罪,拐卖妇女罪(1 分)。

3. 张某和郭某是非法拘禁罪、拐卖妇女罪的共同犯罪人(1 分)。二人均应按非法拘禁罪和拐卖妇女罪,数罪并罚(1 分)。

4. 郭某和张某拐卖妇女罪应适用不同的法定刑(1 分),其中张某按拐卖妇女罪的基础法定刑量刑,郭某奸淫被拐卖的妇女,法定刑升格(1 分)。

5、陈某构成收买被拐卖的妇女罪、非法拘禁罪和盗窃罪(1 分),应当数罪并罚(1 分)。

6. 陈某所犯的收买被拐卖的妇女罪,由于他中途自愿将被害人放回家,属犯罪中止,可以不追究该罪的刑事责任(1分)。

三、2004年试卷4第6题(25分)

案情:甲男与乙男于2004年7月28日共谋入室抢劫某中学暑假留守女教师丙的财物。7月30日晚,乙在该中学校园外望风,甲翻院墙进入校园内。甲持水果刀闯入丙居住的房间后,发现房间内除有简易书桌、单人床、炊具、餐具外,没有其他贵重财物,便以水果刀相威胁,喝令丙摘下手表(价值2100元)给自己。丙一边摘手表一边说:"我是老师,不能没有手表。你拿走其他东西都可以,只要不抢走我的手表就行。"甲立即将刀装入自己的口袋,然后对丙说:"好吧,我不抢你的手表,也不拿走其他东西,让我看看你脱光衣服的样子我就走。"丙不同意,甲又以刀相威胁,逼迫丙脱光衣服,丙一边顺手将已摘下的手表放在桌子上,一边流着泪脱完衣服。甲不顾丙的反抗强行摸了丙的乳房后对丙说:"好吧,你可以穿上衣服了。"在丙背对着甲穿衣服时,甲乘机将丙放在桌上的手表拿走。甲逃出校园后与乙碰头,乙问抢了什么东西,甲说就抢了一只手表。甲将手表交给乙出卖,乙以1000元价格卖给他人后,甲与乙各分得500元。

问题:请根据刑法规定与刑法原理,对本案进行全面分析。

〔参考答案〕

(一)关于甲和乙的行为

1. 甲、乙构成抢劫罪共犯。因二人有抢劫的共同故意和抢劫的共同行为。甲、乙的抢劫属于入户抢劫,因为丙的房间属于其生活的与外界相对隔离的住所;由于乙与甲共谋入户,甲事实上也实施了入户抢劫行为,所以乙虽没有入户,对乙也应适用入户抢劫的法定刑。

综合本案主客观方面的事实,可以认定甲为主犯,乙为从犯,对于从犯乙应当从轻、减轻或者免除处罚。

2. 甲、乙虽构成抢劫罪共犯,但二人的犯罪形态不同:

(1)甲的抢劫属于犯罪中止。因为在当时的情况下,甲完全能够达到抢劫既遂,但他自动放弃了抢劫行为;由于抢劫中止行为没有造成任何损害,所以,对于甲的抢劫中止,应当免除处罚。

(2)乙的抢劫属于犯罪未遂。一方面,不能因为甲事实上取得了手表,就认定乙抢劫既遂,因为该手表并非甲抢劫既遂所得的财物;另一方面,乙并没有自动放弃自己的抢劫行为,甲的中止行为对于乙来说,属于意志以外的原因。根据《刑法》规定,对于未遂犯乙,可以比照既遂犯从轻或者减轻处罚。

(二)关于甲的行为

1. 甲逼迫丙脱光衣服并猥亵丙的行为,成立强制猥亵妇女罪。

2. 甲乘机拿走丙手表的行为,成立盗窃罪。因为拿走手表的行为完全符合盗窃罪的构成要件。拿走手表已不属于抢劫罪中的强取财物的行为,即不属于因暴力、胁迫或其他方法压制或足以压制了被害人反抗而取得手表的情形。所以,不能将取得手表的事实评价在抢劫罪中,而应另认定为盗窃罪。

(三)关于乙的行为

1. 乙的行为不成立盗窃罪。乙客观上为甲盗窃手表起到了一定作用(望风),但乙并不明知甲会盗窃财物,所以,乙并不与甲构成盗窃罪的共犯。

2. 基于同样的理由,乙的行为也不成立强制猥亵妇女罪的共犯。

3. 乙将手表卖与他人的行为不成立销售赃物罪。销售赃物罪是指代为销售他人犯罪所得的赃物,对于销售自己犯罪所得的赃物的行为并不成立销售赃物罪。乙虽在事实上销售了甲盗窃所得的财物,但乙是误以为该手表为与甲共谋抢劫所得的财物,并不知道手表是甲单独犯罪所得的财物,所以,乙没有代为销售他人犯罪所得赃物的故意,不成立销售赃物罪。

四、2005 年试卷 4 第 2 题 (15 分)

案情:丁某系某市东郊电器厂(私营企业,不具有法人资格)厂长,2003 年因厂里资金紧缺,多次向银行贷款未果。为此,丁某仿照银行存单上的印章模式,伪造了甲银行的储蓄章和行政章,以及银行工作人员的人名章,伪造了户名分别为黄某和唐某在甲银行存款额均为 50 万元的存单两张。随后,丁某约请乙银行办事处(系国有金融机构)副主任朱某吃饭,并将东郊电器厂欲在乙银行办事处申请存单抵押贷款的打算告诉了朱某,承诺事后必有重谢。朱某见有利可图,就让丁某第二天到办事处找信贷科科长张某办理,并答应向张某打招呼。次日,丁某来到乙银行办事处。朱某将其介绍给张某,让其多加关照。

张某在审查丁某提交的贷款材料时,对甲银行的两张存单有所怀疑,遂发函给甲银行查询。此时,丁某通过朱某催促张某,张某遂打电话询问查询事宜。甲银行储蓄科长答应抓紧办理,但张某未等回函,就为丁某办理了抵押贷款手续,并报朱某审批。后甲银行未就查询事宜回函。

朱某审批时发现材料有问题,就把丁某找来询问。丁某见瞒不过朱某,就将假存单之事全盘托出,并欺骗朱某说有一笔大生意保证挣钱,贷款将如期归还,并当场给朱某 10 万元好处费。朱某见丁某信誉旦旦,便收受了好处费,同意批给丁某 100 万元贷款。丁某获得贷款后,以感谢为名送给张某 5 万元,张某予以收受。丁某将贷款全部投入电器厂经营,结果亏损殆尽,致使银行贷款不能归还。检察机关将本案起诉至法院。

问题:简析丁某、朱某和张某涉嫌犯罪行为触犯的罪名,然后根据有关的刑法理论和法律规定确定三人分别应如何定罪处罚。

〔**参考答案**〕

1. 丁某:伪造企业印章罪,伪造金融凭证罪,金融凭证诈骗罪,贷款诈骗罪,行贿罪。其中:(1)伪造企业印章罪和伪造金融凭证罪之间存在牵连关系,按照从一重罪处断的原则,应定伪造金融凭证罪;(2)伪造金融凭证罪与金融凭证诈骗罪之间又存在牵连关系,按照从一重罪处断的原则,应以金融凭证诈骗罪论处;(3)金融凭证诈骗罪与贷款诈骗罪之间也存在法条竞合关系,按照重法优于轻法的原则,应以金融凭证诈骗罪论处。综上,丁某构成金融凭证诈骗罪和行贿罪,应实行数罪并罚。

2. 朱某:金融凭证诈骗罪的共犯和受贿罪,应实行数罪并罚。

3. 张某:国有公司、企业、事业单位工作人员失职罪和受贿罪,应实行数罪并罚。

五、2006 年试卷 4 第 4 题 (26 分)

案情:甲在 2003 年 10 月 15 日见路边一辆面包车没有上锁,即将车开走,前往 A 市。行驶途中,行人乙拦车要求搭乘,甲同意。甲见乙提包内有巨额现金,遂起意图财。行驶到某偏僻处时,甲谎称发生故障,请乙下车帮助推车。乙将手提包放在面包车座位上,然后下车。甲乘机发动面包车欲逃。乙察觉出甲的意图后,紧抓住车门不放,被面包车拖行 10 余米。甲见乙仍不松手并跟着车跑,便加速疾驶,使乙摔倒在地,造成重伤。乙报警后,公安机关根据汽车号牌将甲查获。

讯问过程中,虽有乙的指认并查获赃物,但甲拒不交代。侦查人员丙、丁对此十分气愤,对甲进行殴打,造成甲轻伤。在这种情况下,甲供述了以上犯罪事实,同时还交代了其在 B 市所犯的以下罪行:2003 年 6 月的一天,甲于某小学放学之际,在校门前拦截了一名一年级男生,将其骗走,随即带该男生到某个体商店,向商店老板购买价值 5000 余元的高档烟酒。在交款时,甲声称未带够钱,将男生留在商店,回去拿钱交款后再将男生带走。商店老板以为男生是甲的儿子便同意了。甲携带烟酒逃之夭夭。公安机关查明,甲身边确有若干与甲骗来的烟酒名称相同的烟酒,但未能查找到商店老板和男生。

本案移送检察机关审查起诉后,甲称其认罪口供均系侦查人员丙、丁对他刑讯逼供所致,推翻了以前所有的有罪供述。经检察人员调查核实,确认了侦查人员丙、丁对甲刑讯逼供的事实。

问题：

请根据我国刑法和刑事诉讼法的有关规定,对上述案例中甲、丙、丁的各种行为及相关事实分别进行分析,并提出处理意见。

〔参考答案〕

1. 甲开走他人面包车的行为构成盗窃罪,即使面包车没有锁,但根据社会的一般观念,该车属于他人占有的财物,而非遗忘物。

2. 甲对乙的行为构成抢劫罪,甲虽然开始打算实施抢夺,但在乙抓住车门不放时,甲加速行驶的行为已经属于暴力行为,因而不是转化型抢劫,而应直接认定为抢劫罪,而且属于抢劫罪的结果加重犯。

3. 甲对男生的行为构成拐骗儿童罪而不构成拐卖儿童罪。表面上看甲以儿童换取了商品,但这种行为并非属于出卖儿童,商店老板也没有收买儿童的意思。

4. 甲对商店老板的行为构成诈骗罪。

5. 丙、丁对甲的行为构成刑讯逼供罪。

6. 根据最高人民法院、最高人民检察院的有关司法解释关于非法证据排除规则的规定,虽然甲翻供,但对于甲盗窃面包车、抢劫乙的巨额财物的犯罪行为仍可认定,但拐骗儿童罪、诈骗罪只有口供,没有其他证据证明,因而不能成立。

7. 因拐骗儿童罪、诈骗罪不能认定,甲的特别自首也不成立。

(1)盗窃罪与侵占罪一个最大的区别在于行为人是否已经占有财物,其中,这里的占有是指事实上的支配,不仅包括物理意义上的支配,如手里握有,还包括社会观念上可以推知财物的支配人的状态。虽然处于他人支配领域之外,但存在可以推知由他人事实上支配的状态时,也属于他人占有的财物。例如,在他人门前停放的自行车,即使没有上锁,也认为由他人占有。因此,本案中停在路边的汽车即使没有上锁,也由他人占有,且甲非法占有的目的,甲开走行为就构成了盗窃罪。

(2)甲对乙的行为构成抢劫罪没有争议,但是是否属于转化的抢劫则是有争议的。争议的核心在于,甲将乙骗下车后发动汽车,是否已经占有了乙的财物,如果认为已经占有了,则甲乘机发动面包车就属于窝藏赃物的行为,构成了转化型的抢劫罪,但是如果认为甲还没有占有,则发动汽车的行为属于抢劫罪中的暴力行为,可直接认定为抢劫罪。从司法部公布的答案来看,认为是后者,即甲此时还没有占有财物,还没有完成对汽车的控制。

(3)甲没有出卖的目的,所以,拐骗不满14周岁的男生不构成拐卖儿童罪,将男生放在老板处不是卖给老板,而是想以此换取老板的信任。

(4)甲欺骗商店老板,使其在未交付钱款的情况下拿走财物,构成了诈骗罪。

(5)侦查人员丙、丁对甲殴打的行为,构成了刑讯逼供罪,导致被害人轻伤不转化成故意伤害罪。只有打成重伤才能构成故意伤害罪,如果死亡,则构成了故意杀人罪。

六、2007年试卷4第2题(22分)

案情:陈某见熟人赵某做生意赚了不少钱便产生歹意,勾结高某,谎称赵某欠自己10万元货款未还,请高某协助索要,并承诺要回款项后给高某1万元作为酬谢。高某同意。某日,陈某和高某以谈生意为名把赵某诱骗到稻香楼宾馆某房间,共同将赵扣押,并由高某对赵某进行看管。次日,陈某和高某对赵某拳打脚踢,强迫赵某拿钱。赵某迫于无奈给其公司出纳李某打电话,以谈成一笔生意急需10万元现金为由,让李某将现金送到宾馆附近一公园交给陈某。陈某指派高某到公园取钱。李某来到约定地点,见来人不认识,就不肯把钱交给高某。高某威胁李某说:“赵某已被我们扣押,不把钱给我,我们就把赵某给杀了。”李某不得已将10万元现金交给高某。高某回到宾馆房间,发现陈某不在,赵某倒在窗前已经断气。见此情形,高某到公安机关投案,并协助司法机关将陈某抓获归案。事后查明,赵某因爬窗逃跑被陈某用木棒猛击脑部,致赵某身亡。

问题:

1. 陈某将赵某扣押向其索要10万元的行为构成何种犯罪? 为什么?

2. 高某将赵某扣押向其索要10万元的行为构成何种犯罪? 为什么?

3. 陈某与高某是否构成共同犯罪? 为什么?

4. 高某在公园取得李某10万元的行为是否另行构成敲诈勒索罪? 为什么?

5. 陈某对赵某的死亡,应当如何承担刑事责任? 为什么?

6. 高某对赵某的死亡后果是否承担刑事责任? 为什么?

7. 高某的投案行为是否成立自首与立功? 为什么?

〔**参考答案**〕

1. 构成抢劫罪而非绑架罪,因为陈某是直接向赵某索取财物,而非向第三者索取财物。本题主要考查绑架罪的认定。所谓的绑架罪,是指使用暴力等手段将他人作为人质,并向第三者提出满足行为人的不法要求(包括勒索财物以及其他非法目的,如政治要求),其中,提出不法要求只能是向第三者提出,如果是直接向被绑架人提出,则构成抢劫罪。这是抢劫罪与绑架罪的一个基本区别。本案中,陈某仅仅是向赵某直接索取财物,没有向第三者索要财物,也没有要求同案犯高某向第三者勒索财物,即使高某在索取财物现场向第三者实施了恐吓行为,但陈某也没有参与,不构成绑架罪的共同犯罪。

2. 构成非法拘禁罪,因为高某并无绑架的故意,而以为是要索要债务。根据《刑法》第238条第3款的规定,债权人(包括为了实现债权人利益的其他人在)为索取债务(包括非法债务,但必须是确实存在的自然债务,否则,可能构成绑架罪)而拘禁他人(包括债务人以及关系密切的亲属)的,构成非法拘禁罪。

3. 构成共同犯罪。因为根据部分犯罪共同说,陈某的抢劫罪与高某的非法拘禁罪之间成立共同犯罪。根据部分犯罪共同说,抢劫罪中的压制被害人反抗的手段——非法拘禁与非法拘禁的实行行为之间存在着重合,两人可以在重合的范围内——非法拘禁罪成立共同犯罪。

4. 不另外构成敲诈勒索罪,因为高某的行为属于拘禁他人之后,索取债务的行为,缺乏非法占有的目的。敲诈勒索罪的成立要求行为人主观上具有非法占有的目的,这就排除了行为人为了行使自己权利而使用胁迫手段的犯罪性。本案中,高某误以为自己是在帮助陈某实现债权,不是非法获得他人的财物,没有敲诈勒索的犯罪目的,不构成敲诈勒索罪。

5. 不另定故意杀人罪,因为陈某的故意杀人行为包含在抢劫罪当中。根据人们的通常理解以及抢劫罪的语义解释,抢劫罪中的暴力可以包括故意杀人,杀人的死亡结果可以作为抢劫罪的结果加重犯,判处十年以上有期徒刑、无期徒刑或者死刑。

6. 不负刑事责任,因为陈某的杀人行为超出了高某的故意范围。共同犯罪的成立,以共同故意为前提。本案中,陈某是在高某不知情的情况下实施杀人行为的,无论事前还是事中,都没有就杀人与高某形成犯罪意思的联络,不成立故意杀人罪的共同犯罪。

7. 成立自首与重大立功,因为被检举人有可能被判处无期徒刑以上的刑罚。高某主动投案的行为成立自首,高某协助司法机关抓捕同案犯的行为成立立功,而且由于陈某的抢劫罪可能被判处无期徒刑,所以,高某的行为成立重大立功。

七、2008年试卷4第2题(20分)

案情:徐某系某市国有黄河商贸公司的经理,顾某系该公司的副经理。2005年,黄河商贸公司进行产权制度改革,将国有公司改制为管理层控股的股份有限公司。其中,徐某、顾某及其他15名干部职工分别占40%、30%、30%股份。在改制过程中,国有资产管理部门委托某资产评估所对黄河商贸公司的资产进行评估,资产评估所指派周某具体参与评估。在评估时,徐某与顾某明知在公司的应付款账户中有100万元系上一年度为少交利润而虚设的,经徐某与顾某以及公司其他领导班子成员商量,决定予以隐瞒,转入改制后的公司,按照股份分配给个人。当周某发现了该100万元应付款的问题时,公司领导班子决定以辛苦费的名义,从公司的其他公款中取出1万元送给周某。周某收下该款后,出具了隐瞒该100万元虚假的应付款的评估报告。随后,国有资产管理部门经研究批准了公司的改制方案。在尚未办理产权过户手续时,徐某等人因被举报而案发。

问题:

1. 徐某与顾某构成贪污罪还是私分国有资产罪?为什么?

2. 徐某与顾某的犯罪数额如何计算?为什么?

3. 徐某与顾某的犯罪属于既遂还是未遂?为什么?

4. 给周某送的1万元是单位行贿还是个人行贿?为什么?

5. 周某的行为是否以非国家工作人员受贿罪与提供虚假证明文件罪实行数罪并罚?为什么?

6. 周某是否构成徐某与顾某的共犯?为什么?

〔参考答案〕

1. 徐某与顾某构成贪污罪,而不构成私分国有资产罪。本案不符合以单位名义集体私分的特征,而是采取隐瞒的方式将公款予以非法占有,符合贪污罪的特征。根据《刑法》第396条的规定,私分国有资产罪是指,国家机关、国有公司、企业、事业单位、人民团体,违反国家规定,以单位名义将国有资产集体分给个人,数额较大的行为。本案中,徐某和顾某不是以单位名义私分财物,而是利用职务便利将单位财物据为己有。

2. 徐某与顾某应对100万元的贪污总数额负责,而不是只对个人所得部分负责;此外,用于行贿的1万元也应计入贪污数额。根据单位犯罪"部分犯罪全部责任"的原理,共同犯罪人应当对犯罪所侵犯的全部财产承担责任,按照100万元计算犯罪数额。

3. 徐某与顾某贪污100万元属于未遂,因为公司产权尚未过户,但贪污1万元属于既遂。贪污罪的既遂以行为人控制财物为标志,本案中,贪污的100万元尚未过户,行为人成立未遂。

4. 给周某送的1万元属于个人行贿,因为不是为单位谋取不正当利益。根据《刑法》第393条的规定,单位行贿罪的成立要件之一是为单位谋取不正当利益,本案中,行为人是为个人而非为单位谋取不正当利益,成立行贿罪。

5. 周某构成提供虚假证明文件罪,不应与非国家工作人员受贿罪实行并罚。根据《刑法》第229条的规定,中介组织人员索取他人财物或者非法收受他人财物,提供虚假证明文件的,按提供虚假证明文件罪定罪,处五年以上十年以下有期徒刑。

6. 周某构成徐某与顾某犯罪的共犯,属于提供虚假证明文件罪与贪污共犯的想象竞合。周某明知徐某等人进行贪污而为其提供虚假证明文件的,构成贪污罪的帮助犯,其一行为同时触犯提供虚假证明文件罪和贪污罪,属于想象竞合犯。

八、2008年延期考试试卷4第2题(20分)

案情:瓜农王某在自家田地里种了5亩西瓜。因在西瓜成熟季节经常被盗,王某便在全村喊话:"西瓜打了农药(其实没有打药),偷吃西瓜出了人命我不负责",但此后西瓜仍然被盗。于是,王某果真在西瓜上打了农药,并用注射器将农药注入瓜田中较大的5个西瓜内,并在西瓜地里插上写有"瓜内有毒,请勿食用"的白旗。邻村李某路过瓜地,虽然看见了白旗,但以为是吓唬人的,仍然摘了一大一小两个西瓜,其中大的西瓜是注入了农药的。回家后,李某先把小的西瓜吃了,然后出门干活。当天,正好家里来了3位客人,李某的妻子赵某见桌子上放着一个大西瓜,以为是李某买的,就用来招待客人,结果导致 2 个客人死亡,1 个重伤。

问题:

1. 王某的行为构成犯罪还是属于正当防卫? 为什么?

2. 李某的行为触犯了哪些罪名?

3. 李某触犯的数个罪名是否构成数罪? 为什么?

4. 李某触犯的数个罪名应当如何处理?

5. 赵某的行为是否构成犯罪? 为什么?

〔参考答案〕

1. 王某的行为构成投放危险物质罪而不是正当防卫,因为不符合正当防卫的构成条件。正当防卫的成立的时间要件是"不法侵害正在进行中",王某在不法侵害产生之前采取的措施,已经危及公共安全,且造成了死亡的损害后果,不符合正当防卫的时间条件,构成投放危险物质罪,而不成立正当防卫。

2. 李某的行为分别触犯了过失致人死亡罪和过失致人重伤罪。李某在看到西瓜地里的警告,明知西瓜有毒,却轻信能够避免,使得客人因食用西瓜而中毒,其主观上构成过于自信的过失。

3. 李某触犯的过失致人死亡罪和过失致人重伤罪不构成数罪,属于想象竞合犯。依李某的行为造成的损害后果,其分别成立过失致人死亡罪和过失致人重伤罪,属于一行为触犯数个罪名,成立想象竞合犯。

4. 李某触犯的数个罪名应从一重罪处断,即按照过失致人死亡罪论处。根据想象竞合犯的处断原则,应从一重罪处断。

5. 赵某的行为不构成犯罪,其行为属于意外事件。赵某不能预见其夫放在自家桌上的西瓜有毒,其对客人食用西瓜中毒死亡和重伤的后果无法预见,因而成立意外事件。

九、2009 年试卷 4 第 2 题(22 分)

案情:甲和乙均缺钱。乙得知甲的情妇丙家是信用社代办点,配有保险柜,认为肯定有钱,便提议去丙家借钱,并说:"如果她不借,也许我们可以偷或者抢她的钱。"甲说:"别瞎整!"乙未再吭声。某晚,甲、乙一起开车前往丙家。乙在车上等,甲进屋向丙借钱,丙说:"家里没钱。"甲在丙家吃饭过夜。乙见甲长时间不出来,只好开车回家。甲一觉醒来,见丙已睡着,便起身试图打开保险柜。丙惊醒大声斥责甲,说道:"快住手,不然我报警了!"甲恼怒之下将丙打死,藏尸地窖。

甲不知密码打不开保险柜,翻箱倒柜只找到了丙的一张储蓄卡与身份证。甲回家后想到乙会开保险柜,即套问乙开柜方法,但未提及杀丙一事。甲将丙的储蓄卡和身份证交乙保管,声称系从丙处所借。两天后甲又到丙家,按照乙的方法打开保险柜,发现柜内并无钱款。乙未与甲商量,通过丙的身份证号码试出储蓄卡密码,到商场刷卡购买了一件价值两万元的皮衣。

案发后,公安机关认为甲有犯罪嫌疑,即对其实施拘传。甲在派出所乘民警应对突发事件无人看管之机逃跑。半年后,得知甲行踪的乙告知甲,公安机关正在对甲进行网上通缉,甲于是到派出所交代了自己的罪行。

问题:

请根据《刑法》有关规定,对上述案件中甲、乙的各种行为和相关事实、情节进行分析,分别提出处理意见,并简要说明理由。

〔参考答案〕

1. 关于甲的行为定性

甲在着手盗窃丙的保险柜过程中,因罪行败露而实施杀害丙的行为,甲的犯罪目的是取得财物,根据《刑法》第 269 条的规定,其杀人行为属于盗窃过程中为"抗拒抓捕"而对被害人使用暴力,应当成立抢劫罪。根据《刑法》第263条的规定,甲的行为属于抢劫致人死亡,成立抢劫罪的结果加重犯,应适用升格的法定刑。

甲的杀人、抢劫行为,都与乙无关,甲乙之间没有共同故意和共同行为,根据《刑法》第25条的规定,不成立共犯;甲将丙的储蓄卡和身份证给乙,不构成盗窃罪的教唆犯。甲两天后回到丙家,打开保险柜试图窃取丙的钱财的行为,属于抢劫罪中取财行为的一部分,不单独构成盗窃罪。

根据最高人民法院《关于处理自首和立功具体应用法律若干问题的解释》第1条的规定,只有在案发后没有受到讯问、未被采取强制措施,自动投案如实供述自己的罪行的,才能成立自首。本案中,甲被公安机关采取强制措施后逃跑再归案的,即便如实供述也不能成立自首。

2. 关于乙的行为定性

乙事先的提议甲并未接受,当时没有达成合意,二人没有共同犯罪故意。甲的抢劫行为属于临时起意,系单独犯罪,不能认为乙的行为构成教唆犯。乙不成立教唆犯,当然就不能对乙的行为适用《刑法》第29条第2款。在甲实施抢劫行为之时,乙已经离开现场,与甲之间没有共犯关系,乙没有帮助故意,也缺乏帮助行为,不成立帮助犯。

甲套问乙打开保险柜的方法,将丙的储蓄卡、身份证交乙保管时,均未告知乙实情,乙缺乏传授犯罪方法罪,掩饰、隐瞒犯罪所得、犯罪所得收益罪的故意。乙去商场购物的行为,根据《刑法》第196条的规定,属于冒用他人信用卡,构成信用卡诈骗罪。

十、2010年试卷4第2题(22分)

案情:被告人赵某与被害人钱某曾合伙做生意(双方没有债权债务关系)。2009年5月23日,赵某通过技术手段,将钱某银行存折上的9万元存款划转到自己的账户上(没有取出现金)。钱某向银行查询知道真相后,让赵某还给自己9万元。

同年6月26日,赵某将钱某约至某大桥西侧泵房后,二人发生争执。赵某顿生杀意,突然勒钱某的颈部、捂钱某的口鼻,致钱某昏迷。赵某以为钱某已死亡,便将钱某"尸体"缚重扔入河中。

6月28日凌晨,赵某将恐吓信置于钱某家门口,谎称钱某被绑架,让钱某之妻孙某(某国有企业出纳)拿20万元到某大桥赎人,如报警将杀死钱某。孙某不敢报警,但手中只有3万元,于是在上班之前从本单位保险柜拿出17万元,急忙将20万元送至某大桥处。赵某蒙面接收20万元后,声称2小时后孙某即可见到丈夫。

28日下午,钱某的尸体被人发现(经鉴定,钱某系溺水死亡)。赵某觉得罪行迟早会败露,于29日向公安机关投案,如实交代了上述全部犯罪事实,并将勒索的20万元交给公安人员(公安人员将20万元退还孙某,孙某于8月3日将17万元还给公司)。公安人员李某听了赵某的交代后随口说了一句"你罪行不轻啊",赵某担心被判死刑,逃跑至外地。在被通缉的过程中,赵某身患重病无钱治疗,向当地公安机关投案,再次如实交代了自己的全部罪行。

问题:

1. 赵某将钱某的9万元存款划转到自己账户的行为,是什么性质?为什么?

2. 赵某致钱某死亡的事实,在刑法理论上称为什么?刑法理论对这种情况有哪几种处理意见?你认为应当如何处理?为什么?

3. 赵某向孙某索要20万元的行为是什么性质?为什么?

4. 赵某的行为是否成立自首?为什么?

5. 孙某从公司拿出17万元的行为是否成立犯罪?为什么?

〔参考答案〕

1. 赵某将钱某的9万元存款划转到自己账户的行为,成立盗窃罪。在我国,存款属于盗窃罪的对象,赵某的行为完全符合盗窃罪的构成要件,而且是盗窃既遂。

2. 赵某致钱某死亡的行为,在刑法理论上称为事前的故意。刑法理论对这种情况有以下处理意见:(1)第一行为即勒颈部、捂口鼻的行为成立故意杀人未遂,第二行为即将钱某"尸体"缚重扔入河中的行为成立过失致人死亡罪;(2)如果在实施第二行为时对死亡有间接故意(或未必的故意),则成立一个故意杀人既遂;否则成立故意杀人未遂与过失致人死亡罪;(3)将两个行为视为一个行为,将支配行为的故意视为概括的故意,认定为一个故意杀人既遂;(4)将两个行为视为一体,作为对因果关系的认识错误来处理,只要存在相当的因果关系,就认定为一个故意杀人既遂。应当认为,第一行为与结果之间的因果关系并未中断,而且客观发生的结果与行为人意欲发生的结果完全一致,故应肯定赵某的行为成立故意杀人既遂。

3. 赵某向孙某勒索20万元的行为是敲诈勒索罪与诈骗罪的想象竞合犯。一方面,赵某实施了胁迫行为,孙某产生了恐惧心理,并交付了财物。所以,赵某的行为触犯了敲诈勒索罪;另一方面,钱某已经死亡,赵某的行为具有欺骗性质,孙某产生了认识错误;如果孙某知道真相就不会受骗、不会将20万元交付给赵某。因此,赵某的行为也触犯了诈骗罪。但是,由于只有一个行为,故成立想象竞合犯,从一重罪论处。

4. 赵某的行为成立自首。虽然相关司法解释规定,"犯罪嫌疑人自动投案后又逃跑的,不能认定为自首",但这是针对后来不再投案自首而言。在本案中,虽然可以根据司法解释否认赵某的前一次投案成立自首,但不能否认后一次自动投案与如实交代成立自首。

5. 孙某的行为虽然属于挪用公款,但不成立挪用公款罪。因为孙某虽然将公款挪用给个人使用,但并没有超过三个月未还。

十一、2011 年第 4 卷第 2 题(22 分)

案情:陈某因没有收入来源,以虚假身份证明骗领了一张信用卡,使用该卡从商场购物10余次,金额达 3 万余元,从未还款。(事实一)

陈某为求职,要求制作假证的李某为其定制一份本科文凭。双方因价格发生争执,陈某恼羞成怒,长时间勒住李某脖子,致其窒息身亡。(事实二)

陈某将李某尸体拖入树林,准备逃跑时忽然想到李某身有财物,遂拿走李某手机、现金等物,价值1万余元。(事实三)

陈某在手机中查到李某丈夫赵某手机号,以李某被绑架为名,发短信要求赵某交20万元"安全费"。由于赵某及时报案,陈某未得逞。(事实四)

陈某逃至外地。几日后,走投无路向公安机关投案,如实交代了上述事实二与事实四。(事实五)

陈某在检察机关审查起诉阶段,将自己担任警察期间查办犯罪活动时掌握的刘某抢劫财物的犯罪线索告诉检察人员,经查证属实。(事实六)

问题:

1. 对事实一应如何定罪? 为什么?

2. 对事实二应如何定罪? 为什么?

3. 对事实三,可能存在哪几种处理意见(包括结论与基本理由)?

4. 对事实四应如何定罪? 为什么?

5. 事实五是否成立自首? 为什么?

6. 事实六是否构成立功? 为什么?

〔**参考答案**〕

1. 对事实一应认定为信用卡诈骗罪。因为以虚假身份证明骗领信用卡触犯了妨害信用卡管理罪,使用以虚假的身份证明骗领的信用卡,数额较大,构成信用卡诈骗罪,二者具有手段行为与目的行为的牵连关系,从一重罪论处,应认定为信用卡诈骗罪。

2. 对事实二应认定为故意杀人罪。因为长时间勒住被害人的脖子,不仅表明其行为是杀人行为,而且表明行为人具有杀人故意。

3. 对事实三主要存在两种处理意见:其一,如认为死者仍然占有其财物的,事实三成立盗窃罪;其二,如认为死者不可占有其财物的,事实三成立侵占罪。

4. 事实四成立敲诈勒索罪(未遂)与诈骗罪(未遂)的竞合。因为陈某的行为同时符合二罪的犯罪构成,属于想象竞合。陈某对赵某实行威胁,意图索取财物未果,构成敲诈勒索罪(未遂);陈某隐瞒李某死亡的事实,意图骗取财物未果,构成诈骗罪(未遂)。由于只有一个行为,故从一重罪论处。

5. 事实五对故意杀人罪与敲诈勒索罪或诈骗罪成立自首。因为走投无路而投案的,属于自动投案,不影响自首的成立。

6. 事实六不构成立功。因为根据《刑法》规定,陈某提供的犯罪线索虽属实,但其属于以前查办犯罪活动中所掌握,故不构成立功。

十二、2012 年第 4 卷第 2 题(22 分)

案情: 镇长黄某负责某重点工程项目占地前期的拆迁和评估工作。黄某和村民李某勾结,由李某出面向某村租赁可能被占用的荒山 20 亩植树,以骗取补偿款。但村长不同意出租荒山。黄某打电话给村长施压,并安排李某给村长送去 1 万元现金后,村长才同意签订租赁合同。李某出资 1 万元购买小树苗 5000 棵,雇人种在荒山上。

副县长赵某带队前来开展拆迁、评估工作的验收。李某给赵某的父亲(原县民政局局长,已退休)送去 1 万元现金,请其帮忙说话。赵某得知父亲收钱后答应关照李某,令人将邻近山坡的树苗都算到李某名下。

后李某获得补偿款 50 万元,分给黄某 30 万元。黄某认为自己应分得 40 万元,二人发生争执,李某无奈又给黄某 10 万元。

李某非常恼火,回家与妻子陈某诉说。陈某说:"这种人太贪心,咱可把钱偷回来。"李某深夜到黄家伺机作案,但未能发现机会,便将黄某的汽车玻璃(价值 1 万元)砸坏。

黄某认定是李某作案,决意报复李某,深夜对其租赁的山坡放火(李某住在山坡上)。

树苗刚起火时,被路过的村民邢某发现。邢某明知法律规定发现火情时,任何人都有报警的义务,但因与李某素有矛盾,便悄然离去。

大火烧毁山坡上的全部树苗,烧伤了李某,并延烧至村民范某家。范某被火势惊醒逃至屋外,想起卧室有 5000 元现金,即返身取钱,被烧断的房梁砸死。

问题:

1. 对村长收受黄某、李某现金 1 万元一节,应如何定罪? 为什么?

2. 对赵某父亲收受 1 万元一节,对赵某父亲及赵某应如何定罪? 为什么?

3. 对黄某、李某取得补偿款的行为,应如何定性? 二人的犯罪数额应如何认定?

4. 对陈某让李某盗窃及汽车玻璃被砸坏一节,对二人应如何定罪? 为什么?

5. 村民邢某是否构成不作为的放火罪? 为什么?

6. 如认定黄某放火与范某被砸死之间存在因果关系,可能有哪些理由? 如否定黄某放火与范某被砸死之间存在因果关系,可能有哪些理由? (两问均须作答)

〔参考答案〕

1. 村长构成受贿罪(1 分)。理由:根据立法解释,村委会基层组织人员在协助人民政府从事行政管理工作时,以国家工作人员论。村长依据土地管理法协助政府从事土地管理工作,其收受他人财物,为他人谋取利益,数额达到 5000 元以上,构成受贿罪(1 分)。

2. 赵某父亲与赵某构成受贿的共犯(1 分);同时赵某父亲构成利用影响力受贿罪(1 分),受贿罪与利用影响力受贿罪为想象竞合犯,从一重罪论处(1 分)。理由:赵某为离职国家工作人员,其收受他人财物,利用其子为他人谋取不正当利益,构成利用影响力受贿罪。同时,赵某得知父亲收受财物并承诺关照,存在权钱交易,侵犯了国家职务行为不可收买性的法益,构成受贿罪,其父对赵某受贿具有教唆行为,构成共同犯罪,赵某的父亲属于想象竞合犯,择一重罪论处,不需数罪并罚(2 分)。

3. 共同构成贪污罪(1 分);二人的犯罪数额均为 50 万元(2 分)。

4. 对陈某以盗窃罪论处(1 分),对李某以盗窃罪与故意毁坏财物罪并罚(1 分),陈某与李某构成盗窃罪的共犯(1 分),盗窃罪属于犯罪预备形态,可以比照既遂犯从轻、减轻或免除处罚(1 分)。理由:陈某教唆李某实施盗窃行为,属于教唆犯,构成盗窃罪的共犯,由于意志以外的原因未能着手实行,属于犯罪预备行为。李某在实施盗窃的过程中,另起犯意故意毁坏他人财物,属于实行过限行为,陈某对此不知情,由李某单独负刑事责任(2 分)。

5. 不构成不作为的放火罪(1 分)。理由:行政法上规定的发现火情报警义务不构成刑法意义上不作为犯罪的义务来源(1 分)。

6. 黄某放火与范某被砸死存在因果关系,理由:(1)黄某的放火行为对范某的死亡危险大;(2)介入因素范某反身取财行为不异常;(3)介入因素范某反身取财直接导致被砸死。综合以上三个标准,认定存在因果关系(2 分)。

黄某放火与范某被砸死不存在因果关系,理由:(1)黄某的放火行为对范某的死亡危险小;(2)介入因素范某反身取财行为不异常;(3)介入因素范某反身取财直接导致被砸死;(4)介入因素范某反身取财不属于黄某可控范围事项。综合以上四个标准,认定不存在因果关系(2 分)。

十三、2013 年第 4 卷第 2 题(22 分)

案情: 甲与余某有一面之交,知其孤身一人。某日凌晨,甲携匕首到余家盗窃,物色一段时间后,未发现可盗财物。此时,熟睡中的余某偶然大动作翻身,且口中念念有词。甲怕被余某认出,用匕首刺死余某,仓皇逃离。(事实一)

逃跑中,因身上有血迹,甲被便衣警察程某盘查。程某上前拽住甲的衣领,试图将其带走。甲怀疑遇上劫匪,与程某扭打。甲的朋友乙开黑车经过此地,见状停车,和甲一起殴打程某。程某边退边说:"你们不要乱来,我是警察。"甲对乙说:"别听他的,假警察该打。"程某被打倒摔成轻伤。(事实二)

司机谢某见甲、乙打人后驾车逃离,对乙车紧追。甲让乙提高车速并走"蛇形",以防谢某超车。汽车开出 2 公里后,乙慌乱中操作不当,车辆失控撞向路中间的水泥隔离墩。谢某刹车不及撞上乙车受重伤。赶来的警察将甲、乙抓获。(事实三)

在甲、乙被起诉后,甲父丙为使甲获得轻判,四处托人,得知丁的表兄刘某是法院刑庭庭长,遂托丁将 15 万元转交刘某。丁给刘某送 15 万元时,遭到刘某坚决拒绝。(事实四)

丁告知丙事情办不成,但仅退还丙 5 万元,其余 10 万元用于自己炒股。在甲被定罪判刑后,无论丙如何要求,丁均拒绝退还余款 10 万元。丙向法院自诉丁犯有侵占罪。(事实五)

问题:

1. 就事实一,对甲的行为应当如何定性? 理由是什么?

2. 就事实二,对甲、乙的行为应当如何定性? 理由是什么?

3. 就事实三,甲、乙是否应当对谢某重伤的结果负责? 理由是什么?

4. 就事实四,丁是否构成介绍贿赂罪?是否构成行贿罪(共犯)?是否构成利用影响力受贿罪?理由分别是什么?

5. 就事实五,有人认为丁构成侵占罪,有人认为丁不构成侵占罪。你赞成哪一观点?具体理由是什么?

〔参考答案〕

1. 甲携带凶器盗窃、入户盗窃,应当成立盗窃罪。如暴力行为不是作为压制财物占有人反抗的手段而使用的,只能视情况单独定罪。在盗窃过程中,为窝藏赃物、抗拒抓捕、毁灭罪证而使用暴力的,才能定抢劫罪。甲并非出于上述目的,因而不应认定为抢劫罪。在本案中,被害人并未发现罪犯的盗窃行为,并未反抗;甲也未在杀害被害人后再取得财物,故对甲的行为应以盗窃罪和故意杀人罪并罚,不能对甲定抢劫罪。

2. 甲、乙的行为系假想防卫。假想防卫视情况成立过失犯罪或意外事件。在本案中,甲、乙在程某明确告知是警察的情况下,仍然对被害人使用暴力,主观上有过失。但是,过失行为只有在造成重伤结果的场合,才构成犯罪。甲、乙仅造成轻伤结果,因此,对于事实二,甲、乙均无罪。

3. 在被告人高速驾车走蛇形和被害人重伤之间,介入被害人的过失行为(如对车速的控制不当等)。谢某的重伤与甲、乙的行为之间,仅有条件关系,从规范判断的角度看,是谢某自己驾驶的汽车对乙车追尾所造成,该结果不应当由甲、乙负责。

4. ①丁没有在丙和法官刘某之间牵线搭桥,没有促成行贿受贿事实的介绍行为,不构成介绍贿赂罪。②丁接受丙的委托,帮助丙实施行贿行为,构成行贿罪(未遂)共犯。③丁客观上并未索取或者收受他人财物,主观上并无收受财物的意思,不构成利用影响力受贿罪。

5. (1)构成。理由:①丁将代为保管的他人财物非法占为己有,数额较大,拒不退还,完全符合侵占罪的犯罪构成。②无论丙对10万元是否具有返还请求权,10万元都不属于丁的财物,因此该财物属于"他人财物"。③虽然民法不保护非法的委托关系,但刑法的目的不是确认财产的所有权,而是打击侵犯财产的犯罪行为,如果不处罚侵占代为保管的非法财物的行为,将可能使大批侵占赃款、赃物的行为无罪化,这并不合适。(2)不构成。理由:①10万元为贿赂款,丙没有返还请求权,该财物已经不属于丙,因此,丁没有侵占"他人财物"。②该财产在丁的实际控制下,不能认为其已经属于国家财产,故该财产不属于代为保管的"他人财物"。据此,不能认为丁虽未侵占丙的财物但侵占了国家财产。③如认定为侵占罪,会得出民法上丙没有返还请求权,但刑法上认为其有返还请求权的结论,刑法和民法对相同问题会得出不同结论,法秩序的统一性会受到破坏。

十四、2014年第4卷第2题(22分)

案情:国有化工厂车间主任甲与副厂长乙(均为国家工作人员)共谋,在车间的某贵重零件仍能使用时,利用职务之便,制造该零件报废、需向五金厂(非国有企业)购买的假象(该零件价格26万元),以便非法占有货款。甲将实情告知五金厂负责人丙,嘱丙接到订单后,只向化工厂寄出供货单、发票而不需要实际供货,等五金厂收到化工厂的货款后,丙再将26万元货款汇至乙的个人账户。

丙为使五金厂能长期向化工厂供货,便提前将五金厂的26万元现金汇至乙的个人账户。乙随即让事后知情的妻子丁去银行取出26万元现金,并让丁将其中的13万元送给甲。3天后,化工厂会计准备按照乙的指示将26万元汇给五金厂时,因有人举报而未汇出。甲、乙见事情败露,主动向检察院投案,如实交代了上述罪行,并将26万元上交检察院。

此外,甲还向检察院揭发乙的其他犯罪事实:乙利用职务之便,长期以明显高于市场的价格向其远房亲戚戍经营的原料公司采购商品,使化工厂损失近300万元;戍为了使乙长期关照原料公司,让乙的妻子丁出资却享有原料公司10%的股份(乙、丁均知情),虽未进行股权转让登记,但已分给红利58

万元,每次分红都是丁去原料公司领取现金。

问题:

请分析甲、乙、丙、丁、戊的刑事责任(包括犯罪性质、犯罪形态、共同犯罪、数罪并罚与法定量刑情节),须答出相应理由。

〔**参考答案**〕

1. 甲、乙利用职务上便利实施了贪污行为,虽然客观上获得了26万元,构成贪污罪,但该26万元不是化工厂的财产,没有给化工厂造成实际损失;甲、乙也不可能贪污五金厂的财物,所以,对甲、乙的贪污行为只能认定为贪污未遂。甲乙犯贪污罪后自首,可以从轻或者减轻处罚。甲揭发了乙为亲友非法牟利罪与受贿罪的犯罪事实,构成立功,可以从轻或者减轻处罚。

2. 乙长期以明显高于市场的价格向其远房亲戚戊经营的原料公司采购商品,使化工厂损失近300万元的行为构成为亲友非法牟利罪。乙以妻子丁的名义在原料公司享有10%的股份分得红利58万元的行为,符合受贿罪的构成要件,成立受贿罪。对于为亲友非法牟利罪与受贿罪以及上述贪污罪,应当实行数罪并罚。

3. 丙将五金厂的26万元挪用出来汇给乙的个人账户,不是为了个人使用,也不是为了谋取个人利益,不能认定为挪用资金罪。但是,丙明知甲、乙二人实施贪污行为,客观上也帮助甲、乙实施了贪污行为,所以,丙构成贪污罪的共犯(从犯)。

4. 丁将26万元取出的行为,不构成掩饰、隐瞒犯罪所得罪,因为该26万元不是贪污犯罪所得,也不是其他犯罪所得。丁也不成立贪污罪的共犯,因为丁取出26万元时该26万元不是贪污犯罪所得。丁将其中的13万元送给甲,既不是帮助分赃,也不是行贿,因而不成立犯罪。丁对自己名义的干股知情,并领取贿赂款,构成受贿罪的共犯(从犯)。

5. 戊作为回报让乙的妻子丁未出资却享有原料公司10%的股份,虽未进行股权转让登记,但让丁分得红利58万元的行为,是为了谋取不正当利益,构成行贿罪。

十五、2015年第4卷第2题(23分)

案情:高某(男)与钱某(女)在网上相识,后发展为网恋关系,其间,钱某知晓了高某一些隐情,并以开店缺钱为由,骗取了高某20万元现金。

见面后,高某对钱某相貌大失所望,相处不久更感到她性格古怪,便决定断绝关系。但钱某百般纠缠,最后竟以公开隐情相要挟,要求高某给予500万元补偿费。高某假意筹钱,实际打算除掉钱某。

随后,高某找到密友夏某和认识钱某的宗某,共谋将钱某诱骗至湖边小屋,先将其掐昏,然后扔入湖中溺死。事后,高某给夏某、宗某各20万元作为酬劳。

按照事前分工,宗某发微信将钱某诱骗到湖边小屋。但宗某得知钱某到达后害怕出事后被抓,给高某打电话说:"我不想继续参与了。一日网恋十日恩,你也别杀她了。"高某大怒说:"你太不义气啦,算了,别管我了!"宗某又随即打钱某电话,打算让其离开小屋,但钱某手机关机未通。(犯罪中止)

高某、夏某到达小屋后,高某寻机抱住钱某,夏某掐钱某脖子。待钱某不能挣扎后,二人均误以为钱某已昏迷(实际上已经死亡),便准备给钱某身上绑上石块将其扔入湖中溺死。此时,夏某也突然反悔,对高某说:"算了吧,教训她一下就行了。"高某说:"好吧,没你事了,你走吧!"夏某离开后,高某在钱某身上绑石块时,发现钱某已死亡。为了湮灭证据,高某将钱某尸体扔入湖中。

高某回到小屋时,发现了钱某的LV手提包(价值5万元),包内有5000元现金、身份证和一张储蓄卡,高某将现金据为己有。

三天后,高某将LV提包送给前女友尹某,尹某发现提包不是新的,也没有包装,问:"是偷来的还是骗来的?"高某说:"不要问包从哪里来。我这里还有一张储蓄卡和身份证,身份证上的人很像你,你拿着卡和身份证到银行柜台取钱后,钱全部归你。"尹某虽然不知道全部真相,但能猜到包与卡都可能是高某犯罪所得,但由于爱财还是收下了手提包,并冒充钱某从银行柜台取出了该储蓄卡中的2万元。

问题:

请根据《刑法》相关规定与刑法原理分析高某、夏某、宗某和尹某的刑事责任(要求注重说明理由,并可以同时答出不同观点和理由)。

参考答案:

(一)高某的刑事责任

1. 高某对钱某成立故意杀人罪。不同观点:故意杀人未遂与过失致人死亡罪的想象竞合。这里的争议点在于如何处理构成要件的提前实现(危害结果提前发生)。

答案一:虽然构成要件结果提前发生,但掐脖子本身有致人死亡的紧迫危险,能够认定掐脖子时就已经实施杀人行为,故意(间接故意)存在于着手实行时即可,故高某应对钱某的死亡承担故意杀人既遂的刑事责任。

答案二:高某、夏某掐钱某的脖子时只是想致钱某昏迷,没有认识到掐脖子的行为会导致钱某死亡,亦即缺乏既遂的故意,因而不能对故意杀人既遂负责,只能认定高某的行为是故意杀人未遂与过失致人死亡的想象竞合。

2. 关于拿走钱某的手提包和5000元现金的行为性质,关键在于如何认定死者的占有。

答案一:高某对钱某的手提包和5000元现金成立侵占罪,理由是死者并不占有自己生前的财物,故手提包和5000元现金属于遗忘物。

答案二:高某对钱某的手提包和5000元现金成立盗窃罪,理由是死者继续占有生前的财物,高某的行为属于将他人占有财产转移给自己占有的盗窃行为,成立盗窃罪。

注意,根据司法解释,杀害被害人后,行为人立刻取得被害人财物的,应认定为盗窃罪。

3. 将钱某的储蓄卡与身份证交给尹某取款2万元的行为性质。

答案一:构成信用卡诈骗罪的教唆犯。因为高某不是盗窃信用卡,而是侵占信用卡,利用拾得的他人信用卡取款的,属于冒用他人信用卡,高某唆使尹某冒用,故属于信用卡诈骗罪的教唆犯。

答案二:构成盗窃罪。因为高某是盗窃信用卡,盗窃信用卡并使用的,不管是自己直接使用还是让第三者使用,均应认定为盗窃罪。

(二)夏某的刑事责任

1. 夏某参与杀人共谋,掐钱某的脖子,构成故意杀人罪既遂。(或:夏某成立故意杀人未遂与过失致人死亡的想象竞合,理由与高某相同)

2. 由于发生了钱某死亡结果,夏某的行为是钱某死亡的原因,夏某不可能成立犯罪中止。

(三)宗某的刑事责任

宗某参与共谋,并将钱某诱骗到湖边小屋,成立故意杀人既遂。宗某虽然后来没有实行行为,但其前行为与钱某死亡之间具有因果性,没有脱离共犯关系;宗某虽然给钱某打过电话,但该中止行为未能有效防止结果发生,不能成立犯罪中止。

(四)尹某的刑事责任

1. 尹某构成掩饰、隐瞒犯罪所得罪。因为从客观上说,该包属于高某犯罪所得,而且尹某的行为属于掩饰、隐瞒犯罪所得的行为;尹某认识到可能是高某犯罪所得,因而具备明知的条件。

2. 尹某冒充钱某取出2万元的行为性质。

答案一:构成信用卡诈骗罪。因为尹某属于冒用他人信用卡,完全符合信用卡诈骗罪的构成要件。

答案二:构成盗窃罪。尹某虽然没有盗窃储蓄卡,但认识到储蓄卡可能是高某盗窃所得,并且实施使用行为,属于承继的共犯,故应以盗窃罪论处。

十六、2016 年第 4 卷第 2 题

案情:赵某与钱某原本是好友,赵某受钱某之托,为钱某保管一幅名画(价值 800 万元)达三年之久。某日,钱某来赵某家取时,赵某要求钱某支付 10 万元保管费,钱某不同意。赵某突然起了杀意,为使名画不被钱某取回进而据为己有,用花瓶猛砸钱某的头部,钱某头部受重伤后昏倒,不省人事,赵某以为钱某已经死亡。刚好此时,赵某的朋友孙某来访。赵某向孙某说"我摊上大事了",要求孙某和自己一起将钱某的尸体埋在野外,孙某同意。

二人一起将钱某抬至汽车的后座,由赵某开车,孙某坐在钱某身边。开车期间,赵某不断地说"真不该一时冲动","悔之晚矣"。其间,孙某感觉钱某身体动了一下,仔细察看,发现钱某并没有死。但是,孙某未将此事告诉赵某。到野外后,赵某一人挖坑并将钱某埋入地下(致钱某窒息身亡),孙某一直站在旁边没做什么,只是反复催促赵某动作快一点。

一个月后,孙某对赵某说:"你做了一件对不起朋友的事,我也做一件对不起朋友的事。你将那幅名画给我,否则向公安机关揭发你的杀人罪行。"三日后,赵某将一幅赝品(价值 8000 元)交给孙某。孙某误以为是真品,以 600 万元的价格卖给李某。李某发现自己购买了赝品,向公安机关告发孙某,导致案发。

问题:

1. 关于赵某杀害钱某以便将名画据为己有这一事实,可能存在哪几种处理意见?各自的理由是什么?

2. 关于赵某以为钱某已经死亡,为毁灭罪证而将钱某活埋导致其窒息死亡这一事实,可能存在哪几种主要处理意见?各自的理由是什么?

3. 孙某对钱某的死亡构成何罪(说明理由)?是成立间接正犯还是成立帮助犯(从犯)?

4. 孙某向赵某索要名画的行为构成何罪(说明理由)?关于法定刑的适用与犯罪形态的认定,可能存在哪几种观点?

5. 孙某将赝品出卖给李某的行为是否构成犯罪?为什么?

〔参考答案〕

1. 关于赵某杀害钱某以便将名画据为己有这一事实,可能存在两种处理意见。其一,认定为侵占罪与故意杀人罪,实行数罪并罚。理由是,赵某已经占有了名画,不可能对名画实施抢劫行为,杀人行为同时使得赵某将名画据为己有,所以,赵某对名画成立(委托物)侵占罪,对钱某的死亡成立故意杀人罪。其二,认定成立抢劫罪一罪。理由是,赵某杀害钱某是为了使名画不被返还,钱某对名画的返还请求权是一种财产性利益,财产性利益可以成为抢劫罪的对象,所以,赵某属于抢劫财产性利益。

2. 赵某以为钱某已经死亡,为毁灭罪证而将钱某活埋导致其窒息死亡,属于事前的故意或概括的故意。对此现象的处理,主要有两种观点:其一,将赵某的前行为认定为故意杀人未遂(或普通抢劫),将后行为认定为过失致人死亡,对二者实行数罪并罚或者按想象竞合处理;理由是,毕竟是因为后行为导致死亡,但行为人对后行为只有过失;其二认为,应认定为故意杀人既遂一罪(或故意的抢劫致人死亡即对死亡持故意一罪);理由是,前行为与死亡结果之间的因果关系并未中断,前行为与后行为具有一体性,故意不需要存在于实行行为的全过程。答出其他有一定道理的观点的,适当给分。

注意,本题属于事前故意讨论的领域,也属于因果关系错误的领域,对此有多种处理方案:(1)一行为——概括的故意说:将前后两个行为视为一个整体行为,将支配行为的故意视为概括的故意,只成立一个故意杀人罪既遂。但这一学说存在歪曲事实的嫌疑。(2)一行为——相当因果关系说:将前后两个行为视为一个整体行为,然后按照因果关系错误进行处理,只要因果流程在相当的因果关系之内(未发生重大偏离),就成立一个故意杀人罪既遂。(3)一行为或两行为——误信界分说认为,误信已经死亡的,认为存在两行为,成立故意杀人未遂与过失致人死亡罪,数罪并罚;未误信死亡,而是以间接故意(或未必的故意)实施第二个行为的,则认为存在整体一行为,成立故意杀人罪既遂。(4)两行为——并罚说:行为人不是仅实施了一个行为,而是实施了两个行为,所以,不能援用因果关系的错误,而应认为第一个行为是未遂犯,第二个行为是过失犯,实行数罪并罚或者想象竞合处理。但该说违反了社会的一般观念,因为行为人以杀人故意杀了被害人,却仅成立未遂。(5)两行为——客观的归责说(司法考试通说)认为,事前的故意属于客观归责问题,与故意无关或者故意造成被抢劫的被害人死亡。通说认为,由于第一个行为具有导致结果发生的重大危险(既然被害人已经休克,而且丧失反抗能力,就表明第一个行为具有导致死亡结果发生的重大危险),介入行为人的第二个行为并不异常,应肯定第一个行为与结果之间的因果关系,能够将结果归属于第一个行为,而且所发生的结果与行为人意欲实现的结果完全一致,故应以故意犯罪既遂论处。(6)本案从因果关系错误角度分析,按照法定符合说,成立故意杀人罪既遂;按照具体符合说,取决于论者在什么范围内主张"具体事实",如果认为因果关系的错误属于具体事实的错误,那么仅能认定为故意杀人罪未遂和过失致人死亡罪的想象竞合犯;反之,如果因果关系错误不属于具体事实的不一致,那么仍然定故意杀人既遂。

3. 孙某对钱某的死亡构成故意杀人罪。孙某明知钱某没有死亡,却催促赵某动作快一点,显然具有杀人故意,客观上对钱某的死亡也起到了作用。即使认为赵某对钱某成立抢劫致人死亡,但由于钱某不对抢劫负责,也只能认定为故意杀人罪。倘若在前一问题上认为赵某成立故意杀人未遂(或普通抢劫)与过失致人死亡罪,那么,孙某就是利用过失行为实施杀人的间接正犯;倘若在前一问题上认为赵某成立故意杀人既遂(或故意的抢劫人死亡即对死亡持故意),则孙某成立故意杀人罪的帮助犯(从犯)。

赵某构成故意杀人罪既遂,在犯罪仍然发展过程中,孙某明知钱某未死,但依然与赵某协同,以隐瞒真相的方式促成掩埋行为的完成,并以不断催促的方式在精神上促进掩埋尽快完成。站在行为共同说立场,孙某参与到赵某的杀人行为中,需要对死亡结果承担刑事责任。由于孙某明知赵某掩埋必然会造成钱某死亡,因此具有杀人的直接故意,成立故意杀人罪既遂。此外,赵某误以为钱某已死,所以尽管客观上实施的是杀人行为,但主观上仅具有毁尸灭迹的行为意思,尽管如此,孙某和赵某在掩埋行为上仍然有共同行为意思,仍然成立共犯(并非片面的共犯;属于承继的共犯)。站在犯罪共同说立场,两人有共同故意,并实施了共同行为,成立故意杀人罪的共同犯罪。

孙某属于帮助犯还是间接正犯,需要考虑以下因素:(1)作为正犯的赵某在造成死亡时,是否具有正犯的故意?(2)孙某的行为是否与死亡结果之间具有因果关系?(3)孙某的行为是否在客观上发挥了间接正犯的效果?

基于上述考虑,如果认为孙某成立帮助犯,那么理由在于:(1)赵某具有正犯的故意(概括故意);(2)孙某的行为与钱某的死亡结果之间具有心理上的因果关系;(3)孙某没有支配赵某实施杀人行为,因为赵某随时可以发现钱某仍然有生命,进而中止杀人行为(之前已经反复表达了后悔的内心意志),因此,不能认为孙某足以支配死亡结果的发生。

相反,如果认为孙某成立间接正犯,那么理由在于:(1)赵某在杀人之时仅具有过失;(2)孙某的行为与死亡结果之间具有因果关系;(3)孙某不告知真相甚至催促赵某埋人,由于赵某的精神状态十分紧张,不容易发现钱某未死,因此,孙某实际上处于足以支配钱某死亡结果是否发生的地位,因而发挥了支配性作用。

4. 孙某索要名画的行为构成敲诈勒索罪。理由:孙某的行为完全符合本罪的构成要件,因为利用合法行为使他人产生恐惧心理的也属于敲诈勒索。一种观点是,对孙某应当按800万元适用数额特别巨大的法定刑,同时适用未遂犯的规定,并将取得价值8000元的赃品的事实作为量刑情节,这种观点将数额巨大与特别巨大作为加重构成要件;另一种观点是,对孙某应当按8000元适用数额较大的法定刑,认定为犯罪既遂,不适用未遂犯的规定,这种观点将数额较大视为单纯的量刑因素或量刑规则。

孙某向赵某索要名画的行为构成敲诈勒索罪既遂(8000元)。(1)报案虽然属于合法行为,但其本身足以使他人产生恐惧心理,因而属于以恶害相通告的行为;(2)孙某以报案要挟,使赵某产生恐惧心理,进而交付赃品(价值8000元的财物);(3)孙某获得财物,赵某遭受了8000元经济损失。

孙某主观上试图敲诈数额特别巨大的财物,但客观上敲诈了数额较大的财物。对此,法定刑适用和犯罪形态,可能有下列观点:

(1)将数额特别巨大的规定理解为加重构成要件,据此,孙某构成敲诈勒索罪的基本犯,且适用升格后的法定刑(800万元),再援引未遂犯的规定,比照既遂从轻或减轻处罚。

(2)将数额特别巨大理解为量刑规则,据此,孙某仅构成敲诈勒索罪的基本犯,适用基本犯法定刑量刑,不得升格法定刑,也不得援引未遂犯的规定。

上说两种理解,后者更为合理。因为数额多少并不能改变行为不法类型的特征,仅能增加同一行为类型的不法程度;加重构成要件则涉及行为、对象等构成要素的特殊性,使不法行为类型的特征变化,从而增加了不法程度。

5. 孙某出卖赃品的行为不构成诈骗罪,因为孙某以为出卖的是名画,不具有诈骗故意。

孙某将赃品出卖给李某的行为不构成犯罪。(1)孙某的行为不构成掩饰隐瞒犯罪所得罪。赃品属于孙某敲诈勒索罪的所得,其作为敲诈勒索罪的本犯出卖赃物不具有期待可能性,因此属于事后不可罚行为,不能认定为掩饰隐瞒犯罪所得罪。(2)孙某的行为不构成诈骗罪。孙某误以为名画为真品,所以虽然客观上使李某产生错误认识并处分600万元,造成经济损失,客观上侵害了李某的财产法益,但主观上缺乏诈骗罪故意。(3)孙某出卖赃品时,主观上并无帮助当事人毁灭证据的故意,也不成立帮助毁灭证据罪。